O DECLÍNIO DO HOMEM PÚBLICO

RICHARD SENNETT

O DECLÍNIO DO HOMEM PÚBLICO
AS TIRANIAS DA INTIMIDADE

Tradução de
LYGIA ARAUJO WATANABE

6ª edição

EDITORA RECORD
RIO DE JANEIRO • SÃO PAULO
2024

CIP-BRASIL. CATALOGAÇÃO NA PUBLICAÇÃO
SINDICATO NACIONAL DOS EDITORES DE LIVROS, RJ

S481d
6ª ed.
Sennett, Richard, 1943-
O declínio do homem público / Richard Sennett; tradução Lygia Araujo Watanabe. – 6ª ed. – Rio de Janeiro: Record, 2024.

Tradução de: The fall of public man
ISBN 978-85-01-40094-9

1. Interação social. 2. Vida comunitária. 3. História social. 4. Usos e costumes. 5. Alienação (Psicologia social). I. Título.

13-02466

CDD: 302
CDU: 316.45

Título original em inglês:
The fall of public man

Copyright © Richard Sennett, 1974, 1976

Texto revisado segundo o Acordo Ortográfico da Língua Portuguesa de 1990.

Todos os direitos reservados. Proibida a reprodução, armazenamento ou transmissão de partes deste livro, através de quaisquer meios, sem prévia autorização por escrito.

Direitos exclusivos de publicação em língua portuguesa para o Brasil adquiridos pela
EDITORA RECORD LTDA.
Rua Argentina, 171 – 20921-380 – Rio de Janeiro, RJ – Tel.: (21) 2585-2000, que se reserva a propriedade literária desta tradução.

Impresso no Brasil

ISBN 978-85-01-40094-9

Seja um leitor preferencial Record.
Cadastre-se no ste www.record.com.br e receba informações sobre nossos lançamentos e nossas promoções.

Atendimento direto ao leitor:
sac@record.com.br

Para C. R. H.

"Cada pessoa, mergulhada em si mesma, comporta-se como se fora estranha ao destino de todas as demais. Seus filhos e seus amigos constituem para ela a totalidade da espécie humana. Em suas transações com seus concidadãos, pode misturar-se a eles, sem no entanto vê-los; toca-os, mas não os sente; existe apenas em si mesma e para si mesma. E se, nessas condições, um certo sentido de família ainda permanecer em sua mente, já não lhe resta sentido de sociedade."

Tocqueville

Sumário

Agradecimentos	11

PARTE UM
O problema público

1. O domínio público	15
2. Papéis	51

PARTE DOIS
O mundo público do "Antigo Regime"

3. A plateia: um conjunto de estranhos	77
4. Papéis públicos	101
5. O público e o privado	135
6. O homem como ator	161

PARTE TRÊS
O tumulto da vida pública no século XIX

7. O impacto do capitalismo industrial na vida pública	193
8. A personalidade em público	221
9. Os homens públicos do século XIX	285
10. A personalidade coletiva	319

O DECLÍNIO DO HOMEM PÚBLICO

PARTE QUATRO
A sociedade intimista

11. O fim da cultura pública	373
12. O carisma se torna incivilizado	387
13. A comunidade se torna incivilizada	421
14. O ator privado de sua arte	449
Conclusão: As tiranias da intimidade	483
Notas	489
Apêndice: "Eu Acuso!"	505
Índice remissivo	515

Agradecimentos

Sou grato a Clifford Curzon e a Murray Perahia por terem me ajudado a definir primeiro o propósito deste livro. No decorrer de sua elaboração, fui ajudado pelas conversas com Peter Brooks, Clifford Geertz, Richard Gilman, Caroline Rand Herron, Anne Hollander, Herbert Menzel, Orest Ranum, Carl Schorske, Richard Trexler e Lionel Trilling. Gostaria de agradecer a Ben Barber, Juan Corradi, Marion Knox, Leo Marx e David Riesman pelos comentários feitos ao manuscrito. Tenho um débito especial para com David Herron, que me proporcionou o grande benefício de sua leitura detalhada do texto.

A pesquisa para este livro foi feita com a assistência de Marcia Bystryn, de Bernard McGrane, de Mark Salmon e de Christina Spellman. Especiais agradecimentos a Marcia Bystryn, por seu trabalho paciente e competente.

Finalmente, devo agradecer a Robert Gottlieb e a Angus Cameron pela orientação editorial. Bobbie Bristol orientou a produção do livro, e Jack Lynch ajudou-me a refinar a linguagem do texto.

Gostaria de agradecer também aos bibliotecários e curadores pela assistência recebida nas bibliotecas do Institute of Advanced Study, do Lincoln Center for the Performing Arts, do Metropolitan Museum of New York, da Harvard University, da Bibliothèque Nationale, da Cambridge University e da New York University. O auxílio financeiro para a pesquisa e a elaboração deste livro proveio da generosa assistência do Institute of Advanced Study, da John Simon Guggenheim Foundation e da Ford Foundation. O manuscrito foi datilografado pela equipe do Center for Policy Research, e eu gostaria de agradecer por sua eficiência coletiva e por seu bom humor.

PARTE UM

O problema público

1

O domínio público

Os tempos modernos são frequentemente comparados aos anos em que o Império Romano entrou em decadência. Assim como se supõe que a podridão moral enfraqueceu o poder de Roma para governar o Ocidente, diz-se que enfraqueceu o poder do Ocidente para governar o globo. Por mais tola que seja essa ideia, ela contém um elemento de verdade. Há como que um paralelo entre a crise da sociedade romana após a morte de Augusto e a vida nos dias atuais, no que diz respeito ao equilíbrio entre vida pública e vida privada.

À medida que findava a Época de Augusto, os romanos passaram a tratar a vida pública como uma questão de obrigação formal. As cerimônias públicas, as necessidades militares do imperialismo, os contatos rituais com outros romanos fora do círculo familiar tornaram-se deveres — deveres em que o romano participava com um espírito cada vez mais passivo, conformando-se às regras da *res publica* e investindo cada vez menos paixão em seus atos de conformidade. À medida que a vida pública do romano se tornava exangue, ele buscou privadamente um novo foco para suas energias emocionais, um novo princípio de compromisso e de crença. Esse compromisso privado era místico, preocupado em fugir do mundo em geral e das formalidades da *res publica* como parte desse mundo, e vinculava-se a várias seitas do Oriente Próximo, entre as quais o Cristianismo passou a predominar. O Cristianismo deixa então de ser um compromisso espiritual praticado em segredo para irromper no mundo, transformando-se, ele próprio, em novo princípio de ordem pública.

Hoje, a vida pública também se tornou questão de obrigação formal. A maioria dos cidadãos aborda suas negociações com o Estado com um espírito de aquiescência resignada, mas essa debilitação pública tem um alcance muito mais amplo do que as transações políticas. Boas maneiras e intercâmbios rituais com estranhos são considerados, na melhor das hipóteses, formais e áridos e, na pior, falsos. A própria pessoa estranha é uma figura ameaçadora, e muito poucos podem sentir um grande prazer nesse mundo de estranhos: a cidade cosmopolita. Uma *res publica* representa, em geral, aqueles vínculos de associação e de compromisso mútuo que existem entre pessoas que não estão unidas por laços de família ou de associação íntima: é o vínculo de uma multidão, de um "povo", de uma sociedade organizada, mais do que vínculo de família ou de amizade. Como na época romana, a participação na *res publica* é hoje, na maioria das vezes, uma questão de estar de acordo; e os fóruns para essa vida pública, como a cidade, estão em estado de decadência.

A diferença entre o passado romano e o presente moderno reside na alternativa, no significado da privacidade. O romano privadamente buscava um outro princípio para contrapor ao público, um princípio baseado na transcendência religiosa do mundo. Privadamente buscamos não tanto um princípio, mas uma reflexão, a saber, o que são nossas psiques, ou o que é autêntico em nossos sentimentos. Temos tentado tornar o fato de estarmos em privacidade, a sós ou com a família e amigos íntimos, um fim em si mesmo.

As ideias modernas a respeito da psicologia dessa vida privada são confusas. Poucas pessoas afirmariam atualmente que suas vidas psíquicas surgem por geração espontânea, independentemente de condições sociais e de influências ambientais. Não obstante, a psique é tratada como se tivesse uma vida interior própria. Considera-se essa vida psíquica tão preciosa e tão delicada que fenecerá se for exposta às duras realidades do mundo social e que só poderá florescer na medida em que for protegida e isolada. O eu de cada pessoa tornou-se o seu próprio fardo; conhecer-se a si mesmo tornou-se antes uma finalidade do que um meio através do qual se conhece o mundo. E precisamente porque estamos tão absortos em nós mesmos, é-nos extremamente difícil chegar a um princípio privado, dar qualquer explicação clara para nós mesmos ou para os

O DOMÍNIO PÚBLICO

outros daquilo que são as nossas personalidades. A razão está em que, quanto mais privatizada é a psique, menos estimulada ela será e tanto mais nos será difícil sentir ou exprimir sentimentos.

A busca por parte do romano no período pós-augustiniano de seus deuses privados orientais achava-se, em sua mente, isolada do mundo público. Ele finalmente impôs tais deuses ao mundo público, subjugando a lei militar e o costume social a um princípio mais elevado, claramente diferente. Segundo o nosso código moderno de significação privada, as relações entre experiência impessoal e íntima não possuem tal clareza. Vemos a sociedade mesma como "significativa" somente quando a convertemos num grande sistema psíquico. Podemos compreender que o trabalho de um político é o de elaborar ou executar a legislação, mas esse trabalho não nos interessa, até que percebamos o papel da personalidade na luta política. Um líder político que busca o poder obtém "credibilidade" ou "legitimidade" pelo tipo de homem que é, não pelas ações ou programas que defende. A obsessão para com pessoas, em detrimento de relações sociais mais impessoais, é como um filtro que descobre o nosso entendimento racional da sociedade; ela torna obscura essa importância continuada da classe na sociedade industrial avançada; leva-nos a crer que a comunidade é um ato de autodesvendamento mútuo e a subestimar as relações comunitárias de estrangeiros. Ironicamente, essa visão psicológica também inibe o desenvolvimento de forças básicas da personalidade, tais como o respeito pela privacidade dos outros ou a compreensão de que, uma vez que cada indivíduo é em certa medida uma câmara de horrores, as relações civilizadas entre os indivíduos só podem ter continuidade na medida em que os desagradáveis segredos do desejo, da cobiça ou inveja forem mantidos a sete chaves.

O advento da psicologia moderna e, em especial, da psicanálise baseava-se na crença de que, ao entender os procedimentos internos desse eu *sui generis,* desprovido de ideias transcendentes de mal ou de pecado, as pessoas poderiam libertar-se desses horrores e tornar-se disponíveis para participarem, mais completa e racionalmente, de uma vida externa aos limites de seus próprios desejos. Multidões de pessoas estão agora preocupadas, mais do que nunca,

18 O DECLÍNIO DO HOMEM PÚBLICO

apenas com as histórias de suas próprias vidas e com suas emoções particulares; essa preocupação tem demonstrado ser mais uma armadilha do que uma libertação.

Como essa imaginação psicológica da vida tem consequências sociais amplas, quero chamá-la por um nome que pode parecer inadequado à primeira vista: essa imaginação é uma visão íntima da sociedade. "Intimidade" conota calor, confiança e expressão aberta de sentimentos. Mas, precisamente porque acabamos por esperar tais benefícios psicológicos permeando a gama de nossas experiências e precisamente porque muita vida social que tem uma significação não pode conceder tais recompensas psicológicas, o mundo exterior, o mundo impessoal, parece nos decepcionar, parece rançoso e vazio.

Num certo sentido, estou girando ao contrário o argumento de David Riesman, em *A multidão solitária*. Riesman contrastava uma sociedade voltada para dentro, na qual os homens executavam ações e firmavam compromissos baseando-se em objetivos e sentimentos que traziam dentro de si mesmos, a uma sociedade voltada para o outro, onde tais paixões e compromissos dependem daquilo que as pessoas acham ser o sentimento de outrem. Riesman acreditava que a sociedade americana e, na esteira desta, a Europa Ocidental estavam mudando da condição de voltada para dentro à condição de voltada para outrem. A sequência deveria ser invertida. As sociedades ocidentais estão mudando a partir de algo semelhante a um estado voltado para o outro para um tipo voltado para a interioridade — com a ressalva de que, em meio à preocupação consigo mesmo, ninguém pode dizer o que há dentro. Como resultado, originou-se uma confusão entre vida pública e vida íntima: as pessoas tratam em termos de sentimentos pessoais os assuntos públicos, que somente poderiam ser adequadamente tratados por meio de códigos de significação impessoal.

Tal confusão pode parecer um problema especificamente americano. O valor que a sociedade americana dá à experiência individual pareceria levar seus cidadãos a medirem toda a vida social em termos de sentimento pessoal. Contudo, o que se experimenta atualmente não é o individualismo inflexível; ao invés disso, é ansiedade a respeito do sentimento individual, que os indiví-

O DOMÍNIO PÚBLICO

duos atestam em letras maiúsculas, em termos do funcionamento do mundo. A fonte dessa ansiedade reside nas profundas mudanças do capitalismo e da crença religiosa, o que não se limita a fronteiras nacionais.

A ansiedade diante daquilo que se sente também poderia ser considerada a difusão e a vulgarização da "busca da personalidade" romântica. Tal busca não vem sendo desenvolvida dentro de um vácuo social: são as condições da vida cotidiana que têm impelido as pessoas a essa busca romântica de autorrealização. Além disso, está fora do âmbito dos estudos literários sobre essa busca a avaliação do quanto ela custa à sociedade; e o custo é elevado.

A erosão da vida pública também exige um estudo específico, separado das demais modalidades habituais da história social. Falar a respeito de expressão em público leva naturalmente à pergunta: quais os tipos de expressão de que é capaz o ser humano nas relações sociais? Quando um homem faz um elogio a um estranho, por exemplo, age expressivamente do mesmo modo que um ator representando? É difícil falar de um vazio de expressão na vida pública sem alguma teoria sobre o que é expressão. Há, por exemplo, uma diferença entre a expressão apropriada às relações públicas e a expressão adequada às relações íntimas?

Tenho tentado criar uma teoria da expressão em público por meio de um processo de interação entre história e teoria. As mudanças concretas do comportamento público, discurso, vestuário e crença são usadas neste livro como provas para a elaboração de uma teoria sobre o que seja a expressão na sociedade. Da mesma forma que a história sugere pistas para uma teoria, tentei tomar como pistas as concepções abstratas obtidas como novas questões a serem formuladas ao registro histórico.

Uma investigação dialética significa que o argumento só estará completo quando o livro chegar ao final. Não se pode expor imediatamente a "teoria" e estendê-la, como um mapa, sobre o terreno histórico. Para obter ao menos alguma clareza no início, porém, gostaria de discutir neste capítulo as dimensões sociais e políticas do problema público, tal como vêm se desenvolvendo na sociedade moderna, e de apresentar, no capítulo seguinte, as dimensões de uma teoria da expressão em público. Nas páginas subsequentes deste livro, as questões históricas e teóricas serão examinadas em várias direções.

O AMOR FORA DO DOMÍNIO PÚBLICO

O problema público da sociedade contemporânea é duplo: o comportamento e as soluções que são impessoais não suscitam muita paixão; o comportamento e as soluções começam suscitar paixão quando as pessoas os tratam, falseadamente, como se fossem questões de personalidade. Mas, uma vez que esse duplo problema público existe, ele cria um problema no interior da vida privada. O mundo dos sentimentos íntimos perde suas fronteiras; não se acha mais refreado por um mundo público onde as pessoas fazem um investimento alternativo e balanceado de si mesmas. A erosão de uma vida pública forte deforma, assim, as relações íntimas que prendem o interesse sincero das pessoas. Nas últimas quatro gerações, não ocorreu nenhum exemplo mais vívido de tal deformação do que na mais íntima das experiências pessoais, o amor físico.

Nas últimas quatro gerações, o amor físico vem sendo redefinido, passando dos termos do erotismo para os termos da sexualidade. O erotismo vitoriano envolvia relacionamentos sociais, enquanto a sexualidade envolve a identidade pessoal. O erotismo significava que a expressão sexual transpirava por meio de ações — de escolha, repressão, interação. A sexualidade não é uma ação, mas um estado no qual o ato físico do amor decorre quase como uma consequência passiva, como um resultado natural do sentimento de intimidade entre duas pessoas.

As bases do erotismo entre a burguesia do século XIX estavam quase que inteiramente escondidas no medo e, portanto, expressas através do filtro da repressão. Toda ação sexual era acompanhada pela sombra de um sentimento de violação — violação do corpo da mulher pelo homem, violação do código social pelos dois amantes, violação de um código moral mais profundo pelos homossexuais. Amplos segmentos da sociedade moderna têm se rebelado contra o medo e a repressão, e isso é bom. Mas, devido ao modo pelo qual os ideais de intimidade avivam a imaginação moderna, tem também havido reação contra a ideia de que o amor físico é uma ação em que as pessoas se engajam, e que, como qualquer outra ação social, deveria ter regras, limites

O DOMÍNIO PÚBLICO

e idealizações necessários para conferir-lhe um significado específico. Ao invés disso, o sexo é uma revelação do eu. Uma nova escravidão veio, pois, substituir a antiga.

Imaginamos que a sexualidade delimita um amplo território para aquilo que somos e que sentimos. A sexualidade é um estado expressivo, ao invés de um ato expressivo, e é no entanto entrópica. Tudo quanto experimentamos toca necessariamente a nossa sexualidade, mas a sexualidade *é*. Nós a desvendamos, a descobrimos, chegamos a um acordo com ela, mas não a dominamos. Isso seria manipulativo, instrumental, insensível — e também colocaria a sexualidade em pé de igualdade com as emoções que tentamos moldar, ao invés de nos submetermos a elas. Os vitorianos, que encaravam o sexo dessa maneira, podiam então falar em aprender com sua vida erótica, embora o aprendizado fosse tão dolorosamente difícil, devido aos filtros da repressão. Hoje em dia não aprendemos "com" o sexo, porque isso colocaria a sexualidade fora do eu; em contrapartida, vamos infinita e frustrantemente à procura de nós mesmos através dos órgãos genitais.

Pensem, por exemplo, nas diferentes conotações da palavra "sedução" no século XIX e do termo moderno "caso". Uma sedução era o despertar de tamanho sentimento por parte de uma pessoa — nem sempre um homem — em uma outra que os códigos sociais eram com isso violados. Essa violação fazia com que todas as outras relações sociais da pessoa fossem temporariamente questionadas; cônjuge, filhos, pais eram envolvidos tanto simbolicamente, através da culpa, quanto na prática, se a violação fosse descoberta. O termo moderno, "caso", recalca todos esses riscos porque reprime a ideia de que o amor físico é um ato social; trata-se agora de uma questão de afinidade emocional, que *in esse* se situa fora da teia de outras relações sociais na vida da pessoa. Atualmente pareceria ilógico a uma pessoa que está tendo um caso, seja dentro ou fora do casamento, tomá-lo como congenitamente ligado a relações parentais, de modo que, sempre que alguém faz amor com outra pessoa, o seu *status* como filho de outrem pudesse ser alterado. Isso, diríamos, pertence ao âmbito de casos individuais, de fatores da personalidade; não é uma questão social. Entre espíritos mais livres, o mesmo argumento seria empregado para um caso em relação a um casamento. A própria palavra "caso" (*affair*), tão vazia, tão amorfa, indica uma espécie de desvalorização da sexualidade, enquanto uma imagem que pode ser compartilhada socialmente através do discurso. Ao nos rebelarmos contra a repressão sexual, rebelamo-nos contra a ideia de que a sexualidade tem uma dimensão social.

Por que tais esforços visando a liberdade sexual, tão bem-intencionados em espírito, precisariam terminar como enigmas insolúveis, quebra-cabeças mágicos do eu? Numa sociedade em que o sentimento íntimo é um padrão de realidade apropriado a diversas finalidades, a experiência se organiza em duas formas que conduzem a essa destrutividade não premeditada. Nessa sociedade, as energias humanas básicas do narcisismo são mobilizadas de modo a penetrarem sistemática e perversamente nas relações humanas. Nessa sociedade, o teste para se saber se as pessoas estão sendo autênticas e "direitas" umas com as outras é um padrão peculiar de troca mercantil em relações íntimas.

O narcisismo, no sentido clínico, diverge da ideia popular do amor de alguém por sua própria beleza; num aspecto mais estrito e como um distúrbio de caráter, é a preocupação consigo mesmo que impede alguém de entender aquilo que é inerente ao domínio do eu e da autogratificação e aquilo que não lhe é inerente. Assim, o narcisismo é uma obsessão com "aquilo que essa pessoa, esse acontecimento significam para mim". Este questionamento sobre a relevância pessoal das outras pessoas e de atos exteriores é feita de modo tão repetitivo que uma percepção clara dessas pessoas e desses acontecimentos em si mesmos fica obscurecida. Essa introjeção no eu, por estranho que possa parecer, impede a satisfação das necessidades do eu; faz com que, no momento de se atingir um objetivo, ou de se ligar a outrem, a pessoa sinta que "não é isso que eu queria". Assim, o narcisismo tem a dupla qualidade de ser uma voraz introjeção nas necessidades do eu e o bloqueio de sua satisfação.

Os transtornos narcisistas da personalidade são as fontes mais comuns das formas de dificuldades psíquicas com as quais se defrontam os terapeutas. Os sintomas histéricos que constituíam as queixas predominantes da sociedade erótica e repressiva de Freud desapareceram em grande escala. Esse transtorno da personalidade surgiu porque um novo tipo de sociedade encoraja o

O DOMÍNIO PÚBLICO

crescimento de seus componentes psíquicos e anula o senso de contato social significativo fora de seus limites, fora dos limites do eu único, em público. Devemos ter cuidado ao especificar o que é esse tipo de aflição, para não falsificarmos o meio dentro do qual ele tomou forma social. Esse transtorno da personalidade não conduz inevitavelmente à psicose, nem as pessoas sob a sua influência vivem o tempo todo em um estado agudo de crise. O distanciamento para com os compromissos, a busca contínua de uma definição interior do "quem sou eu", provoca dor, mas nenhum mal-estar cataclísmico. Em outras palavras, o narcisismo não cria as condições que poderiam promover sua própria destruição.

Na esfera da sexualidade, o narcisismo afasta o amor físico de qualquer compromisso, pessoal ou social. O simples fato de um compromisso por parte de uma pessoa parece, para ele ou ela, limitar as oportunidades de experiências "suficientes" para saber quem ele ou ela é e encontrar a pessoa "certa" para complementar quem ele ou ela é. Todo relacionamento sexual sob a influência do narcisismo torna-se menos satisfatório quanto maior for o tempo em que os parceiros estiverem juntos.

Uma relação primária entre narcisismo e sexualidade pode ser delineada em termos de imagens que as pessoas têm de seu próprio corpo. Um estudo muito interessante realizado em Paris ao longo de vários anos mostrou que, à medida que as pessoas tendem a considerar seu corpo como definições cada vez mais completas de sua própria sexualidade, a "simbolização" do corpo fica cada vez menos fácil para elas. Na medida em que a sexualidade se torna um estado absoluto fixado na forma do corpo, as pessoas que são esses corpos têm uma dificuldade crescente em imaginar formas fálicas em organismos naturais como as plantas ou em perceber um relacionamento entre o movimento corporal e a ação de um cilindro ou de um fole. O culto do corpo como um estado sexual absoluto é narcisista porque torna a sexualidade exclusivamente atributo da pessoa, um estado ao invés de uma atividade, e portanto essencialmente isolada da experiência sexual que a pessoa pode ter ou não. O estudo conclui que o resultado do narcisismo é um decréscimo da imaginação "metafórica" do corpo, o que é, vale dizer, um empobrecimento

24   O DECLÍNIO DO HOMEM PÚBLICO

da atividade cognitiva criadora de símbolos a partir de uma coisa física. Essa é uma das razões pelas quais, à medida que uma sociedade passa do erotismo à sexualidade, da crença em ações emocionais para a crença em estados emocionais, forças psicológicas destrutivas são trazidas à baila. É um sinal da destrutividade desencadeada quando uma sociedade nega até mesmo a Eros uma dimensão pública.

A forma mais comum pela qual o narcisismo se dá a conhecer à pessoa é através de um processo de inversão: se ao menos eu pudesse sentir mais, ou se eu pudesse realmente sentir, então eu poderia me relacionar com os outros ou ter relações "reais" com eles. Mas, a cada momento de contato, parece que nunca sinto o bastante. O conteúdo óbvio dessa inversão é a autoacusação, mas enterrada debaixo dele se acha a sensação de que o mundo está me decepcionando.

Uma segunda força destrutiva vem reforçar essa busca infrutífera de uma identidade composta por materiais vindos de dentro. Essa força pode ser descrita melhor através de um exemplo dela durante o treinamento de formação de entrevistadores de diagnóstico.

Nas primeiras sessões, os entrevistadores principiantes frequentemente estão ansiosos para mostrarem que encaram seus sujeitos como pessoas de verdade e não apenas como "fontes de dados". Os entrevistadores querem lidar com seus sujeitos de igual para igual, fazendo descobertas em conjunto. Esse desejo louvável resulta numa situação inicial peculiar: toda vez que o sujeito revela algum detalhe ou sentimento de sua vida privada, o entrevistador reage contrapondo um detalhe de sua própria vida. Tratar alguém como "pessoa", nessa situação, torna-se uma troca mercantil de intimidades: eles lhes mostram uma carta, vocês lhes mostram outra.

Os entrevistadores tendem a superar esse comércio de revelações mútuas quando começam a perceber que, ao se exporem, estão perdendo a oportunidade de descobrir os sentimentos do sujeito. Essa oportunidade surgirá se o entrevistador fizer perguntas, ou se simplesmente ficar sentado em silêncio, aguardando que a outra pessoa prossiga. Após algum tempo, entrevistadores sensíveis começam a ficar pouco à vontade diante da ideia de que para tratar

O DOMÍNIO PÚBLICO

outra pessoa como um igual, emocionalmente falando, é necessário manter com ela um relacionamento recíproco, reagindo a qualquer coisa que ela lhe mostre fazendo-lhe alguma revelação em troca. E, neste ponto, os entrevistadores encaminham-se de um ideal de intimidade baseado na troca comercial para uma intimidade mais genuína. Aqui, os limites em torno do eu não isolam, mas de fato estimulam a comunicação com os outros.

Os entrevistadores recebem suas noções iniciais da intimidade como troca mercantil a partir de pressuposições que regem a sociedade mais ampla. Uma vez que as pessoas estão próximas umas das outras na medida em que sabem a respeito umas das outras, então o conhecimento interpessoal torna-se uma questão de revelação recíproca. Quando duas pessoas já não têm revelações a fazer, e a troca comercial chegou ao fim, quase sempre o relacionamento acaba. Esgota-se porque "não há mais nada a dizer", cada um acaba aceitando o outro "como um fato dado". O tédio é a consequência lógica da intimidade nessa relação de troca. Esse esgotamento completa com perfeição a convicção narcisista de que, sejam quais forem as recompensas que se esteja recebendo no momento, elas não são tudo o que se poderia receber, ou, inversamente, que não se está efetivamente sentindo o suficiente para que o relacionamento seja "real".

O narcisismo e a permuta de autorrevelações estruturam as condições nas quais a expressão de sentimentos em circunstâncias íntimas se torna destrutiva. Há uma busca interminável de autossatisfação e, ao mesmo tempo, o eu não pode permitir que a gratificação ocorra. Pode-se vislumbrar até certo ponto o poder dessa linguagem do eu nas palavras em código usadas atualmente para avaliar a "autenticidade" dos relacionamentos ou das outras pessoas. Falamos da possibilidade ou não de nos "relacionar" com os acontecimentos ou com outras pessoas e de saber se na própria relação as pessoas estão "abertas" umas para com as outras. A primeira é uma palavra em código para medir o outro em termos de um espelho de preocupação consigo mesmo, e a segunda é um disfarce para medir a interação social em termos da permuta de confissões.

A família burguesa do século XIX tentou preservar uma certa distinção entre o senso da realidade privada e os termos muito diferentes do mundo

26 O DECLÍNIO DO HOMEM PÚBLICO

público exterior ao lar. O limiar entre ambos era confuso, frequentemente violado, demarcado na esfera erótica pela mão impelida pelo medo, mas ao menos se fazia a tentativa de manter a separação e a complexidade dos diferentes domínios da realidade social. Esquecemos muito facilmente uma qualidade que existia na vida burguesa: sua *dignidade* essencial. Havia um esforço — doentio e votado ao malogro, é certo — para operar distinções entre os campos da experiência e, desse modo, arrancar uma forma qualquer dessa sociedade em enorme desordem e desolação. Marx percebeu essa dignidade tanto quanto Weber; os primeiros romances de Thomas Mann são celebrações dessa dignidade, na mesma medida em que são estudos da sua inevitável desintegração.

Se o envolvimento nas questões do eu tivesse ocorrido ao mesmo tempo em que as pessoas continuassem a levar vidas ativas com pessoas que nunca poderiam conhecer, na política e na burocracia de grande escala, poderíamos sensatamente concluir que as dimensões do problema residem na importância crescente da psicologia na vida burguesa; esse problema psicológico poderia ser encarado como divorciado de questões sociológicas de participação e de ação em grupo. Mas na realidade houve uma troca. Aumentou a preocupação com as questões relativas ao eu, enquanto a participação com estranhos para finalidades sociais diminuiu — ou essa participação perverteu-se com a questão psicológica. Em grupos comunitários, por exemplo, as pessoas sentem que precisam chegar a se conhecer umas às outras enquanto pessoas, a fim de atuarem juntas; ficam então presas a processos imobilizantes para se revelarem umas às outras enquanto pessoas e vão gradualmente perdendo o desejo de atuarem juntas.

O desejo de revelar a própria personalidade no trato social e de avaliar a ação social em termos daquilo que esta mostra das personalidades das outras pessoas pode ser rotulado de suas maneiras. É, primeiramente, um desejo de se autenticar enquanto ator social por meio de suas qualidades pessoais. O que torna uma ação boa (isto é, autêntica) é a personalidade daqueles que nela se engajam, e não a ação em si mesma. Quando alguma pessoa é considerada autêntica, ou quando a sociedade como um todo é descrita como criadora

O DOMÍNIO PÚBLICO

de problemas de autenticidade humana, a linguagem revela um caminho em que a ação social está sendo desvalorizada nesse procedimento de se dar mais peso aos assuntos psicológicos. Por uma questão de senso comum, sabemos que bons homens cometem más ações, mas essa linguagem de autenticidade faz com que seja difícil nos servirmos do senso comum.

O desejo de autenticar a si mesmo, suas motivações, seus sentimentos é, em segundo lugar, uma forma de puritanismo. Não obstante a liberação de nossa sexualidade, estamos dentro da órbita de autojustificação, que definia o mundo do puritano. Isso acontece por uma razão específica: os sentimentos narcisistas não raro se concentram em questões obsessivas, se sou bom o bastante, se sou adequado e assim por diante. Quando uma sociedade mobiliza tais sentimentos, quando esvazia o caráter objetivo da ação e dilata a importância dos estados emocionais subjetivos dos agentes, essas questões de autojustificação, através de um "ato simbólico", vêm sistematicamente à tona. A troca que vem ocorrendo entre preocupação pública e preocupação privada, ao mobilizar essas questões obsessivas da legitimidade do eu, tornou a despertar os mais corrosivos elementos da ética protestante, em uma cultura que já deixou de ser religiosa mas que tampouco está convencida de que a riqueza material é uma forma de capital moral.

A troca entre uma maior absorção psíquica e uma menor participação social pode ser facilmente mal interpretada como um problema psicológico. Poder-se-ia dizer que as pessoas estão perdendo a "vontade" de atuarem socialmente, ou que estão perdendo o "desejo". Essas palavras, enquanto estados puramente psicológicos, induzem ao erro porque não explicam como toda uma sociedade poderia perder sua vontade ou mudar seus desejos, a um só tempo. Induzem ainda mais ao erro ao sugerirem uma solução terapêutica para tirar as pessoas desse autoenvolvimento — como se o ambiente que fez ruir sua vontade social e transformou seus desejos pudesse repentinamente receber de braços abertos indivíduos totalmente mudados.

ESPAÇO PÚBLICO MORTO

A visão intimista é impulsionada na proporção em que o domínio público é abandonado, por estar esvaziado. No mais físico dos níveis, o ambiente incita a pensar no domínio público como desprovido de sentido. É o que acontece com a organização do espaço urbano. Arquitetos que projetam arranha-céus e outros edifícios de grande porte e alta densidade se veem forçados a trabalhar com as ideias a respeito da vida pública, no seu estado atual, e de fato se incluem entre os poucos profissionais que por necessidade expressam e tornam esses códigos manifestos para outrem.

Um dos primeiros arranha-céus de puro estilo da Escola Internacional, construídos após a Segunda Guerra Mundial, foi a Lever House de Gordon Bunshaft, na Park Avenue, em Nova York. O andar térreo da Lever House é uma praça ao ar livre, um pátio com uma torre que se ergue na face norte e, a um andar acima do térreo, uma estrutura baixa em torno dos três lados restantes. Mas deve-se passar por debaixo dessa ferradura baixa para se penetrar da rua no pátio; o nível da rua é espaço morto. Não há diversidade de atividades no andar térreo: é apenas uma passagem para o interior. A forma desse arranha-céu Internacional está em desacordo com a sua função, pois uma praça pública em miniatura é formalmente declarada, mas a função destrói a natureza de uma praça pública, que é a de mesclar pessoas e diversificar atividades.

Essa contradição faz parte de um conflito maior. A Escola Internacional dedicava-se a uma nova ideia de visibilidade na construção de grandes edifícios. Paredes quase inteiramente de vidro, emolduradas por estreitos suportes de aço, fazem com que o interior e o exterior de um edifício se dissolvam, até o menor ponto de diferenciação; essa tecnologia permite a realização daquilo que S. Giedion chama o ideal da parede permeável, o máximo em visibilidade. Mas essas paredes devem ser também barreiras herméticas. A Lever House foi precursora de um conceito de *design* no qual a parede, embora permeável, também isola as atividades desenroladas no interior do edifício da vida da rua. Nesse conceito de projeto, a estética da visibilidade e o isolamento social se fundem.

O paradoxo do isolamento em meio à visibilidade não é privativo de Nova York, tampouco os problemas específicos da criminalidade em Nova York constituem uma explicação suficiente da inércia do espaço público num projeto como esse. No Brunswick Centre, construído no bairro de Bloomsbury, em Londres, e no complexo de escritórios de Défense, em construção na extremidade oeste de Paris, o mesmo paradoxo se verifica e resulta na mesma área pública morta.

No Brunswick Centre, dois enormes complexos de apartamentos se erguem para fora de um grande espaço aberto de concreto; os edifícios de apartamentos vão diminuindo a cada andar, de tal modo que cada um deles parece uma cidade com jardins suspensos localizados numa colina. Na sua maioria, as sacadas dos apartamentos do Brunswick Centre são envidraçadas; desse modo, o morador do apartamento dispõe de uma parede de estufa, que deixa passar muita luz e rompe a barreira entre exterior e interior. Essa permeação entre a cidade e o espaço interno é curiosamente abstrata. Tem-se a agradável percepção do céu, mas os edifícios estão dispostos de maneira a não ter nenhuma relação com os edifícios de Bloomsbury ao seu redor, nem vista para eles. Na verdade, os fundos de um dos blocos de apartamentos, revestidos de concreto sólido, dão para, ou melhor, nem tomam conhecimento de uma das mais belas praças de Londres. O edifício está localizado como se pudesse estar em qualquer parte, o que vale dizer que seus projetistas não tinham a sensação de estarem em nenhum local específico, muito menos em um meio urbano extraordinário.

A verdadeira lição do Brunswick Centre está contida no seu pátio central aberto. Existem ali algumas lojas e vastas áreas de espaço vazio. É uma área de passagem, não de uso; sentar em um dos raros bancos de concreto do pátio, durante qualquer espaço de tempo, deixa-nos profundamente sem jeito, como se estivéssemos em exibição em um vasto *hall* de entrada vazio. O pátio "público" do Centre está em verdade protegido contra as principais ruas contíguas a Bloomsbury por duas imensas rampas ladeadas por cercas; o próprio pátio se ergue a alguns metros acima do nível da rua. Tudo foi feito, mais uma vez, para isolar a área pública do Brunswick Centre de incursões

30   O DECLÍNIO DO HOMEM PÚBLICO

acidentais vindas da rua, ou simplesmente das pessoas que passeiam, assim como a localização dos dois blocos de apartamentos isola com eficácia seus moradores da rua, do pátio e da praça. A afirmação visual feita pelo detalhamento da parede da estufa diz que interior e exterior da moradia não têm diferenciação; a declaração social feita pelo pátio, pela localização do complexo e pelas rampas diz que uma imensa barreira separa o "interior" do Brunswick Centre do "exterior".

A supressão do espaço público vivo contém uma ideia ainda mais perversa: a de fazer o espaço contingente à custa do movimento. No centro da Défense, tal como ocorre na Lever House e no Brunswick Centre, o espaço público destina-se à passagem, não à permanência. Na Défense, as áreas em redor da massa dos altos edifícios de escritórios que compõem o complexo contêm algumas lojas, mas a sua verdadeira finalidade é a de servirem como passagem, do automóvel ou do ônibus, para os edifícios de escritórios. Há poucos sinais de que os encarregados do projeto da Défense atribuíssem àquele espaço qualquer valor intrínseco ou achassem que as pessoas vindas dos vários edifícios pudessem querer permanecer nele. O solo, segundo as palavras de um dos encarregados do planejamento, é "o nexo de apoio ao fluxo de tráfego para o conjunto vertical". Traduzido, isso significa que o espaço público se tornou uma derivação do movimento.

A ideia do espaço público como derivação do movimento corresponde exatamente às relações entre espaço e movimento produzidos pelo automóvel particular. Não se usa o carro para ver a cidade; o automóvel não é um veículo para se fazer turismo — ou melhor, não é usado como tal, a não ser por motoristas adolescentes que saem para dar uma volta de carro sem permissão do dono. Em vez disso, o carro dá liberdade de movimentos; pode-se viajar sem ser interrompido por paradas obrigatórias, como as do metrô, sem mudar a sua forma de movimento, de ônibus, metrô, via elevada ou a pé, ao ir do lugar *A* para o lugar *B*. As ruas da cidade adquirem então uma função peculiar: permitir a movimentação; se elas constrangem demais a movimentação, por meio de semáforos, contramãos, etc., os motoristas se zangam ou ficam nervosos.

O DOMÍNIO PÚBLICO

Atualmente, experimentamos uma facilidade de movimentação desconhecida de qualquer civilização urbana anterior à nossa, e no entanto a movimentação se tornou a atividade diária mais carregada de ansiedade. A ansiedade provém do fato de que consideramos a movimentação sem restrições do indivíduo como um direito absoluto. O automóvel particular é o instrumento lógico para o exercício desse direito, e o efeito que isso provoca no espaço público, especialmente no espaço da rua urbana, é que o espaço se torna sem sentido, até mesmo endoidecedor, a não ser que possa ser subordinado ao movimento livre. A tecnologia da movimentação moderna substitui o fato de estar na rua por um desejo de eliminar as coerções da geografia.

Assim, a concepção de *design* para uma Défense ou para uma Lever House se aglutina com a tecnologia dos transportes. Em ambas, uma vez que se tornou função da movimentação, o espaço público perde todo sentido próprio independente para experimentação.

Até agora, empregamos o termo "isolamento" em dois sentidos: em primeiro lugar, significa que os habitantes ou os trabalhadores de uma estrutura urbana de alta densidade são inibidos ao sentirem qualquer relacionamento com o meio no qual está colocada essa estrutura. Em segundo lugar, significa que, assim como alguém pode se isolar em um automóvel particular para ter liberdade de movimento, também deixa de acreditar que o que o circunda tenha qualquer significado além de ser um meio para chegar à finalidade da própria locomoção. Existe ainda um terceiro sentido, um sentido um tanto mais brutal de isolamento social em locais públicos, um isolamento produzido diretamente pela nossa visibilidade para os outros.

A ideia de uma parede permeável é aplicada por muitos arquitetos, tanto dentro de seus prédios quanto do lado de fora. As barreiras visuais são destruídas pela supressão das paredes divisórias de escritórios, de modo que andares inteiros se tornem um vasto espaço aberto ou, ainda, que haja um conjunto de escritórios privativos localizados no perímetro, com uma ampla área interna aberta. Essa destruição de paredes, adiantam os planejadores de escritórios, melhora o desempenho dos escritórios, pois, quando as pessoas se encontram durante todo o dia expostas visualmente umas às outras, é menos provável que haja lugar para conversinhas e mexericos e mais provável que tenham uma atitude reservada. Quando todos estão se vigiando mutuamente, diminui a sociabilidade, e o silêncio é a única forma de proteção. O projeto do escritório em andar aberto leva ao extremo o paradoxo da visibilidade e do isolamento, um paradoxo que pode também ser enunciado inversamente. As pessoas são tanto mais sociáveis quanto mais tiverem entre elas barreiras tangíveis, assim como necessitam de locais específicos, em público, cujo propósito único seja reuni-las. Em outros termos, diríamos: os seres humanos precisam manter uma certa distância da observação íntima por parte do outro para poderem sentir-se sociáveis. Aumentem o contato íntimo e diminuirão a sociabilidade. Essa é a lógica de um tipo de eficiência burocrática.

O espaço público morto é uma das razões, e a mais concreta delas, pelas quais as pessoas procurarão um terreno íntimo que em território alheio lhes é negado. O isolamento em meio à visibilidade pública e a exagerada ênfase nas transações psicológicas se complementam. Na medida em que alguém, por exemplo, sente que deve se proteger da vigilância dos outros no âmbito público, por meio de um isolamento silencioso, compensa isso expondo-se para aqueles com quem quer fazer contato. A relação complementar existe então, pois são duas expressões de uma única e geral transformação das relações sociais. Às vezes, penso nessa situação complementar em termos das máscaras criadas para o eu pelas boas maneiras e pelos rituais de polidez. Essas máscaras deixaram de ter importância em situações impessoais, ou parecem ser propriedade exclusiva dos esnobes; em relacionamentos mais íntimos, parecem impedir que se conheça outra pessoa. E me pergunto se esse desprezo pelas máscaras rituais da sociabilidade não nos tornou, na realidade, culturalmente mais primitivos do que a mais simples tribo de caçadores e catadores.

Um elo ligando a maneira pela qual as pessoas encaram as suas relações sexuais e aquilo que experimentam na rua pode parecer artificioso. E, mesmo que se concorde quanto à existência de tais conexões entre as modalidades da vida pública e da vida pessoal, poder-se-ia objetar, com razão, que elas têm raízes pouco profundas do ponto de vista histórico. Foi a geração nascida após a Segunda Guerra Mundial que se voltou para dentro de si ao se libertar das

O DOMÍNIO PÚBLICO

repressões sexuais. É nessa mesma geração que se operou a maior parte da destruição física do domínio público. A tese deste livro é a de que esses sinais gritantes de uma vida pessoal desmedida e de uma vida pública esvaziada ficaram por muito tempo incubados. São resultantes de uma mudança que começou com a queda do Antigo Regime e com a formação de uma nova cultura urbana, secular e capitalista.

AS MUDANÇAS NO DOMÍNIO PÚBLICO

A história das palavras "público" e "privado" é uma chave para se compreender essa transformação básica em termos de cultura ocidental. As primeiras ocorrências da palavra "público" em inglês identificam o "público" com o bem comum na sociedade. Em 1470, por exemplo, Malory falou do imperador Lucius "(...) ditador ou procurador do bem *público* em Roma". Setenta anos mais tarde, havia-se acrescentado ao sentido de público aquilo que é manifesto e está aberto à observação geral. Hall escreveu na sua *Chronicle* (Crônica) de 1542: "Seu ressentimento não conseguia se refrear, mas protestava em locais públicos e também em locais privados". Aqui, "privado" foi empregado para significar privilegiados, um alto escalão do governo. Perto do século XVII a oposição entre "público" e "privado" era matizada de modo mais semelhante ao de seu uso atual. "Público" significava aberto à observação de qualquer pessoa, enquanto "privado" significava uma região protegida da vida, definida pela família e pelos amigos. Como Steele, num número da *Tatler* de 1709: "esses efeitos (...) sobre as ações públicas e privadas dos homens"; e Butler, nos *Sermons* (Sermões) (1726): "todo homem deve ser considerado em dois níveis, o privado e o público". "Sair em público" (Swift) é uma expressão baseada na sociedade concebida em termos de geografia. Em nossos dias, os sentidos mais antigos não se perderam em inglês, mas esse emprego do século XVIII estabelece os padrões modernos de referência.

Os significados atribuídos a *le public* na França mostram algo semelhante. No Renascimento, a palavra era utilizada com um sentido amplo, em termos

34   O DECLÍNIO DO HOMEM PÚBLICO

do bem comum e do corpo político; gradualmente, *le public* foi se tornando também uma região especial da sociabilidade. Erich Auerbach fez um estudo meticuloso dessa definição mais moderna de "o público", que surge primeiramente na França em meados do século XVII, quando estava ligado ao público-plateia das peças teatrais. Esse público de teatro era designado, na época de Luís XIV, pela expressão capciosa *la cour et la ville* ("a corte, ou o quintal, e a cidade"). Auerbach descobriu que de fato esse público teatral consistia em um grupo de pessoas de elite — uma descoberta óbvia em termos da vida da corte, mas não tão óbvia em termos da vida citadina. *La ville* de Paris do século XVII era um grupo muito reduzido cujas origens eram não aristocráticas e mercantis, mas cujas maneiras tentavam apagar tal fato, não apenas por vergonha, mas a fim de facilitar o intercâmbio com a corte.

O sentido de quem era "o público" e de onde se estava quando se saía "em público" ampliou-se no início do século XVIII, tanto em Paris quanto em Londres. Os burgueses passaram a se preocupar menos em encobrir suas origens sociais, uma vez que havia um número muito maior de burgueses. As cidades onde moravam estavam se tornando um mundo em que grupos muito diversos estavam entrando em contato na sociedade. Na época em que a palavra "público" já havia adquirido seu significado moderno, portanto, ela significava não apenas uma região da vida social localizada em separado do âmbito da família e dos amigos íntimos, mas também que esse domínio público dos conhecidos e dos estranhos incluía uma diversidade relativamente grande de pessoas.

Há um termo logicamente associado a um público urbano diverso: "cosmopolita". De acordo com o emprego francês registrado em 1738, cosmopolita é um homem que se movimenta despreocupadamente em meio à diversidade, que está à vontade em situações sem nenhum vínculo nem paralelo com aquilo que lhe é familiar. Esse mesmo sentido da palavra surgiu em inglês mais cedo do que em francês, embora não fosse muito usado até o século XVIII. Por causa dos novos hábitos de se estar em público, o cosmopolita tornou-se o homem público perfeito. Um antigo emprego em inglês prenunciava o sentido comum da palavra na sociedade burguesa do século XVIII. Em uma das

Letters (Cartas), Howell (1645) escreveu: "Entrei no mundo aos tropeções, um puro cadete, um verdadeiro cosmopolita, nascido sem terras, rendas, casa ou cargo." Sem riqueza herdada nem obrigação feudal herdada, o cosmopolita, seja qual for o seu gosto pela diversidade mundana, necessariamente tem que abrir caminho dentro dela.

Dessa maneira, "público" veio a significar uma vida que se passa fora da vida da família e dos amigos íntimos; na região pública, grupos sociais complexos e díspares teriam que entrar em contato inelutavelmente. E o centro dessa vida pública era a capital.

Essas mudanças de linguagem estavam relacionadas a condições de comportamento e modos de crença na "cosmópolis" do século XVIII. À medida que as cidades cresciam e desenvolviam-se redes de sociabilidade independentes do controle real direto, aumentaram os locais onde estranhos podiam regularmente se encontrar. Foi a época da construção de enormes parques urbanos, das primeiras tentativas de se abrir ruas adequadas à finalidade precípua de passeio de pedestres, como uma forma de lazer. Foi a época em que cafés (*coffeehouses*) e mais tarde bares *(cafés)* e estalagens para paradas de diligências tornaram-se centros sociais; época em que o teatro e a ópera se abriram para um grande público graças à venda aberta de entradas, no lugar do antigo costume pelo qual patrocinadores aristocráticos distribuíam lugares. A difusão das comodidades urbanas ultrapassou o pequeno círculo da elite e alcançou um espectro muito mais abrangente da sociedade, de modo que até mesmo as classes laboriosas começaram a adotar alguns hábitos de sociabilidade, como passeios em parques, antes terreno exclusivo da elite, caminhando por seus jardins privativos ou "promovendo" uma noite no teatro.

No campo das necessidades, como no campo do lazer, surgiram padrões de interação social adequados ao intercâmbio entre estranhos e que não dependiam de privilégios feudais fixos nem do controle monopolista estabelecido por favores régios. O mercado urbano do século XVIII era diferente de seus predecessores medievais ou do Renascimento: sendo internamente competitivo, aqueles que nele vendiam competiam para atrair a atenção de um grupo mutável e amplamente desconhecido de compradores. À medida

36 O DECLÍNIO DO HOMEM PÚBLICO

que a economia de mercado se expandiu, e as modalidades de crédito, de contabilização e de investimento tornaram-se mais racionalizadas, os negócios eram realizados em escritório e lojas e numa base cada vez mais impessoal. Fica claro que seria errôneo imaginar que a economia ou a sociabilidade dessas cidades em expansão tomaram de um só golpe o lugar das modalidades mais antigas de negócios ou de prazer. Melhor é dizer que modalidades sobreviventes de obrigação pessoal se justapuseram a novas modalidades de interação, adequadas a uma vida levada entre estranhos, sob condições de uma expansão empresarial regulamentada de forma diferente.

Tampouco seria correto imaginar que o fato de forjar um vínculo social adequado a uma cidade em expansão e a uma classe burguesa ampliada fosse indolor ou justo. Procurava-se ansiosamente criar modalidades de discurso, e até mesmo de vestuário, que ordenassem a nova situação urbana e que também demarcassem essa vida, separando-a do domínio da família e dos amigos. Nessa busca dos princípios da ordem pública, frequentemente recorriam a modalidades de discurso, vestuário ou interação, adequados logicamente a uma época em vias de desaparecimento, e tentavam forçar essas modalidades a terem significado dentro de condições novas e antipáticas. Nesse processo, muitas iniquidades próprias à sociedade do final da Idade Média, agora transplantadas num terreno estranho, tornaram-se ainda mais dolorosas e opressivas. Não é necessário romantizar a vida pública do Antigo Regime para apreciá-la; a tentativa de criar uma ordem social em meio a condições sociais caóticas e confusas trouxe consigo ao mesmo tempo as contradições do Antigo Regime, levando-as a um ponto de crise, e criou oportunidades positivas para a vida em grupo que ainda precisavam ser entendidas.

Assim como no comportamento, também na crença os cidadãos das capitais do século XVIII tentavam definir tanto o que era a vida pública quanto aquilo que ela não era. A linha divisória entre vida privada e vida pública constituía essencialmente um terreno em que as exigências de civilidade — encarnadas pelo comportamento público, cosmopolita — eram confrontadas com as exigências da natureza — encarnadas pela família. Os cidadãos viam conflito entre essas exigências; e a complexidade dessa visão residia no fato de que se

O DOMÍNIO PÚBLICO 37

recusavam a preferir uma em detrimento da outra, mantendo ambas em um estado de equilíbrio. Comportar-se com estranhos de um modo emocionalmente satisfatório, e no entanto permanecer à parte deles, era considerado em meados do século XVIII um meio através do qual o animal humano se transformava em ser social. As condições para a paternidade, ou maternidade, e para amizades profundas eram consideradas por sua vez potencialidades humanas, em vez de criações humanas; enquanto o homem *se fazia* em público, *realizava* sua natureza no domínio privado, sobretudo em suas experiências dentro da família. As tensões entre as exigências de civilidade e os direitos da natureza, manifestadas na partilha entre vida pública e vida privada no centro cosmopolita, não apenas se espalharam pela alta cultura da época como também a esferas mais mundanas. Essas tensões transpareciam nos manuais sobre a criação dos filhos, nos folhetos sobre obrigações morais e crenças de senso comum sobre os direitos do homem. Juntos, o público e o privado criavam aquilo que hoje chamaríamos um "universo" de relações sociais.

A luta pela ordem pública na cidade, no século XVIII, e a tensão entre as exigências da vida pública e da vida privada constituíam os elementos de uma cultura coerente, embora fossem, como o são, em qualquer período, exceções, desvios, modalidades alternativas. Mas realmente existiu um equilíbrio entre a geografia pública e privada no Iluminismo, e contra isso tomam grande relevo a mudança fundamental nas ideias de público e privado, que se seguiram às grandes revoluções no final do século, e a ascensão de um capitalismo industrial nacional em tempos mais modernos.

Três forças estavam em ação nessa mudança: em primeiro lugar, um duplo relacionamento que no século XIX o capitalismo industrial veio a ter com a vida pública nas grandes cidades; em segundo lugar, uma reformulação do secularismo, que começou no século XIX e que afetou a maneira como as pessoas interpretavam o estranho e o desconhecido; e, em terceiro lugar, uma força, que se tornou uma fraqueza, embutida na própria estrutura da vida pública no Antigo Regime. Essa força significava que a vida pública não teve morte instantânea sob o peso da sublevação social e política do final do século XVIII. A geografia pública se estendeu pelo século XIX adentro, aparentemen-

38 O DECLÍNIO DO HOMEM PÚBLICO

te intacta, mas efetivamente transformando-se em seu interior. Essa herança afetou as novas forças do capitalismo e do secularismo, na mesma medida em que tais forças atuavam sobre ela. Pode-se pensar na transformação da vida pública como tendo sido semelhante ao colapso que atinge atletas que foram excepcionalmente fortes, de modo que sobrevivem além da juventude com poderes aparentemente intactos e subitamente manifestam a decadência que estivera dilapidando os seus corpos continuadamente, por dentro. Devido a essa forma peculiar de sobrevivência, os sinais do "publicismo" *(publicness)* do Antigo Regime não estão assim tão distantes da vida moderna, como a princípio se poderia imaginar.

A dupla relação do capitalismo industrial com a cultura pública urbana repousava, em primeiro lugar, nas pressões de privatização que o capitalismo suscitou na sociedade burguesa do século XIX. Residia, em segundo lugar, na "mistificação" da vida material em público, especialmente em matéria de roupas, causada pela produção e distribuição em massa.

Os traumas do capitalismo do século XIX levaram aqueles que detinham tais meios a se protegerem de todas as maneiras possíveis contra os choques de uma ordem econômica que nem vitoriosos nem vítimas entendiam. Gradualmente, a vontade de controlar e de moldar a ordem pública foi se desgastando, e as pessoas passaram a enfatizar mais o aspecto de se protegerem contra ela. A família constituiu-se num desses escudos. Durante o século XIX, a família vai se revelando cada vez menos o centro de uma região particular, não pública, e cada vez mais como um refúgio idealizado, um mundo exclusivo, com um valor moral mais elevado do que o domínio público. A família burguesa tornou-se idealizada como a vida em que a ordem e a autoridade eram incontestadas, em que a segurança da existência material podia ser concomitante ao verdadeiro amor marital e as transações entre membros da família não suportariam inspeções externas. Na medida em que a família se tornou refúgio contra os terrores da sociedade, também se tornou gradativamente um parâmetro moral para se medir o domínio público das cidades mais importantes. Usando as relações familiares como padrão, as pessoas percebiam o domínio público não como um conjunto limitado de relações

O DOMÍNIO PÚBLICO

sociais, como no Iluminismo, mas consideravam antes a vida pública como moralmente inferior. A privacidade e a estabilidade pareciam estar unidas na família; é em face dessa ordem ideal que a legitimidade da ordem pública será posta em questão.

O capitalismo industrial estava também, e diretamente, em atividade na vida material do próprio domínio público. Por exemplo, a produção em massa de roupas e o uso de padrões de produção em massa para alfaiates ou costureiras significavam que diversos segmentos do público cosmopolita começavam de um modo geral a adotar uma aparência semelhante e que as marcas públicas estavam perdendo suas formas distintivas. Contudo, virtualmente, ninguém acreditava que com isso a sociedade estivesse ficando homogeneizada; a máquina significava que as diferenças sociais — diferenças importantes, necessárias para se saber da própria sobrevivência, num meio de estranhos e em rápida expansão — tornavam-se ocultas, e o estranho, cada vez mais intratável, como um mistério. A produção de uma ampla variedade de mercadorias pela máquina, vendidas pela primeira vez numa instalação própria para o comércio de massa, a loja de departamentos, teve êxito junto ao público, não por intermédio dos apelos à utilidade ou ao preço barato, mas ao capitalizar essa mistificação. Mesmo quando se tornaram mais uniformes, as mercadorias físicas foram dotadas, ao serem apregoadas, de qualidades humanas, de maneira a se tornarem mistérios tentadores que tinham de ser possuídos para serem compreendidos. Marx chamou a isso de "o fetichismo das mercadorias". Ele foi apenas um dentre os muitos que se impressionaram com a confluência da produção em massa, a homogeneização da aparência e, mais ainda, com o fato de se revestir coisas materiais com atributos ou associações próprias à personalidade íntima.

A interação do capitalismo e da geografia pública ia em duas direções: uma afastava-se do público, em direção à família; a outra promovia uma nova confusão, envolvendo os materiais da aparência em público, confusão essa que podia, contudo, ser transformada em lucro. Podemos então ser tentados a concluir que o capitalismo industrial sozinho fez com que o domínio público perdesse legitimidade e coerência. Mas essa conclusão seria inadmissível

40   O DECLÍNIO DO HOMEM PÚBLICO

mesmo em seus próprios termos. Afinal, o que levou o público a acreditar que bens materiais tão uniformes poderiam ter associações psicológicas? Por que acreditar em uma coisa, como se ela fosse humana? O fato de que essa crença era lucrativa para alguns não explica por que ela deveria ser aceita por uma multidão.

Essa questão envolve a segunda força que mudou a vida pública herdada do Antigo Regime, uma mudança em termos da crença sobre a vida terrena. Essa crença é a secularidade. Enquanto se pensar que o secular se opõe de algum modo ao sagrado, a palavra se torna unidimensional e fixa. Torna-se mais bem usada como um conjunto de imagens mentais e de símbolos que tornam compreensíveis as coisas e as pessoas. Acho que a diferença é a seguinte: a secularidade é a convicção, antes de morrermos, de que as coisas são como são, uma convicção que cessará de ter importância por si mesma assim que morrermos.

Os termos seculares mudaram drasticamente entre o século XVIII e o XIX. "As coisas e as pessoas" eram algo de compreensível no século XVIII, quando se lhes podia atribuir um lugar dentro da ordem da natureza. Essa ordem da natureza não era algo tangível, físico, nem a ordem estava sempre encapsulada pelas coisas terrenas. Uma planta ou uma paixão ocupavam um lugar na ordem da natureza, mas não a definiam em miniatura nem no todo. A ordem da natureza era portanto uma ideia da secularidade, como o transcendental. Não somente essa ideia permeava os escritos dos cientistas e dos outros intelectuais, como também atingia assuntos cotidianos como as atitudes relativas à disciplina dos filhos ou à moralidade dos casos extraconjugais.

O secularismo que surge no século XIX era de um tipo completamente oposto. Baseava-se em um código do imanente, de preferência ao transcendente. Sensações imediatas, fatos imediatos, sentimentos imediatos já não tinham que se encaixar em um esquema preexistente para serem entendidos. O imanente, o instante, o fato eram realidade em si e por si mesmos. Os fatos são mais fiáveis do que o sistema — ou, melhor dizendo, a sucessão lógica dos fatos tornou-se sistema. A ordem da natureza do século XVIII, na qual os fenômenos tinham um lugar, mas na qual a natureza transcendia os

O DOMÍNIO PÚBLICO 41

fenômenos, foi assim subvertida. Essa nova medida daquilo que poderia servir como matéria para crença regulou a psicologia, assim como regulou o estudo dos objetos físicos. Por volta de 1870, parecia plausível estudar "uma emoção" como algo contendo um significado independente, como se fosse possível descobrir todas as circunstâncias tangíveis nas quais a "emoção" surgiria e os sinais tangíveis por intermédio dos quais a "emoção" se tornaria manifesta. Não se poderia, portanto, excluir qualquer circunstância ou sinal, *a priori,* como irrelevante. Num mundo onde a imanência é o princípio do conhecimento secular, tudo tem importância, porque tudo poderia ter importância.

Essa reestruturação do código de conhecimento secular teve um efeito radical sobre a vida pública. Significava que as aparições em público, por mais mistificadoras que fossem, ainda tinham de ser levadas a sério, porque poderiam constituir pistas da pessoa oculta por trás da máscara. Qualquer aspecto visível da pessoa era de algum modo verdadeiro, porque tangível; de fato, se essa aparência era um mistério, essa era uma razão a mais para que fosse levada a sério. Baseado em que motivos justificados poderia alguém, *a priori,* esquecê-la ou discriminá-la? Quando uma sociedade se dedica ao princípio de que as coisas têm significações nelas próprias, faz desse modo penetrar um profundo elemento de dúvida sobre si mesma no seu aparato cognitivo, pois qualquer exercício de discriminação poderá ser um equívoco. É assim que surge uma das maiores e mais enriquecedoras contradições do século XIX: mesmo quando as pessoas queriam fugir, fechar-se num domínio privado, moralmente superior, temiam que classificar arbitrariamente sua experiência em, digamos, dimensões públicas e privadas poderia ser uma cegueira autoinfligida.

Fantasiar que objetos físicos tinham dimensões psicológicas tornou-se lógico dentro dessa nova ordem secular. Quando a crença era governada pelo princípio da imanência, ruíram as distinções entre o sujeito que apreende e o apreendido, o interior e o exterior, o sujeito e o objeto. Se tudo tem potencialmente importância, como posso estabelecer um limite entre aquilo que se relaciona com as minhas necessidades pessoais e aquilo que é impessoal, não relacionado com o campo imediato de minha experiência? Tudo pode

42 O DECLÍNIO DO HOMEM PÚBLICO

importar, nada pode importar, mas como posso saber? Não devo, portanto, fazer nenhuma distinção entre categorias de objetos e de sensações, porque ao distingui-los posso estar criando uma falsa barreira. A celebração da objetividade e de um obstinado compromisso com os fatos, tão proeminente um século antes, tudo em nome da Ciência, era na realidade uma inadvertida preparação para a atual era da subjetividade radical.

Se o impacto do capitalismo industrial iria desgastar o sentido da vida pública como uma esfera moralmente legítima, o impacto do novo secularismo iria desgastar essa esfera por um caminho oposto, apresentando à humanidade a máxima segundo a qual nada que desperte sensação, perplexidade ou simples atenção pode ser excluído *a priori* do campo da vida privada de uma pessoa ou ser despojado de qualquer qualidade psicológica importante a ser descoberta. No entanto, o capitalismo e o secularismo juntos proporcionam apenas uma visão incompleta dos agentes de mudança em ação no domínio público, melhor dizendo, um quadro distorcido. Pois a soma dessas duas forças teria contribuído para um desastre completo, social e cognitivo. Todos os chavões catastróficos — alienação, dissociação etc. — teriam que ser postos em circulação. De fato, se a história de como uma dimensão pública foi despedaçada parasse nesse ponto, ficaríamos na expectativa de que tivessem ocorrido revoltas maciças no seio da burguesia, tempestades políticas e espécies de fúrias iguais, em termos de paixão — ainda que diferentes em substância —, àquelas que os socialistas tinham esperança de que surgiriam entre o proletariado urbano do século XIX.

A própria expansão de uma cultura urbana estabelecida até o mundo dessas novas forças econômicas e ideológicas as contrabalançou e manteve durante algum tempo uma aparência de ordem, em meio a emoções muito dolorosas e contraditórias. Os historiadores promovem a cegueira a respeito dessa herança. Quando falam de uma revolução que foi "divisora de águas" ou do advento do capitalismo como uma "revolução", sugerem frequentemente à imaginação de seus leitores que anteriormente existira uma sociedade, que durante a revolução a sociedade parou e que em seguida começou uma nova sociedade. Essa é uma visão da história humana baseada no ciclo vital da

O DOMÍNIO PÚBLICO

mariposa. Infelizmente, em nenhum outro lugar a teoria da crisálida aplicada à história humana resultou em um efeito mais negativo do que no estudo da cidade. Expressões como "a revolução industrial urbana" e a "metrópole capitalista" (empregadas igualmente por escritores de opiniões políticas opostas) sugerem que antes do século XIX a cidade era uma coisa e que, depois que o capitalismo ou o modernismo fez a sua obra, era inteiramente outra. O erro é maior do que o de não ver como uma condição de vida vai se infiltrando na outra; é o fracasso em entender a realidade da sobrevivência cultural e os problemas que esse legado, como qualquer herança, cria em uma nova geração.

A burguesia continuava a crer que "em público" as pessoas experimentam sensações e relações humanas que não poderiam ser experimentadas em qualquer outro cenário ou contexto social. O legado deixado pela cidade do Antigo Regime estava unido aos impulsos privatizadores do capitalismo industrial de um outro modo. Era em público que ocorria a violação moral e onde ela era tolerada; em público, podia-se romper as leis da respeitabilidade. Se o terreno privado era um refúgio contra os terrores da sociedade como um todo, um refúgio criado pela idealização da família, podia-se escapar da carga desse ideal por meio de um tipo especial de experiência: passava-se por entre estranhos, ou, o que é mais importante, por entre pessoas decididas a permanecerem estranhas umas às outras.

O público como um domínio imoral significava coisas um tanto diferentes para homens e mulheres. Para as mulheres, era onde se corria o risco de perder a virtude, enxovalhar-se, ser envolvida em "um estonteante e desordenado torvelinho" (Thackeray). O público e a ideia de desgraça estavam intimamente ligados. Para um homem burguês, o público tinha uma conotação moral diversa. Saindo em público, ou "perdendo-se no público", como era a expressão usada um século antes, um homem era capaz de se retirar dessas mesmas características repressivas e autoritárias da respeitabilidade que se supunha estarem encarnadas na sua pessoa, enquanto marido e pai, no lar. Assim, para os homens, a imoralidade da vida pública estava aliada a uma tendência oculta, para que se percebesse a imoralidade como uma região da liberdade, ao invés de uma região de simples desgraça, como era para as mulheres. Nos

44 O DECLÍNIO DO HOMEM PÚBLICO

restaurantes do século XIX, por exemplo, uma mulher sozinha, respeitável, jantando com um grupo de homens, ainda que seu marido estivesse entre eles, causaria uma sensação pública, ao passo que o fato de um burguês jantar fora com uma mulher de extração inferior era tácita porém conscienciosamente evitado como tópico de conversa entre todos os que lhe eram próximos. Pela mesma razão, as ligações extraconjugais dos homens da era vitoriana eram às vezes conduzidas mais publicamente do que retrospectivamente imaginamos, porque ocorriam num espaço social que permanecia distante da família; estavam "do lado de fora", numa espécie de limbo moral.

Além disso, em meados do século passado, a experiência adquirida em companhia de estranhos começa a parecer uma questão de necessidade urgente na formação da personalidade de uma pessoa. As forças pessoais poderiam não se desenvolver se a pessoa não se expusesse a estranhos — poder-se-ia ser demasiado inexperiente, demasiado ingênuo para sobreviver. Nos manuais de educação dos filhos e nos manuais para os jovens dos anos 1870 ou 1880 encontram-se reiteradamente os temas contraditórios da evitação dos perigos mundanos na companhia de estranhos, e a ordem de se aprender tão completamente os perigos do mundo que a pessoa se tornaria suficientemente forte para reconhecer essas tentações ocultas. No Antigo Regime, a experiência pública estava ligada à formação da ordem social; no século passado, a experiência pública acabou sendo ligada à formação da personalidade. A experiência mundana como uma obrigação para o autodesenvolvimento apareceu nos grandes monumentos da cultura do século passado, bem como nos seus códigos de crença mais cotidianos. O tema fala em *Les Illusions Perdues* (As ilusões perdidas), de Balzac, nos *Souvenirs* (Recordações), de Tocqueville, nas obras dos darwinistas sociais. Esse tema imoderado, doloroso, difuso, era a conjunção de uma crença subsistente no valor da experiência pública com o novo credo secular de que todas as experiências podem ter um valor igual, porque todas têm uma importância igual e potencial para a formação do eu.

Temos, por fim, que nos perguntar de quais indicações dispomos nos dias atuais, na experiência comum, sobre as transformações ocorridas no século passado. De que maneiras forças aparentemente abstratas, como a privatiza-

O DOMÍNIO PÚBLICO 45

ção, o fetichismo dos bens de consumo ou o secularismo, incidem em nossas vidas? Dentro do âmbito das crenças correntes sobre a personalidade, podemos discernir quatro dessas conexões com o passado.

O PASSADO NO PRESENTE

Em linguagem corrente, fala-se atualmente em fazer algo "inconscientemente" ou em cometer um lapso "inconsciente" que revela a outrem os verdadeiros sentimentos. Não importa que esse uso não tenha sentido em qualquer acepção estritamente psicanalítica. O que ele revela é uma crença na exposição involuntária da emoção, e essa crença tomou forma no século passado, na medida em que o ato de atribuir pesos à vida pública e à vida privada se tornou desequilibrado. Por volta do final do século, a noção da exposição involuntária de estados psicológicos apareceu muito claramente na prática florescente da frenologia — a leitura da personalidade a partir da forma da cabeça — e das mensurações de Bertillon em criminologia, pelas quais psicólogos tentavam identificar futuros criminosos através de características cranianas e de outros traços físicos. Em ambas, pensava-se que aquilo que uma pessoa é psicologicamente aparecia tanto física quanto involuntariamente: a personalidade é um estado não sujeito a ajustamentos guiados e seguros. Em noções mais refinadas, como as de Darwin, também se pensava que estados emocionais transitórios fossem expostos involuntariamente; na verdade, muito das primeiras investigações psicanalíticas baseou-se em um princípio derivado de Darwin: a saber, que o processo primário poderia ser estudado em adultos, porque escapava à vontade e ao controle do adulto. Num nível mais amplo, no auge da era vitoriana, as pessoas acreditavam que suas roupas e seu discurso revelavam as suas personalidades. Receavam igualmente que estivesse além de seu poder modelar tais signos, que seriam manifestados aos outros por lapsos de linguagem involuntários, gestos do corpo ou até mesmo no modo como se adornavam.

O resultado era que a linha divisória entre sentimento particular e demonstração pública desse sentimento poderia ser apagada, e isso estava além do poder regulador da vontade. A fronteira entre público e privado já não era obra de uma resoluta mão humana. Assim sendo, mesmo quando a realidade separada do domínio público permanecia sendo crível, seu controle não mais parecia ser um ato social. O que hoje é popular e erroneamente denominado comportamento "inconsciente" era prenunciado por essas ideias de desvendamento involuntário da personalidade em público.

O segundo traço da crise do século XIX está no discurso político comum em nossos dias. Tendemos a descrever como líder "confiável", "carismático", ou "alguém em quem se pode acreditar", aquele que for capaz de atrair grupos cujos interesses são alheios às suas crenças pessoais, ao seu eleitorado ou à sua ideologia. Na política moderna, seria suicídio para um líder insistir em dizer: esqueçam a minha vida privada; tudo o que precisam saber a meu respeito é se sou bom legislador ou bom executivo e qual a ação que pretendo desenvolver no cargo. Ao invés disso, ficamos alvoroçados quando um presidente francês conservador janta com uma família da classe trabalhadora, embora tenha, poucos dias antes, aumentado os impostos sobre os salários industriais; ou então, acreditamos que um presidente americano é mais "autêntico" ou confiável do que seu predecessor caído em desgraça porque o novo homem prepara o seu próprio café da manhã. Essa "credibilidade" política é a superposição do imaginário privado no imaginário público e, também nesse caso, surgiu no século XIX, como resultado de confusões comportamentais e ideológicas entre os dois âmbitos.

O imaginário psicológico, como já se observou, era superposto aos objetos para venda em público. O mesmo tipo de processo começou no comportamento dos políticos perante multidões nas ruas: em primeiro lugar, manifestado de modo marcante nas revoluções de 1848. Atentava-se, ao se observar alguém em público, para as intenções, para a personalidade, de tal modo que a verdade daquilo que se dizia parecia depender do tipo de pessoa de que se tratava. Se a pessoa assim observada era um político, essa superposição tinha efeito profundamente anti-ideológico, no puro sentido político da palavra. Como uma visão dos males sociais ou a visão de uma sociedade melhor poderia significar em si e por si mesma, e motivar uma ação sistemática, se sua

O DOMÍNIO PÚBLICO

credibilidade depende do quanto um auditório, num determinado momento, simpatiza com a personalidade do homem que defende essa causa? Nessas condições, o sistema de expressão pública se tornou um sistema de representação pessoal; uma figura pública apresenta aos outros aquilo que sente, e é essa representação de seu sentimento que suscita a crença. A superposição do privado no público exercia uma atração particularmente forte sobre as plateias burguesas, mas, na medida em que se podia fazer com que outros, inferiores na escala social, acreditassem nos seus termos, podia ocorrer dominação de classe por meio da imposição dos cânones burgueses de "respeito" diante de uma personalidade autêntica. Em suma, as ideias atuais de "autenticidade" em público têm suas raízes numa arma anti-ideológica que começou a ser utilizada no século XIX, na luta de classes.

A terceira conexão envolve os mecanismos de defesa que as pessoas usavam, no século XVIII, contra sua própria crença no desvendamento involuntário da personalidade e contra a superposição do imaginário privado e público. Por um estranho caminho, essas defesas acabaram encorajando as pessoas a elevarem os artistas que atuam em público ao *status* peculiar de figuras públicas que ocupam hoje em dia.

Se não se pode evitar mostrar o que se sente, e se a verdade de qualquer emoção, declaração ou argumento em público depende do caráter da pessoa que está falando, como podem as pessoas evitar ser sondadas? A única defesa segura é tentar evitar sentir, tentar não ter sentimentos a exibir. Hoje, o caráter repressivo da sociedade vitoriana é condenado como uma mescla de esnobismo social e medo sexual. No entanto, por detrás dessas motivações havia algo que, se não era atraente, era ao menos mais compreensível. Num meio onde se pensa que os sentimentos, uma vez despertados, eram exibidos além do poder da vontade de ocultá-los, o retraimento do sentimento é o único meio de se manter um certo grau de invulnerabilidade. Tentava-se, por exemplo, proteger a personalidade usando o mínimo possível de joias, rendas, debruns de tipo incomum, de forma a não atrair a atenção para si; essa é uma das razões pelas quais apenas poucas entre as tintas para tecidos

48 O DECLÍNIO DO HOMEM PÚBLICO

industriais eram populares num determinado período, embora, do ponto de vista técnico, se pudesse facilmente empregar uma variedade grande de padrões com tais máquinas de tingir.

Ao mesmo tempo em que as pessoas procuravam parecer o mais discretas possível, começaram a exigir que no teatro os trajes fossem indicadores precisos das personalidades, das histórias de vida e da posição social das *dramatis personae*. Nas peças históricas encenadas em meados do século, o ator devia representar exatamente a aparência que se supunha que um príncipe dinamarquês medieval deveria ter ou que um imperador romano deveria ostentar. No melodrama, trajes e gestual cênico tornaram-se logo tão estilizados que, vendo um homem adentrar o palco com passos curtos e afetados, poder-se-ia imediatamente perceber que se tratava do vilão, antes mesmo que proferisse qualquer palavra. De modo mais geral, nas artes cênicas, via-se uma pessoa fortemente declarada, a personalidade reinante, ao contrário do que se passava na vida real. O ator e o músico ascenderam na escala social muito acima do nível da criadagem em que se encontravam no Antigo Regime. A ascensão social do artista era baseada na ostentação de uma personalidade vigorosa, excitante, moralmente suspeita, inteiramente oposta ao estilo da vida burguesa normal, na qual se evitava, através da supressão dos seus sentimentos, ser lido como pessoa.

Nessa sociedade a caminho de se tornar íntima — na qual a personalidade era expressa para além do controle da vontade, o privado se sobrepunha ao público, a defesa contra a leitura pelos outros era a retenção do sentimento — o comportamento em público foi alterado em seus termos fundamentais. O silêncio em público se tornou o único modo pelo qual se poderia experimentar a vida pública, especialmente a vida nas ruas, sem se sentir esmagado. Em meados do século XIX, cresceu em Paris e Londres, e depois em outras capitais ocidentais, um padrão de comportamento diverso daquele conhecido em Londres e Paris um século antes, ou que é atualmente conhecido na maior parte do mundo não ocidental. Cresceu a noção de que estranhos não tinham o direito de falar, de que todo homem possuía como um direito público um escudo invisível, um direito de ser deixado em paz. O comportamento público era um problema de observação e de participação passiva, um certo tipo de voyeurismo. Balzac chamava-o "gastronomia dos olhos"; a pessoa está aberta para tudo e nada rejeita *a priori* de sua esfera de ação, contanto que não tenha de se tornar um participante ou se envolver numa cena. Esse muro invisível de silêncio, enquanto um direito, significava que o conhecimento, em público, era questão de observação — das cenas, dos outros homens, dos locais. O conhecimento não seria mais produzido pelo trato social.

O paradoxo da visibilidade e do isolamento que ronda tanto a vida pública moderna originou-se nesse direito ao silêncio público que tomou forma no século XIX. O isolamento em meio à visibilidade para os outros era uma consequência lógica da insistência no direito de se ficar calado ao se aventurar nesse domínio caótico, porém ainda atraente.

Falar do legado da crise da vida pública no século XIX é falar de grandes forças como o capitalismo e o secularismo, de um lado, e destas quatro condições psicológicas, do outro: desvendamento involuntário da personalidade, superposição do imaginário público e privado, defesa através do retraimento e silêncio. As obsessões com a individualidade são tentativas para se solucionar os enigmas do século XIX pela negação. A intimidade é uma tentativa de se resolver o problema público negando que o problema público exista. Como acontece com toda negação, isso só serviu para entrincheirar mais firmemente os aspectos mais destrutivos do passado. O século XIX ainda não terminou.

2
Papéis

A constante oscilação da importância atribuída ora à vida pública ora à vida privada tem atraído a atenção de vários escritores que abordam a sociedade moderna, e muito os tem intrigado. A perplexidade é de dois tipos.

O assunto é tão vasto que se torna difícil formulá-lo. Nele estão compreendidos problemas tão diversos quanto a erosão do espaço público nas cidades, a conversão do discurso político em termos psicológicos, a elevação dos artistas que atuam em público a um nível específico de personalidades públicas e a rotulação da "impersonalidade" como um mal moral. Como partes de um mesmo problema, é então difícil saber que tipo de experiência específica, que tipos de "dados" são pertinentes ao tema geral. O senso comum sugere, por exemplo, que a substituição das ruas e das praças da cidade, enquanto centros sociais, pelas salas de estar suburbanas poderia ter algo a ver com o crescente envolvimento nas questões do eu. Mas qual é o sentido exato dessa conexão, e quais as suas ramificações?

A segunda dificuldade é ainda mais espinhosa. Não obstante a generalidade desses temas, escritores que os abordam parecem frequentemente estar escrevendo a respeito, ou pelo menos tateando, de um outro assunto, encravado na ideia da erosão do domínio público, mas não imediatamente aparente nesses termos de discurso. Esse problema está nos termos sociais em que os seres humanos são expressivos. Quais as condições sociais que encorajam as pessoas a demonstrarem a outras os seus sentimentos, de tal modo que provoquem uma resposta simpática, alguma reação? Em que condições os seres humanos recorrem aos seus poderes criativos para tornarem expressiva a experiência cotidiana? Essas perguntas são maneiras de se questionar quando, se é que isso alguma vez já aconteceu, o ser humano, naturalmente e sem estardalhaço, apela para energias que hoje parecem exclusivas ao domínio da arte. Grande parte dos escritos contemporâneos sobre a obsessão da sociedade para com o eu proclama o fato de que essa obsessão nos impede de sermos expressivos uns com os outros, de que somos artistas sem uma arte. Mas qual é a arte que as obsessões íntimas desgastam?

Há uma relação entre a questão do método e a questão da expressão abortada. A astúcia esbanjada na preocupação com o eu é a da representação teatral: esta exige um público de estranhos para ser bem-sucedida, mas entre íntimos é inexpressiva, ou até mesmo destrutiva. A representação teatral, na forma das boas maneiras, convenções e gestos rituais, é a própria substância de que são formadas as relações públicas e da qual as relações públicas auferem sua significação emocional. Quanto mais as condições sociais desgastam o fórum público, mais as pessoas se tornam rotineiramente inibidas em exercerem a capacidade de representar. Os membros de uma sociedade íntima tornam-se artistas desprovidos de arte. Essas modalidades de representação teatral são "papéis" a desempenhar. Assim sendo, um método para entender a transferência entre o público e o privado na cultura moderna seria investigar as mudanças históricas desses "papéis" públicos. É o método deste livro.

Uma vez que a análise sociológica é realizada numa babel de línguas, pode ser útil começar por esclarecer algumas das ideias normalmente usadas para descrever o desequilíbrio entre enunciados sociais e psicológicos na cultura moderna. Aqueles que já abordaram esse problema encaixam-se em dois campos bastante distintos: em um deles estão escritores preocupados com o estado moral de uma sociedade entregue à visão psicológica; no outro, aqueles que procuram explicar as origens históricas de tal mudança, empregando os termos da tradição marxista.

Os moralistas vêm se preocupando mais com as questões de expressão humana levantadas por esse desequilíbrio histórico; preocupam-se, porém, não tanto com uma teoria das potencialidades criativas de qualquer sociedade, mas antes com o paradoxo especificamente moderno de que quando as pessoas estão preocupadas em expressar os seus próprios sentimentos não são muito expansivas. Esse paradoxo preenche obras como *The Language of Authenticity* (A linguagem da autenticidade), do sociólogo alemão Theodor Adorno, os ataques contra a subjetividade-como-verdade, feitos por alguns psicanalistas franceses, e nos anos 1970, e com maior intensidade, os últimos trabalhos de Lionel Trilling.

No fim da vida, Trilling estava começando a escrever a respeito da crença em um "eu ilimitado" dentro da cultura moderna. No primeiro desses estudos, *Sincerity and Authenticity* (Sinceridade e autenticidade), Trilling preocupava-se em mostrar os termos nos quais a autorrevelação não é um ato de expressão. Sua pesquisa estava dirigida especificamente ao entendimento de uma mudança na linguagem que corporifica essa verdade; uma mudança na linguagem da sinceridade pessoal pertencente ao século XIX para uma linguagem de autenticidade individual pertencente ao período posterior. Trilling entende por sinceridade a exposição em público daquilo que é sentido em particular; por autenticidade, a exposição direta a outrem das próprias tentativas de uma pessoa ao sentir. As modalidades da autenticidade apagam as distinções entre público e privado. As ideias de que a humanidade poderia consistir em manter sentimentos ofensivos para com outra pessoa, de que disfarce e autorrepressão podem ser moralmente expressivos, deixam de ter sentido, sob a égide da autenticidade. Ao invés disso, o autodesvendamento se torna medida universal de credibilidade e de verdade, mas o que seria desvendado na revelação de si para outrem? Nesse ponto, Trilling chega, através de uma análise de textos literários, e principalmente através de uma crítica de Sartre, a uma ideia que já expressamos no conceito psicológico de "narcisismo". Quanto mais uma pessoa se concentra em sentir de modo genuíno, e não de acordo com o conteúdo objetivo daquilo que é sentido, quanto mais a subjetividade se torna um fim em si mesma, menos expressiva ela poderá ser. Em condições de ensimesmamento, os desvendamentos momentâneos do eu tornam-se amorfos. "Veja como estou sentindo" é a evidência mesma do narcisismo, mas Trilling percebeu que a fórmula menos óbvia "somente posso mostrar-lhe minhas tentativas para sentir" está presa ao mesmo impulso.

O entendimento que David Riesman demonstra dos problemas envolvidos nessa transformação histórica é, em grande parte, do mesmo espírito que o de Lionel Trilling, embora o argumento de Riesman, em *The Lonely Crowd* (A multidão solitária), fosse num sentido oposto. (A partir dessa obra, ele tem se aproximado da posição de Trilling, em seus escritos menos conhecidos, mas igualmente importantes, sobre sociologia da educação.) A geração americana que cresceu sob *The Lonely Crowd* estava propensa a interpretar erroneamente as intenções de seu autor. Pensavam que ele estivesse criticando a tendência da sociedade americana em substituir a cultura protestante de direcionamento interno e de necessidade privada por uma cultura na qual se exige maior abertura para as necessidades e desejos dos outros. Realmente, apesar de todas as suas dificuldades, Riesman achou que essa retidão para com o outro era uma mudança para melhor na vida americana e na sociedade europeia, se ela seguisse o mesmo caminho. A interpretação errônea dos valores de Riesman era uma consequência lógica da cultura na qual vivia seu público; pois aquela geração era dominada pelo desejo de usar a vida psicológica como uma fuga de, e uma censura a, um mundo social vazio. A censura e as revoltas subsequentes daqueles elementos da geração de 1960, que incentivaram o "vamos conversar juntos antes de agir", não eram desafios contra a cultura dominante, mas na verdade uma inadvertida intensificação do desequilíbrio entre um domínio público vazio e um domínio íntimo sobrecarregado com tarefas que não poderia realizar.

A importância da obra de Riesman não reside apenas em como ela foi mal interpretada; nem está no fato de que o próprio Riesman interpretou mal um modelo de movimento histórico, desde que, na verdade, tem havido um movimento de algo semelhante a sua sociedade direcionada para o outro, para uma sociedade voltada para o interior. A realização de Riesman foi criar uma linguagem psicossocial para esse problema geral e multiforme. Além disso, Riesman foi o primeiro a mostrar por que aqueles que estão preocupados com a sobrecarga da vida íntima que afeta o poder expressivo das pessoas obcecadas consigo mesmas encaixam-se em uma tradição específica do pensamento social. É a tradição estabelecida no século XIX pelo escritor Alexis de Tocqueville.

Tocqueville inicia sua crítica moderna em um ponto específico na sua obra, no segundo volume de *Democracia na América,* publicado cinco anos após o primeiro. Neste, via os perigos da democracia que se equacionava com a igualdade, perigos que residiam na supressão dos desviantes e dissidentes pela maioria que governa. No segundo volume, a ênfase está nas condições da vida cotidiana num estado de igualdade, e não na política; aqui, o perigo da supressão dos desviantes é substituído por um perigo mais complexo e matizado. O perigo está agora em meio à massa de cidadãos, e não entre os seus inimigos. Pois em uma igualdade aproximativa de condições, acreditava Tocqueville, as intimidades da vida ganhariam uma importância crescente. Sendo o público composto de "outros iguais a si mesmo", poder-se-ia confiar os negócios públicos às mãos de burocratas e funcionários de Estado, que poderiam cuidar dos interesses comuns (isto é, iguais). As questões atraentes da vida teriam então cada vez mais um caráter psicológico, na medida em que os cidadãos, confiando no Estado, abandonassem suas preocupações com o que estivesse ocorrendo fora do âmbito da intimidade. Qual seria o resultado disso?

Tocqueville o via como uma dupla constrição. O grau de risco emocional que os homens estariam dispostos a correr tornar-se-ia cada vez menor. Os homens seriam continuadamente ambiciosos, sem, porém, agasalhar grandes paixões, e muito menos manifestá-las, pois a paixão poria em risco a estabilidade da vida íntima. Em segundo lugar, as gratificações do eu tornar-se-iam mais e mais difíceis, uma vez que, argumentava Tocqueville, *qualquer* relacionamento emocional somente pode ser significativo se for percebido como parte de uma rede de relações sociais, e não do "solitário fim inexpressivo" do individualismo.

Poucos escritores de hoje que seguem a tradição tocquevilliana aceitam sua base genética: a crença de que esses males psíquicos são resultado da sociedade da igualdade de condições. Nem na obra de Trilling, nem na de Riesman há a crença de que a igualdade "cause" a visão íntima. Mas, se não for a igualdade, o que será então? Essa é a dificuldade enfrentada por essa escola nos tempos modernos, não obstante a complexidade de seu discernimento moral e sua preocupação humanitária com o estrangulamento emocional criado pela intimidade.

A segunda abordagem moderna dos problemas da vida íntima tem, de fato, se preocupado com essas causas, e tratado menos das complexidades morais e psicológicas resultantes delas. Essa abordagem está corporificada no trabalho realizado pelos membros do Instituto de Pesquisas Sociais (a "Escola de Frankfurt"), após a Segunda Guerra Mundial. No período que antecedeu a guerra, os membros do Instituto, principalmente Theodor Adorno, tentaram realizar análises em grande escala sobre o conceito de autenticidade do sentimento, tanto no nível da experiência cotidiana quanto em termos de noções mais filosóficas, tais como as de Hegel. Após a guerra, membros mais jovens, como Jurgen Habermas e Helmut Plessner, retomaram esse trabalho em termos de uma mudança de significação do "público" e do "privado". Habermas estudou sondagens de opinião pública para deduzir o que se pensava a respeito da dimensão pública da vida social; Plessner ligou a mudança na valorização entre público e privado à mudança no caráter das cidades. Essa geração mais jovem afastou-se em parte da profundidade psicológica de Adorno e Max Horkheimer por uma ênfase mais "econômica" — se entendermos por economia o sentido mais amplo da produção dos meios de subsistência. Ao fazê-lo, apoiavam-se em noções desenvolvidas por Marx sobre a "privatização" na ideologia burguesa, isto é, sobre a tendência compensatória no capitalismo moderno para que pessoas que trabalham em situações impessoais de mercado invistam no âmbito familiar e na educação dos filhos os sentimentos que não poderiam investir em seu trabalho.

Resultou daí um grande refinamento da terminologia da "privatização", mas esses escritores, especialmente Plessner, pagaram por ela um alto preço. Uma vez que se encaixavam mais na ortodoxia marxista, os males decorrentes, que eles retrataram, tornaram-se invariavelmente unidimensionais; o homem se tornou uma criatura alienada, sofredora, nas mãos de um sistema horrendo, um sistema internalizado em seus próprios sentimentos — em lugar de uma criatura cujas próprias propensões para a autodestruição e a falta de expressão eram reforçadas por um sistema destrutivo. Surge a linguagem da pura vitimização. Visto que uma vítima pura é alguém que recebe passivamente os golpes do destino, perderam-se todas as complexidades da verdadeira vitimização, especialmente a participação ativa na própria degradação, percebida pelos escritores tocquevillianos.

Cada uma dessas escolas tem uma força que falta às demais. A primeira tem um poder descritivo e um discernimento dos fenômenos da visão íntima; a segunda, uma linguagem refinada, apesar de restrita ao tópico marxista da privatização, de como se produziram tais fenômenos. Entretanto, a primeira escola se harmonizava com o fato de que, por trás da questão do ensimesmamento, há uma questão mais fundamental. Percebem que o potencial expressivo dos seres humanos pode ser estimulado por um conjunto de condições sociais e também que tais condições podem reforçar os próprios ímpetos destrutivos da pessoa. A geração mais jovem da Escola de Frankfurt foi ficando gradativamente surda a esse problema oculto, enquanto os males da sociedade moderna foram sendo expressos em todos os catastróficos lugares-comuns da alienação, da despersonalização etc.

Para superar esses problemas — para ser tanto histórico quanto sensível às complexidades da decorrência histórica —, é necessário a um só tempo um método e uma teoria. Frequentemente, os cientistas sociais induziam a outros e a eles mesmos em erro, ao escreverem como se um método fosse um meio neutro para se atingir uma finalidade, de modo que um cientista pudesse "aplicar" uma teoria a um problema. Ao estudarmos a erosão dos papéis públicos, estamos adotando um método de investigação que é, ao mesmo tempo, uma teoria sobre o nosso assunto — a saber, que o assunto contém mais coisas do que as que se veem, que ele contém o problema oculto das condições nas quais os seres humanos são capazes de se expressarem mutuamente de forma eficaz.

PAPÉIS

Um papel é geralmente definido como um comportamento apropriado a algumas situações, mas não a outras. O choro, como tal, é um comportamento que não pode ser descrito como um "papel"; já o choro em um funeral

58 O DECLÍNIO DO HOMEM PÚBLICO

é comportamento que pode ser descrito desse modo: é esperado, apropriado e específico para tal situação. Grande parte do estudo dos papéis tem consistido em um catálogo de qual o tipo de comportamento apropriado a um determinado tipo de situações, e as teorias atualmente aceitas sobre os papéis referem-se ao modo como a sociedade cria definições de adequação. No entanto, esses catálogos costumam fazer vista grossa para o fato de que os papéis não são apenas pantomimas ou espetáculos silenciosos nos quais as pessoas exibem mecanicamente os sinais emocionais certos no lugar e no momento certos. Os papéis envolvem também códigos de crença — o quanto e em que termos as pessoas levam a sério o seu próprio comportamento, o comportamento dos outros e as situações nas quais estão envolvidas. Para além de qualquer catalogação de como as pessoas se comportam, existe a questão de saber qual o valor que atribuem ao comportamento "específico para a situação". Os códigos de crença, juntamente com o comportamento, formam um papel, e é exatamente isso que torna tão difícil estudar historicamente os papéis. Algumas vezes, novos padrões de comportamento continuarão a ser interpretados a partir de velhos códigos de crença, e, outras vezes, a mesma espécie de comportamento continuará no tempo, mesmo quando se chegou já a novas definições daquilo que ela significa.

Há tipos especiais de crenças envolvidos no problema dos papéis. Pode-se verificar isso ao distinguirmos uma tal crença de dois termos afins: "ideologia" e "valor". A crença pode ser separada da ideologia de um modo simplório. A afirmação: "os trabalhadores são coagidos pelo sistema" é uma sentença ideológica. Como tal, é uma fórmula de cognição, lógica ou ilógica, para um conjunto dado de condições sociais. A ideologia torna-se crença no momento em que se torna conscientemente envolvida no comportamento de quem a esposa. É frequente confundir-se ideologia com crença, porque a cognição é confundida com crença. "Eu o amo", enquanto amostra de linguagem, é uma expressão cognitiva coerente; se é crível ou não, depende de fatores outros do que o fato de ser uma sentença completa, ter sido proferida em um momento apropriado por uma pessoa a outra etc.

Muito da opinião que se tem a respeito da vida social nunca nos toca ou influencia com muito vigor nosso comportamento. A ideologia desse tipo passivo aparece em sondagens modernas de opinião pública. Conta-se a um pesquisador o que se pensa a respeito da negligência urbana, da inferioridade dos negros; o pesquisador pensa então chegar a uma verdade quanto a esses sentimentos expressos, porque essas opiniões podem ser racionalmente relacionadas ao *status* social, à instrução etc. do informante, e, em seguida, as pessoas comportam-se de modo discordante com aquilo que disseram ao pesquisador. Um exemplo claro disso aconteceu nos Estados Unidos, no início dos anos 1970: os burocratas sindicalistas condenavam ao mesmo tempo e ruidosamente aqueles que protestavam contra a Guerra do Vietnã, qualificando-a de impatriótica, e pressionavam com vigor e concretamente o governo para que pusesse fim à guerra. O estudo da crença encarada como oposta à opinião pública é portanto uma investigação desses sentimentos e disposições que estão presos às ações e as influenciam diretamente. Os códigos de crença nos papéis podem ser formalmente definidos como a ativação da ideologia, e essa ativação se opera através da influência de condições sociais, e não através dos preceitos da coerência linguística.

As expressões "valores sociais" e "sistema de valores" são barbarismos que as ciências sociais impuseram à linguagem corrente. Confesso que nunca entendi o que é um "valor". Não é coisa. Se é uma parte da linguagem pela qual as pessoas racionalizam seu mundo social, deveria então ser tratado como uma parte da ideologia. Se um "valor" for uma "ideia estimada", então o termo é uma confusão completa. "Liberdade" e "justiça" são ideias estimadas que significam diferentes coisas para diferentes pessoas, em diferentes épocas; chamá-las valores sociais *per se* não esclarece as razões pelas quais são valorizadas.

Assim, uma crença será considerada uma ativação da cognição lógica da vida social (ideologia); essa ativação ocorre fora das regras linguísticas de coerência; o termo "valor" é deixado de lado por ser obscuro. As crenças pertinentes aos papéis não estão, portanto, centralizadas na natureza de Deus nem na constituição fisiológica do homem; prendem-se a atos específicos de comportamento; dizem respeito àquilo que uma pessoa crê experimentar quando reza em uma igreja, considerado em oposição ao fato de se rezar espontaneamente durante um passeio pelo campo. Sua noção daquilo que a cirurgia irá realizar ao livrar o seu corpo de um fluido maligno e suas opiniões gerais no tocante à cirurgia são tipos diferentes de crença. É sensato objetar que não pode haver distinção lógica entre uma crença geral em Deus e a crença nele quando se é capaz de orar a ele numa igreja; é bem verdade que pode não haver diferença, como pode bem haver alguma. É focalizando situações específicas que se pode investigar quaisquer nuanças de ação que derivem de sua relação com a ação, e elas podem enganar o estudioso de "visões de mundo", de mentalidades, de culturas etc.

O estudo dos papéis tem uma longa (embora não reconhecida pelos sociólogos) história no pensamento ocidental. Uma das mais antigas concepções ocidentais da sociedade é vê-la como se fosse um teatro. É a tradição do *theatrum mundi*. A vida humana como um espetáculo de fantoches encenado pelos deuses, essa era a visão de Platão nas *Leis*; a sociedade como um teatro era o lema do *Satyricon* de Petrônio. Nos tempos cristãos, era frequente pensar-se que o teatro do mundo tinha uma plateia composta por um único espectador, Deus, que assistia angustiado dos céus ao pavonear-se e ao mascarar-se de seus filhos aqui na terra. Por volta do século XVIII, quando se falava do mundo como um teatro, começou-se a imaginar um novo público para sua postura: espectadores uns dos outros, e a angústia divina dando lugar a um auditório que deseja usufruir, embora um tanto cinicamente, a representação e as falsas aparências da vida diária. E, em épocas mais recentes, essa identificação entre teatro e sociedade prossegue, na *Comédie Humaine* (Comédia Humana), de Balzac, em Baudelaire, Thomas Mann e, curiosamente, em Freud.

A imagem da sociedade como um teatro não possui um significado único ao passar por tantas mãos e por tanto tempo, mas vem servindo a três propósitos morais constantes: o primeiro foi o de introduzir a ilusão e a desilusão como questões fundamentais da vida social, e o segundo foi o de separar a natureza humana da ação social. O homem enquanto ator suscita crença; fora das condições e do momento do desempenho, essa crença poderia, de

PAPÉIS 61

outro modo, não ser acessível: crença e ilusão estão, portanto, unidas nessa imagem da sociedade. De modo semelhante, a natureza de um ator não pode ser inferida a partir de qualquer papel particular que ele tenha desempenhado, pois em uma peça diferente ou em uma cena diferente ele pode aparecer com um caráter totalmente diverso; como então inferir a natureza humana a partir de ações no teatro da sociedade?

Em terceiro lugar, e mais importante, as imagens do *theatrum mundi* são retratos da arte que as pessoas praticam na vida cotidiana. É a arte de representar, e as pessoas que a praticam estão desempenhando "papéis". Para um escritor como Balzac, esses papéis são as várias máscaras necessárias que se usam em diferentes situações. O homem como uma criatura de máscaras harmoniza-se perfeitamente à crença de Balzac, bem como à de outros escritores que perceberam as relações humanas como uma espécie de *comédie,* em que nem a natureza humana nem qualquer definição única da moralidade poderia jamais ser firmemente deduzida a partir do comportamento.

Ironicamente, na medida em que os sociólogos modernos foram ficando cada vez mais interessados nas máscaras (deselegantemente definidas como "comportamentos específicos para uma situação"), desapareceram as preocupações morais clássicas. Talvez isso seja uma simples falha do conhecimento. Com demasiada frequência, os analistas de papéis escrevem como se na era "pré-científica" ideias afins fossem desconhecidas. Talvez os cientistas da sociedade estejam dispostos a crer que o comportamento humano e os princípios humanos são de algum modo distintos e que a ciência se dirija apenas ao primeiro. Mas, creio eu, há algo mais operando nessa diminuição de discernimento, nesse estreitamento do campo que os sociólogos modernos efetuaram na tradição do *theatrum mundi*. Ele se relaciona precisamente com a própria mudança da importância atribuída à vida pública e à vida privada, e é graficamente revelada na obra do principal analista contemporâneo de papéis, Erving Goffman.

Goffman estudou uma ampla gama de situações humanas, desde a de fazendeiros das Ilhas Shetland a doentes mentais, aos problemas de pessoas fisicamente deformadas; investigou sistemas de tráfego nas cidades, anúncios,

62 O DECLÍNIO DO HOMEM PÚBLICO

cassinos e salas de cirurgia. É um observador extremamente sensível e atilado e ressalta pequenos fragmentos e intercâmbios que, na realidade, ocupam um lugar de relevo na estruturação das interações de pessoas. As dificuldades surgem em seu trabalho quando ele procura formular essas observações dentro de um sistema teórico.

Cada uma das "cenas" de seu texto é uma situação fixa. Como a cena tomou forma, como aqueles que nela desempenham papéis modificam a cena com seus atos, como cada cena pode aparecer ou desaparecer em razão de forças históricas mais amplas em funcionamento na sociedade? Goffman é indiferente a essas questões. A sociedade de cenas, estática e sem história, de seus livros deriva de sua crença segundo a qual nas relações humanas as pessoas sempre procuram estabelecer uma situação de equilíbrio: dão e tiram mutuamente, até criarem estabilidade suficiente para saberem o que esperar, equilibrando mutuamente suas ações; as ações equilibradas são os "papéis" de uma determinada situação. O elemento de verdade da abordagem se perde, porque Goffman não tem ouvidos para, isto é, na verdade não se interessa pelas forças da desordem, da ruptura e da transformação que podem intervir em tais arranjos. Temos aqui um quadro da sociedade no qual há cenas mas não há enredo. Uma vez que não há enredo nessa sociologia, não há tampouco história, nela não existem personagens, no sentido que esse termo tem no teatro, pois essas ações não provocam mudanças nas vidas de sua gente; há somente infindáveis adaptações. No mundo de Goffman, as pessoas se comportam, mas não têm experiência.

A atenção dada ao comportamento estático em papéis, a expensas da atenção para com a experiência adquirida em tais situações, deriva de uma suposição moral fundamental nesse tipo de investigação aparentemente amoral. Esses papéis não admitem muito engajamento. Excetuando-se o caso dos desviantes enquanto insanos e deformados, há pouco investimento de sentimentos entre os vários atores. De fato, se um determinado papel implica qualquer dor, Goffman retrata aqueles que nele estão como pessoas que não desafiam as suas circunstâncias sociais e, ao contrário, "o indivíduo se vira, se torce e se contorce, até mesmo quando se deixa levar pela definição controladora da situação... o indivíduo ... é um prestidigitador e um sintetizador, um conciliador e um apaziguador..."

Visto que as "definições controladoras" estão fixadas, o que torna a experiência mais complexa é a prestidigitação. Em outras palavras, os autores da escola de Goffman apresentam menos uma teoria geral da sociedade do que um primeiro sintoma do mal-estar moderno que constitui o tema deste livro — a incapacidade de imaginar relações sociais que suscitem muita paixão, uma imaginação da vida pública na qual as pessoas se comportam e controlam seu comportamento somente por meio de retraimento, "conciliação" e "apaziguamento".

PAPÉIS PÚBLICOS

Como foi que os termos do desempenho de papéis mudaram a ponto de se tornarem cada vez menos temas de expressão e cada vez mais assuntos de neutralização e apaziguamento de outrem? Levantar a questão significa, em primeiro lugar, reviver a preocupação moral contida na escola clássica do *theatrum mundi,* especialmente a sua crença de que a representação é expressiva, de que quando se investe sentimento em seus papéis adquire-se algo do poder de um ator. Mas, nesse caso, ao desempenharem papéis, em que as pessoas engajam suas paixões?

No teatro, há uma correlação entre a crença na *persona* do ator e a crença em convenções. A peça, a representação e o desempenho exigem crença nas convenções para serem expressivos. A própria convenção é o mais expressivo instrumento da vida pública. Mas, numa época na qual as relações íntimas determinam aquilo que será crível, convenções, artifícios e regras surgem apenas para impedir que uma pessoa se revele a outra; são obstáculos à expressão íntima. À medida que o desequilíbrio entre vida pública e vida íntima foi aumentando, as pessoas tornaram-se menos expressivas. Com a ênfase na autenticidade psicológica, tornaram-se desprovidas de arte na vida cotidiana, pois são incapazes de recorrer à força criativa fundamental de um ator, à

64   O DECLÍNIO DO HOMEM PÚBLICO

habilidade de jogar com, e investir sentimentos em, imagens externas do eu. Chegamos assim à hipótese de que a teatralidade tem uma relação hostil com a intimidade; e que a teatralidade tem uma relação igualmente especial, mas amigável e cordial, com uma vida pública vigorosa.

Como as experiências que uma plateia de estranhos tem no teatro, ou no teatro de revistas, podem se comparar às experiências que têm nas ruas? Em ambos os domínios, a expressão ocorre em um meio de pessoas relativamente estranhas. Numa sociedade com uma vida pública forte, deveria haver afinidades entre os domínios do palco e da rua; deveria haver algo comparável na experiência expressiva que as multidões vêm tendo em ambos os domínios. À medida que a vida pública enfraquece, tais afinidades devem diminuir. O cenário lógico para estudarmos a relação palco-rua é a grande cidade. É nesse meio que a vida entre estranhos está em evidência e que as transações entre estranhos adquirem uma importância especial. Em suma, o assunto da mudança de valorização atribuída à vida pública e à vida íntima deve ser esclarecido por um estudo histórico comparativo das mudanças de papéis no palco e na rua, em um cenário no qual a vida pública moderna, baseada em uma sociedade secular, burguesa, impessoal, se afirmou em primeiro lugar: a cosmópolis.

Comparar o surgimento da crença dentro das artes cênicas ao surgimento da crença nas ruas deve necessariamente causar inquietação, pois isso significa associar a arte à sociedade, e desde o século XIX essa associação tem sido desconfortável. Quando, em fins do século XIX, os historiadores usavam as artes como instrumentos para o estudo da vida social, era normalmente à vida social de uma pequena elite — patronos, principais personalidades da época e assim por diante — que se referiam. Pode-se pensar em escritores como Matthew Arnold ou Jakob Burckhardt, que consideravam a arte uma chave para se entender o conjunto de uma sociedade, mas esses homens foram na sua época exceções para a pressuposição dos conhecedores de que a grande arte, em um dado momento, tinha relação apenas com uma região muito seleta dentro da sociedade.

Foi o antropólogo que em nosso século começou naturalmente a ver a arte em relação com a sociedade como um todo. Mas esse relacionamento

PAPÉIS 65

popularizou-se fora da antropologia; a visão da arte tornou-se não científica, uma espécie de esnobismo às avessas. Ia-se da arte de um povo, geralmente do artesanato levado a sério pelo antropólogo, como produção estética genuína, para a "arte popular", na qual apenas uma classe restrita de trabalhos artísticos tem uma relação com a sociedade como um todo, com a "mídia". A mídia é ou são formulações da arte popular nas quais toda tentativa intencional de expressão é substituída pela noção mais neutra e funcional de comunicação. "O meio é a mensagem" é uma máxima sensata somente quando a própria expressão é reduzida a um fluxo de mensagens. Em geral, à medida que a relação com a sociedade se amplia, quase sempre a arte que se qualifica para essa relação diminui; a arte séria e a vida social permanecem tão separadas quanto no século XIX, porém os termos estão invertidos.

Portanto, ao se associar artes cênicas e relações sociais, deve-se estar aberto, simplesmente, para a ideia de que a arte genuína, verdadeira e séria pode ajudar a entender uma condição muito difundida na sociedade. É igualmente importante escapar de uma linguagem de causa e efeito. Há, por exemplo, afinidades entre os trajes de palco e os trajes de rua de Paris, em 1750. Em vez de perguntar qual deles determinou o outro — uma questão irrelevante —, mais vale investigar o que as similaridades entre os trajes de palco e de passeio, ambos marcadamente diversos dos trajes considerados adequados para uso doméstico, revelam sobre imagens do corpo em público. Quando no século XIX os trajes de palco e de passeio começaram a divergir, estava ocorrendo uma mudança na crença relativa ao corpo em público, e as dimensões dessa mudança podem ser estudadas ao se focalizar essa divergência.

PAPÉIS PÚBLICOS NAS CIDADES

Se causa e efeito, influência, e assim por diante, são meios insatisfatórios para descrever a relação entre vida pública e artes públicas (cênicas), existe, entretanto, um relacionamento lógico entre o palco e a rua. Esse relacionamento lógico tem quatro partes: primeiramente, o teatro compartilha de

66 O DECLÍNIO DO HOMEM PÚBLICO

um problema, não com a sociedade em geral, mas com um tipo especial de sociedade — a cidade grande. É um problema de *plateia* — especificamente de como suscitar crença na aparência de alguém em um meio de estranhos; em segundo lugar, podem surgir na cidade regras para tornarem fiáveis aparecimentos perante estranhos que tenham uma *continuidade de conteúdo* em relação às regras que dirigem as respostas ao palco na época. A plateia pode, portanto, desempenhar um papel comum em ambos os campos. Em terceiro lugar, proporcionalmente à solução de um problema comum da plateia por meio de um código comum de credibilidade, produz-se uma *geografia pública,* segundo dois critérios de "publicismo": o mundo exterior ao ambiente imediato e às lealdades pessoais se torna conscientemente definido, e a movimentação através das diversas circunstâncias sociais e grupos de estranhos, com o auxílio desse código comum, se torna mais cômoda. Em quarto lugar, na medida em que existe uma geografia pública, a *expressão* social será concebida como uma *apresentação,* para os outros, de sentimentos que significam em si e para si, *ao invés de sê-lo como uma representação,* para os outros, de sentimentos presentes e reais para cada eu. As quatro estruturas aqui tipificadas são portanto de auditório, de continuidade de regras de crença, de geografia pública e de expressão. Nesse conjunto abstrato de relações lógicas está corporificada a experiência humana concreta.

É provável que existam tantos modos diferentes de se conceber o que é uma cidade quantas são as cidades existentes. O mais simples diz que uma cidade é um assentamento humano no qual estranhos irão provavelmente se encontrar. Para que essa definição seja verdadeira, o assentamento deve ter uma população numerosa, heterogênea; a concentração populacional deve ser um tanto densa, as trocas comerciais entre a população devem fazer com que essa massa densa e díspar interaja. Nesse ambiente de estranhos cujas vidas se tocam, há um problema de plateia que guarda um parentesco com o problema de plateia que um ator enfrenta no palco.

Num meio de estranhos, as pessoas que testemunham as ações, declarações e profissões de fé normalmente desconhecem a história de quem as faz e não têm experiência de ações, declarações e profissões de fé semelhantes, no passado da pessoa; torna-se portanto difícil para essa plateia julgar, por um padrão externo de experiência com uma determinada pessoa, se deve ou não crer nela numa dada situação. O conhecimento no qual a crença pode se basear confina-se aos limites da situação imediata. O surgimento da crença depende, assim, de como a pessoa se comporta — de como fala, gesticula, move-se, veste-se, ouve — dentro dessa situação. Duas pessoas encontram-se em um jantar; uma conta à outra que está deprimida há semanas, de tal modo que o ouvinte, enquanto plateia, pode julgar a verdade de tais declarações somente pela maneira como o estranho demonstra o sentimento de depressão; até certo ponto, aparecimentos como esse têm um caráter "urbano". A cidade é uma concentração na qual esses problemas de representação têm toda a possibilidade de surgirem rotineiramente.

O que é impossível na cidade não é permissível no teatro. Por maior que seja o conhecimento que uma plateia tenha da vida privada de um artista, não será suficiente para suscitar a crença naquilo que ele ou ela faz no palco. Saber que um ator assinou as petições em favor da paz, corretamente, não basta para que o levemos a sério no papel de Coriolano; se ele divulgou seus romances íntimos, isso não o torna por si mesmo um Romeu verossímil. Há maus artistas que durante algum tempo progridem sem esforço, graças a seu *status* como astro ou estrela, mas não vão muito longe nem duram por muito tempo nessa condição. Em situações urbanas, geralmente nos falta o conhecimento externo para julgarmos a realidade do comportamento de um estranho; no teatro, agimos como se fôssemos estranhos para com o ator; de modo que ele precisa suscitar a verossimilhança em seu papel; a lembrança de uma plateia de como esse mesmo ator o desempenhou há cinco anos, meses ou dias não terá qualquer influência. Assim como a crença num estranho, a crença no teatro, portanto, é uma questão de se considerar o encontro ime- diato como o limite da realidade cognoscível: em ambos, o conhecimento externo, de parte da plateia, não está em jogo — na cidade, por necessidade; no teatro, por sanção.

Assim, as semelhanças entre trajes teatrais e roupas de passeio, ou entre o estilo de representação de uma figura trágica como Coriolano e o estilo de

68 O DECLÍNIO DO HOMEM PÚBLICO

comportamento dos políticos diante de uma multidão, envolvem mais do que um relacionamento casual, uma vez que há mais do que um casual relacionamento de plateia, nos dois terrenos.

A ideia de que os homens são como atores, a sociedade como um palco, era cultivada na escola tradicional do *theatrum mundi,* pois na verdade esse problema comum da plateia fora solucionado no passado por meio de um código comum de aparecimentos verossímeis. Isso não significa que os códigos correntes na época de Platão foram aplicados novamente na época de Marivaux, mas o fato de ter havido uma ponte permanece. O problema com essa tradição é que é fácil demais imaginar que aquilo que é comum é por isso mesmo inato. Há uma grande variação a ser observada, de sociedade para sociedade, quanto à natureza das regras de construção dessa ponte entre a crença cênica e a crença em estranhos, na rua. Em sociedades com etiquetas um tanto estritas de *status* hierárquico, o comportamento de um estranho, por exemplo, será cuidadosamente examinado, até que, por meio de indícios de gesto ou de fala, outros possam definir qual o seu lugar na escala. Normalmente, não se pede diretamente a ele as informações a seu respeito; era o que ocorria em muitas cidades indianas medievais: nelas, o mesmo exame cuidadoso dos gestos e do discurso aparecia em peças populares. Em sociedades que não têm essa rígida etiqueta de hierarquia, ou nas quais os fatos da posição social não determinam sozinhos os parâmetros de uma aparência verossímil, uma ponte entre o palco e a rua pode ser construída por outros meios. Na Paris de meados do século XVIII, por exemplo, tanto as roupas de passeio quanto os trajes de cena tratavam o corpo como uma estrutura neutra, um manequim inanimado no qual deveriam ser colocados as perucas, os chapéus elaborados e demais adornos. O corpo despertava interesse, e a personalidade que vestia esse corpo, credibilidade, na medida em que se tratava o corpo como um objeto a ser decorado. Dentro do círculo privado da família, prevalecia um senso mais *négligé* e inteiramente animado de vestimenta corporal.

Quando surge uma ponte entre rua e palco em resposta à questão relativa à plateia, nasce uma geografia pública. Pois então é possível acreditar na realidade tanto de pessoas desconhecidas quanto de personagens imaginárias, como num domínio único.

Uma vez Balzac falou das diferenças entre provincianos e cosmopolitas nos seguintes termos: um provinciano somente acredita naquilo que observa entre aqueles que se tornaram habituais, graças à exposição diária, ao passo que um cosmopolita está disposto a crer naquilo que pode apenas imaginar no tocante a modos de vida e pessoas que ele próprio teria de experimentar. Claro, seria irrealista argumentar que nos centros da sociedade ocidental, desde a Idade Média, vêm se mesclando atores em cena e pessoas de verdade — embora também aqui em muitas sociedades hoje mais inocentes do que a nossa, se esse termo é exato, os dois seriam como um só. Melhor dizendo, em um período como o século XVIII, ator e estranho da rua seriam julgados segundo os mesmos termos, e aquilo que se podia aprender de um no domínio da arte podia-se aprender de, ou aplicar ao, outro no domínio específico da vida social impessoal. E portanto, em um sentido muito real, a arte podia ser um mestre em questões de vida; os limites imaginativos da consciência de uma pessoa foram alargados, na mesma proporção em que, numa época em que personificar outros, fazer pose e assim por diante parece moralmente inautêntico, esses limites são estreitados.

A criação de uma geografia pública, em outras palavras, tem muito a ver com a imaginação enquanto um fenômeno social. Quando um bebê é capaz de distinguir o eu do não eu, deu um primeiro e definitivo passo para o enriquecimento de seus poderes de fabricação de símbolos; nem todo símbolo precisa ser necessariamente projeção das necessidades do bebê sobre o mundo. A criação de um senso de espaço público é o paralelo social adulto dessa distinção psicológica que ocorre na infância, com resultados paralelos: a capacidade de uma sociedade produzir símbolos torna-se tanto mais rica uma vez que a imaginação do que seja real, portanto verossímil, não se prende a uma verificação daquilo que é rotineiramente sentido pelo eu. Visto que uma sociedade urbana dotada de uma geografia pública tem também certos poderes de imaginação, a degeneração do público e a ascensão do íntimo têm um profundo efeito sobre as modalidades de imaginação que predominam nessa sociedade.

Por fim, em uma sociedade urbana diante de um problema de plateia comum ao estranho e ao ator, que o soluciona por meio de códigos comuns

70   O DECLÍNIO DO HOMEM PÚBLICO

de crença, criando desse modo um senso de uma região pública significativa na sociedade, é provável que a expressão humana seja concebida em termos de gestos e de símbolos que são reais, não importando quem faça o gesto ou quem use o símbolo. As emoções são, portanto, apresentadas. À medida que ocorrem mudanças nas primeiras três estruturas, ocorre uma mudança na estrutura de expressão. Quem fala determina então, de maneira crescente, a expressividade daquilo que é dito; tentativas de representação para os outros de emoções experimentadas por um locutor particular, como parte de sua personalidade, como uma expressão sua, acabam por prevalecer. Essa quarta estrutura engloba a correlação entre uma vida pública forte e aquilo que é chamado em psicologia de a objetividade dos sinais expressivos; à medida que o público se desintegra, tornam-se mais subjetivos os sinais.

Essas quatro estruturas lógicas que relacionam o teatro com a sociedade são como os verbos irregulares: pode-se apenas utilizá-los uma vez que se saiba conjugá-los. As quatro juntas abrangiam a vida pública que existia de forma relativamente forte nas cidades de Paris e Londres em meados do século XVIII. Na medida em que o problema da plateia começou a ser concebido de modo diferente na cidade e no teatro, os códigos de crença e de comportamento perante estranhos afastaram-se desses dois terrenos. Enquanto esses papéis públicos se afastavam, as duas condições para uma geografia pública foram lançadas em um estado de confusão e, finalmente, na época moderna, em um estado de dissolução. Enquanto o domínio público ia ficando mais obscuro, os termos segundo os quais a sociedade entendia a expressividade humana se deslocaram da apresentação para a representação.

Neste trabalho, os elementos da vida pública são estudados primeiramente em Paris e Londres nos anos 1750. Foram escolhidas essas duas cidades porque é importante ver o que, na vida pública de uma capital, intercepta diferenças de culturas nacionais. Escolheram-se os anos 1750 porque ambas as cidades estão relativamente prósperas nessa década e porque, nessa época, a classe burguesa, cujas experiências serão nossa preocupação principal, começa a florescer. Essa classe estava mais confiante então do que nos dias em que *la ville* ocultava suas origens sociais. Os temas estudados são aparições visuais e verbais em público, diferenças estabelecidas entre público e privado, ambiguidades dessas distinções, que começavam a emergir em um novo movimento político, teorias contemporâneas do homem enquanto ator e da relação do teatro com a cidade e, finalmente, as condições materiais da capital do Antigo Regime.

Para se traçar um gráfico do desaparecimento desse mundo, são estudadas duas décadas do século XIX, as de 1840 e de 1890. Na década de 1840 e no início dos anos 50, tornaram-se manifestos os efeitos do capitalismo industrial sobre as aparições visuais e verbais em público. Nos anos 1890 houve revoltas perceptíveis tanto no discurso quanto no vestuário, contra os termos da vida pública da década de 1840. Para as décadas de 1840 e 1890, os assuntos estudados são, como para 1750, imagens do corpo, padrões de discurso, o homem enquanto ator, teorias da expressão em público e as condições materiais da cidade. Nossa atenção se concentrará na política em Paris, principalmente, porque as crises da revolução e da reação naquela capital trouxeram à baila fissuras do mundo público que estavam já presentes, embora fossem pouco claras, em situações menos extremas, em outras cidades.

O estudo de três décadas tão distanciadas entre si constitui aquilo que os historiadores chamam métodos de "pós-escavação" *(posthole)*. Tais métodos tentam retratar a amplitude das forças históricas e, ao mesmo tempo, uma parte da riqueza de detalhes que provém do aprofundamento de um momento específico. Esse método histórico exige teoria não somente quanto ao porquê de a mudança ocorrer quando transcorrido um grande lapso de tempo; o método exige teoria, penso eu, porque minimiza explicações de dados concretos baseados em contingências imediatas ou em puro acaso. Uma vez que contingência e acidente são tão reais quanto capitalismo ou secularismo, aquilo que um método de "pós-escavação" ganha em vigor intelectual perde num certo tipo de veracidade.

Tendo estabelecido um movimento histórico, este livro, em sua parte final, explora o desequilíbrio dos meios públicos e íntimos na sociedade ocidental em nossos dias. Somente um tolo poderia pretender dominar tanto material, e isso bastaria para levantar a questão sobre o que se pode e o que não se pode esperar como "prova" no presente estudo.

PROVA OU PLAUSIBILIDADE?

A palavra "prova" em estudos sociais empíricos ganhou um significado infeliz: nenhuma outra explicação é factível além daquela aventada após um determinado processo de investigação. Análises de regressão, valores de qui ou gama são atualmente utilizados em estudos quantitativos para escolher entre interpretações alternativas, fazendo-se uma hierarquia de exclusões. Frequente e erroneamente, estudos qualitativos tentam provar argumentos do mesmo modo. O pesquisador deve tentar esgotar toda a ampla gama de detalhes conhecidos sobre o assunto. Caso contrário, pode haver dados desconhecidos ao pesquisador que "contradizem" seu argumento. Numa escala de verdade por exclusão, a contradição por meio da descoberta de novas evidências deve necessariamente significar invalidação do argumento original, senão de que maneira duas interpretações opostas sobre o mesmo tema poderiam ser igualmente verdadeiras?

Esse empirismo, baseado na exclusão por esgotamento das evidências, é, a meu ver, oposto a toda ideia verdadeira de honestidade intelectual. Chega-se à honestidade intelectual precisamente admitindo-se a realidade da contradição e abstendo-se de qualquer esperança de se chegar a uma afirmação imutável. Na prática, o cânone do esgotamento de evidências é um caso à parte: parece atado a uma crescente miniaturização do núcleo, de modo que, quanto mais "sabemos" sobre um assunto, mais detalhes sabemos. A anestesia do intelecto é o resultado inevitável dessa forma de prova, porque exige que não se façam julgamentos até que todos os fatos estejam coligidos — algum dia.

Em pesquisa qualitativa, "prova", se é que temos que nos servir dessa palavra carregada de ansiedade, é uma questão de demonstração do relacionamento lógico: o pesquisador qualitativo toma sobre seus ombros o fardo da plausibilidade. Cheguei à conclusão de que esse fardo é maior e mais rigoroso do que as obrigações que um pesquisador sente ao excluir uma explicação em favor de outra, independentemente dos respectivos recursos lógicos de coerência. A plausibilidade empírica implica mostrar as conexões lógicas entre fenômenos que podem ser concretamente descritos. Essa definição faria infeliz o filósofo, e talvez colocasse o "cientista" social fora de atividade, mas, espero eu, deve servir às expectativas de um leitor refinado, inteligente e não especializado. Se o leitor encontrar neste livro uma análise sensata do surgimento de uma doença da sociedade moderna, o livro terá sido bem-sucedido; se, após terminar a leitura, ele pensar em uma lógica alternativa para explicar esse infortúnio, tanto melhor.

Finalmente, devo dizer algumas palavras sobre o presente texto em relação ao meu trabalho anterior. Há dez anos venho escrevendo sobre o problema do retraimento social, muitas vezes sem o querer. *Families Against the City* (Famílias contra a cidade) era um estudo de como uma família nuclear na Chicago do século XIX se tornou um refúgio contra a sociedade mais ampla, assim que a cidade se tornou o centro de uma região industrial. *The Uses of Disorder* (Usos da desordem) era um estudo de como as estruturas da personalidade se cruzam com uma economia afluente, de modo que as pessoas tentam purificar a sua experiência da dor, da ambiguidade e das pressões das necessidades, que formam em parte qualquer relacionamento público. *The Hidden Injuries of Class* (Ferimentos ocultos de classes) é um estudo de como a classe social está atualmente sendo interpretada como uma questão de personalidade, e a despolitização da classe que advém disso. Este presente livro se tornou para mim uma estrutura geral que engloba esses estudos específicos: é seu cenário histórico e teórico. Espero que o leitor me perdoe se, em um ou outro parágrafo ocasional, portanto, eu corrigir os erros de interpretação ou de argumentação dessas obras anteriores, uma vez que agora as vejo como partes de um todo.

PARTE DOIS

O mundo público do "Antigo Regime"

3

A plateia: um conjunto de estranhos

Para compreendermos o declínio da vida pública, é necessário que entendamos as épocas durante as quais ela foi vigorosa e os termos nos quais foi mantida. Os quatro capítulos seguintes descrevem a formação, a presença, as dificuldades e as consequências da vida pública em Paris e Londres em meados do século XVIII. Convém dizer alguma coisa a respeito de duas expressões empregadas nesta descrição: a primeira, "Antigo Regime"; a segunda, "burguesia".

A expressão "Antigo Regime" é usada muitas vezes como sinônimo de feudalismo; poderia assim se referir a um período de tempo que abrange desde antes dos anos 800 até depois de 1800. Prefiro, porém, seguir o uso estabelecido por Tocqueville: "Antigo Regime" se refere ao século XVIII, especificamente ao período no qual a burocracia comercial e administrativa se desenvolve nas nações, paralelamente à persistência de privilégios feudais. Desse modo, a Inglaterra teve um "Antigo Regime", tal como a França, muito embora nem a burocracia nem os privilégios feudais fossem os mesmos nos dois países. Por vezes, quando pensamos na "velha ordem", somos propensos a imaginar uma sociedade decadente, cega à podridão existente em seu interior; o verdadeiro "Antigo Regime" nada tinha dessa sonolenta indiferença para com suas próprias contradições. Dois princípios que jamais poderiam ser reconciliados foram, durante muito tempo, postos lado a lado numa tensão inquietante.

Quanto ao termo "burguesia", confesso-me um tanto constrangido. Há um número muito grande de histórias de conspirações do virtuoso proletariado

78 O DECLÍNIO DO HOMEM PÚBLICO

exaurido pelas forças do mal lideradas pela burguesia na Roma de Augusto, na Benares medieval ou na Nova Guiné dos dias de hoje. Essa análise mecânica das classes é tão obtusa que, muito logicamente, provoca no leitor um desejo de nunca mais ouvir falar em "classe" e "burguesia". Infelizmente, a burguesia existia, a classe é um fato, e temos, de algum modo, que falar delas como coisas reais, sem recorrermos à demonologia. Provavelmente, nenhum estudo da cidade do século XVIII poderia evitar uma análise da burguesia urbana, pois nela estavam seus governantes, administradores, seu apoio financeiro e uma boa parte de sua população. Além disso, o termo "burguesia" é mais abrangente do que "classe média"; este indica a posição de uma pessoa no meio de uma escala social, mas não diz como ela chegou até lá. "Burguesia" indica que alguém ocupava essa posição porque trabalhava na administração ou no comércio não feudal; os administradores de uma propriedade podem ocupar uma posição média na sociedade, mas não são parte de uma burguesia. É claro que a burguesia urbana do século XVIII não tinha as mesmas funções econômicas, a mesma percepção de si própria ou a mesma moral da burguesia do século XIX, mas esse tipo de distinção implica mudanças no interior de uma classe. A desvantagem de jogar fora a palavra certa porque é tão facilmente mal empregada é que dá a impressão de que essa classe não possui história.

Abordemos, finalmente, a ordem dos capítulos. O Capítulo 3 trata da questão da plateia; o 4, dos códigos de crença; o Capítulo 5, da distinção entre público e privado, e o Capítulo 6, da expressão. É preciso não se esquecer que esses assuntos não apresentam quatro experiências diferentes, mas sim quatro dimensões de um mesmo tipo de experiência: a experiência pública. Acima de tudo, deve-se ter sempre em mente que a vida pública não começou no século XVIII; nesse século, tomou forma uma nova versão da vida pública, centralizada em torno de uma burguesia em ascensão e de uma aristocracia em declínio.

Uma cidade é um meio no qual estranhos podem se encontrar; entretanto, o "estranho"* talvez seja uma figura de dois gêneros bem diferentes. Os ita-

---

*No original, *the stranger:* "estranho", "estrangeiro". (*N. da T.*)

A PLATEIA: UM CONJUNTO DE ESTRANHOS 79

lianos podem encarar os chineses que se mudam para a sua vizinhança como estranhos, mas sabem como definir essa intrusão: pela cor da pele, pelos olhos, pela linguagem, pelos hábitos alimentares, o italiano sabe reconhecer e situar um chinês como diferente dele próprio. Nesse caso, o estranho é sinônimo de forasteiro e surge em uma paisagem onde as pessoas têm percepção suficiente de suas próprias identidades para poderem criar regras sobre quem se enquadra e quem não se enquadra. Existe um outro sentido de "estranho", ao qual essas regras não se aplicam: o estranho enquanto um desconhecido, em lugar de forasteiro. Um estranho pode ser percebido nesses termos por alguém que tenha regras próprias para a sua identidade, como, por exemplo, um italiano que conhece alguém a quem não saiba "enquadrar"; contudo, enquanto um desconhecido, o estranho pode dominar as percepções daqueles que estão inseguros quanto à própria identidade, ou estão perdendo imagens tradicionais de si mesmos, ou ainda que pertencem a um novo grupo social que ainda não possui um rótulo preciso.

A cidade enquanto um conjunto de estranhos do primeiro tipo é mais bem classificada como cidade étnica, como a moderna Nova York fora de Manhattan ou a Cidade do Cabo, onde raça e língua fornecem distinções imediatas. Uma cidade do segundo tipo, na qual os estranhos são quantidades desconhecidas, surge quando uma nova e ainda amorfa classe social está se formando nela, e a cidade, por sua vez, está se reorganizando em torno desse grupo social. Foi o que aconteceu com Paris e Londres no século XVIII. A nova classe era a da burguesia mercantil.

"Ascensão da burguesia" é também uma expressão desgastada; tanto que um historiador foi impelido a comentar que a única constante histórica é que as classes médias estão sempre ascendendo por toda a parte. A extrema familiaridade da imagem encobre um fato importante a respeito da mudança ocorrida nas classes: uma classe em ascensão ou em desenvolvimento habitualmente não tem uma ideia clara de si mesma. Umas vezes, uma percepção de seus direitos lhe advém antes mesmo da percepção de sua própria identidade; outras vezes, os fatos do poder econômico antecedem os modos, os gostos e a moral adequados. O surgimento de uma nova classe pode desse modo criar

80 O DECLÍNIO DO HOMEM PÚBLICO

um ambiente de estranhos no qual muitas pessoas ficam cada vez mais iguais umas às outras, mas sem terem consciência desse fato. Há uma sensação de que as velhas diferenciações, as velhas linhas divisórias entre um grupo e outro, já não têm valor, mas há pouco senso de novas regras para distinções de momento. A expansão das classes mercantil e burguesa nas capitais do século XVIII foi acompanhada pelo aparecimento de muitas pessoas inclassificáveis — materialmente semelhantes, mas ignorantes de suas semelhanças — e pelo afrouxamento das posições sociais tradicionais. Estava faltando uma nova linguagem para "nós" e "eles", para quem é do grupo e quem não é, para "acima" e "abaixo" na escala social.

O problema da plateia em um meio de estranhos tem sido comparado ao problema da plateia no teatro: como suscitar crença entre aqueles que não nos conhecem? A questão é muito mais premente em um meio de estranhos enquanto desconhecidos do que em um meio de estranhos enquanto forasteiros. Para que um forasteiro desperte confiança, tem que penetrar uma barreira, fazendo-se verossímil nos termos habituais e usuais aos que estão do lado de dentro. Mas estranhos em um ambiente mais amorfo têm diante de si um problema mais complexo: o de suscitar crença pelo modo como se comportam, em uma situação em que ninguém está realmente seguro quanto aos padrões adequados de comportamento para um determinado tipo de pessoa. Nesse caso, uma das soluções consiste em as pessoas criarem, tomarem emprestado ou imitarem comportamentos que todos concordem em tratar como "adequados" e "verossímeis" em seus contatos. O comportamento está a uma certa distância das circunstâncias pessoais de todos e, portanto, não força as pessoas a tentarem definir umas para as outras quem são. Quando isso ocorre, uma geografia pública está para nascer.

Examinemos, então, as forças no interior das capitais dos meados do século XVIII, que criaram um ambiente de estranhos enquanto desconhecidos. Investigaremos o tamanho e a migração da população, sua densidade na cidade e sua caracterização econômica na década de 1750 e nas décadas precedentes.

QUEM VEIO PARA A CIDADE

Em 1750, Londres era a maior cidade do mundo ocidental, seguida de Paris; todas as outras cidades europeias ficavam muito aquém em tamanho. Seria cômodo afirmar simplesmente que nos cem anos entre 1650 e 1750 Paris e Londres estavam crescendo em termos de população. A afirmação é verdadeira, mas tem de ser cercada por todos os tipos de condicionais.[1]

Eis como Londres cresceu. Em 1595, abrigava cerca de 150 mil almas; em 1632, 315 mil; em 1700, cerca de 700 mil; na metade do século XVIII, 750 mil. O crescimento de Londres na era industrial dos últimos dois séculos faz com que essas mudanças pareçam muito pouco significativas; no século XIX, Londres passou de 860 mil para 5 milhões de habitantes. Mas no século XVIII não se sabia o que estava para acontecer. As pessoas só podiam entender aquilo que já acontecera, e a cidade, principalmente após o grande incêndio de meados do século XVII, parecia a seus olhos estar se tornando extraordinariamente populosa.[2]

Determinar a população de Paris durante esse período é mais difícil, pois a política interferiu nos resultados dos censos, dos anos de 1650 a 1750. As melhores estimativas apontam os seguintes números: o censo do cardeal Richelieu, de 1637, cerca de 410 mil; o censo de 1684, cerca de 425 mil; o de 1750, cerca de 500 mil. Parecem pequenas as mudanças no decorrer do século, especialmente se comparadas às de Londres. Elas devem, no entanto, ser colocadas dentro do contexto do país. Como ressalta Pierre Goubert, a população na França como um todo se achava no mínimo estagnada, provavelmente em declínio durante grande parte do início e de meados do século XVIII. A população de Paris crescia em um ritmo lento, enquanto a população da França como um todo ia de fato diminuindo.[3]

O "crescimento" parecia, então, diferente em Londres em comparação ao de Paris, mas o que significa, em si, crescimento urbano? Se o número de nascimentos for superior ao de óbitos numa cidade, com o decorrer do tempo, as mudanças poderão vir de dentro dela mesma; se o número de nascimentos for inferior ao de óbitos, somente pode haver aumento de tamanho da cidade

82   O DECLÍNIO DO HOMEM PÚBLICO

se os estranhos estiverem entrando em número superior ao que a própria cidade está perdendo, na proporção entre nascimentos e óbitos. Em estudos de nascimentos e óbitos no século XVIII, há um acirrado debate entre Talbot Griffith e H. J. Habakkuk no tocante a saber até que ponto os avanços da medicina e da saúde pública fizeram diminuir as taxas de mortalidade e aumentar as de natalidade. Porém, qualquer que seja a solução que se dê a essa questão erudita, o certo é que o aumento de tamanho de Londres e de Paris no século anterior a 1750 dependeu, em grande parte, da migração externa, proveniente de cidades pequenas e do campo. O demógrafo Buffon resume o fato da seguinte forma: quanto a 1730, nos diz ele, "Londres precisa suplementar (a partir das províncias) o número de nascimentos, em uma vez e meia, a fim de se manter, ao passo que Paris é autossuficiente em aproximadamente um para setenta e cinco".*[4]

Em Paris e em Londres, a migração externa constitui a fonte de suas diferentes formas de impulso populacional. Graças ao trabalho de E. A. Wrigley, temos uma ideia clara dos números e padrões de migração para Londres, de 1650 a 1750. Wrigley estima que, para engrossar suas fileiras, Londres precisou de 8 mil migrantes internos por ano, durante esse período. Os que chegavam eram jovens — ele estima que a média de idade era de vinte anos — e geralmente solteiros. Isto é: ao contrário das grandes migrações camponesas para as cidades americanas um século e meio mais tarde, era raro que famílias inteiras se mudassem para Londres. Usando-se material coligido por C. T. Smith em 1951, é possível estabelecer um mapeamento com os lugares de origem dessas pessoas; a maioria dos movimentos migratórios provém de pontos localizados a 80 quilômetros ou mais de Londres, e 80 quilômetros exigiam, na época, no mínimo dois dias de viagem.[5]

As migrações para Paris eram semelhantes. É sabido que após a morte de Luís XIV a nobreza começou a fazer uso mais constante de Paris, se bem que nunca esteve, nem mesmo na época do Rei Sol, inteiramente desligada

---

*Não se trata de uma fórmula reversível; não há setenta e cinco vezes mais óbitos do que nascimentos. Buffon está falando daquilo que é necessário para manter a população, considerando-se todos os fatores relevantes.

A PLATEIA: UM CONJUNTO DE ESTRANHOS 83

da cidade, então refúgio da vida afetada da corte de Versalhes. Seu retorno dificilmente traria a população necessária para repovoar uma Paris continuamente esvaziada pela morte de seus recém-nascidos e de sua população infantil. A partir de algumas pesquisas feitas por Louis Henry, parece válido dizer que Paris, como Londres, mantinha seu nível populacional à custa dos migrantes que viviam a pelo menos dois dias de distância da cidade, que eram jovens e solteiros e que, como na Inglaterra, não eram empurrados para a cidade por causa de fome endêmica ou de guerra, como iria ocorrer mais tarde, mas que, ao contrário, tinham deixado o campo por sua livre iniciativa, para melhorarem sua situação. O retrato de Londres é, desse modo, o de uma grande cidade, enorme para sua época, e que crescia no mínimo 50%, por meio da migração interna de pessoas jovens e sem vínculos. O retrato de Paris também é o de uma cidade comparativamente menor, mas ainda assim enorme, que cresce lentamente enquanto a população fora dela se mantém estagnada, e que obtém quase toda sua reposição e crescimento populacionais da migração interna desse mesmo tipo de pessoas.[6]

Assim, na formação populacional de ambas as cidades, um tipo especial de estranho desempenhou um papel crítico. Ele (ou ela) era sozinho, desligado de relações anteriores e tinha vindo de uma distância significativa. De fato, ao descreverem as populações de suas cidades, londrinos e parisienses, numa década como a de 1720, recorrem a imagens chamando esses forasteiros de "mistura heterogênea, amorfa, questionável, informe". Defoe descreve Londres como "demasiado grande", pelo afluxo de tanta gente vinda das províncias, criando uma situação que exige regulamentos e repartições do governo. Não encontra palavras para descrever esses recém-chegados, tratando-os apenas como uma "massa heterogênea". Com exceção da "horda irlandesa", não parece haver ordem social entre eles. E, uma vez que não têm forma, ele espera que sejam levados embora da cidade, do mesmo modo como chegaram: "Então, digo eu, haverá um momento para se esperar que a grande massa de pessoas vindas a Londres se separe novamente e se disperse tão naturalmente quanto agora lá se amontoam."[7]

84 O DECLÍNIO DO HOMEM PÚBLICO

A *Vida de Mariana* e o *Camponês novo-rico*, de Marivaux, giram de modo semelhante em torno da ideia de uma Paris construída sobre um manancial de estranhos. Nos dois romances, Marivaux descreve Paris como uma cidade onde pessoas de origens desconhecidas podem "passar" justamente porque a cidade inteira cresceu pela migração de uma "multidão desconhecida". A "verdadeira natureza daqueles com os quais discorrem" ia-se tornando cada vez mais difícil de avaliar para os parisienses mais velhos.

Contrastem essas imagens com a do estranho tomado como forasteiro oferecida pelos nova-iorquinos ou pelos bostonianos em 1900. Nas cidade americanas, os estranhos eram interpretados por meio de estereótipos étnicos, rejeitados como inadequados ou perigosos de se conhecer, por causa das conotações negativas envolvidas nesse trato. Em Defoe ou Marivaux, não havia tais estereótipos; a cidade de estranhos que estes conheceram não era divisível em tipos étnicos, econômicos ou raciais (excetuando-se os irlandeses de Londres). O fato de que a maioria desses imigrantes estava sozinha em lugar de estar em agrupamentos familiares fazia deles quantidades ainda mais desconhecidas.

Londres era frequentemente descrita como "um grande quisto".* O significado dessa palavra no início do século XVIII não é bonito, pois um tumor, que mais tarde assume o sentido figurado de grande cidade, descreve-o como uma ferida aberta de onde flui todo tipo de líquidos purulentos; mas a imagem capta acuradamente parte do sentimento que está por detrás de locuções mais elegantes, como "multidão desconhecida", usada para descrever o novo populacho. Como tais pessoas irão fazer sentido umas para as outras? Estão soltas, não têm sequer a marca de um passado enquanto adultos nem a estranheza passível de ser categorizada dos imigrantes vindos de outra terra. Em que termos devem julgar suas comunicações recíprocas, a que conhecimento, a que paralelos da experiência passada se apela, ao se lidar com uma massa informe?

Quando a expressão "crescimento populacional" é empregada para descrever essas duas cidades, não se trata apenas de uma questão neutra de cifras. Ela especifica um determinado fato social. À proporção que a cidade cresceu, sua população se tornou problemática.

---

*No original, *Wen*: "cidade" ou "quisto". (*N. da T.*)

ONDE VIVIAM

Seria de se esperar que a população logo se dividisse em diferentes territórios na cidade, cada qual marcado por certas características econômicas e sociais. A classificação dos estranhos iria então tornar-se mais fácil. Esse processo ecológico estava, porém, sujeito a obstáculos e confusões, a partir de 1670, tanto em Paris quanto em Londres — ironicamente uma confusão devida a tentativas planejadas de se organizar a crescente população urbana.

Cidades com população em crescimento deveriam tratá-la de uma de duas maneiras: a área da cidade pode ser ampliada ou um número maior de pessoas pode estar concentrado num mesmo local. Quase nenhuma cidade conhecida tem um padrão tão simples de crescimento que ou ela se espalha no espaço ou se torna mais densa em seu antigo território. E não é apenas uma questão de fazer com que a área territorial e a densidade aumentem concomitantemente, porque o aumento populacional não é um fenômeno "aditivo", de modo que pequenas providências de reorganização acomodem cada aumento do nível de população. Os aumentos populacionais normalmente exigem uma reorganização de toda a ecologia de uma cidade; as cidades têm de ser consideradas cristais que refazem a sua estrutura cada vez que é introduzida mais substância de que é feito o cristal.

Se tivéssemos que percorrer Paris nos anos 1640, ou Londres antes do grande incêndio de 1666, ficaríamos impressionados com a absoluta concentração humana em um pedaço geográfico considerado minúsculo, segundo os padrões modernos. As casas se aglomeravam em ruas que não tinham mais de três ou três metros e meio de largura, com inesperados claros de vastos espaços abertos. De fato, à medida que nos aproximássemos das novas construções vizinhas aos muros de Paris, ou da terra de ninguém situada entre a City de Londres e Westminster, não veríamos uma gradativa diminuição na concentração de casas, mas uma quebra repentina entre ruas apinhadas e casas isoladas, dispostas quase como propriedades campestres.

Após o grande incêndio de 1666 em Londres, e nos anos 1680 em Paris, a aglomeração populacional nas duas cidades começou a tomar uma nova

86 O DECLÍNIO DO HOMEM PÚBLICO

forma. A terra queimada ou ociosa não foi pura e simplesmente ocupada. Foi reorganizada de acordo com um novo princípio, o da praça; uma praça radicalmente distinta das praças das pequenas cidades medievais, tanto na aparência quanto na função. Os princípios de *design* das praças em Londres romperam com o passado medieval de um modo bastante diverso daqueles das praças de Paris. Mas essas duas revoltas opostas contra o passado levaram à mesma finalidade social.

A construção de praças que se iniciou em Paris na década de 1680 estava condicionada por dois acontecimentos anteriores: o primeiro, a obra de Bernini em Roma; o segundo, a obra de Luís XIV e seus arquitetos em Versalhes. A Piazza Oblíqua de Bernini, defronte à Basílica de São Pedro, em Roma, foi um desafio para todo o impulso de construção de praças planejadas do Renascimento. Bernini quis usar a praça para sugerir a amplidão do espaço por meio de um desenho formal, ao invés de sugerir o fechamento e a domesticação do espaço como preconizava o Renascimento. A ideia de um espaço imenso feito pelo homem, bem no meio de um denso conglomerado urbano, foi o que os arquitetos de Paris aproveitaram na década de 1680: a Place des Victoires (1685-86) constitui sua primeira expressão.[8]

O que tal esforço significou para a cidade de Paris foi que a massa humana da população e a ilusão humanamente planejada de espaço ilimitado iam agora se unir. A ilusão de grandes espaços em meio a grandes concentrações é o princípio estruturador da Place Vendôme (construída em 1701) e da Place des Invalides (concluída em 1706), culminando, em 1763, na Place de la Concorde, de Jacques-Ange Gabriel.

Os arquitetos de alguns desses espaços urbanos grandiosos foram treinados em Versalhes; Hardouin-Mansard participou da construção da Place Vendôme após haver supervisionado a construção do Palácio de Versalhes, por exemplo. Mas assim como Versalhes fora concebido, originalmente, como um antídoto para a Paris dos anos 1660, como um lugar da ordem, cujos salões, suítes e jardins instilariam uma atitude hierárquica em seus habitantes, a Paris do início do século XVIII seria um corretivo de Versalhes. As grandes *places* urbanas não eram feitas para concentrarem todo tipo de atividade das ruas circundantes;

A PLATEIA: UM CONJUNTO DE ESTRANHOS 87

a rua não deveria ser um pórtico para a vida da praça. Toda a arquitetura de Versalhes é como um foco, e, em vez de um foco, a praça deveria ser um monumento a si mesma, com atividades restritas acontecendo em seu meio, atividades constituídas principalmente de passagem e de transporte. Acima de tudo, essas praças não foram concebidas tendo em mente uma multidão lenta que se congrega. Hardouin-Mansard lutou portanto para eliminar das praças barracas, bandos de acrobatas e outras formas de comércio de rua, bem como procurou manter os cafés em sua volta, mantidos por detrás de portas, e tirou totalmente as estalagens das praças.[9]

O resultado foi o enfraquecimento da vida das praças, tal como essa vida era conhecida, tanto na Paris medieval quanto na Paris renascentista. Onde antes as praças tiveram uma multiplicidade de funções, aquilo que Arnold Zucker denomina a "superposição" (*overlay*) de todas as atividades da cidade ocorrendo no mesmo local, agora a vida urbana em grupo estava fragmentada e dispersa.[10]

De fato, as próprias atividades de demolição e de construção, necessárias à desobstrução desses vastos espaços, forçaram grandes levas da população de Paris a sair dos centros de 1660 e a se instalar em áreas mais ou menos dispersas. O agrupamento conjunto de famílias nobres e suas extensas populações de criados e de serviçais, que vivia em volta dos Invalides, retornou ao Marais, em princípio do século XVIII. A desocupação de terras diante da igreja de St.-Sulpice fez com que outro grupo de nobres e seus criados mudasse para os espaços vazios de St.-Germain-des-Prés. À medida que a população de Paris ia crescendo, as áreas ao redor das grandes praças ficavam gradativamente mais densas, mas esses centros já não serviam como pontos onde a multidão pudesse se juntar em várias atividades num mesmo local.[11]

As praças medievais e renascentistas eram zonas livres em Paris, em oposição à zona controlada das casas. As praças monumentais do princípio do século XVIII, ao reestruturarem a aglomeração populacional na cidade, reestruturaram também a função da massa, pois mudou a liberdade com que as pessoas poderiam se reunir. A reunião de uma multidão se tornou uma atividade especializada; acontecia em três locais: no café, no parque para pedestres e no teatro.

88 O DECLÍNIO DO HOMEM PÚBLICO

Em Londres, a praça como zona livre para multidões também chegou ao fim durante o período 1666-1740, mas por um caminho diametralmente oposto. Após o grande incêndio de 1666, foram propostos muitos planos para a reconstrução da City de Londres, sendo o mais importante o de Christopher Wren. Esses planos foram rejeitados quase que imediatamente por Carlos II. Os planos, se tivessem sido realizados, teriam dado a Londres os pontos focais ornamentais do tipo que Bernini estava criando em Roma ou que Hardouin-Mansard iria criar mais tarde em Paris. Na verdade, a recusa do projeto de Wren foi a rejeição de um tipo de praça de cidade pequena que Londres havia visto recentemente em seu meio, a obra do Covent Garden, projetada por Inigo Jones.[12]

Mas a ideia de acomodar a população dentro da cidade por meio da construção de praças não foi abandonada: o duque de Bedford, no bairro de Covent Garden, e o conde de Southampton, em Bloomsbury, começaram a construir blocos de casas de um lado, com praças "irracionalmente espalhadas por todo um sítio, separadas, e no entanto não totalmente isoladas umas das outras". A característica essencial dessas praças estava em não terem sido feitas para serem ocupadas por vendedores de rua, acrobatas, floristas e assim por diante, como acontecia com o Covent Garden; deveriam ser preenchidas com arbustos e árvores.[13]

Costuma-se dizer que, ao reunir moradias em torno de um território florido, os ingleses estavam tentando preservar as impressões do campo na construção da cidade. Isso é apenas meia verdade. Essas casas em Bloomsbury tinham características urbanas e eram construídas em grupos; pareciam-se com as casas que estavam sendo construídas no centro da parte que não fora queimada da City de Londres. Se uma pessoa moderna pode imaginar um arranha-céu com pátios de estacionamento, semáforos e todos os serviços de apoio subitamente colocados no meio de uma plantação de trigo, na expectativa da parte do seu construtor de que logo outros arranha-céus seriam construídos ao redor, poderá ter ideia da mentalidade de Bedford e Southampton ao incrementarem suas propriedades.[14]

Os criadores de praças espalhadas estavam firmemente decididos a manter o comércio afastado da área da praça. Bedford solicitou ao governo o direito

A PLATEIA: UM CONJUNTO DE ESTRANHOS

de enxotar das praças os vendedores ambulantes e mascates. Embora na década de 1690 fosse difícil fazer cumprir essa proibição, por volta de 1720 ela estava sendo obedecida. A praça se tornara um museu da natureza em meio ao mais sofisticado tipo de moradias. E, de fato, as expectativas dos responsáveis por sua implantação se realizaram. Construíram-se casas perto das praças, e gradativamente as áreas foram se tornando tão densamente povoadas quanto a velha City.

Em Londres e em Paris, portanto, a reestruturação da densidade populacional por meio do planejamento de praças refreou a própria praça como um lugar central de uso múltiplo, de reunião e observação. Qual era a opinião das pessoas da época quanto a essa restrição da praça como território livre? Defoe faz um retrato vivo da década de 1720:

> É o desastre de Londres, no que toca à beleza de seu rosto, que está estampado nos edifícios, assim como o prazer de todo construtor (...) e como a comodidade das pessoas exige (...) e isto aumentou a face da cidade da maneira mais dispersa, confusa, desarrumada, pouco densa e desigual.[15]

O crescimento da cidade significou para ela a perda de um centro, de um foco. O crescimento não parecia para Defoe ser resultado do lento amadurecimento das necessidades da época. Dava a impressão de ser repentino, abrupto:

> Trata-se, como se observa em primeiro lugar, de uma crise particular e notável, singular para aqueles que escrevem nessa época, (...) que o grande e mais eminente aumento de edifícios dentro e em redor de Londres — e vasta extensão de solo utilizado e agora transformado em ruas e quarteirões de casas dos nobres, com o que a massa ou o corpo do todo se tornou tão infinitamente grandiosa — foi construído na nossa época, não somente dentro do que cabe em nossa memória, mas em apenas alguns anos. (...)[16]

A questão social suscitada pela população de Londres e de Paris era de se viver com um estranho ou de se ser um estranho. E a questão suscitada pelos novos termos de densidade demográfica da cidade consistia em saber onde

90 O DECLÍNIO DO HOMEM PÚBLICO

esses estranhos deveriam ser vistos habitualmente, de modo que se pudesse estabelecer imagens caracterizadoras dos estranhos. O antigo local de encontro, a praça de uso múltiplo, estava sendo consumido pelo espaço tomado como monumento a si mesmo em Paris e como um museu da natureza em Londres. Desse modo, a demografia estava criando um meio onde o estranho fosse um desconhecido.

Os estranhos, considerados plateia uns para os outros, poderiam, no entanto, ter evitado grande parte desse fardo de desempenhar tal papel, com a necessidade de suscitar credibilidade somente dentro dos limites de uma cena imediata, caso a estrutura hierárquica dos grupos sociais tivesse permanecido intocada pela cidade. Pois as imagens de lugares, deveres e de cortesia nessa hierarquia teriam proporcionado às pessoas padrões de referência para serem levados a contatos específicos; a hierarquia poderia ainda ter servido como um padrão de comparação seguro para a crença. Mas a economia da capital, associada a essas mudanças demográficas, desgastara o padrão de hierarquia enquanto uma medida segura para as relações entre estranhos. Uma vez que a hierarquia se tornou uma medida incerta para o trato com os estranhos, surge a questão da plateia.

TRANSFORMAÇÕES NA BURGUESIA URBANA

Na primeira metade do século XVIII, as economias inglesa e francesa experimentaram um crescimento agudo no comércio internacional. O comércio exterior da Inglaterra dobrou entre 1700 e 1780; o mercado mudou de comprador principal, da Europa, para as colônias de além-mar da Inglaterra. Os franceses preencheram o vazio, realizando grande parte do comércio que a Inglaterra fizera antes com alguns países europeus.[17]

Esse incremento comercial teve grande importância na vida das capitais de ambos os países. Londres e Paris eram grandes portos, bem como centros de finanças mercantis para remessas além-mar, e constituíam-se nos pontos de distribuição comercial de mercadorias que entravam e saíam do

A PLATEIA: UM CONJUNTO DE ESTRANHOS

país e que se destinavam ao interior do país. O vigoroso crescimento do comércio teve resultados físicos e sociais. Em Londres, o crescente comércio no Tâmisa trouxe consigo uma extensão da cidade rumo ao oeste, assim como as praças o haviam feito. Em Paris, o crescimento do comércio sobre o Sena também fez com que a cidade se expandisse em direção ao oeste, e cada vez mais docas e armazéns foram se comprimindo no cais da cidade, ao longo das Tulherias, e em redor da Ile de la Cité.[18]

Do ponto de vista social, o crescimento do comércio criou empregos nos setores financeiro, comercial e burocrático da cidade. Falar em "crescimento da burguesia" em qualquer das duas cidades é, pois, se referir a uma classe engajada em atividades de distribuição, e não na produção. Os jovens que vinham para a cidade encontravam trabalho nessas profissões mercantis e comerciais; na verdade havia como que uma escassez de mão de obra, pois havia mais empregos que exigiam trabalhadores alfabetizados do que jovens que sabiam ler. Assim como o equilíbrio da densidade demográfica de uma cidade, o equilíbrio dos empregos nela se comporta como o cristal: a nova atividade comercial nas capitais do século XVIII não foi acrescida ao que já existia antes; toda a estrutura econômica da cidade recristalizou-se em torno dela. O espaço das lojas nos cais ficou caro demais para os novos artesãos, por exemplo; começaram a abandonar o centro, e depois a própria capital, enquanto os comerciantes vinham chegando para se fixarem.

O problema que nos interessa no crescimento dessa burguesia dos intermediários é a questão de uma clara identidade de classe, pois sua falta reforçava a percepção do estranho enquanto um desconhecido.

Um escritor observou a respeito de Paris que a sua burguesia sabia que era algo de novo, mas não sabia aquilo que era. A autoconfiança pode ser detectada nas fileiras mercantis de meados do século XVIII, ao contrário dos recatados impulsos de seus precursores dos dias de *la cour et la ville* do século XVII. Havia porém uma falta de clareza naquilo que aqueles cidadãos sentiam ser sua condição: eram os novos homens, mas o que significava isso? Nas peças de Diderot sobre a vida burguesa de seu tempo, tal como *Le père de famille* (O pai de família), as personagens tratam sua sobrevivência, sem raízes na terra, e mesmo sua prosperidade, como algo um tanto misterioso.

92   O DECLÍNIO DO HOMEM PÚBLICO

Uma explicação para essa ausência de proclamações de "quem somos nós" é que talvez a classe mercantil ainda tivesse que passar da confiança para a presunção. Uma outra é que autodefinições seguras eram difíceis em razão da formação econômica dessa classe: nela, as pessoas que ainda estavam entrando formavam uma classe nova e em expansão; era mais um problema de mobilidade do que de herança. Essa classe tinha seus contornos muito mais indefinidos do que as classes mercantis do Renascimento ou do pós-Renascimento, pois, enquanto o comércio se expandia na cidade, mudava a natureza do mercado urbano. No início do século XVIII, esse mercado mudou do tipo de competição pelo monopólio comercial em uma determinada área ou de uma determinada mercadoria para o tipo de competição pelo comércio no interior dessa área ou mercadoria. Foi essa mudança de mercado que tornou instável a identidade da classe média de um extremo ao outro dos segmentos do comércio.

Em Londres e Paris, por exemplo, as feiras ao ar livre, que vendiam enorme quantidade de alimentos, afirmavam-se nessa época. Vendiam mercadorias vindas dos navios; funcionavam em bairros especiais da cidade; ao contrário das feiras medievais, as Feiras de St.-Germain e as Feiras des Halles funcionavam em caráter permanente, com licenças dadas por patente do governo a cada vendedor. Com a construção do Covent Garden na década de 1640, surge em Londres essa mesma regulamentação dos mercados ao ar livre. As licenças para o comércio urbano diferiam, porém, das licenças mais antigas para importação e exportação. Uma determinada companhia já não poderia ter o direito exclusivo de negociar com uma determinada mercadoria, como aconteceu durante um certo tempo com a Companhia das Índias Orientais e o chá; muitas companhias, por meios legais, e frequentemente ilegais, tinham a mesma mercadoria para vender. Desse modo, a natureza da competição foi transformada, passando de uma disputa pelo monopólio em uma determinada área para uma disputa pelo comércio dentro de cada área. Quando ambas as cidades se tornaram centros internacionais de compra e venda, seus mercados internos se tornaram imbricados.[19]

A PLATEIA: UM CONJUNTO DE ESTRANHOS   93

Em *The Economy of Cities* (A economia das cidades), Jane Jacobs argumenta que o resultado desse tipo de crescimento urbano foi a contínua busca por territórios ainda não atingidos pela competição, por novos tipos de mercadorias e serviços para vender, a fim de escapar à pressão de competir com outros. De maneira geral, esse argumento provoca a ira da maioria dos historiadores; ligeiramente modificado, ele explica um certo fenômeno dessas duas cidades. Quando territórios de trabalho foram destruídos, tornou-se muito mais difícil para os pais transmitirem aos filhos o seu próprio trabalho; a razão era simples: os pais tinham apenas metade do trabalho para legarem; podiam legar um capital ou um ofício, mas não uma comunidade de fregueses garantidos, uma fonte garantida de fornecimento, ou algo assim. Mais do que isso, em condições nas quais os pais eram forçados a competir exaustivamente para terem trabalho, os filhos tentavam se libertar, criar um novo mercado para suas habilidades, trabalhando em ofícios ou empregos que lhes pareciam menos concorridos (uma impressão falsa, na realidade). A expansão do comércio em Londres e em Paris na virada do século XVIII fragmentou a continuidade do trabalho no seio da família. O resultado foi que se tornou difícil determinar simplesmente pelos antecedentes familiares "quem" era um estranho.[20]

Os deslocamentos de posição social provocados pelo mercado imbricado estavam se espalhando do trabalho mercantil para o trabalho manual, à medida que o cristal da economia urbana do século XVIII assumia uma nova forma. Isso aparecia com maior nitidez nas guildas. Tanto em Paris quanto em Londres, as guildas abrangiam grandes quantidades de trabalhadores no final do século XVII; por volta de meados do século XVIII, o número de trabalhadores das guildas diminuíra. A explicação habitual — de Sombart, por exemplo — é a de que as guildas não se encaixavam no sistema de concentração de mão de obra móvel exigido por uma sociedade industrial. Mas adotar essa explicação significa encarar a história da cidade do século XVIII como uma preparação para aquilo que ainda não havia ocorrido. Na vida dos trabalhadores urbanos — como ressalva Kaplow —, existiam razões imediatas para encorajá-los a abandonar o trabalho nas guildas por ocupações mais flutuantes. Enquanto a passagem de artífice assalariado a mestre era teori-

94 O DECLÍNIO DO HOMEM PÚBLICO

camente possível dentro de uma vida inteira de trabalho, na prática era uma possibilidade remota. Nas guildas parisienses do século XVIII, "quer como eternos artífices assalariados, ou *chambrelans,* a pobreza desses trabalhadores era provavelmente extrema, e sua mobilidade, nula, uma condição que eles podem ter sentido de modo ainda mais intenso do que seus irmãos que estavam fora das guildas". Se é verdade que as guildas no século XVIII se deterioravam funcionalmente, pelas razões apontadas por Sombart, é igualmente verdade que as guildas foram sendo esvaziadas mais intencionalmente, porque, para o jovem envolvido na questão, o direito de trabalhar em um ofício, dado pelo fato de o pai ser membro da guilda, não garantia ao filho que este iria ter trabalho a fazer e, menos ainda, que tivesse "perspectivas".[21]

Entre as classes trabalhadoras inferiores, a competição para venda de serviços tornou-se imbricada, do mesmo modo que a competição para vender mercadorias se tornara imbricada no seio das classes médias. A oferta de criados era muito maior do que o número de empregos para criados em Paris e em Londres, no final do século XVII, e esse excesso de mão de obra piorou no século XVIII. A oferta de criados excedia de tal maneira a demanda que era difícil os pais convencerem os patrões a aceitarem seus filhos — era mais barato manter a criadagem aceitando-se novos criados já adultos do que manter juntas as famílias dos antigos criados. À medida que o comércio internacional, por intermédio das cidades, se expandiu, a economia de serviços no interior das cidades se fragmentou, e a competição dentro de uma mesma qualificação, ou dentro de um tipo de serviço, ficou mais forte; o próprio conceito de território de trabalho separando as pessoas foi destruído.[22]

A demografia e a economia dessas duas vigorosas cidades serviram, em suma, para definir o estranho como um desconhecido, pelo menos por um curto espaço de tempo, um desconhecido que não podia ser facilmente situado por meio de pesquisas factuais. Quando as pessoas rompiam um vínculo familiar para virem para a cidade, sobrenomes, amizades e tradições não ajudavam. Quando a população foi distribuída por novas formas urbanas que congregavam um grande número de pessoas em torno de praças que não eram concebidas como locais de fácil reunião e sociabilidade, tornou-se mais difícil

A PLATEIA: UM CONJUNTO DE ESTRANHOS

ainda conhecer esses estranhos por meio de observação rotineira. Quando a complexidade de mercados imbricados destruiu os territórios estáveis de atividade econômica, o "lugar" da ocupação não ajudou. As quebras de *status* entre as gerações se tornaram mais frequentes; a possibilidade de herdar a posição sucumbiu à criação de posições tanto inferiores quanto mais elevadas.

Assim sendo, o domínio das aparências não era facilmente regido por padrões tais como "de onde veio", "onde é o seu lugar", ou "o que você está fazendo quando o vejo na rua". Uma vez mais, comparem isso com a demografia de Nova York, no princípio do século XX: os migrantes que vinham para Nova York, imediatamente classificados pela linguagem que utilizavam, muitas vezes chegavam como famílias inteiras ou então traziam as famílias depois de virem. Agrupavam-se em subáreas étnicas da cidade, a ponto de morarem em quarteirões dentro de sua área étnica de acordo com a localidade ou até mesmo de acordo com sua aldeia na terra de origem. Uma vez em Nova York, cada um desses subgrupos étnicos usava a área de uma maneira análoga ao uso medieval e renascentista das praças em Paris. A rua era o local de compra, de reuniões em grupo, palco de observação casual, com a igreja construída num ponto central ao longo da rua. Os estranhos na Londres e Paris do século XVIII não dispunham desses métodos automáticos de organização.

Sejamos claros sobre essa falta de regras seguras, pois o retrato que ora pintamos poderia indicar que os cosmopolitas do Antigo Regime moravam num universo kafkiano, abstrato, no qual a humanidade não tinha rosto e era vazia. Não era bem assim; a capital do século XVIII era um lugar onde as pessoas faziam grandes esforços para dar cor e definir suas relações com os estranhos; a questão está em que tinham que fazer um esforço. As condições materiais de vida na cidade enfraqueciam qualquer confiança que as pessoas pudessem ter na rotulação "natural", rotineira, dos outros segundo a origem, os antecedentes familiares ou a ocupação. O esforço para dar cor ao relacionamento com os outros, a tentativa de dar uma forma a esses intercâmbios sociais eram esforços para criar um sentido convincente de plateia. Uma ideia do montante de trabalho necessário para criar essa plateia significativa, em meio a um ambiente de estranhos, pode ser conseguida ao se comparar uma questão de etiqueta na nova sociedade urbana com a mesma questão de etiqueta na sociedade mais antiga da corte. Essa sutileza social diz respeito a perguntas, cumprimentos, apresentações e tagarelices, como primeiro estágio de sociabilidade entre dois estranhos que nunca se haviam encontrado.

INTERCÂMBIO NA CORTE E NA CIDADE

Observadores das boas maneiras de parisienses e londrinos na década de 1750 impressionaram-se menos com as diferenças entre as duas cidades do que com a diferença de ambas com termos provinciais de cortesia. Notaram também o quanto as cidades tinham se tornado semelhantes, em comparação com as vidas diversas da corte da Inglaterra e da França.

A vida cortesã na Inglaterra, que começou com o reinado de Carlos II, tomou um rumo exatamente oposto à vida na corte que ia se desenvolvendo na França, no reinado de Luís XIV. Os ingleses, após as austeridades do governo puritano, veriam tomar forma, em sua sociedade, uma vida cortesã dedicada ao prazer informal, à bonomia e a uma boa dose de desordem política e administrativa; isso durou de 1660 a 1688. Os franceses, no reinado de Luís, depois das desordens da Fronda, veriam tomar forma uma vida cortesã que era propositadamente formal e ordeira, altamente disciplinada e cada vez mais cerimoniosa; isso perdurou até 1715. Na Inglaterra, o surto de crescimento urbano, de 1690 em diante, foi acompanhado por uma crescente estabilização, tanto da política quando da vida cortesã: isto é, caminharam juntos o crescimento de Londres e o crescimento de uma monarquia estável e limitada. Na França, a força do rei e a força de Paris eram antagônicas. Luís criou Versalhes e abandonou as Tulherias como residência permanente, a fim de poder controlar melhor os seus nobres, para que a corte pudesse se tornar uma hierarquia rígida, sem lugares ou cenários de fuga. Com a morte de Luís, em 1715, a mudança para Paris, sob o reinado de Luís XV, fez-se à custa das instituições de Versalhes. Assim, do ponto de vista político, as histórias das cortes da Inglaterra e da França são comparáveis apenas enquanto opostas. Do ponto de vista social, entretanto, havia certos paralelos.[23]

A PLATEIA: UM CONJUNTO DE ESTRANHOS 97

Nas cortes de meados do século XVII, não somente na França, mas também na Inglaterra, Itália e Alemanha, cumprimentos entre pessoas de posições sociais diferentes envolviam uma elaborada lisonja, baseada no conhecimento interpessoal. Evidentemente, o superior é que tinha de ser lisonjeado; nas relações de pessoas sem berço com pessoas da nobreza, os títulos que indicavam a posição social eram *de rigueur,* de ambas as partes: *Monsieur le Marquis* falava com *Monsieur l'Avocat* (O Senhor Marquês falava com o Senhor Advogado). Cumprimentos feitos nessas circunstâncias eram uma questão de exaltar as qualidades conhecidas do outro diante de si. Nas memórias de Saint-Simon, vemos pessoas se "honrando" em termos como estes: "estou encantado em conhecer o homem que (...)", após o que se segue uma lista de proezas de guerra, ligações de família ou — quando se trata com pessoas de nível ligeiramente inferior — qualidades de caráter que dão fama a esse homem. Dizer a alguém a coisa mais lisonjeira a respeito dele, ou dela, num primeiro encontro, era um meio de estabelecer um vínculo social.[24]

A estrutura de uma sociedade dominada pela corte torna fáceis as saudações e cumprimentos desse gênero. Com exceção de Versalhes, as cortes eram pequenas, de modo que a reputação e os antecedentes da pessoa podiam ser facilmente difundidos no seio da pequena comunidade. A estimativa do número de pessoas em Versalhes, no seu apogeu, varia enormemente, mas fica claro, segundo Saint-Simon e escritores modernos como H. G. Lewis, que, dentro das posições sociais que provavelmente teriam se encontrado na corte, uma vez mais os subgrupos eram pequenos o bastante para que os fatos referentes a uma pessoa pudessem ser divulgados oralmente, antes que ela fosse apresentada. Além disso, a importância da precedência promovia um intenso inquérito a respeito do *status* de estranhos que a pessoa provavelmente iria conhecer.[25]

Padrões de boataria fluíam naturalmente dessa situação. Os boatos constituíam um intercâmbio irrestrito de informações a respeito de outras pessoas; seus pecados, seus casos amorosos ou suas ambições eram dissecados em todas as minúcias, pois, na corte, a maioria dessas intimidades era de domínio público. E mais: os boatos tinham uma clara relação com a posição social.

98 O DECLÍNIO DO HOMEM PÚBLICO

Nas páginas de Saint-Simon, um inferior jamais demonstra a um superior saber, ou realmente ter ouvido, boatos referentes ao superior, ao passo que o superior, falando de um inferior, pode, sem insulto, demonstrar que ouviu boatos referentes a essa pessoa, e até discutir a veracidade ou falsidade deles, mesmo durante um primeiro encontro.

Em Londres e em Paris, setenta anos depois, os padrões haviam mudado. Por razões de clareza, analisemos a mesma classe social, tal como teria se conduzido, no interior de uma corte, anteriormente. Em 1750, Lord Chesterfield previne o seu filho para que nunca aluda à família de uma pessoa à qual esteja sendo apresentado, porque nunca se sabe com certeza qual o relacionamento emocional existente entre uma pessoa e sua família, nem se pode, nas "confusões" de Londres, ter certeza de que a pessoa tem os padrões familiares corretos. Em um ambiente populoso que volta e meia se enche de estranhos, cumprimentos que lisonjeiam a pessoa e suas qualidades conhecidas tornam-se embaraçosos. Geralmente, eram consideradas frases cediças de saudações, cuja aceitabilidade dependia do quanto fossem genéricas e floreadas com figuras de linguagem peculiares. O fato de poderem ser — e o eram — aplicadas indiscriminadamente de modo algum diminuía sua civilidade. Na verdade, a essência do elogio consistia em prestar homenagem a outra pessoa, sem precisar ser direto e pessoal.[26]

Quando, por exemplo, a Marianne em *La Vie de Marianne* (A vida de Marianne), de Marivaux, vai a seu primeiro jantar formal em Paris, surpreende-se ao ver como as pessoas de lá são convidativas e abertas, o quão pouco falam das pessoas cuja existência ela provavelmente ignore, como cuidam em fazê-la conversar, sem se intrometerem em sua vida. Na sociedade urbana do século XVIII, a cortesia tornou-se o contrário dos estilos da corte do século XVII. O vínculo social inicial era estabelecido por meio de formas de cortesia baseadas no reconhecimento do fato de que as pessoas eram parte do "grande número desconhecido".[27]

O boato assume um caráter específico dentro das condições urbanas. Se você bisbilhotar cedo demais ao conhecer um homem, como escreveu Voltaire, você o estará insultando. Mais do que um terreno comum de tópicos a ser compartilhado, a indiscrição tornou-se a marca de um certo estágio de

A PLATEIA: UM CONJUNTO DE ESTRANHOS 99

amizade. Caso contrário, havia um grande risco em falar de pessoas a respeito das quais seu ouvinte poderia estar favoravelmente disposto; ou, até mesmo, como em uma das histórias populares na década de 1730, contar, sem saber, uma história licenciosa de uma mulher a ela própria. A grande cidade baniu então conversas a respeito da personalidade, como um meio de estabelecer um primeiro contato com os outros.[28]

A tomada de consciência de uma distância entre a pessoa e seu tráfico com o mundo tornou-se um tema que muitos escritores dos anos 1740 suprimiram; o exemplo mais famoso talvez seja o de Lord Chesterfield. Nas cartas que escreveu ao filho, a ênfase situava-se toda em aprender a sobreviver no mundo, ocultando dos outros os próprios sentimentos. Em 1747, Chesterfield aconselhava:

As pessoas de sua idade têm, de maneira geral, uma franqueza sem resguardo no tocante a si próprias, que as torna presa fácil e assunto de falatório dos ardilosos e experientes. Cuidado, portanto, agora que está entrando no mundo, com essas amizades oferecidas. Receba-as com grande civilidade, mas também com grande incredulidade, e faça-lhes elogios, mas não confidências.[29]

Poucos dias depois, Chesterfield ampliava seu conselho — na verdade, esse ano marca o início de uma peroração que durará toda a vida e na qual Chesterfield diz ao filho que ele somente poderá sobreviver às "ciladas" de grandes cidades como Paris e Londres se usar uma máscara. Suas palavras são ásperas:

Entre todas as coisas, procure banir o egotismo de sua conversa, e nunca pense em distrair pessoas com os seus próprios interesses ou assuntos privados; embora para você sejam interessantes, são tediosos e impertinentes para todas as outras pessoas; além disso, nunca se pode manter os assuntos privados de cada um suficientemente em segredo.[30]

Reiteradas vezes, Chesterfield cita seus próprios erros de juventude, quando, protegido das realidades de Londres, cresceu pensando que a retidão e a franqueza fossem qualidades morais; o preço dessas virtudes era "grande dano feito a mim e aos outros", quando começou a viver uma vida adulta em Londres. Criado em um meio aristocrático semelhante ao de Mme. de Sévigné, Chesterfield considerava a *spiritualité* (espiritualidade) da dama francesa um real perigo nos anos 1740, pois a vida social se transferira da corte e das propriedades para uma vida passada em meio a estranhos na cidade cosmopolita.

Os meados do século XVIII foram uma das grandes épocas da sociabilidade, mas os seus cidadãos eram improváveis candidatos a tamanha honra. As condições materiais de vida faziam das pessoas pontos de interrogação, umas para as outras, e essa incerteza não era uma questão emocionalmente neutra. O medo dos outros como desconhecidos inspirava observações como a de Chesterfield, de que "nunca se pode manter os assuntos privados de cada um suficientemente em segredo"; o receio dessas transformações materiais só vem reforçar o efeito de tais afirmações, que eram como um manto jogado sobre os estranhos, de forma a que não pudessem ser "situados" segundo suas circunstâncias materiais. Como então esses candidatos improváveis chegaram a criar uma sociedade de sociabilidade tão intensa? Quais os instrumentos que usaram para construir suas relações uns com os outros?

4

Papéis públicos

Um dos modos pelos quais a sociedade urbana do século XVIII tornou os encontros sociais significativos foi por intermédio de códigos de credibilidade que funcionavam tanto no teatro quanto na vida cotidiana. Retrospectivamente, podemos desejar ser mais cautelosos quanto a essa ponte do que o eram as pessoas da época. Em Londres e em Paris, em meados do século XVIII, falava-se da cidade como tendo mudado os termos básicos das antiquíssimas imagens do *theatrum mundi*. Em 1749, Fielding falava de Londres como tendo se tornado uma sociedade na qual o palco e a rua já não se achavam "literalmente" entremesclados; o mundo como um teatro, dizia ele, já não era "somente uma metáfora", como fora na Restauração. Rousseau escreveu, em 1757, um tratado para mostrar que as condições de vida em Paris forçavam os homens a se comportar como atores, a fim de serem sociáveis uns com os outros na cidade. Como veremos dentro de dois capítulos, essas declarações de um novo *theatrum mundi* não eram exatamente aquilo que pareciam: retrospectivamente, seria melhor dizer que foi construída uma ponte entre aquilo que era verossímil no palco e aquilo que era verossímil na rua. Isso dava forma à vida nas ruas. Assim como um ator tocava os sentimentos das pessoas sem lhes revelar a própria personalidade, fora do palco, os mesmos códigos de credibilidade serviam à sua plateia para uma finalidade semelhante: despertavam os sentimentos uns dos outros, sem terem de tentar se definir uns para os outros; uma definição que as condições materiais de vida teriam tornado difícil, frustrante e, provavelmente, infrutífera. Essa ponte, por sua vez, deu aos homens os meios para serem sociáveis, em bases impessoais.

102   O DECLÍNIO DO HOMEM PÚBLICO

Foi desse modo que a primeira das quatro estruturas da vida pública — a questão da plateia — passou a ter uma relação lógica com a segunda estrutura — os códigos de credibilidade que serviam de ponte entre o teatro e a sociedade. A primeira era uma questão de desordem material; a segunda, uma ordem emocional construída sobre ela; a ordem era uma resposta à desordem, mas também uma transcendência dela.

A ponte estrutural entre a credibilidade no teatro e na rua era formada por dois princípios, um referente ao corpo, o outro, à voz. O corpo era tratado como manequim, e a fala era tratada mais exatamente como um signo do que como um símbolo. Pelo primeiro princípio, as pessoas visualizavam as roupas como uma questão de artifício, decoração e convenção; o corpo servia como um manequim, ao invés de ser uma criatura viva e expressiva. Pelo segundo, ouviam discursos que significavam em si e por si mesmos, em vez de fazê-lo por meio de referências a situações exteriores ou à pessoa do locutor. Por meio desses dois princípios, eram capazes de separar o comportamento para com outros de atributos pessoais de condição física ou social e, assim, deram o segundo passo na direção de uma geografia do estar "em público".

O CORPO É UM MANEQUIM

Um morador de uma cidade moderna repentinamente transportado para a Paris ou a Londres da década de 1750 encontraria multidões de aparência ao mesmo tempo mais simples e mais intrigantes do que as multidões da nossa época. Hoje em dia, um homem na rua pode distinguir as pessoas pobres das de classe média apenas ao vê-las e, com uma precisão um pouco menor, as pessoas ricas das da classe média. Há dois séculos, sair às ruas de Londres ou de Paris era algo manipulado a fim de conter os mais precisos indicadores do estrato social: criados eram facilmente discerníveis de trabalhadores manuais. O tipo de trabalho poderia ser lido a partir das roupas específicas adotadas pelos ofícios, bem como se reconheceria o *status* de um trabalhador dando-se uma olhada rápida em certas fitas e botões que usava. Nas posições médias da sociedade, advogados, guarda-livros e mercadores usavam decorações, perucas

PAPÉIS PÚBLICOS 103

e fitas distintivas. Os ocupantes das posições superiores da sociedade apareciam na rua em trajes que não apenas os distinguiam das ordens inferiores como também dominavam a rua.

Os trajes da burguesia e da elite mais abastada intrigariam os olhares modernos. Havia manchas de pigmentos vermelhos espalhadas pelo nariz ou pela testa, ou em volta das faces; as perucas eram enormes e trabalhadas; o mesmo ocorria com os toucados femininos, que além disso continham modelos de navios, bastante minuciosos, entremeados aos cabelos, cestos de frutas, ou até mesmo cenas históricas representadas por figuras em miniatura. A pele, tanto nos homens como nas mulheres, era pintada ou de vermelho-apoplexia, ou totalmente de branco. Usavam-se máscaras, mas somente pelo prazer de tirá-las com frequência. O corpo parecia ter-se tornado um brinquedo com o qual era divertido brincar.

Nos seus primeiros momentos na rua, o intruso dos tempos modernos ficaria tentado a concluir que não havia problemas de ordem nessa sociedade, estando todo mundo assim tão bem rotulado. E, se esse observador moderno tivesse alguns conhecimentos de história, daria uma explicação simples para essa ordem: as pessoas estavam simplesmente cumprindo a lei. Pois, tanto na França quanto na Inglaterra, existiam, nos livros de regulamentos, leis suntuárias que atribuíam a cada "estrato" da hierarquia social um conjunto de trajes "adequados" e proibiam a qualquer membro dos estratos o uso de trajes de outra posição. As leis suntuárias eram particularmente complexas na França. As mulheres dos anos 1750, por exemplo, cujos maridos fossem trabalhadores manuais não tinham permissão de se trajarem como as esposas dos mestres de ofício, e às esposas de "comerciantes" era proibido o uso de certos adornos permitidos a mulheres de nobres.[31]

As leis contidas nos livros de regulamentos, contudo, não explicitam leis obedecidas ou vigentes. No início do século XVIII, foram efetuadas muito poucas prisões por violação das leis suntuárias. Teoricamente, alguém poderia ser preso por imitar a aparência corporal de outra pessoa; em termos práticos, por volta de 1700, não havia motivo para recear fazê-lo. As pessoas das cidades muito grandes dispunham de poucos meios para saber se o traje de um estranho visto na rua estava corretamente relacionado à sua posição na sociedade,

104 O DECLÍNIO DO HOMEM PÚBLICO

pelas razões que desenvolvemos no capítulo anterior; a maioria dos migrantes vinha de lugares relativamente distantes e, uma vez na cidade, adotava uma ocupação nova. Seria então uma ilusão aquilo que o observador via nas ruas?

De acordo com a lógica de uma sociedade de mentalidade igualitária, quando as pessoas não têm de exibir as suas diferenças sociais, elas não o fazem. Se a lei e o fato de ser estranho permitem que se escape impune de ser a pessoa que se escolheu ser, a pessoa tentará não definir quem é. Mas essa lógica igualitária não se sustenta quando aplicada às cidades do Antigo Regime. Apesar do fato de que raramente as leis suntuárias eram aplicadas com rigor por toda a Europa Ocidental, e malgrado o fato de que nas grandes cidades seria difícil saber muita coisa a respeito das origens daquelas pessoas que se viam pelas ruas, havia um desejo de se observar os códigos de vestuário, de acordo com a posição. Ao fazê-lo, as pessoas esperavam colocar ordem na mescla dos estranhos nas ruas.

Os trajes da maioria dos franceses e ingleses das classes média e alta urbanas mostravam uma notável estabilidade de corte e na forma, em geral, do final do século XVII até meados do século XVIII; uma estabilidade certamente maior que a dos oitenta anos anteriores. Com exceção das anquinhas femininas (uma saia armada lateralmente) e da mudança gradual na compleição masculina ideal (de corpulenta para esbelta e acinturada), houve, no século XVIII, uma permanência das formas básicas do final do século XVII. No entanto, o uso de tais formas estava também mudando.[32]

Trajes que em fins do século XVII eram usados em todas as ocasiões em meados do século XVIII eram considerados adequados apenas ao palco e às ruas. No lar do século XVIII, roupas folgadas e simples ganhavam a preferência de todas as classes. Surge aqui o primeiro dos termos de separação entre o domínio público e o domínio privado: como o privado era o mais natural, o corpo começa a surgir nele como em si mesmo expressivo. Squire observa que, durante a Regência:

> Paris assistiu à completa adoção de uma aparência descuidada. O traje de *boudoir* descera para a sala de visitas. A característica privada do traje era ressaltada pelo uso generalizado de formas claramente "informais" na origem.[33]

PAPÉIS PÚBLICOS

Na rua, por contraste, eram usados trajes que marcavam de modo reconhecível o lugar de quem os vestia — e as roupas tinham de ser imagens corporais conhecidas e habituais, para que a demarcação fosse bem-sucedida. A manutenção das formas globais da aparência do corpo, do final do século XVII, não pode ser portanto encarada como uma simples continuidade do passado. A tentativa visava usar imagens já aprovadas para o lugar da pessoa na sociedade, a fim de definir uma ordem social nas ruas.

Diante das mudanças da vida urbana, essa tentativa inevitavelmente teria que encontrar dificuldades. De um lado, muitas das novas ocupações mercantis não tinham precedente no século XVII, de modo que aqueles que trabalhavam como guarda-livros de uma companhia de navegação não tinham roupas apropriadas para vestir. De outro lado, com o desaparecimento das guildas das cidades grandes, muito do repertório do vestuário familiar, baseado nas marcas das guildas, tornou-se inútil, pois eram poucos os habilitados a tanto. Uma das maneiras pelas quais as pessoas resolveram tais dificuldades foi adotar como traje de passeio roupas que representavam marcadamente um tipo de ofício ou de profissão, mas que pouca relação tinham com o ofício ou a profissão daquele que as estava usando. Essas pessoas não se vestiam necessariamente acima de sua condição. Os registros indicam que, de fato, as pessoas da classe média baixa só esporadicamente eram balconistas, no comércio de roupas. Tampouco, caso essas roupas velhas tivessem sido dadas por alguém de ofício ou profissão diferentes, mas equivalentes, havia muita preocupação em alterar os adornos para que seguissem ou simbolizassem sua própria situação. Teria sido pura idiossincrasia; as roupas não significariam muito para uma pessoa, nas ruas, que não conhecesse a pessoa que as vestisse e, menos ainda, as razões pelas quais teria ela alterado uma forma familiar. Era menos importante que as pessoas fossem de fato aquilo que vestiam do que o seu desejo em vestir algo de reconhecível para que se tornassem "alguém" nas ruas.[34]

Diríamos que um encarregado da expedição de um aviário, vestido como um açougueiro ou como um falcoeiro, ao sair para um passeio, está de fato "fantasiado". Essa noção de fantasia nos ajudará a compreender o seu comportamento como tendo algo a ver com a roupagem de um ator no teatro, e poderíamos facilmente entender que uma tal moda podia ser vista como obedecendo a uma convenção.

O que torna fascinante a roupa de passeio do século XVIII é que, mesmo em casos menos extremos, em que a disparidade entre as roupas tradicionais e as novas condições materiais não forçaram ninguém a se caracterizar, em que, ao contrário, vestiam-se roupas que razoável e cuidadosamente refletiam quem se era, o mesmo senso de convenção e de fantasia se fazia presente. Em casa, a roupa combinava com o corpo e suas necessidades; nas ruas, entrava-se dentro de roupas cujo propósito era tornar possível às outras pessoas agirem como se soubessem quem se era. A pessoa se tornava uma figura dentro de uma paisagem armada; o propósito das roupas não era o de assegurar a uma pessoa saber com quem estava tratando, mas antes o de lhe permitir comportar-se como se estivesse segura. Não procure muito profundamente a verdade das aparências dos outros, aconselhava Chesterfield a seu filho; a vida será mais sociável se se tomar as pessoas tal como são, e não como provavelmente seriam. Nesse sentido, pois, as roupas têm um sentido independente da pessoa que as usa e do corpo de quem as usa. Diferentemente do que acontecia em casa, o corpo era algo a ser revestido.

No enunciado desse regulamento, é preciso especificar: trata-se de "homens", em vez de "pessoas"; porque as mulheres eram bem mais cuidadosamente julgadas por um relacionamento entre sua posição social e seu vestuário. Dentro de um nível amplo, assim como os homens, elas podem adotar uma ou outra face para as ruas, mas poderiam sofrer hostilidades se saltassem as linhas entre os níveis. O problema era ainda maior nas zonas escuras do nivelamento, nelas mesmas não muito claras, entre os níveis médios e altos da classe média, e a razão disso está nos meios pelos quais a elegância se disseminou na época entre a população feminina.

A França era o modelo para o gosto feminino de Londres, tanto no nível médio quanto no nível alto da sociedade. Nessa década, as mulheres inglesas de nível médio vestiam-se comumente do modo como se haviam vestido as francesas, dez ou quinze anos antes. As roupas francesas se disseminaram por intermédio das bonecas: estas eram vestidas como réplicas exatas da moda corrente e, em seguida, vendedores, com suas valises contendo quinze ou vinte perfeitos manequins em miniatura, viajavam para Londres ou para Viena.

PAPÉIS PÚBLICOS

Dentro da própria Paris, algo como esse mesmo lapso de tempo se fazia sentir entre as classes, embora, é claro, as bonecas fossem então desnecessárias.[35]

O sistema de refugo teria criado uma enorme imprecisão de linhas divisórias, caso as bonecas tivessem retomado exatamente o tamanho humano; ou então, as diferenças entre as classes média e alta teriam se resumido em que a primeira seria o eco exato daquilo que as senhoras elegantes usavam quando eram bem mais jovens. De fato, quando os manequins retomaram as proporções humanas normais, os vestidos foram se simplificando sistematicamente. Em Paris, onde não se precisava de manequins, ocorria o mesmo padrão de simplificação. O resultado era que as mulheres da classe média eram pálidos ecos de suas contemporâneas aristocráticas quando jovens, mas ainda em versão simplificada.[36]

Códigos de vestuário como meios de regulamentar as ruas funcionavam claramente, embora identificando arbitrariamente quem as pessoas eram. O padrão do refugo poderia ameaçar tal clareza. O que se segue é a reação de um marido da classe média, um mercador de óleo, diante da roupa de sua esposa, acima de suas condições, reportada no *Lady's Magazine* de um período ligeiramente posterior, em 1784:

> Quando a noite vestiu minha cara-metade de branco, tão empoada e penteada que não podia saber o que fazer dela, voltei-me e gritei: "Ei, Sally, meu bem, que novidade é esta? Não se parece com nenhuma camisola que você costuma usar!" "Não, meu bem", disse ela, "não é camisola, é a *chemise de la reine.*" "Meu bem", repliquei, espantado com aquele blá-blá-blá, "qual é o nome de sua nova roupa em bom português?" "Bom", disse ela, "já que você quer saber, é a camisa da rainha." Deus me livre, pensei comigo, *o que será do mundo, se a mulher de um vendedor de óleo desce para servir na loja, não simplesmente em sua própria camisa, mas na camisa de uma rainha!*

Se a mulher do mercador de óleo, ou quem quer que fosse, podia usar a *chemise de la reine,* se a imitação era exata, como é que as pessoas iriam saber com quem estavam tratando? De novo, a saída estava não tanto em estar-se seguro de seu nível, mas em se ser capaz de atuar com segurança.[37]

108   O DECLÍNIO DO HOMEM PÚBLICO

Assim sendo, quando alguém via que uma mulher estava vestida acima de sua condição, era considerado de simples boas maneiras ridicularizá-la, e até mesmo apontá-la aos estranhos como uma impostora. Esse opróbrio, no entanto, era um comportamento que, como as próprias roupas, tinha uma geografia específica: se alguém encontrasse uma pessoa vestida acima de sua condição numa reunião social que a primeira promovesse em casa, seria o máximo do mau gosto sujeitá-la ao tratamento que, nas ruas, esse alguém se sentiria no direito de infligir.

O modo de se vestir da aristocracia e das classes da alta burguesia pode então assumir seu lugar em relação ao modo de se vestir das classes inferiores. O princípio de vestir o corpo como um manequim, como veículo para marcar convenções bem-estabelecidas, aproximou bastante os níveis altos dos níveis inferiores da sociedade, muito mais do que um visitante casual poderia inferir dos usos atuais; mais precisamente, as classes superiores levaram esse princípio ao seu resultado lógico: literalmente desincorporaram a imagística corporal. Se esse visitante casual parasse um momento e, de fato, refletisse sobre que bases se fundavam o lúdico e a fantasia da maneira de se vestir da classe alta, ficaria surpreso em verificar que a peruca, o chapéu, o sobretudo atraem o interesse do usuário pelas qualidades desses adornos enquanto objetos em si mesmos, e não como auxiliares no arranjo das peculiaridades de seu rosto ou de sua estampa. Voltemo-nos para o outro lado, a fim de verificar como as ordens superiores chegaram a essa "objetivação" do corpo.

Adereços de cabeça eram as perucas e os chapéus para os homens, e cabelos presos e ondulados, muitas vezes com figuras aplicadas, para as mulheres. Comentando a evolução das perucas em meados do século XVIII, Huizinga escreve:

> (...) a peruca é arranjada num penacho de forma regular bem alto na fronte, com mechas encaracoladas sobre as orelhas, e amarrada atrás com laços de fita. Qualquer pretensão em imitar a natureza é abandonada: a peruca se torna um ornamento em sentido pleno.

PAPÉIS PÚBLICOS

As perucas eram empoadas, e o pó fixado com pomada. Havia muitos estilos, apesar de que o descrito por Huizinga era o mais popular; e as perucas requeriam muitos cuidados de manutenção:[38]

A tentativa feminina para enfeitar os cabelos é bem ilustrada com o *La Belle Poule:* um navio com este nome derrotou uma fragata inglesa e inspirou um penteado em que o cabelo representava o mar e, aninhado nele, fazia-se uma exata réplica do *La Belle Poule.* Penteados como o *pouf au sentiment* eram tão altos que as mulheres muitas vezes precisavam se ajoelhar para passar pelos portais. Lester escreve:

> o *pouf au sentiment* era o estilo favorito da corte, e consistia em vários ornamentos presos aos cabelos — ramos de árvores representando jardins, pássaros, borboletas, cupidos de papelão esvoaçantes, e até legumes.

A forma da cabeça era, assim, totalmente encoberta, bem como boa parte da fronte. A cabeça era mero suporte para o verdadeiro centro de interesse: a peruca ou o penteado.[39]

Em nenhuma parte do corpo a tentativa para dissolver os traços da personalidade individual é mais evidente do que no tratamento do rosto. Homens e mulheres usavam igualmente pintura, vermelha ou branca, para dissimular a cor natural da pele ou qualquer defeito que pudesse ter. As máscaras voltaram à moda, tanto para homens quanto para mulheres.[40]

Marcar o rosto com apenas pequenas pintas foi o passo final para a obliteração da face. Essa prática começara no século XVII, mas só se torna difundida por volta de 1750. Em Londres, as pintas eram colocadas à direita ou à esquerda do rosto, segundo se pertencesse ao partido Whig ou ao Tory.* Durante o reinado de Luís XV, as pintas eram colocadas para indicar a personalidade do parisiense: no canto dos olhos significando paixão; no centro do queixo, jovial; no nariz, atrevido. Uma assassina deveria usar pintas sobre os seios. O próprio rosto se tornara apenas um pano de fundo, ou o papel onde eram gravados tais ideogramas de caráter abstrato.[41]

---

*Whig, antigo partido liberal; Tory, antigo partido conservador, após a revolução de 1688. (*N. da T.*)

A superfície do corpo seguiu o mesmo princípio. Nos anos 1740, as mulheres começaram a mostrar um pouco mais os seios, mas somente enquanto pano de fundo para ostentar joias ou, em casos que gostaríamos que fossem mais raros, algumas pintas. Na mesma época, os homens passaram a usar laços nas extremidades das mangas, e outros adornos costurados, cada vez mais delicados. Com o emagrecimento do corpo, a composição corporal se torna mais simples, permitindo maior plasticidade e variação de adornos.[42]

As saias cobriam totalmente pernas e pés das mulheres. As calças-culote dos homens não lhes escondiam os pés. Nesse período, ao contrário, as perneiras dividiam o limbo pela metade, visualmente falando; a atenção se volta para os sapatos, mais do que, no início dos anos 1700, e uma vez mais no final do século, nas pernas como um todo. A extremidade de baixo do corpo, assim como a face e o torso, tornara-se um objeto onde se colocavam enfeites.[43]

O corpo enquanto um objeto a ser decorado fazia a ligação entre o palco e as ruas. A ponte ligando as duas coisas era óbvia e, ao mesmo tempo, não tão óbvia. A forma óbvia da ponte estava na réplica de roupas de um domínio para outro; a forma não tão óbvia estava no fato de que os estilistas dos teatros ainda concebiam caracterizações alegóricas ou fantásticas através do princípio do corpo como um manequim. Além disso, é importante ressaltar uma área em que a maneira de se vestir, já descrita, e que era a maneira de se trajar para sair às ruas, tinha sua réplica proibida no palco.

Excetuando-se o nível de pobreza degradante, o traje passeio de todas as camadas era utilizável quase sem modificações como roupa de cena. Mas o seu uso no teatro de meados do século XVIII produziu certas anomalias, pelo menos aos olhos de um observador moderno. Em peças com situações relativamente contemporâneas, como as comédias de Molière, as plateias dos meados do século XVIII viam atores vestidos para as ruas, mesmo que a cena se passasse num *boudoir*. Roupas íntimas para cenas íntimas estavam descartadas. Peças com situações históricas apresentavam como roupa de cena a roupa das ruas, ainda que se tratasse de uma peça transcorrendo na antiga Grécia, na Dinamarca medieval ou na China. Otelo foi representado por David Garrick envergando uma elegante e requintada peruca; por Spranger Barry, com um

PAPÉIS PÚBLICOS

chapéu-coco de cavalheiro; Hamlet, representado por John Kemble, surgiu vestido como um fidalgo cavalheiro, com uma peruca empoada. A ideia de uma representação histórica, segundo o que um dinamarquês ou um mouro poderiam aparentar num certo tempo e num certo lugar, estava fora de qualquer imaginação teatral. Um crítico escreveu em 1755 que "a exatidão histórica é impossível e fata para a arte dramática".[44]

A ponte entre a roupa de passeio e a fantasia de teatro não pode ser, portanto, pensada como parte de um desejo geral da arte em espelhar a vida. A ponte de imagens do corpo distorceu o espelho, seja para situações, seja para o tempo. Além do mais, a própria similaridade entre palco e rua quanto ao vestuário estava limitada por uma questão de posição social.

O público de teatro dessa década exigia uma descontinuidade nítida entre os dois domínios quando as personagens do palco pertenciam às camadas inferiores da sociedade; essa gente miserável fazia vista grossa para a cidade e queria permanecer cega também no teatro. Ocasionalmente, algumas ocupações manuais respeitáveis eram embelezadas — principalmente os criados. Os criados vestidos pelo desenhista Martin em Paris "eram só seda e cetim com fitas por toda a parte: o tipo nos foi preservado nas figuras de porcelana da época". Em 1753 Madame Favart apareceu uma vez em cena com sandálias, roupa de trabalho e pernas nuas, como uma verdadeira trabalhadora das províncias; a plateia ficou repugnada.[45]

Dentro desses limites de classe e dentro das linhas, geralmente conservadoras, do trajar, a roupa de cena era muitas vezes o campo de provas de novos estilos de perucas, novas pintas faciais, novas joias. Assim como os desenhistas do Renascimento frequentemente experimentavam novas formas arquitetônicas primeiramente como cenários de teatro, os costureiros de meados do século XVIII experimentam frequentemente os novos estilos no palco, antes de lançá-los na maneira cotidiana de se vestir a passeio.

Passando-se das caracterizações específicas para os princípios de vestuário empregados pelos grandes desenhistas de moda da época, Martin e Boquet, de Paris, surge uma via menos óbvia de ligação do teatro com a regra da aparência que governa as ruas.

112 O DECLÍNIO DO HOMEM PÚBLICO

Martin deu à roupa teatral uma leveza e delicadeza desconhecidas na época de Luís XIV; seu guarda-roupa para personagens romanas começou a mostrar um exagero extravagante. Esse elemento de fantasia foi aproveitado por Boquet, seu sucessor na metade do século XVIII. Figuras alegóricas deixam de ser criaturas para se tornarem um conjunto de elementos decorativos, com os corpos vestidos, mas totalmente desligados de seus movimentos ou de sua forma. A atriz Mademoiselle Lacy apareceria no papel do Amor em *Eglé* com os seios expostos, mas não porque fosse a intenção exibi-los: o encarregado do guarda-roupa simplesmente não dispunha do tecido que desejava colocar sob o laço de guirlandas que deveria ser feito sobre o peito. O torso nu nada mais era do que o pano de fundo para o verdadeiro foco de interesse: os laçarotes. O ator Paul deveria aparecer como Zéfiro com um drapeado amarrado num ponto incômodo de seu peito: pouco importava; não era o peito que o estilista vestia, ele simplesmente estava apresentando um arranjo de tecidos, bonito e delicado.[46]

É a regra da aparência no mundo do dia a dia — o corpo enquanto um manequim — que esse vestuário teatral elaborou. As figuras alegóricas eram "fantasias sobre roupas contemporâneas", traje passeio que, por si mesmo, já expressava liberdade e predominância social em termos de fantasia.

"As linhas fundamentais — do vestuário — mudaram com as flutuações da moda", escreve Laver. Isso é verdade também em termos de roupas atuais: a ponte entre a rua e o palco também existia quando uma mulher pensasse em se mostrar nas ruas como Amor em *Eglé*. Os regulamentos do aparecimento corporal em Londres e em Paris, nos anos 1750, mostram um tipo quase puro de continuidade estrutural entre a rua e o palco.[47]

Olhando-se por um instante mais adiante, quando as roupas de rua e as fantasias de palco passaram a ser vistas como tendo algo a ver com o corpo, tal como a roupa de casa, na metade do século XVIII, também passariam a ser vistas como tendo algo a ver com a personalidade daquele ou daquela que as usava. Neste ponto, esse regulamento para distinguir-se em ambiente público ficará misteriosamente fora de controle: enxergando "mais" a aparência dos estranhos, homens e mulheres terão um senso menor de ordem em suas

PAPÉIS PÚBLICOS

percepções dos estranhos. Os usos de artifício, na metade do século XVIII, devem então ser tratados com respeito, mesmo se hoje em dia ninguém gostaria de reviver a sociedade em que apareceram.

O DISCURSO É UM SINAL

Homens e mulheres chorando um herói morto, num palco; grandes vaias para um ator que esqueceu sua fala; falatório no teatro quando a peça toma uma linha política impopular; tudo isso seria de se esperar na época do Romantismo ou entre cidadãos da Revolução, mas é inesperado numa época em que o comportamento está ainda por ser encontrado. Mas ocorre com frequência nessa plateia de janotas e de afetação da metade do século XVIII: é a senhora, penteada com um *pouf au sentiment,* que exclama sua reação contra as observações políticas de Beaumarchais; é o senhor com pomada nos cabelos que chora, tão cônscio de sua própria abnegação, diante dos infortúnios de Lecano.

Como podem tais pessoas, cujas vidas são governadas por convenção abstrata e impessoal, ser tão espontâneas, tão livres ao expressar o seu eu? Toda a complexidade da cidade do Antigo Regime reside nesse aparente paradoxo. Essa espontaneidade censura a noção segundo a qual se deve permitir ficar nu, com a finalidade de ser expressivo. Conceber o homem natural como uma criatura expressiva, e o homem social como um ser cujos pensamentos e sentimentos são frágeis, fragmentados, ou ambivalentes, pelo fato de não lhe pertencerem verdadeiramente, tornou-se o senso comum romântico, antes da grande Revolução, e em seguida passou para a cultura intelectual e para a cultura popular. Esse ponto de vista é o do Pastoralismo. Seus representantes mais tardios foram encontrados nos anos 1960, entre o pequeno número de pessoas que efetivamente deixaram a cidade (e um grande número das que desejariam deixá-la) e tentaram, no quadro natural do campo, "retomar contato" consigo mesmas. Até a mais rápida olhadela dirigida ao comportamento das plateias cosmopolitas de teatro nos anos 1750 levantaria questões pertur-

114 O DECLÍNIO DO HOMEM PÚBLICO

badoras sobre esse ideal pastoral recorrente. Aqui se encontravam pessoas que pela primeira vez delineavam uma firme linha divisória entre, de um lado, o privado e o natural e, do outro, o público e o convencional. Nesse último domínio, poderiam ser emocionais apenas com certo embaraço. Será que a liberdade de sentir é maior quando a personalidade de alguém e sua identidade na sociedade estão nitidamente separadas? Haverá algum relacionamento oculto e necessário entre espontaneidade e o que chamamos "artificialidade"? Certamente: esse relacionamento está incorporado no princípio do discurso, visto como uma questão de sinais, mais do que de símbolos.

Nos anos 1750, essa regra de discurso expressivo era contínua entre a rua e o palco, mas no teatro era mais depurada, mais assentadamente codificada e, portanto, mais facilmente compreensível retrospectivamente. Entender os discursos para plateias dos meados do século XVIII exige que se saiba primeiro, em grandes linhas, como o teatro era orientado, enquanto um negócio.

Nos anos 1750, tanto Paris quanto Londres tinham teatros estabelecidos oficialmente, enquanto as casas "patenteadas" ou "licenciadas", de base mais popular, lutavam para conseguir a igualdade de *status*. Em Paris, as duas feiras comerciais da cidade (Foire de Saint-Laurent e Foire de Saint-Germain) desde o início do século XVII abrigavam acrobatas, números de circo e um certo gênero de *commedia dell'arte*. Dessa fonte surgiu o Théâtre Italien. Em ambas as cidades havia ópera; em ambas, os empresários dos teatros patenteados mesclavam entreatos de balé ou farsa até no meio da tragédia mais séria.

A Comédie Française aparece como tendo abrigado, em suas antigas acomodações (antes de 1781), 1.500 espectadores e, em suas novas, talvez 2 mil. Hogan calcula os números de Londres nos meados do século XVIII em torno de 1.500. Harbage estima para os teatros elisabetanos entre 1.750 e 2.500, pois o teatro do século XVIII era, de certo modo, menor. Por comparação, o Metropolitan Opera House comporta 3.600, e o Covent Garden um pouco menos.[48]

Quantas pessoas iam ao teatro? Há mais dados para Paris do que para Londres. Na metade do século XVIII, a Comédie Française aumentara grandemente o número de espectadores: de menos de 100 mil espectadores por ano

PAPÉIS PÚBLICOS

em 1737, os números subiram vertiginosamente para 160 mil em 1751 e para cerca de 175 mil em 1765. Mas esse gráfico tem uma história interessante. Os franceses não estavam indo em massa ao teatro para ver novas peças. De 1730 até 1760, muito poucas peças novas foram introduzidas no repertório — e isso vale para os palcos ingleses também. Em 1750, mais e mais pessoas iam ver regularmente os dramas com os quais estavam perfeitamente familiarizadas.[49]

Precisamos ainda de um outro conjunto de fatos para abordar a questão da plateia: quem a compunha? Em Londres como em Paris, não se pode atestar a presença de muitos trabalhadores na Comédie Française e no Garrick: os bilhetes custavam muito caro. Os auditórios dos teatros legalizados de Londres tendem a se constituir numa mistura maior das classes média e alta do que os auditórios parisienses, que tendiam a ser predominantemente de elite. Mas no teatro francês havia lugares para a classe média, para estudantes e intelectuais. Situavam-se no *parterre,** e as pessoas que ocupavam o *parterre* na Comédie Française antiga permaneceram fiéis. Um acontecimento interessante no tocante ao comportamento da plateia ocorreu quando a Comédie Française se mudou para o seu novo prédio, em 1781. Agora, o *parterre* tinha cadeiras e eram reservadas; os de classe média ficariam agora mais confortavelmente instalados. E, então, escritores de teatro comentavam sempre o fato de que com o conforto do *parterre* um certo entorpecimento invadiu o teatro. Não havia mais gritos vindos de trás, do saguão, nem pessoas em pé, comendo, enquanto assistiam à peça. O silêncio da plateia pareceu diminuir a diversão de se ir ver uma peça. E essa reação é uma pista para o sentido da espontaneidade e participação das plateias.[50]

Embora a literatura dramática de Londres e a de Paris, em meados do século XVIII, fossem bem diferentes (os franceses de então achavam Shakespeare, por exemplo, um bárbaro), o comportamento das plateias era similar nas duas cidades. Por exemplo, ao olharmos para o palco nos anos 1750, veremos não apenas atores, mas também numerosos espectadores — jovens e membros das classes mais altas — que tinham cadeiras no palco. E esse "sangue jovem"

---

*Isto é, "plateia". (*N. da T.*)

116 O DECLÍNIO DO HOMEM PÚBLICO

desfilava pelo palco, como bem lhe aprouvesse, e acenava para seus amigos nos camarotes. Não se sentiam embaraçados em estarem bem diante dos olhos da plateia, mesclados aos atores: na verdade, gostavam muito disso. Durante a metade do século XVIII, a abertura e a espontaneidade de reações da plateia baseavam-se na percepção segundo a qual ator e espectador estavam no mesmo mundo, que era a vida real, algo muito próximo à plateia, que estava acontecendo ali. Pouco importava se Mitridates caísse morto aos pés de um vizinho sentado no palco. A morte provocava uma exibição de emoção na plateia que seria embaraçosa para um espectador moderno:

> (...) penetravam intimamente a angústia das diversas personagens representadas diante deles. Explodiam livremente em lágrimas. (...) Acompanhando uma cena de morte, tanto homens como mulheres choravam; as mulheres gritavam e, às vezes, desmaiavam. Tornavam-se tão absortos que um visitante estrangeiro se espantara ao ver que não riam "quando, em uma tragédia, ouviam algumas palavras que deveriam achar engraçadas — como fazem as plateias alemãs".[51]

A mescla de atores e espectadores, a extrema emoção demonstrada pela plateia quando tocada podem explicar por que o silêncio do *parterre,* quando a Comédie Française se mudou para suas novas instalações, vinte anos mais tarde, era perturbador, tomado como uma prova de que o *design* do teatro era uma "falha de sinal". Mas a mistura de atores e espectadores nos anos 1750, assim como as exibições de sentimentos, não se tratava de uma liberação dionísica, ou ritual, onde o ator e a plateia se tornassem uma única pessoa na observação do mesmo rito comum. Tais plateias estavam ao mesmo tempo envolvidas e sob controle. Criticavam objetiva e firmemente os atores e atrizes que os induzissem ao choro. A plateia estava disposta a interferir diretamente na ação dos atores; e o fazia por intermédio de um sistema de "pontos" e por um sistema de "enquadramentos".

Os teatros licenciados pelo Estado em Londres e em Paris apresentavam, como vimos, peças antigas e familiares. Havia certos momentos favoritos em

PAPÉIS PÚBLICOS

cada peça, bem conhecidos pela plateia e muito esperados; quando um ator ou uma atriz chegava ao "ponto" determinado, ele ou ela vinha repentinamente para o centro do palco e dizia suas falas diretamente voltado para o público. A plateia respondia a esse apelo direto por meio de silvos e assobios ou então, se o ator parecesse ter representado bem, por meio daquelas "lágrimas, gritos e desmaios", pedindo bis. Isso poderia durar sete ou oito vezes. Era um "*encore*", um instante a mais, paralelamente à história dramática. Os "pontos" eram logo momentos de convenção, interrompendo qualquer que fosse a questão em cena, bem como momentos de comunhão direta entre os atores e a plateia.[52]

Os "enquadramentos" implicavam a relação entre o encarregado do ponto e o ator. Quando o ator esquecia suas falas, imediatamente olhava para o ponto. A partir do momento em que a plateia se dava conta do lapso de memória do ator, tentava enervá-lo ainda mais, com assobios e apupos tão fortes que ele não podia ouvir as "deixas" do ponto. A plateia tinha "enquadrado" o ator, muitas vezes para sempre.[53]

Essa espontaneidade não era apanágio de plateias privilegiadas, apenas. Por certo tempo, nos anos 1740, o Théâtre Italien estava proibido de apresentar qualquer coisa que não fosse pantomima. Sua plateia popular respondia cantando em uníssono as palavras que atores e atrizes representavam para eles em mímica. As salas populares inglesas eram tão barulhentas e tão responsivas que muitos desses teatros precisavam ser periodicamente mobiliados e redecorados, tais eram os danos causados pelas demonstrações de apreço ou desdém das plateias para com o que se passava no palco.[54]

Esse sentimento de plateia apaixonada e espontânea surge, em parte, em razão do *status* social dos atores. Nesse período, eram considerados uma espécie de criadagem, criados de natureza distorcida. Os músicos e, de fato, todos os que se apresentavam em público eram colocados nesse mesmo nível. Na cidade do século XVIII, assim como acontecia na Versalhes de Luís XIV, as pessoas falavam com grande liberdade diante de seus criados e dirigindo-se a eles. As mulheres mostravam-se nuas diante de criados homens, porque os criados realmente não tinham importância alguma. O mesmo se dava no teatro: essa gente está aqui para nos servir; por que então não nos exibirmos

118   O DECLÍNIO DO HOMEM PÚBLICO

fazendo-lhes "pontos" e "enquadramentos"? O que nos impediria de sermos diretos? Nessas condições, a espontaneidade no teatro era uma questão de nível social. O ator existe para dar prazer. Ele nos diverte ou suscita nossa piedade, mas, assim como o copeiro ou a arrumadeira, ele se acha sob o nosso controle.[55]

No entanto, uma explicação dessa espontaneidade controlada baseada apenas no *status* inferior do ator é insuficiente. Tomado isoladamente, esse argumento apaga o valor das mudanças na própria atividade dos atores, que estavam relacionadas às mudanças no caráter social das plateias desses atores. Isoladamente, o argumento apaga a relação inversa entre o comportamento dessas plateias e o senso que tinham do discurso enquanto convincente em termos de sinais, mais do que em termos de símbolos. Uma vez que o discurso enquanto um sistema de sinais é estranho para as nossas ideias modernas sobre linguagem falada, tentemos introduzi-lo por meio de um breve levantamento das mudanças em série entre atores e plateia para os quais ele podia fazer sentido.

Na metade do século XVII, a maioria dos atores profissionais pertencia a companhias itinerantes. Teatros regulares abertos ao público começavam a aparecer — em Paris havia três deles —, mas a profissão de ator permanecia nômade; mudava-se de corte para corte; o ator trocava com frequência de companheiros; os teatros urbanos de Paris e de Londres forneciam somente emprego parcial. A mais premente necessidade dos atores era a de encontrar novos patrões.[56]

A economia da representação era tal que "o ator" era trágico, cômico, cantor, dançarino — qualquer coisa que fosse necessária na corte onde pudesse encontrar trabalho. O mais importante disso é que a ausência de um teatro autossuficiente significava que eram irrelevantes as diferenças de localidade para localidade: as trupes que se apresentavam em Paris apresentavam-se também na província e em Versalhes.[57]

Em Londres, a Restauração gerou um teatro menos dependente do patrocínio régio ou aristocrático, mais capaz de se sustentar, por uma curta temporada anual, por meio de subscrição pública, mas ainda auxiliado por patrocinadores. Isso era especialmente verdadeiro no que diz respeito à ópera.

PAPÉIS PÚBLICOS

Apresentações públicas de músicos instrumentistas também começaram antes em Londres, em comparação a Paris e Roma; tais apresentações, originadas de um tipo de vida de taberna, conferiam ao artista um *status* paralelo ao de empregado de bar.[58]

Apresentações públicas, tanto na corte quanto na cidade, nos meados do século XVII, estavam, pois, sujeitas a uma grande instabilidade, ao nomadismo: o artista comum sendo mantido num nível inferior; o diretor de cena experimentado sendo ainda um empregado do patrocinador e de seu gosto, ou então, em Londres, servo de um pequeno público que fazia do experimentado ator-diretor um assoberbado pau para toda obra.

As plateias de apresentações teatrais organizavam-se de maneira bem diferente do que poderia parecer, em meados do século XVIII. Em todos os tipos de apresentações — dramática, operísticas ou vocais — a principal ordem do dia era considerada o foco central de atenções: o comportamento do público. Essa preocupação com ele o tornava estimulado para aprovar ou desaprovar. O artista procurava agradar não a plateia como um todo, mas apenas um segmento preciso dela. O próprio *design* das salas de teatro reflete essa hierarquia. O teatro era concebido de modo que os melhores ângulos de visão fossem sempre os do camarote real ou senhorial; os ângulos de visão nos teatros londrinos do século XVII estavam igualmente dirigidos aos poucos patrões, e o resto da plateia tinha melhor visão desses poucos do que do próprio palco.

No início do século XVIII, o teatro e sua plateia começaram a assumir nova forma. Certos teatros de Paris e de Londres tornaram-se organizações que recebiam doações públicas e que definiam privilégios. Segundo as palavras de Duvignaud, o teatro se tornara "pouco a pouco uma instituição, e o ator, se não um burocrata, pelo menos um trabalhador regular, que produzia uma quantidade definida de emoções, com datas marcadas".[59] A necessidade do nomadismo chega assim ao termo. Do mesmo modo que outros funcionários do Estado, o ator parisiense ou londrino almejava um posto permanente num desses teatros patenteados, um posto que continuaria sendo seu, quer a subscrição pública pagasse as despesas ou não.

120 O DECLÍNIO DO HOMEM PÚBLICO

Nos teatros que eram tolerados mas ainda não licenciados, como a Comédie Italienne ou a Comédie de la Foire, as trupes estavam se organizando também numa base mais estabilizada, com um grupo regular de patrocinadores e com algum dinheiro do governo, por baixo do pano. Em Londres, os teatros patenteados e os tolerados tornaram-se ambos mais estáveis, embora recebessem auxílios pequenos do Estado.[60]

As razões dessa estabilização da profissão de ator não estavam distantes. No Antigo Regime, o público citadino começara a tratar o teatro da maneira que havia sido feito na antiga Atenas: como um centro de reunião para o populacho como um todo, e não como um evento transcorrendo sob as vistas e de acordo com os gostos de um ou de um pequeno número de patrões. Os projetos de salas de teatro construídas a partir dos anos 1720 o demonstram: uma atenção maior é dada no sentido de desobstruir as linhas de visão para uma ampla, e não mais pequena, parte da plateia, e os camarotes reais tornaram-se cada vez menos o foco imediato da atenção visual. Passaram a ser servidos refrescos durante a própria representação, por ambulantes que passavam pelas alas, em lugar de fazê-los apenas nas acomodações dos patrões. O saguão se tornara um local de reunião entre os atos, mais do que uma simples entrada. Os bilhetes passam a ser vendidos no próprio teatro, em lugar de serem distribuídos como presentes pelos patrões — embora essa prática tenha subsistido em menor escala. Tais transformações não constituíam, no entanto, uma democratização das apresentações públicas. Ainda se buscavam os patrões/patrocinadores, apesar de que para cada produção havia um número cada vez maior deles: a própria casa ainda era segregadora, com o sistema de lugares por hierarquia. Ocorreu que o próprio teatro se tornou mais acessível, mais como um foco de vida social na cidade do que como um entretenimento "promovido" por um rei ou por nobres da corte. A transformação em "rotina" da representação profissional não era um sinal de seu desaparecimento ou de uma perda de espontaneidade. Essas novas condições de estabilidade profissional tornaram o teatro um meio mais seguro para uma plateia que começava a tratá-lo como mais do que simples entretenimento.

PAPÉIS PÚBLICOS

À medida que toda a plateia começava a sustentar em parte o trabalho dos criados artistas, ela foi se tornando mais reagente às *performances*. No século XVII, as paixões da plateia de corte eram seguramente intensas, mas podiam se curvar diante de um meneio de cabeça do príncipe ou do dignitário patrocinador do entretenimento; assim como o patrão controlava os atores, ele controlava o comportamento das outras pessoas na plateia, que eram suas convidadas. Com a gradativa fragmentação dessa exclusividade de patrocínio no século XVIII, a plateia não se achava mais sob esse controle obrigatório.

Com esse público aumentado, cresce um novo tipo de transação entre atores e plateia. O trabalho do ator se torna mais estudado e menos uma cantilena recitativa das falas; ele busca atingir a totalidade da casa, não apenas impressionar uns poucos. À medida que a plateia se torna cada vez mais familiarizada com as peças, ela exige um tal refinamento. Sabedores de como se passaria tudo, começaram a se concentrar nos detalhes do trabalho do ator. Segundo as palavras de um crítico, prestava-se menos atenção à peça enquanto "uma história revelada", e mais ao trabalho de "atuação", enquanto uma experiência estética em si mesma. O visitante de um teatro lírico do norte da Itália de hoje ainda pode sentir os lampejos dessa situação de representação: é o momento, e não o movimento, que conta.

Nas capitais de meados do século XVIII, a representação considerada antes uma questão de momento do que de movimento envolvia palavras proferidas enquanto sinais mais do que enquanto símbolos. O uso moderno define um "símbolo" como um sinal que representa uma outra coisa ou coisas. Fala-se dos símbolos como tendo "referentes", por exemplo, como tendo "antecedentes". O símbolo perde com facilidade, nesse uso, sua realidade própria: "quando você diz isso, ou usa essa palavra, o que você quer realmente dizer é (...)", e assim por diante. Uma das origens sociais da ideia de descodificação dos sinais pode remontar ao século passado, na interpretação das aparências que se faria na cidade do século XIX: a aparência é um disfarce do âmago individual, real e escondido.[61]

Na metade do século XVIII, essa conversão de sinal em símbolo, essa pressuposição de um mundo por detrás de uma determinada expressão, pareceria estranha. Falar era fazer uma afirmação forte, efetiva, acima de tudo independente e emocional. O fato de que esse discurso fosse tão estudado, ou de que o imaginário do corpo fosse tão conscientemente uma brincadeira, de modo algum depreciava o que a convenção produzira. A mulher penteada com o *pouf au sentiment* não se sentia absolutamente "artificial", o *pouf* era uma expressão em si e por si mesma. O ator que caíra morto aos pés do espectador, no palco, estava bem morto e suscitava reações a respeito, independentemente do fato de que hoje descodificaríamos a situação como "incongruente". Que se pense no sinal verbal mais definitivo, a fala diante das luzes da ribalta: esse momento absoluto, essa suspensão completa de movimentos, levava os homens a se irritarem com o ator ou a chorarem naquele momento, porque o gesto era absolutamente crível por seus próprios termos. Não se referia à cena a que pertencia a fala.

Esse sistema cognitivo de sinais era, na verdade, uma força conservadora. A plateia do século XVIII, tão instantânea e tão direta em seus julgamentos, impunha uma terrível restrição ao ator ou ao dramaturgo que pudesse tentar fazer algo que já não fora feito antes. Lembremo-nos da desaprovação da plateia parisiense em relação ao aparecimento realístico de Madame Favart como uma criada maltrapilha e surrada; isso agora pode fazer sentido: ela iria fazer com que simpatizassem com sua miséria; não poderiam evitá-lo, pois não conceberiam a ela ou a qualquer atriz como "estando apenas representando". Uma peça não "simbolizava" a realidade: ela a criava através das convenções da realidade. Portanto, fora necessário tirá-la da cena, pois senão o que aconteceria com a ordem das coisas se se chorasse por causa dos criados de alguém? Beaumarchais travou batalha após batalha com seu público, pelas mesmas razões. Não porque a plateia quisesse estar no fingimento, na terra do nunca é que ficava chocada com o criado Fígaro enquanto protagonista; mas precisamente porque no teatro não se podia deixar de crer nele, esse Fígaro os perturbava.[62]

A tarefa de todo o teatro é a criação de um padrão de credibilidade interno e autossuficiente. Em sociedades em que as expressões são tratadas mais como sinais do que como símbolos, essa tarefa é mais facilmente executada.

PAPÉIS PÚBLICOS 123

Em tais sociedades, a "ilusão" não tem qualquer conotação de irrealidade, e a criação da ilusão teatral é apenas a realização de um certo poder de expressão numa obscura — mais do que esquecida — "vida real" ou num refúgio desta. Um exemplo espantoso desse senso de ilusão numa sociedade de sinais é a interpretação que os parisienses deram ao desaparecimento das cadeiras de palco no final dos anos 1750.

Há duas versões de como elas foram retiradas, em 1759, a fim de que o restante da plateia pudesse ter uma visão ininterrupta. Uma delas diz que um rico senhor deu à Comédie Française uma compensação para substituir a receita dos lugares de palco. A outra versão atribui a mudança a Voltaire, e, caso seja verdadeira, é mais interessante. Em peças como *Semiramis* (1748), ele empregava grande número de atores em cenas e demonstrações públicas; eram tantos os figurantes que, na reapresentação da peça em 1759, as cadeiras de palco tiveram de ser suprimidas. Garrick segue então o exemplo, em 1762. O resultado deveria aumentar o sentido de "ilusão" no palco. Eis como Collé, um teatrólogo da época, o expressou:

> Ouve-se melhor e a ilusão é maior. Não se vê mais César tirando o pó que caiu da peruca de algum idiota sentado na fileira da frente das cadeiras de palco nem Mitridates expirando em meio aos convivas.

Quando Collé fala que a "ilusão" se torna maior quando aqueles pés deixam de estar visíveis, está se referindo à perfeição de um sinal. Ele quer dizer que se pode acreditar mais fervorosamente na morte quando os pés são suprimidos. Dizer que "é apenas uma peça" e que nada permanece a nos lembrar de que não é real é não entender o que ele quis dizer.[63]

Uma vez que a palavra falada era real e, num determinado momento, a fala era crível sem referência ao que viera antes ou ao que estava por vir, liberava-se a espontaneidade instantânea da plateia. As pessoas não tinham que estar atentas para promover a cada instante um processo de descodificação para saberem o que realmente estava sendo dito, por detrás dos gestos. Esta era a lógica dos "pontos": a espontaneidade era produzida pela artificialidade.

124 O DECLÍNIO DO HOMEM PÚBLICO

Vejamos agora que tipo de ponte esse sistema de discurso criou entre as ruas e o palco. A instituição urbana em que esse sistema de sinais falados foi dominante era o café (*coffeehouse*) dos inícios do século XVIII. Por volta da metade do século, outras instituições foram surgindo, lá onde estranhos se reuniam: o bar ou o *pub* que servem bebidas alcoólicas, os primeiros restaurantes, o parque para pedestres. Em algumas dessas novas instituições, os padrões de discurso do café permaneceram intactos. Em outras, se fragmentaram. Por volta da metade do século XVIII, um novo tipo de centro de reuniões, o clube para homens, estava também se constituindo, com noções de discurso sociável que eram opostas às do café, do bar, do parque etc. Em termos de instituições, portanto, é mais claro pensarmos, de um lado, numa simples ponte em termos de discurso, entre o teatro de meados do século XVIII e um lugar de reunião de uma época ligeiramente anterior; de outro lado, pensarmos que nos anos 1750 essa ponte continuou existindo, mas que outras instituições com um tipo de discurso mais fragmentado também existiram. O que é mais importante é que os saguões exteriores e dependências do próprio prédio do teatro estavam se tornando centros sociais de porte, e aqui o discurso acontecia entre as pessoas da plateia, quase nos mesmos termos que entre a plateia e os artistas durante a peça.

O café era um ponto de encontro comum às cidades de Londres e de Paris, no final do século XVII e no início do XVIII, muito embora, tendo em vista o maior controle exercido pela Inglaterra sobre o mercado cafeeiro, os cafés fossem mais numerosos em Londres. O café tem sido uma instituição romanceada e superidealizada: conversa alegre e civilizada, bonomia e amizade estreitas em torno de uma xícara de café, enquanto é ainda desconhecido o silêncio das casas de gim. Além do mais, os cafés desempenhavam uma função que os torna ainda mais fáceis de serem romanceados, retrospectivamente: eram os centros de informação mais importantes em ambas as cidades nessa época. Neles eram lidos os jornais, e, no começo do século XVIII, proprietários de cafés londrinos passaram a editar e imprimir seus próprios jornais, reivindicando, em 1729, um monopólio nesse ramo. Negócios tais como o de seguros, ligados à necessidade de informações sobre a probabilidade de sucesso em uma transação particular, cresceram nos cafés. Por exemplo, a Lloyd's de Londres começou como um café.[64]

Como centros de informação, os cafés eram naturalmente locais onde floresciam discursos. Quando um homem entrava no recinto, encaminhava-se diretamente ao bar, pagava um *penny,* era avisado, se nunca tivesse estado lá anteriormente, sobre os regulamentos da casa (por exemplo, não cuspir nessa ou naquela parede, não brigar perto das janelas etc.), e então se sentava para se divertir. Isso, por sua vez, consistia em conversar com outras pessoas, sendo a conversa comandada por uma regra cardinal: a fim de que as informações fossem as mais completas possíveis, suspendiam-se temporariamente todas as distinções de estrato social; qualquer pessoa que estivesse sentada num café tinha o direito de conversar com quem quer que fosse, abordar qualquer assunto, quer conhecesse as outras pessoas, quer não, quer fosse instada a falar, quer não. Era desaconselhável fazer referências às origens sociais das pessoas com quem se falava no café, porque isso poderia ser obstáculo ao livre fluxo da conversa.[65]

Na virada do século XVIII, o nível social, excetuando-se o caso dos cafés, era de capital importância. Com a finalidade de angariar conhecimentos e informações através da conversa, os homens da época criaram, portanto, algo que para eles era uma ficção, a ficção segundo a qual as distinções sociais não existiam. Dentro dos cafés, se o cavalheiro tivesse decidido sentar-se, sujeitava-se à conversação livre, não solicitada, de seus socialmente inferiores. Essa situação criou seus próprios padrões de discurso.

A generalidade de grande parte dos discursos constantes dos relatórios de Addison e Steele sobre a conversa de café não é apenas uma produção de suas mentes, mas um relatório acurado sobre o tipo de discurso que permitia às pessoas participarem dentro de um terreno comum. Quando os homens se sentavam à grande mesa, contando histórias muito elaboradas, descrevendo guerras ou a degradação de cidadãos líderes, com fanfarronadas e floreios, eles precisavam apenas usar os olhos e apurar os ouvidos para "situar" as histórias ou descrições como sendo narradas do ponto de vista de um subfuncionário

126   O DECLÍNIO DO HOMEM PÚBLICO

de mentalidade estreita, ou de um cortesão adulador, ou de um degenerado filho mais novo de um rico mercador. Mas esses atos para situar o caráter da pessoa que fala nunca deviam chegar às palavras que tais homens usavam uns com os outros. As longas frases dos periódicos fluem, as mais familiares frases descritivas, que todos já ouviram centenas de vezes, são mais uma vez invocadas, e uma visível desaprovação corre pela mesa, assim que alguém faz uma alusão que possa ser aplicada "à pessoa de qualquer um de seus ouvintes". O discurso dos cafés é o caso extremo de uma expressão com um sistema de sinais divorciado — de fato, desafiando — de símbolos de significação do tipo de: estrato social, origens, gosto etc., todos visivelmente bem à mão.

As pessoas então experimentavam a sociabilidade nesses cafés sem revelar muito de seus sentimentos próprios, de sua história pessoal, ou de sua posição social. O tom da voz, a elocução, as roupas, podiam ser dignos de nota, mas a questão toda estava em não se notar. A arte da conversação era uma convenção do mesmo tipo que a do vestuário condicionado ao estrato social, dos anos 1750, mesmo se o seu mecanismo era-lhe oposto: a suspensão da estratificação. Mas ambas permitiam a estranhos interagirem sem serem obrigados a esquadrinhar as circunstâncias pessoais.

Por volta dos anos 1750, os cafés estavam em declínio, tanto em Londres quanto em Paris. Os cafés declinaram em parte por razões puramente econômicas. No começo do século XVIII, a Companhia das Índias Orientais Britânicas tornou-se importadora de chá, numa escala bem mais lucrativa do que a antiga importação de café; o comércio com a China e com a Índia expandiu-se em torno do chá, e o chá tornou-se moda. Os comerciantes dos cafés não tinham licença régia para o chá e, dessa maneira, foram se apagando.[66]

A vida dos cafés continuou nas estalagens de paradas de diligências, nas capitais de meados do século XVIII, onde os viajantes que se dirigiam para a cidade ficavam surpresos ao ouvirem os *habitués* falando "livremente e sem reserva sobre tópicos de conversação dos mais gerais". Continuou também nos novos estabelecimentos de Paris e de Londres, onde se podiam tomar as bebidas espirituosas. O bar e o *pub* são frequentemente retratados como instituições do século XVIII de clientela exclusivamente composta de traba-

PAPÉIS PÚBLICOS 127

lhadores braçais, mas o caso não era bem esse. Nos *pubs* e bares vizinhos aos teatros, a clientela era bem mais mesclada. De fato, como muitos desses locais para beber eram fisicamente ligados aos prédios dos teatros, serviam como pontos de reunião antes e depois das representações, para a plateia. As pessoas que iam ao teatro, na metade do século XVIII, em Paris ou em Londres, gastavam muito tempo nos teatros ou nas vizinhanças deles. A conversação nesses locais era tão longa quanto genérica, e os oradores eram persistentes em seus fraseados. Na verdade, registros do período indicam que certas versões de "pontos" e de "enquadramentos" eram praticadas nesses cafés: um homem se levanta repentinamente, quando tem um "ponto" a fazer (certos usos coloquiais originam-se nessa mesma prática), e isso exigia a repetição de frases quando consideradas adequadas. Um orador era "enquadrado", fazendo-se simplesmente muito barulho, desde que fosse considerado cansativo.

Mas nem todos os bares funcionavam na linha dos bares dos teatros, nem tampouco o discurso enquanto sinal conseguiu preservar-se intacto e inteiro na vida diária até a metade do século XVIII. Um pouco da multiplicidade das formas de discurso é revelado pelo mais conhecido dos cafés de Paris, o Café Procope, um estabelecimento licenciado para servir comidas, vinho e café.

Esse café, fundado no final do século XVII, era um entre aproximadamente trezentos estabelecimentos semelhantes na Paris da metade do século XVIII. As conversações estavam abertas a todos no Procope, e ainda havia certas mesas onde grupos de jovens — muitos dos quais possuíam cadeiras de palco na Comédie Française e acorriam ao Procope após a peças — falavam, bebiam e jogavam, e que, uma vez expulsos do palco, em 1759, organizaram uma demonstração de protesto no café. Outros cafés de Paris diferiam dele por sua clientela menos literária e menos espirituosa, mas o bando de amigos que se retiravam da conversa genérica do café para perseguir seus interesses específicos poderia ser encontrado igualmente na maioria dos demais cafés.[67]

O discurso, enquanto um sistema de sinais, foi ameaçado em duas frentes durante os meados do século XVIII. Uma delas era o clube, e a outra, o passeio a pé. Os clubes se tornaram populares dentro de um círculo pequeno, nos anos 1730 e 1740. Apesar de que o clube do século XVIII influenciou as

128 O DECLÍNIO DO HOMEM PÚBLICO

vidas de muito poucas pessoas, vale a pena examinar a questão em detalhe, tanto pelo fato de que os termos de seu discurso prenunciam um fenômeno que se difundirá no século seguinte quanto pelo fato de que os termos dessa sociabilidade não trouxeram uma satisfação completa, logo de início, na metade do século XVIII, para aqueles cujo esnobismo os impelira a criar essa forma social.

Para se entender o clube, é necessário que se entenda a linguagem da burguesia e da elite mais ricas. Elas não tentaram criar diferenças específicas entre a linguagem íntima e o discurso público, do modo como o fizeram com as roupas que usavam na época; as estudadas fórmulas linguísticas, desenvolvidas durante a primeira parte do século, ainda permaneciam na linguagem caseira de entretenimentos, cumprimentos entre amigos e até declarações de amor. A primeira instituição especificamente criada para o discurso privado foi o clube de homens.

Os cafés ocasionalmente serviam comida, mas ao fazê-lo invadiam o terreno das tabernas. Os clubes reuniam-se nessas tabernas e albergues, mais do que nos cafés, e suas reuniões tinham como polo inicial uma refeição em comum. Havia mais clubes em Londres do que em Paris; em meados do século XVIII, poucos clubes possuíam, nas duas cidades, sede própria.[68]

A sociabilidade dos clubes diferia da vida dos cafés de um modo distintamente revelado por um incidente da *Life of Samuel Johnson* (Vida de Samuel Johnson) de Boswell. Sir Joshua Reynolds citava aos membros do Turk's Head Club o que o ator Garrick dissera do clube: "Gosto muito do clube. Creio que serei dos vossos." Johnson replicou "Ele será dos nossos! Como é que ele sabe se o aceitaremos?" Garrick se dirigira ao clube à maneira antiga, como se se tratasse de um café. É essa lhaneza que Johnson contesta.[69]

Os clubes da metade do século XVIII baseavam-se na ideia de que o discurso traria maior prazer quando se tivesse selecionado a plateia, excluindo-se aqueles cujas vidas pessoais eram desagradáveis ou alheias. Nesse sentido, os clubes eram privados. A privacidade significava que o discurso só poderia ser agradável caso se controlasse com quem se estava falando.[70]

PAPÉIS PÚBLICOS

129

A fala de clube significava que o discurso enquanto sinal, colocado a distância das circunstâncias pessoais de quem fala, estava diante de um desafio. A primeira coisa que se queria saber não era aquilo que estava sendo dito, mas quem estava falando. O resultado imediato disso é que o fluxo de informações tornou-se fragmentário. Quando se estava com amigos em um clube, as chances de se descobrir o que estivesse acontecendo no vasto mundo exterior eram mais restritas do que nos tempos dos cafés.

Essa limitação explica por que os clubes, em meados do século XVIII, em vista de sua tamanha exclusividade, passaram por maus tempos. Nesse período de sociabilidade intensa, as limitações dos clubes logo provocaram tédio. Oliver Goldsmith atesta-o numa observação feita aos demais membros do Turk's Head Club, em 1773, argumentando que o número de associados deveria ser aumentado para vinte: "Seria uma agradável variação (aumentar o clube), pois já não pode haver nada de novo em nosso meio: já viajamos um por um por todas as nossas cabeças!"[71]

Um desafio mais geral aos padrões de discurso dos cafés e bares de teatro proveio, estranhamente, do próprio prazer que as pessoas passaram a ter em observar e em serem observadas num ambiente de estranhos. Pela metade do século XVIII, andar pelas ruas, enquanto uma atividade social, adquirira uma importância que jamais tinha existido, em Paris ou em Londres. O passeio era descrito na época como o advento de um gosto italiano, e, de certo modo, era mesmo assim. Os planejadores das cidades italianas barrocas, principalmente Sisto V em Roma, deram grande importância aos prazeres do passeio pela cidade, explorando a passagem de um monumento a outro, de uma igreja a outra, de uma praça para outra. Esse sentido da cidade monumental, traduzido para a vida de Londres ou de Paris um século mais tarde, tornara-se menos uma questão de se ver panoramas, e mais uma questão de se ver gente. Fazer contato com outras pessoas nas ruas não era, entretanto, uma atividade simples. As ruas de Paris e de Londres ainda eram em grande parte um emaranhado de vias pequenas e muito sujas, distantes dos melhoramentos municipais feitos em Roma no século XVII. Eram raras as calçadas, e habitualmente feitas de pranchas de madeira malfixadas, de modo que sobreviviam a apenas poucos

130   O DECLÍNIO DO HOMEM PÚBLICO

anos de uso. Mesmo sob a luz do dia, crimes violentos eram cometidos nas mais elegantes regiões de ambas as cidades, uma vez que a polícia municipal se encontrava num estágio rudimentar.

Era necessária uma nova instituição na cidade. Tratava-se do parque público, desenhado para permitir passeios de carruagens e jornadas a pé com facilidade. A construção de novos parques e a renovação de antigas áreas não desenvolvidas, transformando-as em parques e passeios, começaram com maior seriedade nos anos 1730.

Nas décadas da metade do século, andar a pé e de carruagem no parque — principalmente no St. James's Park — tornara-se uma experiência diária para um grande número de londrinos:

> Visitantes estrangeiros viam nos parques de Londres (...) algo do "gênio peculiar" do povo inglês: sua paixão pela *promenade* ("passeio"), a mistura de classes que era tão estranhamente tolerada.

Andar pelos parques tornara-se o meio de manter, *en masse,* aquela sociabilidade entre as classes que os cafés haviam proporcionado anteriormente. No entanto, dentro desse processo, os termos do discurso mudaram.[72]

Há uma carta interessante, de Leopold Mozart, em que descreve um desses passeios pelo St. James's Park, com a família:

> O Rei e a Rainha vinham passando e, apesar de estarmos todos vestidos de modo diferente, eles nos reconheceram e nos saudaram; o Rei, em especial, abriu a janela da carruagem, pôs a cabeça para fora, sorrindo, e nos cumprimentou com a cabeça e com as mãos — principalmente ao nosso Mestre Wolfgang.

A característica desse encontro ao ar livre era o contato que durava apenas um momento: o rei acena ao pequeno violinista e ao seu genial filho; não se haviam sentado por muitas horas em torno de canecas de café, para um papo. (É claro que não seria o caso quanto aos reis, mas até duques, em 1700, o

PAPÉIS PÚBLICOS

teriam feito.) As caminhadas pelo St. James's Park eram encontros espontâneos tanto quanto eram espontâneas as conversas nos cafés; só que agora a espontaneidade era questão de fugacidade.[73]

Os parisienses usaram as Tulherias do mesmo modo que os londrinos usavam o St. James's Park, com duas modificações. Com os jardins tão próximos do Sena — na época um rio ocupado e coalhado de barcos —, o encanto bucólico de St. James's não era conseguido; muitas carroças de mercadorias passavam por eles com frequência; as Tulherias também estavam infestadas por crimes.[74] O que seria comum a ambos, no entanto, era a germinação da ideia do silêncio em público. Você não se sentaria durante horas para papear; só estaria passeando, e poderia passar por qualquer objeto ou por qualquer pessoa.

Tanto em Londres quanto em Paris, estranhos que se encontrassem nos parques ou nas ruas poderiam falar uns com os outros, sem qualquer embaraço. Nos anos 1740, era de bom-tom para todas as classes que os homens fizessem o gesto maquinal de erguerem os chapéus a uma senhora desconhecida, para indicar que gostariam de lhe falar. Se ela quisesse, poderia replicar, mas de modo algum esses intercâmbios de rua deveriam ser entendidos como dando ao homem o direito de visitá-la ou visitar a família dela, como ocorria com os intercâmbios similares entre homens estranhos. O que se passava nas ruas passava-se numa dimensão diferente em casa. De modo contrastante, na época de Madame de Sévigné, o simples fato de uma apresentação já dava à pessoa pelo menos o direito de tentar visitar a outra. Até mesmo quando recusada numa outra situação, a tentativa não era um atentado ao bom gosto. Os códigos de discurso do século XVIII pertencem às classes médias e superiores, certamente, mas existem algumas evidências que sugerem que eram imitados pelos empregados domésticos.

A espontaneidade do discurso no teatro do século XVIII pode então tomar sua significação própria e peculiar. No teatro, a plateia podia ser totalmente expressiva, na mesma medida em que não podia sê-lo, de modo uniforme e completo, do lado de fora. Fora do teatro, na década de 1750, uma pessoa poderia exibir emoções da mesma intensidade no Turk's Head Club ou diante dos estranhos do Café de la Comédie, mas de modo algum durante o passeio pelo St. James's Park.

132 O DECLÍNIO DO HOMEM PÚBLICO

Um crítico literário de uma certa escola poderia agora objetar: "Você está falando sobre o discurso enquanto um sinal convencional, nesses teatros", protestaria. "Você está falando sobre espontaneidade numa plateia altamente estilizada, mas você não se dá conta de que as regras de qualquer arte, os 'artifícios', são o que torna possível a uma plateia sentir aquilo que não poderia sentir facilmente na vida diária? Você está é falando do teatro em geral, e não apenas do teatro dos anos 1750 em duas cidades." E esse argumento poderia ser aplicado também à fórmula consagrada segundo a qual, sempre que as pessoas interagem umas com as outras em termos de convenção, fazem-no por meio de sinais, mais do que por meio de símbolos.

Essa objeção, inteligente como de fato o é, mostra o problema de se tratar a relação entre linguagem e credibilidade fora de termos históricos. Em todas as situações em que pessoas acreditam em um sinal, elas não vociferam para demonstrar o fato de estarem convencidas; há todo um mundo de diferenças entre o comportamento na Comédie Française no século XVIII e o comportamento das plateias modernas de teatro, sentadas em silêncio, diante da ARTE. Algo similar se dá com as regras de discurso nas ruas, com as roupas e com a fantasia. A vivência de um sinal — vociferante, silenciosa etc. — define o que o sinal é. A audiência que exige um "ponto" está vivendo uma *espécie* de sinal de linguagem, diferente de uma plateia que aplaude no final de uma peça ou, no máximo, no final de uma fala.

O ÂMBITO IMPESSOAL É PASSIONAL

O comportamento "público" é, antes de tudo, uma questão de agir a certa distância do eu, de sua história imediata, de suas circunstâncias e de suas necessidades; em segundo lugar, essa ação implica a experiência da diversidade. Essa definição não tem elos necessários de tempo e de lugar, uma vez que mesmo uma tribo de caçadores e catadores ou uma cidade indiana medieval poderiam igualmente preencher tais condições. Mas historicamente, entretanto, o sentido moderno de "público" adquire seus primeiros contornos ao

PAPÉIS PÚBLICOS 133

mesmo tempo em que esses dois códigos de credibilidade — o corpo como um manequim e o discurso como um sinal — também se consolidavam. Tal confluência não foi acidental, visto que cada um desses códigos de credibilidade se defrontaria com o teste de um fenômeno público.

O corpo como um manequim para roupas era uma moda autoconscientemente pública de se vestir. Roupas que fossem reveladoras, que combinassem ou que dessem conforto ao corpo e às suas necessidades eram consideradas apropriadas somente para a casa. O corpo como um manequim se deparava com o teste da diversidade, num duplo sentido: o princípio de vestuário havia se transportado das ruas para o palco quase intacto; e, nas próprias ruas, a insistência e a brincadeira com as roupas, como se se tratasse de uma boneca, eram uma maneira de organizar e trazer ordem para a diversidade das ruas.

O discurso enquanto sinal também se deparou com um teste de fenômeno público: era uma atividade a distância do eu; nas ruas, uma linguagem geral sobre generalidades; no teatro, não se era solicitado por caprichos ou transbordamento de sentimentos, mas somente em momentos apropriados e convencionados. Nessas condições, o discurso se depara com o teste da diversidade nos mesmos dois sentidos que as roupas: o princípio ligou o palco e a rua, e também ligou a diversidade entre estranhos nas ruas.

Se esses dois princípios para se suscitar a credibilidade serviram aos mesmos fins, fizeram-no por vias opostas. O princípio visual envolvia o ato de assinalar o corpo arbitrariamente, em termos de estrato social ou de fantasia; o princípio verbal envolvia a negação arbitrária das marcas de estratificação. Entretanto, ambos os princípios tinham em comum uma rejeição do símbolo, uma rejeição da ideia segundo a qual por detrás da convenção encontra-se uma realidade interior, escondida, à qual a convenção se referia e que constituía a "verdadeira" significação. Tanto os princípios verbais quanto os visuais estimulam portanto uma definição da expressão "pública": ela é antissimbólica.

Ora, caso o âmbito público fosse apenas um certo modo de sentir, qualquer análise do público deveria parar por aqui, pois tais princípios visuais e verbais são meios de se sentir em público. No entanto, o público é também uma geografia; ele existe em relação com um outro domínio: o privado. O "publicismo" toma parte em um equilíbrio mais amplo na sociedade. Além disso, enquanto parte de um todo maior, ele tem suas significações, em termos de comportamento político: a concepção dos direitos, a organização da família e os limites do Estado, que até agora não foram estabelecidos através de uma descrição dos instrumentos com os quais as pessoas "sentem" em público. Voltemo-nos então para a questão da geografia mais ampla, a linha divisória entre público e privado, em torno da qual essa sociedade do século XVIII se organizou.

5

O público e o privado

As motivações materiais da vida pública e os seus meios emocionais de expressão sugerem ao observador moderno certas qualidades para o seu polo oposto, o privado. Aqui, no reino da família e dos amigos, próximos ao eu, pareceria mais razoável que as pessoas estivessem mais interessadas em expressar as suas particularidades, as suas personalidades distintas, a sua individualidade. Mas essa expectativa tão razoável é, na verdade, uma distorção: significa olhar para o século XVIII segundo os termos de uma privacidade que só se formou no século passado. Antes do século XIX, o domínio próximo ao eu não era considerado o reino da expressão da personalidade única ou distintiva; o privado e o individual ainda não se haviam unido. As particularidades do sentimento individual não tinham, como ainda não têm, uma forma social definida, porque, ao contrário, o domínio próximo ao eu estava organizado por meio de "afinidades" naturais, universais e humanas. A sociedade era uma molécula; compunha-se, em parte, de uma expressão a uma distância consciente e arquitetada com relação às circunstâncias pessoais, à família e aos amigos e, em parte, de uma autoexpressão que era também "impessoal", como a palavra é entendida hoje. Devemos entender essa noção estranha de um domínio natural do eu, uma vez que ainda hoje acreditamos em noções de direitos humanos que surgiram por meio dela.

A noção moderna de direitos humanos provém de uma oposição entre natureza e cultura. Independentemente dos usos e costumes de uma sociedade, toda pessoa tem certos direitos básicos, por mais baixa ou desfavorável

136 O DECLÍNIO DO HOMEM PÚBLICO

que seja sua situação nessas organizações culturais. O que são tais direitos? Temos duas formulações canônicas deles, ambas originárias do século XVIII: vida, liberdade e a busca de felicidade; liberdade, igualdade e fraternidade. Dentre esses direitos, é mais fácil discutirmos sobre a vida, a liberdade ou a igualdade do que sobre a busca de felicidade ou a fraternidade. Estes parecem decorrências benéficas dos primeiros, mais do que direitos fundamentais em pé de igualdade com os primeiros. E a razão pela qual não os concebemos como tendo igual peso é que já perdemos de vista a pressuposição, germinada no século XVIII, sobre a qual se basearam: a de que a psique tem uma dignidade natural. Essa integridade das necessidades psíquicas também brota da oposição entre natureza e cultura. Se os sentimentos de um homem forem prejudicados, se ele for levado a se sentir abjeto ou envergonhado, isso seria uma violação de seus direitos naturais, tão seguramente quanto arrestar suas propriedades ou mantê-lo na prisão, arbitrariamente, também o seria. Quando uma pessoa foi vítima de tal injúria, fica consequentemente habilitada a tentar curar a ferida através de mudanças nas condições sociais que a causaram. A busca da felicidade era uma das formulações dessa integridade psíquica; a fraternidade era uma outra. É o homem natural que possui tais direitos psíquicos, não o indivíduo. Todos os homens poderiam exigir felicidade ou fraternidade, justamente porque o natural era impessoal e não individual.

A noção segundo a qual os seres humanos têm um direito à felicidade é especificamente uma ideia moderna e ocidental. Em sociedades de grande pobreza, de hierarquias rígidas ou de paixões religiosas muito fortes, a gratificação psíquica só pode ter pouco sentido enquanto um fim em si mesma. Esse clamor peculiar da natureza contra a cultura começou a tomar forma no século XVIII, especialmente na Inglaterra, na França, no norte da Itália e no nordeste dos Estados Unidos. Como todo desenvolvimento histórico complexo, ele não nasceu de um só golpe. Nossos antepassados lutaram para encontrar imagens e experiências que pudessem de algum modo exprimir essa oposição, de maneira a atribuir uma forma social concreta à busca da felicidade. Um dos caminhos que utilizaram para exprimi-lo foi por meio da distinção entre o público e o privado. A geografia das capitais servia aos

O PÚBLICO E O PRIVADO

cidadãos como meio para pensarem sobre natureza e cultura, identificando o natural com o privado e a cultura com o público. Ao interpretarem alguns processos psíquicos como inexpressivos, em termos públicos, como fenômenos quase religiosos, transcendentes, que jamais poderiam ser violados ou destruídos pelos arranjos da convenção, solidificaram para si mesmos uma via, seguramente não a única, mas uma via tangível, na qual os direitos naturais poderiam transcender as atribuições de qualquer sociedade particular.

Quanto mais tangível for se tornando a oposição entre natureza e cultura através do contraste entre o privado e o público, mais a família será vista como um fenômeno natural. A família era um "assento da natureza", mais do que uma instituição, como a rua ou o teatro. A ideia era que, se o natural e o privado estão unidos, então a experiência das relações familiares de todos os homens seria sua experiência da natureza. A ordem da natureza só seria definível pelas mentes mais altamente capacitadas, mas esse fenômeno transcendental era discutido mais amplamente, uma vez que, ao discutir as transações emotivas dentro da família, estava-se discutindo questões sobre a natureza.

Esta é a razão pela qual as transações dentro da família eram vistas em termos que hoje classificaríamos como impessoais ou abstratos. A psicologia estava, no século XVIII, tomando o lugar da noção renascentista dos "humores" corporais, em que se manifestava a personalidade segundo um dos quatro — ou, em outras versões um dos sete — estados provocados pela quantidade de líquido corporal que certos órgãos produzem. A noção mais nova falava das "afinidades" naturais, determinadas pela unidade funcional da espécie humana, mais do que pelos processos funcionais ou disfuncionais do corpo. A psicologia foi uma ciência baseada numa taxonomia natural — isto é, na classificação do comportamento de espécies diferentes — mais do que numa fisiologia. Todos os homens compartilhavam dessas afinidades; elas se manifestavam no próprio assento da natureza, a família; sua classificação é um bom guia para sua significação: as pessoas compartilhavam de uma compaixão natural, uma sensibilidade natural para com as necessidades dos outros, apesar das diferenças em suas circunstâncias sociais. Que as pessoas tivessem direitos naturais era apenas uma consequência lógica dessa definição da natureza humana.

138 O DECLÍNIO DO HOMEM PÚBLICO

Para podermos explorar esse mundo privado natural, precisamos fazer duas advertências. A primeira é que, enquanto as pessoas no Iluminismo, sensíveis a essa questão, viam a Natureza como uma divindade, um fenômeno transcendental do qual o amor em família era uma das expressões tangíveis, elas não deificaram então a Natureza como um estado de perfeição. Segundo a expressão feliz de Frank Manuel, o Iluminismo tinha uma relação "respeitosa, mas de modo algum subserviente", com seus deuses. A natureza, diferentemente da superstição medieval, dera ao homem, afinal de contas, motivos para esperança mais do que desespero diante de seus próprios poderes. Essa atitude, quando expressa em termos da oposição entre o privado/natureza e o público/cultura, significava que as relações entre os dois domínios eram mais uma questão de controle e de equilíbrio do que uma questão de absoluta hostilidade. O domínio privado deveria pôr à prova o público para verificar até onde os códigos de expressão, arbitrários e convencionais, poderiam controlar o senso de realidade de uma pessoa; além desses limites, havia a sua vida, uma maneira de se exprimir e um conjunto de direitos que convenção alguma poderia anular por sanção. Mas o domínio público era igualmente um corretivo para o domínio privado: o homem natural era um animal; o público, portanto, corrigia uma deficiência da natureza, que somente uma vida conduzida segundo os códigos do amor familiar poderia produzir: essa deficiência era a incivilidade. Se o vício da cultura era a injustiça, o vício da natureza era a rudeza.

É a razão pela qual, ao falar desses dois domínios, é necessário pensá-los como uma molécula: são modos de expressão humana concorrentes, localizados em diferentes situações sociais, e que são corretivos um do outro.

A segunda advertência é um problema de linguagem. Assim como o domínio público era um fenômeno evolutivo, que tomava forma com o tempo, assim também era o privado. Gradativamente, a família passou a ser pensada como uma instituição especial. A descoberta da família e, com ela, de uma situação social alternativa para as ruas dependeu, por sua vez, de uma outra descoberta, interior e demorada: a descoberta de um estágio especial e natural no ciclo da vida humana — a infância —, que só poderia florescer no inte-

O PÚBLICO E O PRIVADO

rior dos limites da vida em família. Falamos de público e de privado como se fossem estados fixos, uma vez que assim é mais fácil abordá-los. Mas, de fato, eram eles evolucionários complexos.

HÁ LIMITES NA EXPRESSÃO PÚBLICA

Já vimos como se colocava um limite, substancialmente, na expressão pública visual e, acessoriamente, na expressão pública verbal. A vestimenta para ser usada em casa era adaptada às necessidades, ao conforto e aos movimentos do corpo; a vestimenta para uso em público era estruturada sem qualquer referência a essas necessidades. O discurso em público e em casa era em essência similar, mas o domínio privado constituía o local onde se podia controlar com quem se falava; é assim que os membros dos clubes privados falavam de suas associações como "aparentadas à companhia da família".

A crescente percepção da família como um grupo natural que abriga uma classe especial de seres — as crianças — fixou limites mais abrangentes na questão da expressão pública. A descoberta de que há dois séculos as pessoas descobriram a infância é obra de Philippe Ariès, em seu livro *L'enfant et la vie familiale sous l'Ancien Regime*; este livro abriu um campo totalmente novo: o do estudo da família enquanto uma forma histórica, mais do que como uma forma biológica fixa na história. Ariès descobriu — e suas descobertas vêm sendo ampliadas e refinadas por David Hunt e John Demos — que, por volta da metade do século XVIII, os adultos começaram a pensar a respeito de si mesmos como tipos fundamentalmente diferentes de criaturas, em comparação com o que eram suas crianças. A criança não era mais considerada um adulto pequeno. A infância passa a ser concebida como um estágio especial e vulnerável; e a idade adulta era definida em termos inversos. A evidência que Ariès utiliza pertence em sua maior parte aos registros de família de pessoas citadinas, de nível social médio e superior. Havia uma razão para isso: essa mesma articulação de estágios de vida servia para que essas pessoas definissem os limites da vida pública. O que acontecia nos centros cosmopolitas era que

140 O DECLÍNIO DO HOMEM PÚBLICO

as pessoas maduras que moravam neles começaram a refletir sobre a vida pública — com suas complexidades, suas posturas e, acima de tudo, com os habituais encontros com estranhos — como uma vida que apenas os adultos teriam força suficiente para suportar ou para aproveitar.

A limitação da vida pública aos adultos teve uma gênese interessante: ela é em parte proveniente das gradativas distinções feitas entre as formas de jogos infantis e formas de jogos adultos.

Avançando-se bastante pelo século XVII, encontramos poucas linhas divisórias entre os jogos que divertiam as crianças e os jogos que divertiam os adultos; ou seja, havia poucos prazeres infantis que os adultos considerassem aquém de seu próprio interesse. Bonecas vestidas com roupas elaboradas interessavam a pessoas de todas as idades. Soldados de brinquedo também divertiam pessoas de todas as idades. A razão para esse compartilhar de jogos, bonecas e brinquedos estava exatamente no fato de que essas nítidas demarcações entre estágios da vida ainda não existiam. Uma vez que, segundo a expressão de Philippe Ariès, a pessoa jovem era um "adulto incipiente", desde tenra idade, seus divertimentos nada tinham de exclusivo em si mesmos. No final do século XVII e no começo do século XVIII, com as linhas divisórias entre infância e maturidade cada vez mais nitidamente delineadas do que antes, certos tipos de jogos foram reservados às crianças e outros lhes foram proibidos.

Por volta da metade do século XVIII, as crianças estavam proibidas de se envolverem em jogos de azar, que as autoridades acreditavam adequados apenas a pessoas que tivessem conhecimento do mal que grassa pelo mundo. Em 1752, os instrutores de tênis e de bilhar foram proibidos de dar aulas durante o período escolar, em toda a França, uma vez que esse tipo de jogo era acompanhado por apostas. As crianças eram demasiado inocentes, ao que se pensava, para enfrentar isso.[75]

Durante o século XVIII, bem como nos dois séculos anteriores, as canções comunais e a composição musical contavam com a participação de adultos e de crianças. Mas, nos primeiros anos do século XVIII, os adultos passaram a achar que a prática de leitura em voz alta em grupos não era apropriada e era

O PÚBLICO E O PRIVADO
141

infantil; com isso, até mesmo alguns contos folclóricos, quando impressos, podiam ser considerados material adulto, desde que fossem objeto de leitura silenciosa. Em compensação, enquanto leitura silenciosa, eram considerados impróprios para os jovens. Para o adulto, o discurso era uma questão de como usar suas próprias palavras, em público.[76]

Foi parcialmente em razão dessas mudanças nas noções de jogos que o comportamento cosmopolita foi considerado apropriado apenas para os adultos. Não cabia à criança marcar com precisão a sua posição social nem tampouco jogar — ainda que pertencesse à nobreza — com imagens de seu corpo. De fato, o vestuário de postura e as elaboradas roupas aristocráticas das crianças nas pinturas do final do século XVII, ou ainda nas pinturas espanholas do século XVIII, nos anos 1750, em Londres e Paris, eram tidos como absurdos. As crianças deveriam ser vestidas de preferência com roupas que fossem próprias exclusivamente a elas, coisa que situou as crianças numa classe à parte da classe dos adultos.

De modo semelhante, no teatro, caso se permitisse que as crianças acompanhassem seus pais, esperava-se que permanecessem em silêncio e invisíveis. Não há estudos comparativos sobre as crianças das plateias de teatro no final do século XVII, mas sabe-se que havia crianças na assistência durante as peças de Congreve e de Wycherley, onde eram consideradas simples espectadoras — uma igualdade com os adultos, das mais espantosas, tendo em vista as peças a que estavam assistindo.

Cafés, clubes e *pubs* eram também considerados lugares para adultos, apesar de que as crianças certamente não estavam excluídas deles, sobretudo no que diz respeito aos *pubs* e albergues que serviam como paradas de diligências. Observações esporádicas de Addison e Steele sugerem que quando uma criança entrasse numa conversa de café era tratada com bom humor e benevolência. O clube, enquanto tal, não era uma instituição concebida para acolher crianças. As tabernas parisienses de meados do século XVIII eram consideradas locais perigosos para crianças, porque podiam pôr as mãos numa garrafa de conhaque ou de vinho do Porto — um perigo visto então não em termos de moral, mas em termos de saúde física.

142   O DECLÍNIO DO HOMEM PÚBLICO

Foi desse modo que a gradativa preocupação com o estatuto especial da infância demarcou certos limites para a expressão pública. Pode-se dizer que tais limites consistiam em que o domínio público era o lugar reservado na sociedade para o jogo adulto; ou pode-se dizer que eram a fronteira além da qual o adulto não podia jogar. Por volta de 1750, um pai se sentiria embaraçado ao vestir os bonecos de seus filhos, muito embora brincasse exatamente do mesmo modo, ao se vestir para sair às ruas.

Se a criança não pertencia ao público, quais seriam os termos segundo os quais ela pertenceria à família? O que a família poderia fazer por ela que à vida pública não se adequava fazer? À medida que as pessoas iam respondendo a essas questões é que começaram a tratar a família como o "assento da natureza" e a descobrir novos princípios de expressão.

A EXPRESSÃO NATURAL ESTÁ FORA DO ÂMBITO PÚBLICO

Para compreendermos os laços que ligam num crescendo a infância e a crença da expressão natural no interior da família, devemos começar pelas rixas que suscitaram na época. Quando se leem afirmações como a de Turgot, de que "se está envergonhado de seus filhos", ou como a de Vandermonde — num *Essay on the Means of Perfecting the Human Species* (Ensaio sobre as maneiras para aperfeiçoar a espécie humana) — de que "fica-se vermelho ao se pensar em amar seus filhos", o vigor do sentimento familiar de dois séculos antes parece, no mínimo, esmaecido. Gibbon escreveu sobre sua acidental sobrevivência, nas mãos de pais indiferentes (de fato, ele fora salvo por uma tia); Talleyrand nunca dormiu na mesma casa que seus pais. Quanto mais alto se subia na escala social, mais frequentemente se ouvia afirmar que o cuidado maternal e a expressão de amor por uma criança eram sinais de vulgaridade. Tanto em Paris quanto em Londres, as crianças da classe média média e da classe média alta passavam diretamente das mãos da babá ao "colégio", uma instituição encarregada de cuidar das de sete a onze ou doze anos — "cuidado" que era habitualmente interpretado como uma punição física continuada.

O PÚBLICO E O PRIVADO   143

Os mais importantes pediatras de meados do século XVIII, James Nelson e George Armstrong, censuravam seus leitores por "negligência e menosprezo desnaturados" para com sua descendência. Não pode haver dúvidas, em suma, de que os contemporâneos de Swift leram *A Modest Proposal* (Uma simples proposta) com algo mais do que um pequeno choque de identificação.[77]

Resta o fato de que a coisa mais importante a respeito dos debates sobre a desumanidade para com as crianças é que ela de fato ocorria. Uma negligência similar para com recém-nascidos e crianças persistiu na Europa Ocidental, século após século. Em meados do século XVIII já se tornara suficientemente angustiante a certas pessoas serem questionadas a respeito disso. A angústia de se estar sobrecarregado pelas crianças, tanto quanto a angústia reformista diante do comportamento daqueles que se sentiam sobrecarregados, surgiu da própria expansão da ideia de um estágio especial da vida chamado infância. As pessoas passaram então a se dar conta de que uma classe especial, *dependente,* de seres humanos era produzida pelas funções do corpo. O que era novo era a percepção da dependência — e o medo, a empatia ou a desorientação que ela suscitava.

"O estado de natureza" é, em filosofia política, uma ideia que tem suas raízes na Idade Média. A gradual percepção da vulnerabilidade da criança levou, no início do século XVIII, a uma ideia mais concreta, mais experiencial do que consistia esse estado de natureza. Não era mais uma hipótese: era um fato para qualquer vida humana.

A percepção da dependência juvenil produziu um senso de direitos de proteção — posto em prática tanto na França quanto na Inglaterra, nas décadas de 1750 e 1760, por leis que regulamentavam a prática das amas-secas, refreando assim os piores males dos colégios. A justificativa para a proteção das crianças era que, se por natureza se era vulnerável, então se teria direito ao alimento e ao conforto, além dos acidentes de nascimento, condição social, inclinação dos pais etc. É assim que as relações familiares passam a ser glorificadas. Como os estágios da maturação natural passam a ser percebidos como mais importantes, cada ser humano passa a ser importante na família. Era isso que significava o "direito à vida", há dois séculos; mais do que

144 O DECLÍNIO DO HOMEM PÚBLICO

o direito à mera existência, era o direito de ser valorizado, de ser amado. O fato de que uma criança fosse por natureza tão frágil e tão incapaz perante os demais na sociedade não justificava o fato de se negligenciá-la. Com efeito, as suas próprias fragilidades naturais lhe conferiam direitos contra a sociedade, a começar por seus pais, que poderiam tirar vantagens dessas fragilidades e que adotariam o lema "criança não vale".

A ordem da natureza, no Iluminismo, era portanto um esquema carregado de moralidade. A natureza estava ligada à descoberta, à necessidade e ao direito à manutenção. Entre aqueles que, no debate sobre o direito à manutenção, esposavam a causa das crianças, a consequente definição de manutenção era dupla. A primeira era a indulgência disciplinar com a finalidade de se obter uma disposição favorável da criança. É o que diz Mary Wollstonecraft:

> É somente durante os anos de infância que a felicidade de um ser humano depende de outras pessoas (de onde a ideia de dependência); agravar esses anos com restrições desnecessárias é cruel. Para aplacar os afetos, é preciso demonstrar afeto.

A outra era a participação de ambos os pais da criança em sua criação. É assim que o pediatra Nelson argumentava que as mulheres deveriam cuidar elas mesmas de seus bebês e que os pais não deveriam delegar sua autoridade a colégios. De fato, apesar de toda a ambivalência na questão da parentalidade, ambas as práticas estavam se expandindo entre os níveis médios da sociedade, por volta de 1750, e começavam a desafiar um número significativo de pais da classe média alta; é bem verdade, entretanto, que a criação verdadeiramente aristocrática continuava a se basear nos dois princípios alternativos de não manutenção: disciplina rígida e ausência dos pais.[78]

A tarefa especial que a família poderia executar, a manutenção daquele que é desamparado, acabou por ser considerada função natural "da" família. A manutenção da criança deu à família um destaque nas disposições sociais. Dessa maneira, Nelson pôde escrever um livro sobre as funções da família sem fazer referência à primogenitura, aos contratos de casamento, aos direi-

O PÚBLICO E O PRIVADO   145

tos de dote e coisas assim. À medida que essa função natural se cristalizava, solidificavam-se nela as ideias a respeito da expressão natural no seio da família. Essa expressão, chamada "afinidade" natural, era diametralmente oposta aos termos da expressão que tornavam crível o aparecimento em público.

A teoria da afinidade ainda não recebeu um tratamento verdadeiramente acadêmico, uma vez que os psicólogos estão sempre inclinados a considerar as teorias da psique como "antigas", ou "pré-científicas", de interesse de antiquariato mais do que de interesse intrínseco. Pode-se dizer das variadas descrições do caráter natural que Diderot coligira para a *Encyclopédie,* ou que forneceram dados para *Of Crimes and Punishments* (De crimes e castigos), de Beccaria, que compartilham, pelo menos, de duas características: as afinidades naturais implicam "apetites" que não superam as necessidades reais daquele que sente tais apetites; em compensação, na medida em que esses apetites forem "comedidos", os homens desejarão coisas iguais: fecundidade, alimento, companheirismo e assim por diante. Apetites comedidos são, segundo as palavras de Youngman, apetites "pertinentes à espécie e não aos acidentes individuais".[79]

Seguindo-se a primeira dessas linhas, torna-se lógico crer no fato de que, quando uma pessoa age naturalmente, ela age com simplicidade. A ordem da natureza era complexa — tão complexa que nenhum fenômeno, nenhuma condição social poderia exprimi-la totalmente. Todavia, o efeito da natureza sobre o indivíduo era dar-lhe o gosto da experiência simples, descomplicada. Pense-se, por um instante, no gosto cada vez maior pelas roupas soltas e sem adereços para uso em casa como expressões de sentimentos naturais; isto é tão lógico, retrospectivamente, que é fácil esquecer, por exemplo, que em muitas culturas acentua-se a importância da família precisamente porque as pessoas desejam se vestir melhor quando estão em casa. A crença na simplicidade fez com que a própria ideia de convenção se tornasse irrelevante, uma vez que o significado do vestuário ou da fala em público reside no gesto, no próprio sinal, enquanto uma expressão simpática concebe a significação em termos da relação do comportamento com a restrita classe de necessidades — os apetites naturais — daquele que se comporta.

146 O DECLÍNIO DO HOMEM PÚBLICO

Em segundo lugar, tornou-se sensato que as pessoas acreditassem que as afinidades não diferenciavam uma pessoa de outra, já que todas as pessoas estariam medindo as suas atividades de acordo com os mesmos apetites. Na prática, isso significava que, quando uma pessoa agia naturalmente, esperava-se que não se levantasse para se proclamar especial ou única. Havia um conceito do século XVIII apto a englobar a simplicidade e a não excepcionalidade dos desejos naturais: a modéstia.

A função mantenedora da família tinha seu papel nesse esquema de expressão natural. Quando as relações eram chamadas "rudes" — para serem condenadas ou prezadas enquanto tal —, significava que as exigências emocionais feitas no círculo familiar, e especialmente na criação dos filhos, eram muito mais simples do que as exigências que os adultos se faziam mutuamente, em situações extrafamiliares. É muito difícil, numa época obcecada pelas dificuldades da parentalidade, compreendermos que a criação dos filhos pudesse ser tida como menos complexa do que outras ligações sociais. Mas os requisitos psíquicos da parentalidade pareciam ser tão modestos então que a família se tornou o lugar apropriado para que a simplicidade natural dos adultos se expressasse.

Aí estava uma dimensão da psique, e da expressão, que possuía uma integridade e uma dignidade, quaisquer que fossem as circunstâncias de qualquer indivíduo. A partir da integridade dessa psique natural proveio, consequentemente, um conjunto de direitos naturais. Beccaria, em seu livro sobre as prisões, defendia a tese de que o prisioneiro tinha direitos naturais a um tratamento humano por mais que seu crime fosse considerado hediondo pela sociedade, pois, uma vez na prisão, era tão dependente quanto uma criança, e por isso deveria merecer uma certa compaixão; adquiria um direito natural à alimentação básica, uma vez reduzido à mais total fragilidade. Os captores benevolentes não lhe estariam fazendo um favor. Seus carcereiros tinham a obrigação de considerá-lo não tão distante deles próprios, enquanto criatura que compartilhava de um conjunto comum de desejos moderados. Qualquer que fosse o seu crime individual na sociedade, haveria um elemento de decência

O PÚBLICO E O PRIVADO

em seu caráter impessoal de animal humano. É assim que o reconhecimento de uma natureza comum e a teoria da dependência natural tornaram-se os fundamentos psicológicos de certos direitos políticos.

Os direitos naturais, na medida em que surgiram a partir dos conceitos de manutenção de simplicidade do desejo natural, consistiam no mais abrangente nível de limitações na distribuição desigual de penas. Num outro trabalho, tentei mostrar como a ideia de dignidade humana, no século XVIII, estava divorciada do conceito de igualdade. A dignidade natural apenas colocava limites no extremo oposto, na desigualdade, e ainda assim numa desigualdade de um tipo preciso. As convenções de estratificação da sociedade europeia dos inícios da modernidade separavam os seres humanos em tantos e tão díspares compartimentos que eles perderam o senso de pertencerem à mesma espécie. Madame de Sévigné, uma mulher compassiva diante daqueles que pertenciam ao seu próprio nível, assistia a enforcamentos para sua recreação e achava "divertidas" as agonias de morte dos miseráveis comuns. Os conceitos de uma obrigação natural de se manter os mais fracos e de um laço de desejo psíquico unindo toda a espécie humana impuseram limites naturais aos sofrimentos que uma classe de pessoas deveria tolerar ou infligir a uma outra classe.[80]

Mas, se a hierarquia, enquanto tal, tinha limites naturais, então os rituais de hierarquia constituíam-se como convenções, como algo construído e realizado através de um acordo. Esses comportamentos, bem como a própria ideia de hierarquia, perderam seus poderes enquanto imutáveis e absolutos na ordem das coisas. A partir dessa percepção, o próximo passo é ver os princípios da expressão natural como limitações à própria noção de convenção. E, assim que esse passo é dado, estabelece-se o princípio de que o mundo privado natural poderia agir como um entrave ao mundo específico da vida pública cosmopolita.

Já observamos alguns sinais dessa limitação na proibição da vida pública às crianças, porque estas não poderiam suportá-la. Entre adultos, o mesmo limite de aflição psíquica prevalecia tanto no comportamento visual quanto no verbal. Uma pessoa que é vista vestindo-se acima de sua condição jamais deveria ser invectivada em família ou por aquele que a recebe em sua casa.

148   O DECLÍNIO DO HOMEM PÚBLICO

Nesse assento da natureza, havia um limite para o sofrimento que se poderia causar a uma outra pessoa. Era uma afronta censurar alguém em casa, embora não o fosse na rua. Esses são apenas exemplos corriqueiros de uma questão bem mais ampla: o mundo das convenções públicas não deveria enfraquecer a procura pela felicidade, na medida em que essa procura dependia de um senso da integridade psíquica e de respeito por si mesmo ou pelo outro, enquanto "um homem".

Em contrapartida, o mundo público impôs limitações ao princípio da felicidade enquanto uma definição completa da realidade. Apesar de o domínio das convenções não poder alterar ou mudar a natureza, uma vez que *in esse* a natureza transcendia qualquer situação social, a cultura pública serviu para amansar os efeitos da natureza. A famosa resposta de Voltaire a Rousseau, de que havia há muito tempo perdido o gosto de andar de quatro, que o animal natural chamado homem deve ter tido, teve eco num tratado muito popular publicado por um físico inglês um ano mais tarde, onde este comparava a sociedade natural humana a um punhado de felizes e adoráveis patos: a manutenção e a simplicidade prevaleciam, mas, no entanto, "as graças sociais consistiam em alegres grasnidos; um arroto de satisfação é aqui a mais alta forma de discurso".

O PÚBLICO E O PRIVADO SÃO COMO UMA MOLÉCULA DE SOCIEDADE

Os modos de expressão pública e privada não estavam em contradição, como alternativas. Em público, o problema da ordem social era vivenciado com a criação de sinais; no privado, a questão da manutenção era enfrentada, quando não resolvida, por meio da adesão a princípios transcendentais. Os impulsos diretores em público eram os da vontade e do artifício; os impulsos diretores em privado eram os da restrição e da anulação do artifício. O público era uma criação humana; o privado era a condição humana.

O PÚBLICO E O PRIVADO   149

Esse balanceamento estava estruturado por aquilo que hoje chamamos impessoalidade. Nem em público nem privativamente, "os acidentes da personalidade individual" constituiriam um princípio social. Disso decorre uma segunda estrutura: as únicas limitações para as convenções públicas eram aquelas que poderiam ser imaginadas em termos de afinidades naturais. Quando dizemos hoje que os direitos naturais são direitos humanos, o chavão parece-nos indicar algo tão amplo e radical quanto amorfo. Mas, no momento em que os direitos naturais começaram a fazer sentido em termos da experiência diária, eles eram bem menos radicais. O princípio da ordem natural era um princípio de moderação: as convenções sociais somente estavam sujeitas a controle quando produziam extremos de angústia ou de sofrimento.

O que teria então acontecido se uma ideia de direitos em sociedade se firmasse fora do contexto desse princípio da moderação natural? No momento em que, no século XVIII, as pessoas começaram a brincar com a noção de liberdade, começaram também a fazer experiências com uma ideia fora desse contexto. Enquanto princípio, a liberdade não poderia ser abarcada nem pela ideia da convenção, nem pela ideia da afinidade natural. É certo que os primeiros teóricos do contrato social, como John Locke, apregoaram uma ideia de liberdade natural, que entretanto não poderia ser posta em prática muito facilmente. Quando uma ideia foi introduzida na vida social cotidiana, a molécula do público e privado pôde então ser dividida. A molécula se mantinha na medida em que a personalidade individual não fosse usada como princípio social. A exigência de liberdade mudou isso. Gostaria de descrever o modo pelo qual essa molécula pôde ser dividida, de maneira que o desejo de liberdade se unisse a uma crença na personalidade individual enquanto um princípio social, narrando a experiência de um homem do século XVIII que era tido como — e as palavras são significativas — um dos primeiros "campeões individuais da liberdade". Sua história é sintomática da ruptura que convulsionara a sociedade do Antigo Regime. Ele não conseguiu dividir sozinho, nem manter dividida por muito tempo, a molécula de natureza e cultura; de fato, enquanto "campeão individual da liberdade" sua carreira foi curta, mas sua experiência foi um prenúncio de como essa ruptura iria ocorrer um dia e de como, no processo, a própria liberdade iria perecer, enquanto a personalidade permaneceria como um princípio de organização social, dentro dos novos termos de dominação.

A DIVISÃO DA MOLÉCULA

John Wilkes (1727-1797), filho de um rico dono de destilaria, tornou-se aos tenros vinte anos o próprio modelo de um libertino em Londres. Era vesgo, tinha uma fronte protuberante e o lábio superior repuxado; mas esse homem espantosamente feio tinha um charme e uma inteligência tão grandes que, ao se entregar a uma vida de dissipação, suas dificuldades resumiam-se à escolha, mais do que à procura. Bebia em excesso e pertencia ao mais famoso clube de sua época, o Hell-Fire Club, uma paródia de uma ordem medieval cujos membros promoviam "ritos" que amalgamavam missa negra com banquete orgiástico romano e com "burlescos" do serviço anglicano vespertino. Aos vinte anos, Wilkes se casa com uma rica senhora doze anos mais velha, que de recomendável possuía apenas riqueza, só para agradar a seu pai. O casamento não impôs qualquer controle que se pudesse observar sobre suas dissipações. Além do mais, Wilkes se torna, por volta de 1763, a mais notável figura política de sua época — "acidentalmente", dizia ele. Torna-se campeão do princípio segundo o qual as pessoas têm o direito de escolher aqueles que irão representá-las no governo. Flertando incessantemente durante os anos 1760, tendo até sido preso, divertindo-se com mil entretenimentos caros e aristocráticos, ainda assim passa a ser identificado, nas mentes dos trabalhadores londrinos e dos da classe média baixa, não apenas como um defensor da liberdade, mas também como a encarnação desse alto princípio moral. Wilkes era um fenômeno contraditório: era uma figura representativa da divisão entre a política pública e os "acidentes da personalidade individual", ao mesmo tempo em que era um dos primeiros a cruzar essa linha divisória, transformando desse modo a própria significação de um domínio público.[81]

O PÚBLICO E O PRIVADO 151

Quando lemos os panfletos políticos e os discursos dos anos 1750, tanto na Inglaterra quanto na França, como leitores modernos só podemos ficar espantados com a intensidade da retórica. Os oponentes à visão do orador — para tomarmos um panfleto inglês de 1758 — são "proxenetas do Diabo, bastardos sem uma onça de caridade para com seus pais" etc.; enquanto, num panfleto francês sobre a circulação de um estrangeirismo, os inimigos do escritor eram descritos como "macacos piolhentos, escravos de um monte de estrume onde tagarelam" etc. Assim mesmo essa linguagem viciosamente pessoal da política, curiosamente, serviu aos mesmos fins autodistanciados que as conversas sem rosto dos cafés. Wilkes forneceu em parte um bom exemplo.[82]

Wilkes entrou para a política tornando-se panfletário político. Em 1762, com um grupo de amigos, decidira fundar uma nova folha, o *North Briton,* como uma voz de oposição às políticas governamentais defendidas pelo *Briton,* editado por Smollett, e pelo *Auditor,* editado por Arthur Murphy. Como era hábito na época, todos os artigos eram publicados anonimamente. Era considerado indecente que uma pessoa atacasse visivelmente uma outra pela imprensa. Os ataques que Wilkes desfere são bastante mordazes e pessoais para isso, especialmente em seus ataques contra Samuel Johnson e o artista Hogarth; mas foram impressos como se proviessem de mãos desconhecidas. Essa convenção significava que alguém jamais teria certeza de quem precisamente o acusara de ser um proxeneta do diabo. Os ataques retóricos do *North Briton* tinham ainda uma segunda característica, como acontecia com o *Briton* e com o *Auditor:* a pessoa era atacada pessoalmente em termos de sua pública associação a uma política ou facção política ou de sua habilidade na condução da política. Sua personalidade contava apenas na medida em que pudesse ser identificada como tendo tornado o ministro, ou o membro do Parlamento, indolente no desempenho de seus deveres, ou obtuso, ou facilmente enganável.[83]

Esses parâmetros do discurso político levaram a certas restrições comportamentais. Um exemplo interessante de como funcionavam tais restrições ocorreu em 1762, quando Lord Talbot, o Mordomo-Mor, sentiu-se malevolamente atacado pelo *North Briton:* desafiou Wilkes para um duelo, suspeitando

152   O DECLÍNIO DO HOMEM PÚBLICO

que fora o próprio Wilkes o autor da calúnia. Antes do momento da troca de tiros, Talbot alvoroçou-se numa terrível ira, tentando fazer com que Wilkes reconhecesse ser de fato o autor do texto. Wilkes concordou em duelar, sem no entanto admitir a autoria. O duelo tem lugar: grandes atiradores, ambos erram seus alvos a sete metros de distância. Nesse ponto, Wilkes confessa sua autoria; os dois trocam cumprimentos e se retiram para uma hospedaria das vizinhanças, onde tomam juntos uma garrafa de clarete, com toda a aparência da maior bonomia.[84]

O insulto público, a satisfação pública da honra, rituais divorciados da simples amizade ou companheirismo interpessoal — sem uma compreensão dessa organização dos gestos, comportamento político muito similar, na metade do século XVIII, tanto em Paris quanto em Londres — é inexplicável. No âmbito da retórica política entre as classes dominantes, havia um código gestual tão firme quanto o gestual criado pelo vestuário. Era a paixão impessoal, ainda que aviltando outras pessoas, tornada possível por meio de convenções como a do anonimato da autoria.

O número 45 do *North Briton* pareceu, no entanto, ser uma transgressão de uma das convenções: pareceu ser um ataque à própria pessoa do rei Jorge III. Retrospectivamente, o nº 45 parece bastante manso, certamente menos raivoso do que outros, como o nº 17, mas enraiveceu tanto os agentes da Coroa que Lord Halifax, o equivalente de secretário de Negócios Interiores, enviou um mandado de prisão para os escritores, impressores e editores do *North Briton*. Seguiu-se uma longa e complicada briga. Wilkes foi forçado a renunciar à sua cadeira no Parlamento e refugiar-se no continente — onde passou seu período de exílio alternadamente em companhia de sua filha e nos braços da mais famosa cortesã da Itália, Madame Corradini. Retorna à Inglaterra no final dos anos 1760, vai a julgamento pelo nº 45 do *North Briton,* passa um ano e meio na prisão, é eleito quatro vezes para o Parlamento, e quatro vezes é recusado pelos membros da Casa, e, uma vez fora da prisão, lidera um movimento de massa em Londres que iria associar seus julgamentos à causa da liberdade na Inglaterra.[85]

O PÚBLICO E O PRIVADO

É impossível falar desses eventos em termos abrangentes. Eles atingem, entretanto, diretamente os significados atribuídos, em meados do século XVIII, ao conceito de um gestual retórico público enquanto uma expressão distanciada do eu.

Wilkes, como outros de sua geração, traça uma linha divisória nítida entre seus deveres familiares — particularmente seus deveres de pai para com seu único rebento legal, sua filha Polly — e suas "peregrinações em busca de prazer". Embora Wilkes e sua esposa estivessem legalmente separados após quatro anos de casamento, o pai manteve um cuidado constante na educação da filha e tentou protegê-la de todo contato com qualquer de seus amigos "peregrinos", com exceção de seu amigo chegado, Charles Churchill. Diferentemente de um outro libertino de Londres, do final do século XVII, Lord Rochester, Wilkes tentou também proteger sua filha de todo contato com seus meios-irmãos e meias-irmãs naturais. Na tentativa de manter a vida familiar apartada da vida no mundo, Wilkes foi totalmente um homem de seu tempo.

Da mesma forma, suas incursões sexuais eram bem recebidas e quase literalmente públicas. Não havia da parte de Wilkes qualquer tentativa para manter seus casos sexuais em segredo, mas nisso não diferia ele de qualquer outro cavalheiro da época. A exceção era feita quanto se tratava de uma mulher casada cujo marido fosse de igual condição e que pudesse portanto exigir satisfações. Senão, em se tratando de uma mulher casada, a responsabilidade de se esquivar do marido era exclusiva da mulher. Com prostitutas ou *débauchées* (libertinas), nenhuma regra de discrição era observada.

A linguagem de casos sexuais extramaritais mostra muito das características de outras formas de discurso público. Cumprimentos eram considerados agradáveis contanto que fossem benfeitos ou em si mesmos inteligentes. A profundidade da paixão do orador ao externá-los era acessória. Com efeito, algo como um tom irônico ao externar tais frases tornava o orador ainda mais sedutor. A ideia de que um amante deve encontrar uma linguagem única para falar sobre seus sentimentos para com uma mulher em especial, uma linguagem de amor, exclusiva a duas pessoas em particular, também

154 O DECLÍNIO DO HOMEM PÚBLICO

era desconhecida. As frases passavam de um caso a outro e ainda a outro. A questão residia em como essas frases eram ditas, como eram combinadas, qual a maneira de representá-las.[86]

Wilkes levou essas regras ao extremo e por isso adquiriu desde os vinte anos uma reputação de libertino. Eis a descrição que Ben Franklin faz dele: "um fora da lei, um exílio para o mau-caráter pessoal, que não vale um vintém". Eis a de Burke: "um homem vivaz, agradável, mas sem nenhuma prudência nem princípios". E a de Horace Walpole: "o Despotismo sempre acusará a Liberdade pela devassidão de um tal Santo".[87]

Essa reputação era por vezes usada contra ele em sua vida política, e assim muitos historiadores tratam dele como um homem cujo caráter pessoal era o padrão que seus contemporâneos usavam para julgar seus atos políticos. Essa interpretação não é muito correta. É bem verdade, por exemplo, que a autoria do *Essay on Woman* (Ensaio sobre a mulher), uma paródia altamente pornográfica do *Essay on Man* (Ensaio sobre o homem) de Pope, fora usada por seus inimigos como uma justificativa pela qual Wilkes não deveria assumir sua cadeira no Parlamento, ainda que ele fosse eleito com a votação esmagadora dos proprietários, em sua circunscrição londrina. Ainda assim, na última das quatro eleições de Wilkes que o Parlamento recusou, e onde mais se mencionou o *Essay on Woman,* o homem que o Parlamento decidira que "deveria ter sido eleito", um certo coronel Luttrell, era nada menos do que um devasso ainda maior do que Wilkes. Muitos dos inimigos de Wilkes em seu tempo (meados de 1769) eram antigos, ou mesmo atuais, *compagnons*[*] de farras e bem conhecidos enquanto tais. Os usos que os inimigos faziam da personalidade de Wilkes devem ser vistos com um olhar desconfiado, portanto. Muitas vezes, riam-se deles aquelas mesmas pessoas que os espalhavam. A verdadeira junção entre o Wilkes como pessoa e o Wilkes como político, fatal para as convenções públicas da política da época, ocorreu entre aqueles que eram justamente seus defensores.[88]

---

*Companheiros, participantes de uma comunidade profissional por *compagnonage*. (*N. da T.*)

O PÚBLICO E O PRIVADO

Um estudo cuidadoso dos defensores de Wilkes, feito por George Rude, concluiu que suas bases iam dos mercadores prósperos aos trabalhadores semiespecializados, pendendo para estes últimos. Para estes, as discussões levantadas por Wilkes e pelo nº 45, aprofundadas pelas suas continuadas rejeições no Parlamento, deviam-se à representatividade — ele advogava a causa para os membros menos privilegiados da sociedade, que estavam exercitando a liberdade de escolha de seus representantes no governo. Mas, em 1763, o sentido dessa liberdade não estava claro. Os seus defensores não estavam tomando uma ideia pura e distinta de liberdade, uma ideia que esperava para ser empregada; estavam muito mais tentando desenvolver a ideia, a fim de descobrir o que significava a liberdade, através do processo de reintegração de Wilkes no poder. Justamente porque estavam desenvolvendo um princípio político, mais do que aplicando um princípio em suas vidas, é que o homem, o simples fato de sua existência, o simples fato de sua determinação em sentar-se na Casa, adquirira uma importância radical para eles. O grito de "Wilkes e Liberdade!" era um indício preciso: homem e princípio eram um só, pois sem a presença desse homem não haveria outro meio de se saber o que significava liberdade.[89]

Essa união significava que cada ação da pessoa Wilkes tinha necessariamente um caráter simbólico ou público. Suas incursões sexuais tinham que ser negadas, expurgadas do retrato de Wilkes enquanto homem — como os mais prósperos de seus defensores estavam habituados a fazer —, ou então convertidas num sinal de rebelião contra a ordem estabelecida, um romantismo sexual mais conveniente enquanto interpretação de seu comportamento entre os seus defensores das classes trabalhadoras. Em 1768, um carroceiro descreve-o com admiração como sendo "livre, do pinto até a peruca". A promiscuidade, bem como todas as outras ações do homem, tinha que ser interpretada, pois a própria vida da pessoa chamada John Wilkes havia se tornado símbolo do que a própria liberdade poderia significar.

A tentativa de interpretar o sentido de um princípio político por intermédio das produções do caráter estava num nível muitíssimo mais profundo, era de uma importância muitíssimo maior do que as acusações feitas contra Wilkes

156 O DECLÍNIO DO HOMEM PÚBLICO

pelos partidários do governo. Estes poderiam facilmente acusá-lo, de um lado, e, de outro lado, substituí-lo no Parlamento por um melhor membro do Parlamento, como Luttrell, de gostos sexuais muito mais amplamente conhecidos, de pior fama, e até violentos. A conexão entre caráter e política, feita pelos seguidores de Wilkes, converteu a hipocrisia parlamentar em algo diferente: em insulto pessoal a cada partidário, ao invés de a um movimento coletivo.

É evidente que das cartas e dos comentários feitos por Wilkes em conversas pouco se tira daquilo que pensava, quanto a apagar a linha divisória entre sua personalidade e a política. Era tão irônico sobre sua própria fama quanto a respeito de seus defensores, ao discutir sobre eles com amigos. De fato, ele conseguira manter uma certa distância entre a vida privada e a pública; e a adulação pessoal de seus defensores lhe era grata, mas ao mesmo tempo o incomodava profundamente.

Após um período de imensa popularidade, as diferenças entre a identidade que seus seguidores lhe atribuíam e o sentido que nosso homem tinha de si mesmo levaram os dois lados ao fracasso. Uma paixão em que se torna centro de atenção maliciosa, e muito divulgada, foi chamada por muitos uma traição do wilkesismo, por causa da publicidade tão adversa que se seguiu. Se ele se constituíra num emblema da Liberdade para seus defensores, estes permitiam a ele uma liberdade cada vez menor na condução de sua própria vida. Na época dos tumultos de Gordon (uma perseguição popular maciça aos católicos em Londres), Wilkes foi um dos poucos da cidade a tentar controlar as multidões revoltadas. As massas sentiram então que, ao se tornar instrumento da ordem, ele as havia traído novamente e de maneira ainda mais fundamental. Explicaram essa traição em termos de mudanças na sua personalidade, em lugar de levar em consideração os termos das pressões e obrigações institucionais que tinha, como representante do prefeito de Londres, ou, pelo menos, a sua própria crença na liberdade como um ato de tolerância.[90]

Nos inícios da década de 1770, em seu período de total popularidade, qual teria sido o efeito desse Wilkes, tomado como uma pessoa pública, sobre a linguagem da retórica política? Na grande guerra jornalística causada pelas atividades de Wilkes, o primeiro lugar coube a um escritor anônimo que se cognominava "Junius". Seu credo era simples:

O PÚBLICO E O PRIVADO 157

Medidas, e não homens, é o chavão da moderação afetada; uma linguagem ilegítima, simulada, fabricada por homens de recado, e tornada corrente entre idiotas, (...) uma censura suave não combina com o presente estado de degeneração da sociedade.

Ao defender Wilkes, Junius era mais eficaz e mais notado do que quando tentaria atacar as características pessoais dos inimigos de Wilkes, principalmente o duque de Grafton. Mas esses ataques pessoais diferiam do tom da escrita de uma década antes, diferiam até dos ataques pessoais no *North Briton*. Enquanto as primeiras formas de retórica política tratavam o caráter privado em termos das discussões e das necessidades públicas, Junius evitava falar em "medidas". O caráter, em si e por si mesmo, havia se tornado a consequência política. Do mesmo modo que Wilkes, quando uma pessoa "corporificava" a liberdade, os seus inimigos corporificavam a tirania. Um assassinato de suas personalidades bastava para tirar a legitimidade das medidas às quais seus nomes estivessem associados. A própria base de um gestual público estava portanto esquecida: os discursos públicos de amigos como de inimigos não tinham significado em si mesmos, apenas serviam como guias para se conhecer o caráter do orador. É certo que as figuras do discurso de Junius pertenciam a padrões antigos ainda; isto é, ele utilizava com perfeição uma linguagem familiar e uma linguagem do tipo elaborado e quase empolado considerado apropriado para discursos públicos. Mas essa linguagem passara então a ter uso exclusivo: o vocabulário da invectiva ia apenas na direção do assassinato de caráter: esse assassinato de si mesmo como um ato político, uma defesa da liberdade.[91]

É interessante contrastar Junius com Samuel Johnson, um inimigo de Wilkes que entrou na guerra da retórica no final da década de 1760. Em seu mais famoso panfleto sobre Wilkes, *The False Alarm* (O alarme falso), Johnson envidou todos os esforços para falar de Wilkes, o homem, relacionando-o com "medidas"; de fato, relacionando-o com princípios abstratos de direito e de privilégios constitucionais. Que se compare o texto de Junius com uma passagem do *The False Alarm,* como a que se segue:

158 O DECLÍNIO DO HOMEM PÚBLICO

Uma das vantagens capitais que a geração atual tirou do aperfeiçoamento e da difusão da filosofia foi sua libertação de terrores desnecessários e a imunidade a falsos alarmes. As aparições inabituais, sejam elas regulares ou acidentais, que outrora espraiavam consternação sobre eras de ignorância, não são recreações da segurança inquisidora.[92]

Como observou James Boulton, um dos comentadores dessa guerra de retórica, as diferenças de estilo eram em parte diferenças de classe: Johnson falava propositadamente a uma classe mais alta. Mas tais diferenças eram mais do que uma questão de classe; diziam respeito ao próprio nexo entre personalidade e ideologia naquele momento. Johnson e, com ele, Edmund Burke, defensores do regime estabelecido, inimigos de Wilkes, "gesticulavam" em seus escritos políticos exatamente da mesma forma com que outras pessoas "gesticulavam" com suas roupas ou no teatro. A linguagem da política estava se despedindo da vida íntima; mesmo nos momentos mais vituperantes de Johnson, até mesmo em seus mais maldosos e mais pessoais ataques contra Wilkes, a questão estava sempre na conveniência de Wilkes em participar do governo, e jamais o caráter de Wilkes em si e por si mesmo. Johnson, assim como Burke e outros defensores da ordem estabelecida, dispunha de fato de um conjunto claro de ideias, uma linguagem clara de governo, um âmbito de discurso objetivo onde podiam encaixar Wilkes: o âmbito do estabelecido, do passado, do conhecido. Wilkes e seus seguidores estavam se rebelando contra a clareza estabelecida. Eram inovadores à procura de liberdade, mas a significação dessa nova ideia não tinha, não poderia ter, um caráter tão claro e objetivado como aquele, com o qual o tempo e o uso habitual dotaram a ideia de privilégio. Os wilkesistas estavam limitados a ver o sentido de seu princípio como que encravado nos próprios atos de um homem.

Foi desse modo que a molécula explodiu. A liberdade não fazia parte da estrutura da afinidade natural; opunha-se à ideia de convenção enquanto ordem pública. Mas o que era ela? Poucas pessoas da época de Wilkes poderiam dar uma resposta a essa pergunta; tudo o que conseguiriam seria fazer com que a vida pessoal e idiossincrática do campeão da liberdade se tornasse ela

O PÚBLICO E O PRIVADO   159

mesma "símbolo" da liberdade. Se o grito pela liberdade foi o meio pelo qual a molécula explodiu, o verdadeiro desafio à vida pública não era a liberdade, mas antes a personalidade individual, enquanto uma força "simbólica". A partir dessa ideia da personalidade individual como um princípio social é que basicamente surgiu o impulso moderno de considerar válidas apenas aquelas medidas políticas cujos "patronos" sejam pessoas "críveis", "fiáveis" e "decentes".

Em sua política, Wilkes mostrou como seria o desfecho; mas sua vida também demonstra o vigor da cultura pública durante o século. Em sua consciência de si mesmo e, acima de tudo, em sua recusa em alimentar por muito tempo os seus próprios defensores, ele demonstrou a força dessa molécula de privado e público, em meados do século, ao suportar as exigências da liberdade em termos pessoais.

6

O homem como ator

Ainda existe uma última pergunta a fazer sobre o âmbito público do século XVIII. Que espécie de homem habitava nele? As pessoas da época davam uma resposta clara a essa questão: ele era um ator, um artista que representava. Mas o que é um ator público? Em que seria ele diferente de, digamos, um pai? Trata-se de uma questão de identidade, mas identidade é uma palavra útil, e por isso abusivamente empregada. No sentido que Erik Erikson lhe deu, uma identidade é o ponto de encontro entre quem uma pessoa quer ser e o que o mundo permite que ela seja. Nem as circunstâncias apenas, nem somente o desejo poderiam constituir o lugar de alguém, num cenário formado por interseções de circunstâncias e desejos. Há dois séculos, a imagem do homem público como um ator era uma identidade bem-definida. Justamente porque era declarada de modo tão direto, retrospectivamente ela serve a um propósito valioso. É um ponto de referência; contra ela, uma vez que as condições materiais e ideológicas da vida pública ficaram confusas, fragmentárias, e finalmente se apagaram após a queda do Antigo Regime, pode-se mapear a percepção que um homem tem de si mesmo em público.

O homem público como ator: a imagem, embora evocadora, é incompleta, uma vez que por detrás dela, conferindo-lhe substância, há uma ideia mais fundamental: trata-se do conceito de expressão como apresentação de emoções. A partir deste, chega-se à identidade do ator. O ator público é o homem que apresenta emoções.

162 O DECLÍNIO DO HOMEM PÚBLICO

A expressão enquanto apresentação de emoções é um princípio bem geral que inclui práticas tais como os sinais do discurso, que estudamos dois capítulos atrás. Suponha-se que uma pessoa conte à outra sobre os últimos dias de seu pai num hospital. Hoje em dia, o simples fato de contar novamente todos os detalhes seria o suficiente para provocar piedade na outra pessoa. Impressões fortes, minuciosamente descritas, são para nós idênticas à expressão. Que se imagine então uma situação, ou uma sociedade, em que a simples narração de detalhes desse sofrimento não teria significado para outra pessoa; o homem que narrasse tais momentos não poderia simplesmente revivê-los; teria que moldá-los, selecionar alguns detalhes para dar mais ênfase, suprimir outros, até mesmo falseando sua narração, com a finalidade de encaixá-la numa fôrma ou num padrão que seu ouvinte entendesse ser o que significa morrer. Em tais condições, o orador quer apresentar a seu ouvinte a morte tão organizada em seus detalhes que encaixe a descrição como um evento que suscita piedade. De modo similar, a "piedade" não varia segundo a morte que se ouve narrar; a piedade existe como uma emoção independente, mais do que dependente da experiência, e, por isso mesmo, dependendo de cada uma das experiências de piedade.

Essa teoria da expressão é incompatível com a ideia de personalidade *individual* como sendo expressiva. Se a mera recitação daquilo que eu vi, senti, experimentei, sem qualquer filtragem, modelagem ou falseamento de minha experiência com a finalidade de encaixá-la num padrão, caso isso fosse expressivo, então a "piedade", em minha vida, dificilmente poderá ser expressiva da mesma maneira para você, já que o seu próprio sentido de piedade deriva de uma outra experiência. Na representação das emoções, quando eu conto a você os meus sentimentos particulares, da maneira como me ocorrem, não há qualquer trabalho expressivo a fazer, é "apenas ao vivo". Nenhuma modelagem ou condensação da cena poderia torná-la mais expressiva; muito pelo contrário, ao ser modelada para se encaixar num padrão geral, a experiência iria parecer menos "autêntica". Da mesma forma, o princípio da representação da emoção é associal, já que não tendo o mesmo relato de piedade a fazer as pessoas não têm um senso comum de piedade para compartilhar, como um laço social.

O HOMEM COMO ATOR   163

Em contrapartida, num sistema de expressão tal como a apresentação de emoções, o homem em público possui uma identidade enquanto ator — um en-ator, se quiserem —, e essa identidade o envolve e envolve outros num laço social. A expressão enquanto apresentação das emoções é o trabalho do ator — se tomarmos provisoriamente essa palavra num sentido bem amplo. Sua identidade se baseia em fazer expressão como um trabalho de apresentação. Quando uma cultura passa da crença na apresentação da emoção para a representação desta, de modo que as experiências individuais, cuidadosamente reportadas, cheguem a ser expressivas, então o homem público perde sua função e também sua identidade. Assim como ele perde uma identidade significativa, a própria expressão irá se tornando cada vez menos social.

Peço desculpas por comprimir desta maneira essa teoria, mas será útil no princípio, para sabermos o quão fundamental é a ideia do homem público como ator. De fato, uma percepção dessas conexões se faz necessária para se entender os termos tão especiais com os quais falavam do homem enquanto um ator as pessoas que habitavam o mundo público das capitais do Antigo Regime. Havia três opiniões principais.

A primeira era a opinião mais comum entre os cosmopolitas da época: uma vez que habitamos um *theatrum mundi,* e que nos tornamos como que atores, então uma nova e mais alegre moralidade se acha entre nós. A segunda era a mais comprovada por escritores como Diderot, que explorou a representação com relação à vida pública e com relação à natureza. A terceira era a opinião singular de Rousseau. A teoria de Rousseau era a maior de seu tempo no que diz respeito à ponte entre a vida cosmopolita e o teatro, e uma vigorosa condenação dessa situação. Analista e crítico, ele foi também profeta, ao predizer que a ordem pública iria sucumbir a uma vida baseada no sentimento íntimo autêntico combinado à repressão política. Essa nova condição — tão semelhante à nossa condição atual — ele aprovava. Mas também era um mau profeta, uma vez que acreditava que a nova ordem viria do declínio da cidade e da ressurgência das pequenas cidades. Suas ideias são a pedra de toque para se analisar até que ponto esse mundo público acabou se perdendo na cultura urbana moderna, uma cultura que substituiu a vida expressiva e a identidade do homem público por uma nova vida, mais pessoal, mais autêntica e, no final das contas, mais vazia.

O HOMEM COMO ATOR: A VISÃO DO SENSO COMUM

Na abertura do sétimo livro de *Tom Jones,* as aventuras do jovem se concentram em Londres. É nesse ponto que Fielding apresenta um pequeno ensaio chamado "A Comparison Between the World and the Stage" (Comparação entre o mundo e o palco), que principia assim:

> O mundo tem sido frequentemente comparado ao teatro (...) esse pensamento tem sido levado tão longe, e se tornou tão generalizado, que algumas palavras que eram apropriadas ao teatro, e que só eram, a princípio, aplicadas ao mundo metaforicamente, são agora indiscriminada e literalmente ditas a ambos; desse modo, palco e cena se nos tornaram, pelo uso comum, expressões familiares, tanto ao falarmos da vida em geral quanto ao nos restringirmos a representações dramáticas. (...)

Fielding adota um tom apologético um pouco mais adiante; é claro que seus leitores sabem que o palco e a rua são âmbitos que podem ser traduzidos "literalmente" uns nos outros: aqui, ele está falando por chavões, e se desculpa por isso. Deseja apenas relembrar a seus queridos leitores que a mescla de drama e vida diária é real, e não uma "metáfora" fantasiosa, como o era na Restauração.[93]

"O mundo como um palco" era de fato um chavão a que os meados do século XVIII deram nova roupagem. Já observamos que uma das funções clássicas do imaginário do *theatrum mundi* consistia em separar a natureza humana da ação social, traçando uma divisória entre ator e ação. Na visão do senso comum do homem como ator, não mais se estaria sujeito à pecha de homem mau por se ter cometido uma ação má; bastava mudar de compor-

O HOMEM COMO ATOR

tamento. O homem como ator suporta um jugo moral mais leve do que um puritano ou um católico devoto: ele não nasceu para o pecado, ele incorre em pecado se por acaso representar a parte do vilão.

O próprio Fielding havia colocado bem a questão: em seu ensaio, argumentava que "uma única má ação não constitui mais um vilão na vida real, tanto quanto um único papel de mau no palco"; e de fato, como os âmbitos da cidade e do teatro se entremesclaram, a analogia se tornou verdade literal. O caráter das ações e o caráter dos atores estão separados, de modo que um homem do mundo "pode censurar uma imperfeição, ou até mesmo um vício, sem ódio contra o partido culpado". Além do mais, não há meios claros para se dizer quem são os homens nas grandes cidades, de tal modo que a ênfase recai inteiramente sobre aquilo que fazem. Se um homem pode prejudicar os outros? Então, à maneira de Garrick, o problema que se coloca diante dele é o de mudar de papel. E por que não iria ele modificar-se, uma vez que nenhum aparecimento, nenhum papel, é fixado, na cidade grande, por necessidade ou pelo conhecimento que os outros têm de seu passado?[94]

Se, em geral, o homem como ator se liberava do fardo do pecado original promovendo o divórcio entre sua natureza e suas ações, o senso comum do século XVIII concluía que dessa maneira ele poderia se divertir mais. Sem estarem mais atados ao domínio da natureza, nem aos deveres da alma cristã, a jocosidade e o prazer em companhia de outros podiam então ser liberados. Eis por que tantos escritos da época aliam com tanta frequência imagens do homem como ator ao âmbito da vida cosmopolita; sua versão do *theatrum mundi* não se referia às relações entre o homem e os deuses, nem ao sombrio pessimismo sobre o significado da vida humana, como o fizeram os platônicos do Renascimento, por um lado, e os dramaturgos elisabetanos, por outro. Há uma maravilhosa *Lettres persanes* (Cartas persas), de Montesquieu, onde seu herói, passeando pela Comédie Française, uma noite, não consegue distinguir quem está no palco e quem deve estar assistindo; todos estavam desfilando, posando, se divertindo. Diversão, tolerância cínica, prazer na companhia de outros amigos, estes eram os timbres de sentimento contidos na noção que se tinha na vida diária sobre o homem como ator.

166 O DECLÍNIO DO HOMEM PÚBLICO

No entanto, havia também aqueles que entendiam que os chavões predominantes do homem como ator dependiam, em seu próprio sentido de sociabilidade, de uma ideia de expressão mais profunda e inédita. O maior entre eles foi Diderot, cujo *Paradoxe sur le comédien* (Paradoxo sobre o comediante) ligava a representação a uma teoria psicológica mais ampla.

DIDEROT E O PARADOXO DA REPRESENTAÇÃO

Diderot resumiu o que chamava de paradoxo da representação, de um modo bem simples:

> As pessoas não falam em sociedade de um homem como sendo um grande ator? Não estão querendo dizer com isso que ele sente, mas que ele se esmera na simulação, embora nada sinta. (...)

Diderot foi o primeiro grande teórico da representação enquanto uma atividade secular. A maioria das teorias da representação dos séculos XVI e XVII, na França, relacionava o modo de atuação de um ator com os conteúdos daquilo que ele ou ela representava. A veracidade das linhas que eram ditas tinha, de algum modo, relação com o grau de perfeição com que o ator podia dizê-las. Assim sendo, era possível incluir a ideia de representação na rubrica da retórica e falar de retórica em sua relação com a moral e a religião. Nesse quadro, o padre se torna o maior retórico possível, porque as linhas que ele falava eram a verdade absoluta. Nenhum bom cristão sonharia, é claro, em comparar diretamente o padre e o ator; mas a razão está justamente em que a retórica do padre era, intrinsecamente, superior ao que quer que fosse no teatro, porque ele estava falando a verdade divina.[95]

Diderot quebrou essa aliança entre representação, retórica e a substância do texto. Em seu *Paradoxe,* criou uma teoria do drama divorciado do ritual; era o primeiro a conceber a representação enquanto uma arte em si e por si

O HOMEM COMO ATOR 167

mesma, sem referência com aquilo que deveria ser representado. Os "sinais" da representação não eram, para Diderot, os "sinais" do texto. Eu não sou tão claro quanto Diderot, que escreve:

> Se o ator estivesse pleno, verdadeiramente pleno, de sentimentos, como é que poderia representar a mesma coisa duas vezes seguidas, com o mesmo espírito e o mesmo sucesso? Cheio de ardor na primeira apresentação, estaria gasto e frio como mármore na terceira apresentação.[96]

Um ator que acredita em suas próprias lágrimas, que dirige sua apresentação segundo seus sentimentos, que não se distancia das emoções que projeta não pode atuar de modo consistente. Um ator não deve responder à substância do texto para representá-lo, nem tampouco sua arte é comandada pela substância do texto. Sabemos, por exemplo, que um grande ator numa peça ruim pode ainda assim ter um grande desempenho. A razão disso reside na própria natureza da expressão de representação: sem algum trabalho sobre as emoções a serem transmitidas, sem o exercício de julgar ou calcular a atividade de mostrá-las, uma expressão não poderia ser representada mais do que uma vez.[97]

A teoria que Diderot propõe concerne bem mais do que aos truques das artes cênicas: dirige-se à superioridade do artifício sobre a natureza, na expressão de emoções. Diderot coloca a questão nestes termos:

> Vocês já pensaram alguma vez na diferença entre as lágrimas causadas por uma tragédia na vida real e as lágrimas causadas por uma narrativa tocante?

Sua resposta é que as lágrimas da vida real são imediatas e diretas, enquanto as lágrimas provocadas pela arte precisam ser produzidas conscienciosa, gradativamente. No entanto, enquanto o mundo natural puder parecer superior ao mundo do ator, estará de fato muito mais vulnerável e sujeito a acidentes. Que se pense numa mulher chorando, diz Diderot, mas que tem um detalhe desfigurado qualquer, que chama a nossa atenção, desviando-nos de seus lamentos; ou, então, cujo sotaque achamos difícil de entender, e assim somos distraídos; ou, ainda, que nos apresenta sua "deixa" num momento em que estamos despreparados para recebê-la; em todos esses casos, o mundo onde as pessoas reagem direta e espontaneamente umas para com as outras é um mundo em que a expressão é frequentemente pervertida; quanto mais natural for a expressão entre duas pessoas, menos seguramente expressiva ela será.[98]

No melhor dos casos, no mundo governado pela simpatia e pelo sentimento naturais, quando houver uma representação exata de uma emoção, isso só poderá ocorrer uma vez.[99]

Diderot se pergunta então como uma expressão pode ser apresentada mais de uma vez e, ao responder a isso, define a ideia de um sinal convencional. Um sentimento pode ser transmitido mais de uma vez quando uma pessoa, tendo cessado de "sofrê-lo" e passando a estudá-lo a distância, consegue definir sua forma essencial. Essa essência consiste na subtração do acidental: se, por acaso, uma postura rígida parecer aviltar a cena da mulher expressando pesar por um marido ausente, então a postura rígida será substituída por um gesto de condescendência. Se a declamação em voz alta chamar ocasionalmente atenção pelo volume da voz mais do que pelas palavras que são ditas, a voz é ensinada a se manter mais baixa. Com tais estudos estabelece-se o caráter essencial de uma emoção. No processo que leva a esses sinais, um ator cessa de sentir a emoção, ao mesmo tempo em que a plateia, a quem ele a transmite, passa a senti-la. O ator não para de sentir: Diderot é frequentemente mal-interpretado nesse sentido: na verdade, os sentimentos do ator sobre o gestual tornam-se diferentes dos sentimentos que o gestual suscitará na plateia.[100]

Gestuais desse tipo são o único modo pelo qual as expressões podem ser estáveis, o único meio de durarem. O propósito de um gestual é derrotar as deformações do tempo:

> Você me fala de um momento passageiro na Natureza. Eu falo de uma obra de Arte, planejada e composta — uma obra que é construída gradativamente e que perdura.

O HOMEM COMO ATOR

A própria essência de um sinal é a "repetibilidade".[101]

O modelo que Diderot apregoa para um grande ator é o inglês David Garrick. Ele havia encontrado Garrick no inverno de 1764-65; numa passagem de *Paradoxe,* narra a impressão que Garrick lhe havia causado então:

> Garrick colocaria sua cabeça entre duas portas e, no espaço de cinco ou seis segundos, sua expressão mudaria sucessivamente do prazer selvagem à doçura temperada; desta à tranquilidade; da tranquilidade à surpresa; da surpresa ao puro espanto; deste ao pesar, do pesar a um ar de pessoa arrasada; deste para o medo, do medo ao horror, do horror ao desespero; e, então, ele retomaria novamente o ponto de onde partira. *Poderia a sua alma ter experimentado todos esses sentimentos, e passado por esse tipo de gama, em consonância com o seu rosto?*[102]

Um chavão na crítica contra Diderot baseia-se no fato de que Diderot coloca a Arte contra a Natureza e de que o poder de um ator como David Garrick era visto como grande na própria medida em que era desnaturado, quase monstruoso. Essa simples oposição não basta. Diderot acreditava que todo o estudo do ator ia ao encontro das formas essenciais que governam o mundo natural. O ator destilaria essas formas essenciais para fora de si. Retirando os seus próprios sentimentos da matéria, ele adquire o poder de estar consciente a respeito de qual forma é inerente ao domínio do sentimento natural. Uma vez que aquele que se exibe se constrói na natureza, ele pode se comunicar com as pessoas que permanecem nesse estado caótico. Ao encontrar formas de expressão que são repetíveis, ele lhes aporta um sentido momentâneo de ordem nas percepções que lhes são próprias. A comunicação não é o compartilhar desse sinal. Uma pessoa precisa se tornar senhora — e distante — do sentimento ao qual submeterá a outra. Incrustada na noção de uma expressão repetível e continuada, se encontra, portanto, a ideia da desigualdade.

Esse relacionamento potencialmente amigável entre arte e natureza na teoria de Diderot é importante para se analisar os bastidores da representação. Diderot pretendia abranger mais do que as atividades de uns poucos gênios

170 O DECLÍNIO DO HOMEM PÚBLICO

como Garrick. Pretendia usá-las como modelos para outras transações sociais expressivas. Ações sociais inatamente expressivas são aquelas que podem ser repetidas. Ações sociais repetíveis são aquelas em que o ator colocou uma distância entre sua própria personalidade e o discurso ou vestimenta corporal que mostra aos outros. Aparências distanciadas do eu estão sujeitas a cálculo, e a pessoa que "faz seu aparecimento" pode mudar de discurso ou de vestimenta de acordo com as circunstâncias em que é colocada. A explicação de Diderot sobre tais sinais como o cumprimento elaborado e impessoal, repetível quase que indiscriminadamente aos outros, é a explicação racional de por que um sinal como esse deveria continuar suscitando prazer. O cumprimento tem uma vida própria, uma forma independente daquele que o faz ou daquele que o ouve. Significa por si mesmo. É como o *pouf au sentiment*. É como a pinta no rosto. A impessoalidade do discurso bem-sucedido que ocorre entre classes tem a mesma explicação racional: ela é expressiva enquanto for propositadamente elaborada, um mundo para si mesmo, uma forma que signifique independentemente das circunstâncias de orador e de plateia. Em resumo, a partir da representação bem-sucedida, Diderot se transfere para uma teoria da emoção enquanto apresentação. Os sentimentos que um ator suscita têm forma e portanto significação em si mesmos, exatamente como uma fórmula matemática tem significação própria, pouco importando aquele que a escreve. Para que essa expressão ocorra, os homens têm que se comportar não naturalmente e procurar pela fórmula, pela convenção, que puder ser repetida a cada vez.

Retrospectivamente, as ideias de Diderot parecem ser a sustentação intelectual da vida pública de sua época. Mas Diderot não pode ser lido diretamente como porta-voz de seus colegas parisienses; seu texto, terminado finalmente em 1778, não foi editado antes de 1830. Na década de 1750 havia escritores de teatro que explicitamente rejeitavam visões como as de Diderot e que, ao contrário, seguiam a ênfase das afinidades naturais. Com efeito, *Paradoxe* era mesmo uma resposta ao tratado muito conhecido, datado de 1747, *Le Comédien* (O ator comediante), de Remond de Sainte-Albine, logo traduzido para o inglês por John Hill, e depois vertido novamente para o francês por

O HOMEM COMO ATOR

Sticotti, em 1769 — a versão que Diderot lera. *Le Comédien* argumentava que o sentimento, e portanto a alma do ator, era a fonte do poder do ator: se se tratasse de uma alma gélida, ele seria um ator indiferente. As opiniões que Diderot esposava eram populares por volta dos anos 1750, embora de argumentação menos convincente. Diderot havia sido precedido por Riccoboni, em *L'Art du Théâtre* (A arte do teatro), pelo texto de Grimm sobre o teatro; mais tarde, estes seriam codificados no verbete Declamação, feito por Marmontel, para a *Encyclopédie*.[103]

Foi na década de 1750 que tomou forma aquilo que os historiadores de argumentos teatrais chamaram a guerra entre o Sentimento e o Cálculo. Um exemplo atraente e quase incrível dela é registrado alguns anos mais tarde, quando as duas maiores atrizes da época de Diderot, Madame Clairon e Madame Dumesnil, encontraram-se no Théâtre Boule-Rouge. Aos olhos de Diderot, Madame Clairon era um Garrick de saias; Madame Dumesnil era, para ele, uma atriz de talento medíocre, uma vez que ela dependia de seus próprios sentimentos. As duas atrizes começaram uma discussão sobre a questão da sensibilidade *versus* cálculo na criação de um papel. Madame Dumesnil declara: "Eu sentia que estava plena de meu papel, eu dei minha alma a ele." Ao que Madame Clairon replica bruscamente: "Nunca consegui entender como se pode dispensar o cálculo." O ator Dugazon interrompeu: "[Não é] nosso propósito saber se a arte dramática existe, (...) mas se nesta arte é a ficção ou a realidade que deve dominar." Madame Clairon diz: "Ficção." Madame Dumesnil: "Realidade."[104]

Ao lado de toda trivialidade que o argumento pode trazer, o seu aspecto mais importante está naquilo que ambas as partes igualmente assumiam. Desde os escritos de Remond de Sainte-Albine e de Riccoboni, nos anos 1750, até Diderot, e a partir dele até o século XIX, em reflexões como as do ator Coquelin, a premissa básica de Diderot era aceita por todos: tratava-se da independência das atividades de representação — sua independência diante do texto. A guerra entre sentimento e cálculo concerne àquilo que o ator sente, e não à exatidão desses sentimentos em termos da exatidão das palavras que ele ou ela devem dizer. Como podem vocês ser movidos pela minha eloquência e

172   O DECLÍNIO DO HOMEM PÚBLICO

desse modo não ser movidos a confessarem seus pecados a Deus?, perguntava o bispo Bossuet à sua congregação, num famoso sermão do século XVII. Oitenta anos mais tarde, era possível discutir-se as qualidades de Bossuet como um grande orador, talvez com argumentações ardentes sobre o quanto era ele controlado, quanto estava sujeito ao fogo que ateara em seus paroquianos, sem se preocupar muito com a proposição segundo a qual, se ele era um grande orador, então se devia ser mais devoto. Ambas as partes, no tempo de Diderot, secularizaram o fenômeno da representação, cortando suas amarras de qualquer indício externo de verdade. Os argumentos de Diderot estenderam a ideia secular até a sua conclusão lógica, enquanto uma teoria da expressão: se a representação era uma atividade que tinha um significado independente do texto particular, então também devia ter um significado independente do ator particular, de seus sentimentos privados, de seus humores passageiros.

A ideia da representação secular se completará com os laços que Rousseau estabelecerá ligando-a à cidade.

A ACUSAÇÃO DE ROUSSEAU: A CIDADE COMO UM TEATRO

Estranhamente, o maior escritor sobre a vida pública urbana, seu mais constante estudioso, era um homem que a odiava. Jean-Jacques Rousseau acreditava que o cosmopolitismo não era um grau muito elevado de civilidade, mas, ao contrário, um crescimento monstruoso. Mais do que qualquer um de seus contemporâneos, Rousseau investigou as grandes cidades de alto a baixo, como se dissecasse um câncer. Paris era seu objeto principal, mas ele acreditava que as qualidades teatrais da vida parisiense estavam se espalhando para todas as capitais da Europa. Rousseau deve ser lido como mais do que um simples repórter desses tempos, mais do que um comentador da moral. Criticando a mescla entre palco e rua, chegou até a primeira teoria comprovada da cidade moderna como um ambiente expressivo.

Rousseau foi o primeiro escritor a retratar a cidade como uma sociedade secular. Foi o primeiro a demonstrar que esse secularismo surgiu de um tipo

O HOMEM COMO ATOR

especial de cidade: a capital cosmopolita. Isto é, foi o primeiro a visualizar as descontinuidades da experiência "urbana", e assim chegar a uma teoria do cosmopolitismo. Foi ainda o primeiro a ligar os códigos de crença pública na cosmópolis a experiências psicológicas básicas, como confiança e jogo; o primeiro a relacionar a psicologia das cidades com uma psicologia da criatividade. E tudo isso, tão analítico, tão esquadrinhado, estava no entanto dirigido a uma finalidade terrível: a partir de sua anatomia da cidade grande, Rousseau conclui que a espécie humana poderia travar relações psicologicamente autênticas — o contrário do cosmopolitismo — apenas impondo a si mesma a tirania política. E essa tirania ele aprova.

As circunstâncias nas quais Rousseau veio a estabelecer por escrito sua teoria dão algumas pistas para aquilo que ele escreveu. Um dia, entre 1755 e 1757, o filósofo francês D'Alembert escreveu um artigo para a *Encyclopédie* sobre a cidade de Genebra. Observava que não havia teatros naquela cidade. Dadas as tradições calvinistas de Genebra, isso não surpreendeu muito a D'Alembert: ele sabia que os genebrinos temiam "o gosto por adornos, pela dissipação e o libertinismo que as trupes de atores disseminavam entre os jovens". Mas, enquanto estrangeiro, não via razão pela qual essa cidade rígida e ascética não pudesse tolerar um teatro; de fato, acreditava que um teatro pudesse fazer algum bem a seus cidadãos. "Um certo refinamento de tato, uma certa delicadeza de sentimentos", escreve ele, "são muito difíceis de ser adquiridos sem a ajuda das representações teatrais."[105]

Os sentimentos de D'Alembert pareciam-se muito com os de Fielding: o teatro teria lições a dar para o comportamento na vida diária. Esses sentimentos irritaram Rousseau, cidadão de Genebra, tendo passado alguns anos em Paris: em 1758 ele publica a *Carta a M. D'Alembert.* Essa carta responde a muito mais do que D'Alembert pretendia dizer. A fim de justificar a censura política ao drama, Rousseau precisava mostrar que os valores de D'Alembert eram os de um cosmopolita; em seguida, precisava mostrar que a expansão desses valores cosmopolitas para pequenas cidades iria destruir sua religião, e isso como resultado do fato de que as pessoas, tendo aprendido a se comportarem com a "delicadeza de sentimentos" dos atores, cessariam de ter uma vida interior profunda e honesta.[106]

174 O DECLÍNIO DO HOMEM PÚBLICO

Todos os pares opostos de Rousseau — cidade cosmopolita, cidade pequena; representação, autenticidade; liberdade, justa tirania — provinham de uma teoria da corrupção, a corrupção dos *moeurs* (costumes). *Moeurs* pode ser traduzido em inglês moderno como um cruzamento de etiqueta, moral e crença. Os escritores do século XVIII usaram a palavra num sentido tal que expressões como "orientação de valores", "definição de papéis" e todo o resto do léxico sociológico não poderiam abranger; *moeurs* concernem à etiqueta completa, ao estilo que uma pessoa possui.[107]

Os *moeurs* são corrompidos, sustenta Rousseau, quando as pessoas formam um estilo que transcende o trabalho, a família e o dever cívico. Ficar fora do contexto da sobrevivência funcional, pensar em prazeres que não contribuem para procriar e manter a vida — isso é corrupção. Uma maneira de se ler Rousseau é pensar-se que ele identifica corrupção com aquilo que consideramos abundância.[108]

Até que ponto é fácil corromper um homem ou uma mulher? No início da *Carta*, Rousseau sustenta que é difícil: "Um pai, um filho, um marido e um cidadão têm deveres tão caros a cumprir que nada lhes resta para dedicar ao tédio." Mas então Rousseau se corrige imediatamente, pois é claro que o inimigo — prazer frívolo, divertimento estranho, conversas indolentes nos cafés — está em toda parte. O hábito de trabalhar pode ser desfeito pelo "descontentamento consigo mesmo, pelo fardo da preguiça, pela negligência de gostos simples e naturais". Em outras palavras, o homem corre constante perigo de corrupção.[109]

O historiador Johan Huizinga define o jogo como uma liberação do econômico, que ele entende como o que transcende o mundo da necessidade diária, de tarefas e deveres de sobrevivência. O jogo, nesse sentido, é inimigo de Rousseau: o jogo corrompe.[110]

O jogo tem pelo menos lugar numa condição temporária de lazer. O relacionamento protestante entre lazer e vício surge quando os homens não têm deveres necessários e prementes e se abandonam a suas paixões naturais, que são o mal. O preguiçoso, o glutão, o sedutor e o libertino são todos ho-

O HOMEM COMO ATOR

mens naturais, revelados em seu jogo. Assim pensava Calvino, e Genebra foi organizada por ele para não dar ao homem qualquer descanso, e portanto nenhuma chance de pecar.

A ideia que Calvino tinha da cidade pequena como uma perfeita teocracia era fácil de ser entendida. Ali estava um meio ambiente economicamente viável, um espaço físico que oferecia proteção em tempos de guerra, e ainda pequeno o bastante para permitir a vigilância sobre o populacho. Do ponto de vista religioso, a vantagem da cidade pequena está em ser o instrumento político mais seguro para reprimir a natural baixeza humana. Rousseau lutou para ver a espécie humana como naturalmente boa, no entanto via como legítimo o controle político; por isso, sua visão do relacionamento entre os *moeurs* e a cidade pequena é mais complexa que a de Calvino.

O que aconteceria, pergunta-se ele, caso as pessoas fossem liberadas da rigidez da vida de uma cidade pequena? O que aconteceria se homens e mulheres possuíssem um lazer genuíno? A liberação dos deveres de sobrevivência deveria significar que homens e mulheres teriam mais oportunidades para as interações sociais — para visitas a cafés, passeios nos parques e assim por diante. A sociabilidade é fruto do lazer. Quanto mais as pessoas interagem, no entanto, mais dependentes se tornam umas com relação às outras. Assim, as formas de sociabilidade que chamamos pública, Rousseau as considera relações sociais de mútua dependência. Na *Carta,* a dependência mútua das pessoas, uma vez cortados os laços de necessidade, é retratada como terrível.

As pessoas acabam dependendo das outras para conseguirem uma percepção do eu. Uma pessoa manipula a sua aparência aos olhos dos outros, de maneira a conseguir a sua aprovação, e assim sentir-se bem consigo mesma. Lionel Trilling resumiu o argumento da *Carta* de Rousseau da seguinte forma:

> (...) o espectador contrai por infecção o mal característico do ator, a atenuação de si mesmo que resulta da "impersonação",* (...) engajando-se na total impersonação, o ator diminui sua própria existência enquanto pessoa.[111]

Impersonation: "encarnação de uma personagem", mas também "impessoalização". (*N. da T.*)

176   O DECLÍNIO DO HOMEM PÚBLICO

Num estado de lazer, homens e mulheres desenvolvem os *moeurs* dos atores. A gravidade da perda de independência se acha mascarada, uma vez que as pessoas estão jogando: experimentam prazer em se perder. Nas próprias palavras de Rousseau:

> (...) o objetivo principal é agradar; e contanto que as pessoas se apreciem, esse objetivo estará suficientemente conseguido.[112]

Não é por acaso que Rousseau entra em cena quando se propunha abrir um teatro em sua cidade. O teatro, mais do que os livros ou vícios de homens e mulheres que não precisam lutar para sobreviver. É o agente da perda de si mesmo.

Aqui surge a cidade cosmopolita, a capital: sua cultura pública é o âmbito onde ocorre essa perda de si mesmo.

Todas as cidades são lugares com grande número de pessoas vivendo em formação compacta, com um mercado central ou vários, e a divisão do trabalho elevada a altos graus. Essas condições deveriam influenciar os *moeurs* das pessoas em todas as cidades. Nas cidades pequenas, acredita Rousseau, essa influência é direta.[113] A cidade pequena é um lugar que traz à fruição todas as virtudes das boas e honestas pessoas que lutam para sobreviver. Por contraste, em Londres ou em Paris, a economia, a base familiar e outras condições materiais têm uma influência indireta nos estilos de vida; influenciam diretamente a *volonté,* a vontade, dos homens de cidade. *Moeurs* são então o resultado daquilo que essa vontade quer.[114]

Por que fazer essa distinção? Por duas razões. Em primeiro lugar, porque, ao inserir esse termo médio, Rousseau consegue falar da cidade grande em termos especificamente morais. Consegue ir além das fórmulas liberais modernas do mau comportamento urbano, enquanto resultado das más condições sociais — com a nobre alma do ofensor esperando as asas da liberação. As grandes cidades são importantes para Rousseau na medida em que corrompem o próprio cerne do ser humano; corrompem sua vontade.

Em segundo lugar, a própria complexidade das relações econômicas e sociais na cidade grande significa que você não poderá dizer com que tipo de homem está tratando, em qualquer situação dada, conhecendo qual é o

O HOMEM COMO ATOR

seu trabalho, quantos filhos ele sustenta — em resumo, conhecendo os seus meios de sobrevivência. A própria complexidade das relações sociais na cidade torna difícil a leitura do caráter através das condições materiais. Igualmente, a natureza econômica de um centro cosmopolita consiste em acumular o que hoje podemos chamar "capital excedente". É o lugar onde homens ricos gozam de suas fortunas através de atividades de lazer, enquanto os homens pobres os imitam; a própria concentração do capital significa que poucas pessoas têm um lazer genuíno e que muitas pessoas por inveja se tornam "preguiçosas" — isto é, sacrificam seus interesses materiais para manterem um "estilo" de vida que comporta o lazer.

Assim sendo, Rousseau percebe a grande cidade como um meio ambiente dentro do qual não se pode dizer que tipo de homem um estranho é, numa dada situação, descobrindo-se como ele sobrevive. As situações, de fato, em que se pode encontrar em que ele são situações em que o encontro não serve a propósitos funcionais, mas antes em que ele se insere num contexto de socialização não funcional, por causa da própria interação social. É nessa perspectiva que ele impõe sua análise da natureza do jogo de lazer. Pois, num estado de lazer, as pessoas interagem cada vez mais pelo simples prazer do contato. Quanto mais interagirem fora dos rigores da necessidade, mais se tornarão atores. Mas tornam-se atores de um tipo especial:

> Numa cidade grande, cheia de pessoas ardilosas e preguiçosas, sem religião nem princípios, e cuja imaginação, depravada pela indolência, pela inatividade, pelo amor ao prazer, e grandes necessidades, engendra apenas monstros e inspira apenas crimes; numa grande cidade, onde os *moeurs* e a honra nada são, porque cada qual pode facilmente ocultar sua conduta da vista pública, mostrando-se apenas por sua reputação. (...)[115]

Reputação: ser conhecido, ser reconhecido, ser singularizado. Numa cidade grande, essa busca da fama acaba por se tornar um fim em si mesmo; para tanto, os meios são todo tipo de imposturas, convenções e etiquetas com que as pessoas estão sempre tão dispostas a jogar numa cosmópolis. Ainda assim,

178   O DECLÍNIO DO HOMEM PÚBLICO

tais meios levam inexoravelmente a seu fim, pois uma vez que a pessoa não tenha um "lugar" fixo na sociedade, ditado pelo Estado, que por sua vez nada mais é do que o instrumento de um Poder Maior, então ela forja para si um lugar, manipulando sua aparência. Já que o jogo da representação é corrupto, tudo o que se deseja conseguir com sua aparência é o aplauso. Para Rousseau, a cosmópolis, por sua vez, destrói a credibilidade da religião, porque se pode forjar o seu próprio lugar, a sua própria identidade, ao invés de se submeter à identidade que o Poder Maior determinou. A busca da reputação substitui a busca da virtude.

Há muitos Rousseau, porque muitas das obras que Rousseau escreveu contradizem-se umas às outras ou possuem pontos de vista divergentes. O Rousseau de *Émile* não é exatamente o mesmo Rousseau da *Carta* no que diz respeito a essas ideias de jogo, reputação e religião. O Rousseau das *Confissões* é um homem que parcialmente rompeu com o rigor da *Carta*. A *Carta* é uma posição extrema, levada à sua conclusão lógica.[116]

Não obstante, através da obra de Rousseau, essa acusação contra a vida cosmopolita é recorrente. De *Julie*:

> Assim como os relógios têm normalmente corda para vinte e quatro horas por vez, assim também estas pessoas têm que ir para a sociedade todas as noites, para aprender o que deverão pensar no dia seguinte.[117]

E eis uma outra passagem extraordinária do mesmo romance, onde, segundo o comentário de Ernst Cassirer, "nada é 'inventado'; cada palavra é tirada da própria experiência" que Rousseau teve de Paris:

> As pessoas se encontram comigo cheias de amizade; mostram-me mil civi-lidades; prestam-me serviços de toda sorte. Mas é exatamente disso que me queixo. Como é que se fica imediatamente amigo de alguém que nunca se viu antes? O verdadeiro interesse humano, a sincera e nobre efusão de uma alma honesta — estes falam uma linguagem muito diferente das insinceras demonstrações de polidez (e as falsas aparências) que os costumes do grande mundo exigem.[118]

O HOMEM COMO ATOR

A cidade grande é um teatro. Seu tema é principalmente a busca pelas reputações. Todos os homens da cidade se tornam artistas de um tipo particular: atores. Ao representar uma vida pública, perdem contato com a virtude natural. O artista e a cidade grande estão em harmonia, e o resultado é um desastre moral.[119]

Mas, neste ponto, algumas questões se impõem. Paris é um teatro, uma sociedade onde homens e mulheres posam uns para os outros. No entanto, há poses que às vezes sanam deformidades naturais ou ferimentos circunstanciais. Rousseau nos conta que a busca pela reputação é amplamente difundida nas cidades. Que importa, uma vez que os homens são estimulados a produzir grandes coisas na esperança de serem agraciados? No *Émile,* há uma passagem menor em que Rousseau fala do papel da representação na cidade grande como meio para que as pessoas esqueçam suas origens humildes; mas, na gama de pecados, aquela dificilmente estaria no mesmo nível do estupro ou do assassinato.

A crítica que Rousseau faz da cidade parece partir de um começo brilhante para se dirigir a um fim vulgar: a celebração do simples e fraco caipira. Rousseau salva o seu argumento dessa banalização mudando os termos de seu texto repentina e dramaticamente.

Rousseau começa pelo paradigma da virtude-trabalho, vício-lazer. Obviamente, a cidade grande se alvoroça: ela tem uma energia dinâmica que a anestesiante rotina diária de casa, trabalho, igreja, casa dificilmente poderia ter tido em Genebra. No meio da *Carta,* introduz-se uma nova gama de ações: um ir e vir frenético, ações sem sentido etc. passam a caracterizar a cidade grande, porque sem as pressões da sobrevivência o homem rodopia como louco. Na cidade pequena, as ações procedem num ritmo mais lento; isso lhe permite ter o lazer para refletir sobre a verdadeira natureza das próprias ações e do próprio eu.[120]

Rousseau faz essa mudança repentina porque agora ele pode mostrar o efeito de uma cidade no padrão geral da expressão humana. A expressão verdadeiramente criativa é feita pelo homem que busca um verdadeiro eu; ele exprime essa descoberta em palavras, em música, em pinturas. As obras de arte são como

180 O DECLÍNIO DO HOMEM PÚBLICO

peças de uma investigação psicológica. A arte de cidade grande, que começa com um conjunto de relações sociais interdependentes, produz ficções e estilizações do eu. Essas convenções existem em si mesmas; não têm relação com o caráter pessoal. Rousseau detesta a apresentação das emoções nesses termos; ele quer uma análise do caráter mais voltada para o seu interior. Eis uma parte do contraste que Rousseau faz entre apresentação e representação:

> (...) verdadeiro gênio (...) não sabe o caminho das honras e da fortuna, nem sonha com isso; não compara a si mesmo com ninguém mais; todos os seus recursos estão dentro dele mesmo.[121]

Rousseau operou um truque de prestidigitação: a expressão será determinada por quão honesto — *honête* — um homem é, definindo-se honesto por quão único ele ou ela é. A honestidade para os calvinistas consiste em fazer um inventário do "quanto eu pequei hoje"; para Rousseau, consiste em se perder consciência do quanto se aparece no mundo exterior.[122]

Assim surge um paradoxo maravilhoso. O que está errado com o ator é que ele ou ela, sensível ao insulto como ao agraciamento, move-se num mundo onde existem definições de bom e mau, virtude e vício. De maneira similar, o problema com a cidade grande é que nela há comunidade *em demasia*. Os valores da comunidade, quaisquer que sejam, contam em demasia, porque as pessoas tentam conseguir reputação a partir das outras pessoas, representando exteriormente esses valores. A cidade pequena tem valores melhores, virtudes de sobrevivência, mas, no final da *Carta*, Rousseau desenvolve uma segunda virtude para a cidade pequena. Ela permite maior isolamento, permite às pessoas ignorarem os padrões de comunidade ao procurarem, em seus próprios corações, "ver o que quer que seja, apenas ver". Eis uma condensação feita por Rousseau dessa cidade pequena:

> (...) espíritos mais originais, uma indústria mais inventiva, coisas mais efetivamente novas são encontradas ali, porque as pessoas são menos imitativas; tendo poucos modelos, cada qual retira mais de si mesmo, e coloca mais de si mesmo em tudo aquilo que faz.[123]

O HOMEM COMO ATOR

A censura de uma arte, o teatro, é portanto justificada pela mesma razão que a reforma de pensamento se justifica. De fato, se o teatro florescer, a legislação da moralidade não florescerá. Numa cidade como Genebra, o teatro poderia seduzir pessoas que procurassem modelos de comportamento. Em Genebra, em meio à tirania política, os homens deveriam se tornar criativamente únicos. Numa cidade maior, a censura é inútil. Saber quais as peças produzidas é uma questão menos importante do que o fato de que sejam produzidas. O ator no palco se torna o modelo daquilo que todo parisiense aspira realizar na vida privada.[124]

AS PROFECIAS DE ROUSSEAU

Estas são linhas gerais de um argumento amplo, e temerário, sobre a vida pública. Suas próprias contradições são parte dessa grandeza, contradições que atormentaram todos aqueles que continuaram nas águas de Rousseau. A tirania política e a procura da autenticidade individual andam de mãos dadas. Esta é a essência da profecia de Rousseau, e ela se realizou. Ao contrário, quando os homens posam para obter fama, para acomodar os outros ou até para ser gentis, cada qual acaba não tendo uma alma própria. Isso se tornou também uma crença moderna.

Mas Rousseau foi também um profeta muito ruim dos tempos modernos. Talvez o erro mais revelador seja visível ao se comparar a sua teoria com o comportamento de Wilkes e dos wilkesistas. Os wilkesistas, o primeiro movimento de massa da cidade do século XVIII, de todos os matizes de estratificação, desde o rico mercador até o mensageiro sem vintém, subverteram a dramaturgia da cidade do Antigo Regime, de um modo que Rousseau não sonhara. Para ele, a destruição da convenção ocorreria apenas quando o ambiente onde vivem os homens se tornasse mais controlado. Para eles, a destruição só iria se desenvolver se sua liberação do controle aumentasse. Rousseau poderia imaginar o fim da vida pública apenas numa cidade pequena: isto é, ele poderia imaginar uma alternativa para a metrópole, mas não o

182   O DECLÍNIO DO HOMEM PÚBLICO

seu crescimento histórico. Coerência, controle político, perfeita adequação da tirania às necessidades do homem natural, esta era sua visão. Era um retirar-se para o passado, um passado então mítico, um retrair-se da cidade grande. Mas as forças internas dessa cidade, que estavam revertendo os princípios da aparência do Antigo Regime, dirigiam-se a desfechos contrários, à totalização de um espaço de restrição, uma liberdade no interior da cidade. Essa liberdade sem limites, os homens esperavam poder entender através da simbolização da experiência pessoal.

PARTE TRÊS

O tumulto da vida pública no século XIX

Aos olhos de uma velha parisiense que nascesse no Antigo Regime e vivesse até a década de 1880, os contrastes entre a cidade de sua juventude e a cidade de sua velhice poderiam parecer um crescimento febril da vida pública no século XIX. O espetáculo corria as ruas da cidade; ela poderia pensar nas subidas de Nadar em balão, que trouxeram centenas de milhares de pessoas para o Champ de Mars; no aparecimento de uma girafa no Jardin des Plantes, que reuniu tanta gente, que muitas pessoas morreram pisoteadas; no cão chamado Munito, que, ao que se supunha, falava e atraiu multidões ao Jardin Turc, onde esperaram em vão que Munito se apresentasse. Caso se tratasse de uma alma séria, ela teria notado que algo da mesma qualidade de espetáculo se oferecera durante os dias revolucionários; teria lido romances de Balzac, onde a turba urbana, enquanto um circo humano, era o tema principal. A busca febril de emoções pelos habitantes da Paris do século XIX estaria contrastando em sua memória com os cuidadosamente elaborados intercâmbios entre estranhos que ela havia testemunhado em criança, nos dias anteriores à primeira revolução.[1]

Dizer a ela que a cidade estava deixando de ser uma cultura pública traria um riso de derrisão. Assim mesmo, as próprias superfícies da vida na cidade grande eram mais desconcertantes do que suas memórias poderiam sugerir a princípio. Aqueles que viveram numa cidade de espetáculos sabem que os momentos de entusiasmo público são efêmeros; Maxime du Camp o atesta com clareza: "é como se a cabeça das pessoas fosse tomada por um vendaval de loucura. Os entusiasmos parisienses são repentinos, e por vezes tremendos, mas não duram muito". Os termos do espetáculo também estavam se tornando unilaterais. As massas que olhavam o balão de Nadar testemunhavam

O DECLÍNIO DO HOMEM PÚBLICO

uma ação fora da experiência cotidiana — e é isso justamente o que o torna espetacular. Diante dessa proeza, como a julgavam elas? Como participavam dela? Assim como o *flâneur** que desfila pelas ruas, elas o assistem; mas não se sentem mais o bastante livres para subir e falar com Nadar. O espectador passivo, o circunstante, fica silencioso e pasmo: a cidade pode ser que esteja em polvorosa, mas até mesmo nessa excitação superficial aparecem os sinais de uma transformação.[2]

Essa época, a uma só vez tão afetada em seus hábitos e tão desbragada em seus entusiasmos e sonhos momentâneos, é difícil de se imaginar hoje, em toda sua complexidade e grandeza. Vemos a afetação como uma escravidão da qual mal acabamos de nos recuperar, há um século; a fantasia como falsa e pervertida, um mundo de paixões imaginárias e de percepções infladas, que seriam apenas "compensações" diante dos rigores da propriedade. É difícil vermos os empresários balzaquianos, os *flâneurs* que andam pelas ruas de Paris nos poemas de Baudelaire, ambos como grave e fatalmente enfermos. É difícil entendermos como, a despeito de nossa rebelião contra eles, sua luta diante da linha evanescente entre privacidade e "publicidade" *(publicness)* seria a semente de nossa luta atual com a intimidade.

É igualmente difícil conectar esse mundo público febril e temerário de um século atrás com aquilo que o precedera. A cidade do espetáculo passivo era nova; era também uma consequência da civilidade pública estabelecida no Antigo Regime. Essa cultura anterior tivera que existir para que a burguesia a inflasse até chegar ao espetáculo, e dessa maneira despojasse, por fim, o âmbito público de sua significação enquanto uma forma de sociabilidade.

Quatro questões podem ser colocadas a respeito da vida pública do século XIX. A primeira é: que efeitos as condições materiais — a população e a economia das capitais do século XIX — tiveram sobre o âmbito público? A segunda: de que modo a personalidade individual se tornou uma categoria social? Lembremo-nos de que mesmo no Antigo Regime a questão da personalidade individual podia abalar profundamente, ainda que temporaria-

---

*Aquele que passeia sem rumo predefinido. (*N. da T.*)

O TUMULTO DA VIDA PÚBLICA NO SÉCULO XIX   187

mente, o domínio público, como no movimento wilkesista. No século XIX, o indivíduo e suas forças, desejos e gostos específicos tornaram-se permanentemente venerados como uma ideia social, partindo de um individualismo tosco, sobrevivente de um mais ajustado, das ferozes justificativas da nova economia, para crenças mais sutis e mais perturbadoras, em que a sociedade deveria supostamente funcionar através da personalidade, existir para ela, reforçá-la. De que modo essa crença na personalidade individual realizou-se no comportamento interno a esse domínio público; de que modo era entendida a personalidade em público — este é o interesse da segunda questão.

A terceira questão é: o que aconteceu com a identidade de um homem em público, se as pessoas passaram a tomar a personalidade como categoria social? Mais especificamente, o que aconteceu com a imagem do homem como ator? Aqui estaremos lidando não tanto com o destino de um clichê do século XVIII, mas antes com a mais profunda transformação do século XIX: a da observação silenciosa como um princípio da ordem pública.

A quarta e última questão é: em que termos a personalidade em público lançou as sementes da regulamentação moderna da intimidade? Se as três primeiras questões giram em torno daquilo que o século passado herdou e deformou, a quarta questão diz respeito às maneiras pelas quais ele preparou o terreno para a extinção moderna da *res publica*.

Cada um dos quatro capítulos que se seguem aborda uma dessas questões. O Capítulo 7, focalizando a relação entre as condições materiais e a vida pública, trata de população, ecologia e economia das capitais do século XIX, particularmente uma nova forma de economia pública na cidade. O Capítulo 8, a respeito do advento da personalidade individual como categoria social, começa por mostrar de que maneira um escritor, Balzac, interpreta a personalidade como uma categoria social; em seguida, explora-se o efeito da personalidade sobre o âmbito público, em termos de vestuário das ruas e dos palcos, nos anos 1840; o capítulo se encerra contrastando uma revolta contra o imaginário corporal do Antigo Regime, em 1795, com uma revolta, um século mais tarde, contra as imagens vitorianas do corpo em público. O Capítulo 9, esquadrinhando imagens de identidade pública, mostra o

188   O DECLÍNIO DO HOMEM PÚBLICO

quanto essa personalização do domínio público criou um novo âmbito de discurso e de silêncio e como, dentro desse âmbito, apenas um tipo especial de gente poderia continuar sendo ator em público. O Capítulo 10, abordando os caminhos nos quais a personalização pavimentou a via para o moderno esmorecimento da *res publica*, trata da política; seus dois temas são a liderança, enquanto personalidade pública, e a luta da comunidade na tentativa de formar uma personalidade coletiva. Enquanto o capítulo sobre as condições materiais retrata as tendências gerais que surgem no decorrer do século, os últimos três capítulos seguem o método de "pós-escavação", tratando desses fenômenos públicos nas décadas de 1840 e 1890.

O início deste livro esquematizou três forças de transformação em atividade no século XIX que alteraram a vida pública: uma dupla transformação operada pelo capitalismo industrial; uma transformação em termos da credibilidade pública operada por uma nova secularidade; e uma transformação do próprio comportamento público operado pela sobrevivência de uma faceta da ideologia pública do Antigo Regime. Juntas, essas forças formam uma explicação, quiçá, uma explicação coerente, dos efeitos das transformações materiais sobre a vida pública, da personalidade em público, do que deu origem a uma nova imagem do homem público e de como os traumas do século XIX, em termos de vida pública, prepararam a rejeição que o século XX fará do próprio público. O leitor poderá, com razão, perguntar por que então proceder à maneira talmúdica, por questões; por que não dedicar simplesmente um capítulo para cada um dos agentes de transformações e mostrar seus efeitos nas boas maneiras e nos costumes?

Uma linguagem causal age de duas formas. Age mecanicamente: se X é dado, ou existe, então resulta Y. Age também historicamente, mas então é mais complicada. De um conjunto de fenômenos concretos que mudam após um certo período, o analista tenta reunir as peças e construir uma teoria da transformação. Um bom exemplo da diferença é dado pela apresentação da história particular da vida de uma pessoa numa terapia. Uma "lua de mel terapêutica" surge muito cedo numa terapia: o paciente faz um ótimo e claro relato de todos os X de sua vida, que produziram todos os seus sintomas

O TUMULTO DA VIDA PÚBLICA NO SÉCULO XIX 189

neuróticos, seus *Y*. É claro; mas a própria falta de ambiguidade, a própria qualidade estática, torna sem sentido essa explanação; "Eu sei quais são meus problemas", é uma maneira de se ficar emperrado dentro deles. Com o prosseguimento da terapia, a reunião das peças de transformações em fenômenos específicos gradativamente leva a uma teoria do por que eles aconteceram. O paciente pode então chegar a algo de semelhante às suas explanações originais durante a lua de mel terapêutica, mas agora elas terão uma significação diferente, experimental.

Compor a história de uma cultura comporta problemas análogos a essa composição do retrato de uma vida. A questão está na clareza mecânica, não na clareza *per se*. A essência das três forças em atividade no século XIX estava em que, quando cada uma intervinha nas diferentes áreas da vida pública, de certo modo o fazia de maneiras diferentes. A herança da ideia de aparências visuais em público como significativas, por exemplo, era similar, sem ser exatamente a mesma que a herança da credibilidade do discurso público como uma experiência especial. Da mesma forma, as mudanças ocorridas num fenômeno particular da vida pública nunca surgiram de uma única e pura fonte. A linguagem de causa e efeito é como a linguagem das classes, real, mas facilmente empregada com abuso. Sem ela, a sociedade é um vasto oceano de fenômenos; tudo existe, mas nada tem razão de ser. O problema está, portanto, em não ser mecânico nem desatento. Tentei levantar questões sobre a transformação histórica que, colocando os efeitos da mudança em termos concretos, trará gradativamente à baila a complexidade dessas três fontes, para então construir uma teoria da transformação.

Aquilo que vale para as fontes vale também para os quatro barômetros de perigo que podem ser utilizados ao se avaliar as transformações. Esses quatro sinais de que a entrada da personalidade individual na vida pública causa dificuldades são: o temor da demonstração involuntária dos próprios sentimentos, a superposição de um imaginário privado inadequado sobre as situações públicas; o desejo de reprimir os próprios sentimentos para se proteger em público; a tentativa de usar a passividade inerente ao silêncio como um princípio de ordem pública. O temor de demonstração de sentimentos obviamente significaria algo diferente para uma mulher que é silenciosamente

190 O DECLÍNIO DO HOMEM PÚBLICO

observada por homens na rua e para um político ao mentir para uma plateia. As complexidades dos perigos, como as das fontes, são como temas para fugas.*

Ainda uma última observação preliminar sobre o emprego da palavra "urbano" e sobre a cidade de Paris.

Em estudos urbanísticos, as palavras "urbano" e "urbanizar" são difíceis de usar e fáceis de confundir. O uso comum toma "urbano" fazendo referência a um lugar no mapa e à sua vida; "urbanizar", fazendo referência à expansão dessa vida para outros lugares além da cidade física. Charles Tilly demonstrou bem as inadequações desse uso comum, quando nos dirigimos à sociedade do século XIX; aquilo que fez "a cidade" foi um sistema administrativo, financeiro, jurídico e de escopo internacional. A urbanização no século XIX consistia em algo mais do que a difusão de hábitos urbanos; significava uma difusão mais geral de forças "modernas", antitradicionais. E, assim mesmo, não se dava de um só golpe: a cidade era ainda uma cultura distintiva, especialmente a capital. Sua vida pública era difundível, mas havia aí um ponto específico a partir do qual se iniciava a difusão.[3]

Uma situação urbana foi identificada como aquela em que estranhos irão provavelmente se encontrar de modo rotineiro. Já observamos a psicologia social dos encontros entre estranhos; no século XIX, essa psicologia social precisa ser aplicada a uma questão demográfica muito importante. No século XIX, no leste, no sul e no sudeste da Europa, ocorrem agudos deslocamentos rurais. Em parte um problema da fome, em parte uma nova forma de posse de propriedades rurais e de capitalização da agricultura, essa convulsão expulsou multidões de camponeses e de aldeões de seus lares tradicionais, deslocando-os quer para cidades da Europa, quer para localidades desconhecidas nas províncias, quer para os Estados Unidos, Argentina ou Brasil. Essas pessoas deslocadas também deveriam experimentar encontros com estranhos, rotineiramente, como parte do trauma maior de seu desarraigamento.

Dessa maneira, a demografia rural do século XIX mostrava que a vida citadina iria ter uma significação para além dos limites da cidade. Não que

---

*No sentido musical. (*N. da T.*)

O TUMULTO DA VIDA PÚBLICA NO SÉCULO XIX

tudo o que acontecesse ao comportamento público na capital fosse instantaneamente disseminado nas províncias; mas, antes, porque as próprias pessoas que estavam se tornando nômades e sem terra, com a vida das cidades tendo tomado a aparência de uma condição de permanente desarraigamento, não pareciam ser mais estrangeiras, nem estranhas. A zona rural também enfrentaria o problema de uma vida passada entre estranhos; nesse sentido, ligava-se ao problema da plateia nas cidades, apesar de que na zona rural o problema era filtrado através da memória da tradição passada ou pela formação de pequenos núcleos de aldeões ou de oradores nativos, quando o próprio camponês é empurrado para a cidade. Essa conexão do século XIX entre cidade e campo preparou o terreno para uma extinção ainda maior dos limites geográficos em nosso século, de modo que a rejeição da vida pública que hoje se faz nas grandes cidades pode se entrelaçar, através de uma nova tecnologia de comunicação, com a mesma rejeição na sociedade mais ampla.

Nosso foco de interesse localiza-se na própria capital do século XIX e, pouco a pouco, na própria Paris, isoladamente. Nos dois primeiros dos quatro capítulos que se seguem, a ênfase recai naquilo que Paris e Londres tinham de comum, materialmente e em termos da credibilidade da personalidade individual em público. Nos últimos dois capítulos, à medida que nos aproximarmos da política, Paris se torna mais o único objeto. Walter Benjamin escreveu que Paris era tanto "a capital do século XIX" quanto "intratavelmente única". Foi a relação entre política e cultura que fez de Paris a capital do século XIX para Benjamin. Nela, conflitos ideológicos eram levados ao auge; sublevações revolucionárias, temidas em outros lugares, desempenharam papel importante na experiência ou na memória de cada geração parisiense. Paris era o lugar onde se concentravam todos os temores e todas as fantasias da burguesia do século XIX. Concentrando as tensões que varriam toda a Europa Ocidental, Paris tornava manifestas as estruturas e as consequências dessas tensões; como a moderna Nova York, a cidade era assim um lugar de fascínio e de horror aos olhos dos outros. Era como se em Paris os europeus estivessem vendo uma doença insinuar-se nas vidas de todos, e mesmo assim não conseguissem superar a perplexidade diante do paciente já atingido.

7

O impacto do capitalismo industrial na vida pública

"A revolução urbana" e a "cidade industrial" são duas vias, rápidas mas enganosas, para retratar as transformações de um século atrás. A primeira engana ao sugerir que o crescimento das cidades no século XIX haveria sido tão enorme que teria pouca relação com as cidades que existiam anteriormente. A segunda engana ao sugerir que esse crescimento ocorreu tipicamente em lugares onde ser operário numa indústria gigantesca era a vida que o populacho da cidade conhecia. De fato, o maior crescimento da população ocorreu em cidades com poucas indústrias de porte; ocorreu nas capitais. O simples aumento da população era, certamente, sem precedentes. Velhos padrões para lidar com essa população e sustentá-la economicamente eram glorificados até que se tornassem irreconhecíveis; nesse sentido, as mudanças numéricas se tornavam mudanças de forma. A nova população foi a princípio organizada por padrões estabelecidos da ecologia da cidade; estes mudaram, mas de maneira gradual. As pessoas que chegavam também tinham raízes no passado. Ainda eram, na maioria, jovens e solteiras; gradativamente tornaram-se grupos de pessoas mais velhas, consistindo em grande parte em unidades familiares, à medida que o século avançava e que os deslocamentos da agricultura iam-se espalhando mais para fora da cidade.

Em parte, a economia das capitais do século XIX também glorificava o que existia na cidade do Antigo Regime. Comércio, finanças e burocracia permaneceram as atividades principais das capitais. As indústrias são operações ávidas de terras; em geral, quando existiam nas cidades, ficavam na periferia

194 O DECLÍNIO DO HOMEM PÚBLICO

delas, onde os terrenos eram mais baratos. As lojas* eram uma operação mais corrente no centro da cidade, e, ao mesmo tempo, menos mecanizada e menor. Nas capitais do século XIX, tais indústrias nativas estavam relacionadas com o comércio, com a rápida conversão, em pequena escala, e frequentemente muito especializada, de matérias-primas provenientes das colônias ou de outras nações europeias, em mercadorias para venda a varejo.

A economia interna dessas capitais gerou uma nova atividade econômica. Com a população tão aumentada nas cidades, o comércio varejista se tornou mais lucrativo do que nunca. A multidão de compradores inaugura uma nova forma de comércio, centralizada nas lojas de departamentos, à custa dos clássicos mercados ao ar livre e das pequenas lojas. Nessa nova forma de varejo, emergiam todas as complexidades e problemas da vida pública do século XIX; esse comércio era um paradigma para as transformações que ocorreriam no domínio público. Para entender esse novo comércio público, vejamos primeiro como a vida material glorificava aquilo que viera antes.

O MORADOR URBANO DO SÉCULO XIX ERA UMA NOVA PERSONAGEM?

O aumento da população nas capitais do século XIX foi tão grande que os números se tornam leitura interessante. Eis como o demógrafo A. F. Weber retratou esse aumento em Paris:

1801	547.756
1821	713.966
1841	935.261
1861	1.174.346
1881	2.269.023
1896	2.536.834

Sweat-shops, lojas em que os empregados são explorados. (*N. da T.*)

O IMPACTO DO CAPITALISMO INDUSTRIAL NA VIDA PÚBLICA 195

E eis uma maneira de interpretar o que significam tais cifras: toma-se um grupo populacional em 1801, como sendo a base 100, e mostra-se o crescimento subsequente de população durante o século, como uma proporção com essa base. As proporções da população da França como um todo, para as doze maiores cidades além de Paris e para a própria Paris, durante o século XIX, foram como se vê na página seguinte.

O quadro de crescimento é claro: as doze maiores cidades cresceram bem mais rapidamente do que a França como um todo; por sua vez, a própria Paris cresceu mais rapidamente do que aquelas cidades.[4]

Ano	França	Doze cidades	Paris
1801	100	100	100
1821	110	120	130
1841	120	154	171
1861	133	268	306
1881	140	354	414
1896	143	405	463*

O crescimento de Londres foi tão vigoroso quanto o de Paris durante o século, mas configurá-lo se torna mais difícil, uma vez que "Londres" não tinha limites demográficos, administrativos ou sociais nítidos. Havia o condado administrativo de Londres; um anel exterior que transformava Londres na "Grande Londres"; e ainda além do anel, ela se esparramava. Essa mancha de massa humana manteve, entretanto, exatamente o mesmo relacionamento com outras cidades da Inglaterra e com a população da Inglaterra como um todo, que Paris com Lille ou com a França. Entre 1871 e 1901, escreve Asa Briggs: "a população da Grande Londres cresceu mais depressa do que a de qualquer uma das 'conurbações' provinciais, e muitíssimo mais depressa do que a população nacional como um todo".[5]

---

*Essa proporção não se equilibra com a proporção computada a partir dos dados brutos da População de Paris acima, uma vez que certas anexações de território a Paris, feitas de 1852 a 1865, não são uniformemente tratadas nas estatísticas.

196 O DECLÍNIO DO HOMEM PÚBLICO

Se nos restringirmos ao condado administrativo de Londres, o crescimento desta no século XIX pode ser computado como se segue:

1801	864.845
1821	1.225.694
1841	1.873.676
1861	2.803.989
1881	3.834.354
1891	4.232.118

Era uma cidade muito maior do que Paris, assim como o fora no século XVIII, e ambas, por sua vez, muito maiores do que as demais capitais europeias. Os cálculos de crescimento em Londres e em Paris, relacionados às suas culturas nacionais, eram similares. Eis as proporções de Londres, de outras cidades grandes (acima de 100 mil habitantes) e as nacionais (Inglaterra e Gales):

Ano	Nação	Outras cidades grandes	Londres
1801	100	–	100
1821	134	100	141
1841	178	158	216
1861	226	153	324
1881	292	136	443
1891	326	166	489

A diferença entre os padrões ingleses e franceses está no crescimento de suas cidades de províncias: as da França crescendo mais e mais firmemente do que as da Inglaterra. O crescimento em Paris e em Londres durante o século foi, palmo a palmo, notavelmente paralelo.[6]

Para apreciarmos a significação humana desses números, devemos ter na lembrança o fato de que até essa época a única cidade que poderia se aproximar

O IMPACTO DO CAPITALISMO INDUSTRIAL NA VIDA PÚBLICA 197

de Paris ou de Londres em tamanho era a Roma imperial, mil e seiscentos anos antes. Ou ainda, que nenhum outro assentamento humano conhecido jamais havia crescido antes tão rapidamente em tão pouco tempo.

As causas desse enorme crescimento das capitais são uma questão complexa. É praticamente certo que tanto em Paris quanto em Londres a proporção entre nascimentos e óbitos, durante o século, tornara-se mais favorável aos primeiros. Aperfeiçoamentos na medicina e na saúde pública removeram a constante ameaça de pestes — o grande flagelo das populações urbanas —, de modo que mais crianças nascidas em famílias citadinas viveram o bastante para começarem famílias próprias. Se a cidade de algum modo aumentou por dentro, a grande fonte de sua expansão continuou, no entanto, a ser a imigração. Durante a primeira metade do século, esse fluxo ainda era o dos jovens e solteiros que vinham de uma certa distância para a cidade. A crise da zona rural não começou, a rigor, antes de 1850; e quando ocorreu, a família camponesa não expulsou o migrante voluntário dos quadros estatísticos: as novas famílias migrantes se reuniram às fileiras do antigo fluxo individual que continuava a existir.

Uma precaução deve ser tomada quanto a esses números imensos. O fluxo para fora da cidade também era enorme. Muitos daqueles que eram contados em uma data num censo urbano desapareciam no censo seguinte, retirando-se como uma maré para as cidades de província e para a zona rural, o que é especialmente verdadeiro para os camponeses desarraigados. Um estudo de Peter Knights e Stephan Thernstrom sugere que o verdadeiro quadro do crescimento urbano do século XIX deveria ser um crescimento pronunciado e uniforme do número de residentes urbanos permanentes, em meio a — ou soterrados por — um crescimento muito maior, muito mais desordenado, de pessoas fluindo para as cidades grandes, que logo iriam abandonar, tendo seus lugares imediatamente tomados — e os números elevados — por uma nova onda de migrantes também instáveis.

A LOCALIZAÇÃO DA CIDADE

Infelizmente não se conhece o bastante sobre as diferenças entre migrantes estáveis e migrantes instáveis na cidade, para que se pudesse saber se tinham eles experiências diferentes de residência, a condição básica da densidade. Minha pesquisa pessoal, feita em Chicago, sugere que as pessoas de classe média que residiam por longo tempo naquela cidade eram tão passíveis de se mudarem de lá quanto os trabalhadores que residiam lá por pouco tempo; um estudo de Paris no século XIX mostra o mesmo resultado; um outro mostra resultado diverso.[7]

Como no século XVIII, a Paris e a Londres do século XIX trataram seus problemas gerais de aumento de densidade de modos bem diferentes; de novo, como no Antigo Regime, esses padrões diferentes produziram um resultado social similar.

Para se imaginar a experiência do crescimento populacional em Paris na primeira metade do século XIX, poder-se-ia pensar numa caixa cheia de pedaços de vidro; quanto mais pedaços de vidro são introduzidos na caixa, mais pedaços se quebram sob a pressão, mesmo que os lados da caixa aguentem. Por volta de 1850, nada mais pode ser acrescentado: a caixa não se quebrou ainda, mas está totalmente refeita com linhas mais compridas, embora igualmente rígidas. O processo de pressão recomeça. Paris não era uma cidade esparramada como Londres; era uma cidade cuja forma urbana tinha seus limites sempre forçados pelo crescimento da população.

A caixa que continha Paris no decurso de sua história era o seu muro. O muro serve a diferentes propósitos numa cidade, em diferentes momentos. No século XVIII, a muralha deixara de servir à cidade como uma defesa contra invasões; de fato, por volta de 1770, o propósito da muralha era o de conter o populacho dentro dela. Através dos sessenta portões da muralha deveriam passar bens e produtos da cidade, que estavam todos sujeitos a uma taxa, chamada *octroi*. Esta era a "Muralha des Fermiers Généraux" (a muralha dos coletores de impostos). Era o limite legal da cidade, até 1840. No final da década de 1850, o barão Haussmann começou a construir um novo muro legal, administrativo e residencial para a cidade, um muro diferente dos precedentes apenas no fato de que não era mais uma estrutura física.

O IMPACTO DO CAPITALISMO INDUSTRIAL NA VIDA PÚBLICA 199

Na primeira metade do século XIX, a crescente população de Paris precisava encontrar espaço dentro da Muralha des Fermiers Généraux. As casas disponíveis logo se encheram de gente. As casas começaram então a ser subdivididas em múltiplas residências; quando essa nova repartição de espaço se tornou insuficiente, andares superiores foram sendo acrescentados aos antigos prédios. Se tivermos em mente o esvaziamento das praças públicas no século anterior, poderemos então imaginar que essas vastas *places** abertas continuam vazias no início do século XIX, e agora rodeadas por distritos onde a população se acotovelava. Os americanos podem fazer uma ideia desses extremos imaginando o Central Park bordeado por uma área urbana de densidade populacional maior do que a do Lower East Side, com suas comunidades de imigrantes, em 1930.[8]

Há muita controvérsia sobre o grau de mescla e de não segregação das classes sociais nessas ruas apinhadas. A imagem clássica da casa parisiense no início do século XIX é a de uma rica família no primeiro andar, uma família respeitável no segundo, e assim por diante, até chegarmos aos criados, no sótão. Essa imagem é evidentemente enganosa, mas desprezá-la também o é. Pois, na reconstrução da cidade por Haussmann nos anos 1850 e 1860, a mistura de classes dentro dos distritos foi reduzida pela esquematização. Qualquer que fosse a heterogeneidade espontaneamente acontecida na divisão das casas privadas, transformando-as em apartamentos, na primeira metade do século, ela seria agora combatida por um esforço em fazer da vizinhança uma unidade econômica homogênea. Os investidores em novas construções ou em reformas acharam mais racional essa homogeneização, na medida em que sabiam exatamente em que tipo de área estavam aplicando seu capital. Uma ecologia de *quartiers*** como uma ecologia de classes: esta era a nova muralha que Haussmann erigira entre os cidadãos urbanos, assim como em torno da própria cidade.

O problema fundamental da densidade em Paris permaneceu como antes; tamanhos fixos destinados a números que rapidamente congestionavam o

---

*Praças à francesa. (*N. da T.*)
**Em francês, no original: blocos menores que os nossos "bairros". (*N. da T.*)

200 O DECLÍNIO DO HOMEM PÚBLICO

espaço. Atrás dos *grands boulevards*, longe das novas *places*, o entrechoque comercial e residencial continuava a existir. Mas a reorientação dos *quartiers*, no sentido de lhes conferir um aspecto mais homogêneo de classe, mudara os próprios termos da relação entre bairrismo e cosmopolitismo.

David Pinckney observou que "os parisienses de há um século viviam, trabalhavam e encontravam seus prazeres confinados a uns poucos quartei-rões". A reorganização física da cidade feita por Haussmann era apenas uma expressão e concretização de um processo mais amplo, um processo que o urbanista Louis Wirth, de Chicago, chamou de "segmentação" da cidade, que seu colega Robert Park chamou a formação de "moléculas" sociais na cidade, no decurso do século XIX. Esses segmentos complementavam a crescente divisão do trabalho na economia industrial. A população de Paris, ao se tornar cada vez mais densa, tornou-se, ao mesmo tempo, homogeneizada em pequenas glebas e diferenciada de gleba para gleba.[9]

Sob o Antigo Regime, havia em Paris, é claro, distritos pobres e distritos ricos — mas o significado de "distrito rico" era que muitos ricos viviam ali. O termo não significava que os preços dos alimentos, das bebidas ou da moradia fossem sensivelmente mais altos do que num distrito com menor número de pessoas ricas. O urbanista de hoje está tão acostumado a pensar que a economia de uma área "combina" com o nível de afluência de seus habitantes que é difícil retratar o sistema de vizinhança anterior ao século XIX tal como realmente era, com sua mistura de diversas classes em prédios vizinhos, quando não na mesma casa, e com a mistura de diferentes espécies de quiosques, lojas e até pequenas feiras para servir a essas clientelas variadas.

O processo molecular que ocorreu na distribuição populacional de Paris no último século glorificou um processo que já observávamos em seus inícios na cidade sob o Antigo Regime, no caso das praças públicas. À medida que a cidade continuava a se encher de gente, as pessoas foram perdendo cada vez mais o contato funcional umas com as outras nas ruas. Havia mais estranhos, e eles estavam mais isolados. O problema da praça fora ampliado para o problema dos *quartiers* e da vizinhança.

O IMPACTO DO CAPITALISMO INDUSTRIAL NA VIDA PÚBLICA   201

O isolamento mútuo das classes sociais na cidade também aconteceu em Londres durante o século passado, mais por causa da extensão da cidade do que pela compressão interna das classes, como ocorria em Paris. Como um novo território estava sendo acrescentado à cidade, os construtores utilizaram grandes extensões de terrenos para a edificação de casas que correspondessem às necessidades de grupos economicamente homogêneos. Assim como em Paris, o investimento parecia seguro, e mais seguro ainda quando a propriedade era habitada uniformemente por membros de uma única classe. No caso da habitação burguesa, a uniformidade na construção de um novo distrito significava que o valor das propriedades vizinhas não deveria baixar; no caso da construção de habitações para os trabalhadores, um grau homogêneo de construção dentro dos padrões de escolha disponíveis para uma população da classe trabalhadora, em termos de compradores, significava que os custos iriam cair, pela compra, no atacado, de materiais e acabamentos simples.

À medida que Londres aumentava sua mancha num território cada vez maior, surgia o mesmo bairrismo, por meio da mera separação física e da distância, assim como em Paris ele surgira por meio das diferenças, entre áreas relativamente próximas, quanto ao preço dos apartamentos, da comida e da diversão. Os demógrafos possuem alguma evidência de que o "centro" de Londres (acima do St. James's Park e, estranhamente, Mayfair) permaneceu como uma redondeza relativamente integrada, econômica e socialmente falando; mas o centro perdeu o seu sentido; Londres estava se tornando esse cordão de vilarejos residenciais conectados que é hoje. O simples tamanho de Londres já significava que a minoria dos trabalhadores londrinos que deveriam percorrer uma certa distância para chegarem às fábricas perdia muito de seu tempo livre no trânsito; isso reforçava, por sua vez, a importância dada ao bairro, como um lugar de repouso em face do mundo do trabalho.

Já observamos que as cidades principais da era industrial não eram industriais. A própria indústria significava coisas diferentes na França e na Inglaterra; e, mais uma vez, essa diferença acabou chegando a um resultado similar em ambas as capitais. Clapham, o grande historiador da economia da França e da Alemanha do século XIX, duvida que a França como um todo, em 1848, tivesse mais de uma cadeia de indústrias, na escala inglesa. Produziam-se mais mercadorias e serviços nesse ano do que em 1815, mas em oficinas maiores. Na segunda metade do século XIX, quando as verdadeiras fábricas se desenvolviam, fizeram-no a certa distância de Paris. A razão era simples: a terra no interior de Paris, ou mesmo nas suas proximidades, era muito cara para ser usada com esse propósito. A terra não era mercadoria escassa na Grande Londres, mas, por razões que não estão claras, apesar do fato de que as fábricas se desenvolveram dentro do anel da "Grande Londres", não se formou uma economia fabril da mesma intensidade da de Manchester ou da de Birmingham.[10]

A escola de Chicago de estudos urbanos acreditava que uma mudança de um bairro para outro, de um cenário para outro, constituía a essência da experiência "urbana". Um urbanita, para eles, era alguém que deveria conhecer não apenas um *quartier,* um só bairro, mas muitos, ao mesmo tempo. Essa experiência, no entanto, não é uma característica comum a todos os urbanistas do último século: tinha um caráter de classe. Enquanto a estrutura de *quartier* e de vizinhança homogeneizava-se ao longo de linhas econômicas, as pessoas preferiam mudar de cenário quando este se complicava, por interesses e conexões diversos, o bastante para empurrá-las para outras partes da cidade; estas eram as pessoas que dominavam a afluência. A rotina da vida diária passada fora do *quartier* estava se tornando uma experiência urbano-burguesa; os sensos de se ser cosmopolita e de se ser membro das classes burguesas passaram, então, a ter uma certa afinidade. Em contrapartida, o bairrismo e as classes mais baixas se fundiram. As únicas viagens rotineiras que as classes trabalhadoras de Paris poderiam vir a fazer para setores da cidade não trabalhadores, ou mesmo para um outro setor trabalhador, eram com o fito de fazer compras, como no caso de se ir a uma das novas lojas de departamentos. O cosmopolitismo — enquanto a experiência da diversidade na cidade — passou portanto para a experiência das classes trabalhadoras enquanto uma experiência de consumo.

O contraste entre a classe trabalhadora local e a classe média cosmopolita não deve ser exagerado. Havia poucas pessoas respeitáveis que desejavam mudar-se de seu canto da cidade. O desejo de se proteger contra as massas de estranhos era particularmente forte entre as mulheres da classe média. No entanto, a complexidade dos negócios, dos prazeres e da sociabilidade das pessoas que afluíam à cidade ao menos era provável que as impelisse para fora dos limites de uma pequena gleba. A mulher teria que ir ver o seu chapeleiro, o seu costureiro, iria ao Woman's Institute, voltaria para casa para tomar o chá, e então saía novamente para jantar; o homem ia para o escritório, para o clube, talvez ao teatro, ou a uma reunião.

É importante notarmos que aquilo que Henri Lefebvre chamou "direito à cidade" estava se tornando uma prerrogativa burguesa, justamente porque hoje em dia celebra-se muito a *"vie du quartier"*. Aqueles que hoje romanceiam a *vie du quartier* ou as virtudes do bairrismo percebem a "cor" da vida da classe trabalhadora nos cafés, ou nas ruas, mas não conseguem perceber que essa "cor" é produto de uma simplificação econômica do território urbano no século passado. A pessoa que pertencesse à classe trabalhadora da cidade do Antigo Regime, presa a grilhões diferentes mas ao mesmo tempo igualmente pesados, não achava que eles haviam confinado seus movimentos — para o prazer, para a emoção ou para o trabalho — dentro da cidade. A celebração do bairrismo e da vizinhança em pequena escala, que hoje é feita por planejadores bem-intencionados, é um reforço não premeditado de uma nova forma de dominação, um despojamento da cidade que se impôs aos trabalhadores no século passado.

Estar "em público", para nossos tataravós, seria uma questão mais significativa, portanto, caso fossem eles burgueses ou não. Há algo de irônico quanto aos distúrbios que vivenciaram: teria sido menor a perda ocasionada ao público se o círculo das pessoas que rotineiramente saíam em público tivesse sido maior?

A VIDA BURGUESA E A SORTE

Numa sociedade que está quebrando as amarras feudais, a burguesia se constitui como a classe crítica. Em Paris e em Londres, no século XVIII, o trabalho comercial e burocrático não implicava o cumprimento de uma obrigação estabelecida em tempos imemoriais. No decorrer do século XIX, essas mesmas ocupações burguesas cosmopolitas ganharam um novo contexto.

Podemos identificar, enquanto uma regra de trabalho, as classes burguesas de Londres e Paris, começando pelos proprietários de negócios, com ao menos um empregado; com trabalhadores de escritórios, escreventes, guarda-livros, e assim por diante com os estratos profissionais e gerenciais acima deles. Era um grupo surpreendentemente grande de pessoas. Em 1870, totalizavam entre 35 e 43% da população de Londres, contando-se seus familiares; em Paris, somavam entre 40 e 45%, no mesmo ano. Havia proporcionalmente mais famílias de classe média nas capitais do que no resto de cada um desses países. Na Inglaterra como um todo, em 1867, cerca de 23% da população pertencia à classe média.[11]

Assim como o capitalismo industrial significara algo diferente na França e na Inglaterra, a consciência de um indivíduo como um "respeitável" londrino tinha conotações e matizes diferentes dos da consciência de um indivíduo enquanto um "bourgeois" parisiense. Ainda assim, entre uma capital e a outra, as diferenças não eram tão grandes quanto as diferenças entre as duas nações. Da mesma maneira, na capital do Antigo Regime, o cosmopolitismo atravessou fronteiras nacionais, mas falar de tais afinidades no século XIX é falar do mundialismo de apenas uma parte da cidade. A burguesia cosmopolita tomou, no século XIX, características de uma classe internacional. Não foi o proletariado dos países industrializados que o conseguiu. "Sofisticação": no século XVIII, tanto na França quanto na Inglaterra, a palavra era pejorativa; mas, no século XIX, tornou-se um elogio entre esses burgueses. Denotava aquele que se poderia reconhecer como "bem-educado", ou tendo "boas maneiras", a despeito de quaisquer barreiras de linguagem, costumes nacionais ou idade.

O IMPACTO DO CAPITALISMO INDUSTRIAL NA VIDA PÚBLICA 205

Por um lado, entre 1770 e 1870, em Paris, o aumento percentual de trabalhadores burgueses não fora grande, talvez um terço a mais. Mas a verdadeira mudança de contexto estava naquilo que comercializavam e administravam: um sistema de mercadorias feitas à máquina e produzidas em massa. É importante sabermos até que ponto aqueles que vivenciaram esse novo sistema o entenderam. Não o entenderam muito bem, em parte porque traziam consigo muitas atitudes da antiga cidade para relacionar-se com a nova cidade. Mas a maneira pela qual tendiam a não compreender a ordem industrial é importante, porque revela uma visão fundamental da vida industrial que condicionou todas as atitudes para com o âmbito público: a respeitabilidade burguesa estava fundada na sorte.

Os homens de negócios e os burocratas do século passado tinham pouca noção de estarem participando de um sistema ordenado. Além disso, uma vez que estavam dirigindo o sistema, tendemos a supor que entendessem ao menos o próprio trabalho que faziam, e nada poderia estar mais longe da verdade. Os novos princípios para se fazer dinheiro e para se dirigir grandes organizações eram um mistério até mesmo para aqueles que eram muito bem-sucedidos. Os trabalhadores das empresas de produção em larga escala, de Paris e de Londres, nas décadas de 1860 e de 1870, costumavam retratar suas atividades em termos de apostas na sorte e de jogos de azar, e o cenário apropriado era o do mercado de capitais.

Para entendermos os novos estímulos econômicos que desafiavam as pessoas que afluíam à cidade, precisamos saber o sentido da especulação naquele tempo. Era possível, de fato, ganhar ou perder muito dinheiro rapidamente. As famílias com capital tendiam a aplicá-lo em uma ou, no máximo, em muito poucas empresas. Assim, bastava um mau investimento, e famílias decentes e respeitáveis encontravam-se em face da ruína; um bom investimento, e repentinamente alguém passava a habitar num mundo totalmente novo. Quais eram as regras, então, para se fazer um bom investimento, ou se evitar um mau investimento? Os investidores de há um século dispunham de bem menos informações do que seus colegas de hoje sobre como tomar uma decisão. Por exemplo, poucas empresas publicavam balanços anuais. A maior parte da "informação" provinha do boato. O mercado de capitais, a City, a *bourse* e suas subsidiárias em Paris não tinham princípios reais de controle, nem mesmo garantias *pro forma* de que as empresas envolvidas efetivamente existiam. O mercado de produtos era, no mínimo, pior. Os grandes investimentos nacionais eram igualmente uma questão de sorte, e não seguiam qualquer ordem racional efetiva, no sentido comum. Construíam-se estradas de ferro na França em meio aos matagais, porque se "suspeitava" que algum dia se descobriria ferro ali; grandes escândalos, como o caso do Panamá, tinham eco em fiascos igualmente fraudulentos, ainda que menos espetaculares. A existência de tanta fraude dependia de uma classe de investidores que quase não dispunha, em suas próprias mentes, de padrões de desenvolvimento de indústrias, e, portanto, do que constituiria uma decisão racional de investimento.

Não se chegara ainda ao final da década de 1860, quando as pessoas começaram a relacionar a sucessão dos bons e dos maus tempos e a pensar, portanto, em algo chamado ciclo de negócios. Mas o que causava esse ciclo? Hoje em dia podemos fazer uma boa descrição dele, por meio dos escritos contemporâneos de Marx, mas poucos corretores de um século atrás já os estavam lendo. Os homens de negócios estavam mais afeitos a explicar os ciclos de negócios em termos místicos. John Mills, um banqueiro de Manchester, acreditava que o ciclo de negócios dependia da "ciência da mente"; em 1876, William Purdy apresentou a teoria segundo a qual os ciclos de negócios ocorriam porque os jovens investidores se tornavam maduros e não tinham, portanto, o vigor físico necessário para manter o capital circulando com intensidade. Na França, o entendimento do ciclo não era melhor. E aquilo que tornava tão crítica a falta de autoanálise na época era o fato de que as mudanças econômicas no século passado eram tão mais abruptas e repentinas do que hoje que num espaço de poucos meses a França industrial pôde mergulhar da expansão para a depressão, e após um certo período de estagnação, no qual nada parecia trabalhar para melhorar a situação, repentina e inexplicavelmente se inicia uma evidente ascensão.[12]

O IMPACTO DO CAPITALISMO INDUSTRIAL NA VIDA PÚBLICA   207

As instabilidades inexplicáveis que comandavam os setores de investimentos comandavam por sua vez também as burocracias. Operações como o Crédito Rural (*Crédit Foncier*), de escala monumental, fariam sua aparição, ficariam envolvidas no que pareciam ser projetos a longo prazo e repentinamente ruíam; seu trabalho seria então feito por uma nova organização, com pessoal novo. Alguns historiadores da França são tentados a contrastar sua história burocrática favoravelmente em relação à da Inglaterra, argumentando que o maior controle estatal da economia francesa dava aos burocratas uma segurança maior. O argumento poderia resistir em termos de vida provinciana; em termos de Paris ou de Londres, não, pois, paradoxalmente, enquanto todos os órgãos centrais do Estado francês estavam localizados em Paris, a própria economia da cidade estava sujeita a um nível muito mais baixo de controle estatal do que as províncias ou a zona rural. A reconstrução de Paris por Haussmann, que causou enormes perdas comerciais e financeiras, teria sido impossível numa cidade provinciana, porque a mão morta da burocracia teria inibido a acumulação frenética (e desordenada) de capital, mão de obra e material.

A respeitabilidade fundada na sorte: eis o fato econômico do século XIX, associado a uma demografia de expansão e de isolamento. Surge mais uma vez a dignidade da burguesia: instalar, contra essa economia, um lar estável, forçar a família enquanto um grupo a ter uma vida de propriedade rígida, era um ato de vontade, e demandava um certo rigor. Hoje, tais rigores parecem-nos sufocantes. Talvez seja o próprio fato de que a economia capitalista cresceu relativamente de modo mais ordenado e teve em nós suportes mais firmes o que tenha permitido nossa superação da propriedade do século XIX.

Se a consciência que as pessoas têm de seu próprio tempo fosse um produto direto das condições materiais sob as quais vivem, então os cidadãos burgueses das capitais do século XIX deveriam acreditar que viviam num tempo de permanente cataclismo. Retrospectivamente, é possível ver como as condições materiais da cidade estavam enraizadas e eram expansões dos padrões materiais que existiam antes do reinado da ordem industrial. Mas tal como foram experimentados na época, entretanto, os aumentos de população, as mudanças

208   O DECLÍNIO DO HOMEM PÚBLICO

na ecologia, as flutuações da nova ordem industrial eram tão grandes que se tornaram traumáticos. A cidade, portanto, deve ter sido a imagem que cada homem fazia de uma vida a ser evitada: multidões de pessoas desamparadas, desenraizadas e ameaçadoras, sendo a manutenção de uma vida decente uma questão de sorte mais do que de vontade.

Essas condições materiais não levaram a uma percepção desse tipo. Uma consciência da desordem material da cidade grande imperava entre seus cidadãos, bem como nas províncias, pois de fato muitas pessoas demoravam a se mudar para a capital, temerosas de como era a vida ali. No decorrer do século, como um todo, a maioria dos migrantes viera para a cidade voluntariamente, como pessoas jovens e solteiras, e não como grupos deslocados. Os habitantes de diferentes tipos de cidade, cidades provincianas de ambos os países, eram os mais propensos a mergulhar nesse abismo. Em parte, isso ocorria porque essas cidades provincianas eram o corpo do novo capitalismo industrial. Em Lille, em Lyon, como em Manchester ou Birmingham, estavam as fábricas; elas haviam criado a economia e a demografia de Manchester, uma cidade nova. Em outras cidades mais antigas, o tecido da vida social provinciana era mais frágil, e logo rompido pela fábrica e pelo efeito do capitalismo sobre a agricultura. As páginas de *Middlemarch* mostram "a chegada de uma grande transformação" a uma cidade; em *Little Dorrit,* fatos materiais similarmente novos são trazidos para Londres, devendo ser entendidos dentro da continuidade da vida londrina. *Middlemarch* conta o que acontece numa cidade de província; *Little Dorrit,* o que acontece em Londres.

A razão pela qual as transformações materiais não levaram à percepção de um caos total, a razão pela qual as pessoas da classe média podiam sentir que a sobrevivência era possível na cidade, ou pela qual a vida cosmopolita era importante e significativa apesar de todos os seus terrores, era exatamente porque os cidadãos não precisavam inventar uma cultura na cidade com imagens de como era a vida urbana, de como enfrentar o desconhecido, de como se comportar diante de estranhos. Havia uma cultura herdada. Essa cultura era o domínio público. Assim como crescera no Antigo Regime como resposta às transformações materiais da população e da demografia, ela sobrevivera para os

O IMPACTO DO CAPITALISMO INDUSTRIAL NA VIDA PÚBLICA 209

nossos tataravós como um instrumento para que se tentasse preservar a ordem em meio a mudanças materiais muito maiores na cidade. Aquilo que nossos tataravós receberam, com o tempo, e como o fizeram com todas as heranças, eles desperdiçaram. Finalmente, a burguesia deformou, até o ponto em que nada permanecia, as modas desenvolvidas no século XVIII para se levar uma vida significativa a alguma distância das incertezas das circunstâncias pessoais. Mas o impulso para se levar uma tal vida continuou forte, ainda que os meios para tanto estivessem ruindo. Este é o grande paradoxo do final do século passado: enquanto as condições materiais iam se tornando mais conhecidas e mais regulares, o mundo público ia se tornando cada vez menos estável.

De que modo, então, era a vida pública conduzida em meio a essas novas condições materiais, como uma resposta a elas, como uma defesa contra elas?

MERCADORIAS PÚBLICAS

Não há melhor introdução para essa vida pública do que a história curiosa de como se transformou, no século XIX, o comércio varejista das capitais. O surgimento da loja de departamentos, por mais que o assunto possa parecer corriqueiro, é de fato uma forma condensada do próprio paradigma de como o âmbito público como um intercâmbio ativo abrira caminho, nas vidas das pessoas, para uma experiência da mais intensa e menos sociável publicidade (*publicness*).

Em 1852, Aristide Boucicault abriu uma pequena loja de venda a varejo em Paris, chamada Bon Marché. A loja se baseava em três ideias inéditas. A margem de lucro de cada item seria pequena, mas o volume de mercadorias vendidas seria grande. Os preços das mercadorias seriam fixos e claramente marcados. Qualquer pessoa poderia entrar nessa loja apenas para olhar, sem sentir nenhuma obrigação de compra.[13]

O princípio de um preço fixo para mercadorias no varejo não era inteira- mente original. A Belle Jardinière de Parissot vendia roupas de cama e mesa dessa forma, já em 1824, mas Boucicault foi o primeiro a pôr em prática essa

210 O DECLÍNIO DO HOMEM PÚBLICO

ideia em toda a escala de mercadorias no varejo. Uma medida da originalidade do preço fixo estava em que, até as últimas décadas do Antigo Regime,
era proibido por lei que os varejistas distribuíssem impressos que mostrassem
preços fixos para seus artigos. Uma outra medida, mais humana, fora o efeito
do preço fixo na experiência das compras.[14]

Num mercado em que os preços do varejo flutuam, vendedores e compradores fazem todo tipo de encenação para aumentarem ou diminuírem os
preços. Nos bazares do Oriente Médio, demonstrações de sentimento ultrajado, declarações apaixonadas de dor e sofrimento, ocasionados pela perda
ou compra desse tapete tão bonito, fazem parte e estão incluídas na venda.
Nas feiras de alimentos parisienses do século XVIII, poder-se-ia perder horas
fazendo manobras para subir o preço de um bife em alguns centavos.[15]

A pechincha e os rituais dela resultantes são os exemplos mais comuns
do teatro diário de uma cidade, e do homem público como ator. O final da
linha de produção e de distribuição numa sociedade sem preços fixos é a pose,
a manobra para se obter posições, a habilidade para se localizar as brechas
na armadura do oponente. A interpretação recíproca e estilizada entrelaça
socialmente os compradores e os vendedores; não participar ativamente é
arriscar-se a perder dinheiro.

O sistema de preço fixo de Boucicault diminui o risco de não se desempenhar um papel. A sua ideia de entrada livre fez com que a passividade se
tornasse norma.

Nos estabelecimentos varejistas de Paris sob o Antigo Regime, e no início
do século XIX, entrar numa loja significava que se queria comprar alguma
coisa, o que quer que fosse. Os que olhavam sem intenção de comprar pertenciam às feiras livres, não ao interior de uma loja. Esse "contrato implícito" de
compra faz plenamente sentido diante dos esforços dramáticos exigidos pelo
sistema de preços livres. Se um vendedor aplicar seu tempo fazendo discursos
ardentes a respeito de suas mercadorias, com declarações de que está à beira
da bancarrota, não podendo tirar um centavo do preço, ele deve saber que
o comprador também usará esse tempo a seu favor. Essa dramaturgia toma

O IMPACTO DO CAPITALISMO INDUSTRIAL NA VIDA PÚBLICA   211

tempo e, portanto, desencoraja as vendas rápidas. Ao ter em vista a pequena margem de lucro por item e o grande volume de vendas, Boucicault teve que abolir esse comportamento teatral.[16]

E por que Boucicault e seus imitadores — Burt, em Londres, Potter Palmer em Chicago — começaram a vender em grandes volumes e com pequena margem por artigo? A resposta mais simples diz respeito ao sistema de produção. Artigos feitos a máquina podiam ser feitos mais rapidamente e em muito maior volume do que os artigos feitos à mão. A loja de departamentos, nesse cômputo, é uma resposta à fábrica. Uma explicação complementar é dada por C. Wright Mills, com respeito à burocracia industrial. Em *White Collar* (Colarinho branco), ele dá sua explicação para o sistema de preços fixos: numa loja que lida com vendas volumosas, é necessário haver um número maior de empregados e, portanto, "se o empresário não vende em pessoa, ele precisa ter um preço fixo; não poderá confiar aos funcionários a tarefa de barganhar com sucesso".[17]

Mas a loja de departamentos, ainda que complementar à fábrica, ainda que produto da burocracia impessoal, não teria sido bem-sucedida sem o concurso de uma multidão de compradores. É aqui que o influxo populacional para a capital entra em cena. A economia de desenvolvimento estatal real estava, entretanto, cada vez mais condensando a massa de compradores potenciais. A simples complexidade física das ruas da velha cidade também era um obstáculo para se reunir essa massa de consumidores. Estima-se que, por causa das ruas estreitas e tortuosas de Paris no início do século XIX, uma caminhada a pé que dura hoje quinze minutos naquele tempo exigia uma hora e meia. Sair do seu *quartier* era uma questão de consumir tempo; ainda assim, as lojas de departamentos tinham que atrair clientes de toda a cidade, para completar seu volume de vendas. A criação dos *grands boulevards* em Paris na década de 1860 ajudava a tornar isso possível. A criação de sistemas de transportes, em Paris e em Londres, tornava isso ainda mais realizável. Em Paris, os ônibus puxados a cavalo tinham sido introduzidos em 1838, mas seu grande período de incremento foi a década de 1850. Em 1855, transportaram 36 milhões de passageiros; em 1866, 107 milhões. A mesma união entre transporte rápido

212 O DECLÍNIO DO HOMEM PÚBLICO

e comércio varejista marcou o desenvolvimento de Chicago após o Grande Incêndio de 1871. Esse transporte público não estava destinado ao prazer, nem tampouco seus itinerários contribuíam para a interpenetração das classes sociais. Destinava-se a transportar trabalhadores ao trabalho e às lojas.[18]

Produção em massa, administrada por uma burocracia ampla, ligada à massa de compradores, tudo isso levava o vendedor a abandonar os antigos padrões de comércio varejista para aumentar o lucro. Não explicava, no entanto, por que o comprador estava disposto a mudar também. O lucro do vendedor não explica, principalmente, por que, em Paris, o comprador estava disposto a se tornar uma figura passiva quando se tratava de gastar seu dinheiro.

Vamos excluir, primeiramente, essa explicação simples e óbvia do motivo por que um comprador está disposto a abandonar a participação ativa no comércio de varejo. Em geral, os preços não se tornaram mais baratos na loja de departamentos, em comparação com as lojas dos velhos tempos. Os níveis de preços de alguns artigos baixaram, mas essa poupança era mais do que simplesmente anulada, pois até as pessoas que tinham poucos recursos passaram a comprar artigos que nunca haviam sonhado possuir. Expandia-se o nível de consumo entre as classes médias e as classes trabalhadoras mais altas. Um exemplo: com o advento da loja de departamentos, a ideia de possuir vários conjuntos de roupas, todos quase similares e feitos a máquina, para o uso nas ruas, passou a se firmar. Outro exemplo: nessas lojas as pessoas começaram a comprar caçarolas e panelas que servissem a determinadas finalidades, pois a estufadeira ou a frigideira de uso geral pareciam ter se tornado inadequadas.

Havia um relacionamento entre o novo papel passivo do comprador e aquilo que parecia ser um novo estímulo ao consumo. D'Avenel descreve sucintamente a qualidade dos artigos vendidos nas novas lojas de departamentos:

> Em vez de vender mercadorias com grande margem de lucro e de primeira classe, ou então mercadorias de menor qualidade com margem de lucro reduzida, eles (a loja de departamentos) vendem mercadorias de qualidade boa ou razoável, com uma margem de lucro que anteriormente só era utilizada para mercadorias de menor nível.

O IMPACTO DO CAPITALISMO INDUSTRIAL NA VIDA PÚBLICA 213

Objetos de nível médio de qualidade, com margem de lucro outrora apropriada apenas a objetos de qualidade baixa, e consumidores gastando mais para possuir mais — eis em que consistia a "padronização" das mercadorias. Os varejistas da época, Boucicault e Palmer mais especialmente, sabiam que estavam diante de um problema: estimular as pessoas a comprarem mercadorias tão indefinidas. Tentaram resolver o problema criando uma espécie de espetáculo do lado de fora da loja, um espetáculo que deveria dotar as mercadorias, por associação, de um interesse que a mercadoria poderia intrinsecamente não ter.[19]

O primeiro recurso que os varejistas usaram foi a justaposição inesperada. Um visitante do andar de utensílios da Bloomingdale em Nova York teria uma percepção melhor do que haviam tentado essas lojas do século XIX. Em vez de cem potes do mesmo tamanho e do mesmo fabricante, haveria um único exemplar, colocado ao lado de um outro, de forma diferente. Zola escreveu que "a força das lojas de departamentos é aumentada dez vezes pela acumulação de mercadorias de tipos diferentes, que se sustentam umas às outras, cada qual empurrando a outra para a frente". D'Avenel tem a mesma opinião: "Parece que os mais dessemelhantes objetos prestam-se apoio mútuo quando colocados próximos uns dos outros." Por que seria assim? O caráter de uso do objeto ficava temporariamente suspenso. Tornara-se "estimulante": uma pessoa gostaria de comprá-lo porque temporariamente ele se tornara uma coisa inesperada; tornara-se estranho.[20]

Os proprietários varejistas reforçaram o estímulo produzido pela confusão de objetos díspares colocados juntos, através de uma contínua busca das "nouveautés" exóticas, a serem colocadas à venda em meio aos objetos mais prosaicos. Mercadorias estranhas, a exportação dos Estados colonizados, eram úteis, dizia Bertrand Gille, não apenas enquanto artigos de comércio em si mesmos. Eles habituavam o comprador à ideia de que ele encontraria na loja aquilo que não estava esperando encontrar e, assim, estaria disposto a deixar a loja com mercadorias que ele não teria vindo procurar. O volume de vendas, é o que isso significa, estava garantido no comércio varejista, por um ato de desorientação: o estímulo à compra resultava de uma aura temporária de estranhezas, de mistificações, que os objetos adquiriam.[21]

214 O DECLÍNIO DO HOMEM PÚBLICO

Havia uma conclusão lógica para esse processo de estimulação. Um alto volume de vendas significava que os objetos surgiam e desapareciam na loja, rapidamente. Esse fato foi detectado pelos varejistas, que criaram então uma ilusão de escassez de suprimentos entre coisas que eram, de fato, mercadorias produzidas em massa. Um comprador sentia-se estimulado quando ele ou ela deparava com objetos cuja existência parecia fugaz, e cuja natureza estivesse dissimulada por associações fora do contexto de seu uso normal.

Nas últimas décadas do século XIX, os donos de lojas de departamentos começaram a trabalhar mais o caráter de espetáculo de suas empresas, de maneira quase deliberada. Vitrinas envidraçadas eram inseridas nos andares térreos das lojas, e o arranjo dos artigos dentro delas era feito com base no que havia de mais inusitado na loja, e não no que havia de mais comum. As próprias decorações das vitrinas tornaram-se cada vez mais fantásticas e elaboradas.[22]

Com a estimulação do comprador para revestir os objetos de significações pessoais, acima e além de sua utilidade, surge um código de credibilidade que tornará lucrativo o comércio varejista de massa. O novo código de credibilidade comercial era um sintoma de uma mudança bem maior que ocorria na percepção do âmbito público. O investimento de sentimentos pessoais e a observação passiva estavam sendo unidos; estar fora, em público, era ao mesmo tempo uma experiência pessoal e passiva.

Karl Marx tinha uma expressão adequada a essa psicologia do consumo: chamava-a "fetichismo das mercadorias". Em *O capital* ele escrevera que todo objeto manufaturado, colocado sob o capitalismo moderno, torna-se um "hieróglifo social"; através dessa expressão ele queria dizer que as inequidades nas relações entre o patrão e o operário na produção desse objeto poderiam ser dissimuladas. A atenção era desviada das condições sociais sob as quais os objetos eram feitos para os objetos em si mesmos, caso as mercadorias adquirissem um sentido, um mistério, um conjunto de associações que não tivessem nada a ver com o seu uso.[23]

Boucicault e os outros proprietários de lojas de departamentos estavam criando esse sentido. Mistificando o uso dos artigos de suas lojas, conferindo a um vestido um *"status"* ao mostrar um retrato da duquesa de X nesse vestido,

O IMPACTO DO CAPITALISMO INDUSTRIAL NA VIDA PÚBLICA   215

ou tornando "atraente" uma caçarola, ao colocá-la numa réplica de harém mourisco na vitrina da loja, esses varejistas estavam desviando a atenção dos compradores, primeiramente, de como ou quão bem-feitos eram esses produtos, e, em segundo lugar, do seu próprio papel enquanto compradores. As mercadorias eram tudo.

No entanto, de que maneira funcionava o fetichismo das mercadorias? Essa questão começa levantando o problema do relacionamento entre capitalismo e cultura pública. A ordem capitalista tinha o poder de atirar os materiais de aparências para dentro de um estado permanentemente problemático, permanentemente "mistificador", para usarmos o termo de Marx. Imaginemos que Boucicault tivesse uma nova caçarola para pôr à venda; ele sabia que a maneira de tirá-la de suas prateleiras num grande volume de vendas era não sugerindo exatamente para que ela servia, e como a dona de casa deveria se servir dela; ele sabia que deveria sugerir, ao contrário, que suas possibilidades de uso eram infinitas e não especificáveis, demonstrando-o em sua vitrine armada como um harém, e transmitir a ideia de que ela estava desaparecendo tão depressa das prateleiras que logo essa caçarola iria adquirir o *status* de peça para colecionadores. Na manufatura de roupas, podemos observar a mistificação da aparência procedendo através de meios mais simples: as roupas mais baratas, feitas a máquina, eram aquelas que usavam apenas poucos materiais e eram cortadas segundo poucos moldes básicos, de modo que um grande número de pessoas passaria a ter a mesma aparência. Quem eram elas? Agora teremos dificuldade em dizê-lo, partindo-se de como se vestem.

Mas uma coisa a nova economia não explicava na cultura urbana do século XIX: como e por que as pessoas das cidades grandes passaram a tomar essas aparências mistificadas, irresolvidas, tão a sério; por que, ao pôr um vestido de dez francos usado pela duquesa de X, a pessoa estaria se tornando um pouco mais "aristocrática"; ou então, por que acreditava ela que comprar uma caçarola de ferro fundido teria um significado pessoal para ela enquanto compradora, em termos de suas fantasias sobre o prazer mourisco. Se um dos grandes temas da época é o incremento de objetos homogêneos e feitos a máquina, por outro lado, o outro grande tema é a crescente importância

216   O DECLÍNIO DO HOMEM PÚBLICO

que os cidadãos da Londres de Carlyle e da Paris de Balzac davam a essas aparências exteriores, como sinais do caráter pessoal, do sentimento privado e da individualidade.

O próprio Marx sofreu continuamente ataques, durante sua vida, por argumentar que as mercadorias eram consumidas de acordo com seu valor como objetos de *status,* ou expressões da personalidade do comprador. Hoje, tais ideias se tornaram tão familiares que é difícil nos situarmos dentro da estrutura mental dos críticos utilitaristas de Marx, que viam cada homem e cada mulher agindo racionalmente na busca do interesse econômico racional, comprando apenas o que era necessário para o uso. Essa era a grande dualidade do pensamento do século XIX: de um lado, a abstrata insistência sobre a utilidade e, de outro, uma dura realidade: a percepção, na prática, de um mundo psicomórfico. Da mesma forma que a autoconsciência de Marx percebia que as mercadorias estavam se tornando uma "aparência de coisas que expressa a personalidade do comprador", outras aparências fugazes estavam sendo interpretadas por outros, menos seguros de suas percepções, como sinais de um caráter interior e permanente.

John Stuart Mill concebera uma ciência da "etologia", uma ciência que lê o caráter a partir do comportamento mínimo: isso foi popularizado como a dedução do caráter a partir de aparências externas, como a forma do crânio ou a inclinação da caligrafia de alguém. Carlyle escreveu um livro, *Sartor Resartus,* que era um teoria das roupas como "emblemas da alma"; Darwin publicou um extenso trabalho de psicologia, *The Expression of Emotion in Man and Animals* (A expressão da emoção no homem e nos animais), que discutia o sentido do desgosto através de pormenores do choro, o sentimento de ira em termos da aparência de ira que os músculos faciais produzem no rosto. Métodos criminológicos, como as mensurações de crânios "do tipo criminoso" feitas por Bertillon, são apenas um reflexo popular dessa nova ciência que era a etologia. O mundo de Fielding, onde as máscaras não exprimem a natureza dos atores, estava acabado; as máscaras haviam se tornado rostos.

Aqui, no mundo do comércio varejista, surge um sinal da primeira força de transformação no âmbito público do último século, bem como um problema

O IMPACTO DO CAPITALISMO INDUSTRIAL NA VIDA PÚBLICA   217

que essa força não pode explicar. Um dos dois maiores efeitos do capitalismo sobre a vida pública era o de mistificar os fenômenos públicos; mas a mistificação só poderia ser bem-sucedida se as pessoas estivessem dispostas a acreditar que os objetos estavam investidos de atributos da personalidade humana. Para entendermos essa crença, precisaremos entender uma nova ideia do próprio caráter, que estava em formação.

Aqui também ocorre a primeira aparição de um dos sintomas psíquicos dessa nova vida pública: a superposição de imaginário em domínios que, no Antigo Regime, eram mantidos separados. Um vestido, em 1750, não era uma questão de como a pessoa se sentia: era uma marcação, elaborada e arbitrária, do lugar que ela ocupava na sociedade, e quanto mais alto se estava na sociedade, mais liberdade se teria para jogar com aquele objeto, a sua aparência, de acordo com regras elaboradas e impessoais. Por volta de 1891, possuir o vestido certo, fosse ele produzido em massa e não muito bonito, leva uma mulher a sentir-se casta ou *sexy,* uma vez que suas roupas "a" expressavam. Em 1860, ela é estimulada a comprar uma caçarola preta em ferro fundido medindo 25 centímetros de diâmetro, porque a caçarola é mostrada na vitrina como suporte da "misteriosa e sedutora cozinha oriental". O trabalho da propaganda industrial se faz por um ato de desorientação, que depende dessa superposição de imagens, que, por sua vez, depende tanto de um modo distintivo de produção quanto de uma crença distintiva sobre a presença universal do caráter humano.

O capitalismo industrial tem um segundo efeito sobre o domínio da vida pública, além do efeito de mistificação. Ele mudou a natureza da privacidade; isto é, afetou o domínio que era a contrapartida do domínio público. Sinais desse segundo efeito também podem ser detectados no comércio da cidade, nas mudanças que ocorreram nas pequenas lojas e mercados, que a loja de departamentos havia desafiado.

Até o final do século XVII, o mercado central da cidade era uma fonte para os parisienses de todas as mercadorias agrícolas e feitas à mão. Por volta da morte de Luís XIV, Les Halles começaram a se tornar um mercado mais especializado, um mercado para gêneros alimentícios. Bem mais tarde no

218 O DECLÍNIO DO HOMEM PÚBLICO

século industrial, Les Halles estavam perdendo seu caráter de *foire*; com a especialização maior do comércio, os cortejos e festivais do final da Idade Média, que celebravam a atividade de mercado, minguavam. A Era Industrial completou essa especialização de Les Halles, mas não a causou.[24]

O que mudara no século XIX eram os termos sociais em que se comprava e se vendia comida. Durante o período de condições vigorosas de mercado, na década de 1740, as leis tratavam o vendedor de Les Halles como um delinquente em potencial, e severas restrições eram feitas no que dizia respeito às atividades que poderia assegurar: certas formas de propaganda eram proibidas; garantia-se ao comprador alguns direitos de compensação; aquilo que um vendedor poderia vender era fixado por lei.[25]

Essas restrições feitas ao vendedor de Les Halles foram suspensas no século XIX. Falar do mercado livre como do evangelho do século passado, como Karl Polanyi o faz, é falar de um mercado no qual a pessoa do vendedor ficara acima da lei. A venda propriamente dita não tinha sido "liberada" da mesma maneira. Pois é no século XIX que o preço fixo invadiu as transações de varejo de Les Halles, imitando o exemplo da comercialização em massa da loja de departamentos.[26]

O preço livre não havia desaparecido de Les Halles no século XIX: permanecera nas transações por atacado. Mas, pela primeira vez, essas vendas foram tratadas como negócios que precisavam ser mantidos em segredo. Se o "público" que comprava no varejo soubesse o que eram esses preços liberados, faria por certo objeções contra o preço fixo, lançando então o mercado varejista de grande volume no maior caos. O que define uma situação social de venda por atacado é o fato de que, num sentido novo, ela é "privada"; em privado, as pessoas seriam livres para adotar as posturas e a interação que um século antes haviam marcado o comércio público.[27]

Também aqui, a prática econômica da Paris do século XIX fornece pistas para transformações mais amplas. Em "público", a pessoa observava, expressava-se, em termos daquilo que ela queria comprar, pensar, aprovar, não como resultado de uma interação contínua, mas após um período de atenção passiva, silenciosa, concentrada. Por contraste, o "privado" significa-

O IMPACTO DO CAPITALISMO INDUSTRIAL NA VIDA PÚBLICA 219

va um mundo onde a pessoa poderia se expressar diretamente, assim como seria tocada por outra pessoa; o privado significava um mundo onde reinava a interação, mas que precisava ser secreto. No final do século XIX, Engels falava da família privada como expressão de um etos capitalista; ele deveria ter sido mais específico. A família é um paralelo não com o mundo público do capitalismo, mas com o mundo da venda por atacado; em ambos, o segredo é o preço da continuidade do contato humano.

No entanto, ainda aqui, há também quebra-cabeças não imediatamente explicáveis. Esse código de segredo no século XIX é completamente desconcertante. A família, em especial a família da classe média, deveria ser absolutamente protegida do frêmito do mundo exterior. Parece ilógico que as aparências no mundo público da cidade fossem tomadas tão a sério em termos de caráter pessoal, se a família era tão fortemente sentida como o lugar cuja proteção contra o mundo exterior permitiria que as pessoas fossem expressivas. Logicamente, deveria ser apenas dentro dos limites da família, ou então dentro do trato privado da venda por atacado, que as aparências deveriam ter um caráter psicológico. Mas essa lógica não era posta em prática. A privacidade, enquanto realismo da expressão interativa — todavia, uma cultura em que um estranho poderia saber o caráter de uma pessoa pela maneira como ela se apresenta e se veste; a cidade enquanto uma febril *"comédie"* — todavia, apenas poucas pessoas desempenham um papel ativo no espetáculo.

A crença de que o segredo é necessário quando as pessoas estão interagindo plenamente fornece a chave para o segundo barômetro de perigo psíquico na sociedade: o desejo de se retrair em face do sentimento, a fim de não mostrar involuntariamente seus sentimentos a outras pessoas. É somente ocultando seus sentimentos que elas estarão seguras, e somente em momentos e lugares escondidos é que se estará livre para interagir. No entanto, justamente esse temerário recuo diante da expressão é que pressiona os outros a chegar mais perto de alguém, para saber o que ele pensa, o que ele quer, o que ele sabe. O arroubo e a semente de uma intimidade compulsória estão totalmente unidos: a mera expressão de emoção, qualquer emoção, torna-se muito mais importante, na medida em que passa a ser necessário muito trabalho para se penetrar nas defesas de outrem e chegar ao ponto em que ele estará disposto a interagir.

Esses sinais de contradição no público e no privado desconcertaram aqueles que o vivenciaram tanto quanto nos desorientam e atemorizam retrospectivamente. O mundo do comércio varejista indica os termos do mais básico desses quebra-cabeças: os efeitos e os limites do capitalismo na vida pública, em termos de mistificação e em termos de privatização. Para avançarmos nessas questões, deveremos analisar agora como a personalidade se tornou uma categoria social, e assim foi introduzida no domínio público. Creio ser importante dizer que na própria confusão e na gravidade desse mundo que andava torto havia algo de heroico. Se a Paris de Balzac é menos civilizada que a de Marivaux, que é menos atraente, ela é mais arrebatadora. As sementes da vida moderna estão lá, mas há luta; nada, até agora, poderia ser dado como certo.

8

A personalidade em público

Ao perguntarmos qual o efeito das novas condições materiais sobre a vida pública, particularmente os efeitos do capitalismo industrial, encontramo-nos na situação de termos que responder a uma segunda questão: como a personalidade penetrou no domínio público? O sistema de lucros não poderia ter sido bem-sucedido sem essa intrusão da personalidade, e o sistema dos lucros não explica por que ela aconteceu.

A personalidade surge em público porque uma nova visão de mundo secular apareceu na sociedade como um todo. Essa visão de mundo trocava uma Ordem da Natureza por uma ordem dos fenômenos naturais; a crença na primeira surgia quando um fato ou um evento pudesse ser colocado num esquema geral; a crença na segunda começara bem antes, quando o fato ou evento era compreendido, e desse modo parecia ser real, em si mesmo e por si mesmo. A primeira era uma doutrina da transcendência secular; a segunda, uma doutrina de imanência secular. A personalidade era uma forma dessa crença no significado imanente do mundo.

É fácil imaginar o "capitalismo" como uma força histórica, pois ações e transformações tangíveis na produção, nos preços ou no poder nos vêm à mente. Não é fácil imaginar do mesmo modo a "secularidade", pois é difícil concebê-la senão como um produto abstrato de outras forças na sociedade. A inabilidade para se imaginar a secularidade enquanto uma força social independente provém justamente, creio eu, da inabilidade dos dias atuais em se conceber o ato da crença como real em si mesmo. E, por sua vez, isso deriva

222 O DECLÍNIO DO HOMEM PÚBLICO

de nossa peculiar inabilidade em compreender as realidades sociológicas da religião — a religião, como observou Louis Dumont, que é *a* estrutura social primária para a maioria das sociedades humanas, durante a maior parte de sua existência. Uma vez que hoje em dia os deuses voaram para fora de nossas mentes, imaginamos, portanto, com facilidade, que o próprio processo da crença deixou de ser uma categoria social fundamental, e que, ao em vez, é um produto social. Os seguidores de Lévi-Strauss, por exemplo, apoderam-se de suas noções de estruturas gerais de pensamento e permanecem cegos à questão de como essas noções surgiram: que os impulsos de fé produzem as estruturas linguísticas, econômicas e familiares que entrelaçam as sociedades aparentemente diversas.

Algumas pessoas argumentaram que o deus da natureza do século XVIII ainda era um deus, e que, portanto, falar de sociedade secular é falar de uma sociedade que só tem início no século XIX. É melhor ver os séculos XVIII e XIX como dois estágios num mesmo processo de secularização. "Natureza e deus da Natureza" era uma divindade sem face; poder-se-ia honrá-la, mas não orar a ela. Embora a natureza fosse transcendente, a crença nela não levava à vida piedosa após a morte; isto é, a crença não fazia deles seres transcendentes. Eis por que uma boa definição de secularidade é "a razão pela qual as coisas são o que são no mundo, razões que deixarão de ter importância por si mesmas assim que morrermos". (V. Capítulo 1, "As transformações no domínio público".)

É um fato que tenha havido uma transformação na secularidade, entre o século XVIII e o século XIX. Mais do que simples positivismo científico, ela englobava a teoria darwiniana da evolução, atitudes com relação à arte e convicções cotidianas, assim como profundas transformações no campo da própria psicologia. Por que a transformação ocorreu é assunto para um outro livro, mas gostaria de estabelecer uma maneira de concebê-lo.

A crença continua sendo uma condição social fundamental; nem mesmo a vontade de crer se extinguiu quando a espécie humana perdeu a crença nos deuses. Não somos uma era especial quanto a nossas inclinações científicas e racionalistas; nossa peculiaridade está apenas no fato de que nossa ciência é

A PERSONALIDADE EM PÚBLICO

usada como inimiga da idolatria. Essa inimizade começou e progrediu vertiginosamente no Iluminismo. No século XIX, a vontade de crer passou de uma religião sem ídolos para uma condição mais reflexiva: as crenças se tornaram cada vez mais concentradas na vida imediata do próprio homem e nas suas experiências, como uma definição de tudo aquilo em que se pode crer. O imediatismo, a sensação, o concreto: somente aqui pode florescer finalmente uma crença, uma vez que a idolatria está proibida. Esse princípio reflexivo avança um passo além da primeira ruptura, a do século XVIII. Como os deuses estão desmistificados, o homem mistifica a sua própria condição; sua própria vida é temida com significação e, todavia, continua a ser representada. A significação é imanente a tudo, no entanto a pessoa é diferente de uma pedra ou de um fóssil, que são fixos, e portanto podem ser estudados como uma forma.

É aqui que a personalidade adentra o esquema da crença imanente. A personalidade se tornou no último século a maneira de se pensar sobre o sentido implícito da vida humana, enquanto em cada vida a forma concreta, o eu como um objeto completo, ainda precisava se cristalizar. Assim como se usava pensar que "família" era uma forma biológica fixa na história, ainda é fácil imaginar a personalidade como uma constante nas relações humanas, uma vez que sempre houve diferenças de sentimentos, percepções e comportamentos entre as pessoas. O problema reside em saber o que as pessoas estão propensas a fazer dessas diferenças. Quando os deuses se foram, o imediatismo da sensação e da percepção se tornou mais importante; os fenômenos passaram a parecer reais em si mesmos e por si mesmos, como experiências imediatas. Por seu turno, as pessoas estavam inclinadas a provocar cada vez mais as diferenças nas impressões imediatas que se davam umas às outras, a fim de ver tais diferenças, de fato, como a própria base da existência social. Essas impressões imediatas que as diferentes pessoas produziam eram tidas como sendo as suas "personalidades".

No século XIX a personalidade diferia da crença iluminista no caráter natural, de três modos importantes. No primeiro, a personalidade é vista como variando de pessoa para pessoa, enquanto o caráter natural era o laço comum que perpassava toda a espécie humana. A personalidade varia, por-

224   O DECLÍNIO DO HOMEM PÚBLICO

que as aparências de emoção e a natureza interna do sentimento da pessoa são as mesmas. Uma pessoa é o que parece; portanto, pessoas com diferentes aparências são pessoas diferentes. Quando a aparência de uma pessoa muda, é porque houve mudança em seu eu. Como a crença iluminista numa humanidade comum havia desaparecido, a variação nas aparências pessoais passara a ser imputada à instabilidade da própria personalidade.

No segundo, a personalidade, ao contrário do caráter individual, é controlada pela autoconsciência. O controle que um indivíduo praticava com relação ao seu caráter natural era a moderação de seus desejos; se agisse de certa maneira, modestamente, estaria apenas encaminhando-se na direção do seu caráter natural. A personalidade não pode ser controlada pela ação: as circunstâncias podem forçar as aparências e então desestabilizar o eu. A única forma de controle está na atenção constante dada à formulação daquilo que a pessoa sente. Esse senso de controle do eu é, na maior parte, retrospectivo: uma pessoa entende o que fez depois que a experiência acabou. A tomada de consciência, segundo esse esquema, se segue sempre à expressão emocional. As personalidades, portanto, não são apenas compostas de variações de ira, compaixão ou confiança entre pessoas; a personalidade é também a capacidade de "recobrar" as próprias emoções. Saudade, lamento e nostalgia adquirem na psicologia do século XIX uma importância de um tipo peculiar. O burguês do século XIX está sempre lembrando como era aquele tempo de juventude, quando ele realmente vivia. Sua autoconsciência pessoal não é tanto uma tentativa para contrastar os seus sentimentos com os dos outros quanto tomar sentimentos conhecidos e acabados, quaisquer que tenham sido, como uma definição de quem ele é.

A personalidade moderna, por fim, diverge da ideia de caráter natural no fato de que a liberdade de sentir num determinado momento parece ser uma violação do sentimento convencional "normal". Os meados do século XVIII não opuseram a convenção social contra a espontaneidade; a mulher com o *pouf* exigindo um "ponto" de Madame Favart estava engajada numa forma de espontaneidade, enquanto em casa, com sua roupa natural, estava engajada em uma outra forma. A espontaneidade da personalidade, no

A PERSONALIDADE EM PÚBLICO

entanto, coloca-se em oposição à convenção social, e faz com que espíritos livres sintam-se como divergentes. Espontaneidade e demonstração involuntária de caráter têm significações que se sobrepõem, mas há uma maneira de separá-las: a espontaneidade é sentimento involuntário *inofensivo,* que parece não causar nenhum mal a outros nem a si mesmo. Psicólogos do século XIX chegaram a acreditar, assim como seus pacientes, que pessoas comuns que eram involuntariamente expressivas eram frequentemente pessoas insanas; essa é uma outra forma do temor suscitado pelo sentimento espontâneo como anormal. Esse mesmo princípio chegou a ser invertido. A autoconsciência de ser diferente inibe a espontaneidade da expressão.

A personalidade criada pelas aparências, controlada, quando for o caso, por autoconsciência de seu próprio passado, espontânea somente por anormalidade, essas novas caracterizações da personalidade começaram a ser usadas no século passado para se entender a própria sociedade como uma coleção de personalidades. Foi dentro desse contexto geral que a personalidade adentrou o domínio público das capitais.

Qual é o princípio que deu origem a essas determinações da personalidade? A pista para todas as três está contida na primeira; a personalidade varia de pessoa a pessoa e é instável em uma única pessoa, porque as aparências não guardam distância do impulso; são expressões diretas da personalidade "interior". Ou seja: a personalidade é imanente às aparências, por oposição ao caráter natural, que, como a própria Natureza, transcende cada aparição no mundo.

> Todas as coisas visíveis são emblemas; o que vistes não está ali por conta própria; em sentido estrito, não está ali: a Matéria existe apenas espiritualmente, e para representar alguma Ideia e torná-la um *corpo.* Assim sendo, as *Roupas,* por mais desprezíveis que as achemos, são tão indizivelmente significantes.

Essas palavras tiradas do *Sartor Resartus,* de Thomas Carlyle, não teriam sentido na época da peruca e do *pouf au sentiment.* Pois as roupas tornaram-se "indizivelmente significantes" para Carlyle porque as aparências no mundo não eram véus, mas antes guias para o autêntico eu daquele que as ostenta.[28]

226   O DECLÍNIO DO HOMEM PÚBLICO

Uma pessoa conhecia verdadeiramente uma outra entendendo-a em seu nível mais concreto, que consistia em detalhes da roupa, do discurso, do comportamento. Nas roupas e nos discursos da Paris de Balzac, as aparências já não eram mais um distanciamento do eu, mas antes pistas para o sentimento privado. Inversamente, "o eu" não mais transcendia suas aparências no mundo. Essa era a condição básica da personalidade.

Foi a conjunção entre essa fé secular na personalidade — uma fé na aparência imediata como guia para o sentimento interior — e a economia do capitalismo industrial que empurrou a personalidade enquanto uma categoria social para dentro do domínio público. Essas duas forças já tiveram muita discussão. No último capítulo, vimos alguns dos resultados da personalidade em público, do ponto de vista do lucro: a passividade, o intercâmbio humano como um segredo, a mistificação da própria aparência. A nova fé secular trouxe uma lógica própria para esse âmbito público, com resultados simpáticos. Para saber, não é necessário colocar cores próprias a si mesmo, ou a seus compromissos; isso significava silêncio em público, a fim de entendê-lo; objetividade na investigação científica; uma gastronomia dos olhos. O voyeurismo era o complemento lógico da secularidade dos anos 1800.

Para se ouvir a voz da secularidade, e se entender a sua posição nesse diálogo, penso ser melhor começar o mais concretamente possível, com um homem que interpretava o mundo nesses termos. Comecemos, portanto, com Balzac. Atento a todas as novas condições materiais da cidade moderna, Balzac procurou interpretá-la através desses novos códigos de personalidade.

A VISÃO DE BALZAC: A PERSONALIDADE
COMO PRINCÍPIO SOCIAL

"Onde quer que, nos romances de Balzac, Paris não esteja diretamente representada, ela está ainda mais vivamente sugerida", escreveu uma vez Henry James. Devassidão, isolamento e sorte: eis os novos estímulos das grandes

A PERSONALIDADE EM PÚBLICO

capitais; esses eram os temas de Balzac. Irradiavam todos de uma preocupação central, quase obsessiva, de Balzac: seu interesse por Paris enquanto um lugar onde as fortunas eram igualmente feitas e desfeitas, enquanto um ambiente aberto ao talento e misteriosamente ignorando o talento. O empresariado é o modo básico das relações humanas. Um homem de raciocínio calmo, se entrar no mundo de Balzac, como o faz David em *Illusions Perdues* (Ilusões perdidas), só pode se limitar a ser a vítima passiva da sociedade empresarial. São típicas do senso que Balzac tinha de Paris como o lugar de uma nova ordem material, imagens como estas, tiradas de *Splendeurs et Misères des Courtisanes* (Esplendor e misérias das cortesãs):

> Vocês sabem, Paris é como uma floresta do Novo Mundo, onde perambula uma vintena de selvagens: Illinois, Hurões, que vivem com o rendimento oferecido por suas diferentes classes sociais. Você é um caçador de milhões; para capturar os seus milhões, você usa de armadilhas, galhos viscosos, engodos. Alguns caçam herdeiras, outros, uma herança; alguns vão pescar consciências, outros tapeiam seus clientes amarrando-lhes pés e mãos. Aquele que retorna com sua mochila bem-provida é saudado, festejado, recebido em boa sociedade.

Para sobreviver num tal ambiente, uma pessoa precisa abandonar todas as ligações, todos os compromissos estáveis:

> Um homem que se orgulha de seguir uma linha reta por toda a sua vida é um idiota que acredita na infalibilidade. Não existem princípios: há apenas eventos; não há leis, salvo as de conveniência.[29]

A imagem que Balzac utiliza para expressar o efeito das condições materiais sobre a qualidade da vida nesse ambiente é a da roda da fortuna. Conferiu a essa imagem um papel que os escritores do Renascimento, que também recorreram a ela para retratar suas sociedades, não aceitariam. Em Balzac, a fortuna não é mais o esporte dos deuses com os homens, nem a "Mulher da

228   O DECLÍNIO DO HOMEM PÚBLICO

Sorte", de Maquiavel, em guerra com a religião. Balzac baseou *Le Père Goriot* (O velho Goriot) em *King Lear* (O rei Lear); transpondo a ação para uma cidade moderna, no entanto, Balzac destronou a ideia da roda da fortuna: da nobreza e da majestade que o Renascimento lhe conferia, atirou-a na lama do escândalo, dos comprometimentos vulgares, das falsas esperanças. Do momento em que a sorte é atraída para baixo, do domínio dos deuses para as minúcias dos negócios cotidianos, do momento em que é secularizada, a "fortuna" em si mesma se torna uma questão de mudança total: do sucesso absoluto à mais total ruína, sem qualquer gradação intermediária onde a roda possa parar. É assim que, em *Père Goriot*, encontramos:

> Ontem, no topo da roda, na casa da duquesa, (...) hoje, no ponto mais baixo, implorando diante de um agiota: isto é o que significa ser uma mulher de Paris.

Ignóbil e absoluta: assim a sorte passou a ser.[30]

O desejo de Balzac de retratar as novas condições da vida urbana levou alguns críticos ingênuos a censurá-lo como um mau repórter. É o caso de Charles Lalo:

> A *Comédie Humaine* (A comédia humana) desdenha o principal, que era a produção, e superestima o acessório, que era a especulação.

Por certo tais críticas são bobagem inata, uma vez que nenhum homem pode ser uma enciclopédia, mas elas levantam uma questão importante: por que Balzac deu tanta atenção à instabilidade, à sorte e às transformações extremas na Paris de meados do século XIX? Uma resposta óbvia é que Balzac estava apenas reunindo em crônicas os novos estímulos da cidade, de modo completo; mas por detrás dessa resposta há uma outra.[31]

Para Balzac, a cidade moderna com sua cultura de mobilidade voraz era realmente uma revelação da psique humana totalmente emancipada de obrigações estáveis, deveres, contatos feudais, laços tradicionais. Na cidade, corrupções banais, pequenas crueldades involuntárias, parecendo deslizes

A PERSONALIDADE EM PÚBLICO

insignificantes, tornaram-se absolutos valores morais: não havia mais princípios transcendentes como reis ou deuses para se oporem a essas crueldades. A cidade expunha assim todas as possibilidades da psicologia humana. Ou seja, cada cena tinha uma significação, pois nenhum outro princípio a havia feito acontecer, que não fosse o desejo humano. Uma sequência na *Comédie Humaine* sucessivamente intitulada *Cenas da Vida Privada, Cenas da Vida Provinciana, Cenas da Vida Parisiense* é explicada por Balzac em uma introdução como retratos de estágios do ciclo da vida, com a espécie humana completamente amadurecida apenas quando na cidade. O que a cidade amadureceria, assim que os laços da dependência e da obrigação fossem finalmente quebrados? A resposta que Balzac dá é talvez o mais famoso retrato de Paris de toda a sua obra:

> [Em Paris], sentimentos genuínos são a exceção; são quebrados pelo jogo de interesses, esmagados entre as rodas desse mundo mecânico. Aqui, a virtude é difamada; aqui, a inocência é vendida. As paixões são vendidas barato para gostos e vícios ruinosos; tudo é sublimado, analisado, comprado e vendido. É um bazar, onde tudo tem seu preço, e os cálculos são feitos em plena luz do dia, sem escrúpulo. A humanidade tem apenas dois tipos, o enganador e o enganado... A morte dos avós é esperada com ansiedade; o homem honesto é o bobo; ideias generosas são meios para se obter um fim; a religião surge apenas como uma necessidade de governo: a integridade se tornou pose; tudo é explorado e vendido a granel; o ridículo é um meio para se promover e abrir portas; os jovens já têm cem anos, e insultam a idade avançada.[32]

Assim sendo, com Balzac, parece que chegamos a um exemplo do problema maior que levantávamos no último capítulo: uma acusação contra a cidade, baseada em suas circunstâncias materiais. Além disso, Balzac está mais do que consciente dessas condições; interpreta-as com uma nova unidade de medida. Chama Paris de "o mais delicioso dos monstros", na abertura de *Cenas da vida parisiense,* e, de fato, saboreia cada um desses horrores. Deparamo-nos, em Balzac, com uma paixão em examinar a cidade em cada um de seus

230 O DECLÍNIO DO HOMEM PÚBLICO

detalhes revoltantes, com um prazer em mostrar ao leitor o quão terrível ela é; tudo isso, com um amor por esse "delicioso" monstro que não contrasta com a genuína repugnância que Balzac sente pela vida parisiense, mas que se superpõe a essa repugnância. Uma dupla visão, e não a acusação, é aquilo que torna Balzac um grande repórter da mentalidade da cidade. A base dessa dupla visão é sua crença de que a personalidade se tornara a categoria social fundamental da cidade, e essa crença ele faz derivar, por sua vez, da análise de detalhes de aparências. É nesse nível que Balzac falou para seus contemporâneos, e fala ainda por eles.

A atenção de Balzac aos detalhes costumava ser pensada como uma questão de "estilo", na medida em que oposta a seus "temas"; agora, é pensada como a própria substância de sua arte. Presentemente, o interesse de Balzac pelo detalhe é interpretado tanto como "realismo romântico" quanto como "melodrama". Essas duas interpretações não são conflitantes, mas contêm algumas diferenças importantes. A ideia do realismo romântico de Balzac, tal como é interpretada por Donald Fanger, é que o romancista se concentra em detalhes da vida diária pessoal porque cada um deles, se tomado à parte e examinado sob todos os ângulos, não revelará apenas o caráter da pessoa, nem mesmo a personalidade numa miríade de diferentes maneiras, mas desvendará um segredo, que é um quadro da sociedade como um todo. Tudo da sociedade está miniaturizado em cada pequena manifestação concreta da vida, mas o romancista e o leitor de romances devem se esforçar para aplicar cada uma de suas faculdades, para investir mais sentimentos nos detalhes do que poderiam confirmar logicamente, a fim de arrancar esse segredo. Pequenas ações, pequenas coisas da vida, não têm qualquer significação clara sem esse esforço. Essa focalização das minúcias das variações da personalidade humana foi bem resumida por Georg Lukacs nos seguintes termos: "O que [Balzac] fez foi retratar as personalidades típicas de seu tempo, só que ampliando-as em tão gigantescas dimensões [...] que nunca poderiam se referir a seres humanos singularmente, mas apenas a forças sociais." A preocupação com detalhes é coisa de um "realista"; a força de sentimentos a respeito deles é a

A PERSONALIDADE EM PÚBLICO 231

de um "romântico"; quando ambas estão combinadas, o resultado faz de cada personalidade em cada cena uma afirmação sobre a ordem social da cidade como um todo.[33]

Eis, então, a formulação de Balzac dessa personalidade como categoria social: se ela é imanente, em toda parte, na vida social, é também um mistério, um segredo que não fala por si só. É o reverso da medalha em relação a Marx: a personalidade está presente em toda parte nas relações sociais, mas é mistificadora. Como fazê-la falar, então? O observador não poderá fazê-lo, primeiramente, apenas com a força de seu interesse que faz inflar e que glorifica certos detalhes como símbolos. No entanto, o interesse apaixonado sozinho não explica o processo pelo qual os detalhes da vida são glorificados como símbolos psíquicos.

Esse processo de criação de símbolos é o que Peter Brooks chamou de melodrama — não apenas porque Balzac durante sua vida toda foi atraído pelo palco e escreveu várias peças ou *scripts* (a mais antiga sendo *Le Nègre: Mélodrame en Trois Actes* [O negro: melodrama em três atos] mas porque o procedimento pelo qual Balzac faz inflar os detalhes transformando-os em símbolos era o mesmo procedimento com o qual os autores de teatro melodramático moldavam suas personagens. Isso devia apresentar na descrição do detalhe de comportamento ou de sentimento apenas aquilo que se poderia facilmente conectar com um outro detalhe. O detalhe tomado em si mesmo, o sinal que não tinha referente, é a morte para esse tipo de descrição. O leitor precisa se dar conta de um fato apenas enquanto este pertença a um tipo, e do comportamento de uma pessoa apenas enquanto pertença a um tipo de comportamento. Dessa maneira, poder-se-á rapidamente reconhecer, numa peça melodramática, o vilão, a jovem em perigo, o jovem salvador.[34]

No entanto, no palco, a conexão se faz de tal modo que as personagens individuais só têm um sentido enquanto se encaixarem em tipos gerais de caracterização. Nos romances de Balzac, o fluxo é invertido: o entrelaçamento de detalhes é de tal modo construído que forças sociais gerais só adquirem sentido quando podem se refletir em casos individuais. Em Balzac, o procedimento nos permite ver, como Lukacs observava, "forças sociais" incorporadas nos

232 O DECLÍNIO DO HOMEM PÚBLICO

feitos da vida do dia a dia; entretanto, uma vez encravadas neles, são difíceis de ser destacadas. A arte de Balzac está em nos fazer acreditar no capitalismo apenas suscitando a credibilidade de indivíduos capitalistas; fazer-nos analisar "o artista em Paris", apenas nos mostrando cada detalhe sobre artistas específicos, trabalhando em momentos específicos, em lugares específicos da cidade. Dessa maneira, as categorias sociais suscitam a credibilidade apenas enquanto as observamos como imanentes à vida de uma pessoa em particular. Que ela suscite uma tal crença é a marca de Balzac como grande artista; mas a expectativa de que a vida social só é crível dentro desses termos torna Balzac um representante de uma nova e mais ampla mentalidade.

Há uma cena famosa da abertura do *Père Goriot,* uma descrição da sala de jantar da *pensão* de Madame Vauquer e da própria Madame Vauquer, e sua interpretação igualmente famosa, por Erich Auerbach, em *Mimesis,* que ilustra perfeitamente a maneira pela qual Balzac faz da sociedade um conjunto de símbolos psicológicos, cada um dos quais se baseia em pequenos e insignificantes detalhes. A descrição começa com o quarto, às sete da manhã, e o gato que chega a ele, antes de sua dona. É então que entra Madame Vauquer. Cada traço de seu rosto é registrado por uma metáfora; e então o rosto todo é descrito novamente por metáforas diferentes. Em seguida, temos uma pintura exata de cada camada de suas roupas; e depois seis frases, cada qual reafirmando algo sobre o seu caráter que já havia sido estabelecido antes, com uma ligeira alteração. Auerbach chama essa intensidade exaustiva de atenção ao detalhe de "demoníaca"; essa paixão pelo ver, sem nunca deixar de sentir, o que significa para essa mulher de falso brilho andar até a sala de jantar de manhã, condensar o todo de sua vida em sua primeira e momentânea aparição — esse demonismo é o realismo romântico a que se refere Fanger. É a investidura de toda a paixão do observador nos fatos mais ínfimos.[35]

Mas como, exatamente, é que Balzac nos faz ver cada fato? Auerbach observa que Balzac faz com que cada detalhe físico implique um outro fenômeno mais amplo, como na frase: *"sa personne explique la pension, comme la pension implique sa personne"* ("sua pessoa explica a pensão, assim como a pensão implica sua pessoa"), e então, por associação, Balzac imediatamente após essa sentença compara a pensão a uma prisão. Ou então, os fatos mínimos

A PERSONALIDADE EM PÚBLICO

são feitos para falarem por justaposição: "Seu corpete desamarrado e frouxo, [está] em harmonia com o cômodo, cujas paredes transpiram infortúnio"; ou então as minúcias são jogadas numa descrição geral, de maneira que são forçadas a ter um sentido que não teriam por si mesmas:

> Madame Vauquer parece-se com todas as mulheres *que já tiveram problemas.* Tem os olhos vidrados, a inocente expressão de uma alcoviteira que vai fazer uma cena a fim de conseguir um preço mais alto, mas que ao mesmo tempo está pronta a tudo para amenizar a sua quota.

Não se espera que a imagem de uma queixosa mulher de meia-idade seja repentinamente associada com a imagem de uma queixosa prostituta; entre as duas, servindo-lhes como mediação, fica esse detalhe da mulher com "olhos vidrados". Assim situada, essa pequena expressão se associa a cada uma dessas características. Esse detalhe da aparência física é a única "prova" concreta, se tanto, de que esses dois tipos de caráter estão relacionados. Situando dessa maneira o detalhe físico, Balzac força-o a ter uma significação metafórica, bem como linguística, enquanto uma transição entre dessemelhantes: ele é inflado a fim de significar mais do que significa. Por meio de tais procedimentos, Balzac, o devotado observador de fatos, retira-os do domínio do factual. Essa cena, como todas as descrições feitas por Balzac, segundo as palavras de Auerbach, "estão dirigidas à imaginação mimética do leitor, à sua memória pictural de pessoas similares e de *milieux* (ambientes) similares que possa ter visto". Sendo tão detalhista na descrição dessa pensão, Balzac nos faz pensar que estamos lendo a respeito de "uma pensão de Paris". Assim mesmo, essa pensão não é retratada como um tipo representativo, como algo de típico ao invés de algo individual. Todos os laços que a ligam a "pessoas e *milieux* similares" — como o relacionamento da pensão com o silêncio empoeirado da prisão; a dona da casa sufocada em seu laçarote e em seus infortúnios, relacionada à mais atrevida das mundanas que trabalham na Madeleine* —

---

*Região central de Paris. (*N. da T.*)

234 O DECLÍNIO DO HOMEM PÚBLICO

tornam a cena mais importante em si mesma e por si mesma. O exagero no detalhe, para fazê-lo parecer tão intrinsecamente ligado a tudo o mais no mundo social, faz com que o ele se torne fecundo, e um fato crucial a ser descodificado e desmistificado. A maneira de ver dispõe, portanto, naturalmente, o observador de modo que ele veja toda a cidade como explodindo de sentidos em cada minúcia, uma *comédie* pronta para ser esquadrinhada, se conseguirmos nos apoderar de cada uma dessas cenas como se fosse um mundo em si mesmo.[36]

Exagero e miniaturização ao mesmo tempo: dessa personalização da sociedade provêm dois resultados: de um lado, uma instabilidade naquilo que é percebido, de outro, uma passividade naquele que percebe.

Na própria obra de Balzac, as roupas são um objeto favorito para mostrar a presença da personalidade individual em todas as aparências. As roupas não apenas revelam a personalidade daqueles que vestem; mudanças de roupa preparam as personagens de Balzac para acreditarem que se tornaram outras pessoas. Em *Peau de Chagrin* (A pele de onagro), Rastignac parece "metamorfoseado" a esse ponto com suas novas roupas. Nas *Illusions Perdues*, Lucien, recém-chegado a Paris, sente que, se somente usasse as roupas certas, de algum modo iria se comportar menos desajeitadamente e iria sentir menos ansiedade: roupas novas iriam "dar-lhe força". Em *Père Goriot*, mudanças nas roupas são o meio pelo qual podemos ver acontecer o declínio moral. Em todos, é por intermédio de uma análise dos detalhes da roupa, seguindo-se os princípios de percepção utilizados na análise da pensão de Madame Vauquer, que essas transformações de caráter são transmitidas.[37]

As transformações que as roupas provocam no caráter impeliram Balzac para um tema especial: as aparências são máscaras, e o homem por detrás da máscara tem a ilusão de uma personalidade separada e estável, mas está, de fato, prisioneiro dessas aparições momentâneas. É uma tênue formulação de um tema mais amplo nessa sociedade: o do temor da demonstração involuntária da personalidade. Não se vê qualquer barreira entre o caráter interior e os detalhes exteriores e momentâneos das aparências. Essas aparências mudam;

A PERSONALIDADE EM PÚBLICO   235

portanto, as mudanças que ocorrem na pessoa estão expostas para quem quiser analisá-las. Não há disfarces: cada máscara é um rosto. Imanência da personalidade, instabilidade da personalidade, demonstração involuntária da personalidade: essa trindade própria à época é revelada por Balzac como uma prisão. No comentário popular dos escritos de Balzac na sua época, essa questão dos disfarces parece ter sido a mais perturbadora para seu público. Dizer que máscaras eram rostos era tocar num nervo exposto.

Se, por um lado, há uma preocupação de Balzac com o ato de ver e com a cidade como um todo, por outro lado, não há nele qualquer atenção especial para com cenas particulares. Balzac fala da "gastronomia dos olhos", o seu amor pela cidade por causa das cenas que nela podia observar. Balzac passa de uma molécula para outra, na cidade, sem ser definido, enquanto narrador ou comentador, por ninguém. Não fala do ponto de vista de alguém que pertença a uma parte da cidade. Nisso sua arte revela uma segunda consequência — uma estranha passividade — que advém da sua percepção da sociedade através de símbolos psicológicos.

Vimos anteriormente que a crescente fragmentação da capital em linhas de classe e de etnias insere, até certo ponto, uma diferença entre o burguês e o trabalhador, em termos de cosmopolitismo. Era o burguês que mais provavelmente seria capaz de mudar de uma cena para outra. As condições econômicas mais baixas do trabalhador provavelmente o confinariam num mesmo local. A falta de atenção de Balzac para com cada cena, a ausência, em seus escritos, de referências a partir de um ponto de vista que privilegie uma molécula sobre as demais, é a realização do cosmopolitismo burguês. Comparem-no com Daumier, que estava enraizado numa cultura particular, a do proletariado urbano de uma vizinhança particular. Na maioria, as figuras de Daumier "estão baseadas nas pessoas que vejo da minha janela". Sua visão das classes sociais também se fundava do mesmo modo: era mais provável que visse o trabalhador como uma vítima do que como um pecador. As relações sociais são conhecidas, precisam apenas ser mostradas. Já para Balzac, todos são pecadores. Para entender os vícios humanos em toda a sua

236 O DECLÍNIO DO HOMEM PÚBLICO

variedade, é necessário perambular pela cidade sem nunca tomar o comportamento de uma das moléculas da sociedade como comportamento padrão para os demais. Nunca se pode entender uma vida específica, a não ser "em seus próprios termos". Esse desarraigamento, esse relativismo absoluto, essa falta de comprometimento é o que torna a visão que Balzac tem da cidade uma visão burguesa. O escritor burguês suspende seus compromissos com crenças particulares, e se compromete, ao contrário, apenas com o ato de ver. Paixão e uma estranha passividade: essa "gastronomia dos olhos" define uma cultura de classe, cuja bússola gira, como veremos, da percepção nas artes para a percepção dos grupos sociais na cidade.

Façamos então a justaposição de Balzac com as novas formas de comércio varejista na cidade, e daí emergirá um perfil do mundo público de meados do século XIX. Em seus escritos, a percepção da personalidade em sociedade revelou ter uma estrutura definida. As relações sociais estão incrustadas em detalhes de aparência pessoal; a instabilidade da personalidade, tal como é percebida, relaciona-se com a flutuante passividade daquele que percebe. O comércio varejista mostra como a percepção da personalidade em toda parte na sociedade poderia trazer lucro. As origens do mundo de Balzac repousam numa doutrina secular de significação imanente; as origens da loja de departamentos repousam num capitalismo de produção em massa e de distribuição em massa.

Sem nos enredarmos na questão de saber se um escritor de gênio é representativo — hoje em dia é tão mais fácil crer que apenas a arte medíocre é representativa de uma época —, convém nos perguntarmos sobre as bases que eram compartilhadas pelos contemporâneos de Balzac, pelo menos enquanto expectativa daquilo em que se pode crer: a visão de mundo de Balzac; e sobre as bases segundo as quais a vontade que tinham eles de perceber e acreditar como ele o fazia de fato levou a plateia burguesa a objetivos diferentes daqueles do artista.

A PERSONALIDADE EM PÚBLICO:
NOVAS IMAGENS DO CORPO

As décadas da metade do século XIX entediaram a maioria dos historiadores das roupas e dos costumes, como de fato deveriam. O parecer de Squire é curto e condenatório: "A década mais aborrecida do vestuário feminino começou em 1840. Uma insípida mediocridade caracterizou toda uma época da classe média." Raramente o corpo feminino havia aparecido de forma tão deselegante, raramente a roupa masculina fora tão opaca. Mas são décadas absolutamente importantes. Nelas, a personalidade adentrou o domínio público de um modo estruturado, entrelaçando-se com as forças da produção industrial, através do *medium* das roupas. As pessoas levavam seriamente em conta as aparências umas das outras nas ruas. Acreditavam poder esquadrinhar o caráter daqueles que viam, mas o que viam eram pessoas vestidas com roupas cada vez mais homogêneas e monocromáticas. Descobrir uma pessoa a partir de sua aparência tornara-se, portanto, uma questão de procurar pistas nos detalhes do seu vestuário. Essa descodificação do corpo nas ruas, por sua vez, afeta a ponte entre palco e ruas. Os códigos de credibilidade a respeito das aparições nas ruas começaram a diferir fundamentalmente da crença nas aparências do palco. Dessa forma, a burguesia cosmopolita estava tentando ver, em termos comparáveis com a visão de Balzac, mas sua visão levava a um divórcio entre arte e sociedade.[38]

Termos como "homogêneo", "uniforme" ou "opaco" precisam ser utilizados com precaução. Comparado com o garbo da Pequim dos dias modernos, com seu costume militar único para todas as idades e para ambos os sexos, o vestuário dos anos 1840 dificilmente poderia parecer uniforme ou opaco. Comparado aos anos 1950, nos Estados Unidos, seria até mesmo uma celebração de estilo. Mas comparado ao que viera antes, tanto no Antigo Regime quanto no período do Romantismo, era mesmo homogêneo, era mesmo opaco. Como dizem numerosos escritores, era o começo de um *estilo* de se vestir em que a neutralidade — isto é, não se sobressair — era a ordem imediata.

238 O DECLÍNIO DO HOMEM PÚBLICO

As roupas da época colocam dois problemas. O primeiro é o de saber como e por que as roupas se tornaram mais neutras. O segundo é a insistência em se ler a personalidade a partir de aparências neutras. O primeiro problema envolveu um novo relacionamento entre o vestir-se e a máquina.

A máquina de costura aparece em 1825, produzida por várias firmas americanas e europeias e, finalmente, patenteada pela Singer, em 1851. Nos anos 1840, os relógios passaram a ser artigo de produção em massa. Em 1820, o mesmo aconteceu com os chapéus, assim que um americano descobriu a máquina de produzir feltro. Por volta da metade do século XIX, quase todos os sapatos vendidos nas cidades eram feitos a máquina.[39]

O impacto dessas transformações na produção de roupas em Paris e em Londres não pode ser entendido isoladamente dos novos meios de disseminação da moda nas cidades. Cem anos antes, havia duas maneiras de expandir uma moda parisiense: na cidade, a mais efetiva era o contato direto nas ruas ou nos jardins públicos; e os manequins-bonecas que se vestiam como réplicas exatas do que a condessa fulana de tal estava usando no momento. Por volta de 1857, tudo isso havia mudado. Através das "pranchas de elegância", as páginas dos jornais disseminavam a moda de maneira instantânea, e a moda reproduzida em sua forma original exata. Os anos 1840 foram a primeira grande era da circulação maciça de jornais. A simples circulação dos jornais já significava que a maioria dos compradores não precisava mais fazer contato com um vendedor, pessoalmente, com o fito de saber o que comprar. Bonecas de moda eram ainda utilizadas no século XIX, mas haviam perdido seu propósito: eram tratadas como objetos arcaicos, interessantes para se colecionar, mas já não eram utilizadas pelos vendedores de roupas. O que acontecera então dentro da loja de departamentos teve repercussão dentro do mundo do vestuário: o intercâmbio ativo entre comprador e vendedor havia se transformado num relacionamento mais passivo e unilateral.[40]

Por volta de 1857, essas transformações na produção em massa e na disseminação em massa das roupas penetraram no mundo da alta moda. Nesse ano, L. Worth abre seu salão de moda em Paris. Era o primeiro desenhista de alta moda a empregar roupas feitas a máquina e reprodutíveis em massa. Hoje,

A PERSONALIDADE EM PÚBLICO 239

a qualidade técnica das roupas de Worth chama a atenção, mais do que sua beleza. Cento e vinte anos atrás, causaram um choque, porque o seu "bom gosto" e sua "bela concepção" eram realizados com padrões que poderiam ser facilmente copiados pelas máquinas novas, da mesma maneira pela qual Worth usara tais máquinas em escala limitada para preparar os costumes de seus patrões reais e aristocráticos. Como resultado, foram desaparecendo os processos de simplificação que operavam no século XVIII, enquanto as roupas foram passando de uma elite de criadores para uma classe média de imitadores. Após Worth, uma tal simplificação havia se tornado mecanicamente obsoleta. As diferenças entre as aparências da classe alta e da classe média passaram para um outro terreno, mais sutil.[41]

Nas décadas de 1830 e de 1840, a silhueta feminina passou a ser definida pela cintura de vespa e pelas mangas em forma de perna de carneiro. A cintura extremamente fina só podia ser conseguida comprimindo-se o corpo num espartilho. O apelo desse aprisionamento estava, para as senhoras burguesas, no fato de que cheirava à dignidade dos tempos idos da corte, quando a realeza usava corpetes apertados e vestidos amplos. Por volta de 1840, quase todos os corpos femininos, abaixo da clavícula, estavam cobertos por algum tipo de roupa, uma vez que por essa época a saia havia gradativamente descido até cobrir novamente os pés.[42]

Na década de 1830, a roupa masculina começou a receber a influência das linhas onduladas e exageradas da roupa romântica. Por volta de 1840, a gravata perdera sua ribombância e ficara rente ao pescoço. As linhas masculinas tornaram-se mais simples nessas duas décadas, e a cor das roupas tornara-se mais opaca. Acima de tudo, a casimira de cor escura tornara-se o material básico para a roupa de passeio das classes alta e média, e a "roupa de domingo" das classes trabalhadoras quando iam à igreja.[43]

Agora, todas essas peças eram cortadas a máquina segundo moldes. Se um cavalheiro ou uma dama pudesse pagar um alfaiate ou uma costureira, os moldes para a costura à mão eram os mesmos da costura a máquina, a menos que o cliente fosse excepcionalmente rico ou excêntrico. E a excentricidade no vestir era cada vez mais desaprovada nessas décadas.

240   O DECLÍNIO DO HOMEM PÚBLICO

Chegamos então, como diz François Boucher, a um "quebra-cabeça do gosto", que de fato era um sinal de uma crença profundamente enraizada e complexa. Em público, as pessoas não queriam se fazer notar sob nenhum ponto de vista, não queriam ser conspícuas. Por quê?

Os historiadores da moda atribuíram esse medo de se destacar a causas bem triviais. Falam, por exemplo, na influência do Belo Brummell. Enquanto os românticos como o conde d'Orsay vestiam-se com brilho, Brummell se apresentava clara, nítida e imaculadamente controlado. Assim como as senhoras burguesas deformavam seus corpos na busca de um *bon ton* régio evanescente, os cavalheiros de trinta ou quarenta anos depois de Brummell ter caído de moda em 1812 poderiam imaginar que, sendo empertigados e opacos, estariam demonstrando bom gosto.[44]

Mas essa não é uma explicação suficiente. Considere-se, por exemplo, uma pintura do Museu Real de Belas-Artes de Copenhague representando uma multidão em suas ruas, feita pelo pintor A. M. Hounoeus, em meados do século. A roupa das crianças é puramente dinamarquesa, e os adultos estão vestidos "à moda parisiense". É uma pintura ruim, mas um documento excelente. Eis aí um ajuntamento de pessoas, todas vestidas sombriamente, uma grande multidão. Quem são elas? Como adivinhar o trabalho de cada uma, o seu *status* específico, suas bases sociais? Pela observação visual, impossível. Estão protegidas.

As diferenças entre as vidas cosmopolita e provinciana estavam envolvidas nesse gosto pelo anonimato. Nos anos 1840, tornara-se mesmo um sinal de maneiras cosmopolitas da classe média, ou então o desejo de urbanidade entre os provincianos. No continente, durante essa década, as pessoas de fora das grandes cidades, ao contrário, e num espírito diferente, começaram a enfatizar a conservação de suas roupas "nativas", opondo-as ao "estilo parisiense" de se vestir. As ideias crescentes de povo (*folk*), de um espírito do povo, que deu às nações os seus princípios e direitos, produziram em parte essa divisória conscientemente delineada, entre Paris e a moda "nativa". A ideia de povo começou na geração de Herder, e sobreviveu quando os românticos contemporâneos de Herder saíram de cena — o povo sempre rural ou aldeão, e a cidade cosmopolita sendo sempre antipovo.

A PERSONALIDADE EM PÚBLICO 241

Esse novo nativismo produziu contrastes extraordinários no domínio da moda. Se olharmos uma prancha de moda masculina nos jornais de Lyon e de Birmingham, encontraremos em ambos os países a mesma ideia de que provincianos eram costumes mais coloridos, mais variados e, em suma, mais interessantes do que as ideias cosmopolitas. Vestir-se de uma maneira sofisticada, à maneira cosmopolita, significava aprender como abaixar o tom de sua aparência e como passar despercebido.

Pode-se então fazer uma associação simples. Dada a convulsão das condições materiais na cidade, as pessoas desejavam se proteger, misturando-se à multidão. As roupas produzidas em massa lhes deram os meios para essa mistura. Se o episódio terminasse aqui, poderíamos concluir que doravante a sociedade maquinária controlava os instrumentos expressivos da cultura da cidade. E se isso fosse verdade, então todas as nossas ideias familiares — dissociação, alienação e assim por diante — viriam à tona: as pessoas devem ter se sentido dissociadas de seus corpos, porque seus corpos eram expressões da máquina; havia alienação porque o homem não mais expressava a sua individualidade através da sua aparência e assim por diante. Tais descrições tornaram-se tão familiares que são quase confortantes; contam tão facilmente o que dera errado...

Assim mesmo, a dissociação era exatamente aquilo que as pessoas bem-vestidas não faziam. À medida que as imagens foram se tornando mais monocromáticas, as pessoas começaram a tomá-las mais a sério, como sinais da personalidade daquele que as envergava. A expectativa de que a mais banal e trivial aparência teria grande importância como pista na direção da personalidade, uma expectativa que Balzac apreendera em sua obra e que seu público também mantinha em suas próprias vidas. Os cosmopolitas, de aparência mais opaca, tendiam, mais do que seus opostos provincianos, a usar roupas como símbolos psicológicos. A contradição de suas vidas em público estava em que queriam se proteger contra a atenção individual, e as máquinas lhes forneciam os meios para fazê-lo; ainda assim, analisavam as aparências das outras pessoas, igualmente protegidas contra a revelação de pistas dos estados de sentimento pessoal. Como um terno de casimira preta chega a ter

242 O DECLÍNIO DO HOMEM PÚBLICO

a aparência de um "hieróglifo pessoal", para usarmos o termo de Marx? A resposta consiste em se ver as novas ideias da personalidade entrelaçadas com a produção em massa das aparições em público.

Os dois fenômenos que as pessoas burguesas personalizavam nas aparências públicas eram a classe e o sexo. Através da leitura de detalhes da aparência, os estranhos tentavam determinar se alguém havia metamorfoseado a posição econômica numa posição mais pessoal de ser "cavalheiro" (*gentleman*). O *status* sexual torna-se personalizado em público quando estranhos tentavam determinar se alguém, apesar de todo seu decoro aparente, fornecia pequenas pistas em sua aparência que a marcassem como uma mulher "licenciosa". Ambos, o "cavalheiro" e a mulher "licenciosa" que se esconde por detrás da respeitável dama, são visualmente significativos apenas enquanto fenômenos públicos. O cavalheiro e a mulher licenciosa, fora das luzes do público, em casa, tinham conotações totalmente diferentes. Um cavalheiro em casa era uma pessoa atenciosa, especialmente no que dizia respeito às necessidades de sua esposa. Sua aparência não vinha ao caso. A percepção do relaxamento da licenciosa dentro da família era uma percepção de seu comportamento, e não uma revelação involuntária de pistas no modo de se apresentar ou de se vestir.

Como reconhecer um cavalheiro ao encontrarmos um estranho? Em *La Diorama* (O diorama), história popular localizada em Paris na década de 1840, um jovem recebe inesperadamente uma herança. Imediatamente, decide comprar boas roupas. Quando havia terminado de se enfeitar, encontra nas ruas um amigo, que é republicano, ironicamente rico. E esse amigo não consegue perceber nele o súbito enriquecimento, uma vez que as roupas não proclamavam obviamente tal fato. Mas aqui há um segundo ponto. Ele se sente prejudicado; enquanto um jovem iniciado, ele sabe dizer se as roupas são as de um cavalheiro ou não; mas, como o amigo não conhece as regras, ele não consegue perceber nada. Isso funciona também inversamente: quando o jovem vai a uma fábrica, não consegue ler o nível de vários operários, embora o seu amigo o consiga imediatamente. Em outras palavras, essa roupa bem que fala socialmente; tem um código que corre o risco de ser quebrado.

A PERSONALIDADE EM PÚBLICO 243

Em 1750, o uso de cores, emblemas, chapéus, calças, bombachas era sinal instantâneo do nível social que todas as pessoas nas ruas poderiam conhecer. Talvez não fossem um índice apurado, mas eram sinais claros, ainda que arbitrários. Esses jovens dos anos 1840 habitavam um mundo cujas leis são acessíveis apenas a iniciados. E as pistas que são lidas pelo iniciado são criadas através de um processo de miniaturização.

Detalhes de feitura mostram doravante o quanto um homem ou uma mulher é "gentil".* O acabamento com botões num casaco, a qualidade de fabricação, é isso o que importa, sobretudo se o próprio tecido é dominado por uma cor ou matiz. O couro das botas se transforma num outro sinal. O laço da gravata se torna uma questão intrincada: a maneira de se apresentar "engravatado" revela se um homem tem ou não tem "recheio", o material da gravata sendo indefinido. Como os relógios se tornavam cada vez mais simples na aparência, os materiais usados em sua fabricação passam a ser a marca do estrato social de seu proprietário. Tratava-se, em todos esses detalhes, de uma questão de se marcar pessoalmente com sutileza; qualquer pessoa que se proclame a si mesma um cavalheiro obviamente não o é.[45]

Um visitante russo no Jockey Club pedira a seus anfitriões que lhe definissem o que é um cavalheiro: seria um título herdado, uma casta ou uma questão de dinheiro? A resposta que recebeu dizia que um cavalheiro revelava suas qualidades apenas àqueles que tivessem conhecimento suficiente para percebê-lo sem que fosse necessário lhe dizer. O russo, uma alma bem rude, perguntou que tipo de formas essas revelações poderiam ter, e um membro lhe respondeu, como se lhe fizesse uma confidência, que sempre seria possível reconhecer a roupa de um cavalheiro, pois os botões das mangas do casaco de um cavalheiro efetivamente se abotoavam e desabotoavam, enquanto se reconheceria o comportamento cavalheiresco no fato de se manter os botões escrupulosamente pregados, de maneira que suas mangas nunca atraíssem a atenção para esse fato.

---

*Gentle, marca a cortesia e a civilidade do gentle-man. (N. da T.)

244   O DECLÍNIO DO HOMEM PÚBLICO

A miniaturização estendeu-se para baixo, aos níveis da pequena burguesia e da classe trabalhadora mais alta. O uso de galões de babados torna-se,
nos anos 1840, uma dessas marcas de estrato social, que os cavalheiros não
poderiam adotar. A simples limpeza de pequenas peças como o colarinho já
pode ser suficiente para que um lojista, ao analisar alguém a quem está sendo
apresentado, possa decidir se se trata de um dos nossos ou não.

As personalidades das mulheres respeitáveis ou licenciosas também eram
lidas através da mesma mescla de exagero e miniaturização. Em seu estudo sobre a sexualidade vitoriana, *The Other Victorians* (Os outros vitorianos), Steven
Marcus mostrou o quanto a imagem médica e social da prostituta do século
XIX conferiu grande importância à sua semelhança com a mulher comum
respeitável. Ouçamos Acton, um médico, a propósito das semelhanças físicas:

> Se compararmos a prostituta em seus trinta e cinco anos com sua irmã, que
> talvez seja casada e mãe de família, ou que tem sido uma escrava do trabalho
> pesado, durante anos, nos superaquecidos laboratórios de moda, raramente
> concluiremos que os estragos constitutivos que pensamos ser consequências
> necessárias da prostituição excedem aqueles que são imputáveis aos cuidados
> com a família.

Nem mesmo no comportamento das ruas as mulheres licenciosas mostram-se
especialmente. Apenas deixam pequenas pistas, um olhar mais demorado, um
gesto de langor, que o homem que saiba lê-las logo entenderá.[46]

Essa similaridade funcionava também do outro lado. Como uma mulher
respeitável poderia manter-se diferenciada da licenciosa, ou mais ainda, da
mulher decaída, se a semelhança é tão grande? Como poderia ela, presumivelmente inocente e pura, conseguir o conhecimento suficiente para se orientar?
Desse dilema surge a necessidade de se prestar muita atenção aos detalhes
da aparência e de manter-se assim, por medo de ser lida de modo errado ou
malicioso. De fato, quem sabe, se alguém manifestava sinais miniaturizados
de mulher licenciosa, realmente o era.

A PERSONALIDADE EM PÚBLICO 245

A miniaturização operava, na percepção da "licenciosidade", em termos do próprio corpo. Uma vez que os principais membros do corpo estavam cobertos, e uma vez que o corpo feminino vestido não mantinha qualquer relacionamento com a forma do corpo despido, pequenas coisas, como a cor dos dentes ou a forma das unhas, tornaram-se sinais da sexualidade. Além disso, objetos inanimados que envolviam a pessoa poderiam também ser sugestivos em seus detalhes, de tal modo que o ser humano que os usasse ou os visse se sentisse pessoalmente comprometido. Alguns leitores se lembrarão das cobertas das pernas dos pianos nas casas de seus avós, ou das cobertas dos pés de mesas na sala de jantar: era considerado impróprio mostrar as pernas do que quer que fosse. A idiotice de uma tal pudicícia de tal maneira embota as mentes que sua origem foi esquecida. Todas as aparências têm significações pessoais: se acreditarmos que pequenos gestos com os olhos podem involuntariamente trair sentimentos de licenciosidade sexual, torna-se igualmente racional sentir que as pernas expostas de um piano são provocantes. A raiz desse temor indiscriminado é tão cultural quanto sexual, ou melhor: foi a transformação na cultura que permitiu à burguesia vitoriana tornar-se mais pudica do que seus antepassados do século XVIII. Toda essa transformação cultural que desembocaria no ato de cobrir as pernas do piano tem sua raiz na própria noção de que todas as aparências falam, de que as significações humanas estão imanentes em todos os fenômenos.

A única defesa que alguém poderia ter contra essa cultura era de fato cobrir-se, e disso proveio o medo feminino inflexível de se ser vista em público. Proteger-se contra a luz, contra as ruas, contra a exposição dos membros era a regra para a aparência corporal. Eis como um escritor a descreve:

> Poucos vitorianos eram vistos diretamente à luz, uma vez que tivessem ultrapassado sua juventude. À noite, eram aureolados por lampiões a óleo ou a gás; durante o dia, permaneciam na semiobscuridade. Despiam-se no escuro; a mulher rica poderia tomar seu café da manhã na cama e desceria para a parte principal da casa quando seu marido tivesse saído para o escritório, para o clube, ou para sua propriedade de campo.

246 O DECLÍNIO DO HOMEM PÚBLICO

Os anos 1840 foram uma época em que ressurgiria o boné com penacho, como um artigo de vestuário requintado; mais tarde, surgiria o véu espesso, como uma manifestação do garbo da classe média, a classe que protegia quase completamente o rosto.[47]

Assim como as personalidades das pessoas passam a ser vistas em suas aparências, fatos de classe e de sexo passam a se tornar, portanto, motivos de ansiedade real. O mundo das verdades imanentes é tão mais intenso, e ainda assim tão mais problemático, do que o mundo público do Antigo Regime, onde as aparências eram colocadas a certa distância do eu. Nos cafés, nos teatros, nas roupas da pessoa, os fatos do estrato social estavam tão escondidos ou tão explícitos, ainda que falsamente, que não havia real necessidade de se fazer perguntas numa situação social. Um homem poderia ou não poderia ser aquilo que suas roupas proclamavam, mas a proclamação era clara. Através da convenção, a ansiedade a respeito de com quem se está falando era menor do que na situação vitoriana, em que se fazia necessário um processo de descodificação. A lógica de investigação se faz necessária como um meio de fazer contato com o indivíduo, contato que poderia ou não germinar atrás da fachada da aparência. Se, no entanto, a pessoa não conhecesse as regras que governavam as aparências particulares, se não soubesse "ler" um nó de gravata, ou a existência de uma echarpe usada sobre o coque, ela jamais teria certeza das deduções que fizesse sobre quem ela estaria encontrando nas ruas. A atenção compulsiva ao detalhe, a ansiedade diante de fatos que outrora chegaram a se tornar obsessivos para nós, de tantas maneiras, originou-se dessa ansiedade a respeito do que simbolizam as aparências.

Intimamente ligado a um código da personalidade imanente às aparências em público há o desejo de controlar tais aparências através de uma ampliação da consciência de si mesmo. Comportamento e consciência mantêm, no entanto, um relacionamento estranho: o comportamento vem antes da consciência. É involuntariamente revelado, difícil de controlar com antecedência, precisamente porque não há regras nítidas para se ler os detalhes em miniaturas. São claros apenas para iniciados, e nem agindo como cavalheiros, nem tampouco se apresentando como uma mulher de respeito absoluto

A PERSONALIDADE EM PÚBLICO 247

haverá um código estável a ser utilizado. Na sexualidade, como na moda, assim que "qualquer um" passou a ter livre acesso a um conjunto de termos, esses termos tornaram-se sem sentido. Um novo conjunto de pistas, um novo código, surge então. A mistificação da personalidade é tão continuada quanto a mistificação das novas mercadorias nas lojas. A tomada de consciência se torna então atividade retrospectiva, um controle daquilo que já foi vivido: nas palavras de G. M. S. Young, um trabalho de "desembaraçar" mais do que "preparar". Se o caráter é involuntariamente revelado no presente, só poderá ser controlado numa visão pretérita.

Uma história da nostalgia ainda está por ser escrita, mas certamente esse relacionamento no pretérito entre a consciência e o comportamento explica uma diferença crucial entre a autobiografia do século XVIII e a do século XIX. Em memórias do século XVIII como as de Lord Hervey, o passado é nostalgicamente lembrado como um tempo de inocência e sentimentos simples. Nas memórias do século XIX, acrescentam-se dois novos elementos. No passado, estava-se "efetivamente vivo", e, se alguém pudesse fazer com que o passado tivesse sentido, a confusão da vida presente poderia ser minorada. Esta é a verdade conseguida através da retrospecção. A terapia psicanalítica surge a partir desse senso vitoriano da nostalgia, da mesma forma que o culto moderno da juventude.

Numa perspectiva mais amena, ocorre também durante o século XIX, tanto em Paris quanto em Londres, a popularização do gênero do romance policial e de mistério. Cada homem e cada mulher deveria ser um detetive toda vez que quisessem entender as ruas. Tomem-se como exemplo (mesmo que os exemplos sejam mais tardios no século) passagens das histórias de Sherlock Holmes de Conan Doyle — como as que se seguem — que tanto nos divertiram quando éramos crianças. Em "Um caso de identidade", uma jovem mulher entra no apartamento de Holmes em Baker Street; ele a olha de relance.

— A senhora não acha — disse-lhe ele, — que com sua miopia é meio penoso bater tanto à máquina?

248 O DECLÍNIO DO HOMEM PÚBLICO

A moça e, como sempre, Watson ficam surpresos com o fato de que Holmes pudera deduzir tudo isso. Quando ela sai, Watson observa:

— Você parece ter lido muita coisa nela que para mim era invisível.

A que Holmes faz a famosa réplica:

— Invisível, não: desapercebida, Watson. Você não soube onde olhar, e assim perdeu tudo aquilo que era importante. Nunca poderei fazê-lo se dar conta da importância das mangas, da sugestividade da unha do polegar e das grandes questões que podem depender dos laços das botas.[48]

Essa sentença poderia ter servido como moto a Balzac. Seus métodos de caracterização estavam também baseados na descodificação de detalhes isolados da aparência, magnificando o detalhe como um emblema do homem como um todo. De fato, essa magnificação, ele a praticava consigo mesmo, como aconteceu com suas famosas bengalas; escrevendo a Madame Hanska, por exemplo,

Inimaginável o sucesso de minha última bengala em Paris. Está arriscada a criar uma moda europeia. As pessoas estão falando a respeito dela em Nápoles e em Roma. Todos os dândis estão com inveja.

Infelizmente, observações como essas estavam isentas de qualquer ironia.[49]

A diferença entre a prosa de Conan Doyle e a etologia de Balzac, de Flaubert ou de Thackeray está em que a ciência da leitura do caráter pelas aparências nesses "escritores sérios" estava em toda parte matizada pelo retrato da ansiedade nos atos de leitura; não era agradável, como Conan Doyle o fizera parecer; entre esses outros escritores, era mostrada como uma necessidade perigosa, em que alguém podia facilmente se enganar, e desse modo conduzir suas personagens a disparates, a insultos ou à desaprovação.

A PERSONALIDADE EM PÚBLICO 249

Pessoas que viviam de tal maneira que evitavam ser detectadas em público procuravam, como Thackeray, a fórmula: "recusar a olhos perscrutadores aquele conhecimento que não deveria atingir qualquer pessoa indiscriminadamente na cidade". Seu mundo é o mundo dos abajures, bonés com abas, passeios em carruagens fechadas. De fato, além de toda a mistificação produzida pela máquina, a própria crença de que a aparência é um índice do caráter teria feito com que as pessoas estivessem prontas a se tornar não descritíveis, com a finalidade de ser ao máximo tão misteriosas quanto menos vulneráveis.

A teoria desse novo senso da personalidade nas aparências em público pode ser lida em obras de grande e contínuo poder, que sobreviveram aos últimos cem anos, bem como em obras mais populares e em práticas populares, como a frenologia, que hoje parecem sem sentido.

Em meados do século XIX, num nível sofisticado, a palavra "etologia" era usada por J. S. Mill e outros escritores para significar "a ciência do caráter humano tal qual se pode deduzir das aparências humanas", ao invés do uso que os biógrafos dela fazem hoje: o estudo da genética animal como pode ser deduzida do comportamento animal. A significação de roupas nessa estrutura é o tema do *Sartor Resartus* de Carlyle, a primeira "filosofia" das roupas. *Sartor Resartus* é uma sátira complicada e penetrante; Carlyle inventa um professor Teufelsdröckh, diante de quem ele age como editor, um professor que declama todo tipo de tosca filosofia idealística. Quando o leitor está prestes a rir dele, Carlyle começa a introduzir, gradativamente, pequenos trechos de credibilidade pública comum, como a virtude da ordem e da estabilidade, a importância da religiosidade e assim por diante, de modo que o leitor acaba sendo levado a rir de si mesmo. Ainda de modo gradual, Teufelsdröckh começa a dizer coisas sérias, que não são tolices consumadas, mas ideias radicais — como sua crença num agnosticismo intocado pelo ritual público. Quando o leitor começa a se ver na figura de Teufelsdröckh, acaba vendo um novo Teufelsdröckh, um homem que está em vias de se tornar um filósofo radical.

Trata-se de um complicado jogo de persuasão, em que as roupas e o imaginário do corpo desempenham o papel central. A ideia de uma filosofia das roupas, como Teufelsdröckh originalmente apregoa, é feita para ser puro

250   O DECLÍNIO DO HOMEM PÚBLICO

nonsense, uma vasta e flatulenta abstração. Por volta do Capítulo 8 do primeiro livro, a ideia já se tornou mais irresistível. O professor diz que, ao ignorar as roupas, ao se rir delas, ao não levar a sério as aparências, os homens

> fecham os olhos a fatos dos mais triviais; e pela mera inércia do Olvido e da Estupidez, vivem à vontade em meio a Maravilhas e Terrores.

Se as roupas são emblemas de estados interiores, o que verão os homens?

> De minha parte, estas considerações sobre nossas Roupas e como, atingindo o interior, até mesmo o imo de nossos corações, nos alfaiatam e nos desmoralizam, enchem-me com um certo horror de mim mesmo e da espécie humana.

As roupas revelam portanto nossa corrupção, mas Carlyle vai mais adiante. Elas próprias têm o poder de corromper. As aparências são coisa muito séria, não apenas por aquilo que tornam "transparente", mas também porque a aparência errada, em condições sociais destrutivas, pode fazer alguém se tornar um homem mau, ou uma mulher má.[50]

No final de *Sartor Resartus,* Carlyle estabelece uma crítica social coerente: se homens e mulheres ao menos se olhassem uns aos outros, olhando de fato para a aparência um do outro, seriam forçados a pensar em transformar as condições sociais. Ficariam estarrecidos com o que veriam. O panfleto de Carlyle, como todo escrito irônico de porte, ao final deixa de ser irônico: não apenas homens e mulheres são intencionalmente cegos, como a própria visão tem o poder de criar acusações morais; todos os males da sociedade são *visíveis.*

Philip Rosenberg chamou *Sartor Resartus* de "uma espécie de *jeu d'esprit,** mas um *jeu d'esprit* de um homem de mau humor (*in bad spirits)*". O livro surgiu numa época da vida do próprio Carlyle em que ele se desesperava diante de si mesmo e do fardo que o eu representava para cada pessoa que o devia carregar — um momento negro de ódio contra a teia do desejo nos homens,

---

*Em francês, jogo ou peça espirituosa. (*N. da T.*)

A PERSONALIDADE EM PÚBLICO

agora tornada tão transparente, tão imanente em suas aparências. Que as roupas revelavam um eu cuja contemplação era insuportável — Carlyle só poderia escrever sobre esse abismo com o auxílio da ironia.[51]

No entanto, o mesmo método de leitura do caráter de um homem através de suas aparências físicas reaparece num livro diferente, de tom mais sóbrio de pesquisa científica, um livro cujo propósito era desmistificar aquele sombrio eu de Carlyle: *The Expression of Emotion in Man and Animals,* de Charles Darwin. Darwin queria demonstrar que os animais têm uma vida emocional, que os meios de expressão das emoções em homens e animais são similares, que as razões dessa similaridade só podem ser explicadas pela evolução. Mostrando as origens fisiológicas da emoção humana nos animais, Darwin esperava desviar sua análise da evolução para o domínio da evolução dos "valores e compromissos".[52]

Os novos códigos de superfície de aparência estão no método científico que Darwin emprega. Esse procedimento científico levou a prática da etologia — isto é, da leitura do caráter a partir de aparências físicas — à sua mais sofisticada expressão. Darwin concentrou-se no próprio corpo humano, questionando-se: o que são os órgãos, os músculos e os movimentos reflexos do corpo, que criam na superfície desse corpo uma aparência tal que um termo emocional passa a ser ligado a ela? Por que os homens choram quando estão tristes, por que as sobrancelhas se tocam quando a pessoa está pensando profundamente, por que o sentir-se alegre faz com que os músculos da face sejam puxados para cima, enquanto o sentir-se deprimido os puxa para baixo? Todas essas questões são as que o ator de Diderot deveria se fazer. Darwin retirou essa expressão da área da arte refinada e mostrou a forma natural que esse ator conseguiria reproduzir consistentemente.

O método de Darwin está maravilhosamente ilustrado em sua análise do desgosto, no Capítulo 7. Começa colocando um problema: como podemos reconhecer alguém que esteja se sentindo desgostoso, mas cujo sofrimento "esteja de algum modo mitigado, até prolongado"? Não responde a essa questão procurando primeiramente classificar os tipos de estímulos — uma morte na família, a perda de um emprego — que poderiam induzir a esse desgosto

252   O DECLÍNIO DO HOMEM PÚBLICO

controlado; nem tampouco tenta descrever o comportamento social de uma pessoa que está lutando com a morte ou com uma inatividade forçada; não, o fenômeno deve ser reconhecido como se segue:

> (...) a circulação se torna lânguida; a face empalidece; os músculos ficam flácidos; as pálpebras caem; a cabeça pende sobre o peito contraído; os lábios, as bochechas e o maxilar inferior pendem com seu próprio peso. Desse modo, as feições se alongam; e se diz que o rosto de uma pessoa que ouviu más notícias está "abatido".

Darwin não está fazendo algo tão simples como equacionar o desgosto com o abaixamento das pálpebras; ao contrário, caso um "desgosto" seja sentido, o organismo expressa esse sentimento fazendo abaixar a pálpebra. O que é então o "sentimento", e por que ele se expressa em termos físicos?[53]

Para responder a essas questões, Darwin parece se tornar ainda mais fisiológico. Descreve um conjunto de "músculos de desgosto" no rosto, músculos que, quando as sobrancelhas são repuxadas obliquamente, ao mesmo tempo comprimem os cantos da boca.[54]

A respeito desses músculos, Darwin faz duas afirmações: primeiro, que se desenvolvem em todas as criaturas jovens, com as tentativas feitas pela criatura para se proteger contra a dor física causada aos olhos; segundo, que esses músculos funcionam involuntariamente, exceto nos casos raros em que são controlados por grandes atores. A primeira afirmação tem seu lugar dentro da teoria da evolução. Uma forma de vida "mais alta" portará em sua estrutura feições anatômicas que serviram a formas de vida mais baixas em diferentes situações; se o organismo continuar a usar essas feições, frequentemente ele as empregará com finalidades que não terão sentido nos termos do seu primeiro aparecimento no organismo inferior. Assim, o cavalo desenvolveu, através de seleção natural, "músculos de desgosto", com a finalidade de proteger os olhos do sol; tais músculos sobreviveram em formas evolutivas mais altas porque a mesma resposta fisiológica faz sentido nos termos de novas condições ambientais. Darwin entendeu, portanto, o desgosto como demasiada luminosi-

A PERSONALIDADE EM PÚBLICO

dade invadindo a vida de alguém. Para ele, não se tratava de uma metáfora sofocliana; o método de explicação das aparências de superfície fornece um ponto de origem exato, cientificamente conseguido para o sentimento de se estar arrasado, de se ter demasiada aflição sobre si. O fato de alguém poder retratar em sua própria face o estar arrasado deve-se a que anteriormente o animal tivera demasiada luz incidindo em seus olhos, mas possuía para tanto uma defesa anatômica.[55]

O segundo princípio desse método origina-se no primeiro. Se situarmos o princípio anatômico num sentimento, vemos por que, quando o sentimento é genuinamente vivenciado, ele faz um aparecimento involuntário. Esse aparecimento involuntário de sentimento era muito importante para Darwin, como o é, retrospectivamente, podendo compreender o intenso temor que as pessoas do século XIX tinham de se expor umas às outras, e de aparecer fora da proteção da casa. Concluindo o seu argumento, Darwin estabelece a ideia da expressão involuntária com maior intensidade:

(...) apenas poucos movimentos expressivos... são aprendidos pelo indivíduo. (...) O número muito maior de movimentos de expressão, e todos os mais importantes dentre eles, são, como vimos, inatos ou herdados; e não se pode dizer que isso depende da vontade do indivíduo.

Como acontece com os músculos do desgosto, Darwin insiste no fato de que, mesmo entre aqueles que podem manipular seus músculos voluntariamente, trata-se usualmente de um poder herdado. Cita como exemplo uma família de atores em que esse poder de controle passara de geração a geração.

Na medida em que os poderes expressivos do homem são herdados de formas evolutivas inferiores, até esse ponto precisamente ele não poderá evitar mostrar seus sentimentos. Tais músculos de desgosto, nas circunstâncias apropriadas, funcionarão além de seu controle, bem como os dutos lacrimais, os músculos dos dedos etc. Darwin havia conseguido desmistificar a fonte do sentimento e criar uma imagem do homem como muito vulnerável a ser perscrutado pelos outros. Caso um homem ou uma mulher esteja genuinamente

254   O DECLÍNIO DO HOMEM PÚBLICO

comovido, essa emoção aparecerá, para além de qualquer poder de controle que a pessoa tenha. As aparências haviam se tornado, nessa grande obra de psicologia anatômica, uma revelação absoluta dos estados do caráter. Darwin tirava do ser humano o sentido de possuir o poder de colocar a impressão a uma certa distância da expressão.

A obra de Darwin é típica de sua época, não em sua interpretação da emoção através dos princípios da evolução, mas em termos de seu método: o método de usar aparências como indícios para a história, para o caráter, ou para a predisposição moral. Nas escolas médicas, esse método apareceu em "ciências" tal como as mensurações de Bertillon, nas quais o comportamento criminoso era predito pela forma craniana. A frenologia que o jovem Sigmund Freud estudara era apenas e tão somente a aplicação lógica de tais mensurações de Bertillon, no interior do crânio. A paixão de natureza sexual era tida, por volta do ano 1890, como concentrada no lobo frontal direito. A ira se concentrava no centro da base da medula, e assim por diante. De fato, num dos momentos iniciais de seu pensamento, Freud pensara que o id, o ego e o superego estavam localizados em diferentes partes do cérebro. A ideia do aparecimento involuntário do caráter sobre a superfície do corpo estava, acima de tudo, exprimida no imaginário sexual de meados do século XIX: a masturbação masculina, símbolo de degenerada fraqueza, produzia involuntariamente o crescimento de pelos na palma da mão masturbatória; inversamente, a masturbação feminina era considerada causadora da queda dos pelos do púbis.

Haveria algum espanto no fato de que as mulheres tivessem medo de se mostrar em público, totalmente cobertas por suas roupas, como de hábito, se o princípio da expressão involuntária fosse verdadeiro? A pessoa se protegia do olhar das outras, pois acreditava que poderiam ler o mais íntimo de seus sentimentos com um simples olhar.

No século XX, a pessoa que tenta não sentir pareceria fadada ao fracasso. No século XIX, talvez toda uma classe de pessoas tenha experimentado um fracasso psíquico por causa de suas tentativas para ignorar ou suprimir seus impulsos. Mas a razão pela qual tentava fazê-lo era lógica. Era sua maneira de

A PERSONALIDADE EM PÚBLICO 255

lutar com a confusão entre a vida pública e a vida privada. Uma vez claramente sentida, uma emoção é involuntariamente mostrada aos estranhos; portanto, a única maneira de se proteger estava em tentar parar de sentir, particularmente tentar suprimir seus sentimentos de ordem sexual. A deformação física do corpo por meio das roupas adquire sentido nos mesmos termos: quando o corpo estiver retorcido e fora de qualquer forma natural, deixará de "falar". Quando se tiverem apagado todas as pistas da natureza, ter-se-á reduzido a sua vulnerabilidade diante dos olhos dos outros. Talvez a pudicícia vitoriana tivesse sido uma "paixão irracional em nome da denegação da paixão" (Lytton Strachey); talvez tivesse sido "o complemento da repressão dos outros para se reprimir a si mesmo" (Bakunin). Fora também uma simples tentativa de se proteger contra os outros — uma proteção achada necessária, dada a nova percepção psicológica da vida pública.

Esse era um clamor antigo de Fielding, que acreditava que as aparências, a uma certa distância do eu, deveriam, portanto, nos habituar ao ato de gostar ou condenar a aparência; ao ato, não ao ator. Os leitores de Carlyle não estavam mais dispostos a ser radicalizados por ele do que a ser forçados a aceitar a teoria da evolução proposta por Darwin, mas o método desses grandes escritores teve seu reflexo popular na medicina, na criminologia, no conselho religioso sobre sexo, da mesma maneira que no vestuário.

O PALCO DIZ UMA VERDADE QUE A RUA NÃO DIZ MAIS

A intrusão da personalidade no âmbito público alterou radicalmente a ponte dos códigos de credibilidade entre palco e rua. No final da década de 1830, o gosto popular começou a exigir que as aparições que os atores faziam em palco estivessem imunes a quaisquer julgamentos de etologia feitos nas ruas. O público começou a exigir que, ao menos na arte, uma pessoa pudesse verdadeiramente dizer, sem dificuldade, quem alguém era, apenas ao olhá-lo ou olhá-la. Esse desejo por aparições críveis e verdadeiras, no palco, começou a tomar forma como uma exigência de cuidado com o costume histórico.

256 O DECLÍNIO DO HOMEM PÚBLICO

Na década de 1830, houve nos palcos uma tentativa apaixonada, embora frequentemente inepta, de fazer com que as personagens das peças vestissem costumes absolutamente corretos e recriações cuidadosas do período em que a peça se situava. A tentativa, enquanto tal, não era nova. Desde os tempos de Madame Favart — que como vimos surgira em cena como uma camponesa, cuidadosamente vestida, e em 1761, como uma princesa turca, vestida com uma roupa efetivamente importada da Turquia —, esse impulso existia tanto nos palcos de Paris como nos de Londres. Mas em 1830, e durante muitas décadas após, o historicismo adquiriu uma força que jamais havia tido antes. O público demandava exatidão a fim de criar a "ilusão necessária" do teatro: uma expressão de Moyr Smith, que devemos ponderar mais longamente.[57]

E eis como Charles Kean, filho do grande ator do século XVIII, montou Shakespeare na metade do século XIX: em *Macbeth* (1853), *Ricardo III* (1854), *Henrique VIII* (1854) e no *Conto de inverno* (1856), ele tentou uma reconstituição exata de costumes e de cenário das épocas em que cada peça se situava. Meses de pesquisa foram gastos para cada uma das reconstituições; uma doação foi recebida de Oxford, e condescendia em aceitar as belas fantasias de Kean, contanto que o nome do doador permanecesse secreto nessa "obra de pantomima". Segundo as palavras de James Laver, Kean informava à plateia, no cartaz de *Ricardo III,* "que ele havia escolhido esta peça porque ela oferecia uma oportunidade para retratar uma época histórica diferente daquelas peças já produzidas. Ele cita nominalmente as autoridades históricas de que se serviu (...) e assegurava uma absoluta autenticidade em todos os detalhes".[58]

Seria errôneo tomar esse historicismo como um incidente isolado na história do costume. A mesma insistência na aparência crível estendia-se até mesmo ao vestuário alegórico ou mitológico. A coleção de costumes do século XVIII, de Le Compte, mostrava personagens mitológicas como Zéfiro ou Eros vestidas em termos de material cobrindo um corpo inerte. Ao contrário, na coleção dramática da Biblioteca do Lincoln Center para as Artes da Representação, em Nova York, há uma extraordinária coleção de costumes proveniente do Théâtre de la Porte Saint-Martin (de Paris) e de suas produções na metade

A PERSONALIDADE EM PÚBLICO

do século XIX. As gravuras 131 e 132 mostram de que modo personagens de uma peça mitológica, *The Kingdom of the Fishes* (O reino dos peixes), eram vestidos, um século antes desses Zéfiro e Eros.[59]

Cada ator representando um peixe usava uma máscara que reproduzia com exatidão a cabeça de um peixe, e de um peixe pertencente a uma variedade particular, não um "peixe" em geral. Uma mulher surgia com a cabeça de perca do mar, vários homens surgiam com a cabeça de peixe-espada, e assim por diante. Além disso, as roupas eram recobertas de escamas, de modo que a plateia soubesse que se tratava de um peixe, de fato, e não de uma figura fantástica que acontecia estar representando um peixe. O rei dos peixes, nessas gravuras, usava uma coroa. A coroa tinha um rabo cuja forma reproduzia o rabo do peixe real no qual se baseava a máscara usada pelo rei.[60]

Nessa mesma coleção, há pinturas de costumes utilizados em *Les Mystères de Paris* (Os mistérios de Paris), um melodrama popular nas décadas de 1830 e 1840, baseado em Mercier. As personagens de *Les Mystères de Paris* eram apresentadas como enigmas da classe inferior de Paris, não muito compreensíveis para os burgueses forasteiros. Os costumes eram tentativas esmeradas para se produzir figuras da classe operária e da classe média baixa. Estamos longe dos belos criados e dos "rústicos pitorescos" do teatro de meados do século XVIII. A coleção de costumes históricos de Edith Dabney, também nos arquivos do Lincoln Center, mostra vestidos de mulheres da classe média reproduzidos para o palco sem qualquer tentativa de mudança ou teatralização dos trajes — muito ao contrário. O que se vê no palco é o que aquela pessoa realmente é. Os gestos do palco adquirem a mesma lógica: o corpo devia se mover exatamente da mesma maneira que os corpos se moviam na "vida real". Até mesmo no melodrama, movimentos melodramáticos por parte de um ator eram considerados de mau gosto nos anos 1850.[61]

Críticos como Carlos Fischer consideram que a paixão pela veracidade nos costumes foi inimiga da liberdade e da imaginação nas montagens das peças. Devemos, por enquanto, deixar de lado o juízo estético. De um lado das luzes, havia homens e mulheres vestidos de maneira que não se poderia "conhecer" uma pessoa ao olhar casualmente para ela. Ainda assim, essas

pessoas acreditavam que um "conhecimento" íntimo estava contido nas roupas. O que essas pessoas tentavam encontrar no teatro era um mundo onde
se pudesse de fato ter absoluta certeza de que as pessoas que se viam eram
genuínas. Os atores efetivamente representavam aquilo que encenavam. Não
havia decepção possível, nenhum ato de dedução que pudesse estar errado. No
teatro, ao contrário do que se passava nas ruas, a vida ocorria a descoberto:
aparecia tal e qual era.

Mas isso é algo de notável. Os historiadores do teatro, como Richard
Southern, falam de meados do século XIX como a "idade da ilusão". Mas no
mundo da ilusão havia certeza. A cidade cosmopolita era um mundo em que
as aparências físicas não constituíam certeza. Em outras palavras, em condições de ilusão, conscienciosamente elaboradas, havia mais verdade acessível
sobre os homens e as mulheres do que havia nas ruas. Quando Moyr Smith
falou da busca de uma "ilusão necessária" que todas essas incursões históricas
legaram, o que ele queria dizer é que para que uma peça fosse crível ela teria
que estabelecer uma verdade de tempo e de espaço — uma verdade tal que
os atores e a plateia não poderiam estabelecer nas suas próprias vidas.

Aristóteles nos diz que o teatro envolve uma "propositada suspensão do
descrédito". As roupas de palco das capitais de meados do século XIX trans-
cenderam esse ditame. Na cidade, a sociedade precisa depender da arte para
acabar com a mistificação, para contar uma verdade que, de outro modo,
os homens e as mulheres só poderiam alcançar por meio de um processo
frequentemente falho de deduções, a partir de pistas miniaturizadas. Vale
dizer que a relação entre a plateia e essa forma de arte começou a se tornar
uma relação de dependência. O teatro estava fazendo por elas aquilo que
na moderna capital elas não poderiam fazer por si mesmas. As cisões entre
mistério, ilusão e decepção, de um lado, e a verdade, de outro, na metade do
século XIX, foram levadas a ter uma estranha forma: a vida autêntica, que não
requer esforço de descodificação, aparecia apenas sob a égide da arte do palco.

Assim sendo, os novos termos da personalidade alteraram a relação entre
palco e ruas dentro do domínio público. Esses termos, da mesma forma, alte-

A PERSONALIDADE EM PÚBLICO 259

raram o relacionamento entre o público e o privado. E o fizeram não apenas tornando involuntariamente manifesto em público o sentimento privado, mas também afetando a instituição básica da privacidade, a família.

A PERSONALIDADE E A FAMÍLIA PRIVADA

Na abertura deste livro, cheguei a mencionar que sua preparação me havia revelado problemas dentro de meu trabalho anterior. Um deles é necessário levantar agora. Concerne a uma transformação numa instituição de meados do século XIX visto como a antítese da vida pública e de seus dissabores: a estável família burguesa.

O sociólogo P. I. Sorokin foi o primeiro a perceber que as transformações da cidade no século XIX estavam ligadas a transformações básicas na família. Ele acreditava que o crescimento urbano causava transformações na forma da família, fazendo-a passar de família "extensiva" a família "nuclear". Uma família extensiva tem mais do que duas gerações, ou então mais do que um par conjugal dentro da mesma geração, num lar. Sorokin acreditava que as complexidades da cultura cosmopolita tornaram difícil manter a família extensiva unida, e que apenas a família nuclear sobreviveu, segundo a expressão de Sorokin, enquanto uma "chuva radioativa" proveniente da fissão da família extensiva. O discípulo de Sorokin, Talcott Parsons, adotou sua ideia básica e a desenvolveu de modo surpreendente. A família nuclear, nos escritos de Parsons, torna-se uma forma de família mais "eficiente" do que a da família extensiva. Mais do que a sobrevivência da família extensiva esfacelada, a família nuclear era uma resposta positiva para uma sociedade nova, simbolizada pela cidade grande, estruturada pela burocracia impessoal, pela mobilidade social e pela grande divisão do trabalho. A família nuclear deveria ser mais eficiente nesse ambiente, porque atava menos os indivíduos às famílias. Por exemplo, ao invés de se pensar o que uma mudança de emprego faria a um avô que trabalhou por anos e anos, no momento em que a família passa a se constituir da pessoa,

260   O DECLÍNIO DO HOMEM PÚBLICO

sua esposa e seus filhos, a pessoa terá apenas que pensar no trabalho em si mesmo, com suas vantagens e desvantagens pessoais. Desse modo, Parsons reunia o individualismo, a família nuclear e a nova sociedade industrial.[62]

Quinze anos atrás,* essa era ainda a teoria dominante sobre a família moderna; a teoria havia sido modificada, desafiada, mas permanecia como foco de atenção dos círculos de sociólogos. O problema era que os historiadores sabiam que ela estava factualmente errada. Os burgueses das famílias nucleares no século XIX nunca as tiveram como instrumentos de maior eficiência, nem tampouco alguma invisível mão impelira as pessoas a se comportar mais eficientemente nessas famílias do que nas famílias mais extensas. De fato, sem o apoio dos familiares, as pessoas frequentemente agiam sem direção e rapidamente se destruíam nos repentinos desastres econômicos, tão comuns na época.

A ideia de Sorokin de uma chuva radioativa a partir dos desastres parecia estar mais próxima do registro histórico, mas não sugeria muita coisa a respeito de como se estruturava a vida na família. Além disso, já se sabia o suficiente para se poder dizer que a família nuclear, enquanto uma forma, não era nada de novo ou de único no século XIX, nem tampouco, enquanto uma forma, algo de exclusivo à cidade grande. O que parecia estar mudando no século XIX era a função da família nuclear urbana.

Os autores que se interessam tanto pela história quanto pela sociologia, como eu próprio, estamos diante de um problema para conectar o processo familiar à forma familiar. Como o estudo histórico da família começou verdadeiramente quinze anos atrás, chegamos rapidamente — demasiado rapidamente — a uma fórmula para orientar nossas pesquisas sobre a família do século XIX: a família nuclear era o instrumento que as pessoas usavam para resistir às transformações econômicas e demográficas da sociedade, mais do que o meio de participar delas. A função da família era vista então como um abrigo, como um refúgio; não era um meio de "adaptação e integração", como afirmava Parsons. Num estudo que dirigi sobre as famílias de classe média

---

*Este texto foi publicado em 1974. (*N. da T.*)

A PERSONALIDADE EM PÚBLICO 261

de Chicago, *Families Against the City* (Famílias contra a cidade), encontrei algumas evidências que demonstravam que a família nuclear poderia, de fato, ter sido contraproducente, uma vez que nela as pessoas estavam menos estáveis do ponto de vista da ocupação, e tendiam a ser menos mobilizáveis para cima, do que as pessoas na cidade que viviam em famílias extensivas. Outros pesquisadores, preocupados com a posição das mulheres, chegaram a focalizar da mesma maneira as funções da família nuclear no século XIX: a família era um lugar onde colocar mulheres e crianças contra a sociedade, ao mesmo tempo abrigando-as e suprimindo-as. As noções marxistas sobre a privatização receberam vida nova com o trabalho teórico de pessoas como Juliette Mitchell e Margaret Bensman, e um estudo exaustivo dos escritos do século XIX sobre o cuidado com as crianças, os problemas conjugais e o imaginário familiar mostrou que a ideologia do retraimento se fortaleceu e cresceu cada vez mais no decorrer do século. Finalmente, como todo esse trabalho tem como base o trabalho de Ariès sobre a família do Antigo Regime, um trabalho que tendia a superenfatizar a família nuclear como uma forma nova, mas que convincentemente demonstrou como, por volta do século XIX, ela estava prestes a assumir uma nova função.[63]

O embaraço com essa perspectiva não está em que seja errada, mas, antes, em que esteja analiticamente incompleta. Ela se presta a um quadro estático do processo familiar, exemplificando na seguinte formulação, extraída de um estudo da vida familiar burguesa em Viena no final do século XIX:

> *(...) estabilidade* tinha um lugar de honra entre as virtudes. A corporificação concreta dessas ideias era o lar da pessoa. (...) o pai era o guardião da ordem e da segurança e, como tal, possuía absoluta autoridade. E o significado do lar não se extinguia no seu papel de reflexo do sucesso de um homem. Era também um *refúgio* contra o mundo exterior, um lugar onde os tediosos detalhes do mundo do trabalho diário não tinham entrada. Para alguém que não pertença à época, é difícil imaginar como era nascer e crescer até a maturidade num ambiente tão *isolado,* com todos os *encargos da vida* tão meticulosamente enredados.[64]

Grifei os quatros termos dessa citação que promovem uma pintura estática dos processos familiares burgueses: a estabilidade é valorizada porque a sociedade é instável; a família se torna um agente de estabilidade servindo como meio para o retraimento em relação à sociedade; é portanto isolada; é bem-sucedida nesse isolamento encorajando conscienciosamente, propositadamente, os seus membros a evitarem introduzir os encargos da vida dentro das relações familiares. Uma tal descrição é irrealista em dois níveis. Em primeiro lugar, ela supõe que a economia da vida burguesa era suficientemente gerenciável para que as pessoas pudessem excluí-la das relações familiares simplesmente por um acordo comum e tácito de não a discutir. Numa época em que a respeitabilidade se fundamentava na sorte, a economia não estava fora das cogitações, muito embora dinheiro fosse um assunto impróprio para as conversas à mesa. Em segundo lugar, e de modo mais crucial, a família "isolada, retraída", poderia ter sentido no século XVIII, com suas ideias da personalidade imanente a todas as relações sociais. É certo que as famílias burguesas desejavam se retrair do frêmito da sociedade; é certo que acreditavam que se podia fugir a esse frêmito. No entanto...

As relações humanas no mundo público se formaram de acordo com as mesmas regras que determinaram as relações dentro da família. Essas regras faziam com que pequenos e cambiantes detalhes da personalidade se tornassem símbolos; estes deveriam dizer tudo a respeito do caráter de uma pessoa; mas os dados para esses símbolos estavam sempre saindo de foco ou desaparecendo. A família deveria ser um lugar onde as pessoas podiam expressar suas personalidades. Mas, assim que "inflassem" algum detalhe da interação familiar transformando-o em símbolo psíquico, teriam contra seu desejo, contra sua vontade, que vivenciar toda a instabilidade das relações sociais mais uma vez. Em público, não era o fato bruto da sublevação econômica que produziria sozinho um senso de sublevação social. Este provinha também dos novos termos em que esses fatos eram percebidos, em que a própria sociedade era tratada como um vasto "hieróglifo" humano. Se membros de uma família tratassem suas relações mútuas como hieróglifos, a ser entendidos extorquindo-se o sentido a partir de detalhes nessas aparências instáveis, então

A PERSONALIDADE EM PÚBLICO   263

o inimigo chegara até o interior do esconderijo. A personalidade produziria uma vez mais a desorientação que as pessoas estavam tentando evitar.

Assim sendo, livros como o de T. G. Hatchard, *Hints for the Improvement of Early Education and Nursery Discipline* (Sugestões para o desenvolvimento da primeira educação e da disciplina da escola maternal), cuja décima sexta edição foi publicada em 1853, afirmam que as regras para criar a ordem dentro da família são regras para estabilizar as aparências que os membros dessa família apresentam uns aos outros. Hatchard estabelecera todas as regras correntes para a infância na época — "crianças pequenas devem ser vistas, e não ouvidas"; "um lugar para cada coisa e cada coisa em seu lugar"; "a saúde se consegue acordando cedo". Todas são precauções contra comportamentos espontâneos. Hatchard explicava que é somente embutindo na criança o conceito de que ela precisa dar uma "apresentação ordenada" de si mesma, que as suas emoções poderão de desenvolver, todas as suas emoções, desde o amor até a obediência e a sensibilidade diante dos outros. Mas a mãe e o pai também estão unidos por essa mesma regra. Para que a criança os ame, também eles precisam regularizar seus comportamentos diante dela. Ao saber o que esperar, a criança desenvolve a confiança.[65]

O que está ausente em Hatchard é qualquer sentido de afinidade natural entre pais e filhos, descoberta no século XVIII pelos pediatras. Ao invés disso, as emoções se desenvolvem; surgem fora da formação da personalidade; ter uma personalidade estável significa, para os processos familiares, a necessidade de se tornarem fixos dentro de "apresentações ordenadas" feitas pelas pessoas, umas para as outras. Os pais precisam estar "vigilantes" quanto a seu próprio comportamento, ao mesmo tempo em que estão vigilantes quanto ao comportamento da criança. Justamente porque a personalidade é criada pelas aparências é que o relaxamento se torna um perigo, uma vez que não há mais uma ordem da natureza em que se recair a partir de uma disposição laxa. Essa é a grande diferença entre a velha teoria da afinidade natural e a nova teoria do desenvolvimento da personalidade. O amor criado exige aparências fixas.

Esses foram os termos em que se desenvolveu a ideia moderna de uma personalidade dentro do domínio público, ao invés de uma expressão natural

264   O DECLÍNIO DO HOMEM PÚBLICO

do caráter ter se introduzido no domínio privado. É por essa razão que a ordem na família era algo mais do que uma reação contra a desordem material no mundo. A luta pela ordem no processo familiar foi gerada pelas mesmas regras de cognição que fizeram com que as pessoas vissem as obras da sociedade em termos pessoais. Essa luta pela ordem nos processos familiares tem, no entanto, uma estranha afinidade com a forma de família nuclear.

A família nuclear simplifica o problema da ordem ao reduzir o número de atores e com isso reduzindo o número de papéis que cada pessoa da família precisa desempenhar. Cada adulto só precisava ter dois papéis: esposo (esposa) e pai (mãe); sem os avós em casa, a criança nunca veria os pais como filhos de alguém. A própria criança terá uma única imagem do amor adulto e da expectativa do adulto para com ela. Ela não será obrigada a discernir o que há de diferente entre a maneira que esperam que se comporte diante dos pais e a maneira como se deve comportar diante dos avós ou dos tios. Em outras palavras, a forma nuclear permite às aparências humanas se resolverem ordenadamente, numa questão de relacionamentos humanos simplificados. Quanto menos complexos, mais estáveis; quanto menos a pessoa tiver que lutar, mais sua personalidade poderá se desenvolver.

Tais crenças surgem de modo mais espantoso nos documentos do século XIX, que foram precursores do famoso "Moynihan Report" (Relatório Moynihan), sobre a família negra dos anos 1960. Nos anos 1860, assistentes sociais de Londres e de Paris temiam a desmoralização dos pobres, e ligavam essa desmoralização com as condições familiares em que o pobre vivia. Nos anos 1860, como ocorrerá em 1960, um "lar desfeito" era habitualmente o culpado, ainda mais com a mulher sendo usualmente o cabeça do lar. Em 1860, como em 1960, o que era percebido como lar desfeito era, de fato, um segmento de uma família extensiva. A viúva ou a esposa abandonada fazia, na verdade, parte de uma rede em que as crianças eram passadas da mãe para a tia, da tia para o tio, ou em que os maridos podiam desaparecer para trabalhar em outras cidades e então retornar. O grupo familiar se tornou tão multidimensional quanto o único meio possível de lutar contra as transformações de fortuna familiar entre os pobres. Ao invés de perceber a família

A PERSONALIDADE EM PÚBLICO 265

extensiva como uma espécie de rede defensiva, ao invés de imaginar o que, de fato, as catastróficas transformações nas fortunas das classes trabalhadoras significariam para uma família, caso fosse com efeito uma unidade nuclear, os assistentes sociais da classe média falaram do amor incerto e do consequente espírito dilacerado das crianças em casa. Talvez o espírito dilacerado existisse de fato; a questão estava em que as interpretações desses assistentes sociais tornavam obscuro o poder de ruptura da economia, através de imagens da simples família nuclear como único meio através do qual a criança poderia se tornar emocionalmente estável.[66]

Na sociedade moderna, há um padrão de forças históricas em atividade, que suscita a crença de que o desenvolvimento da personalidade só pode ocorrer através da estabilização das interações pessoais. A vida da família nuclear parecia adequada enquanto um meio para que as pessoas tentem colocar essa crença em prática. Se cada detalhe da aparência ou do comportamento "simboliza" um estado da personalidade como um todo, no entanto, a própria personalidade pode se desmembrar, na medida em que os detalhes do comportamento mudam. A ordem na aparência externa torna-se um requisito quando a personalidade é coesa por muito tempo. Sentimentos elementares são tidos por "bons" sentimentos. Sentimentos complexos se tornam ameaçadores; não podem ser estabilizados: para saber quem se é realmente, é preciso discernir as partes, descer aos princípios essenciais; no ambiente despojado da família nuclear, a criança desenvolverá os seus traços de personalidade eliminando a variedade e a complexidade de sua própria aparência e aprendendo a amar e a confiar nas imagens simples e fixas dos pais. Ela pode "contar com eles", que serão críveis e consistentes. A opinião de Hatchard, que teve eco entre os especialistas em delinquência juvenil como Frederic Demety e Johann Wichern, na nova geração de pediatras do Hospital de Londres; em Lord Ashley e seus argumentos sobre as crianças abandonadas, que apresentou à Câmara dos Comuns: dizia que se devia lutar para criar relações sociais que guardassem a criança das ameaças das experiências ambíguas ou conflitantes. Era a única maneira de formar, ou re-formar, a criança, modelando-a como uma pessoa forte.[67]

266　　　O DECLÍNIO DO HOMEM PÚBLICO

Até onde as pessoas viam a complexidade como inimiga do caráter durável, formavam uma atitude hostil diante da ideia, não menos que diante da conduta, de uma vida pública. Se a complexidade é uma ameaça à personalidade, a complexidade deixa de ser uma experiência social desejável. Nisso há uma ironia histórica; o mundo público do Antigo Regime, apesar de toda a sua complexidade impessoal, era mais estável. A própria prática do artifício, a própria observância da convenção, criavam uma clareza, ainda que uma rigidez formal, em público.

O quão bem essa estabilização da família nuclear funcionou pode ser julgado a partir do catálogo de "queixas" da medicina familiar do século XIX. As queixas consistiam em aflições físicas não catastróficas, originadas em ansiedade, prolongada tensão nervosa, ou temor paranoico. A "doença verde" era um nome comum usado para designar a prisão de ventre crônica nas mulheres; Carl Ludwig, um médico da Universidade de Marburgo, pensava que a causa dela estava no temor que as mulheres tinham de peidar depois de comer, levando ao constante aumento de tensão das anquinhas. A "doença branca" acometia as mulheres que temiam sair de casa, até mesmo para os seus quintais, por causa do medo de serem espiadas ou observadas por estranhos; ficavam assim sem fazer exercícios, de modo que seus rostos adquiriam cores pálidas. Na obra de Breuer sobre a histeria (anterior a Freud), sintomas tais como o riso compulsivo são apresentados como reações a depressões no lar, que evitavam que a pessoa fosse consistentemente agradável; essa reação era "uma queixa tão comum entre mulheres respeitáveis" que parecia comportamento normal. Com certeza, as análises médicas dessas queixas eram fisiológicas, mas todos os relatórios de diagnóstico irradiavam a partir de um ponto comum: medo da involuntariedade, de se expressar erroneamente, medo das necessidades corporais de sentimentos no círculo familiar. O catálogo de "queixas" encontradas nos textos médicos do século XIX é um testamento para os tribunais na tentativa de criarem ordem no comportamento e na expressão em casa. Isso pode ser colocado de outra maneira: quando uma sociedade propõe a seus membros que a regularidade e a pureza de sentimentos são o preço que pagam para ter um eu próprio, a histeria se torna a rebelião lógica,

A PERSONALIDADE EM PÚBLICO   267

senão a única. Não se pode refrear um certo sentimento de horror quando se leem passagens como esta, tirada de *The Way We Live Now* (O modo como vivemos hoje), de Trollope:

> [Paul Montague] tinha lhe dito a verdade, pela primeira vez desde que se conheciam. Que verdade maior poderia uma mulher desejar? Sem dúvida, ela lhe dera um coração virgem. Nenhum outro homem havia jamais tocado seus lábios, ou tido a permissão de tocar sua mão, ou de olhar nos olhos dela com admiração sem censura. [...] Tudo o que ela queria, ao aceitá-lo, era que ele lhe dissesse a verdade, agora e de agora em diante.

Virgindade, pureza, permanência de sentimentos, ausência de qualquer experiência ou de qualquer conhecimento de outro homem: daqui proviriam as futuras queixas histéricas sobre a vida.[68]

Se a histeria era o sinal do julgamento da personalidade na família, não é por acaso que Freud e outros tentaram contra-atacá-los, através da terapia que consistia na autoconsciência a respeito do comportamento. Muitas terapias de fala anteriores a Freud estavam orientadas a simplesmente eliminar os sintomas, permitindo ao paciente retomar a sua vida "regular", através da representação das histerias, feita com grande minúcia, diante do médico, que com isso supunha (e raramente conseguia) purgá-las no paciente. A ideia era que, uma vez tendo falado sobre seus sentimentos, estariam eles acabados e resolvidos: entravam para o passado. A autoconsciência a respeito dos sintomas era tida como dispositivo regulador. Não se propunha, na medida pré-freudiana, mergulhar nas profundezas psíquicas. O propósito era o "domínio". A tensão na família, resultante do temor da expressão involuntária de sentimento, ditava o controle do comportamento de superfície através da autoconsciência. A diferença entre Freud e seus predecessores está no fato de Freud se dispor a fazer com que seus pacientes encontrassem seus mais profundos e desordenados impulsos ao falar sobre os sintomas histéricos.

Estamos agora em condições de estabelecer de que maneira o conceito moderno de personalidade afetou o equilíbrio entre a vida pública e a vida

268 O DECLÍNIO DO HOMEM PÚBLICO

privada. Uma certa linha divisória entre a família e a vida pública havia sido delineada pela sociedade do Antigo Regime; no século XIX o desejo de reforçá-la aumentou, mas os meios de se traçá-la ficaram cada vez mais confusos. No Iluminismo, a família derivava sua ordem de um senso de natureza; a família do século XIX derivava a sua ordem da vontade humana. A modéstia do desejo era a marca da natureza sobre o caráter; a pureza do desejo era a marca da vontade sobre a personalidade. O princípio da personalidade criava instabilidade em um domínio — a família — em que as pessoas estavam decididas a fixar-se como num quadro.

REVOLTAS CONTRA O PASSADO

Por volta do final do século passado, as pessoas haviam decidido amenizar as ansiedades e a opacidade dessa cultura psicológica. Nas roupas, esse processo de desvitorianização parece ter começado na década de 1890, fortalecendo-se nos anos que precederam a Grande Guerra, quando Paul Poiret libertou as mulheres dos corpetes; tornou-se revolta em grande escala nos anos 1920; as forças de liberação perderam a batalha por praticamente trinta anos, mas emergiram triunfantes, na última década, uma era de blusas transparentes, de calças realçando os quadris e assim por diante. Um tal esboço histórico é inspirador, mas pode ser enganoso. Pois enquanto houve uma vertiginosa revolta contra as roupas estritas dos vitorianos, como parte de uma revolta contra a repressão sexual daqueles, não houve revolta contra a fonte dessas restrições: a entrada da personalidade individual para dentro do domínio público. As roupas ainda são tomadas como sinais do caráter, e a leitura da personalidade de um estranho a partir das roupas que ele ou ela veste ainda depende de uma estética de detalhes. A ruptura entre o mundo das ruas e o mundo do palco em questão de costumes continuara a se aprofundar, novamente, não em termos das imagens específicas do corpo que se vê no palco, mas em termos da maneira pela qual se decide sobre o que tais imagens do corpo significam.

A PERSONALIDADE EM PÚBLICO 269

Mais amplamente, uma revolta contra a repressão que não seja uma revolta contra a personalidade em público não é uma revolta. Acontece uma "revolução cultural", surge uma "contracultura", e, ainda assim, ressurgem os vícios da ordem antiga, espontânea e inesperadamente, na nova ordem. Tem sido tão comum a persistência nas modernas revoltas burguesas contra a vida burguesa que o observador fica tentado a concluir que uma tal revolta cultural não tem sentido. Observações como essa não estão muito corretas. Rebeliões nos *moeurs,* nas boas maneiras, tomadas em sentido amplo, falham por serem insuficientemente radicais em termos de cultura. Ainda é a criação de uma moda fiável de personalidade que é objeto de revolta cultural, e, como tal, a revolta ainda está presa à cultura burguesa que tenta subverter.

Um bom exemplo dessa autoderrota, quando a personalidade é o objetivo visado, pode ser visto no contraste entre duas rebeliões na moda, separadas no tempo pelo século XIX. A primeira foi uma revolta contra a linguagem do corpo no Antigo Regime, acontecida em Paris, em 1795: seu propósito era o de liberar o caráter natural, a fim de permitir que *"la nature spontanée"* (a natureza espontânea) se expressasse em público. A segunda revolta foi em meados de 1890, contra a repressão e pudicícia vitorianas, mas seu propósito era o de permitir que as pessoas expressassem suas próprias personalidades em público. Ao fazermos essa comparação, podemos conseguir algum senso de dificuldade no fato de reunir personalidade e espontaneidade, no fato de se fazer com que a liberação do eu se torne um credo, nos tempos modernos.

O que significa a expressão "roupa revolucionária"? Durante a Grande Revolução, em Paris, isso significava duas ideias contraditórias do vestir, uma que predominou nos anos 1791-1794 e a outra que predominou nos anos de Termidor, começando em 1795.

A primeira delas nos é familiar. O vestuário da China moderna baseia-se no mesmo princípio que a Paris de Robespierre, ainda que as roupas sejam, de fato, diferentes. As roupas devem se tornar uniformes, simbolizando o fato de que a sociedade está lutando pela igualdade. A túnica sem brilho, a calça (*culotte*) de corte simples, a ausência de joias, decorações e outros ornamentos, tudo isso significava em Paris a ausência de barreiras sociais. A Paris de

270 O DECLÍNIO DO HOMEM PÚBLICO

Robespierre era um ataque direto à rotulação do estrato social que ocorria na Paris do Antigo Regime. Os rótulos eram simplesmente removidos. O corpo foi dessexualizado; isto é, não havia "galões" para torná-lo atraente ou para chamar a atenção para ele. Tornando neutro o corpo, os cidadãos estariam "livres" para lidar uns com os outros sem a intrusão de diferenças externas.

Logo após a queda de Robespierre, essa ideia da roupa revolucionária deu lugar a algo muito mais complicado. Ao invés do encobrimento do corpo e das feições, as pessoas começaram a se vestir de modo a expor seus corpos nas ruas. A liberdade não se expressava mais concretamente nos uniformes: aparecia então uma ideia de liberdade de vestir que permitisse ao corpo movimentos livres. Aquilo que as pessoas desejavam ver nas ruas era o movimento espontâneo e natural do corpo de cada um. A aparência *négligée* do lar, do século XVIII, devia sair a público.

Um corpo de mulher, sob o Antigo Regime, era um manequim a ser envolvido em tecidos. No primeiro ano do Termidor, foi desvestido até a quase nudez, e se tornou carne. A *merveilleuse,* mulher da moda, vestida dessa maneira, usava um tecido de musselina leve, que revelasse amplamente os seios, não cobrisse braços, nem pernas abaixo dos joelhos. Mulheres audaciosas, como Madame Hamelin, passeavam nos jardins públicos completamente nuas, apenas cobertas por um fino xale de gaze. Madame Tallien, na liderança da moda da Paris de Termidor, apareceu na ópera usando apenas uma pele de tigre. Louise Stuart escreveu de Paris, dizendo que essas "roupas transparentes (...) nos dão a certeza de que não há nada por baixo".[69]

As senhoras Hamelin e Tallien eram, evidentemente, casos extremos. Para as mulheres bem mais abaixo na escala social, que havia pouco tempo, no ano anterior, vestiam-se com uniformes, essas *merveilleuses* criaram uma moda que fora imediatamente imitada. Em casos não tão extremos, acrescentava-se uma combinação por baixo da musselina. A musselina não mostrava apenas a forma dos seios, como também, o mais importante, o movimento dos outros membros do corpo quando mudavam de posição.[70]

Para mostrar esse movimento, era comum a homens e mulheres o hábito de molhar suas peças de musselina com a finalidade de fazê-las se colar ao

A PERSONALIDADE EM PÚBLICO

corpo ao máximo. Pingando de molhados, saíam então para passear pelas ruas, tanto no inverno como no verão. O resultado foi um terrível surto de tuberculose na população de Paris. Os médicos clamavam por roupas secas, em nome da sanidade e da Natureza, talvez os últimos recursos. Poucas pessoas os ouviram.[71]

O espalhafato das perucas dos anos 1750, dos penteados feitos com legumes e miniaturas de navios, era tido pelos parisienses da época como divertido. Não havia, no entanto, qualquer limite para a autozombaria, e ainda assim não havia qualquer ironia na mais ultrajante das vestimentas. A ideia do jogo *(play)* nascida em Paris, no Termidor, é onde a autozombaria se torna predominante. Revela-se graficamente na contrapartida masculina da *merveilleuse: o incroyable.*

O incroyable era um homem vestido na forma de um cone com seu ápice na base. Calças muitíssimo apertadas, frequentemente confeccionadas com a mesma musselina dos *négligés* das mulheres, com vestes muito curtas, por cima delas, terminando em altos e exagerados colarinhos, gravatas de cores berrantes, os cabelos em desalinho ou cortados bem curtos, à maneira dos escravos romanos.[72]

Esse conjunto pretendia ser uma paródia da elegância. Os *incroyables* parodiavam os *macaronis,* estilistas de moda dos anos 1750, usando monóculos e andando com passinhos miúdos. Os *incroyables* esperavam que rissem deles nas ruas; divertiam-se com a inveja que despertavam; tratavam, eles e seus observadores, os seus corpos como piada. Paródias picantes também marcaram ocasionalmente a roupa das mulheres. O *style du pendu* (estilo do enforcado), ou *à la victime* (à vítima) era um corte de cabelo bem curto, como o dos que estavam preparados para a guilhotina. Um entretenimento popular era o *bal des pendus* (baile dos enforcados), onde homens e mulheres compareciam vestidos para a guilhotina, ou com anéis vermelhos pintados à volta do pescoço.[73]

Há momentos, na história de todas as cidades, em que regras inibitórias ficam em suspenso. Algumas vezes as inibições são suspensas por um único dia, como no *Mardi Gras* (Terça-feira Gorda de Carnaval) de certos países, ou nos

272   O DECLÍNIO DO HOMEM PÚBLICO

dias de festa. Algumas vezes, a cidade pode ser, durante uns poucos anos, um lugar onde as inibições estabelecidas por uma sociedade predominantemente rural são suspensas à medida que as pessoas migram para um centro urbano, que ainda não tivesse, como de fato não tinha, códigos restritivos próprios. Esses momentos em que as inibições são temporariamente anuladas, ou em que as regras efetivamente existem e podem ser ignoradas, Jean Duvignaud chama de momentos de liberdade urbana negativa.[74]

A vida social em Paris, durante o Termidor, pode ser classificada como um desses momentos, e demonstra que problema constitui essa liberdade. Se se está livre de inibições, o que se pode livremente ser e livremente fazer? Os termidorianos não tinham qualquer senso de estarem tirando férias, de que as regras estavam sendo suspensas apenas por um instante, para que o povo respirasse. O homem de 1795, tanto quanto Robespierre, acreditava que estava testemunhando o nascimento de uma nova sociedade. Os termidorianos acreditavam estar trazendo a natureza para o domínio público. O senso de natureza era físico; trazê-lo para o público significava que as pessoas poderiam ser espontâneas em suas relações sociais. "O senhor não acha que nos sentíamos sem controle quando não tínhamos rosto, seios ou coxas?", observa uma lojista a Talleyrand.

Dessa importação da natureza física para a esfera pública surge uma explosão entusiástica pela atividade física em público. Em 1796, estima-se que mais de seiscentos salões de dança foram abertos em Paris; as pessoas os frequentavam a qualquer hora do dia ou da noite, acaloradas e fétidas, como eram habitualmente. Estar nas ruas, constantemente, livremente, era um desejo que os parisienses raramente controlavam. A própria importância das ruas cresceu; abrem-se na cidade, durante esse ano, muitos cafés funcionam a noite toda, com suas janelas dando para as ruas. No inverno, as janelas não tinham cortinas; estavam preparadas para o uso de cortinas pesadas, que protegessem o cidadão no interior do café contra o olhar curioso das pessoas da rua.[75]

Nas ruas de Paris, em 1750, as marcas de estrato não eram tomadas como indícios do caráter. Agora, é o corpo que se tornara a marca. Um mesmo impulso governava o ser visto, como de fato se era, nas ruas, o ser visível e

A PERSONALIDADE EM PÚBLICO 273

descoberto; a musselina colada ao corpo e as cortinas removidas das janelas dos cafés. As ruas da Paris termidoriana deviam ser lugares sem máscara.

Alguns dos elementos da roupa termidoriana — a camisa de musselina, o costume flutuante de veste e calças — continuaram a ser usados durante as duas primeiras décadas do século XIX. Durante essas mesmas décadas, no entanto, cada vez mais panos, adornos e camadas de roupas eram gradativamente acrescentados sobre o corpo. O parisiense das ruas, em 1795, procurando a simplicidade e a retidão da antiga Grécia, começou a chamar as roupas com nomes em latim. Essa prática desapareceu, bem como desaparecerá gradativamente o hábito de se vestir por ironia.[76]

A importância durável da roupa do Termidor não está em termos de quanto tempo esse modo específico de se vestir continuou exercendo influência. Está no fato de que aqui havia verdadeiramente uma revolução na cultura, uma revolução em sua essência. A experiência revolucionária estava à disposição de quem quer que a desejasse, porque os fundamentos em que se baseava a revolução eram impessoais. O fato de se mostrar o corpo em público, enquanto uma ideia, não dependia de um senso prévio de se ser ou não ser revolucionário; ao representar essa ação, específica, estava-se participando. Quando uma revolução é concebida em termos impessoais como esse, transforma-se numa questão realista, porque a atividade prática pode fazer com que aconteça.

Quando uma revolução é concebida em termos pessoais, torna-se mais impraticável. Uma pessoa tem que ser "um revolucionário" a fim de participar da revolução. Uma vez que revoluções são o mais das vezes coisas confusas, e que os grupos revolucionários têm identidades confusas, essa intrusão fundamental da personalidade provavelmente fará dessa revolução não tanto uma questão de atividade concreta quanto aquela revolução dos gestos simbólicos e da transformação experimentada apenas na fantasia. Desejos menos extremos de se mudar o que houve encontram a mesma dificuldade. Foi o que aconteceu um século depois do Termidor. Uma vez que a personalidade chegou a dirigir os termos da cultura, a revolta pessoal se tornou, na década de 1890, uma questão de desvio das normas sociais. Muita gente que se revoltou contra a pudicícia vitoriana das roupas acabou confusa diante de seus próprios atos, e passou a ver os "verdadeiros" rebeldes como pessoas fundamentalmente diferentes de si própria.

Nos anos que precederam a década de 1890, a constrição do corpo feminino alcançou novos limites. As anquinhas tornaram-se comuns nas décadas de 1870 e 1880: requeriam uma estrutura de numerosas barbatanas para seu suporte. O corpete também se torna elaborado e constritor, de modo que o corpo da mulher ficava literalmente aprisionado. Bonés com abas, que deformavam a cabeça, e sapatos horríveis completavam o quadro. A aparência do homem, apesar de não ser constrita, torna-se igualmente desagradável. Calças sem forma, quadriculadas, vestes amplas e desleixadas e o colarinho baixo, "polo", davam aos homens um ar desprezível.[77]

Tanto em Londres como em Paris, na década de 1890, havia uma tentativa de se resgatar o corpo dessas deformações físicas. Em 1891, as anquinhas caíram repentinamente de moda e foram substituídas por saias que aderiam aos quadris. As cores começaram a reinar novamente nas roupas de homens e mulheres, em meados da década de 1890. A revolta contra a opacidade dos homens consistiu em uma nova exuberância de detalhes nas roupas, nas bengalas, na tonalidade de polainas e gravatas. Quando londrinos e parisienses usavam tais roupas nas cidades de província e no campo, suscitavam comentários e indignação.[78]

A revolta contra os vitorianos não se compara à intensidade da revolta dos termidorianos contra a Revolução e o Antigo Regime; Barton registra, acremente:

> A um século de distância da época em que as cidadãs liberadas de Paris jogaram fora seus corpetes e os sapatos de salto alto, suas descendentes (e depois delas toda a gente feminina do mundo ocidental) constringiram sua cintura nas ortodoxas dezoito polegadas e apertaram os pés em sapatos de couro patenteado, com bicos finos e saltos mais altos que os de Maria Antonieta.[79]

A PERSONALIDADE EM PÚBLICO

Para os homens, ainda eram os detalhes que importavam: o monóculo, a bengala etc., e o homem continuava ainda enfaixado pelas roupas. O refinamento dos detalhes das roupas masculinas, como o colarinho engomado, frequentemente tornava a roupa ainda mais restritiva do que vinte anos antes. As mulheres haviam liberado as coxas, mas não o resto de seus corpos: o corpete continuava mais apertado do que nunca.

Entretanto, a verdadeira medida de distância entre Termidor e a década de 1890 não estava em quanto as mulheres desta última podiam se despir; estava muito mais naquilo que as pessoas de 1890 pensavam que estavam expressando com tais inovações, ainda que limitadas.

É interessante observar mais de perto uma moda passageira do início dos anos 1890: o hábito de furar os bicos dos seios das mulheres de modo a poder pendurar broches de ouro ou adorná-los com joias. Eis uma carta dirigida a uma revista para mulheres da época, em que a autora explica por que se dispusera a uma operação tão dolorosa:

> Por muito tempo não entendi por que deveria consentir numa operação tão dolorosa sem razão suficiente. Em breve, no entanto, concluí que muitas senhoras estão preparadas para suportar a dor em nome do amor. Achei que os seios das senhoras que usavam anéis eram incomparavelmente mais redondos e mais desenvolvidos do que os outros. (...) Assim, furei meus mamilos e quando as feridas cicatrizaram inseri os anéis. (...) Posso apenas dizer que não são nem ao menos desconfortáveis ou doloridos. Ao contrário, ao menor atrito ou ao menor movimento dos anéis tenho uma sensação de cócegas.[80]

Pela mesma razão que furavam seus mamilos, as mulheres começaram também a usar anáguas de seda, que, supostamente, farfalhavam de modo sedutor. Começaram a ondular os cabelos para torná-los mais "atraentes"; começaram até a usar maquiagem. Que ideia de sexualidade pretendiam transmitir? A laceração dos seios, o uso de roupas de baixo farfalhantes e algumas formas de maquiagem significavam que o apelo sensual chegava através de preparações que estavam escondidas pelas roupas, ou que, no caso dos cosméticos, escondiam o rosto. Ninguém via tais anéis, a menos que visse a mulher despida; as anáguas podiam ser ouvidas de perto, mas não vistas. Ao invés das roupas de proteção dos anos 1840, a ideia das roupas atraentes dos anos 1890 era a de acrescentar uma camada de roupas sobre o corpo, mas apenas sobre o visual exterior. Um símbolo da liberdade emocional como o anel de mamilo ainda é *invisível*. Que imagem de um corpo de mulher, nele mesmo, teria um homem ao ouvir o farfalhar de cinco camadas de anáguas? Poderia parecer lógico que uma revolta contra a rigidez das roupas nos anos 1890 quisesse significar trajes mais simples. De fato, as roupas nessa década se tornaram mais complexas e simbólicas. Não liberaram as mulheres das roupas apertadas; ao contrário, vestir um corpo envolvia agora o acréscimo de uma camada sexual nova.[81]

A razão da dificuldade em se liberar as roupas femininas estava em que a sexualidade, criada por uma camada de roupa, continuava a mesma ideia de vestir-se que tomara forma na metade do século: que as roupas são expressões da personalidade individual.

Nos anos 1890, os mamilos furados, as anáguas e os cosméticos eram códigos de caráter que o observador precisava conhecer para poder interpretar. Um exemplo: o número de anáguas farfalhantes sob o vestido era tido, na metade da década de 1890, como indicação da importância que a mulher atribuía a uma situação social dada, em que fazia seu aparecimento. Se ela praticamente crepitasse, isso significaria que ela pretendia mostrar-se no auge de suas possibilidades. No entanto, poderia igualmente estar vestida em excesso, sedutora em demasia para a situação, mostrando por sua vez que julgara erroneamente a "qualidade" de seus companheiros. Como matizar tantas minúcias, como equilibrar seu corpo, era tarefa tão problemática em 1890 quanto o havia sido em 1840.

As tentativas para ser sensual por meio de expedientes escondidos, como os anéis de mamilos, anáguas ou perfumes usados sob as vestes externas, indicavam um caráter muito particular e proibido. Ser sexualmente livre era ser uma semimundana, uma prostituta de alta classe. O uso de cosméticos,

A PERSONALIDADE EM PÚBLICO 277

através do século XIX, é associado com as cortesãs. Nos anos 1890, as famosas *horizontais* como Emilie d'Alençon e La Belle Otero eram peritas no uso de cremes e perfumes. Como dirá mais tarde, em 1908, Helena Rubinstein:

> A maquiagem era usada exclusivamente para o palco, e as atrizes eram as únicas mulheres que conheciam algo dessa arte, ou que ousariam ser vistas em público usando qualquer coisa a mais do que uma fina camada de pó de arroz.

Isso é um exagero. A maquiagem estava sendo produzida em massa e discretamente anunciada nas revistas femininas, na década de 1890. O que é certo é que, ao usar tais expedientes para tornar atraente o corpo, era como se a mulher estivesse cometendo uma espécie de crime. Eis a lembrança que Gwen Raverat tem dos cosméticos em 1890:

> No entanto, obviamente, as senhoras menos favorecidas usavam pó com discrição; nunca as jovens. E jamais, jamais mesmo, carmim ou batom. Isso era apenas para atrizes ou para "certos tipos de mulheres", ou então para a espécie mais depravada de senhoras "elegantes".

Esse senso de estar cometendo um crime é a razão pela qual, ao acrescentar ao corpo uma camada sexual, as mulheres de classe média tentaram tornar invisíveis esse expedientes. O corpo falava, mas secretamente. Os cosméticos eram o único desafio evidente aos usos vitorianos.[82]

Para aquelas mulheres que estavam comprometidas com a emancipação, nesse período, o vestuário havia se tornado um símbolo de outra espécie. Essas mulheres queriam ficar livres da ideia de que seus corpos existiam com o propósito de atrair os homens; queriam que suas roupas fossem independentes das imagens sexuais. O vestuário que escolheram para expressar essa liberdade, no entanto, era o vestuário masculino. Os gestos também se masculinizaram. Aos olhos de quem as encontrasse em suas caminhadas, toda essa exibição de liberação era tida como exibição de lesbianismo. A aparência física da mulher que se emancipava dos papéis sexuais e a aparência física da mulher que tentava

278 O DECLÍNIO DO HOMEM PÚBLICO

se tornar mais sensual levavam ao mesmo resultado: pareciam, aos olhos dos outros, estar comprometidas com atividades ilícitas.[83]

Em suma, a revolta nessas questões tornou-se um ato de desvio. Desvio que por si só já é um ato de anormalidade. Sentir-se livre para se expressar a si mesmo, desvio, anormalidade: esses três termos passaram a ser vistos como completamente interligados, uma vez que o *medium* público se tornara um campo para a abertura da personalidade. No Termidor, o corpo natural era uma afirmação daquilo que as pessoas deveriam aparentar nas ruas; o choque que essa quase nudez pudesse provocar não se fundava em termos de o o *incroyable* ou a *merveilleuse* estarem cometendo um crime. Em contrapartida, nos anos 1890, era por uma transgressão que uma mulher, ou um homem como Oscar Wilde, podia ser livre. Numa cultura de personalidades, a liberdade se tornara uma questão de não se comportar nem ter a aparência das outras pessoas; a liberdade se tornara uma expressão idiossincrática, mais do que uma imagem de como a humanidade, enquanto tal, poderia viver.

A autoconsciência precisa desempenhar um alto papel em qualquer revolta desse tipo, e diretamente em detrimento da espontaneidade. As memórias dos termidorianos mostram como era a vida nas ruas. As memórias dos rebeldes dos anos 1890 mostram como minhas roupas me fazem sentir o que pareço. Quando o homem do Termidor estava autoconsciente de sua aparência, era por razões de zombaria, um propósito social, uma questão de rir, juntamente com os outros, de si mesmo. A autoconsciência da personalidade é bem mais inibidora; os experimentos com as roupas se tornaram perigosos ou sujeitos a controles dentro do jogo da fantasia, porque cada experimento é uma afirmação sobre o experimentador.

Os desvios têm um curioso efeito de reforço da cultura dominante. Quando as pessoas comentavam o gosto de Oscar Wilde para polainas e gravatas, nos anos que antecederam seu julgamento por homossexualismo, estavam dispostas a apreciar a sua individualidade, ao mesmo tempo em que se dispunham a ressaltar que tais gostos eram uma clara definição daquilo que um cavalheiro comum não deveria aparentar. Kai Erikson argumentou que, quando uma sociedade pode identificar certas pessoas como sendo desvios, é

A PERSONALIDADE EM PÚBLICO

porque já adquiriu os instrumentos para determinar quem ou aquilo que não o é. O desvio confirma a norma das outras pessoas, fazendo com que fique claro, numa moda chocante, aquilo que deve ser rejeitado. A ironia da revolta contra as roupas homogêneas e monocromáticas, que começa na década de 1890, está no fato de que cada estágio da revolta "interessa" àqueles que não estão na revolta, dando-lhes uma imagem concreta daquilo que não devem aparentar, caso não queiram ser rejeitados.

O sinal mais claro das inibições exercidas sobre a revolta pessoal dentro de uma cultura da personalidade está nas relações entre os códigos de credibilidade, no palco, e entre as pessoas da plateia. O artista é cada vez mais forçado a se investir de um papel compensatório, aos olhos de sua plateia, enquanto uma pessoa que realmente pode expressar a si mesmo e ser livre. A expressão espontânea se torna idealizada na vida diária, mas é realizada no âmbito da arte. O guarda-roupa de teatro dos anos 1890 parecia ser verdadeiramente revolucionário na época, precisamente porque criava uma expressão para o corpo que ia além dos termos do desvio e da conformidade. A plateia se deparava com uma liberdade irrestrita no vestuário de palco, que não poderia encontrar em suas próprias roupas de passeio, nas ruas.

Em 1887, Antoine, o grande promotor do realismo no palco, abre o seu Théâtre-Libre (Teatro Livre) em Paris. Buscava a mais precisa reconstituição da "vida real" no palco. Se uma personagem, por exemplo, devesse estar cozinhando ao fogão, fritavam-se efetivamente ovos e bacon no palco. Era a última tentativa dessa busca da verossimilhança, que havia começado quarenta anos antes. O teatro de Antoine logo foi atacado por pintores que se autodenominavam Simbolistas, um grupo que cruzava, sem coincidir, com as ideias dos poetas associados a Stéphane Mallarmé. Liderados por Paul Forte, esses Simbolistas fundaram o Théâtre d'Art (Teatro de Arte).[84]

O Théâtre d'Art (que logo mudaria seu nome para Théâtre de l'Oeuvre [Teatro da Obra]) buscava tornar todos os elementos da peça tão livres e harmoniosos uns com os outros quanto possível. Abandonaram o "mundo real" e seus panoramas e odores, enquanto um padrão de referência. Ao invés disso, viam que a forma de um drama tinha uma estrutura, um símbolo ou símbolos, que definiam como o cenário deveria estar relacionado com os costumes, os costumes com as luzes e assim por diante. Aparências físicas deveriam expressar essa forma tão sensual e tão imediatamente quanto possível.

Com o Théâtre d'Art, os parisienses começaram a ver aparições corporais onde a expressão se tornava fluida, liberada da tirania do realismo bacon-com-ovos. Viram o corpo tornar-se plástico e, nesse sentido, livre do mundo, mas mais do que uma proposição para rejeitar o mundo. No teatro, o corpo poderia adotar tantas formas de expressão quantas o mundo simbólico da peça sugerisse.

O Théâtre d'Art era de vanguarda, mas esse novo imaginário do corpo expandiu-se também nos palcos populares. A Coleção do Harvard Theatre tem fotografias de Sarah Bernhardt em vários papéis diferentes que ela desempenhou na década de 1890. Como um rapaz, um trovador, em *Le Passant* (O viandante), de Coppée, ela usava calções que expunham suas pernas e coxas por inteiro, uma capa fantástica e uma veste ampla. Não se trata sequer de um modelo historicamente preciso do que vestia um trovador, como um estilista dos anos 1840 lhe teria feito, nem tampouco se tratava de fantasiar a roupa de passeio cotidiana, como teria acontecido nos anos 1750. Ela se tornou muito mais um composto de elementos fantásticos e reais, combinados com tanta imaginação e liberdade que sua roupa não teria sentido em termos de referentes e fontes exteriores. Como *Fedra,* ela surge em túnicas clássicas e flutuantes; não eram, uma vez mais, as túnicas que um arqueólogo poderia descrever, nem tampouco uma extensão de alguma moda elegante comum. Um cinto de escamas douradas prendia as túnicas na cintura. Cada vez que Sarah se movimentava, a túnica assumia uma forma nova. O corpo construía uma expressão, construía um símbolo da heroína clássica. As roupas eram uma extensão do corpo da atriz em ação.[85]

Se os anos 1840 foram um período em que as pessoas se voltaram para o teatro para resolver os problemas das ruas, no final do século as pessoas se voltaram para o teatro para encontrar imagens de espontaneidade, uma liberdade expressiva que não estivesse ligada à mera rejeição nas ruas. Em ambos os casos, a arte dramática formal realizava para a plateia aquilo que

A PERSONALIDADE EM PÚBLICO

a plateia não podia realizar na teatralidade cotidiana. Nos anos 1840, essa realização significava que a plateia se tornara a espectadora da verdade: assistia a ela, mas não participava dela. Por volta de 1900, essa passividade havia se tornado mais forte. O espectador, no teatro, via a liberdade de expressão, mas, assim como o espectador de cinquenta anos antes, ele não vê algo de suas próprias percepções se tornando claro. Apresenta-se a ele, então, uma forma alternativa de percepção.

Esse hiato é mais sensível num fenômeno que ocorre nove anos após 1900: o aparecimento em Paris dos Balés Russos. É difícil evocar retrospectivamente a eletricidade gerada pelo aparecimento dessa trupe. Eram dançarinos extraordinários. Seus movimentos nada tinham de convencional, nem "de balé", mas o corpo parecia estar totalmente a serviço da emoção em primeiro lugar. Foi essa expressividade animal dos corpos, e não a "atmosfera" oriental ou exótica dos Balés Russos, que prendeu a imaginação do público.

Os costumes de Léon Bakst, para os Balés Russos, eram, ao mesmo tempo, um resumo de tudo aquilo que o Théâtre d'Art esperara criar, sendo ainda mais insistente, mais elementar. Vistos numa galeria ou exposição, em si mesmos, parecem pesados e incômodos. Vistos montados num corpo humano, como nas fotografias e nos finos esboços de Bakst, os trajes e o corpo se tornam um só. Aquilo que o corpo faz e como o traje cai nele são duas coisas perfeitamente unidas, de maneira que cada movimento do dançarino tem uma significação cinestésica e ao mesmo tempo de "estilo fotográfico".[86]

Sob um certo ponto de vista, os Balés Russos foram a cidade termidoriana sendo vivida no palco — mas uma cidade que agora nunca mais seria vivenciada fora do saguão do teatro. Houve um momento que se tornou famoso na história dos Balés, quando Nijinski, o principal bailarino, fez uma extraordinária saída de palco ao representar um fauno. Saltou para fora do palco, parecendo estar subindo a uma altura impossível, antes de desaparecer atrás da cortina. A sua roupa acentuava cada linha do movimento. Parecia-se com alguém que estivesse liberado da força da gravidade, cuja aparência geral deveria ser de leveza, de flutuação sem esforço. A plateia se tornou selvagem; ainda assim, que chance teria Proust, enrolado em seu casaco de pele, que chance

282 O DECLÍNIO DO HOMEM PÚBLICO

teriam as senhoras amarradas em seus corpetes, e os cavalheiros com suas bengalas, colarinhos altos e chapéus apertados, de vislumbrarem — quanto mais de participarem nela, eles próprios — essa liberdade de expressão, assim que retornassem às ruas?[87]

RESUMO

A personalidade no século passado compunha-se de três termos: unidade entre impulso e aparência, autoconsciência a respeito do sentimento e espontaneidade como anormalidade. As raízes da personalidade estavam num novo tipo de crença secular; a natureza transcendente havia sido substituída pela sensação imanente e pelo fato imediato, na qualidade de cerne da realidade.

Na obra de Balzac, esses termos da personalidade eram postos em códigos para se entender a sociedade, e estavam relacionados com as condições materiais do seu tempo. Nas roupas da metade do século, esses termos da personalidade se introduziram no âmbito público onde entraram em diálogo com as forças de produção e de distribuição industriais. Na família nuclear da época, apesar de todo o desejo de se estabilizar as relações pessoais e de se retirar da sociedade, esses mesmos termos da personalidade perturbaram o processo familiar. E, nas rebeliões contra a cultura pública da metade do século, o interesse compulsivo na expressão pessoal em público permaneceu sem rival, inibindo tanto o objetivo quanto a espontaneidade da rebelião e alargando o hiato entre as aparências da vida diária e as aparências no palco.

Além dessa entrada da personalidade na sociedade e de sua interseção com o capitalismo industrial em público, produziram-se todos os sinais de desastre psicológico quanto aos novos termos da cultura pública. O medo da exposição involuntária do caráter, a superposição do imaginário público e do privado, o retraimento defensivo diante dos sentimentos e o aumento da passividade. Não é de se estranhar que pairasse sobre o período um senso de augúrio, uma certa obscuridade. Enquanto a realidade em que as pessoas acreditavam se transformava naquilo que podiam imediatamente experimentar, uma espécie de terror diante do imanente entrara em suas vidas.

A PERSONALIDADE EM PÚBLICO

O próprio drama da vida pública nos dirige de volta a Balzac. O vestuário da mulher respeitável temia aqueles "detalhes reveladores" de sua aparência, que poderiam sugerir coisas ruins sobre o seu caráter; os banqueiros se esquadrinhavam uns aos outros, na busca de pistas do cavalheirismo de cada um. Enquanto os temas de Balzac estavam assim deformando a ideia de uma aparência pública que haviam herdado, de modo que estavam se tornando atores mais sérios e menos expressivos do que seus antepassados, Balzac toma esses temas e a partir deles constrói um novo *theatrum mundi*: a *comédie humaine*.

Trata-se de uma ironia: o leitor moderno, ao se deparar com o mundo de Balzac, é consistente e propositadamente levado pelo autor a pensar que "é assim que Paris se parece: eis um exemplo de como o mundo funciona". Os contemporâneos de Balzac usaram os mesmos instrumentos de percepção, e com eles passavam a ter cada vez mais dificuldades para entender como o mundo funcionava. Somente um grande artista poderia então realizar as tarefas da expressão pública que nos anos 1750 se realizavam na vida de todos os dias.

Donald Fanger resume muito bem a tarefa dos romancistas da cidade, como Balzac e Dickens:

cada um deles estava admoestando os seus leitores; com efeito: "As antigas suposições, as antigas categorias, não são mais válidas; precisamos tentar ver de novo." A certeza confortável de Fielding, por exemplo, de que poderia tomar como tema a natureza humana e simplesmente ilustrá-lo, ...não estava mais disponível para eles. Seu mundo não era mais o mundo familiar à luz do dia; Apolo não reinava ali, e a própria beleza estava destronada.[88]

9

Os homens públicos do século XIX

Quando a personalidade adentrou o domínio público, a identidade do homem público dividiu-se em dois. Poucas pessoas continuaram a se expressar em público de modo ativo, e conservaram o imaginário do homem enquanto ator que orientava o Antigo Regime. Esses poucos ativos haviam se tornado, em meados do século XIX, verdadeiros profissionais nisso. Eram artistas experimentados. Uma outra identidade cresceu paralelamente a essa: a do espectador. E esse espectador não participava tanto da vida pública quanto se empedernia em observá-la. Inseguro quanto a seus sentimentos e convencido de que, o que quer que fossem, seriam expressos totalmente à parte de sua vontade, esse homem não desertou a sociedade pública. Aderiu à crença segundo a qual fora do lar, na multidão cosmopolita, haveria experiências importantes para uma pessoa. Ao contrário de seu predecessor do Antigo Regime, a seus olhos esse preenchimento em público não pertencia a seu ser social, mas à sua personalidade. Se ao menos ele pudesse se preparar, se, acima de qualquer coisa, ele pudesse se disciplinar ao silêncio em público, aconteceriam coisas com seus sentimentos que, enquanto um indivíduo, ele sozinho não poderia fazer acontecer.

Passivo em público, ainda que acreditando na vida pública, o espectador mostra como, por volta da metade do último século, uma nova ordem secular se entrecruzava com uma crença sobrevivente do Antigo Regime. De tudo quanto foi dito sobre a imanência e a personalidade imanente, é facilmente visível que o homem público se sentia mais confortável enquanto uma testemunha

286   O DECLÍNIO DO HOMEM PÚBLICO

da expressão de outra pessoa do que enquanto um ativo condutor da própria expressão. Essa atitude aparece, de diversos modos, no gosto do vestuário, nas décadas de 1840 e 1890. Assim sendo, a mera sobrevivência da crença na vida pública parece ter sido uma sobrevivência necessária, uma maneira para que o espectador tivesse um âmbito onde observar. Mas a sobrevivência dessa geografia pública, quando aliada à personalidade, produziu algo mais.

O espectador, uma figura isolada, esperava realizar tarefas da personalidade que sentia não poder realizar quando ativamente intercambiava com os outros. Em suas interações sociais seus sentimentos se tornaram confusos e instáveis. Ficando passivo, esperava que o fizessem sentir mais. Essa esperança era mais do que um desejo de titilações, de estímulos sensoriais, ao se ficar estático. Em público, as pessoas, especialmente os homens, esperavam ao menos testemunhar como era a vida fora da rigidez da propriedade que experimentavam em família. Em silêncio, assistindo a vida passar, o homem estava finalmente livre. Assim sendo, a sobrevivência de um domínio público nos novos termos estabeleceu uma antítese fundamental da vida moderna: os modos do desenvolvimento pessoal livre, como sendo opostos, estando em conflito contra os modos da interação social tal como a família a encarnava. Ironicamente, essa sobrevivência da vida pública permitiu que a personalidade e a sociabilidade se tornassem forças mutuamente hostis.

No último século, o impacto da personalidade na identidade pública dos poucos que estavam ativos causou uma notável transformação. Políticos passaram a ser julgados críveis, caso suscitassem a mesma credibilidade em suas personalidades que os atores suscitavam no palco. O conteúdo da crença política retrocede enquanto se faça em público: as pessoas estavam mais interessadas no conteúdo da vida do político. Wilkes havia sido nisso um precursor. Agora, um século depois dele, a personalidade política é definida por multidões em termos específicos — os da pureza de seus impulsos —, e aquilo em que o político acredita se torna cada vez menos importante para se decidir se se crê ou não nele.

O ator público é enganosamente uma figura simples, na medida em que domina uma multidão de espectadores silenciosos. A personalidade pública

OS HOMENS PÚBLICOS DO SÉCULO XIX

domina de fato os espectadores silenciosos em um sentido raso. Eles não mais exigem um "ponto" nem uma "situação" dele. Mas o termo "dominação" tem dois sentidos enganosos. Os espectadores silenciosos precisavam ver no ator público certos traços de sua personalidade, quer ele a possuísse, quer não. Fantasiosamente investiam nele aquilo que na realidade poderia lhe faltar. Assim sendo, falar no ator dominando o sentimento deles não é bem correto, pois as frustrações que os assistentes experimentavam em suas próprias vidas suscitavam neles uma necessidade que, por sua vez, era projetada por eles no ator público. Uma vez mais, a imagem da dominação sugere que sem o ator não pode haver espectador. Mas o observador silencioso permanece no público, mesmo quando não há qualquer personalidade sobre a qual se concentrar. As necessidades projetadas no ator se transmutam então: os espectadores se tornam *voyeurs*. Movimentam-se em silêncio, na proteção que os isola uns dos outros, desafogando-se através da fantasia e do devaneio, observando a vida passar pelas ruas. As pinturas de Degas sobre a pessoa silenciosa e sozinha num café apreendem a qualidade da sua vida. E aqui se encontra em germe a cena moderna da visibilidade em público, apesar do isolamento interpessoal.

Finalmente, o ator público do século XIX é uma personagem complexa porque, caso fosse um artista que se apresenta em público, o aparecimento de fatores de personalidade em seu trabalho era mais do que apenas uma influência cultural sobre a sua própria percepção de si mesmo. A expressão nas artes da representação levanta inevitavelmente uma questão complexa de personalidade. Diderot tentara resolvê-la denegando um papel importante à personalidade. Na era romântica, os que representavam em público tentaram resolvê-la de outro modo.

Neste capítulo, começaremos por observar o encontro daquele que se apresentava em público, no período do Romantismo, com o novo código de personalidade imanente. Desse encontro, ele cria uma nova identidade pública para si mesmo. Olharemos então para a sua plateia; essa plateia de espectadores silenciosos sobreviveu e se entrincheirou, mesmo quando a primeira geração do entusiasmo romântico refluía da sociedade. E, finalmente, observaremos

288 O DECLÍNIO DO HOMEM PÚBLICO

os espectadores silenciosos em público, na ausência de qualquer representador diante deles; *voyeurs* nas ruas. No próximo capítulo, retomaremos a personalidade pública, dessa feita encarnada no político, mais do que no artista.

O ATOR

No último capítulo, achamos melhor falar da cultura da personalidade como "encorajando" o medo sexual, mais do que o "causando". Esses temores são tão profundos na sociedade ocidental que nenhuma época pode tomar a responsabilidade pela sua existência: apenas se exacerbou ou se aliviou uma tal carga. Da mesma maneira, a cultura da personalidade encorajou o artista que representa a se olhar como um tipo especial de ser humano, mas não o tornou assim. Pois, na sociedade ocidental, aquele que representa dispõe de um texto sobre o qual basear o seu trabalho, e no problema do texto está contida para ele uma fonte dessa visão de si mesmo como tendo um caráter peculiar. O que aconteceu por volta das décadas de 1830 e de 1840 foi que a cultura da personalidade tinha de tal modo reforçado essa crença, a seus olhos e aos olhos dos outros, e reforçado de uma tal maneira, que somente aquele que se apresentasse em público, profissionalmente, é que seria a única figura pública ativa, a única pessoa que poderia fazer com que os outros sentissem intensamente dentro do âmbito público.

Cada ator e cada músico tem um texto sobre o qual basear a sua arte, mas ele poderá tratar esse texto de uma entre duas maneiras. A diferença está no quanto um e outro acreditam que o seu trabalho específico pode ser "notado". Em música, isso significa indagar até que ponto o sistema de sinais musicais impressos na página pode efetivamente representar a música que o compositor tinha em mente. Se se acreditar em tais sinais — notas, marcas de graves e agudos, indicações de tempo — como uma linguagem adequada, ao se apresentar com essa peça-musical, a pessoa que se apresenta se concentrará na execução do som que estiver lendo. Se ela acreditar que a música não pode ser adequadamente notada, então sua tarefa, durante a apresentação, é a de

OS HOMENS PÚBLICOS DO SÉCULO XIX

encontrar aquilo que falta na página impressa. O ator tem também uma escolha similar. Pode tratar o texto tanto como um conjunto de sugestões para uma personagem que estava na mente de Shakespeare ou de Ibsen, sugestões essas que não podem ser ignoradas, mas que lhe deem bastante liberdade, ou então pode tratar o texto como uma bíblia que, uma vez entendida, ditará também como ser representada. No balé, o problema é crucial: como pôr no papel os movimentos do corpo, e, caso seja possível fazê-lo, até que ponto essa notação pode ser tomada como guia absoluto?[89]

Portanto, as artes da representação têm sempre esse problema com o texto: o de saber até que grau uma linguagem de notação é adequada enquanto linguagem de expressão. Nisso se fundamenta a presença da personalidade daquele que se apresenta. Na medida em que a notação parece ter um sentido intrínseco, aquele que se apresenta não precisa sentir a necessidade de se introduzir pessoalmente: é apenas um agente, um instrumento, um intermediário que, se conseguir representar a sua parte com habilidade, tornará possível ao espectador o contato com o sentido contido na notação. Há um limite para esse poder de notação. Muito poucos músicos afirmariam que a experiência de ler um texto seja equivalente à de ouvi-lo; quase nenhum coreógrafo, ao estudar cuidadosamente a mais sofisticada das figuras de movimento de dança, diria estar experimentando em dança. Por causa das qualidades indiretas da notação de representação e pelo fato de que as notas, figuras e linhas são apenas guias para um outro tipo de ação, aquele que se apresenta nunca pode pensar ser um "espelho" ou um executante fiel.

Na história da música, as atitudes para com a notação e com a personalidade estão polarizadas em duas escolas conflitantes nas primeiras décadas do século XIX. Isso se devia em parte, e ironicamente, a que os compositores começavam a notar na página impressa cada vez mais indicações, em comparação com as que faziam no século XVIII, sobre como a música deveria ser tocada. Nas sonatas de Bach para viola da gamba e contínuo, por exemplo, o compositor não nota por escrito onde a música deve ser tocada mais forte ou mais piano, e fornece apenas indicações muito simples de tempo. Na sonata para Violoncelo e Piano, *opus* 69, de Beethoven, em contrapartida, há

290 O DECLÍNIO DO HOMEM PÚBLICO

indicações muito elaboradas sobre o tempo e o volume, em diferentes pontos da peça. O que é ainda mais importante é que termos literários começam a ser introduzidos pelo compositor para explicar aquilo que ele sentia que a notação musical clássica não poderia transmitir. Anotações como "calmato", ou "molto tranquillo", começam a aparecer regularmente e se tornam mais elaboradas nos últimos anos de composição de Beethoven. Depois da morte deles, os compositores começaram a utilizar como prefácio poemas inteiros para explicar aquilo que estava na música; ou então, como nas *Kinderszenen* de Schumann, usavam complicados títulos para as peças musicais. Por volta do final do século, as tentativas do compositor no sentido de notar o caráter de sua música por meios literários haviam se tornado barrocas, como no caso de Debussy, ou então de autoescárnio, como no caso de Satie.[90]

Como poderiam os executantes lutar com essa complexidade crescente da notação? No trato desse problema, surgem duas escolas mutuamente hostis. Na primeira, havia Schumann e Clara Wieck e, depois deles, Brahms e Joachim, na Europa Central; esporadicamente, Bizet e então, Saint-Saëns, Fauré e Debussy, na França. Todos acreditavam que, por mais complexas e extramusicais que fossem as anotações, o texto como tal era o único guia para aquilo que a música deveria ser. Se a linguagem da música se expandia, tornava-se uma linguagem melhor, e mais completa; ainda que fosse menos fácil, era um guia.[91]

A outra escola começou a tomar forma no início dos anos 1800, e foi essa escola que começou a conectar o trabalho do executante com algumas qualidades especiais da personalidade em público. É uma escola que concebia a música como uma essência para além do poder de notação. Tomava a crescente complicação da notação musical como apenas a admissão desse fato. O executante era a figura principal nessa escola: ele era o criador, enquanto o compositor era seu instrutor. A fidelidade ao texto não tinha nenhum sentido para os mais extremistas dos executantes dessa escola, uma vez que para eles o texto não tinha qualquer afinidade absoluta com a música. Por que iriam eles espelhar fielmente as páginas de Mozart, quando essas páginas impressas não espelhavam a música que Mozart fizera? Para dar vida a essa música, o

OS HOMENS PÚBLICOS DO SÉCULO XIX

executante deveria, por assim dizer, tornar-se ele próprio um Mozart, tal e qual um mago que traz uma estampa à vida apenas esfregando uma lâmpada mágica. Essa escola começou, portanto, a tratar a música de duas maneiras: a primeira, como se se tratasse de uma arte com significações imediatas, mais do que com significações congeladas num texto; desse modo, ela se tornou uma arte baseada no princípio da imanência. A segunda maneira, como se a execução pública dependesse da intensa demonstração de sentimentos intensos, no próprio executante quando estivesse tocando. O novo relacionamento entre o executante e o texto está corporificado na famosa observação de Franz Liszt, "O concerto sou eu". As ações específicas do artista, a nota ou a linha musical belamente modeladas passavam agora a ser pensadas como produtos de uma personalidade artística, mais do que de um trabalhador altamente habilitado.[92]

Um laço similar entre arte imanente e personalidade se desenvolveu em todas as artes sob a ascendência do Romantismo. Raymond Williams mostrou, em *Culture and Society* (Cultura e sociedade), como, por exemplo, as próprias palavras associadas à atividade criadora mudaram, nos anos 1820, sob a égide do Romantismo:

> (...) A ênfase na habilidade [como definindo um artista] fora gradativamente substituída por uma ênfase na sensibilidade; e essa substituição era sustentada pelas transformações paralelas de palavras como *criativo (...), original (...)* e *gênio (...)*. De *artista,* no novo sentido, foram formados *artistic* e *artistical* (artístico), e estes, por volta do final do século XIX, se referiam mais ao temperamento do que à habilidade ou à prática. A palavra *Estética* (...) permanece ligada a *esteta,* que uma vez mais indica "um tipo especial de pessoa".[93]

O artista intérprete tem que ser, no entanto, um tipo diferente de "pessoa especial" do que o poeta, o pintor ou o ensaísta românticos. Devia extrair uma resposta direta da plateia, numa situação diferente da do poeta, que em seu isolamento pode conceber suas imagens e rimas para criar um nobre eu. Além da presença direta de sua plateia, a conversão romântica da arte, a partir da habilidade, para o eu, tinha que ser diferente para o pianista e para

292 O DECLÍNIO DO HOMEM PÚBLICO

o pintor, tendo em vista a diferença de relacionamento entre o executante e o seu *medium*. Por mais que a torne pessoal, a atividade do pianista romântico ainda está ligada a um texto, o mais das vezes um texto que não é sua própria composição, criada num outro momento do que aquele momento preciso em que ele a está trazendo à vida diante de uma plateia. O executante romântico, ao fazer da música uma experiência imanente, tinha portanto que tocar um texto, mas também convertê-lo para si mesmo.

Revisões contemporâneas sugerem o modo pelo qual se deveria ouvir um músico romântico tentando fazer com que a música pareça imanente: pausas, atrasos, rubato tornariam importante o momento em que um som era produzido. A deformação do ritmo se faria à custa de linhas acentuadamente longas, de um trabalho disciplinado em conjunto com a orquestra e de uma preocupação com o equilíbrio e a alternância das partes. Estas, em qualquer evento, deveriam ser as preocupações exclusivas de um executante apresentando um texto. O ataque imediato, o tom sensorial, as cordas atordoantes, tais eram as técnicas para se tornar a música absolutamente real aqui e agora.

Que tipo de personalidade era percebida num músico que pudesse fazer isso? No dia 23 de agosto de 1840, Franz Liszt escreveu o obituário de Paganini; começa esse ensaio com as palavras:

> Quando Paganini (...) aparecia em público, o mundo admirado o olhava como se fosse um ser superior. O arrebatamento que provocava era tão inabitual, a mágica que realizava com a fantasia dos ouvintes era tão poderosa, que eles não podiam se satisfazer com explicações naturais.[94]

Essas palavras não exageravam a recepção pública de Paganini. Esse violinista, nascido numa pequena cidade da Hungria, recebia, por volta de 1810, uma adulação constante, não somente pelas plateias burguesas, como também pelas operárias, igualmente. Tornou-se o primeiro músico a ser considerado herói popular.

Paganini tinha uma técnica extraordinária e era desprovido de gosto musical; todo o seu trabalho no palco estava dirigido para atrair as atenções

OS HOMENS PÚBLICOS DO SÉCULO XIX

para ele próprio. A plateia, num concerto tipicamente de Paganini, podia testemunhar o fato de que o violinista rompia uma, duas ou até três cordas de seu violino, de modo que no final de um concerto difícil todas as notas estavam sendo tocadas em uma só corda. Ouviriam certamente suas improvisações de cadências, que eram tão complicadas que qualquer semelhança com os temas originais era apagada. Os ouvintes deveriam ficar deslumbrados por suas simples saraivadas de notas. Paganini gostava de aparecer repentinamente diante da plateia saindo de um esconderijo na orquestra, em vez de esperar nas coxias. Uma vez visível, esperaria um, dois ou três minutos, olhando fixamente a plateia, fazendo com que a orquestra precisasse parar abruptamente, e, em seguida, começava a tocar. Paganini preferia começar diante de uma plateia hostil, pronta para vaiá-lo, e então reduzi-la à mais cega adulação, pela força de sua execução. Exceto no caso de uma de suas excursões à Inglaterra, foi universalmente aclamado, mas os críticos nunca podiam dizer o que havia de tão extraordinário nele. "Sabem que ele é grande, mas não sabem por quê", escreveu um crítico. Ele havia feito da apresentação pública um fim em si mesmo; de fato, a sua grandeza estava em que fazia suas plateias esquecerem o texto musical.[95]

Paganini cativou a imaginação de homens que ao mesmo tempo ficavam estarrecidos com sua vulgaridade. Berlioz, que gostava da "ideia" Paganini, frequentemente se revoltava contra sua música. Essa "ideia" estava no fato de que Paganini fizera com que o momento da verdade na música fosse o momento da execução pública. A música imanente, no entanto, é uma experiência tensa. A apresentação se torna uma questão de chocar o ouvinte, de fazê-lo ouvir repentinamente como jamais ouvira antes, desfazendo-se de seus sensos musicais. Assim como o compositor estava tentando fazer com que aquilo que punha no papel tivesse vida, acrescentando toda sorte de termos literários descritivos, os executantes da escola de Paganini estavam tentando fazer com que seus concertos tivessem vida, fazendo com que a plateia ouvisse dimensões que nunca antes havia ouvido, mesmo nas peças mais familiares. O imanente e o senso do choque: a execução que Paganini fazia da música mais familiar era como ouvir uma obra totalmente nova.[96]

294   O DECLÍNIO DO HOMEM PÚBLICO

Assim sendo, o vulgar heroico demonstrou aos músicos que era possível rejeitar a afirmação de Schumann, de que "o manuscrito original permanece sendo a autoridade à qual devemos nos referir". Era possível trazer para a sala de concertos os fogos de artifício do *bel canto* cantados por um instrumento de orquestra, o drama e o arrebatamento da ópera.[97]

O traço essencial da personalidade de um artista que faz música imanente é sua qualidade de choque: administra choques aos outros, e é ele mesmo uma pessoa chocante. Não é assim que um homem que tem esse poder é qualificado de uma personalidade "dominante"?

Quando se fala sobre uma personalidade dominante em sociedade, o termo pode ter três sentidos diferentes. Pode significar alguém que faz para os outros aquilo que estes não podem fazer por si mesmos: é a noção que Weber dá do carisma, ao analisar a vida dos antigos reis. Pode significar alguém que parece fazer pelos outros aquilo que nem ele pode fazer por si mesmo, nem os outros podem fazer por si mesmos: é a noção de carisma de Erikson, ao analisar a vida de Lutero. Ou então, por fim, uma personalidade dominante pode ser alguém que mostra aos outros que ele pode fazer por si mesmo aquilo que os outros deveriam fazer por si mesmos: ele "sente" em público. Verdadeiramente, ele choca a sua plateia com seu sentir. Mas os espectadores não poderiam absolutamente tomar esse sentimento levando-o para fora do teatro, de volta a suas vidas cotidianas. Não poderiam "rotinizar" o poder da figura dominante, do modo como os reis antigos de Weber eram institucionalizados; nem tampouco poderiam formar com ele uma comunidade, como o Lutero de Erikson fizera com seus irmãos. Em termos modernos, aqueles que caem sob influência daquele que se apresenta em público apenas podem assisti-lo "sendo". Seus poderes extraordinários lhe dão a aparência de sentimentos espontâneos e a habilidade de suscitar sentimentos momentâneos nos demais. É diferente deles, como todas as figuras carismáticas, mas está permanentemente isolado de quem quer que possa emocionar. Essa visão aparece de modo pungente no tributo de Liszt a Paganini:

OS HOMENS PÚBLICOS DO SÉCULO XIX

(...) este homem, que criou tanto entusiasmo, não podia fazer amigos entre seus semelhantes. Ninguém adivinhava o que se passava em seu coração: sua própria vida, ricamente abençoada, nunca fez feliz outra pessoa. (...) O deus de Paganini (...) nunca foi outro além de seu desalentado e triste "Eu".[98]

Quais são as tarefas de personalidade que realiza essa figura isolada embora dominante? Para o espectador, ela cria sentimentos que são ao mesmo tempo anormais e seguros. Parece sentir espontaneamente em público, e isso é anormal; através de suas táticas de choque, faz com que os outros sintam. Mas o choque momentâneo é seguro, por causa de seu próprio isolamento. Não há aqui experiência emocional que a plateia precise pôr em luta contra todos os seus poderes; acima de tudo, trata-se de um homem extraordinário. Desse modo, surgem ambas as identidades públicas produzidas pela personalidade em público: de um lado, um ator extraordinário; de outro, espectadores que podem ficar à vontade em sua passividade. Têm eles menos dons do que ele, mas ele não os desafia; ele os "estimula".

Essa situação difere muito do controle que as plateias do Antigo Regime exerciam sobre atores e músicos, quando aquilo que era real para eles, e conhecido por eles, delimitava o que o intérprete poderia fazer. Quando Madame Favart os chocara, fizeram com que ela mudasse de roupa. A plateia de Paganini tornava-se tão entusiástica que ele podia administrar os choques. Eis uma medida da transformação de uma ponte entre o palco e as ruas, para uma nova condição de dependência do palco para as imagens de sentimento público. O que é sugerido por esse gosto pela roupa elaborada, de um lado — que as aparências nesse domínio contam a verdade —, ou pelas roupas liberadas, de outro — que somente no palco as pessoas sentem livremente —, o virtuoso sintetiza.

Uma personalidade pública ativa dependia de um tipo especial de poder. Entre os românticos, que se qualificavam como personalidades públicas ativas, esse poder extraordinário era uma questão de técnica inabitual. Desde que a união da personalidade pública crível com o próprio poder se tornará nossa

296 O DECLÍNIO DO HOMEM PÚBLICO

preocupação à medida que nos aproximarmos cada vez mais da política, é interessante observar com algum detalhe seu primeiro aparecimento nas artes formais da representação.

A necessidade de empurrar para a frente a personalidade de alguém com a finalidade de que a pessoa execute grandes obras musicais que requerem uma técnica extraordinária colocou Liszt, Berlioz e os outros da escola de egoísmos sérios à parte do tutor de todos eles: Paganini. De todos aqueles que observaram o executante romântico trabalhando sob essa necessidade, ninguém conseguiu captar a sua significação musical melhor do que Robert Schumann, que, no que concernia a si mesmo, achava isso estranho e impossível. Os *Étuds* de Liszt *"devem ser ouvidos"*, escreveu ele, porque peças terrivelmente difíceis

> eram extraídas dos instrumentos com o auxílio das mãos; e somente as mãos podem fazê-los ressoar. E dever-se-ia também ver o compositor tocá-las; pois assim como a visão de qualquer virtuose pode elevar e reforçar, muito mais faz a visão do próprio compositor, *lutando com seu instrumento, domando-o, fazendo-o obedecer.* (...)[99]

O que havia de sério a respeito do egoísmo sério estava em que o próprio meio (*medium*) parecia refratário; esforços imensos pareciam separar necessariamente a música do som: ou seja, uma luta imensa se fazia necessária para tornar expressivo o momento imediato, lá onde o simples som desejado era tão difícil de ser produzido. Desse senso da refratariedade do meio expressivo proveio quase que logicamente a ênfase no virtuose. Não que o virtuose seja um artista *melhor* do que os outros; somente os que são muito excepcionalmente dotados é que podem *ser* artistas nesse esquema, uma vez que somente dons muito excepcionais poderão tornar musicais os sons.

A virtuosidade tinha uma consequência social: era um meio de se conseguir a mestria sobre aqueles que nunca entenderiam o que uma pessoa sente, sofre ou sonha. A virtuosidade estava tomando conta dessa multidão sem valor — cuja aprovação se poderia desejar, mas isso seria um segredo envergonhado; do mesmo modo como é uma apreensão física do meio (*medium*) que é tão ingrata, ela leva a audiência ao sentimento ao focalizá-lo na luta física do artista. Hoje

OS HOMENS PÚBLICOS DO SÉCULO XIX

tendemos a sorrir desse autoexagero romântico; e ainda assim não é verdade que ainda acreditemos no fato de que somente uma apresentação excepcional pode ser uma apresentação "viva"; não falamos nós da arte como de uma luta; não pensamos ouvir um Quarteto em Fá Maior de Mozart bem diferente, quando tocado pelo Quarteto de Budapeste, do que quando o ouvimos tocado por um conjunto honesto, sério, mas sem inspiração? Permanecemos debaixo do encantamento do código romântico da apresentação em público, segundo o qual a arte transcende o texto; mas falta-nos a sua paixão, e uma certa inocência, com a qual eles podiam se levar tão a sério.

Ser expressivo e ter um talento extraordinário: eis a fórmula com a qual a personalidade adentra o domínio público. Essa fórmula não era peculiar às artes da interpretação musical; acontecera também no teatro. O mais espantoso é que poderes especiais, expressividade pública e uma personalidade crível em público estavam reunidos no melodrama, pois os textos melodramáticos das décadas de 1830 e de 1840 eram representados por grandes atores parisienses como Marie Dorval e, principalmente, Frédérick Lemaître.

No último capítulo, vimos que a essência da escritura de um melodrama está em se apresentar um "tipo de caráter puro", uma pessoa que no palco poderia ser imediatamente reconhecida como adequada à categoria do vilão, da virgem, do herói, do rico proprietário, do jovem artista, da jovem moribunda, do rico patrão; todos esses eram exemplos de tipos de pessoas, mais do que de personalidades singulares. A ironia com o melodrama parisiense estava em que nos anos 1830 surgiram atores como Dorval e Lemaître para desempenhar esses papéis, que eram pessoas de grande individualidade; ao desempenhar esses conjuntos de papéis, os atores o faziam de modo a utilizar os textos como veículos para transmitir um certo sentido de, como a imprensa nunca se cansou de repetir, suas próprias "personalidades inefáveis".

Dorval e Lemaître começaram a transformar a representação dos melodramas por volta da época em que apareceram juntos numa peça de Goubaux, *Trente Ans* (Trinta anos), em junho de 1827. Nela, começaram a falar naturalmente, ao invés de naquela voz de estentor que convencionalmente se esperava nos momentos de paixão ou de crise. Começaram a se concentrar nos detalhes do trabalho de palco, a infundir detalhes de ação com significações novas.

298 O DECLÍNIO DO HOMEM PÚBLICO

Frédérick Lemaître, em especial, foi o primeiro grande ator do século XIX a perceber que as plateias poderiam ser intensamente tocadas por detalhes de ação de pantomima. Por exemplo, a clássica entrada de um vilão em cena, que deveria consistir num andar a passos curtos e afetados, como se estivesse com medo de ser visto pela plateia; a partir do momento em que surgia, sabia-se quem era ele. Quando Lemaître surge, nos melodramas familiares dos anos 1830, no papel de um vilão, simplesmente entrou a largas passadas em cena, naturalmente, como se ele fosse igual a qualquer outra das personagens. Isso causou sensação na plateia e foi considerado um *grand geste* (algo de magistral): por certo, sabiam aquilo que ele representava na peça, mas, ao alterar tais detalhes de encenação, ele próprio, Frédérick Lemaître, era visto como mostrando sua própria personalidade criativa — e não mostrando algo sobre as profundezas escondidas da parte do vilão no texto.[100]

As peças apresentadas no Boulevard du Crime (distrito do teatro popular) tornaram-se ocasiões para se ver Lemaître representar. Os bons melodramas e as peças românticas de 1839 somente teriam chance de se tornar sucessos populares caso Frédérick Lemaître representasse; e se ele estivesse nelas, eram vistas como grandes peças de teatro. Essa elevação do texto foi mais espantosa, talvez, numa peça em cuja composição Lemaître também participara, *Robert Macaire,* o drama mais popular dos anos 1830, no qual o melodrama, as ideias românticas de revolta contra a sociedade e o herói picaresco estavam pela primeira vez unidos, e da maneira mais bem-sucedida, não é mesmo? Eis a descrição da peça por Gautier:

> *Robert Macaire* foi o grande triunfo da arte revolucionária que se seguira à Revolução de Julho. (...) Há algo de especial nessa peça em particular, que consiste no ataque agudo e desesperado que desfere contra a ordem da sociedade e contra a espécie humana como um todo. Em torno do caráter de Robert Macaire, Frédérick Lemaître criou uma figura cômica genuinamente shakespeariana: alegria terrificante, uma gargalhada sinistra, amarga derrisão (...) e, acima de tudo isso, uma surpreendente elegância, flexibilidade e graça que pertencem à aristocracia do vício.

OS HOMENS PÚBLICOS DO SÉCULO XIX

Ainda assim, a peça hoje está esquecida. De fato, essa peça é irrepresentável, porque não há mais Frédérick Lemaître. Não se pode dizer que um crítico como Théophile Gautier estivesse tão ofuscado pelo ator que não conseguisse ver os defeitos do texto — esta é uma regra da crítica que ignora a arte que Gautier estava vendo: tratava-se da criação de um texto significativo através do poder de um ator extraordinário.[101]

Frédérick Lemaître recebeu as mesmas aclamações apaixonadas que os músicos como Liszt haviam recebido; ao contrário de Liszt, ele era um herói popular, no sentido de que as plateias para as quais representava eram mais mescladas em Paris, e o ator era tido como um homem do povo. O trabalho de um ator como Lemaître também deve ser levado em conta ao considerarmos a significação do virtuose do século XIX, porque serve como um corretivo e uma precaução em tomarmos apenas grosseiros heroicos, como Paganini, por modelo. A arte de Paganini se fundava no exagero; a de Lemaître, na naturalidade. Foi necessário ter tanta arte e tanta habilidade excepcional para se parecer agir naturalmente em público quanto fora preciso para torcer e deformar com precisão as linhas da música escrita. A virtuosidade residia no poder de dar ao momento da representação a aparência de ser completamente ao vivo, e não uma prática de qualquer truque técnico particular.

Tornando-se as únicas pessoas públicas ativas, as imagens desses intérpretes consistiam nos seguintes elementos: usavam táticas de choque para tornar o momento da representação o mais importante de tudo; aqueles que podiam suscitar choques eram considerados pela plateia pessoas poderosas e, portanto, pertencendo a um *status* superior, ao contrário do *status* de criados que tinham os artistas no século XVIII. Nesse sentido, ao elevar-se acima de sua plateia, o intérprete pôde, ao mesmo tempo, transcender o seu texto.[102]

O ESPECTADOR

As testemunhas desses intérpretes viam os seus poderes a uma elevação satisfatória. Seria no entanto um grande erro pensar que o espectador silencioso fosse, portanto, um homem satisfeito. O seu silêncio era um sinal profun-

300 O DECLÍNIO DO HOMEM PÚBLICO

damente autodubitativo. Quando desapareceu a primeira geração romântica de personalidades públicas, ironicamente cresceu a dúvida do espectador. Observemos primeiramente o espectador focalizado do ponto de vista de uma personalidade pública e, em seguida, quando focalizado apenas em si mesmo.

"Querem saber uma coisa nojenta?", pergunta Pierre Véron, em seu *Paris s'Amuse,* um guia da cidade, em voga nos anos 1870. No Théâtre de la Porte Saint-Martin,

> bem aqui, no século XIX, ainda existem criaturas primitivas que são levadas à incontinência das lágrimas pela infelicidade de alguma heroína do palco nas mãos de um traidor. Não compareçam a esse teatro apenas para testemunhar a lamuriante sinceridade desses trabalhadores francos, desses pequenos burgueses honestos... deixem-nos se divertirem em ficar desolados. Estão felizes em seu desespero!

Escarnecer das pessoas que demonstrassem suas emoções numa peça ou num concerto era *de rigueur* (obrigatório) nos meados do século XIX. Refrear as emoções no teatro passou a ser um traço distintivo para que as classes médias das plateias se separassem das classes operárias. Uma plateia "respeitável", por volta de 1850, era uma plateia que podia controlar os seus sentimentos por meio do silêncio. A espontaneidade antiga era tida como "primitiva". O ideal do Belo Brummell, de restrição na aparência corporal, estava sendo acoplado por uma nova ideia de ausência respeitável de barulho em público.[103]

Nos anos 1750, quando o ator se voltava para o público para fazer um "ponto", uma sentença ou mesmo uma palavra, poderia provocar assovios ou aplauso. De modo semelhante, na ópera do século XVIII, uma frase em especial ou uma nota alta bem atingida poderia fazer com que a plateia exigisse que a pequena frase fosse cantada novamente; o texto era interrompido, e a nota era atingida uma, duas ou mais vezes. Por volta de 1870, o aplauso adquirira uma forma nova. Não se interrompia os atores no meio de uma cena, mas esperava-se até o final dela para aplaudir. Não se aplaudia um cantor antes do final da ária, nem tampouco entre os movimentos de uma sinfonia num

OS HOMENS PÚBLICOS DO SÉCULO XIX

concerto. Assim sendo, até mesmo quando o intérprete romântico transcendia o seu texto, o comportamento das plateias ia em direção oposta.[104]

O fato de que a pessoa deixava de se expressar imediatamente, ao se sentir tocada por um intérprete, estava ligado a um novo silêncio nas salas de concerto, como no teatro. Nos anos 1850, um aficionado do teatro parisiense ou londrino não tinha qualquer receio em falar com seu vizinho em meio à peça, caso ele ou ela tivesse repentinamente lembrado de algo a dizer. Por volta de 1870, a plateia se policiava. Falar parecia então de mau gosto e rude. As luzes da sala foram baixadas para reforçar o silêncio e focalizar a atenção no palco. Charles Kean dera início a essa prática em 1850, Richard Wagner tornou-a lei absoluta em Bayreuth, e, por volta de 1890, nas principais cidades, a escuridão era universal.[105]

O refreamento de sentimentos numa sala escura e quieta era uma verdadeira disciplina. É necessário conhecermos suas dimensões. Nas últimas décadas do século XIX, a autodisciplina das plateias alcançara os teatros populares das ruas, mas estava mais forte e desenvolvida muito antes, nos teatros legalizados burgueses, nas casas de ópera e nas salas de concerto. As plateias do século XIX podiam ser levadas à expressão instantânea e ativa quando se sentiam sujeitas a "ultrajes" em cena; mas, à medida que o século avançava, o "ultraje" se tornava cada vez mais uma exceção.[106]

A disciplina do silêncio era um fenômeno cosmopolita diferente. Nas casas provincianas da Inglaterra e da França, os espectadores tendiam a ser mais barulhentos do que em Londres ou em Paris, para desgosto das estrelas visitantes provenientes das capitais. Essas casas de interior, em geral uma ou duas por cidade, não separavam ainda muito claramente as classes médias das classes trabalhadoras, mas todas estavam mescladas na plateia. Por outro lado, era a "gafe do provinciano", segundo a expressão de Edmund Kean, responder demonstrativamente num teatro de Paris ou de Londres. A imagem de Véron do caipira no teatro, acima referida, era a de uma pessoa de classe mais baixa e, ao mesmo tempo, a de um provinciano vindo de lugar nenhum — esse lugar nenhum sendo Bath, Bordéus ou Lille.

302   O DECLÍNIO DO HOMEM PÚBLICO

O século XIX foi, para Paris, para Londres e para outras cidades grandes europeias uma época de construção de novos teatros. Estes eram bem maiores em capacidade de espectadores sentados do que as casas do século XVIII: 2.500, 3 mil, e até 4 mil pessoas se amontoavam nessas salas. O seu tamanho significava que as pessoas deveriam se manter mais quietas do que numa casa menor, a fim de escutar, mas o silêncio não era tão fácil de se conseguir, até mesmo numa sala grande com acústica ruim, como na Ópera de Garnier (i. é, a Ópera de Paris). A concepção arquitetônica do próprio teatro estava orientada para um novo tipo de espectador. Comparemos dois teatros muito diferentes um do outro, completados nos anos 1870: a Ópera Garnier, em Paris, e a Ópera de Wagner, em Bayreuth. Através de caminhos opostos, ambos chegam a um mesmo resultado.[107]

A Ópera de Paris, de Garnier é, segundo padrões modernos, uma mons-truosidade. Como um enorme bolo de casamento vergando sob o peso de sua decoração, é um edifício agachado, decorado em estilos grego, romano, barroco e rococó, dependendo de para onde se estiver olhando no momento. Sua magnificência se eleva quase, mas não o bastante, ao nível da farsa. "A marcha do espectador", comenta Richard Tidworth, "da calçada da Place de l'Opéra até a sua cadeira no auditório é uma experiência hilariante, destinada a ser provavelmente a mais hilariante da noite."[108]

Esse edifício inverteu todos os termos da Comédie Française construída em 1781. O edifício da Ópera não era uma cobertura que encerrava pessoas, nem uma fachada contra a qual a plateia se divertia no interior dela mesma, nem tampouco uma trama na qual os atores surgiam. O edifício existe para ser admirado independentemente de qual seja a atividade que as pessoas tenham nele. As pessoas devem notar o prédio, e não umas às outras. Os imensos espaços internos serviam a esse propósito. Somente uma águia po-deria reconhecer com facilidade os indivíduos da plateia nesse vasto espaço, ou então perceber claramente aquilo que se passava no palco. O interior está de tal maneira ornamentado que se torna um cenário que sobrepuja qualquer cenário montado no palco.

OS HOMENS PÚBLICOS DO SÉCULO XIX

A magnificência da Ópera de Paris não deixava lugar para o intercâmbio social. A conversa e os murmúrios íntimos, no vestíbulo, deviam ser apagados num edifício cujo único propósito era o de dominar um "pasmo silencioso", nas palavras do arquiteto. Garnier escreveu também sobre esse edifício:

> Os olhos começam a ser atraídos agradavelmente, e então a imaginação os acompanha numa espécie de sonho; a pessoa se deixa levar por um sentimento de bem-estar.[109]

Um teatro-anestésico como esse poderia definir a noção que Richard Wagner tinha do mal que sua Casa de Ópera de Bayreuth deveria combater. Mas o ambiente que ele construiu levou, por uma rota oposta, à mesma imposição do silêncio. Bayreuth havia sido iniciada em 1872 e foi completada em 1876. A parte externa do prédio era nua, quase desoladora, porque Wagner desejava focalizar toda a atenção na arte que se realizava no interior. Este era espantoso por duas razões. Em primeiro lugar, todas as cadeiras estavam arrumadas à maneira de um anfiteatro; cada membro do auditório tinha uma visão do palco sem qualquer obstáculo; não tinha, porém, uma visão clara dos demais membros da plateia, pois esta não era a razão pela qual deveriam, segundo Wagner, ir ao teatro. O palco era tudo.

Num arroubo ainda mais radical, Wagner escondeu a orquestra da vista da plateia, cobrindo o poço da orquestra com uma tampa de couro e madeira. Desse modo, a música era ouvida, mas nunca era vista se produzindo. Mais tarde, Wagner constrói um segundo arco de proscênio, acima das extremidades do poço de orquestra, além do arco sobre o palco. Esses dois arranjos deveriam produzir o que ele chamava de *mystische Abgrund,* um "abismo místico". Com essa ideia em mente, ele escreveu:

> Isso faz com que o espectador imagine que o palco está bem distante, embora consiga vê-lo com clareza de sua posição; por sua vez, isso faz com que surja a ilusão de que as pessoas que aparecem nele são de estatura maior, quase sobre-humana.[110]

304   O DECLÍNIO DO HOMEM PÚBLICO

A disciplina, nesse teatro, era produzida pela tentativa de dar ao palco vida completa e total. A concepção do teatro formava uma mesma peça com a melodia contínua das óperas de Wagner; ambas eram instrumentos para disciplinar aqueles que escutavam. A plateia nunca era liberada para deixar de ouvir, porque a música nunca acaba. As plateias do tempo de Wagner não entenderam verdadeiramente a sua música. Mas sabiam o que Wagner queria delas. Podiam entender que deviam submeter-se à música, cuja continuidade e cuja extensão lhes dariam, segundo um crítico, uma "visão que antes da ópera existia nas vidas que não poderiam ter". Tanto em Bayreuth quanto em Paris, a plateia se torna testemunha de um ritual, "maior" do que na vida real. O papel da plateia é o de ver, não o de responder. O seu silêncio e sua serenidade durante as longas horas das óperas eram um sinal de que havia feito contato com a Arte.[111]

Aqueles que testemunhavam a experiência ativa, plena e livre de um intérprete em público preparavam-se por um ato de autossupressão. O artista os incitava; mas, para serem incitados, era preciso já se terem tornado passivos. A origem dessa situação peculiar está numa incerteza que assombra o espectador.

Em público, ele não sabia como se expressar. Isso lhe ocorria involuntariamente. Nos domínios do teatro e da música, portanto, em meados do século XIX, as pessoas queriam que lhes fosse dito o que iriam sentir ou o que deveriam sentir. Eis por que torna-se popular, tanto em peças como em concertos, o programa explicativo, cujo primeiro utilizador de sucesso foi Sir George Grove.

A crítica musical de Robert Schumann, na década de 1830, tinha o tom de um amigo falando a outros amigos pela imprensa, a respeito dos entusiasmos comuns, ou a respeito de algo novo que o escritor achava que deveria partilhar com os outros. A crítica musical que tomara forma com Grove e dominara o resto do século tinha um outro caráter, ou melhor, tinha três formas diferentes que levavam ao mesmo resultado.

A primeira explicação feita às pessoas de como deveriam se sentir foi *o feuilleton,* o programa ou o jornal em que o escritor contava a seus leitores o quanto a Arte o fazia palpitar. Carl Schorske captou assim sua glorificação do sentimento subjetivo:

OS HOMENS PÚBLICOS DO SÉCULO XIX

O escritor de *feuilleton*, um artista em *vignettes* (esboços literários), trabalhava com aqueles detalhes e episódios discretos tão atraentes para o gosto que o século XIX tinha pelo concreto. (...) A resposta subjetiva do repórter ou do crítico a uma experiência, o tom de seus sentimentos, adquiriam uma clara primazia sobre o tema de seu discurso. Apresentar um estado de sentimento tornara-se o modo de se formular um julgamento.[112]

Ou então, o crítico, como Grove, explicava como a música funcionava, ou como o músico tocava, como se tanto o crítico como as pessoas que ouviam, pessoas sensíveis, estivessem diante de um objeto estranho que não funcionaria sem um folheto de instruções. Ou ainda o crítico, como Eduard Hanslick, era professoral: a música era vista como um "problema", que somente poderia ser destrinchado com a ajuda de uma teoria geral da "estética". Julgamento ou "gosto", ambos demandavam agora uma forma de iniciação.[113]

Todos eram, para os seus leitores, modos de se assegurarem. Esses meios interpretativos aumentaram na música porque o público estava perdendo a fé em sua própria capacidade de julgamento. A antiga e familiar música era submetida ao mesmo tratamento que a música nova de Brahms ou de Wagner ou de Liszt. O programa explicativo — que a partir dos anos 1850 floresceu também no teatro — e o crítico que destrinchava os "problemas" da música ou do drama eram complementares à plateia que desejava estar segura de que as personagens no palco eram exatamente como deveriam ser historicamente. As plateias de meados do século XIX, em concertos como em teatros, temiam o embaraço, temiam ficar envergonhadas, "serem feitas de tolas", em termos tais e a um tal ponto que seria incompreensível na época de Voltaire, quando as plateias divertiam-se, graças aos esforços de uma alta classe de criados. A ansiedade em ser "culto" era difusa um século antes; mas nas artes de representação pública esses temores eram particularmente intensos.[114]

Alfred Einstein aponta uma cegueira no músico romântico: ele sabia estar isolado do público, mas esquecia-se de que o público também se sentia isolado em relação a ele. O isolamento da plateia era até certo ponto confortante, porque era interpretado facilmente como filistino. A plateia, como notara

306 O DECLÍNIO DO HOMEM PÚBLICO

Rossini, tinha um medo profundo de que todas as palavras duras dirigidas contra isso fossem efetivamente verdadeiras.[115]

Era perfeitamente razoável que homens e mulheres tivessem problemas ao "ler" uns aos outros nas ruas, e se preocupassem em ter o sentimento certo no teatro ou na sala de concerto. E o meio para lidar com essa preocupação era similar à proteção praticada nas ruas. Não mostrar qualquer reação, encobrir as próprias emoções, significa que a pessoa é invulnerável, imune a ser desajeitada. Em seu aspecto obscuro, e como marca da incerteza, o silêncio era correlato da etologia do século XIX.

O intérprete romântico, enquanto uma personalidade pública, fazia com que a fantasia da plateia fosse levada a imaginar como ele era "realmente". O espectador autodisciplinado sobreviveu mesmo quando a primeira e mais brilhante geração de artistas românticos saíra de cena. Esse investimento de fantasia numa personalidade pública sobrevive ao lado do espectador passivo. De fato, o investimento de fantasia em pessoas que tinham personalidade pública tornava-se mais forte e mais político em seus termos. Estes eram duplos: o espectador autodisciplinado coloca um fardo de autoridade fantasiada sobre a personalidade pública e apaga todos os limites em torno daquele eu público.

Temos uma noção intuitiva da "autoridade" da personalidade, como um traço de um líder: alguém a quem as pessoas querem obedecer, ao invés de serem obrigadas a isso. Mas quando um espectador silencioso, um seguidor silencioso, necessitam ver autoridade naqueles que se expressam em público, a fantasia da autoridade segue um caminho especial. Um homem que ao mesmo tempo controle e mostre seu sentimentos deve ter um eu irresistível. Aos olhos de sua plateia, ele tem controle sobre si mesmo. Essa estabilização de si mesmo implica um poder ainda maior do que, como na primeira era romântica, o poder de chocar.

A música do século XIX nos mostra essa fantasia gradativamente reunindo forças com a transformação da imagem pública da personalidade do maestro. Muitas orquestras do final do século XVIII não tinham maestros, e a maioria das sociedades musicais que promoviam concertos públicos não tinha um "diretor musical" profissional. No século XIX, começou a ser atribuída a uma

OS HOMENS PÚBLICOS DO SÉCULO XIX

pessoa especial a tarefa de liderar um grande grupo de músicos em público. As *Memórias* de Berlioz mostram o compositor lutando, nas primeiras décadas do século, com vários maestros, que ele tratava com respeito reduzido, como era de hábito que os músicos de sua orquestra ou que o público das apresentações o fizessem. Um insulto típico, que apareceu num jornal da década de 1820, falava dos maestros como "marcadores de tempo, movidos a nervos e a comida".[116]

Mais tarde nesse século, dirigir uma orquestra passou a ser reconhecido como um ofício, à medida que o tamanho das orquestras aumentou e, com ele, os problemas de coordenação. Em Paris, o primeiro grande maestro do século XIX pertencente a essa linha foi Charles Lamoureux. Ele estabeleceu o princípio do maestro como uma autoridade musical, ao invés do marcador do tempo; desenvolveu muitos dos sinais com os quais os maestros, a partir de então, controlavam a orquestra. E, em 1881, ele estabeleceu sua própria orquestra. Outros maestros trabalhavam em Paris usando princípios similares, como Edouard Colonne. Lamoureux e Colonne eram tratados de modo bem diferente dos maestros que Berlioz conhecera em sua juventude. A questão não era a de saber se a regência é um empreendimento legítimo, mas em se saber por que tanta autoridade pessoal fora investida nessa figura, nos anos 1890. No final do século XIX, o respeito devido pela plateia ao maestro era totalmente deferente; no caso de Lamoureux, estava próximo de uma espécie de adoração de herói. As pessoas falavam que se sentiam "embaraçadas" em sua presença, que se sentiam "inadequadas" à reunião, sentimentos que os filhos de Johann Sebastian Bach nunca teriam experimentado.

Tais homens não eram "estrelas" românticas, isto é, prodígios ou magos que ganhavam a aprovação do público através de feitos extraordinários. Agiam e eram tratados como reis mais do que como príncipes. O maestro criava a disciplina, controlando um grupo diversificado de músicos. Para fazê-los tocar, era preciso que ele possuísse autocontrole. De fato, parecia lógico, o que um século antes não seria, que um maestro se conduzisse como um tirano. Essa nova categoria de artista de representação era a autoridade apropriada para uma plateia que se mantinha em silêncio.[117]

308 O DECLÍNIO DO HOMEM PÚBLICO

Da mesma forma que a autoridade era investida na personalidade da pessoa pública, os limites em torno desse eu público eram apagados por aqueles que o assistiam em ação. É, por exemplo, instrutivo contrastar a maneira pela qual o público francês via a atriz Rachel, que viveu de 1821 a 1858, com a visão que tinham de Sarah Bernhardt, que começara a atuar em Paris quatro anos após a morte de Rachel. Rachel era uma atriz maravilhosa, especialmente em tragédias, e era respeitada por isso. O público conhecia sua vida privada, que considerava indecorosa (ela era mantida pelo dr. Véron), mas separava a atriz da mulher. Uma geração mais tarde, atrizes como Bernhardt e Eleonora Duse não tinham vida privada aos olhos de seu público. As plateias queriam saber tudo o que pudessem sobre os atores e atrizes que apareciam diante delas; tais criaturas eram como ímãs. "O máximo de Sarah", escreveu um crítico, "era no papel de Sarah Bernhardt: sua *mise-en-scène* pessoal."[118]

A plateia de Sarah Bernhardt ficava fascinada com ela, embora indiscriminadamente. Sua maquiagem, suas opiniões sobre os acontecimentos do dia, os boatos maliciosos eram devorados pela imprensa popular. Uma vez que a plateia não tinha qualquer caráter próprio e declarado de expressão, como poderia ela ser crítica, como poderia o artista ser objetivado, julgado e colocado em perspectiva? Estava acabada a era da boataria sobre a criadagem. Como é que é ser capaz de se investir numa máscara genuinamente expressiva e expor os seus sentimentos? As minúcias da vida da Bernhardt eram devoradas a fim de se encontrar o segredo de sua arte; não havia mais limites em torno do eu público.

Tanto na fantasia da autoridade quanto no apagamento dos limites do eu público, constatamos o fato de que o espectador investe aquele que se apresenta em público com uma personalidade. E eis a razão pela qual, afinal, não se pode falar sobre a relação entre espectadores e atores como uma relação de dependência de muitos em relação a poucos. A fraqueza dos muitos fazia com que buscassem e investissem qualidades de personalidade naquela classe especial de pessoas que foram outrora seus antigos criados.

Colocando isso tudo numa outra perspectiva: o artista não faz com que os espectadores dependam dele; essa noção de dependência provém de uma

OS HOMENS PÚBLICOS DO SÉCULO XIX

noção tradicional de poder carismático apropriado para descrever uma figura religiosa, mas não uma personalidade artística moderna. As forças que fizeram com que a personalidade se introduzisse no domínio público despojaram aqueles que viviam em público da convicção de que pudessem possuir uma personalidade "real"; assim sendo, essas pessoas procuravam por aqueles poucos que a tivessem: uma busca que somente se concluía por meio de atos de fantasia. Um resultado disso foi a nova imagem do "artista" na sociedade; um outro resultado será uma nova forma de dominação política.

As regras de emoção passiva que as pessoas usavam no teatro usavam também fora dele, para tentarem compreender a vida emocional num ambiente de estranhos. O homem público, como espectador passivo, era um homem relaxado e liberado. Havia sido liberado dos encargos de respeitabilidade que carregava em casa e, além disso, estava liberado do agir, propriamente dito. O silêncio passivo em público é um meio de retraimento; na medida em que o silêncio pode ser conseguido, cada pessoa é livre dos próprios laços sociais.

Por essa razão, para se entender o espectador como uma figura pública, deve-se finalmente entendê-lo fora do teatro, nas ruas. Pois, aqui, o seu silêncio está servindo a um propósito mais amplo; aqui, ele está aprendendo que os seus códigos para interpretar a expressão emocional são também códigos de isolamento em relação aos outros; aqui, ele está aprendendo uma verdade fundamental da cultura moderna: que a busca pela percepção pessoal e pelos sentimentos pessoais é uma defesa contra a experiência das relações sociais. A observação e o "fazer as coisas darem voltas na cabeça" tomam o lugar do discurso.

Vejamos agora como o foco de concentração das atenções passa da figura do artista de palco para o estranho nas ruas. Em "O pintor da vida moderna", um ensaio sobre Constantin Guys, Baudelaire dissecou a figura do *flâneur*, o homem do *boulevard*, que "se veste para ser observado", cuja própria vida depende desse suscitar o interesse dos outros na rua; o *flâneur* é uma pessoa ociosa que não é um abastado aristocrata. O *flâneur* que Baudelaire toma como o ideal dos parisienses da classe média, Poe, em "O homem na multidão", o toma como o ideal dos londrinos da classe média, assim como Walter

310 O DECLÍNIO DO HOMEM PÚBLICO

Benjamin o toma, mais tarde, como o emblema do burguês do século XIX que imaginava como ser interessante.[119]

Como é que esse homem que se mostra pelos *boulevards,* essa criatura que tenta captar a atenção dos outros deixa neles uma impressão, como é que os outros respondem a ele? Uma história de E. T. A. Hoffman, "A janela do primo", fornece uma pista. O primo é paralítico; olha para fora de sua janela e vê a grande massa urbana passando por ele. Não sente qualquer desejo de ir se reunir à multidão, nenhum desejo de encontrar com as pessoas que conseguissem atrair sua atenção. Ele diz a um visitante que gostaria de ensinar a todo homem que pode usar as suas pernas "os princípios da arte de ver". O visitante é obrigado a se dar conta de que nunca poderá entender a multidão enquanto não estiver ele próprio paralisado, quando puder assistir sem se mover.[120]

Assim é que se deve apreciar o fenômeno do *flâneur.* Deve ser assistido, não abordado. Para entendê-lo, deve-se aprender a "arte de ver", que significa tornar-se como um paralítico.

Esses mesmos valores aplicados à observação dos fenômenos, mais do que à interação com eles, regulou muito da ciência positivista da época. Quando o pesquisador introduzia os seus valores próprios, "falando com seus dados", ele os distorcia. Dentro da própria psicologia, os primeiros a adotar terapias da fala explicavam o seu trabalho para o público através de um contraste típico feito com o consolo oferecido pelos padres: os padres não ouvem, propriamente; interferem bastante aportando ideias próprias, e desse modo não podem realmente entender os problemas trazidos ao confessionário. Por sua vez, o psicólogo que ouve passivamente sem oferecer sua opinião de imediato, entende melhor os problemas do paciente por não ter interferido na expressão falada, "colorindo" ou "distorcendo"-a com seu próprio discurso.

É no nível psicológico que essa ideia de silêncio e de apreciação prende a nossa atenção. No século passado havia um relacionamento íntimo entre o tomar as aparências como sinais da personalidade e o tornar-se espectador silencioso na vida corrente. À primeira vista, o relacionamento parece ilógico, uma vez que tomar as aparências de alguém seriamente, como sinais

OS HOMENS PÚBLICOS DO SÉCULO XIX

do eu, implica uma intrusão ativa, até mesmo de intromissão, em sua vida. Lembremo-nos, entretanto, das transformações na dramaturgia da compra e da venda, na vida diária, que ocorrem com a loja de departamentos: também aqui, unia-se o silêncio de uma pessoa com um ato de concentração. De modo similar, no teatro, nas ruas, numa concentração política, os novos códigos da personalidade exigiam novos códigos de discurso. A expressão pública podia ser compreendida apenas através da imposição de refreamentos sobre si mesmo; isso demonstrava a subserviência em relação aos poucos que agiam. Era também mais. Essa disciplina de silêncio era um ato de purificação. A pessoa queria ser estimulada totalmente, sem a adulteração dos gostos pessoais, da história, ou do desejo de responder. Fora disso, a passividade passa logicamente a parecer um requisito para o conhecimento.

Assim como havia um relacionamento entre o silêncio e a classe social na plateia de teatro, da mesma maneira ambos se relacionavam na multidão das ruas. O silêncio público entre operários era tido pela burguesia como um sinal de que, caso não estivesse contente, o operário urbano estaria ao menos submisso. Essa crença surge de uma interpretação, feita pela primeira vez pela burguesia do século XIX, sobre o relacionamento entre a revolução e a liberdade de discurso entre operários. A interpretação era simples. Se se permitisse aos operários se reunirem, eles iriam comparar as injustiças, maquinar e conspirar, fomentar intrigas revolucionárias. Assim sendo, aparecem leis como as de 1838 na França, proibindo a discussão pública entre operários de igual nível, e instalou-se um sistema de espiões na cidade para relatarem os locais onde as pequenas moléculas de trabalhadores se congregavam: em quais cafés, a que horas etc.

Com a finalidade de se protegerem, os operários começaram a fingir que suas idas juntos aos cafés tinham o único propósito de beberem algo de mais forte e consistente após o dia de trabalho. A expressão *boire un litre* ("beber um litro" de vinho) passou a ser empregada em 1840 entre operários. Significava, ao ser exclamada em voz alta para que o patrão ouvisse, que os rapazes iam relaxar bebendo num café. Nada havia a se temer dessa sociabilidade: o beber os faria se calar.[121]

312   O DECLÍNIO DO HOMEM PÚBLICO

As restrições no direito de reunião dos trabalhadores não estavam tão formalizadas na Inglaterra como na França, nos anos 1840. Mas os temores da classe média eram os mesmos, e em Londres a polícia parece ter reforçado informalmente as rédeas para refrear as associações, coisa que na França era questão de decreto. O mesmo surto de alcoolismo, a mesma camuflagem das associações eram, portanto, encontrados nas classes trabalhadoras de Londres como de Paris, mesmo que legalmente não houvesse necessidade para tanto.

Ninguém pode negar o fenômeno do hábito de beber por escapismo apresentado por muitos trabalhadores de Paris, de Londres e de outras cidades grandes do século XIX. Qualquer que seja o peso da relação entre alcoolismo real e alcoolismo simulado, a camuflagem é importante porque revela as conexões que as classes médias parisienses e londrinas fizeram entre a estabilidade social, o silêncio e o proletariado.

Quando o café se tornou o local de conversação entre pares no trabalho, ameaçava a ordem social; quando o café se tornou um local onde o alcoolismo destruía o discurso, mantinha a ordem social. A condenação dos *pubs* das classes baixas pela sociedade respeitável precisa ser vista com olhos desconfiados. Ao mesmo tempo em que essas condenações eram sem dúvida sinceras, muitos exemplos de fechamento de cafés e de *pubs* ocorreram não quando a beberagem tumultuosa ficava fora de controle, mas, antes, quando se tornava evidente que as pessoas no interior dos cafés estavam sóbrias, zangadas e conversando.

O relacionamento entre o álcool e a passividade pública avança ainda um passo a mais. Graças aos trabalhos de Brian Harrison, podem ser feitos mapas da Londres do século XIX, onde se podem localizar os pontos de venda de bebidas alcoólicas nas diversas regiões da cidade. Em distritos residenciais da classe trabalhadora, havia no final do século XIX, em Londres, um grande número de *pubs* e uma concentração não muito grande de lojas especializadas em bebidas. Nos distritos da classe média alta havia poucos *pubs* e uma grande concentração de lojas de bebidas. Ao longo da Strand, na época uma área predominantemente de trabalhadores de escritórios, existia um enorme número de *pubs,* que eram frequentados durante o almoço. O descanso pro-

OS HOMENS PÚBLICOS DO SÉCULO XIX

porcionado pelo *pub* e pelo "traguinho" da hora do almoço era respeitável; era um descanso de trabalho. O *pub,* no entanto, enquanto descanso do lar, era, ao contrário, degradante. Harrison nos relata que por volta de 1830:

> Os homens de negócios de Londres, entretanto, estavam bebendo em casa, por essa época; beber privativamente, por oposição ao beber em público, estava se tornando uma marca de respeitabilidade.[122]

A capacidade para excluir *pubs,* lugares barulhentos e de convívio era um teste para a capacidade de uma vizinhança passar a ser respeitável. Embora se saiba bem menos sobre esse processo de exclusão na Paris do século XIX do que em Londres, é razoavelmente certo que a *taverne* ou, pior ainda, a *cave* situada abaixo de uma loja de vinhos a granel, eram um dos alvos da reconstrução da cidade feita por Haussmann: este não queria eliminá-las, mas antes tirá-las das vizinhanças dos burgueses. O silêncio é ordem, porque o silêncio é ausência de interação social.

A ideia do silêncio dentro do próprio estrato burguês tem um significado conexo. Tomemos por exemplo as transformações nos clubes ingleses desde a época de Johnson. Em meados do século XIX, as pessoas iam ao clube para poderem sentar-se em silêncio, sem serem perturbadas por ninguém. Se quisessem, poderiam ficar absolutamente sozinhas numa sala repleta de amigos. No clube do século XIX, o silêncio havia se tornado um direito.[123]

Esse fenômeno não se limitava aos grandes clubes de Londres; nos clubes menores, o silêncio também se tornara um direito. Mas esse era um fenômeno distintivamente londrino: visitantes provenientes das províncias diziam de sua intimidação diante do silêncio dos clubes de Londres, e muitas vezes teciam comparações entre o convívio que reinava nos clubes interioranos de Bath, Manchester, ou até de Glasgow, com a "impassibilidade mortal do White's".[124]

Por que esse silêncio nos clubes das cidades grandes? Há uma explicação simples, a saber, que Londres era arrasadora e fatigante, e as pessoas iam para seus clubes a fim de escaparem a tudo isso. Isso em grande parte é verdadeiro, mas coloca sua própria questão: por que deixar de falar com as outras pessoas

314   O DECLÍNIO DO HOMEM PÚBLICO

era "relaxante"? Afinal de contas, esses cavalheiros, nas ruas, não ficavam livremente papeando com todos os estranhos que pudessem encontrar. De fato, se a metrópole era aquele monstro impessoal e cego que a mitologia popular criara, a pessoa deveria assumir que a maneira para fugir a toda essa impessoalidade das ruas seria encontrando um lugar onde ela pudesse falar sem restrições.

Para compreendermos esse quebra-cabeça, será útil compararmos o clube londrino com o café parisiense não proletário. Por certo, a comparação é desajeitada. Os cafés estavam abertos a quem quer que pudesse pagar; os clubes eram exclusivos. Mas a comparação ainda assim é válida, porque tanto os cafés quanto os clubes começaram a operar através de regras similares de silêncio, como um direito público de proteção contra a sociabilidade.

A partir da metade do século XIX, os cafés de várias regiões começaram a se esparramar pelas ruas. O Café Procope, no século XVIII, também pusera cadeiras e mesas do lado de fora, em ocasiões raras, como após uma grande noite na Comédie Française, mas essa prática era inabitual. Com a construção dos *grands boulevards* pelo barão Haussmann na década de 1860, os cafés ganharam mais espaço nas ruas. Os cafés de ruas tipo *grand boulevard* tinham uma clientela diferenciada, de classe média e classe alta; trabalhadores não especializados ou semiespecializados não os frequentavam. Nas décadas que se seguiram à conclusão dos *grands boulevards,* um número enorme de pessoas se sentava do lado de fora das portas, na primavera, verão e outono, e durante o inverno ficava por detrás de um envidraçado que dava para a rua.

Além dos *boulevards,* havia ainda dois centros de vida de café. Um ficava em torno da nova Ópera, de Garnier: perto um do outro, ficavam o Grand Café, o Café de la Paix, o Café Anglais e o Café de Paris. O outro centro ficava no Quartier Latin: os mais famosos eram o Café Voltaire, o Soleil d'Or e o François Premier. No café de *boulevard,* da Ópera, ou do Quartier Latin, a espinha dorsal do negócio era o *habitué,* mais do que o turista ou o elegante que saía com uma cortesã. Era essa clientela que utilizava o café como um lugar onde estar em público e sozinha.[125]

OS HOMENS PÚBLICOS DO SÉCULO XIX

Quando olhamos para o quadro *O absinto*, de Degas, vemos uma mulher num banco de café sozinha, olhando para o seu copo. Ela é talvez uma mulher respeitável, não mais; senta-se ilhada de todos os outros à sua volta. Ao apontar a classe média, em sua busca pelo lazer da burguesia parisiense, Leroy-Beaulieu, em *Question Ouvrière au XIXe Siècle* (A questão operária no século XIX), pergunta: "O que estão fazendo essas fileiras de cafés em nossos *boulevards,* pululando de ociosos e bebedores de absinto?" Em *Nana,* Zola nos fala das "grandes e silenciosas multidões que assistiam à vida das ruas"; observamos as fotos de Atget do café que hoje se chama Sélect Latin, no Boulevard Saint-Michel, e vemos figuras isoladas sentadas a uma ou duas mesas de distância umas das outras, olhando vagamente para a rua. Parece ser uma transformação simples. No café, pela primeira vez, havia um grande número de pessoas amontoadas, juntas, relaxando, bebendo, lendo, mas separadas por paredes invisíveis.[126]

Em 1750, os parisienses e os londrinos concebiam suas famílias como domínios privados. As boas maneiras, o discurso e as roupas do grande mundo começavam a se sentir inadequados dentro da intimidade do lar. Cento e vinte e cinco anos mais tarde, esse divórcio entre o lar e o grande mundo havia, teoricamente, se tornado absoluto. Mas uma vez mais o clichê histórico não é muito exato. Porque o silêncio criava o isolamento, não era motivo suficiente para considerarmos a distinção público/privado como um par de opostos. O espectador silencioso, sem ninguém de especial para assistir, protegido pelo seu direito de ser deixado sozinho, poderia agora estar também absolutamente perdido em seus pensamentos, em seus devaneios; paralisado de um ponto de vista sociável, sua consciência podia voar livremente. As pessoas fugiam do parlatório familiar para o clube ou para o café, à cata de sua privacidade. O silêncio, portanto, superpunha o imaginário público e privado. O silêncio tornava possível que se fosse ao mesmo tempo visível aos outros e isolado dos outros. Aqui estava o nascedouro de uma ideia que o moderno arranha-céu, como vínhamos vendo, completa de modo lógico.

Esse direito de escapar para a privacidade pública era gozado de modo desigual pelos sexos. Até a década de 1890, uma mulher sozinha não poderia

316   O DECLÍNIO DO HOMEM PÚBLICO

ir a um café em Paris ou a um restaurante respeitável em Londres sem suscitar alguns comentários e, ocasionalmente, ser barrada à porta. Ela era recusada, supostamente, por causa de sua necessidade de uma maior proteção. Se um trabalhador abordasse um cavalheiro nas ruas para saber as horas, ou para se informar sobre as ruas, não causaria revolta. Se esse mesmo trabalhador tivesse abordado uma mulher da classe média para as mesmas informações, teria cometido um ultraje. Colocada de uma outra forma, "a multidão solitária" era um domínio de liberdade privatizada, e o homem, quer estivesse simplesmente fora da dominação, ou livre de uma necessidade maior, era mais provável que conseguisse escapar a isso.

As regras do século XIX para o entendimento das aparências foram além das regras através das quais Rousseau havia analisado a cidade. Ele podia imaginar o público cosmopolita como tendo uma vida apenas ao retratar cada qual na cidade como um ator: na sua Paris, todos estavam engajados em procedimentos de autoexagero e de procura pela reputação. Imaginara uma ópera perversa, em que cada qual martelava o seu papel para fazê-lo valer tudo o que pudesse. Nas capitais do século XIX, ao invés disso, a forma teatral apropriada era o monólogo. Rousseau aspirava a uma vida social em que as máscaras tivessem se tornado rostos, e as aparências, sinais de caráter. De certo modo, suas esperanças se realizaram; as máscaras efetivamente se tornaram rostos, no século XIX, mas o resultado disso seria a erosão da interação social.

Na década de 1890, cresce uma forma de entretenimento social em Paris e em Londres que corporificava perfeitamente as novas regras. Tornaram-se populares nas cidades os banquetes públicos em massa. Centenas e, às vezes, milhares de pessoas eram reunidas, a maioria das quais conhecia muito poucas pessoas no recinto. Um jantar uniforme era servido, após o que duas ou três pessoas faziam seus discursos, lidos em seus próprios livros ou de outro autor, ou divertiam a multidão de outra maneira. O banquete completava aquilo que o café havia começado dois séculos antes. Era o final do discurso como uma interação, um final daquilo que era livre, fácil e assim mesmo elaboradamente conseguido. O banquete em massa era o emblema de uma

OS HOMENS PÚBLICOS DO SÉCULO XIX

sociedade que se aglutinava no domínio público enquanto um domínio importante para a experiência pessoal; mas ela o esvaziara de todo sentido, em termos de relações sociais.[127]

Por essas razões, no final do século XIX, os termos fundamentais da plateia haviam-se transformado. O silêncio era o agente da dependência na arte, e do isolamento como independência na sociedade. O princípio todo da cultura pública se esfacelara. A relação entre palco e rua estava agora invertida. As fontes da criatividade e da imaginação, que existiam nas artes, não eram mais válidas para nutrir a vida de todos os dias.

10

A personalidade coletiva

Tendo chegado a esse ponto da história da vida pública, pode ser oportuno perguntarmos de que maneira o século XIX estabeleceu os fundamentos dos nossos problemas atuais? Hoje em dia, a experiência impessoal parece carecer de sentido, e a complexidade social parece uma ameaça incontrolável. Por contraste, a experiência que parece falar sobre o eu, ajudar a defini-lo, desenvolvê-lo, ou transformá-lo, tornou-se uma preocupação arrasadora. Numa sociedade íntima, todos os fenômenos sociais, por mais que fossem impessoais em sua estrutura, eram convertidos em questões de personalidade, com a finalidade de adquirirem um sentido. Os conflitos políticos são interpretados em termos do jogo das personalidades políticas; a liderança é interpretada em termos de "credibilidade", mais do que em termos de proezas. A "classe" de alguém parecia ser o produto da condução e da habilidade pessoais, mais do que uma determinação social sistemática. Diante da complexidade, as pessoas procuravam algum princípio interior e essencial, uma vez que a conversão dos fatos sociais em símbolos de personalidade só pode ser bem-sucedida quando as complexas nuanças da contingência e da necessidade estão retiradas de cena.

A entrada da personalidade para dentro do domínio público, no século XIX, preparou a base para essa sociedade intimista, induzindo as pessoas a acreditarem que os intercâmbios em sociedade eram demonstrações da personalidade, e compondo de tal modo a percepção da personalidade que os conteúdos dela nunca chegavam a se cristalizar, e desse modo engajando os homens numa busca obsessiva e infindável de pistas de como os outros e eles próprios eram "realmente". Durante o curso dos cem anos, os laços sociais e o engajamento social recuaram diante da questão "O que estarei sentindo?". De fato, as tarefas de desenvolvimento da personalidade chegaram a parecer antitéticas diante das tarefas da ação social.

As diferenças entre o século passado e o nosso século estão concentradas no fato de que no século passado certas tarefas de personalidade, acima de tudo o despertar de um sentimento espontâneo, ocorriam apenas em um ambiente impessoal, ainda que esse despertar não ocorresse por meio de um processo de participação social ativa. A manutenção da credibilidade no domínio público estava ligada ao forte desejo da escapar à família e aos seus rigores. Hoje, podemos condenar essa fuga na direção da impessoalidade, porque aos homens era concedida maior liberdade para fazê-lo do que às mulheres; mas, como o próprio público foi apagado de nossas mentes e de nosso comportamento, a família se tornou regularmente mais exigente. Ela é o nosso único modelo para definir o que emocionalmente são as relações "reais". Exceto para aqueles de nós que forem muito ricos, não conhecemos alternativas cosmopolitas. A fuga "voyeurística" para longe da família, que era válida no século passado, não deve ser, portanto, totalmente descartada; ao menos algumas das pessoas tinham que fugir.

A sociedade intimista está organizada em torno de dois princípios; um deles, defini como narcisismo, e o outro, definirei no decorrer do presente capítulo como *Gemeinschaft* (comunidade) destrutiva. Esse barbarismo das ciências sociais tem um sentido funcional, mas intraduzível. A entrada da personalidade para a vida pública, no século passado, abriu caminho para ambos os princípios.

O narcisismo, lembrar-nos-emos, é a busca da gratificação do eu que ao mesmo tempo evita que tal gratificação ocorra. Esse estado psíquico não é criado por uma condição cultural: é uma possibilidade de caráter para qualquer ser humano. Mas pode-se encorajar o narcisismo através de desenvolvimentos culturais, que poderá então variar de expressão de uma época para outra, de modo que em algumas circunstâncias pode parecer cansativo, em outras, patético, ou em outras, ainda, uma aflição compartilhada em comum.

A PERSONALIDADE COLETIVA

O narcisismo depende de uma parte elementar do aparato psíquico poder ficar em suspenso. Trata-se de um "autointeresse esclarecido", ou o que é tecnicamente chamado de "função secundária do ego". Na medida em que uma pessoa puder formar em sua própria mente uma ideia daquilo que queira, daquilo que sirva a seus próprios interesses, daquilo que não sirva, ela precisa testar a realidade, de um modo particular. Ela julga o que há na realidade para ela, em vez de julgar o que é em si mesma. A palavra "esclarecido", no jargão econômico, apreende isso mais claramente do que no jargão psicanalítico.* Toda realidade particular é "clareada" (*liberada*) do fardo de ter que acumular um estado de existência, tendo que bastar a si mesma enquanto uma expressão da pessoa que está nela. Uma vez "clareada" dessa maneira, não será pega sistematicamente querendo, como ocorre quando uma pessoa tenta usar relações concretas e limitadas para se simbolizar a si mesma. O autointeresse esclarecido tem também a conotação de trazer luz para se suportar uma situação, colocando-a em perspectiva, descobrindo que prazer real a situação oferece, ao definir os limites da própria situação. Sempre pensei que a melhor definição para uma ego-função pudesse se derivar desta: é aprender como tomar, em vez de desejar. Isso soa possessivo e dominador. De fato, no entanto, aqueles que aprenderam a tomar têm sido mais modestos do que aqueles que estão enraizados no narcisismo do desejo sem convergência.

Para que uma cultura encoraje o narcisismo, ela deve, portanto, desencorajar as pessoas com relação ao tomar. Ela precisa desviá-las de um senso de interesse próprio que tenham, suspendendo a faculdade de julgar novas experiências e estimulando a crença de que essa experiência, a cada momento, é absoluta. Essa diversão** do julgamento é aquilo que a entrada da personalidade no domínio público no século passado havia iniciado.

Vimos no último capítulo como a personalidade do artista em público estava ligada a um problema de "texto"; ela fazia com que as atenções se concentrassem fora do texto executado. Veremos agora como, ao se tratar de

---

*O autor joga com o duplo sentido da raiz *light,* "luz" e, ao mesmo tempo, "leve" que forma *enlightened,* "esclarecido". (*N. da T.*)

**No sentido pascaliano de "desvio". (*N. da T.*)

322 O DECLÍNIO DO HOMEM PÚBLICO

um político que é a personalidade pública, também ele concentra as atenções em si mesmo, a tal ponto que a atenção se concentra fora do "texto". Esse texto é a suma dos interesses e das necessidades de seus ouvintes. Na medida em que um político em público suscite a crença em si mesmo como pessoa, aqueles que são crédulos perdem, na mesma medida, o senso de si próprios: a suspensão de juízo, através dos modos da passividade ou da incerteza que já observávamos, num contexto público artístico. Em vez de julgá-lo, seus ouvintes querem ser emocionados por ele, experimentá-lo. A mesma coisa é verdadeira em uma "personalidade" política: seus ouvintes também perdem um senso de si mesmos. Concentram-se em saber quem ele é, em vez de saber em que poderia ele ajudá-los. Esse processo, chamarei de suspensão dos interesses egocêntricos de um grupo, o que não é uma expressão elegante, mas uma combinação útil entre o econômico e o psicanalítico. Esse processo começou a surgir no século XIX, na vida política das capitais.

A segunda característica da sociedade intimista atual é sua forte ênfase na comunidade. Em sua definição de um jardim variado, uma comunidade é uma vizinhança, um lugar no mapa; essa definição pertence hoje ao senso comum, justamente por causa da atomização da cidade, que ocorreu no século XIX, de modo que as pessoas que viviam em lugares diferentes da cidade tinham diferentes gêneros de vida. Essa definição de jardim variado é demasiado estreita, entretanto: as pessoas podem ter todo tipo de experiência de comunidade, independentemente de estarem vivendo próximas umas das outras.

O sociólogo Ferdinand Tönnies tentou retratar o sentido não geográfico da comunidade contrastando *Gemeinschaft* a *Gesellschaft* (sociedade). A primeira é a comunidade, no sentido das plenas e abertas relações emocionais com os outros. Ao opor essa ideia de comunidade a *Gesellschaft* (sociedade), Tönnies pretendia criar um contraste histórico, mais do que retratar dois estados diferentes de vida que podem existir ao mesmo tempo. Para ele, *Gemeinschaft* existira no mundo pré-capitalista e pré-urbanizado do final da Idade Média, ou nas sociedades tradicionais. *Gemeinschaft*, a plena e aberta comunicação emocional com os outros, só é possível numa sociedade hierárquica. As relações de *Gesellschaft*, ao contrário, são apropriadas à sociedade moderna,

A PERSONALIDADE COLETIVA 323

com sua divisão de trabalho e suas classes instáveis, ao invés dos *stati* fixos. Aqui, as pessoas aplicarão o princípio da divisão de trabalho a seus próprios sentimentos, de maneira que a cada encontro que tiverem com outras pessoas engajar-se-ão apenas parcialmente. Tönnies lamentava a perda da *Gemeinschaft*, mas acreditava que somente um "romântico social" poderia acreditar que algum dia ela voltaria a aparecer.

Nós nos tornamos o "romântico social" a que Tönnies se referia. Acreditamos que a abertura de si mesmo para os outros é um bem moral em si mesmo, quaisquer que sejam as condições sociais que envolvem essa abertura. Lembremo-nos daqueles entrevistadores descritos no início deste livro. Acreditavam que, a menos que se revelassem a si mesmos a cada vez que seus clientes lhes faziam alguma revelação, eles não estariam engajados num relacionamento humano e autêntico com os clientes. Em vez disso, estariam tratando seus clientes como um "objeto"; e a objetivação é um mal. A ideia de comunidade que está envolvida aqui é a crença de que quando as pessoas se abrem umas com as outras cria-se um tecido que as mantém unidas. Se não há abertura psicológica, não pode haver laço social. Esse princípio de comunidade é o próprio oposto da comunidade "sociável" do século XVIII, onde aquilo que as pessoas compartilhavam eram disfarces e máscaras.

Qualquer tipo de comunidade é mais do que um conjunto de costumes, de comportamentos ou de atitudes a respeito das outras pessoas. Uma comunidade é também uma identidade coletiva. É uma maneira de dizer quem "nós" somos. Mas se ficarmos aqui, qualquer grupamento social poderia ser considerado uma comunidade, desde uma vizinhança até uma nação, enquanto as pessoas do grupamento pudessem fazer um retrato de si próprias como um todo. A questão é saber como se formam esses retratos da identidade coletiva, e quais são os instrumentos que as pessoas usam para forjar um sentido de quem somos "nós".

A maneira mais simples pela qual uma identidade comunal se forma é quando um grupo se acha ameaçado em sua própria sobrevivência, tal como nas guerras ou em outras catástrofes. Ao empreender uma ação coletiva para fazer face a essa ameaça, as pessoas se sentem mais próximas umas das outras

324 O DECLÍNIO DO HOMEM PÚBLICO

e procuram imagens que as mantenham unidas. Ações coletivas alimentando uma autoimagem coletiva: essa aliança se estende desde os ideais do pensamento político grego até o discurso dos cafés e teatros do século XVIII: o discurso compartilhado deu às pessoas um senso de que, juntas, constituíam um "público". Em geral, podemos dizer que o "senso de comunidade", de uma sociedade que tem uma forte vida pública, nasce dessa união da ação compartilhada e de um senso do eu coletivo compartilhado.

Mas nos períodos em que a vida pública está em erosão, esse relacionamento entre ação compartilhada e identidade coletiva desmorona. Se as pessoas nem estão falando umas com as outras nas ruas, como poderão saber quem são como um grupo? Poderiam dizer que, nesse caso, elas simplesmente deixariam de se considerar um grupo; contudo, as condições da vida pública do século passado demonstram que não é assim, ao menos nos tempos modernos. Essas pessoas silenciosas e solitárias nos cafés, aqueles *flâneurs* dos *boulevards,* que se pavoneavam, mas que não falavam com ninguém, continuavam a pensar que estavam num ambiente especial e que as outras pessoas ali tinham alguma coisa em comum com elas. Os instrumentos de que dispunham para trabalhar no retrato de quem eram elas enquanto uma coletividade, agora que nem roupas nem discursos eram mais reveladores, eram os instrumentos da fantasia, da projeção. E, uma vez que estavam pensando a vida social em termos de estados de personalidade e de símbolos pessoais, o que começaram a fazer fora criar um senso de uma personalidade comum em público, criada por atos de fantasia, e mantida unicamente por meio deles. Dado o fato de que os símbolos da personalidade estavam tão instáveis na realidade que o ato de ler a personalidade era tão difícil, faz sentido o fato de que a expansão dos termos da personalidade, para englobar a personalidade de um grupo coletivo, pudesse funcionar, se tanto, apenas por atos de fantasia e de projeção.

Essa é, então, a forma de comunidade que iremos estudar: uma comunidade que tem uma personalidade coletiva, uma personalidade coletiva gerada pela fantasia em comum. É um longo caminho, desde o sentido de jardim variado da comunidade na cidade como vida local, mas então essa definição de jardim variado é um caminho longo a ser trilhado desde o envolvimento da profundidade e da seriedade da própria comunidade. Além disso, vamos tentar ver o que esse senso de comunidade como personalidade compartilhada tem a ver com questões de interesses egocêntricos de grupo, que discutíamos acima. Entre o fenômeno da personalidade coletiva projetada e a perda do interesse de grupo, estabelece-se um relacionamento direto: quanto mais uma personalidade comum fantasiada dominar a vida de um grupo, menos poderá esse grupo agir no sentido de avançar na direção de seus interesses coletivos. Essa relação brutal de causa e efeito tomou forma no século passado, de modo mais óbvio e mais sério na política da luta de classes.

O que emerge nos últimos cem anos, quando comunidades de personalidade coletiva começaram a se formar, é que o imaginário compartilhado se torna um freio à ação compartilhada. Do mesmo modo como a própria personalidade havia se tornado uma ideia antissocial, a personalidade coletiva se torna identidade de grupo em sociedade hostil e difícil de se traduzir em atividade de grupo. A comunidade se torna um fenômeno de ser coletivo, mais do que de ação coletiva, com uma exceção. A única transação que poderia engajar o grupo era a purificação, a rejeição e o castigo daqueles que não são "como" os outros. Uma vez que os materiais simbólicos para se formar a personalidade coletiva eram instáveis, a purificação comunal é infindável, uma busca contínua pelo leal americano, pelo ariano autêntico, pelo "genuíno" revolucionário. A lógica da personalidade coletiva é o expurgo. Seus inimigos são todos os atos de aliança, de cooperação, de Frente Unida. De um modo mais abrangente, quando as pessoas de hoje tentam ter um relacionamento emocional pleno e aberto com as outras, conseguem apenas ferir-se umas às outras. Essa é a consequência lógica dessa *Gemeinschaft* destrutiva que surge quando a personalidade faz sua aparição na sociedade.

Como tanto a suspensão dos interesses do ego quanto a fantasia da personalidade coletiva são tópicos politicamente carregados, por suscitarem a retórica, eu gostaria de tratar cada uma dessas sementes da sociedade intimista em termos de eventos e de pessoas, especificamente. A suspensão pela personalidade pública dos interesses egocêntricos de um grupo é estudada em uma de suas primeiras aparições, nos primeiros dias da revolução de 1848

O DECLÍNIO DO HOMEM PÚBLICO

em Paris; esse aparecimento é brevemente contrastado com o trabalho de um padre revolucionário na Florença renascentista. A formação da personalidade coletiva é estudada principalmente através de uma análise da linguagem de comunidade no Caso Dreyfus, em particular no "Eu Acuso" (*J'Accuse)* de Zola.

1848: A PERSONALIDADE INDIVIDUAL
TRIUNFA SOBRE AS CLASSES

Um novo modo de política acompanhara o surgimento do maestro. Em momentos de grande tensão, por vezes a burguesia era capaz de empregar códigos de personalidade em público como instrumentos para dominar os operários em revolta. Isso transpirou através de uma nova mediação: o político, que havia se tornado um intérprete de apresentações públicas, fiável, que tocava o público, e uma personalidade de autoridade que poderia impor à sua plateia de operários aquela disciplina de silêncio que a plateia burguesa normalmente se impunha no domínio da arte. O resultado disso era a temporária, mas quase sempre fatal, suspensão, pelos operários, de suas exigências.

Falar do político burguês como de um intérprete dominando operários é levantar um problema incômodo. É das coisas mais fáceis o olhar para os políticos como manipuladores conscientes do público, ou então como pessoas que entendiam seus próprios poderes. Um retrato da luta de classes na sociedade do século XIX resultaria, assim, repleto de "burgueses vilões" e de "operários virgens seduzidas". Mas o grande e verdadeiro drama da dominação de classes no século passado estava precisamente na cega imposição de regras de cognição daquelas pessoas abaixo das quais a burguesia costumava dominar e se suprimir. O fato de que tais regras produziram passividade efetiva durante as tensões revolucionárias, aqueles que as empregavam o entendiam e apreciavam, tanto quanto entendiam o ciclo de negócios que os tornava ricos, ou de fato entendiam que seus temores diante do fato de serem localizados por sua aparência física formavam o todo de uma psicologia social.

A PERSONALIDADE COLETIVA 327

A revolução de fevereiro a junho de 1848 marca o surgimento de duas novas forças que agem em conjunto uma com a outra: 1848 foi um momento no qual os termos de cultura e os termos de classes do século XIX se interseccionavam. Era o primeiro momento em que os códigos de etologia, de silêncio e de isolamento — os códigos da cultura pública burguesa — estavam desenvolvidos o bastante para afetarem a experiência que as pessoas tinham da revolução. Era também a primeira revolução em que questões de classe e de conflito entre classes estavam conscientemente na cabeça daqueles que se engajavam na sublevação.

Em qualquer revolução, ou em qualquer movimento social, um observador que assim o desejar poderá discernir os interesses de classe desempenhando seus papéis. Situações em que os próprios atores falam abertamente de seus próprios interesses de classe são uma outra questão. O surgimento de uma consciência de classe separava 1848 da outra revolução francesa de 1830, em que as classes não estavam na cabeça daqueles que podiam estar motivados, não obstante, pelas classes. A própria produção industrial capitalista começara a florescer nos dezoito anos que precederam 1848; era apenas natural que certos problemas presentes para aqueles que lutaram em 1848 não estivessem conscientemente presentes para aqueles que lutaram em 1830.

É comum denominar a revolução de 1830 de "revolução burguesa". O termo é enganoso, se formos levados a pensar que a burguesia compunha as multidões de rua em Paris, ou que estivesse em uníssono com esses deputados engajados na luta constitucional com o governo da Restauração. Era uma revolução liderada por jornalistas e políticos da classe média, que reuniram atrás de si, nas ruas de Paris, trabalhadores manuais com suas reivindicações próprias; as multidões eram um grupo mesclado, de onde estavam ausentes apenas os dois extremos, os muito pobres e os muito ricos. Mas a expressão "revolução burguesa" é adequada, se for tomada para representar uma certa visão do "povo" que permitira essa composição variada com a finalidade de se alinhar por um certo momento.[128]

A *Liberdade guiando o povo*, de Delacroix, pintada em 1831, é a mais famosa representação dessa comunidade chamada "o povo". Acima da barricada,

328 O DECLÍNIO DO HOMEM PÚBLICO

entre corpos estatelados, surgem três figuras vivas: no centro, uma alegórica "Liberdade", uma mulher em pose clássica, mas com uma bandeira em uma das mãos e uma arma de fogo na outra, urgindo o povo que vem atrás dela. O "povo", isto é, em proeminência, à esquerda, um cavalheiro de cartola, de casaco de casimira negra e, à direita, um jovem trabalhador com a camisa aberta na altura da garganta e duas pistolas nas mãos. O "povo" está assim composto por duas figuras representativas, conduzidas por uma abstração, uma alegórica Liberdade. Era a solução para o problema da época de Wilkes: a representação humana da liberdade, em termos de um mito complexo sobre o "povo". Mas era um mito do "povo" que não poderia sobreviver. Em seu brilhante livro, *The Absolute Bourgeois* (O burguês absoluto), T. J. Clark conclui um estudo sobre esse quadro com as seguintes palavras:

> Este era o problema com o mito burguês da revolução. Os termos mesmos do mito — a história que o burguês contava a si mesmo — sugeriam a sua própria dissolução... Se a nova revolução fosse heroica e universal, se devesse dar uma nova definição do homem, se o povo e os burgueses eram verdadeiros aliados, então o povo deveria ser representado — e o burguês iria se encontrar em meio a eles, como um contra quatro, ou um contra cem, como um fazendeiro colonial rodeado de escravos.[129]

Por volta de 1848, essa imagem do "povo" como um só corpo não mais constituía uma comunidade revolucionária acreditável. Nas artes visuais houve poucas tentativas para se utilizar a pintura de Delacroix de 1831 como um ícone das várias classes para representar a nova revolução de 1848. Alguns poucos pintores anônimos tentaram reviver as figuras de Delacroix para retratar 1848, mas as tentativas foram impopulares e constituíram desastres visuais. As classes médias desapareceram gradativamente das representações da revolução — ainda que em 1848, como acontecera em 1830, elas tivessem um papel dominante na liderança. Quando estouram as primeiras hostilidades em fevereiro de 1848, Daumier abandona o imaginário de 1831 (como em *The Uprising* [A insurreição], de cerca de 1848) em favor de imagens do "povo"

A PERSONALIDADE COLETIVA

enquanto os destituídos, ou enquanto o trabalhador braçal disciplinado (como em *Family on the Barricades* [Família nas barricadas], de cerca de 1849).[130]

O que acontecia na pintura aconteceu também nos escritos dos próprios trabalhadores e de seus líderes intelectuais. Em 1830, os *jornaux de travail* (jornais de trabalho) falariam de seus interesses como sendo "distintos" dos interesses dos homens de propriedade. Em 1848, eles falavam de seus interesses como sendo "antagônicos" aos das classes burguesas. É certo que "classe trabalhadora", "proletário", "*menu peuple*" etc. tinham um significado pouco consistente. As definições marxistas desses termos não eram dominantes, sequer relativamente populares. Mas foi em 1848 que muitos trabalhadores se tornaram, pela primeira vez, suspeitos aos olhos dos intelectuais da classe média que desejavam ser seus líderes. Os trabalhadores-escritores que fundaram *L'Atelier,* por exemplo, excluíam expressamente os simpatizantes dos colarinhos brancos da administração desse jornal popular.[131]

Pessoas de todos os estratos sociais podiam ser revoltosas, mas apenas as que pertenciam às classes trabalhadoras é que eram imaginadas como tais. Em 1848, o burguês liberal é verdadeiramente um homem de centro: ele podia se opor aos vestígios do Antigo Regime, podia apoiar o governo constitucional, ou a expansão da indústria, ou a reforma, mas, ao mesmo tempo, estava na defensiva. Ele é, simultaneamente, um rebelde e o objeto da rebelião; é favorável a uma nova ordem, mas é pela ordem em si e por si mesma.

Revoluções distorcem o tempo. Nas mentes das pessoas que as vivem, imensas transformações parecem estar sendo elaboradas na estrutura social, do dia para a noite; costumes e hábitos que se praticavam há séculos ou durante anos eram repentinamente abandonados; é quase impossível julgar a significação dos eventos e saber se eram de importância cataclísmica ou se nada significariam no dia seguinte. O próprio tumulto dos eventos revolucionários preparou as pessoas para desconectar um momento do outro; cada troca de tiros, cada discurso improvisado, tornava-se um mundo em si mesmo; se a pessoa quisesse explorá-los como pistas sobre o que estava ocorrendo, ainda assim, não havia tempo suficiente. Começavam as lutas na rua ao lado, ou um discurso atravessa a cidade, ou, simplesmente, é preciso fugir.

330   O DECLÍNIO DO HOMEM PÚBLICO

Na revolução, portanto, as questões de saber como tornar significativos os encontros momentâneos, de saber em quem acreditar, tornam-se de capital importância. Códigos para tornar significativas as aparências dos estranhos adquirem uma importância exagerada no momento em que a história se acelera e o tempo está em suspenso.

Em tempos de desordem revolucionária, é comum que códigos de significação permaneçam operando apenas para saltar os canais normais. Os aristocratas podem repentinamente ver com os olhos de trabalhadores e sentir aquilo que, em tempos sem perturbações, seriam demasiado cegos para ao menos notar. Inversamente, os que vivem uma revolta podem, durante os momentos de sublevação, começar repentinamente a ver com os olhos daqueles que estão acima deles, e essa visão pode perturbar o senso que têm de si próprios. Pode-se de repente tentar entender o que está acontecendo fazendo referência à visão de mundo daqueles grupos que parecem ser mais autoconfiantes e mais bem-educados, a fim de dar sentido a seus próprios interesses, que poderiam ser justamente a destruição dos grupos superiores. Uma tal transferência de sentido é o que ocorreu em 1848.

Alphonse de Lamartine desempenhou um papel crucial nessa transferência. Lamartine, por volta de 1830, era conhecido como um grande poeta romântico. Não declinou acidentalmente para a política: do final da década de 1830 em diante, ele se interessara profundamente pelos negócios nacionais. Durante a década de 1840, era tido como um homem do mais fino estofo, mais digno de liderar a nação do que o rei burguês, Luís Filipe. Quando irrompe a revolução em Paris, ele se torna a personalidade mais visada pelas multidões parisienses.

Nos dias 22 e 23 de fevereiro de 1848, os descontentes que durante anos mantiveram seu ódio latente contra o governo de Luís Filipe subitamente explodem na revolução. Todos pensavam nos grandes dias de 1830, nos grandes anos que se seguiram a 1789, mas essa revolução de 1848 foi, em vez disso, praticamente sem sangue derramado. Havia quase uma certa alegria nela; para Marx, o período que se segue a fevereiro foi mais "dramático" do que real:

A PERSONALIDADE COLETIVA

Era a própria Revolução de fevereiro, a insurreição comum, com suas ilusões, sua poesia, seu conteúdo imaginado e suas frases.

Em março, abril e maio, a desordem dentro de Paris se tornou cada vez mais intensa. Em junho, com um grande alvoroço nas ruas, os parisienses foram dominados pelas violentas "forças da ordem" comandadas pelo general Cavaignac. O sobrinho de Napoleão I entrava em cena; em dezembro de 1848 fora o grande vitorioso das eleições presidenciais do país, e logo em seguida começaria a preparar o caminho para se tornar ditador da França.[132]

Lamartine, um homem dos dias de fevereiro, estava no auge em março e em abril; em junho, havia sido descartado. Em dezembro, recebera 17 mil votos para presidente, contra os 5,5 milhões do jovem Napoleão. Lamartine não havia sido um dos conspiradores dos primeiros dias, apesar de que sua *Histoire des Girondins* (*História dos girondinos*), publicada em 1847, reavivava a memória da Grande Revolução entre amplos setores do público burguês, fazendo com que o declínio do Antigo Regime parecesse um evento humano.[133]

Para se entender por que uma personalidade pública emprestaria seu potencial humano para pacificar trabalhadores insurretos, é necessário compreender a importância das palavras nessa revolta de fevereiro; a importância daquilo que Marx define ironicamente como "suas ilusões, sua poesia". Theodore Zeldin escreve:

> Subitamente houve liberdade para se falar o que se quisesse, sem temer a polícia; publicar o livro que se quisesse, editar jornais sem impostos, cauções, dinheiro ou censura.

Surge então um enorme número de jornais; dentro da própria Paris eram trezentos, com grandes tiragens. O manto de silêncio que víamos os trabalhadores usarem nos cafés havia sido por um momento deixado de lado. Que Lamartine fosse apreciado por sua habilidade no falar em público era algo que fazia sentido nesse ambiente onde se podia, pela primeira vez, falar sem restrições.[134]

332 O DECLÍNIO DO HOMEM PÚBLICO

Acompanhemos um dia na vida de Lamartine, o dia 24 de fevereiro de 1848. Durante todo aquele dia, o governo provisório estava reunido no Hotel de Ville (prefeitura de Paris), com o edifício cercado totalmente por uma massa de pessoas. Essa massa de gente não era o refugo de Paris: eram trabalhadores de todos os níveis do trabalho especializado e não especializado, e a maioria deles não tinha qualquer contato anterior uns com os outros. Estavam profundamente irados: qualquer um que tentasse tomar as rédeas do poder parecia-lhes suspeito.[135]

Sete vezes Lamartine saiu para se dirigir à multidão. No fim da tarde, muitos de seus ouvintes estavam bêbados; testemunhas oculares falam de pistolas subitamente engatilhadas, alguém berrando um insulto contra ele. A cada aparição sua, a multidão zombava dele; à noitinha, alguém pedira a sua cabeça. A resposta de Lamartine nessa noite, como durante todo o dia, foi extraordinária. Não implorou à massa de gente nem tentou amolecê-la. Ao invés disso, ele a desafiava. Recitou poemas, contou-lhes que *ele* sabia o que era estar vivo num momento revolucionário. Chamou-os de bobos, dizendo-lhes categoricamente que eles não entendiam o que estava se passando. Não foi condescendente: fora ultrajado por eles e fez com que soubessem disso.[136]

A lógica da situação seria que, após a primeira frase em que demonstrasse o seu desprezo, Lamartine deveria ser morto. Mas foi exatamente essa demonstração de desprezo, essa sua recusa em lançar mão de truques contra eles, que aquietou seus ouvintes à noite, assim como o fizera durante o dia. O biógrafo de Lamartine, Whitehouse, conta-nos que o desafio de Lamartine domou a multidão. Ficaram "fascinados" com Lamartine como pessoa, e começaram a agir de modo penitente. Uma das testemunhas oculares, Elias Regnault, lembrava que Lamartine agira de modo "imponente, imperioso"; mas era-lhe difícil lembrar o que Lamartine havia dito.[137]

Os triunfos de Lamartine em fevereiro, em março e em abril eram os de um homem que disciplinava multidões que pediam uma vez mais por liberdade, igualdade e fraternidade, chamando-as de populacho diretamente diante delas. Dizia-lhes que ele era melhor do que elas, porque podia demonstrar "refreamento e poder", enquanto elas só podiam se exaltar como animais. Quando

A PERSONALIDADE COLETIVA

ele lhes mostrou o quão finos e nobres eram os seus próprios sentimentos, tornaram-se submissas e respeitadoras. Em sua presença, colocaram de lado as suas próprias exigências; isto é, a sua personalidade em público reprimia a expressão dos interesses delas. Ele era seu condutor.

Os acontecimentos do dia seguinte, 25 de fevereiro, mostram todos os ingredientes dessa autoridade em público como que cristalizados: a ênfase no momento imediato em que um político fala a uma multidão; o senso que ela tem de que a retórica dele revela uma personalidade superior; a imposição de silêncio; o abandono temporário, por parte da multidão, de seus interesses próprios.

Todas as revoluções têm momentos em que algum fato trivial assume um valor simbólico solene. Pode ser a derrubada de uma estátua do antigo líder, ou a destruição de um monumento que glorificava uma batalha passada. No final de fevereiro de 1848, eram as cores da bandeira: a bandeira deveria ser vermelha, simbolizando a revolução, ou tricolor, simbolizando a nação? Governos estrangeiros estavam em movimento, abundavam conspirações e contraconspirações mas a cor da bandeira é debatida apaixonadamente. Em 29 de fevereiro, mais uma vez se reúne uma grande massa de trabalhadores irados em torno do Hotel de Ville. Uma vez mais, Lamartine se torna o emissário do governo para apaziguar a turba, de modo que os representantes do Povo pudessem se ocupar com o sentido metafísico do pano vermelho.

Mas Lamartine não fala diretamente da bandeira. Fala sobre seus próprios sentimentos; compara o pano vermelho a uma bandeira de sangue, e então recita um poema que compusera sobre bandeiras de sangue tremulando no céu. Acima de tudo, fala do quanto ele está separado de seus ouvintes, em desacordo com eles, enquanto eles resistirem à sua poesia. Em suas memórias, ele lembra ter terminado seu discurso dizendo:

> Quanto a mim, vocês nunca verão minha mão assinar esse decreto que vocês buscam. Até que a morte me vença, eu me recusarei a aceitar essa bandeira de sangue. E vocês devem repudiá-la tão enfaticamente quanto eu.

334 O DECLÍNIO DO HOMEM PÚBLICO

Talvez fosse fácil para Lamartine lembrar-se dessas linhas; ele as escrevera uma vez, anteriormente, em sua *História dos girondinos,* onde foram colocadas na boca de um dos principais girondinos de 1791. Graças às pesquisas de Barthou sobre a oratória de Lamartine, sabemos que, na maioria, seus discursos eram ensaiados, e que Lamartine frequentemente trabalhava diante de um espelho. Ele dava a impressão de ter inspirações espontâneas, mas sua aparição era tão minuciosamente estudada quanto as de Garrick, que estudava as tonalidades de sua própria voz.[138]

Quais são os sinais de passividade da multidão? Uma testemunha ocular hostil, uma aristocrata que escreve sob o pseudônimo de Daniel Stern, faz uma descrição detalhada. A multidão tinha que prestar atenção ao fluxo de suas palavras para saber do que ele seria capaz, relata ela, uma vez que com ele não se tratava de uma questão ideológica ou de posição, mas do modo como ele falava. O que captavam, ao prestar atenção, era algo de muito estático: um lampejo de seu sentimento. Sob o poder de sua apresentação, diz-nos Stern, as multidões desses dias se tornavam "irracionalmente quietas". Esqueciam suas próprias queixas, seus próprios interesses. Quando ele lhes disse que podia sentir sem gritar, que tinha controle sobre si mesmo, houve um humilhante contraste com o barulho que faziam, com seus protestos esparsos. "Ele subjugou a ... paixão da turba pela força exclusiva da eloquência incomparável", nos conta. Ninguém se importava, de fato, com aquilo que ele dizia; importava que ele pudesse ser tão poético e tão fino. Quando dizemos que a máscara se tornara o rosto de um tal homem, queremos simplesmente dizer que o mero fato de ser capaz de gerar emoções em público mostrava que a pessoa que atuava tinha uma personalidade superior, porque "autêntica".[139]

Nesse sentido, o político utilizava a personalidade como uma força anti-ideológica; na medida em que pudesse suscitar interesse, respeito e credibilidade na qualidade de suas aparições em público, ele poderia desviar a sua plateia do trato com a posição no mundo própria a ele e a que é própria a ela. Era esse poder da personalidade que horrorizava Tocqueville, ainda que este fosse mais conservador do que Lamartine e, assim sendo, beneficiário dessas restaurações da ordem pública que se tentou implantar de fevereiro até a metade de maio. Escreve Tocqueville:

A PERSONALIDADE COLETIVA

Eu não acredito que jamais alguém tenha inspirado um entusiasmo tão ardente quanto aquele que [Lamartine] estava provocando; seria preciso ter visto o amor estimulado dessa maneira pelo temor para saber com que excesso de idolatria os homens são capazes de amar.[140]

Lamartine trabalhando era como De Gaulle trabalhando na Quinta República, ou, numa forma bastarda, Richard Nixon trabalhando para se defender contra as acusações de corrupção. Se o líder puder concentrar sua atenção nessa capacidade de sentir em público, poderá tirar a legitimidade das exigências daqueles que o estiverem pressionando. Num aspecto, o paralelo é inexato. Nessa sublevação revolucionária do século XIX, o líder conseguia impor aquilo que eram padrões de decoro da classe média — isto é, o silêncio diante da arte — sobre uma plateia da classe trabalhadora, fora do teatro e num momento em que as classes trabalhadoras estavam radicalmente rebeladas. Os políticos modernos operaram a mesma supressão numa plateia diferente em sua estrutura de classes. Além do mais, não está mais na moda o floreio retórico. Mas é o uso, a função, dessa retórica que faz uma conexão entre passado e presente. O que estamos vendo em Lamartine, nesses antigos dias de turbulências, é o poder do culto da personalidade sobre os interesses de classes. Marx cometera um erro estarrecedor ao desprezar a "poesia e as frases finas" desse movimento revolucionário como irrelevantes para a "verdadeira luta", uma vez que foram a poesia e o fino fraseado que derrotaram a luta de classes.

Tocqueville foi também indelicado com Lamartine, ao vê-lo apenas como o boneco de marionetes do regime; Lamartine servira como ministro do Exterior e, segundo o julgamento de um historiador moderno, William Langer,

(...) provou ser um obstinado realista. (...) substancialmente, [Lamartine] proclamou uma política de paz, como Palmerston reconhecera imediatamente. A opinião pública inglesa bem como o secretário de Negócios Estrangeiros pagaram tributo a Lamartine, que era obviamente um homem de siso.

Mas não foram essas habilidades que o tornaram popular junto à multidão revolucionária de Paris. Na verdade, sua política exterior era altamente im-

336 O DECLÍNIO DO HOMEM PÚBLICO

popular e considerada fraca. O que uma pessoa precisa imaginar, durante os primeiros meses da revolução, é que as frequentes aparições públicas de Lamartine serviram como medidas de compensação e de restituição do apreço público que a obstinada política externa de Lamartine havia destruído.[141]

Uma diferença entre 1830 e 1848, como vimos, estava em que, em 1848, o Povo não parecia mais ser uma comunidade cujos interesses heterogêneos poderiam ser servidos por medidas comuns. Em 1848, a burguesia era, ao mesmo tempo, a classe que liderava a revolução e o inimigo, aos olhos da multidão. Lamartine acreditava no Povo em princípio, mas era infeliz como ele na prática. Ele acreditava no "sentimento de nobreza" que deveria governar uma nação, mas tagarelava a respeito de saber se os nobres eram aqueles que encarnavam melhor tal princípio. Acreditava que a "poesia" fazia com que uma nação se tornasse grande, mas estava incerto sobre que relacionamento teria um verso com doze horas de trabalho seis dias por semana, ou com um apartamento infestado de ratos. Os homens da classe de Lamartine tinham muita dificuldade, portanto, em entender os eventos que lideravam. Não que fossem falsos republicanos: eram homens genuinamente ambivalentes.

Ao falar para a multidão parisiense, Lamartine se deparava com o limite extremo do sentimento da classe trabalhadora durante a revolução. Nas eleições de abril de 1848, as classes trabalhadoras parisienses frequentemente votaram em candidatos da classe média. Apenas doze deputados socialistas foram eleitos, e radicais proeminentes, como Blanqui e Raspail, foram derrotados. Ainda assim, o senso de antagonismo entre as classes estava em toda a parte. Os mais antagônicos eram os mais falantes e ativos nas ruas. Estavam prontos para agarrar aquelas oportunidades da sorte pelas quais até mesmo um regime popular pode ser destruído. A habilidade de Lamartine para silenciar esses elementos radicais é um testamento para o poder da personalidade em público, mas também um sinal do irônico limite da personagem pública enquanto tal. Tendo finalmente chegado a termo da necessidade de ordem dia após dia, após a metade do mês de maio, as pessoas das ruas rapidamente se cansaram de Lamartine. Tornaram-se indiferentes, uma vez que haviam trocado a sua vontade própria para se deixarem dominar pela pessoa dele; no final de maio, haviam esgotado o poder dele.[142]

A PERSONALIDADE COLETIVA   337

Se procurarmos situar retrospectivamente até a sua fonte o poder da personalidade para suspender o interesse grupal, chegaremos uma vez mais à doutrina da imanência, à crença no imediato, que se torna regra no século XIX. O poder da personalidade é aquele em que uma aparição pública, num determinado momento, pode subitamente difundir o peso do passado, a memória das antigas injúrias, as convicções de toda uma vida. Para que uma multidão seja a esse ponto pacificável, é preciso que o aparecimento e o comportamento de uma pessoa vigorosa sejam tidos como uma situação absoluta. A perda de memória ocorre quando a pessoa deixa de medir e testar a figura pública em termos de suas ações, suas proezas, sua ideologia. Um tal julgamento de substância, uma tal atenção ao "texto", formaria o interesse egocêntrico de um grupo. Códigos de significação imanente são inimigos do exercício desse interesse egocêntrico. Esses códigos são os termos da secularidade moderna.

É comum supormos que uma multidão sempre é maleável, e que uma turba é facilmente levada ao espanto, bastando para isso que um homem forte se ponha à sua frente. Essa suposição de senso comum é incorreta.

A forma de controle das multidões controladas, a maneira pela qual se submetem a um líder, depende dos próprios princípios de credibilidade que regem uma sociedade. Para entendermos o predomínio de uma personalidade sobre interesses de classe numa multidão moderna, acho que devemos voltar às diferenças entre crença secular e crença religiosa. Tomemos como exemplo as diferenças entre a personalidade política de Lamartine e a ação de um padre revolucionário que viveu na Florença renascentista.

Em 1484, um frade se sentou no monastério de San Giorgio de Florença, esperando por um amigo. Subitamente, teve uma visão de um terrível castigo a ser infligido à Igreja, por Deus. Alguém precisaria então se erguer para guiar os aflitos, e, sentado no jardim do monastério, Savonarola tivera a forte intuição de que a pessoa era ele mesmo. Dentro de uma década ele, de fato, se tornou a força máxima da opinião pública de Florença. A cidade fora ameaçada pela dominação estrangeira em 1494, e Savonarola, emergindo como representante da cidade para tratar com os inimigos de Florença, tornou-se igualmente a voz moral no interior das muralhas da cidade. Conclamava os florentinos a colocar de lado todas as suas vaidades suntuárias, a queimar pinturas, livros e roupas que não fossem castos. Entre os muitos que obedeceram, estava Botticelli, que destinou muitas de suas pinturas às chamas. Mas do mesmo modo que Lamartine, Savonarola viu sua carreira de líder popular terminar abruptamente; viu seu poder de disciplinar as massas urbanas subitamente desaparecer.[143]

Comparar líderes populares separados por quatro séculos é como misturar água e óleo. Mas esses homens compartilharam de experiências tão similares que certas diferenças entre eles sobressaem. Ambos, Lamartine e Savonarola, comandavam através do poder da oratória, não porque fossem titulares no governo. A popularidade de ambos estava baseada na mesma postura retórica: eram os castigadores, os disciplinadores daqueles que guiavam. Não eram chamados pelas multidões reunidas para ouvi-los; suas mensagens eram de repreensão e de censura moral. Ambos alcançaram uma linguagem de repreensão que combinava com grandes multidões, em que poucas pessoas se conheciam umas às outras. Isto é, ambos os oradores criaram uma retórica que funcionaria com uma multidão urbana, opondo-se à fala do padre no púlpito da igreja, ou ao poeta declamando num salão. Por fim, seu declínio foi similar.

A diferença entre eles que atrairá nossa atenção está em que um era um padre falando dentro de uma cultura ainda piedosa. O outro, um poeta falando dentro de uma cultura que tratava a religião como uma conveniência polida. A divisão não se encontra entre crença e não crença; está entre a crença transcendente e a crença imanente na pessoa de caráter público. O que essa diferença trará como diferença no comportamento das próprias multidões?

Quando Jakob Burckhardt escreveu o seu *Civilization of the Renaissance in Italy* (Civilização do Renascimento na Itália), defendeu a tese que vinha sendo debatida durante os cem anos desde que aparecera o livro. Burckhardt tratava as cidades-estado do Renascimento como as primeiras cidades seculares, despertando da fé sonhadora da Idade Média. A análise de Burckhardt se fundamentava nas visões de líderes do Renascimento como Marsilio Ficino, que escrevera:

A PERSONALIDADE COLETIVA 339

Esta é uma idade de ouro, que trouxe de volta à vida as quase extintas disciplinas liberais da poesia, eloquência, pintura, arquitetura (...) e tudo isso, em Florença.

Após um século de pesquisas, o retrato feito por Burckhardt parece historicamente incompleto, porque lado a lado com essa mundanidade orgulhosa coexistiam sentimentos mais obscuros e mais enraizados no passado medieval.[144] Robert Lopez fala de uma "depressão" e de um "pessimismo" persistentes a respeito da espécie humana entre os pensadores do Renascimento, uma depressão que não era exclusiva do clero, mas que se fazia também sentir entre os políticos, como Maquiavel, e entre artistas, como Leonardo e Michelângelo. Acredita-se que a elite culta tivesse uma "fonte escatológica", uma vez que racionalistas como Pico della Mirandola gastavam longas horas estudando os sinais místicos da Cabala. Entre as massas da cidade, a crença na Igreja e no imaginário religioso medieval permaneceu forte.[145] O laço religioso era um dos poucos elementos que mantinha juntos os florentinos. Florença, no final dos anos 1400, era uma cidade muito diversificada; muitos não toscanos, isto é, não cidadãos, viviam nela, alguns exilados de suas cidades-Estado de origem, outros que eram pessoas deslocadas que vinham para a cidade como refugiados de guerra. Além disso, entre a própria população toscana, a alta taxa de mortalidade de cada uma das gerações que cresciam na cidade era compensada não por uma taxa elevada de nascimentos, mas, antes, por uma alta taxa de migração da zona rural para a cidade. Um florentino filho de pais florentinos era uma figura minoritária.[146] Era para essa coleção de estranhos, cuja religião era o laço comum que os unia, que Savonarola falava. Ele próprio era um forasteiro, nascido nas fileiras médias da sociedade de Ferrara, em 1452. Vinte e três anos depois, ele entrava no monastério dominicano de Bolonha; os dominicanos se denominavam frades pregadores e faziam do estudo da retórica um dever religioso. Savonarola foi então levado a trabalhar a sua oratória como uma questão de fé. Após algumas interrupções em sua carreira, na década de 1480, foi abrigado em

Florença em 1490; tornou-se prior de San Marco, em 1491, e pelos quatro anos que se seguiram constituiu-se na consciência moral da cidade.

Savonarola não era um pensador mais claro ou mais original do que Lamartine. Felix Gilbert ressalta que a vida intelectual de Savonarola era um amálgama de diferentes fontes, e seus dogmas teológicos eram clichês já gastos. As pessoas não afluíam para ouvi-lo porque ele lhes trouxesse uma visão de mundo especial.[147]

O que ele lhes trazia era uma mensagem simples sobre o quanto suas vidas eram vergonhosas, e uma mensagem simples sobre o que deveriam fazer para mudar. Os discursos de Savonarola dramatizavam todos os detalhes da vida corrupta e luxuriosa. Sua frase preferida era gestualizada: "Se eu usasse peles, vejam só como essa roupa ficaria ridícula em mim." Ele erguia um espelho para aqueles que o ouviam, fazendo com que se concentrassem nele como pessoa, mostrando-lhes o quão aterrador eram os seus vícios quando eram vistos incorporados nele, e repentinamente ele viraria a mesa, castigá-los-ia por agirem dessa maneira, e lhes diria em detalhes minuciosos como deveriam se emendar.[148]

Os ouvintes de Savonarola eram frequentemente hostis, até mesmo violentos, quando ele começava a falar. Não falava apenas nas igrejas, mas também nas praças, fazendo sermões de improviso nas horas de mercado. Como Lamartine, ele os fazia sentir-se envergonhados ao concentrar todas as atenções na sua própria pessoa e ao tomar como objeto de seu sermão cada um dos mínimos detalhes de seus próprios sentimentos. Mas o padre era diferente do poeta, de duas maneiras.

Primeiramente, ele visava mais do que à conquista e ao silêncio de seus ouvintes. Visava incitá-los à ação, mudar o comportamento deles. Lamartine visava apenas pacificar. O padre tinha em vista uma resposta por parte da plateia; o poeta visava apenas a sua submissão. Além de todas as diferenças de tempo e de espaço, de circunstâncias e de propósitos, tomadas em consideração, ainda permanece uma razão elementar e estrutural pela qual o padre podia falar em termos de reforma e o poeta em termos de renúncia. Esse padre, como qualquer padre, é apenas um instrumento de um poder

A PERSONALIDADE COLETIVA　　　　　　341

superior. Toda a significação que é atribuída à sua personalidade em público provém de um outro mundo. Enquanto um padre, suas aparências, por mais que sejam interessantes, nunca estão autocontidas nessa significação. Seus poderes de retórica sempre levam para além de sua própria personalidade; a plateia lhe mostra que ele é eficaz por meio da participação dela no divino, através de atos rituais. Lembremo-nos das palavras de Bossuet: se se é tocado pela eloquência, é porque se deveria ser mais devoto.[149]

No mundo de Lamartine, nada está para além do momento. As aparências são consistentes, reais, em seus próprios termos. O resultado disso é que a plateia, uma vez disciplinada, se torna passiva. Tudo o que a plateia vê é que o orador é superior a ela própria. Como se justificar de outro modo senão aprovando-o, de modo submisso? Uma vez que o padre é um instrumento de um poder que está além do mundo das aparências, a sua plateia não se torna prisioneira da situação imediata, que é a de se envergonhar, e olha o padre como seu superior.

A mais famosa ação que esse padre em particular incitou foi a queima das "vaidades" na cidade. Em 1496 e 1497, Savonarola reservou um dia, revivendo um antigo costume que havia caído em desuso, em que as crianças de Florença iam de casa em casa, angariando pinturas, peles, roupas e livros profanos ou luxuriosos. Isso tudo era levado para um ponto central da cidade e, com muitas preces extemporâneas, queimado. É a essas crianças que Botticelli deve ter contribuído com suas pinturas como combustível.[150]

No pensamento tomista, há uma distinção entre a cerimônia interna e o teatro externo. Homens e mulheres necessitam de cerimônia externa porque são seres imperfeitos. A prece comum, o incenso, a música eram caminhos para o interior, lá onde se fazem as celebrações de Deus. O teatro externo coloca uma "virtude enamorativa". O que Savonarola fez foi transportar o palco do teatro externo, da igreja para a cidade.[151]

O preço para se abolir essa mágica, esses dogmas do transcendental, esses padres com sua mistificação, está em que as pessoas são altamente suscetíveis de serem narcotizadas por um grande orador político. Não há padrões de referência, não há realidade, para além da qualidade de sua apresentação. O

342 O DECLÍNIO DO HOMEM PÚBLICO

padre, no entanto, está sempre ligado a seu papel, enquanto representante de um poder transcendente. Ele pode corporificar a graça divina; nunca poderá proclamar que a possui. O padre provoca a idiotia mental naqueles que creem nele, mas deixa livre o poder expressivo deles; na verdade, ele os encoraja a participar com ele de Deus, por meio de todos os atos dramáticos que entram na denominação de ritual. O político secular dá a seus ouvintes a fé na absoluta realidade do momento concreto e imediato e, assim fazendo, destrói os poderes que têm eles de se expressar, bem como os interesses egocêntricos deles. Sob condições religiosas como seculares, as pessoas estão tomando dois tipos de drogas: a primeira, que bloqueia as suas cabeças, e a segunda, que bloqueia a sua vontade.

Quando um disciplinador, seja ele um padre ou um orador secular, diz para uma multidão "Vocês são vis", ou "Vocês precisam de mim", quem são esses "vocês" a quem ele se refere? O padre não está se referindo ao ser humano como um todo, porque o ser humano não está como um todo envolvido no relacionamento dramático, nem em qualquer outro problema do mundo. Uma parte dele, a parte que Deus pode tocar, está sempre de passagem pelo mundo, e constitui os pecados mundanos da pessoa. Paradoxalmente, essa é a razão pela qual padres como Savonarola diriam que "vocês são vis", e esperariam que vocês se redimissem; uma parte de "vocês", a sua vontade, está a uma certa distância dos pecados de vocês.

Na cultura moderna secular, em que o imediato é o real, quando se diz convincentemente a uma multidão "vocês são vis", como poderá ela deixar de ser vil? Todos os eus se sentem culpados. A única maneira de deixar de ser vil é deixar de se afirmar a si mesmo. Quando o orador diz "Vocês precisam de mim", se acreditarem nele, vocês se renderão a ele totalmente naquele momento. As pessoas são tornadas vulneráveis para suprimirem seus interesses egocêntricos enquanto um grupo. O problema da desigualdade emocional sobressai cada vez mais nas relações entre o orador e a sua plateia. Uma vez que essa desigualdade é sentida de modo tão absoluto no relacionamento, a parte mais fraca fica silente. E os anticlericais, os cientistas naturais, os filósofos do

A PERSONALIDADE COLETIVA

fenomenal — todos aqueles que fizeram do imediato e do empírico o padrão de verdade — sem o querer afiaram esse instrumento político.

A palavra "carisma" significa que a Graça entrou em uma pessoa. Para um padre, o sentido da "Graça" está em que o poder de Deus se infunde temporariamente nele, enquanto ele administra um ritual, um ofício ou um rito. Para o padre das ruas, como Savonarola, gostaríamos de modificar um pouco isso, dizendo que ele demonstrou o seu carisma induzindo em seus ouvintes aqueles sentimentos que faziam com que eles desejassem mudar suas vidas. Enquanto ele serviu como catalisador para as ações de autocorreção de todos eles, ele parece aos olhos deles um mensageiro de Deus.

Se fizesse algum sentido chamar Lamartine de representador carismático, deveremos dizer que ele pode induzir em seus ouvintes um sentimento de que ele tem, enquanto pessoa, alguma coisa que eles absolutamente não têm. Mas o que é esse algo, aquilo em que consiste a sua Graça, é um mistério para eles. "Todos foram emocionados pelo Senhor Lamartine", escreveu Ledru-Rollin a um amigo, "mas não consigo me lembrar de suas palavras, nem do seu assunto." Ledru-Rollin, um líder de centro-esquerda, tivera um texto forte para pregar aos trabalhadores em 1848, um texto que falava a respeito dos interesses e das exigências deles. Mas suscitou muito pouco entusiasmo, semana a semana, comparando-se com esse Lamartine cujas palavras e cujos assuntos eram tão difíceis de se lembrar.

Nos anos de 1825 até 1848, os políticos começaram a se preocupar com sua retórica e com seu aparecimento em público, relacionando-o ao aparecimento dos artistas no palco, particularmente aos artistas homens e aos solistas musicais homens. Lamartine, amigo e admirador de Liszt, invejava a reputação pública enorme de Liszt, e era fascinado pelos meios com que, segundo observou, "o entusiasmo popular que você causa poderia ser utilizado para governar o mundo!". Ledru-Rollin estudou o impacto do ator Frédérick Lemaître no público, e aconselhou a seus seguidores que deveriam aprender por que Frédérick era um herói para as massas parisienses, se quisessem que a esquerda triunfasse na França. Geraldine Pelles escreveu sobre uma "transferência" geral dos símbolos heroicos que ocorreu na Europa Ocidental na

344 O DECLÍNIO DO HOMEM PÚBLICO

década de 1830. O entusiasmo que as pessoas de visões diversas alguma vez sentiram pela política, elas começaram a "transferir" para as artes. Quando se esmorece a lenda de Napoleão, o Artista toma o seu lugar, como a imagem de uma personagem realmente crível. Uma vez que se operou essa transferência, os políticos, subsequentemente, modelaram-se na ideia pública daquilo que os artistas haviam sofrido e de como os artistas se comportavam, já que esse sofrimento e esse comportamento constituíam um novo padrão de heroísmo.[152]

Lamartine foi a primeira figura representativa entre os políticos que seguiram a vaga dessa transferência do imaginário carismático. A distância que a sociedade na época de Lamartine havia atravessado desde os dias de Napoleão era muito grande. Após a vitória de Austerlitz, Napoleão fora prezado pelo antigo inimigo devido a uma "coragem e ousadia" desconhecidas desde César. Após a derrota na Rússia, o mesmo homem o criticou por sua vaidade que beirava o lunatismo. O caráter de Napoleão era deduzido daquilo que ele fizera, enquanto Lamartine não precisava fazer nada diante dos olhos do público. As regras da apresentação pública nas artes formais haviam conduzido a uma transcendência do texto; ao se politizarem, essas regras divorciaram o ator de seus próprios atos. A personalidade, que não era mais lida pela geração de Lamartine em termos de ação, adquiria um *status* independente e próprio. Esse divórcio é aquilo que faz de sua época o gérmen da nossa.

O poder escondido de um orador como Lamartine está em que ele tirava proveito da mistificação. Não tinha texto, e portanto escapava dos riscos de ser medido a partir de qualquer padrão externo de verdade ou de realidade. Podia fazer da qualidade de seus sentimentos e intenções uma base autossuficiente para a sua legitimidade em ditar regras, e assim sendo, caso fosse ele um Goebbels, faria com que muita gente inteligente acreditasse que os judeus eram comunistas, ao mesmo tempo em que banqueiros internacionais. Se isso é mais ou menos místico do que convencer grandes massas de pessoas do parto de uma virgem, é ainda uma questão aberta.

A idade das revoluções proletárias acabou. Acabou-se também a idade do homem de representação, romântico. Sem as cores, sem a paixão, sem a linguagem bombástica, o que sobreviveu foi a estrutura cognitiva: um evento

A PERSONALIDADE COLETIVA   345

publicamente crível é criado por uma pessoa publicamente crível, mais do que por uma ação crível. As qualidades estéticas genuínas do encontro entre as artes e a política desapareceram; o que restou foi apenas o efeito obscurantista, paralisante, de uma "política da personalidade".

GEMEINSCHAFT

A experiência de Lamartine pode ser lida como uma lição para a esquerda: a crença na personalidade pode destruir o senso que a classe trabalhadora pode ter de si mesma e de seus próprios interesses. A lição estaria em que uma tal personalidade, do modo como é concebida na cultura moderna, é inimiga de uma comunidade verdadeiramente política. Mas essa lição é demasiado simplista. Os próprios materiais da personalidade, os próprios símbolos de autoexpressão usados por um Lamartine, podem ser usados coletivamente por grupos envolvidos numa batalha política. Os campos de batalha podem se ver a si mesmos como pessoas em batalha. A pessoa pertence a um campo ou a um outro pela semelhança com as demais pessoas nesse ou naquele campo; ela constrói essa semelhança não apenas observando como se comportam e comparando-o com o seu próprio comportamento, nem tampouco decidindo se suas necessidades se assemelham. Ela constrói uma ideia de sua semelhança com as demais, ela compartilha da identidade, por meio daquilo que no Capítulo 8 chamávamos "descodificação".

A descodificação implica que se tome um detalhe de comportamento como símbolo para todo um estado de caráter. Assim como, por exemplo, a cor de uma echarpe, ou o número de botões desabotoados em uma camisa podia simbolizar a depravação sexual de uma mulher, da mesma forma pequenos detalhes da aparência ou das maneiras podem simbolizar uma postura política. Esses detalhes parecem indicar que tipo de pessoa esposa a ideologia. Se, por exemplo, um orador da classe trabalhadora estiver por acaso elegantemente vestido, concentraremos nossa atenção nessa incongruência da aparência pessoal, de tal modo que chegaremos a crer que tudo aquilo que ele está dizendo

346 O DECLÍNIO DO HOMEM PÚBLICO

é uma ilusão. Nesse caso, estaremos descodificando aquilo que ele significa através da maneira pela qual ele se apresenta.

Um senso de comunidade política pode ser construído a partir de tais atos de descodificação. Procuramos detalhes de comportamento entre as pessoas que esposam uma visão ou a outra, para decidirmos qual delas corresponde melhor ao senso que temos de nós mesmos. Esses detalhes se tornam para nós a revelação do caráter verdadeiro do conflito. Simbolizam aquilo por que há conflito. À medida que a ideologia passa a ser medida a partir da verossimilhança ou não de tais detalhes, a própria luta política se torna mais pessoal. A linguagem política se torna miniaturizada, pequenos eventos ou certos momentos parecem ter imensa importância, uma vez que através desses detalhes ficamos sabendo quem está na luta e, portanto, a que lado pertencemos.

Uma comunidade política formada dessa maneira é uma *Gemeinschaft*. As pessoas ficam esperando que as demais se abram a fim de saberem a que pertencem, e os atos de abertura consistem nesses detalhes que simbolizam quem acredita em quê, mais do que aquilo que deveria ser acreditado. O programa oculto de vida política está no desnudamento de um eu. E quando, em fantasia, tais detalhes revelando quem está em luta expõem-se a respeito de uma pessoa coletiva, a comunidade política se torna moralista, mais do que ideológica.

Uma sociedade com um nível muito baixo de interação entre seus membros, dominada por ideias de personalidade individual e instável, está predisposta a dar nascimento, através da fantasia, a personalidades coletivas imensamente destrutivas. A fantasia da pessoa coletiva tende a ser grandiosa, porque há muito pouco conhecimento dos outros como de si mesmo, apenas um pequeno número de detalhes simbólicos. A pessoa coletiva tem, pelas mesmas razões, características abstratas. Essa figura coletiva sai facilmente do foco de atenções, em parte por causa de sua abstração, em parte por causa dos próprios modos de se perceber a personalidade, que desestabilizam a personalidade percebida. E, finalmente, uma vez formada, uma ação coletiva para a comunidade é difícil porque o temor constante das pessoas está em saber quem pertence e quem está para ser excluído dessa grandiosa e instável identidade. Uma tal

A PERSONALIDADE COLETIVA   347

comunidade é hostil a forasteiros, e a competição é corrente entre aqueles que estão dentro dela, para saber quem é "verdadeiramente" uma corporificação da personalidade coletiva, quem é realmente um leal americano, quem é realmente um ariano de sangue puro, quem é realmente um genuíno revolucionário.

As brechas na cultura pública durante o último século encorajaram essa espécie de fantasia comunal destrutiva para que tomasse forma. A entrada da personalidade para o domínio público significava que uma pessoa coletiva pareceria dever ser, em essência, como uma pessoa concreta. Inversamente, uma pessoa concreta deveria ser capaz de reconhecer-se a si mesma na coletividade. Nesse esquema, as relações sociais não transformam a natureza da personalidade. Essa é uma das razões pelas quais, por volta da metade do século, a alegórica Liberdade de Delacroix liderando uma comunidade revolucionária não mais suscitava crença. Uma personagem alegórica transmuta a personalidade; em seu lugar, tem que haver uma pessoa coletiva imaginária que pudesse ser concretizada num indivíduo singular. Aqueles que se reconhecem a si mesmos nesse indivíduo não precisam falar diretamente uns com os outros; de fato, o século XIX lhes havia ensinado que tinham um direito de serem deixados em paz, em silêncio. Desse modo, estava colocada a base da *Gemeinschaft* destrutiva: relações emocionais com outras pessoas como um estado, mais do que como ações partilhadas. A comunidade na sociedade se torna semelhante a um carro que só funciona em ponto morto.

Analisaremos os efeitos destrutivos do sentimento comunal em duas áreas. A primeira é a linguagem de pertencimento e de conflito com aqueles que não pertencem a ela, como surgiu no Caso Dreyfus, principalmente em janeiro de 1898. A outra é como os radicais da classe média lutaram com uma linguagem de pertencimento legítimo a uma comunidade proletária.

Em conflito, e em política radical, a linguagem da comunidade transformou problemas institucionais ideológicos em questões psicológicas. Enquanto as máscaras que as pessoas usavam no conflito, ou as da liderança radical, passaram a ser vistas como aberturas de suas personalidades, esses problemas podiam rapidamente se metamorfosear em tentativas de se justificar a aparência de alguém. A participação de alguém em um problema se tornara uma

348 O DECLÍNIO DO HOMEM PÚBLICO

questão de autojustificação. Suposições comuns e crenças comuns podiam então ser confundidas com individualidades comuns. Essas comunidades em política não eram "urbanas" no sentido de que as lutas políticas ou batalhas revolucionárias aconteciam nas grandes cidades e em nenhum outro lugar mais. Essas comunidades políticas eram urbanas no mesmo sentido de um código de interpretação das aparências, que surgia entre estranhos de uma cidade e que chegava a influenciar a linguagem política geral. A política era "urbana" no segundo dos dois sentidos da palavra: um modo de cognição que se origina na capital, e então se espraia por toda a sociedade, de modo que sem se preocuparem com a geografia as pessoas possam ver com os olhos daqueles que são provenientes de um lugar especial.

O CASO DREYFUS: *GEMEINSCHAFT* DESTRUTIVA

O Caso Dreyfus foi chamado de "um duplo drama de investigação e de conflito ideológico". A investigação era basicamente uma história de espionagem. Estaria um certo oficial do Exército, o capitão judeu Alfred Dreyfus, conspirando com italianos e alemães contra a França? Se não o estivesse, quem então teria feito com que ele parecesse ser um espião, e por quê? À medida que se desenlaça cada um dos estágios dessa história de investigação de espiões, desenlaça-se um conflito a respeito do que significava a evidência. Quanto mais o Caso avançava, no entanto, menos as partes envolvidas se preocupavam com aquilo que a evidência contava a respeito de um ato de espionagem e mais se preocupavam em usar a evidência para definir duas comunidades em conflito. Num determinado momento, atravessa-se a soleira onde a história de espionagem perde qualquer interesse que não seja o de servir de combustível para o confronto na comunidade. Esse momento ocorreu em janeiro de 1898.[153]

Os estágios de investigação foram extremamente complexos. Se fixarmos nossa atenção naquilo que fez com que Dreyfus parecesse ser um espião e, depois, naquilo que pôs em dúvida sua culpa, a história de espionagem foi como se segue:[154]

A PERSONALIDADE COLETIVA

Em setembro de 1894, uma carta supostamente endereçada ao adido militar alemão em Paris havia sido descoberta. Essa carta, chamada o *bordereau,* revelava certas informações militares sobre o Exército francês e parecia ter sido escrita por um oficial francês. A caligrafia parecia pertencer ao capitão Alfred Dreyfus. Ele foi preso; após a sua prisão, subitamente surgiram mais evidências incriminadoras nos arquivos militares, inclusive uma carta do adido militar alemão para o seu correlato italiano, fazendo referência ao espião de inicial "D". Dreyfus foi julgado por um tribunal militar secreto, tendo o processo começado em dezembro de 1894. Foi considerado culpado. Em 5 de janeiro de 1895, foi submetido a uma cerimônia pública de degradação, em que suas medalhas lhe foram arrancadas e sua espada de oficial quebrada, e em seguida foi removido para a ilha do Diabo para cumprir prisão perpétua; todos aqueles que poderiam ter contato com ele na prisão eram instruídos para evitar dirigir-lhe a palavra.

Em março de 1896, o novo comandante da inteligência militar francesa, coronel Picquart, recebeu alguns documentos que haviam sido jogados fora e que foram roubados da cesta de lixo do adido alemão por sua faxineira, uma agente secreta francesa. Entre eles havia um *petit bleu* (um telegrama manuscrito, de entrega especial); esse *petit bleu* estava endereçado a um outro oficial francês, coronel Esterhazy, o que levou o coronel Picquart a suspeitar que Esterhazy fosse um espião. No decorrer da investigação do caso Esterhazy, obteve algumas amostras de caligrafia deste último. Elas lhe pareceram familiares: pensou ter reconhecido a mesma caligrafia do *bordereau* atribuído a Dreyfus. Após algumas outras investigações, ele havia chegado à conclusão, por volta de fins de agosto, de que Esterhazy era o espião em ambos os casos, e que Dreyfus havia sido preso injustamente.

Em 1897, diante de novas revelações, e com os esforços da família Dreyfus, o vice-presidente do Senado, Scheurer-Kestner, havia também se interessado em ajudar Dreyfus. Mil oitocentos e noventa e sete foi um ano de manobras não decisivas e de pouca evolução no trabalho de investigação. No entanto, por volta do final do ano, a pressão pública havia tornado necessário um julgamento para Esterhazy. Sua corte marcial começara no dia 10 de janeiro

350 O DECLÍNIO DO HOMEM PÚBLICO

do novo ano, 1898, e terminara no dia seguinte, 11 de janeiro. Esterhazy fora considerado inocente por unanimidade. No dia 12 de janeiro, Picquart é preso por deslealdade para com o Exército; seria condenado mais tarde. Em 13 de janeiro, diante desses terríveis reveses para os "dreyfusards", Zola publica o "Eu Acuso!".

De um certo modo, a investigação termina em 13 de agosto daquele ano. Nessa noite, o governo oficial descobrira que uma das peças da prova contra Dreyfus era forjada — uma metade de linha de uma carta de Dreyfus havia sido inserida em uma outra. Apenas um homem estaria em condições de fazê-lo: o coronel Henry, um oficial de alto escalão. Instado, ele confessou ter forjado essa e outras peças mais contra Dreyfus. Em 31 de agosto, o povo toma conhecimento de que Henry havia cortado a própria garganta na prisão, enquanto esperava o julgamento; que Esterhazy havia fugido para a Inglaterra para não ter que enfrentar um novo julgamento por ter falsificado evidências; e que um dos líderes do Exército francês, general Boisdeffre, dera baixa. Depois disso, um novo julgamento para Dreyfus era uma certeza. Teve lugar em Rennes, em agosto de 1899; Dreyfus foi finalmente libertado e, em 1906, foi reabilitado e teve sua patente restituída.

Retrospectivamente, é difícil entender como é que essa história de espionagem solitária alvoroçou o público francês, até o ponto em que François Mauriac pôde dizer, em 1965, que "eu era ainda criança na época do Caso Dreyfus, mas ele preencheu a minha vida"; ou que Léon Blum pudesse pensar que ele fosse "a questão básica" a partir da qual todas as questões políticas da França moderna surgem. De 1898 em diante, cada nova reviravolta no Caso provocava tumultos nas ruas de Paris e em algumas cidades de província; de 1898 a 1900, irrompiam-se batalhas armadas nos cafés, assim que uma pessoa a favor ou contra Dreyfus ouvisse uma outra de opinião oposta discutindo o Caso numa mesa ao lado da sua. Uma charge famosa publicada em 14 de fevereiro de 1898, no *Figaro,* mostra um jantar em família se tornando uma confusão quando a conversa gira em torno do Caso. E inúmeros testemunhos atestam que a charge exagerava muito pouco os fatos.[155]

A PERSONALIDADE COLETIVA   351

Na medida em que os únicos fatores desse quadro são os detalhes da história policial, o caso não era um Caso. Da mesma forma, na medida em que o Caso é tido como uma questão de conflito entre diferentes forças da sociedade francesa, as paixões continuam sendo inexplicáveis. O conflito ideológico é usualmente retratado como sendo aquele entre uma "velha França", representando o Exército, a Igreja e a alta burguesia, chocando-se com uma "nova França", representando as heranças das três revoluções francesas. Houve muitas ocasiões, nos anos que se sucederam à Comuna e à Guerra Franco-Prussiana, em que tais forças se haviam chocado, mas, ainda assim, em nenhuma dessas ocasiões as paixões se ergueram a tal ponto e de tal maneira quanto no Caso Dreyfus. Era a formação de uma personalidade coletiva baseada no conflito que fazia arder essas paixões ao ponto de provocar um surto de febre.

Por que a velha França queria destruir Dreyfus? A resposta ideológica cita as próprias derrotas da velha França, seu descrédito após a Guerra Franco-Prussiana. Muitas pessoas, de várias convicções políticas, suspeitavam que os corpos de oficiais franceses haviam perdido a guerra por pura incompetência, em 1871. As tropas francesas eram de lutadores ferozes, nessa guerra, muito respeitados até pelos próprios prussianos. O povo só podia explicar a derrota pensando que aqueles que comandavam as tropas haviam posto tudo a perder. A falta de confiança que permaneceu foi reforçada no final da década de 1880, quando o general Boulanger, um oficial muito popular, que estava a ponto de montar um *coup d'état* (golpe de estado) contra a República, abandonou os seus seguidores e fugiu com sua amante atravessando a fronteira belga. Aumenta assim a suspeita de que o Exército era um traidor da confiança nacional. Os próprios chefes do Exército sentiam a ferroada da dúvida. Queriam muito vingar-se de algum modo.

No final da década de 1880, cresceu entre esses líderes da velha França, bem como entre o campesinato devoto e em boa parte da pequena burguesia urbana, uma campanha para eliminar os judeus da França. Os judeus são, por certo, o bode expiatório clássico, mas não são um alvo constante. No final da década de 1880, uma nova campanha contra os judeus ressurge porque os lapsos da velha França começam a ser vistos por seus seguidores

352   O DECLÍNIO DO HOMEM PÚBLICO

como obra de elementos alheios traidores. Não é preciso que se pense nesses líderes de campanha como maquiavélicos; queriam eles explicar a si próprios tanto quanto aos outros por que, aparentemente, forças sinistras além de seu controle os haviam tornado impotentes.

Uma comunidade forjada no confronto requer lados opostos. Só se pode sentir verdadeiramente um senso de fraternidade quando a pessoa e seus irmãos têm um inimigo comum. Mas os lados opostos no Caso Dreyfus desenvolveram-se num ritmo desigual. Durante muitos anos, os partidários da velha França haviam desenvolvido uma retórica que tornaria possível fazê-los participar de um confronto dramático, mas um inimigo concreto e vivo com o qual se confrontarem permanecia ainda elusivo até 1898. Na década anterior a essa, a velha França precisou lidar com quimeras de complôs secretos, traições e assim por diante, todas apoiadas pelos judeus; mas o judeu, por sua própria natureza, segundo a doutrina antissemita, nunca se mostra abertamente para lutar: era uma raposa, um trabalhador secreto, que sorria e fazia mesuras às pessoas nas ruas, e então vendia segredos nacionais às suas costas. Assim sendo, na década anterior a janeiro de 1898, havia uma comunidade *in posse,* um lado, pronto para o confronto mas relegado, por seus próprios estereótipos do inimigo, a jamais ter um tal confronto.

Vejamos como a linguagem da comunidade começou a se desenvolver no direito antissemita. O líder antissemita da década de 1880 e do início de 1890 era Edouard Drumont, fundador do jornal *La Libre Parole.* Para Drumont e seus seguidores, como o conde de Rochefort, Dreyfus era a consumação perfeita da fantasia do judeu traidor: havia se insinuado até as altas patentes do Exército; não era um inimigo declarado, mas um impostor. Num artigo do *La Libre Parole,* de 26 de dezembro de 1894, intitulado "A alma do capitão Dreyfus", Drumont coloca Dreyfus muito além da região do crime:

> [Dreyfus] cometeu um abuso de confiança, mas não cometeu um crime contra o seu país. Para que um homem traia o seu país, é preciso antes de mais nada que ele tenha um país.

A PERSONALIDADE COLETIVA 353

A essência de um judeu, no entanto, está em que ele não pode pertencer a nenhum país e, portanto, segundo as palavras de Drumont, "os judeus não podem evitar" vender os segredos franceses por dinheiro.[156]

Num nível ideológico, uma linguagem de antissemitismo como essa se ergue para expiar os pecados dos antissemitas do passado. Ao odiar os judeus, ficarão purgados. Mas essa linguagem está ligada a uma outra. Já existe, na prosa de Drumont e na prosa de outros antissemitas dos anos 1894 e 1895, uma dramatização da personalidade de um homem que quisesse se confrontar com possíveis judeus. Essa autopromoção aparece, por exemplo, na maneira pela qual Drumont encerra o seu artigo "A alma do capitão Dreyfus". Termina com os pensamentos de Drumont a respeito de si mesmo, mais do que com um sumário de seus pensamentos a respeito de Dreyfus. Ele nos diz:

Tenho sido sempre o mais frágil dentre os homens, o mais sentimental, o mais fácil de se desanimar. A coragem que demonstrei ao despertar o meu país foram vocês [os outros antissemitas] que me deram. (...) Meus livros prestaram imensos serviços à nossa querida França, ao revelar a ela o perigo judeu. (...) Eu não poderia tê-los escrito sozinho. Apenas obedeci à voz de uma vontade superior: "Fala!" E eu falei.

O antissemitismo é para Drumont a etiqueta de seu valor pessoal, de sua integridade. Como poderia alguém dizer-lhe para moderar a sua posição, para assumir compromissos? Estaria comprometendo a sua integridade. O Caso Dreyfus é para Drumont um símbolo do próprio homem que ele, Drumont, é em si mesmo.[157]

Na selva, os babuínos fazem sinais de intenções amistosas e de confiança, para os babuínos desconhecidos, esfregando as ancas do estranho, ou arrancando folhas de gramíneas para ele. Na Paris de meados de 1890, desenvolve-se um fenômeno similar, presumivelmente apenas de modo simbólico. A aversão pelos judeus se metamorfoseou em confissões de ódio, como as de Drumont, e essas confissões se metamorfosearam em chavões dos mais profundos sentimentos de uma pessoa a respeito da França, e da decência e coragem da pessoa

354 O DECLÍNIO DO HOMEM PÚBLICO

diante de intrigantes; as confissões, por sua vez, eram sinais para os outros saberem que se era amigo, uma pessoa em quem se podia confiar. Desses sinais é que nasce um senso de comunidade. Memórias da época relatam conversas em jantares, onde as pessoas das mesas rodeavam umas às outras, farejando pistas aqui e ali e utilizando palavras em código, para saber se outros convivas também eram simpatizantes. Se o terreno parecesse favorável, a pessoa se entregava a uma torrente de confissões, de horror aos judeus; batia com os punhos cerrados sobre as mesas para enfatizar que a França precisava ser salva de seus inimigos internos; havia uma grande onda de emoção percorrendo a sala, as pessoas tinham sido atingidas. Ainda assim, segundo um banqueiro:

> Tudo era tão curiosamente impessoal! Concordando com essas demonstrações, ou ficando em silêncio, em seguida se deixa a mesa, cheio de conhaque e de charuto, sem ter ideia de quem era esse homem que lhe abrira o coração tão insistentemente.[158]

Muito embora a linguagem do antissemitismo fornecesse matéria para um senso temporário de comunidade, o sentimento completo ainda estava por ser construído, pois, de fato, não havia resposta real. Aqueles que tinham dúvidas quanto à culpa de Dreyfus eram um número muito pequeno, e de modo algum inflamados como os seus perseguidores. Para que os defensores desse homem tivessem a mesma paixão, precisaremos esperar realmente até janeiro de 1898.

A história de espionagem, relembremo-nos, havia conduzido, por volta de janeiro de 1898, ao julgamento de Esterhazy, e, imediatamente após a sua liberação, à prisão de seu acusador, Picquart. Um ano antes, defensores de Dreyfus haviam aparecido gradativamente na imprensa; os próprios julgamentos atraíram maior atenção para o Caso Dreyfus; mas a opinião pública a seu favor era difusa, fragmentária e contraditória.

Em 12 de janeiro, o Caso parecia ter chegado ao final, com Esterhazy solto e Picquart preso por tê-lo acusado. A importância do "Eu Acuso!" de Émile Zola, que apareceu em *L'Aurore* de 13 de janeiro, estava em que ele

A PERSONALIDADE COLETIVA 355

infundia vida nesse movimento abortado, definindo os termos do discurso de tal modo que a comunidade dos dreyfusards pudesse tomar forma. Zola conseguira encontrar imagens de como somos "nós", enquanto dreyfusards, iguais e opostas aos antidreyfusards, utilizando técnicas de melodrama para caracterizar quem era um dreyfusard como pessoa. Assim sendo, completava-se um confronto estático, composto por dois inimigos que doravante não poderiam existir um sem o outro.

O alvoroço diante da edição especial do *L'Aurore* foi imenso. Trezentos mil exemplares foram vendidos em poucas horas, com as pessoas literalmente se debatendo para obter um. O nome de Zola estava em toda parte, e seu artigo fora postado para toda a França pelos dreyfusards recém-reanimados. O ato de analisar esse texto, passo a passo, significa ver Zola cruzar a linha do argumento político na direção de um novo tipo de linguagem comunal. (O texto é reproduzido na sua totalidade como Apêndice a este volume.)[159]

"Eu Acuso!" é formalmente uma carta dirigida a Félix Faure, presidente da República. Por que endereçá-la a ele? A razão óbvia está em que Faure é chefe de Estado, mas essa razão óbvia é errônea. O propósito do "Eu Acuso!" estava em conseguir que seu autor fosse preso sob o libelo e a lei de difamação de 1881, de modo que um novo julgamento do Caso Dreyfus pudesse ser precipitado com a desculpa de se julgar Zola por difamação. Faure não poderia instituir nem tampouco evitar um tal julgamento. O ponto retórico verdadeiro desse endereçamento ao sr. Faure estava no fato de que ele era "o primeiro magistrado do país" (Parágrafo 4); representava todos os franceses enquanto juízes (embora, para efeitos legais, o presidente não fosse o juiz principal; ele não tinha, por exemplo, o poder de clemência que tem o presidente americano).

Essa colocação é importante por causa da maneira pela qual Zola se dirige a Faure nos primeiros quatro parágrafos: é de homem a homem. Nesses primeiros quatro parágrafos, Zola adverte Faure e o perdoa. A advertência é um brilhante golpe:

> Mas que terrível mancha de lama em seu nome — eu diria até em seu reinado — é o abominável Caso Dreyfus! (Parágrafo 2)

356   O DECLÍNIO DO HOMEM PÚBLICO

Havia 25 anos que a França se desembaraçara de reis e imperadores: não pense que o senhor é um legislador, pois isso significaria que o senhor se toma como parte da velha França; pense nesse Caso em termos de sua honra pessoal, de sua integridade como homem. A igualdade significa que não há mais distância entre os "eus". Colocando o Caso nesses dois termos contingentes, Zola prossegue em termos de perdão: "Para sua honra, estou convencido de que o senhor ignora [a verdade]". Quem é Émile Zola, cidadão de Veneza naturalizado, para poder perdoar o presidente francês, se não estão conversando na intimidade?

Zola coloca os seus próprios interesses nos mesmos termos. Émile Zola não conhecera nem Dreyfus nem qualquer um dos militares, nem sequer estava ameaçado previamente pelo Caso. Por que então ter interferido? No parágrafo 3, Zola se impõe diante do leitor, como se segue: Em primeiro lugar, diz que "ousará" falar, "ousará contar a verdade". Em outras palavras, o primeiro sinal de sua presença nesse Caso nos mostra um homem corajoso. Mais: "É meu dever falar; não serei um cúmplice." Quem havia pensado que seria cúmplice? A questão nessa frase está em que quem quer que se envolvesse mostraria ter um verdadeiro caráter; não se envolver é tomado como uma falta de coragem pessoal. Essa asserção de coragem prepara o caminho para uma confissão peculiar de consciência; caso Zola não ousasse falar,

> Minhas noites seriam assombradas pelo espectro do homem inocente, que está expiando, num país muito distante, na mais pavorosa das torturas, um crime que não cometeu.

O que está em jogo no fato de um jornalista falar a respeito de sua coragem e de suas "noites assombradas" não é a sua sinceridade. O que está em jogo é a maneira pela qual tais convicções, pouco importa o quão profundamente sentidas, são transmitidas para uma plateia. Em "Eu Acuso!", o homem de consciência começa por chamar a atenção para o fato de seu heroísmo; dramatiza o fato de ter uma consciência — o que é por certo uma estranha maneira de começar a defesa de um outro homem; é formalmente idêntica à linguagem dos antidreyfusards como Drumont.

A PERSONALIDADE COLETIVA

357

Uma vez que se compreenda a atmosfera peculiarmente retórica dessa introdução, podemos começar a dar sentido aos argumentos subsequentes, que chocaram tantos comentadores modernos, que tomaram o texto de Zola sob um ponto de vista lógico ou legal, como absolutamente vazio. Ele tem uma lógica em termos da visão do século XIX sobre a personalidade pública.

Os parágrafos 5 a 11 compreendem a afirmação de Zola sobre quem havia fraudado Dreyfus. E simples, um homem

> fez tudo — o coronel du Paty de Clam. Ele é o Caso Dreyfus inteiro. (Parágrafo 4)

A prova de Zola? Prova legal, factual, ele não dispunha de nenhuma. No Parágrafo 5 ele nos conta que, se uma investigação "sincera" for feita, ficará provado. "E não preciso contar tudo. Deixe-os procurar; eles encontrarão." Na metade do Parágrafo 6, Zola proclama que "é suficiente dizer" que Paty de Clam entrou em cena tão logo pareceu possível que Dreyfus tivesse sido enganado. Mas Zola não está à procura de provas legais e factuais, porque o Certo e o Errado nesse caso devem ser lidos somente em termos da personalidade. Se ele puder nos fazer sentir que Paty de Clam é uma pessoa nojenta, então, por certo, Paty deve ter enganado Dreyfus. Assim, imediatamente após ter acusado Paty de Clam, Zola se lança numa descrição barroca de seu caráter, enquanto um intrigante, um romântico, um homem que se compraz nas intrigas e em encontros à meia-noite com mulheres misteriosas (Parágrafo 5). E a razão pela qual Paty de Clam consegue essa maquinação está não no fato de que as forças institucionais exigem uma vítima, ou de que a classe dos oficiais precisa ser vingada. Não; está em que Paty de Clam tem o poder pessoal de hipnotizar as outras pessoas,

> pois ele se ocupa também com espiritismo, com ocultismo, mantendo conversas com espíritos. (Parágrafo 6)

358   O DECLÍNIO DO HOMEM PÚBLICO

A mistificação completa o círculo do caráter; há uma diabólica pessoa em ação, uma pessoa heroica que denuncia a primeira, um juiz entre elas que é honrado mas ignorante — e, quase acidentalmente, esse é o processo institucional que havia colocado um homem na prisão.

Após ter apontado o vilão, Zola procede transformando todas as evidências em termos pessoais. Por exemplo, há o *bordereau*. Como Zola lida com ele? "Eu recuso esse documento. Recuso-o com toda minha força" (Parágrafo 10). Qualquer análise do que significaria o documento é evitada; o escritor, ao ressaltar o fato de que "Eu" o recuso, "com toda minha força", destrói seu valor de verdade. Um pouco mais adiante nesse parágrafo, Zola prepara uma nova escalada. Após dizer que, qualquer que fosse a substância do documento, ele não teria relação com a segurança nacional, proclama imediatamente:

> Não, não! É uma mentira; e uma mentira ainda mais odiosa e cínica porque eles mentem com impunidade, de tal modo que ninguém poderia condená-los por isso.

"Ele", o *bordereau,* subitamente se torna "eles", os inimigos. Ainda que acabássemos de ler que o *bordereau* concerne a questões triviais, e que portanto se trate presumivelmente de apenas um pedaço de papel que "eles" colocaram para nos enganar, agora ele se torna obra deles, e impossível de ser discutido como real ou falso porque "eles mentem de tal modo que ninguém pode condená-los".

Assim, ao fazer com que o Caso se torne um drama de moralidade pessoal, Herói contra o Mal, Zola faz com que toda a discussão sobre as evidências só tenha importância na medida em que relacionada com a personalidade dos antagonistas. A evidência não tem qualquer realidade à parte de seu simbolismo psicológico.

Nos parágrafos de 12 a 22, os eventos a partir da fase Esterhazy até o dia seguinte à primeira publicação do "Eu Acuso!" são submetidos ao mesmo tratamento. O momento crítico em que os oficiais do Exército deviam se decidir a processar Esterhazy é apresentado como um "momento psicológico, cheio de

A PERSONALIDADE COLETIVA 359

angústia". Tendo os oficiais decidido com atraso, Zola os ataca pessoalmente: "E essas pessoas dormem, e elas têm esposas e filhos a quem amam!" (Parágrafo 14). Qual é o sentido dessa afirmação extraordinária? Não há mundo, não há teia burocrática, nem conflitos cruzados de poder e de autoridade, nenhum controle do desejo no Caso Zola: há apenas os princípios absolutos do eu. Como vocês poderiam ser humanos se não concordam comigo? Cada aparência mundana, cada ação específica, torna-se um indicador desses princípios absolutos. A máscara de um homem é um guia verdadeiro para o seu caráter essencial, e, assim sendo, para Zola, como para Drumont, não pode haver movimentação nessas posições mundanas, nem interação, pois como é que alguém poderia barganhar com sua integridade?

Desse modo, chegamos ao princípio interior da famosa afirmação do Parágrafo 18, que um jurista inglês da época denominou "a essência da irracionalidade em nome da justiça racional". Eis o resumo que Zola faz dos destinos respectivos de Esterhazy e de Picquart:

> (...) a proclamação da inocência de homens arruinados por dívidas e por crimes, enquanto a própria honra, um homem de vida impecável, é atacado. Quando uma sociedade atinge esse ponto, está começando a apodrecer. (Parágrafo 18)

Zola falava literalmente: a imprensa popular fizera grande alarde com o fato de que Esterhazy devia dinheiro a muitas pessoas, enquanto Picquart não tinha dívidas. Essa passagem é essencial para o julgamento do caráter e para o assassinato de caráter. O julgamento por caráter é a única maneira de fazer seguir a política, uma vez que a linha divisória entre vida pública e vida pessoal havia sido apagada.

"Eu Acuso!" mostra uma consequência da transformação que a retórica tornara visível entre a geração de Napoleão e a de Lamartine. Uma vez que o caráter se tornara independente da ação, uma vez que Lamartine podia se apresentar às pessoas como um líder sem tê-las liderado numa ação, estava preparado o caminho para o inverso, em que o mundo público da ação perdera todo o seu significado, exceto em subordinação à motivação pessoal.

360   O DECLÍNIO DO HOMEM PÚBLICO

Zola atinge agora o ponto alto mais dramático da peça, com o início da lista de acusações começando no parágrafo 26. Cada um começa com a fórmula "Eu acuso!", em vez de "Fulano é culpado de". De fato, "EU" é a palavra mais importante dessa acusação toda. Não tanto porque uma injustiça esteja sendo desafiada ou porque esses homens estejam sendo expostos, pois na verdade Zola havia dito que não se engajaria nesse tipo de coisa; é coisa para as autoridades. O mais importante é que "EU" os estou acusando. De quê? Eis a lista de Zola com os homens e seus crimes:

Paty de Clam — "artífice diabólico"
Mercier — "fraqueza de espírito"
Billot — "lesa-humanidade e lesa-justiça"
Boisdeffre — "paixão clerical"
Gonse — "excesso de espírito de corporação"
Pellieux — "inquérito velhaco"
Especialistas em caligrafia — "relatórios mentirosos e fraudulentos"
Ministro da Guerra — "campanha abominável na imprensa"
Conselho de Guerra — "violação da lei"

Somente o crime de Boisdeffre, sua paixão clerical, e o crime do Conselho de Guerra, ao violar as leis das cortes marciais, são institucionais. Todos os demais são crimes de personalidade. Eis por que é importante que "Eu acuse" todos eles, pois quando "Eu acuso!" é a retórica, os crimes de personalidade são os mais prováveis de serem encontrados.

A conclusão de Zola para o "Eu Acuso!" contém um paralelo desconcertante com a conclusão de Drumont para "A alma do capitão Dreyfus". No Parágrafo 28, Zola nos assegura que a sua paixão é pura, imotivada por ganho ou por partidos. No Parágrafo 29, assim como Drumont, ele informa seu leitor do quanto está emocionado pessoalmente; tomemos um trecho de seu estado de sentimentos: "Meu protesto ferrenho é apenas o clamor de minha alma". O Parágrafo 30 mostra Zola, como Drumont, apresentando ao leitor uma última imagem, que é a de Zola, em vez de ser a de Dreyfus

A PERSONALIDADE COLETIVA 361

ou a da França. Zola é desafiador e lutador. O refrão do herói que escreve para si próprio, descrevendo sua atitude perante o seu futuro julgamento por difamação, é: "Eu espero por isso." Com essa declaração da fortaleza moral de Zola, termina a defesa de Dreyfus.

Se nos perguntarmos por que esse ensaio vendeu trezentas mil cópias em um dia; por que ele ergueu tão vastas secções de franceses e francesas pela defesa de Dreyfus; por que, mesmo após o julgamento de Zola — quando fugira para a Inglaterra com sua amante e um punhado de dinheiro, ao invés de enfrentar um ano de cadeia, desse modo ficando desacreditado como líder da causa —, "Eu Acuso!" permaneceu como texto básico do movimento; se nos perguntarmos por quê, mesmo após o suicídio de Henry e a consequente e necessária justificação de Paty du Clam, "Eu Acuso!" continuou sendo um documento interpelativo para um grande número de pessoas, podemos responder apenas que elas desejavam aquilo que Zola lhes oferecia: uma linguagem de pertencimento a uma batalha coletiva, em vez de um conjunto de razões lógicas de por que Dreyfus deveria ser libertado.

O conteúdo verdadeiro de "Eu Acuso!" consiste no tipo de pessoa que iria atacar o capitão judeu, e no tipo de pessoa que iria defendê-lo. Tais pessoas nunca se tornariam líderes, em nenhum dos dois lados. O julgamento relâmpago de Zola e a sua partida ainda mais repentina o desqualificavam, e, de fato, os mais proeminentes nomes do Caso, depois de 13 de janeiro de 1898, entravam e saíam de cena tão rapidamente que nenhum homem ou nenhum grupo de homens parecia ter o controle dos acontecimentos. Mas essa instabilidade de superfície não significava que a divisão entre dreyfusards e antidreyfusards pudesse se apagar. Os dois campos se endureciam entre o populacho. As mentiras de Henry, por exemplo, eram rapidamente tomadas pelos antidreyfusards como um ato de suprema nobreza e autossacrifício, porque, se Dreyfus não fosse culpado, ele ao menos deveria sê-lo. De fato, como o trabalho de detecção levou paulatinamente Dreyfus a um ponto de vindicação — sem qualquer conclusão a respeito de quem fosse o "D" do *bordereau* —, cada novo passo se tornava apenas uma ocasião para renovar a ação tumultuante nas ruas, entre as facções em guerra.

362   O DECLÍNIO DO HOMEM PÚBLICO

Após 1902, quando a violência declarada entre os dois campos esmoreceu, não tinha ainda havido qualquer processo de conciliação. As leis de Ferry que secularizaram a educação francesa eram tidas pelos dois campos como uma espécie de "revanche" para a condenação de Dreyfus, uma vez que os padres eram aliados do Exército. Escritores como Charles Maurras e grupos como os Camelôs do Rei emprestavam suas inspirações aos antidreyfusards, e era aceito pelos historiadores não franceses que alguns dos impulsos da colaboração francesa com os nazistas surgiram de velhas feridas do Exército e do ódio aos judeus, suscitados por esse caso. O Caso Dreyfus é um caso clássico de como, quando uma comunidade se constitui, baseada em personalidade coletiva abstrata, difusa, um cisma irremediável se instala na sociedade. Nenhuma mudança nas condições materiais poderia, historicamente, alterar a posição dos oponentes, pois aquilo que serve de baliza no conflito para ambos os lados não parece ser um problema: é a integridade, a honra, a própria coletividade.

Antes da formação da comunidade, não havia nada que os participantes pudessem aprender com a ação. O suicídio de Henry não abalou a visão de mundo dos inimigos de Dreyfus; o acontecimento é logo interpretado como mais um ato de heroísmo de um leal membro católico do Exército. A defesa de Paty du Clam através do suicídio de Henry não quebra o gelo dos dreyfusards. A ideia de Zola de que teria havido um "complô" fora imediatamente recuperada pelos dreyfusards. que proclamavam que Paty du Clam, que era mestre hipnotizador, havia levado Henry para um café, uma noite, e o mesmerizara para montar a contrafacção.

O Caso Dreyfus é um exemplo histórico de uma lógica extrema, o ponto máximo de um código que faz das aparências indícios do eu. A máscara revela um rosto comum. Para que existisse comunidade, para que os rostos de todos fossem reconhecíveis nessa face comum, ela precisava se manter rígida e estática. Há comunidade nos dois lados, apenas na medida em que as suas aparências uns perante os outros fossem inflexíveis.

No palco, sabemos que cada ação do dr. Weltschmerz é determinada por seu caráter moral; nas ruas, também acreditamos que cada marca de justiça demonstrada para com Dreyfus é o efeito de uma conspiração judia

A PERSONALIDADE COLETIVA 363

para destruir o decente povo da França. No entanto — e isso não ocorre no teatro —, pelo fato de que o caráter deles é indecente, recusamos aos vilões — os judeus e seus defensores — qualquer direito à existência. Numa cultura ansiosa a respeito da credibilidade das aparências, o melodrama fora do palco tinha a inevitável lógica de sugerir que só podemos acreditar em nós mesmos apenas se destruirmos nossos inimigos. Se eles podem acreditar em si próprios, como é que poderemos manter a credibilidade de nossa própria aparência? É-se membro de uma comunidade? Se cada ato é um emblema da personalidade — se se trata de ser pró ou contra Dreyfus —, então aqueles que aparecem sem um emblema próprio devem ser inautênticos, mentirosos, falsos, e, portanto, devem ser destruídos. O melodrama do palco não tem qualquer consequência, não induzia a nenhuma transformação do caráter; mas o melodrama político tem uma consequência singular, sugerindo que o último recurso para se estabilizar a própria aparência era destruindo o seu inimigo. A lógica de uma personalidade coletiva está no expurgo.

A partir dessa identificação da comunidade como partilha de personalidade, torna-se quase natural observarmos a linguagem da negociação, a burocracia e as relações administrativas como estando todas num âmbito diferente. Assim sendo, desenvolve-se, no início do nosso século, o princípio de pensamento segundo o qual a vida da comunidade e a vida do Estado são diferentes *em espécie*.

Se a comunidade merecer que nos preocupemos com isso, ela se rege a partir de uma teoria de jogo de dominó perverso. A negociação se torna uma grande ameaça para a comunidade; mudar de posições ou alterá-las faz com que o próprio espírito comunal se enfraqueça. Torna-se mais importante declarar quem se é do que tratar com os outros que lhe são diferentes. Eis por que, em meio às grandes paixões que uma crise como o Caso Dreyfus engendrou, havia um cerne tão estático e um conjunto de relacionamentos humanos tão enrijecido quanto a cega submissão que Lamartine fizera penetrar entre as massas parisienses.

QUEM É UM VERDADEIRO RADICAL?

Essa linguagem da comunidade começou a aparecer no século passado num domínio em que deveria ter sido esquecida: o domínio da política radical. Servira aos radicais burgueses como um meio para que pensassem que eles próprios tinham um lugar legítimo nos movimentos proletários. Vejamos por que a personalidade coletiva não deveria ter aparecido nos movimentos marxistas, em particular, e então por que, de fato, apareceu.

Talvez a maior herança deixada pelo século XIX, e até hoje ainda não tachada, seja uma visão da história em que os acontecimentos se seguem logicamente, ainda que não inevitavelmente, a partir de condições sociais. Essa ideia incluía na lista dos crentes aqueles que imaginavam que as nações têm "destinos": muitos anarquistas do século XIX, alguns seguidores de Saint-Simon, a maior parte dos darwinianos sociais, bem como aqueles que se seguiram a Marx. Falar de uma dialética marxista da história é falar de estágios de experiência, cada qual produzido a partir de contradições nos estágios que precederam. Estamos tão familiarizados com essa ideia que se pode recitá-la como no catecismo; uma tese explodindo em sua antítese, em que as mesmas pessoas e situações são vistas sob nova luz, e essa antítese explodindo por sua vez, cedendo lugar seja a uma síntese, após um período de revolução, seja a uma outra antítese, uma antiantítese, num círculo incessante de re-formação intelectual e material.

Ironicamente, tendo aprendido de cor esse catecismo, também testemunhamos eventos que o desacreditam. Quase metade do mundo é regida por governos que subscrevem as doutrinas de Marx, com modificações de um ou outro tipo; e, ainda assim, as sociedades que esses governos dirigem são precisamente o oposto das sociedades que ele, como Fourier e Saint-Simon, acreditavam estar logicamente maduras para a revolução. Foram colonizadas, ou, como as industrialmente não desenvolvidas de agora, ou de algum outro modo periféricas às situações europeias em que Marx poderia deduzir uma lógica de desenvolvimento histórico a partir da estrutura social imediata.

Nenhuma única geração, e certamente nenhum livro, poderia explicar o paradoxo desse destino deslocado. Ainda assim, o ciclo da vida urbana que

A PERSONALIDADE COLETIVA 365

até agora vimos traçando nestas páginas poderia esclarecer ao menos uma dimensão do paradoxo: a cultura da deformação psicológica funciona naqueles que estão comprometidos com transformações radicais e dialéticas, de modo que eles se tornam defensivos quando a história avança adiante da teoria.

Através de sua obra, Marx concebeu forças dialéticas na história que conduziam as pessoas a reformular suas crenças sob o impacto de novos eventos. O *slogan* segundo o qual as condições materiais determinam a consciência é e tem sido vulgarizado de modo fácil. Marx, no máximo, quis dizer com isso que cada nova situação material na sociedade força uma reformulação de crença apenas porque o mundo que informa essas crenças fora alterado.

O que implica psicologicamente, para uma pessoa, ser capaz de reformular suas crenças? Pensar dialeticamente? Se uma crença tiver se tornado para o seu sujeito tão profunda e intensamente pessoal, se aquilo que uma pessoa crê chegar a definir a sua identidade, então qualquer mudança na crença envolverá uma grande reviravolta no eu. Quanto mais pessoal e autoenvolvente for uma crença, portanto, menos possível de ser modificada ela será.

Assim, uma consciência dialética parece requerer uma força quase que humanamente impossível. Essa é uma ideologia de apaixonada preocupação com o mundo, de um apaixonado compromisso contra suas injustiças, e ainda assim uma ideologia que exige que quando as situações históricas mudam a natureza desses compromissos precisa ser posta em suspenso, repensada e re-formada. A crença deve ser imediatamente adotada com intensidade e, assim mesmo, se situar a uma certa distância do eu, de modo que a crença possa ser mudada sem levar consigo perdas pessoais ou um senso de risco íntimo.

Quando a questão é posta dessa maneira, percebemos que aquilo que Marx concebera como imaginação dialética está próximo de um conceito que explorávamos nos termos da vida da cidade: o conceito de comportamento público. Para ser dialética em suas percepções, uma pessoa deve estar fora, em público, longe da simbolização da personalidade através da crença ou da ação social. Se Rousseau era um inimigo do homem em público, Marx é o seu líder.

Ainda assim, existe a conhecidíssima figura daquele que se denomina a si mesmo marxista e que detesta essa flexibilidade. Por vezes, ele é chamado "ideólogo", por vezes, "dogmático" — rótulos convenientes para se referir a um movimento radical por meio da estrutura de caráter de seu pior expoente. Ele é, mais especificamente, uma pessoa proveniente das classes médias que, a partir de motivos humanos ou de ódio para com o passado, ou ódio para consigo mesmo, torna-se um radical, identificando os interesses de justiça e direito na sociedade com a classe trabalhadora. Se seus motivos para defender os oprimidos variam conforme o caso, seu problema de relacionamento com a classe trabalhadora não varia: como ele pode ser legitimamente parte do movimento dela, como esse homem com sua educação, com seu senso de decoro, com seu senso de propriedade, pode legitimar sua presença na comunidade dos oprimidos?

Marx e Engels o conheciam, porque o problema desse homem era o deles. Resolvia o problema de se legitimar como radical através dos códigos de aparências da cultura burguesa de onde provinha. Cada posição que tomava, cada tópico que discutia, estava carregado com o peso de sua própria identidade enquanto revolucionário. O debate a respeito da estratégia "correta" logo se torna para ele um conflito caracterológico: quem é "realmente" revolucionário? Em meio a uma aparente discussão sobre quais seriam as melhores táticas revolucionárias, a verdadeira questão era: quem é um radical legítimo? Seus oponentes, adotando uma estratégia errada, pertencendo à facção errada, adotando a linha errada, não são de modo algum radicais, realmente. Não pertencem, portanto, à comunidade radical por causa de um "erro" ideológico.

Questões sobre essa legitimidade eram colocadas pelos membros das próprias comunidades radicais de trabalhadores, a partir de 1848. Vimos como, nessa revolução, grupos da classe trabalhadora como *L'Atelier* começaram a recusar a seus revolucionários de classe média sem posses um lugar em sua própria luta. Na Inglaterra, nos anos 1850, podia ser observada a mesma hostilidade para com o intelectual burguês que chega a auxiliar a revolução, por parte daqueles em cujo nome e em cujo interesse a revolução era feita. De fato, o antagonismo de classe dentro das fileiras dos quadros revolucionários continua sendo a grande história não escrita da política radical do século XIX.

A PERSONALIDADE COLETIVA

Essa paixão sectária é um produto direto dos códigos seculares da personalidade imanente. Uma aparência crível é aquela em que a personalidade é exposta — mas, nesse caso, trata-se de uma personalidade necessariamente deslocada. Seu próprio deslocamento, seu próprio passado, somente pode fazer com que aqueles que ele espera ter como camaradas o percebam como alienígena. Os termos de pertencimento nos quais ele se apoia são aqueles que o definem como uma nova pessoa em virtude da força de suas crenças. Sua máscara precisa ser imóvel, fixa, para que ele acredite em si mesmo. Se converte a intelecção radical em paixão puritana, ele o faz não por ter uma personalidade "autoritária", embora em casos particulares isso possa ser verdadeiro, mas porque ele deseja se legitimar numa comunidade alheia. Para pertencer a ela, deve fazer de suas posições a suma e a substância de seu eu. Elas se tornam a sua exposição; elas se carregam com o peso de sua vontade de ser "um revolucionário", mais do que ser "revolucionário". O ideólogo moderno toma cada estrato como inegociável, porque em cada um deles delimita-se à questão perturbadora de saber se se é realmente como se aparenta, se se tem legitimamente um lugar nas legiões dos oprimidos.

Já na Primeira Internacional, essa figura era visível. Na Segunda, era uma força majoritária. Na França do final do século XIX, esse problema foi amplamente exposto na vida de Jules Guesde. Guesde passa por ter introduzido à força ideias marxistas no movimento socialista francês no final da década de 1880. Era o perfeito intelectual provinciano pequeno-burguês (seu pai era professor primário). Quando jovem, períodos de incerteza, de pobreza voluntária e de prisão em sua vida foram marcados todos por uma "inveja da integridade dos trabalhadores". Guesde tomara uma versão da teoria marxista e aplicava-a rigidamente à vida francesa (era uma versão com a qual o próprio Marx estava descontente, embora ambos tivessem originalmente colaborado). E com essa versão simplista e fixa do marxista, Guesde legitimava sua posição enquanto um líder radical. Chegou ao poder rivalizando com um verdadeiro trabalhador, Jean Dormoy, um metalúrgico igualmente radical, porém de espírito mais flexível. Guesde era firme lá onde Dormoy se mostrava abertamente confuso diante das transformações da economia francesa em 1880, um

O DECLÍNIO DO HOMEM PÚBLICO

contraste que Guesde utilizava para se proclamar "um revolucionário mais genuíno porque mais resoluto". Por volta de 1898, o movimento que Guesde forjara em torno de sua pessoa

> (...) era algo irrelevante para as condições francesas e eles faziam poucos esforços para adaptá-los aos tempos mutantes. Pregavam que os salários estavam destinados a baixar, mesmo se na França eles estavam evidentemente subindo (...), a sua ênfase na teoria degenerava numa fácil repetição de dogmas inertes.

Guesde era a própria essência do líder que se legitimava a si mesmo como um revolucionário marxista subvertendo a ideia de transformações dialéticas na credibilidade.[160]

Na França, por volta do início do nosso século, podem ser observados dois tipos diferentes de traições da esquerda. Uma é encarnada pela regra de Clemenceau, vigente de 1906 a 1909. Os radicais, opostos aos oportunistas no poder, quando chegam eles próprios ao poder, abandonam suas crenças radicais e seus antigos seguidores. A traição de Guesde era algo mais. É a traição da revolução pela paixão pura e simples que tinha de ser um revolucionário. Ser um revolucionário crível, legitimar sua posição pessoal, havia se tornado, por volta do final do século, uma questão de desertar do ideal dialético.

Para um grupo que se compromete em orientar sua visão política para uma contínua releitura das condições sociais, comprometer-se com uma posição absoluta de, digamos, maturidade de um certo país para a organização de sindicatos é mais autodestrutivo do que o dogmatismo daqueles que, digamos, creem numa Nova Jerusalém, porque a sua verdade é mais facilmente desacreditável. A perda de distância entre o comportamento público e a necessidade pessoal significa muito mais para o revolucionário secular do que para o puritano. Significa a perda de sua própria razão de agir.

Alguém atento aos perigos do stalinismo poderá objetar com vigor, dizendo que deixar de considerar as necessidades pessoais em relação a questões públicas pode defender um mundo estéril, em que as "necessidades da revolução"

A PERSONALIDADE COLETIVA

desumanizam a sociedade. Mas eu procuro por algo diferente. A tragédia da política do século XIX, pois é mesmo uma tragédia, está no fato de que as forças da cultura tão frequentemente aprisionavam aqueles que se revoltavam, da mesma forma que aprisionavam aqueles que defendiam a ordem econômica existente, por meios políticos, numa feroz autodeclaração. Essa cultura podia tornar desumanos os radicais. Além disso, havia uma paralisia crescente de consciência dentro da *intelligentsia* política; essa paralisia surgira a partir das tendências destrutivas da cultura cosmopolita e não nas feições supostamente absolutistas do dogma revolucionário.

A cultura das capitais do século XIX pusera em atividade uma poderosa arma contra a transformação. Quando a máscara se tornou rosto, quando as aparências se tornaram indícios de personalidade, havia-se perdido o auto-distanciamento. Que liberdade têm as pessoas quando são o que aparentam? Como podem elas se engajar naqueles atos de autocrítica e de transformação que dependem de um autodistanciamento? A crença está sobrecarregada. A cultura da vida burguesa urbana solapara a liberdade de muitos radicais burgueses. Essa cultura despojou a ideologia dialética de sua dialética, acostumando as pessoas a pensar que suas posições retóricas, suas ideias formuladas em público, eram exposições delas próprias, psicologicamente falando. As pessoas de esquerda viam-se cada vez mais em posição de defenderem a "integridade", o "compromisso", a "autenticidade" pessoais, a despeito das mudanças nas condições materiais. Haviam trocado a dialética pelo senso de pertencerem a uma comunidade radical, a um Movimento. Uma vez mais, chegamos à mesma linguagem de interiorização que caracterizara o Caso Dreyfus; a rigidez pelo bem do vínculo de sentimento de um grupo, um desafio às dissonâncias da história pelo bem da comunidade.

Muito longe de destruir a comunidade fraterna, a cultura cosmopolita do século XIX fez com que a comunidade parecesse muito valiosa. As cidades aparecem naquilo que hoje são chavões, como o máximo em impessoalidade vazia. De fato, a falta de uma cultura vigorosa e impessoal na cidade moderna, ao invés disso, suscitou uma paixão pela exposição das fantasias íntimas entre

370   O DECLÍNIO DO HOMEM PÚBLICO

as pessoas. Os mitos de uma ausência de comunidade, tanto quanto os da multidão sem alma ou viciosa, tiveram a função de aguilhoar os homens a analisarem a comunidade em termos de um eu comum criado. Quanto mais o mito da impessoalidade vazia se tornava, nas formas populares, o senso comum de uma sociedade, tanto mais esse populacho se sentia moralmente justificado por destruir a essência da urbanidade, isto é, que os homens podem agir juntos, sem a compulsão de serem os mesmos.

PARTE QUATRO

A sociedade intimista

11
O fim da cultura pública

Uma das maneiras de se retratar o passado é através de imagens do surgimento e do declínio de um modo de vida determinado. Essas imagens produzem naturalmente um sentido de saudosismo, que é um sentimento perigoso. Enquanto ele produz simpatia para com o passado, e, dessa maneira, uma certa introvisão (*insight*), esse saudosismo induz a uma certa resignação diante do presente e, desse modo, a uma certa aceitação dos seus males. Não compus esse quadro do surgimento e do declínio da cultura pública secular a fim de suscitar saudosismo, e sim para criar uma perspectiva a respeito das crenças, das aspirações e dos mitos da vida moderna que parecem ser humanos, mas que de fato são perigosos.

A crença hoje predominante é que a aproximação entre pessoas é um bem moral. A aspiração hoje predominante é de se desenvolver a personalidade individual através de experiências de aproximação e de calor humano para com os outros. O mito hoje predominante é que os males da sociedade podem ser todos entendidos como males da impessoalidade, da alienação e da frieza. A soma desses três constitui uma ideologia da intimidade: relacionamentos sociais de qualquer tipo são reais, críveis e autênticos, quanto mais próximos estiverem das preocupações interiores psicológicas de cada pessoa. Essa ideologia transmuta categorias políticas em categorias psicológicas. Essa ideologia da intimidade define o espírito humanitário de uma sociedade sem deuses: o calor humano é nosso deus. A história do surgimento e do declínio da cultura pública faz com que, no mínimo, esse espírito humanitário seja posto em questão.

374   O DECLÍNIO DO HOMEM PÚBLICO

A crença na aproximação entre as pessoas como um bem moral é, em verdade, o produto de um profundo deslocamento que o capitalismo e a credibilidade secular produziram no século passado. Por causa desse deslocamento, as pessoas procuraram encontrar significações pessoais em situações impessoais, em objetos e nas próprias condições objetivas da sociedade. Não podiam encontrar tais significações; à medida que o mundo se tornou psicomórfico, tornou-se também mistificador. As pessoas tentaram, portanto, fugir e encontrar nos domínios privados da vida, principalmente na família, algum princípio de ordem na percepção da personalidade. Assim, o passado construía um desejo secreto de estabilidade naquele desejo aberto de aproximação entre seres humanos. Ainda que tenhamos nos revoltado contra o rigor sexual severo da família vitoriana, continuamos a sobrecarregar as nossas relações de proximidade com os outros com esses desejos secretos de segurança, de repouso e de permanência. Quando as relações não conseguem suportar essa carga, concluímos que há algo de errado com o relacionamento, em vez de reconhecermos o que há de errado com as expectativas não declaradas. Chegar a um sentimento de aproximação com os outros ocorre, frequentemente, após os havermos testado; o relacionamento é ao mesmo tempo próximo (*close*) e fechado (*closed*). Se se transforma, e é preciso que se transforme, há um sentimento de confiança traída. A proximidade sobrecarregada pela expectativa de estabilidade torna a comunicação emocional — penosa como ela é — ainda um passo mais difícil. Como pode a intimidade, nesses termos, realmente ser uma virtude?

A aspiração de se desenvolver a personalidade através de experiências de aproximação com outros tem uma pauta similar. A crise da cultura pública do último século nos ensinou a pensar na aspereza, nos constrangimentos e nas dificuldades que constituem a essência da condição humana na sociedade como arrasadores. Podemos nos aproximar deles por meio de uma espécie de atitude espectadora silenciosa, passiva; mas desafiá-las, e nos emaranharmos nelas, é pensado como o preço para nos desenvolvermos. O desenvolvimento da personalidade hoje em dia é o desenvolvimento da personalidade de um refugiado. Nossa ambivalência fundamental para com o comportamento

O FIM DA CULTURA PÚBLICA

agressivo provém dessa mentalidade de refugiados: a agressão pode ser uma necessidade nos negócios humanos, mas nós a pensamos como um traço pessoal abominável. Mas que tipo de personalidade se desenvolve através das experiências da intimidade? Uma tal personalidade se moldará na expectativa, se não na experiência, da confiança, do afeto, do conforto. Como pode ela ser suficientemente vigorosa para se movimentar num mundo fundado na injustiça? Será verdadeiramente humano propor a seres humanos a máxima de que suas personalidades "se desenvolvem", que eles se tornam "mais ricos" emocionalmente, na medida em que aprendam a confiar, a ser abertos, a partilhar, a evitar a manipulação dos outros, a evitar os desafios agressivos para obter condições sociais, ou a minar essas condições para proveito pessoal? Será humano formar eus brandos para um mundo áspero? Como resultado do imenso temor diante da vida pública que atacou o século passado, resulta hoje um senso enfraquecido de vontade humana.

E, por fim, a história da vida pública traz à baila a mitologia construída em torno da impessoalidade enquanto um mal social. Começando com a quebra do equilíbrio entre o privado e o público causada pelo movimento dos wilkesistas, amplamente expostas no controle que Lamartine exercia sobre o proletariado parisiense, a mitologia segundo a qual homens são mais importantes do que medidas (para utilizarmos a expressão de Junius) revela-se realmente como uma receita para a pacificação política. A impessoalidade parece definir um panorama de perda humana, uma total ausência de relacionamentos humanos. Mas essa própria equação da impessoalidade com a própria vacuidade cria a perda. Em resposta ao medo da vacuidade, as pessoas concebem o político como um domínio em que a personalidade será declarada vigorosamente. Assim, ele se tornarão os espectadores passivos de uma personagem política que lhes ofereça suas intenções, seus sentimentos, mais do que os seus atos, para a consumação deles. Ora, quanto mais as pessoas conceberem o domínio político como a oportunidade para se revelarem umas às outras, compartilhando de uma personalidade comum, coletiva, tanto mais serão desviadas do uso de sua fraternidade para transformarem as condições sociais. Manter a comunidade se torna um fim em si mesmo;

376   O DECLÍNIO DO HOMEM PÚBLICO

o expurgo daqueles que realmente não pertencem a ela se torna a atividade da comunidade. Um princípio para se recusar a negociar, para se expurgar continuadamente os forasteiros, resulta do desejo supostamente humanitário de apagar a impessoalidade nas relações sociais. E, na mesma medida, esse mito é autodestrutivo. A procura pelos interesses comuns é destruída pela busca de uma identidade comum.

Na ausência de uma vida pública, esses ideais supostamente humanos passaram a dominar. Por certo, tais crenças doentias não começaram quando o público terminou: a própria crise na vida pública engendrou-as no século passado. Assim como a cultura pública do século XIX estava ligada à do Iluminismo, a atual ausência de crença na "publicidade" *(publicness)* está ligada à sua confusão no século XIX. A conexão é dupla.

Falar do fim da vida pública é primeiramente falar de uma consequência, extraída de uma contradição na cultura do século passado. A personalidade em público era uma contradição em termos: levada às últimas consequências, destruía o termo público. Por exemplo, tornara-se lógico, para as pessoas, pensar que aqueles que podiam ativamente expor suas emoções em público, fossem artistas, fossem políticos, eram homens de personalidade superior e especial. Tais homens deviam poder controlar, mais do que incluí-la em sua interação, a plateia diante da qual se apresentavam. Gradualmente, a plateia perdeu a fé em si mesma para poder julgá-los; tornou-se espectadora, mais do que testemunha. A plateia perdera, assim, um sentido de si mesma como força ativa: como "público". Uma vez mais, a personalidade em público destruía o público, tornando as pessoas temerosas de traírem suas emoções involuntariamente diante dos outros. O resultado foi uma tentativa cada vez maior de se retrair de todo contato com os outros, de se proteger pelo silêncio, até mesmo de parar de sentir a fim de não demonstrar sentimentos. O público ficou, assim, esvaziado daquelas pessoas que desejavam ser expressivas nele, quando os termos da expressão se deslocaram da apresentação de uma máscara para a revelação da personalidade de alguém, do rosto de alguém, atrás da máscara que esse alguém usa no mundo.

O FIM DA CULTURA PÚBLICA 377

Falar do fim da vida pública, em segundo lugar, é falar de uma recusa. Recusamos ver qualquer valor, qualquer dignidade, na repressão que o mundo vitoriano se impunha conforme a confusão entre o comportamento público e a personalidade se tornava mais aguda. Assim mesmo, tentamos nos "liberar" dessa repressão intensificando os termos da personalidade, sendo mais diretos, mais abertos e mais autênticos em nossas relações uns com os outros. Ficamos confusos quando essa aparente liberação produz uma angústia semelhante àquela que sentiam os vitorianos em seus esforços repressivos para criar uma ordem emocional. Recusamos, também, que deva haver quaisquer barreiras na comunicação entre as pessoas. A lógica toda da tecnologia das comunicações do século XX foi determinada por essa abertura de expressão. E ainda assim, apesar de termos venerado a ideia da facilidade de comunicação, ficamos surpresos com o fato de que a "mídia" resulte numa passividade ainda maior da parte daqueles que são os espectadores. Ficamos surpresos com o fato de que, sob condições de passividade da plateia, a personalidade se torna cada vez mais uma questão no ar, especialmente em termos de vida política. Não conectamos nossa crença na comunicabilidade absoluta com os horrores dos meios de comunicação de massa porque recusamos a verdade básica que uma vez deu forma à cultura pública. Uma expressão ativa requer um esforço humano, e esse esforço só pode ser bem-sucedido na medida em que as pessoas limitem aquilo que expressam umas às outras. Ora, uma vez mais, em termos puramente físicos, recusamos quaisquer limitações na movimentação pública na cidade, inventamos uma tecnologia de transporte para facilitar essa movimentação pessoal absoluta, e ficamos então surpresos com o fato de que o resultado disso é o entorpecimento da cidade enquanto um organismo. Os vitorianos lutaram contra a ideia do eu sem limites; era a própria essência do descontentamento produzido pela confusão entre o público e o privado. Nós apenas recusamos, dessas várias maneiras, as limitações do eu. Mas recusar não é apagar: de fato, os problemas se tornam ainda mais intratáveis, porque não estão mais sendo confrontados. Através, de um lado, das contradições herdadas do passado, e, de outro, da recusa do passado, permanecemos prisioneiros dos termos culturais do século XIX. Desse modo, o final de uma

378   O DECLÍNIO DO HOMEM PÚBLICO

crença na vida pública não é uma ruptura com a cultura burguesa do século XIX, e sim uma escalada de seus termos.

A estrutura de uma sociedade intimista é dupla. O narcisismo se mobiliza nas relações sociais, e a experiência da abertura de sentimentos uns para com os outros se torna destrutiva. Essas características culturais também têm laços com o século XIX. Para que o narcisismo seja mobilizado numa sociedade, para que as pessoas se concentrem em tonalidades intangíveis do sentimento e da motivação, é preciso que se coloque em suspenso um certo sentido do ego grupal. Esse ego grupal consiste, em um certo sentido, naquilo que as pessoas necessitam, desejam ou exigem, quaisquer que sejam as suas impressões emocionais imediatas. A semente dessa supressão do senso do ego grupal fora plantada no século anterior. A revolução de 1848 fora a primeira aparição do domínio de uma cultura da personalidade sobre esses interesses do ego grupal, então expressos como interesses de uma classe. Para que a *Gemeinschaft* destrutiva surgisse, era preciso que as pessoas acreditassem que, quando revelam seus sentimentos umas para as outras, fazem-no tendo em vista formar um vínculo emocional. Esse vínculo consiste em uma personalidade coletiva que elas constroem através de revelações mútuas. E as sementes dessa fantasia de serem uma comunidade compartilhando de uma personalidade coletiva também foram plantadas nos termos da cultura do século XIX. A questão agora é: quais são os efeitos em nossas vidas desse estar enlaçado ao passado, a uma cultura cujos efeitos recusamos, ainda que não desafiemos as suas premissas?

A maneira mais clara para se responder a essa questão seria vermos como cada uma das estruturas da sociedade intimista cresceu a partir dessas raízes do século XIX. A suspensão dos interesses egocêntricos cresceu e se transformou num encorajamento sistemático do envolvimento narcisístico centralizando as transações sociais numa obsessão com a motivação. O eu não implica mais o homem como ator ou o homem como criador (*maker*): é um eu composto de intenções e de possibilidades. A sociedade intimista inverteu inteiramente a máxima de Fielding, segundo a qual a aprovação ou a censura se dirigem a ações mais do que a atores. Agora, o que importa não é tanto o que a pessoa

O FIM DA CULTURA PÚBLICA

fez, mas como a pessoa se sente a respeito. O compartilhar de traços de uma personalidade coletiva cresceu, tornando-se um processo sistematicamente destrutivo à medida que o tamanho da comunidade que pode partilhar dessa personalidade se reduziu. O Caso Dreyfus envolveu a formação do sentimento de comunidade em um nível nacional; na sociedade contemporânea, essa mesma formação de comunidade está agora ligada ao bairrismo. O próprio medo da impessoalidade, que governa a sociedade moderna, prepara as pessoas para verem a comunidade numa escala cada vez mais restrita. Se o eu ficara reduzido a intenções, o compartilhar desse eu fica também reduzido a excluir aqueles que são muito diferentes em termos de classe, de política ou de estilo. Interesse pela motivação e pelo bairrismo: eis as estruturas de uma cultura construída sobre as crises do passado. Elas organizam a família, a escola, a vizinhança; elas desorganizam a cidade e o Estado.

Embora o traçado dessas duas estruturas pudesse dar um retrato intelectualmente claro, é insuficiente, creio eu, para representar o trauma que o reinado da intimidade produz na vida moderna. Muitas vezes contra nosso próprio conhecimento, somos surpreendidos por uma guerra entre as exigências da existência social e a crença de que nos desenvolvemos como seres humanos apenas através de modos contrários de experiência psíquica de intimidade. Os sociólogos inventaram sem querer uma linguagem para essa guerra. Falam da vida em sociedade como uma questão de tarefas instrumentais: vamos à escola, vamos trabalhar, entramos em greve, vamos a assembleias, porque somos obrigados. Tentamos não investir muito nessas tarefas porque são veículos "inapropriados" para o sentimento de calor humano; fazemos de nossas vidas neles um "instrumento", um meio, em vez de uma realidade em que fazemos compromissos com nossos sentimentos. Contra esse mundo instrumental, os sociólogos contrastam a experiência afetiva, ou holística (*pontual*), ou integrativa. Os termos de jargão são importantes, porque revelam uma certa mentalidade, uma crença de que, quando as pessoas são verdadeiramente sentimentais (afetiva), realmente despertas para o momento presente (holística), expondo plenamente a si mesmas (integrativa) — em suma, quando estão engajadas —, passam a ter experiências que são antagônicas diante das

380 O DECLÍNIO DO HOMEM PÚBLICO

experiências de sobrevivência, de luta e de obrigações no mundo mais amplo. É natural que as cenas, em que os sociólogos falam da manifestação dessa vida afetiva, são cenas íntimas: a família, a vizinhança, a vida passada entre amigos.

É necessário vermos o narcisismo e a *Gemeinschaft* destrutiva organizando essa guerra, dando forma a essa luta entre relações instrumentais e relações sociais afetivas. Mas a qualidade da própria guerra pode ser trazida à baila se colocarmos duas questões, e se organizarmos nossa pesquisa em torno das respostas dadas a elas. Em que termos a sociedade é ferida pela mensuração generalizada da realidade social em termos psicológicos? Ela é despojada de sua *civilidade*. Em que termos o eu é ferido pelo estranhamento causado por uma vida impessoal significativa? Ele é despojado da expressão de certos poderes criativos que todos os seres humanos possuem potencialmente — poderes de jogo — mas que requerem um ambiente a distância do eu para sua realização. Assim sendo, a sociedade intimista faz do indivíduo um *ator privado de sua arte*. O foco narcisista na motivação e na localização do sentimento comunal dá uma forma a cada uma dessas situações.

É difícil falar de civilidade na vida moderna sem parecer ser esnobe ou reacionário. O sentido mais antigo do termo conecta "civilidade" com os deveres da cidadania; hoje, a "civilidade" significa saber que anos de Cos-d'Estournel decantar ou refrear em demonstrações políticas indecorosas e barulhentas. Para recobrar aquela significação obsoleta de civilidade e relacioná-la ao frêmito da vida pública, eu definiria civilidade da seguinte maneira: é a atividade que protege as pessoas umas das outras e ainda assim permite que elas tirem proveito da companhia umas das outras. Usar máscara é a essência da civilidade. As máscaras permitem a sociabilidade pura, separada das circunstâncias do poder, do mal-estar e do sentimento privado daqueles que as usam. A civilidade tem como objetivo a proteção dos outros contra serem sobrecarregados por alguém. Se alguém fosse religioso e acreditasse que o impulso vital do homem é o mal, ou então se alguém tomasse Freud a sério e acreditasse que o impulso vital do homem é uma guerra interior, então o mascaramento do eu, a libertação dos outros de serem apanhados pela carga interior de alguém seriam um bem evidente. Mas mesmo que não se façam

O FIM DA CULTURA PÚBLICA   381

suposições a respeito, ou que não se acredite em uma natureza humana inata, a cultura da personalidade que surge no século e meio que passou daria à civilidade essa mesma seriedade e esse mesmo peso.

"Cidade" e "civilidade" têm uma raiz etimológica comum. Civilidade é tratar os outros como se fossem estranhos que forjam um laço social sobre essa distância social. A cidade é esse estabelecimento humano no qual os estranhos devem provavelmente se encontrar. A geografia pública de uma cidade é a institucionalização da civilidade. Não creio que agora as pessoas precisem esperar por uma transformação maciça das condições sociais, ou então por uma volta mágica ao passado, para se comportarem de modo civilizado. Num mundo sem rituais religiosos nem crenças transcendentais, as máscaras não são pré-fabricadas. As máscaras precisam ser criadas por ensaio e erro, por aqueles que as usarão, por intermédio de um desejo de viver com os outros, mais do que pela compulsão de estar perto dos outros. Quanto mais esse comportamento tomar corpo, mais vivos se tornarão a mentalidade de cidade e o amor pela cidade.

Falar de incivilidade é falar nos termos inversos. É o sobrecarregar os outros com o eu de alguém. É um descenso de sociabilidade para com os outros criado por essa sobrecarga de personalidade. Podemos facilmente ter em mente indivíduos que são incivilizados nestes termos: são aqueles "amigos" que necessitam dos outros para entrarem dentro dos traumas diários de suas próprias vidas, que dão pouca importância aos outros, a não ser como ouvidos onde derramarem suas confissões. Ou, então, podemos facilmente imaginar exemplos dessa mesma incivilidade na vida intelectual e literária, como naquelas autobiografias ou biografias que desnudam compulsivamente cada detalhe dos gostos sexuais, hábitos de dinheiro e fraquezas de caráter de seus sujeitos, como se devêssemos entender melhor a vida, os escritos e as ações no mundo dessa pessoa através da exposição de seus segredos. Mas a incivilidade também é construída pela própria estrutura da sociedade moderna. Duas dessas estruturas de incivilidade irão nos ocupar:

Uma é o aparecimento da incivilidade na liderança política moderna, particularmente no trabalho dos líderes carismáticos. O líder carismático moderno destrói qualquer distanciamento entre os seus próprios sentimentos e impulsos e aqueles de sua plateia, e desse modo, concentrando os seus seguidores nas motivações que são dele, desvia-os da possibilidade de que o meçam por seus atos. Este relacionamento entre políticos e seguidores começou em meados do século XIX em termos do controle de uma classe pelo líder de uma outra classe. Agora, esse relacionamento segue as necessidades de uma nova situação de classe, uma situação em que o líder precisa se proteger contra ser julgado por aqueles mesmos que ele está representando. Os meios de comunicação eletrônica desempenham um papel crucial nessa deflexão, superexpondo a vida pessoal do líder, simultaneamente ao obscurecimento de seu trabalho em seu posto. A incivilidade, que essa figura carismática moderna corporifica, está em que seus seguidores ficam encarregados de dar sentido a ele como pessoa, a fim de entenderem o que estará fazendo uma vez que esteja no poder — e os próprios termos da personalidade são tais que eles nunca podem ser bem-sucedidos nessa empresa. É incivilizado para uma sociedade fazer com que seus cidadãos sintam que um líder é crível porque ele pode dramatizar as suas próprias motivações. Nesses termos, a liderança é uma forma de sedução. As estruturas de dominação permanecem particularmente incontestadas quando as pessoas são levadas a eleger políticos que parecem coléricos, como se estivessem prontos a transformar as coisas. Tais políticos estão liberados, pela própria alquimia da personalidade, de traduzir seus impulsos coléricos em ação.

A segunda incivilidade que nos ocupará é a perversão da fraternidade na experiência comunal moderna. Quanto mais estreito for o escopo de uma comunidade formada pela personalidade coletiva, mais destrutiva se tornará a experiência do sentimento fraterno. Forasteiros, desconhecidos, dessemelhantes tornam-se criaturas a serem evitadas; os traços de personalidade compartilhados pela comunidade tornam-se cada vez mais exclusivos. O próprio ato de compartilhar se torna cada vez mais centralizado nas decisões sobre quem deve e quem não deve pertencer a ela. O abandono da crença na solidariedade de classe nos tempos modernos, em favor de novos tipos de imagens coletivas, baseadas na etnicidade, ou no *quartier,* ou na região, é um

O FIM DA CULTURA PÚBLICA

sinal desse estreitamento do laço fraterno. A fraternidade se tornou empatia para um grupo selecionado de pessoas, aliada à rejeição daqueles que não estão dentro do círculo local. Essa rejeição cria exigências por autonomia em relação ao mundo exterior, por ser deixado em paz por ele, mais do que exigências para que o próprio mundo se transforme. No entanto, quanto mais intimidade, menor é a sociabilidade. Pois esse processo de fraternidade por exclusão dos "intrusos" nunca acaba, uma vez que a imagem coletiva desse "nós mesmos" nunca se solidifica. A fragmentação, a divisão interna, é a própria lógica dessa fraternidade, uma vez que as unidades de pessoas que realmente pertencem a ela vão se tornando cada vez menores. É uma versão da fraternidade que leva ao fratricídio.

A guerra entre a psique e a sociedade travou-se num outro *front,* dentro da pessoa do próprio indivíduo. Ele perde a capacidade de jogo e de desempenho numa sociedade que não lhe permite espaço impessoal onde representar.

A tradição clássica do *theatrum mundi* equacionou a sociedade com o teatro, a ação cotidiana com a atuação. Essa tradição estabelece, desse modo, a vida social em termos estéticos, e trata todos os homens como artistas, porque todos os homens podem atuar. A dificuldade com esse imaginário está no fato de que é a-histórico. A história completa da cultura do século XIX foi a de um povo que estava gradativamente perdendo a crença em seus próprios poderes expressivos, que, ao contrário, elevou o artista à condição de pessoa especial, porque poderia fazer aquilo que as pessoas comuns não podiam fazer na vida diária; ele exprimia sentimentos críveis de modo claro e livre em público.

E ainda assim, a visão da vida social como vida estética, que dirigiu o imaginário clássico do *theatrum mundi,* contém algo de verdadeiro. As relações sociais podem ser relações estéticas porque compartilham de uma raiz comum. Essa origem comum reside na experiência infantil do jogo. O jogo não é arte, mas um certo tipo de preparação para um certo tipo de atividade estética, uma atividade que se realiza na sociedade, caso certas condições estejam presentes. Isso pode parecer um modo rebuscado de se fazer uma afirmação simples, mas é necessário, porque muito da investigação psicológica corrente sobre a "criatividade" procede com termos tão generalizados que se

384 O DECLÍNIO DO HOMEM PÚBLICO

torna difícil relacionar a obra criativa específica com as experiências específicas da história de uma vida. O jogo prepara as crianças para a experiência da
representação ensinando-as a tratar as convenções de comportamento como
críveis. As convenções são regras para o comportamento a distância dos desejos
imediatos do eu. Quando as crianças aprenderem a acreditar em convenções,
então estarão prontas a realizar uma obra qualitativa de expressão, explorando,
transformando e refinando a qualidade dessas convenções.

Na maioria das sociedades, os adultos imaginam e elaboram essas forças de
representação através dos rituais religiosos. O ritual não é uma autoexpressão;
é participação numa ação expressiva, cujo sentido último se encontra além da
vida social imediata, e faz a conexão com as verdades intemporais dos deuses.
O comportamento público dos cosmopolitas do século XVIII mostra que o
ritual religioso não é o único meio pelo qual as pessoas podem representar.
O *pouf,* o "ponto", o discurso de jactância são sinais de que as pessoas podem
representar umas para as outras, com propósitos de sociabilidade imediata.
Mas os termos em que o fazem são ainda os de uma expressão maquinada a
uma distância do eu: não se expressar a si mesmas, mas, antes, ser expressivas.
Foi a intrusão de questões da personalidade nas relações sociais que pôs em
movimento uma força que tornou cada vez mais difícil para as pessoas utiliza-
rem as forças da representação. Essa intrusão sobrecarregou, no século passado,
o gestual expressivo para com os outros com uma dúvida autoconsciente: será
que aquilo que demonstro é realmente o que sou? O que eu parecia presente
nas situações impessoais, para além do poder que o eu tem de controlar. O
autodistanciamento começava a se perder.

Quando a crença no domínio público chegou ao fim, a erosão de um senso
de autodistanciamento — e com ela a dificuldade de representar na vida adulta
— avançou um passo a mais. Mas era um passo importante. Uma pessoa não
pode se imaginar representando diante de seu meio ambiente, representando
com os fatos de sua posição na sociedade, representando com suas aparências diante dos outros, porque tais condições agora são parte integrante dela
própria. Os problemas dos ideólogos da classe média nos movimentos das
classes trabalhadoras no final do século XIX derivaram da dificuldade em

O FIM DA CULTURA PÚBLICA 385

não se ter autodistanciamento; tais radicais de classe média estavam inclinados a ser rígidos em suas posições, para que, por meio de transformações em suas ideias, não pudessem transformar ou des-legitimar-se a si próprios. Não podiam representar.

Perder a habilidade de representar é perder o senso de que as condições mundanais são plásticas. Essa habilidade de jogar com a vida social depende da existência de uma dimensão da sociedade que fica à parte, distanciada do desejo, da necessidade, da identidade íntimos. Que o homem moderno tenha se tornado um ator privado de sua arte é, desse modo, uma questão mais séria do que o fato de que as pessoas prefiram ouvir discos em vez de tocar música de câmara em casa. A habilidade de ser expressivo está cortada num nível fundamental, porque a pessoa tenta fazer com que as suas aparências representem aquilo que ela é, para unirmos a questão da expressão efetiva à questão da autenticidade da expressão. Sob tais condições, cada aspecto leva de volta às perguntas: Será que isso é o que eu realmente sinto? Será que quero dizer realmente isso? Será que estou sendo genuíno? O eu das motivações intervém numa sociedade intimista para bloquear as pessoas para que não se sintam livres para jogar com a apresentação dos sentimentos enquanto sinais objetivos e formados. A expressão torna-se contingente debaixo do sentimento autêntico, mas a pessoa sempre é mergulhada no problema narcisista de nunca ser capaz de cristalizar aquilo que é autêntico em seus sentimentos.

Os termos segundo os quais o homem moderno é um ator sem uma arte opõem o jogo ao narcisismo. Na conclusão deste estudo, tentaremos trazer à baila essa oposição em termos de classes. Na medida em que as pessoas sintam que a sua classe social é um produto de suas qualidades e habilidades pessoais, será penoso para elas conceber o jogo da representação com as condições de classe; estariam transformando-se a si próprias. Em vez disso, especialmente nas classes que não são nem proletárias nem burguesas, mas desordenadamente médias, as pessoas estão mais inclinadas a perguntar: o que, nelas mesmas, as levou a ocupar essa posição indefinida, sem rosto, na sociedade? A classe como condição social, com regras próprias, regras essas que podem ser mudadas, está perdida de vista. As "capacitações" de alguém determinam a sua situação;

386   O DECLÍNIO DO HOMEM PÚBLICO

jogar com os fatos de classe se torna penoso, porque a pessoa pareceria estar jogando com fatos muito próximos à natureza íntima do eu.

Tendo explorado o modo como uma sociedade intimista encoraja o comportamento incivilizado entre as pessoas e desencoraja um senso de jogo no indivíduo, eu gostaria de terminar este livro perguntando: em que sentido a intimidade seria uma tirania? Um Estado fascista é uma forma de tirania da intimidade, e o trabalho enfadonho de ganhar a vida, alimentar os filhos, regar a grama é uma outra forma; mas nenhuma dessas formas é apropriada para descrever as provações peculiares a uma cultura em que não há vida pública.

12

O carisma se torna incivilizado

A civilidade existe quando uma pessoa não se torna um fardo para as outras. Um dos mais antigos usos do "carisma" na doutrina católica estava em se definir uma tal civilidade em termos religiosos. Padres podem ser homens corruptos ou fracos; podem ignorar o verdadeiro dogma; um dia, podem querer desempenhar seus deveres religiosos, em outro dia podem estar apáticos ou céticos. Se seus poderes como padres dependessem de que tipo de pessoas eram, ou então de como se sentiam num determinado momento, tornar-se-iam um fardo para seus paroquianos, que haviam entrado na igreja em busca de comunhão com Deus, mas concluíram, porque o padre era desagradável, ou não estivesse se sentindo bem, que não poderia fazer contato com Deus. A doutrina do "carisma" é um caminho em torno desse problema. Quando externava as palavras sagradas, o "dom da graça" penetrava no padre, de modo que os rituais que desempenhava tinham sentido, independentemente do estado de sua pessoa. A doutrina do carisma era eminentemente civilizada; era tolerante diante da fraqueza humana, ao mesmo tempo em que proclamava a supremacia da verdade religiosa.

Quando o carisma perdeu seu sentido religioso, deixou de ser uma força civilizadora. Numa sociedade secular, em que o "carisma" é utilizado para um líder vigoroso, a origem desse poder é mais mistificadora do que numa sociedade sagrada. O que faz com que uma personalidade poderosa seja poderosa? A cultura da personalidade do século passado respondeu a essa questão, concentrando-se naquilo que a pessoa sente, mais do que naquilo que

388 O DECLÍNIO DO HOMEM PÚBLICO

faz. Os motivos podem ser, é claro, bons ou maus, mas, no século passado, as pessoas deixaram de julgá-los dessa maneira. A simples revelação dos impulsos interiores de uma pessoa tornava-se empolgante; se uma pessoa podia se revelar em público e ainda controlar o processo de autodemonstração, ela era empolgante. Os outros sentiam que ela era poderosa, sem saberem por quê. Eis o carisma secular: um *strip-tease* psíquico. O fato da revelação é o que incita; nada de claro ou de concreto é revelado. Aqueles que caem sob o encanto de uma personalidade poderosa tornam-se passivos, esquecendo-se de suas próprias necessidades quando são empolgados. O líder carismático, desse modo, consegue controlar a sua plateia, mais plenamente e de modo mais mistificador do que a antiga e civilizadora mágica da Igreja.

Quem quer que vivesse nos anos 1930 e observasse os políticos da ala esquerda, bem como os fascistas, teria um senso intuitivo da incivilidade dessas personalidades carismáticas seculares. Mas essa percepção intuitiva pode ser enganosa. Sugere que a figura carismática é idêntica à do demagogo, o poder de sua personalidade sendo tal que ele pode dirigir sua plateia para a violência, se não praticada por ela própria, ao menos tolerada quando praticada por ele e por seus capangas. O que é enganoso sobre essa ideia intuitiva está em que ele pode preparar as pessoas para acreditarem que quando a demagogia violenta está ausente, em política, o poder do carisma está adormecido. De fato, é preciso que o próprio líder não tenha qualquer qualidade titânica, ou satânica, a fim de ser carismático. Pode ser caloroso, familiar e doce; pode ser sofisticado e afável. Mas ele aglutinará e cegará as pessoas de modo tão seguro quanto uma figura demoníaca, se puder centralizar a atenção delas na questão de seus gostos, daquilo que sua mulher está vestindo em público, do seu amor pelos cães. Jantará com uma família comum, e suscitará um enorme interesse em público; no dia seguinte, promulgará uma lei que devastará os trabalhadores do país, e essa notícia passará desapercebida diante da empolgação causada pelo jantar. Jogará golfe com um ator popular, e com isso passará despercebido o fato de que ele acaba de cortar a pensão de aposentadoria de milhões de cidadãos. Aquilo que surgiu da política da personalidade iniciada no século passado foi o carisma enquanto uma força de estabilização da vida política comum. O líder carismático

O CARISMA SE TORNA INCIVILIZADO

é um agente através do qual a política pode entrar num ritmo regular, evitando pontos embaraçosos ou questões divisórias de ideologia.

Essa é a forma do carisma secular que devemos entender. Não é dramático, não é extremo, mas é, em seu próprio modo, quase que obsceno.

Se um político de sucesso como Willy Brandt tiver o infortúnio de um comprometimento ideológico real, suas posições serão modeladas e controladas por seus subordinados, de modo que na televisão e na imprensa elas percam sua força e, portanto, sua qualidade ameaçadora; os dirigentes concentram-se em mostrar que homem fino e íntegro ele é. Se ele é bom, então aquilo que ele esposa deve ser bom. Em política moderna, é suicídio insistir em que "vocês não precisam saber nada sobre minha vida privada; tudo o que precisam saber é aquilo em que acredito e os programas que executarei". Para evitar o suicídio, deve-se superar a falta de habilidade em aparentar ter uma vontade puramente política. Como se dá essa deflexão a partir da credibilidade política para a motivação? O político que concentra as atenções em seus impulsos — sua sofisticação giscardiana ou kennedyana, sua ira à la Enoch Powell, sua genti-leza à la Brandt — torna-se um líder plausível aparentando o comportamento espontâneo de acordo com esses impulsos, e ainda mantendo o controle sobre si mesmo. Quando essa espontaneidade controlada se completa, os impulsos parecem reais; portanto, o político é alguém em quem se pode acreditar. Na vida diária, impulso e controle parecem conflitantes; um conflito originado da crença reinante no século passado, quanto à expressão involuntária, incon-trolada de emoção. Assim, o político pode parecer um homem ativo, mesmo que não faça nada no seu posto.

A melhor maneira de se explorar o carisma narcotizante é começar obser-vando as duas teorias reinantes no século XX sobre o carisma: as de Weber e de Freud. Essas teorias, por sua vez, fornecem uma perspectiva na experiência da política carismática de uma classe particular moderna, a pequena burgue-sia. Precisamos observar a relação da tecnologia eletrônica com esse carisma. E finalmente, para entendermos o carisma secular, será útil continuarmos a comparação entre o palco e as ruas que orientou os estudos históricos deste livro. Será que o político carismático moderno é semelhante a uma estrela do *rock* ou a uma diva da ópera?

390 O DECLÍNIO DO HOMEM PÚBLICO

AS TEORIAS DO CARISMA

Um senso de algo de perigoso no alvoroço que os políticos poderiam suscitar a partir dos mais triviais aspectos de suas vidas privadas deu nascimento ao estudo formal do carisma. O medo desse poder da personalidade dominou o pensamento de Max Weber, que foi o primeiro sociólogo a isolar o termo "carisma" e a analisar suas origens sociais. Esse esforço ocupou Weber de 1899 até 1919, período durante o qual ele estava escrevendo sua obra mais importante, *Economia e sociedade*. À medida que o livro progredia, a ideia de carisma era formulada e reformulada, até que, na abertura da terceira parte da obra, Weber deu finalmente forma a uma teoria completa.

O termo "carisma" não aparece no texto de Freud, *O futuro de uma ilusão*, escrito na década de 1930, nem tampouco Freud faz qualquer referência à obra de Weber. No entanto, a precaução de literalidade em se afirmar que Freud não se preocupou com o carisma seria um obtuso pedantismo. O tema de Freud é o mesmo que o de Weber: como pode uma pessoa, pela força da personalidade, ao invés de pelo direito adquirido ou pela promoção dentro de uma burocracia, ganhar poder e parecer ser um legislador legítimo?

Ao analisar a força da personalidade como poder político, Weber e Freud assumiram a personalidade eletrizante que tomara forma na metade do século XIX, como modelo da figura carismática através da história. Uma personalidade eletrizante conseguia se tornar assim ao jogar sobre si mesma um manto de mistério. Essa "ilusão" que Freud e Weber viram na urdidura da figura carismática provinha de uma profunda descrença que ambos compartilhavam. Nenhum deles acreditava que Deus, de fato, enviasse Sua Graça para o mundo. Quando alguém aparecia como intermediário da transcendência, portanto, sua força pessoal deveria ser uma ilusão, preparada por forças mundanas, tendo em vista interesses mundanos. Isso significa que nenhum deles deixaria as crenças transcendentais de uma sociedade sem questionamento; ambos tentavam traduzir essas crenças em necessidades seculares que fariam com que os homens acreditassem.

O CARISMA SE TORNA INCIVILIZADO

Uma pessoa não precisa crer em Deus para analisar uma sociedade religiosa, é certo; mas a relutância de Freud e de Weber em tomar a religião com seus termos próprios criou em ambos uma ilusão toda própria. Essa ilusão estava em que a figura carismática era alguém que se encarregava de seus sentimentos subjetivos de modo vigoroso, e que era uma figura de dominação que agia em meio a paixões intensas. Uma vez que a Graça religiosa era, em verdade, uma ilusão, a pessoa carismática estava em contato com o "irracional" na sociedade. Portanto, ambos fizeram uma exclusão fatal: eliminaram da matriz racional e rotineira da sociedade os desejos por uma figura carismática. Ambos poderiam imaginar o intenso poder do carisma criando a ordem, ou perdendo sua força e se tornando rotineiro; nenhum deles imaginou que o carisma pudesse ser uma força para a trivialização, ao invés de para a intensificação do sentimento, e desse modo o lubrificante de um mundo racional e ordenado.

A falha de Freud e de Weber em ver o carisma como força de trivialização era talvez inevitável, tendo em vista onde ambos começam; cada um escreve que o carisma surge sob condições de distúrbio e de tensão. Mas discordam quanto ao sentido específico de "distúrbio".

O distúrbio que Weber tinha em mente é o conflito de grupo que não pode ser resolvido. Nesses momentos, pensava Weber, as pessoas estão prontas para investir alguém com a aura do poder divino, de modo que possa aparecer como tendo a autoridade para lidar com situações que os outros não podem dominar. A ênfase de Weber está em como as pessoas precisam acreditar numa figura carismática, mais do que nos elementos da própria personalidade do líder, que fizeram dele um candidato provável a essa escolha. A cautela de Weber diante das figuras carismáticas se segue logicamente a isso, pois a presença delas indicava sublevações na vida social que as pessoas já haviam desistido de resolver racionalmente.[1]

Enquanto Weber via os momentos de distúrbio como esporádicos, *O futuro de uma ilusão* de Freud via o distúrbio como o estado de natureza na direção do qual as massas da espécie humana estão constantemente vagueando. Freud coloca-o em linguagem vigorosa:

392   O DECLÍNIO DO HOMEM PÚBLICO

(...) as massas são preguiçosas e sem inteligência, não têm o amor como renúncia instintiva, não devem ser convencidas da sua inevitabilidade por argumentos, e os indivíduos apoiam-se uns aos outros dando livre jogo a seu desregramento.

Uma pessoa sensata saberia que a autorrecusa e a renúncia são os únicos meios pelos quais ela poderia sobreviver em companhia de outros homens e mulheres que têm necessidades conflitantes. Isso as massas não podem chegar a ver por si mesmas.[2]

As massas necessitam, portanto, ser reguladas por uma minoria ou por um único líder:

> É somente pela influência de indivíduos que podem servir de exemplo, e que as massas reconhecem como seus líderes, que elas podem ser induzidas a se submeter aos labores e à renúncia de que depende a existência da cultura.

Agora, o problema está em: como o líder consegue "induzi-los" a renunciar a suas paixões? É aqui que Freud introduz a ilusão carismática.[3]

A renúncia é tarefa da religião. A religião gera a crença de que as leis de sobrevivência e justiça na sociedade provêm de uma fonte sobre-humana, estando, portanto, além da razão e do questionamento humanos. Os terrores do estado de natureza são substituídos pelo terror da ira divina. Mas a presença dos deuses deve ser diretamente sentida no mundo; serão acreditáveis apenas se se mostrarem através de pessoas extraordinárias, através de líderes. A "Graça" do líder lhe confere poder emocional sobre as massas; apenas os líderes que parecem dispor dessa Graça podem exigir que os homens renunciem a suas piores paixões, podem pedir-lhes que sejam bons, em vez de apenas exigir-lhes obediência.

Para Freud, portanto, os líderes carismáticos devem sempre estar presentes na sociedade, pois sem eles as massas estarão sempre prontas para mergulhar a sociedade no caos. Para Weber, tais líderes ocorrem esporadicamente, pois somente em determinadas épocas é que a sociedade mergulha em desordens

O CARISMA SE TORNA INCIVILIZADO   393

que ela sente não poder resolver por si mesma, requerendo ajuda do Além. A partir dessa diferença entre as duas teorias, surge uma cisão profunda: Freud acredita que a figura carismática é um ditador emocional criando ordem; Weber acredita que, uma vez que ele apareça em cena, o líder carismático piora o caos. O Jesus de Weber é anárquico; por exemplo, ele eleva todos os conflitos de grupo a um nível simbólico mais alto, uma luta entre grupos que são esclarecidos e grupos que não o são. E nesse estado aquecido, os seguidores de um líder carismático podem voltar-se para ele a qualquer momento:

> A autoridade carismática é naturalmente instável. O portador pode perder o seu carisma, pode se sentir "abandonado pelo seu Deus" (...) pode parecer a seus seguidores que "seus poderes o abandonaram". Então sua missão chega ao fim, e a esperança aguarda e procura por um novo portador.[4]

Por que o carisma inevitavelmente vacila? Ao responder a essa questão, Weber recorre novamente à imagem da ilusão. Os seguidores de um líder carismático esperam que ele lhes "traga bem-estar", mas o líder carismático é incapaz de traduzir suas intenções de fazê-lo em atos de bem-estar, porque sua aura é apenas uma ilusão compartilhada; assim sendo, ele deve cair e acabar sendo descartado como uma impostura. Weber conta a história do imperador chinês que diante das enchentes respondeu com orações aos deuses; como as enchentes não pararam, seus seguidores o olharam como uma pessoa igual a qualquer outra, e o puniram por fraude e porque havia usurpado o poder.

Essa é a contradição interna da ilusão carismática. Mas, diz Weber, as leis da racionalidade econômica também fazem o carisma vacilar:

> Cada carisma está na rota para ter uma vida emocional turbulenta, que não conhece racionalidade econômica para desacelerar a morte por sufocamento sob o peso dos interesses materiais; cada hora de sua existência o leva para mais perto de seu fim.

394   O DECLÍNIO DO HOMEM PÚBLICO

À medida que a sociedade "reflui de volta aos canais das rotinas do dia a dia", as pessoas perdem o desejo de ver intervenções divinas nas questões humanas. O argumento de Weber é que o tédio e o espírito de rotina matam o desejo de se ter um líder carismático. O carisma não surge como um alívio fantasiado que as pessoas necessitem ter diante de suas tarefas mundanas.[5]

Quando um líder carismático é destruído, argumenta Weber, o fenômeno do carisma, enquanto tal, não desaparece. Torna-se "rotinizado", com o que ele quer dizer que o posto ou a posição do líder carismático recebe o reflexo do entusiasmo que estava ligado à sua pessoa. É somente nesse ponto da transferência a partir do homem que declinou, para o posto que ocupava, que o carisma pode ser pensado como uma força de estabilização; o posto suscita algum sentimento porque as pessoas guardam a lembrança do grande homem que o ocupava, e desse modo o posto adquire uma certa legitimidade. Mas essa "pós-vida" do carisma é apenas um eco esmaecido da paixão que circundava o líder, e enquanto o líder estiver vivo a força do carisma é disruptiva e anárquica.

Freud observa a relação entre a ilusão e a ordem na sociedade, de um modo que Weber não fizera. "Chamamos uma crença de ilusão", escreveu Freud:

> quando o preenchimento do desejo é um fator proeminente em sua motivação, enquanto independente de suas relações com a realidade, do modo como a própria ilusão faz.

Uma vez que as massas não desejam ter suas paixões instintivas dominadas, que tipo de desejo é esse, que o líder carismático satisfaz para elas por ilusão, preparando um desejo de ordem da parte delas?[6]

Freud respondeu a essa questão com uma explicação que hoje soa como todos os chavões da psicanálise reunidos em um só. Cada criança, num determinado ponto de seu desenvolvimento, substitui a mãe como primeiro parente a amar pelo pai. A criança é ambivalente a respeito dessa substituição: ela teme o pai na mesma medida em que o quer e o admira; ela ainda pensa

O CARISMA SE TORNA INCIVILIZADO   395

no pai como um forasteiro perigoso, um intruso entre mãe e filho. Quando a criança cresce e adentra o mundo exterior à família e hostil, ela reinventa os traços do pai, ela

cria para si mesma os deuses, a quem teme, a quem procura ser propícia e a quem ela, não obstante, confia a tarefa de protegê-la.

Essa ilusão é carismática: o amor-temor pelo pai é o desejo que o líder satisfaz. A religião é a organização social da paternidade.[7]

Tais ideias de repetição e de reinvenção tornaram-se tão familiares que o vigor da obra de Freud fica frequentemente obscurecido com isso. Freud nos pede para acreditarmos que a crença nos deuses está em ação em qualquer sociedade, caso seus símbolos religiosos patentes sejam profundamente esposados, ou simplesmente permitidos, enquanto ficções polidas, às quais ninguém presta muita atenção, ou então sendo ativamente condenados. A Espanha de Filipe II, a América de Kennedy, a China de Mao são todas sociedades religiosas, e todas da mesma maneira. Um deslocamento infantil governa todas as três. Todas as três têm líderes carismáticos. Lá onde Weber nos pede para tratar o carisma como um evento histórico, Freud nos pede para considerá-lo uma constante estrutural e funcional. O sucesso de um Estado carismático, para Freud, está em que o líder não promete bem-estar, mas uma chance de voltar a ser psicologicamente dependente, como se era quando criança.

O contraste entre a disciplina que Savonarola impunha aos florentinos e a disciplina que Lamartine impunha aos parisienses, descrito no Capítulo 10, sugere aquilo que é obscuro em cada uma dessas visões globais. A crença em valores transcendentes ou imanentes faz muita diferença no tipo de ordem que um líder produz na sociedade. Os seguidores de Savonarola são "dependentes" dele, é verdade, mas o resultado de sua dependência era a ação, uma forma teatral de ação; ao se tornarem obedientes a ele, não se tornavam por isso passivos. A "renúncia" numa cultura governada por termos transcendentes de significação é mais do que deixar de agir de modo ruim ou destrutivo; é agir de modo novo, mais de acordo com os valores que transcendem a imundície do mundo secular. Mas ainda, o papel de Savonarola como pai espiritual não era o de um mestre. Ele era apenas instrumento de um Poder externo ao mundo, e desse modo sua ascendência sobre seus sujeitos não era total.

A teoria de Weber não pode explicar nem por que Savonarola dera energia a seus seguidores, nem por que Lamartine conseguia pacificar os seus. O padre e o poeta criaram ambos uma disciplina na multidão, por meio do carisma, mas uma disciplina de tipos opostos, num caso e no outro. Embora estivesse aparentemente falando a respeito de religião, o modelo que Freud utiliza para definir um líder carismático tinha os mesmos moldes do carisma secular corporificado por Lamartine. A dependência sem referência a padrões externos de verdade, a dependência através da vergonha, a dependência que produz a passividade: todas essas supostas marcas da figura religiosa do pai eram marcas da personalidade carismática secular. Ainda assim, o impacto de se acreditar numa tal personalidade não estava em aproveitar e canalizar paixões viciosas e anárquicas. Estava em assumir desafios contra as injustiças, em representações dos interesses de classes, e em trivializá-los, desviando a atenção para a vida impulsiva do líder-pai.

O carisma é tido como dionisíaco por ambos os pensadores; numa sociedade secular, ele é algo mais ameno — e mais perverso. O carisma moderno é uma arma defensiva contra o julgamento impessoal do Estado que poderia levar a exigências de transformações. A defesa funciona por meio do poder de disfarce, projetando as motivações dos líderes; funções rotineiras comuns do Estado ficam, desse modo, mantidas. Seu momento arquetípico não é o de uma catástrofe que prepare as pessoas para inventar um deus flamejante, ou um ritual de renúncia em que as pessoas inventem um deus-pai. Quando os deuses estão mortos, o momento arquetípico da experiência carismática é o momento de votar em um político "atraente", mesmo quando não se concorda com a sua política.

O carisma secular está tão longe de ser uma experiência dionisíaca que pode criar, por si mesmo, uma crise. Em sua forma mais recente, televisiva, o carisma desvia massas de pessoas do ato de investir muito sentimento nas questões sociais em geral; a pessoa fica tão entretida com o jogo de golfe do

O CARISMA SE TORNA INCIVILIZADO 397

presidente, ou com o seu jantar com uma família comum, que ela não pode prestar atenção a questões, até que estas tenham chegado a um ponto de crise que esteja então além da possibilidade de solução racional. É difícil imaginar as instituições da sociedade moderna, que atuam como agentes de estabilidade, como as mesmas instituições que colocam as questões sociais por fim para além do limite do controle racional. Mas o carisma, da mesma forma que a burocracia, é exatamente essa instituição. Distraindo a atenção da política para os políticos, o carisma secular evita que as pessoas se preocupem com fatos desagradáveis — que estourou uma guerra mundial, que o petróleo está acabando, que a cidade está em déficit — assim como a absorção desses proble-mas por meio de agências ou ministérios abrigando "experts" para lidar com eles os mantêm fora das preocupações. Eles só chegam a preocupar quando a guerra é catastrófica, o petróleo proibitivamente caro, a cidade falida, tudo isso tendo ido longe demais para ser tratado com racionalidade.

Isso sugere, creio eu, que a verdadeira confusão existente nas teorias do carisma, como as de Freud e Weber, baseia-se numa ideia do carisma enquanto uma *resposta* ao distúrbio. O carisma moderno é ordem, ordem pacífica, e, como tal, ele cria crises. Como qualquer teoria social genuína, as ideias sobre o carisma defendidas por esses dois escritores pede crítica e reformulação. Aquilo que eles nos mostram, ao equacionar a personalidade carismática com a paixão e a ilusão, e ao opor estas últimas à racionalidade, é uma certa ilusão a respeito da própria racionalidade. A ilusão está em que a racionalidade é antitética à produção de distúrbios. O carisma secular é racional; é um meio racional para pensar sobre a política numa cultura governada pela crença no imediato, no imanente, no empírico, rejeitando como hipotética, mística ou "pré-moderna" a crença naquilo que não pode ser diretamente experimenta-do. Uma pessoa pode sentir diretamente os sentimentos de um político, mas não pode sentir diretamente as futuras consequências de sua política. Por causa disso, ela teria que se deslocar do "engajamento" direto na realidade; teria que imaginar uma realidade a uma certa distância do aqui e agora, uma realidade a uma certa distância do eu. Ela teria que tentar imaginar, quando um político cheio de honrada indignação lhe disser que irá retirar os "frau-

398   O DECLÍNIO DO HOMEM PÚBLICO

dadores da Previdência" da lista dos beneficiários públicos, o que acontecerá na próxima depressão, caso ela esteja nessa fraude. Quando um homem, que ficou na prisão durante dez anos sob um regime fascista, anunciar, após ser libertado e prestes a tomar o poder, que sob a ditadura do proletariado não haveria tirania porque tudo aconteceria no interesse do Povo, ela terá que pensar, não sobre o quão corajoso era o homem que enfrentou o fascismo com suas crenças, mas, antes, a respeito do que essas crenças significariam se realizadas. Quando um escroque altivo e hipócrita é substituído no posto por um homem caloroso e amigável, mas igualmente conservador, ela teria que se desengajar do momento imediato, e se perguntar se as coisas efetivamente mudaram de modo significativo. Todos esses atos implicam um certo grau de suspensão da realidade imediata, envolvem um certo jogo do espírito, um certo tipo de fantasia política. Na experiência comum, são uma forma de irracionalidade, uma vez que a própria racionalidade é medida pela verdade empírica daquilo que se pode ver e sentir.

CARISMA E RESSENTIMENTO

Nesses termos, o carisma secular corresponde especialmente bem às necessidades de um certo tipo de político, no seu trato com uma certa classe de pessoas. O político, de origens humildes, faz sua carreira incitando o público com ataques contra o sistema, contra o Poder Estabelecido, contra a Velha Ordem. Não o faz enquanto ideólogo, apesar de que, em algumas de suas aparições na América, ele demonstre sinais de simpatia populista. Ele não representa um comprometimento com uma nova ordem, mas sim um puro ressentimento, *ressentiment*, contra a ordem existente. No fundo, sua política é a política do *status*, do desrespeito à dignidade, da exclusão das escolas certas; as classes às quais ele faz apelo detestam aqueles que são privilegiados, mas não têm qualquer ideia de destruir o privilégio enquanto tal. Batendo-se contra o sistema, esperam abrir um rombo em suas muralhas, através do qual cada um deles poderá subir sozinho. O ressentimento está baseado numa

O CARISMA SE TORNA INCIVILIZADO 399

meia verdade, numa meia ilusão, o que explica por que a pequena burguesia ocupa o seu devido lugar na sociedade; por causa de um pequeno e desprezível grupo que de seu interior controla as rédeas do poder e do privilégio, eles, a pequena burguesia, não podem ir para nenhum outro lugar; ainda assim, de algum modo, aqueles que acumularam injustamente as boas coisas da vida podem humilhar o pequeno guarda-livros, o vendedor de sapatos, quando os encontram face a face. Não há nada de igualitário nesse ressentimento. Humilhação e inveja se unem para levar as pessoas que sofrem tais injúrias de *status* a esperarem que, por algum golpe da sorte, por algum acidente de percurso, possam escapar. É nessa combinação de humilhação e inveja que o político atua.

Uma teoria estranha de conspiração resulta do ressentimento: o próprio ponto mais alto e o próprio ponto mais baixo da sociedade estão coniventes para destruir aqueles que estão no meio. É assim que o senador McCarthy atacou os baluartes do sistema americano por terem protegido anarcocomunistas. Spiro Agnew atacou os "corações feridos" dos subúrbios americanos ricos, por terem apadrinhado secretamente o protesto dos negros. O antissemitismo da França de após a Segunda Guerra Mundial é um caso quase puro dessa conspiração entre o alto e o baixo para destruir a pequena burguesia sitiada. De algum modo o judeu, como banqueiro usurário, imperialista do Oriente Médio, confunde-se na imagem do judeu comunista, forasteiro, um criminoso propenso a enfraquecer os lares dos bons católicos, e até mesmo, como numa onda de antissemitismo em Orléans no século passado, propenso a assassinar as crianças de famílias cristãs.

Tornou-se moda na pesquisa histórica ver a política do ressentimento agindo como uma força regular na história. Se as classes médias são retratadas como em constante ascensão, então elas devem estar sempre ressentidas para com a velha ordem, e verdadeiramente temerosas dos insultos de *status* quando estão clamando por direitos econômicos ou políticos. O problema de se exportar a política do ressentimento de volta e em bloco à história é mais do que a dispersiva falta de foco central; o ressentimento por um *status*

400   O DECLÍNIO DO HOMEM PÚBLICO

inferior deve ser um traço humano universal, mas o *ressentiment* tem duas feições modernas peculiares, aplicáveis apenas à sociedade industrial avançada.

A primeira consiste em que a pequena burguesia é forçada a inventar esse sistema de pessoas numa economia impessoal. Quando o poder se torna burocratizado, como numa corporação multinacional, torna-se difícil definir a responsabilidade de cada ato em cada indivíduo. O poder, no capitalismo avançado, se torna invisível. As organizações se protegem contra a prestação de contas por meio de sua própria complexidade administrativa. Agora uma análise sofisticada poderia mostrar que de fato uma pequena rede de pessoas se movimenta no topo dessa ordem administrativa, e que de fato exerce um poder pessoal enorme. Mas essa visão do poder não é aquilo que suscita a ira do *ressentiment*.

O sistema de pessoas é muito mais uma crença de que uma classe abstrata, invisível, de pessoas concordou em deixar de fora o mundo abaixo dela, através de meios desleais (*unfair*), e o termo "desleal" é a chave para o mito. O lugar social numa burocracia deveria ser determinado pelo mérito; a noção das carreiras que se abrem aos considerados talentosos, do final do século XVIII, chega aqui a seu ponto máximo. Mas haverá pessoas no topo que não têm talento; elas sobrevivem formando-se em bandos e mantendo fora as pessoas de talento. Assim sendo, se uma pessoa está no ponto mais baixo, a sua falta de *status* não é sua culpa; os outros tiram-lhe algo que lhe é de direito. Esse aspecto autoafirmador do mito não define o todo do sentimento de *ressentiment*. Pois aquilo que o sistema de pessoas desenvolvera é um estilo de autoconfiança; elas não precisam ficar tendo medo de si mesmas, medo dos rostos, enquanto o homenzinho está sempre carregado pelo sentimento de estar abrindo o seu próprio caminho para dentro. A ansiedade do *status,* composta por esse sentido da própria (isto é, meritocrática) hierarquia traída e os temores de estar se tornando "furão" (*pushy*), é registrada como sendo sentida de modo similar e vigoroso nos setores mais baixos dos colarinhos brancos da estrutura ocupacional da França, da Inglaterra e dos Estados Unidos.

Poderia ser dito que a invisibilidade crescente do poder efetivo nos países capitalistas avançados força as pessoas a inventarem esse mito a fim de ex-

O CARISMA SE TORNA INCIVILIZADO 401

plicarem o que está acontecendo. Poderia também ser dito que, uma vez que esses países passam de uma economia manufatureira para uma economia de serviços de habilidade pessoal, a questão do mérito pessoal em relação à posição social torna-se mais intensa. Em ambas as interpretações, o *ressentiment* é peculiar a nossos tempos, algo que não pode ser exportado para o todo da história humana.

Uma segunda característica moderna desse ressentimento é sua tendência antiurbana. Algumas pesquisas feitas sobre o ressentimento sentido entre os pequenos burgueses alemães dos anos 1920 mostram uma correlação entre o senso de uma conspiração vinda do alto e da base da sociedade contra o homem comum, e um senso de que a cidade grande é a fonte desse mal. O caráter antiurbano do ressentimento americano é particularmente pronunciado; um vice-presidente do século passado, por exemplo, foi muito aplaudido por um grupo de veteranos ao dizer-lhes que os Estados Unidos seriam um lugar "mais saudável" para pessoas decentes, caso Nova York fosse levada para alto-mar. O antiurbanismo se segue logicamente à teoria da conspiração; a fim de se reunir e conspirar, o sistema precisa de um lugar onde ninguém conheça muito sobre outrem; precisa de um lugar para segredos e estranhos. A cidade é um lugar mitológico perfeito.

O político que estiver na crista da onda desse ressentimento deve, no entanto, enfrentar inevitavelmente uma ameaça contra ele próprio. Quanto mais bem-sucedido for em organizar o ressentimento, mais poderoso, mais rico, mais influente ele se tornará. Como fará então para manter o seu eleitorado? Não estaria ele, pelo próprio ato de aumentar o seu poder, cruzando os limites, traindo aqueles que o colocaram no posto enquanto uma voz contra o sistema? Uma vez que ele se torna parte do próprio sistema, seus seguidores se ressentem.

Ele poderá lidar com essa ameaça à sua "credibilidade" tornando-se uma figura carismática em termos seculares. O praticante dessa ira de *status,* que seja bem-sucedido, deve de fato desviar continuamente a atenção das pessoas de suas ações e posições políticas, e concentrá-la, ao invés disso, nas suas intenções morais. A ordem existente continuará, então, a dormir tranquilamente,

402 O DECLÍNIO DO HOMEM PÚBLICO

porque esse ódio aparente contra o sistema é percebido totalmente girando em torno dos impulsos e motivações dele, mais do que em torno daquilo que ele faz com seu poder. O líder político do *ressentiment* deve representar todas as atitudes a respeito da personalidade que tomaram forma na metade do século passado, se quiser sobreviver à medida que sobe cada vez mais alto no governo.

Nixon é uma figura adequada para ser estudada como ator político buscando utilizar o poder do *ressentiment*. A partir de suas primeiras batalhas políticas, ele se retratava insistentemente como um lutador contra o sistema, um sistema dos próprios protegidos mancomunados com comunistas e traidores. A luta que travou contra Alger Hiss era uma luta contra a Velha Guarda da Costa Leste, que supostamente estaria protegendo Hiss. Sua campanha para o Congresso contra Helen Gahagan Douglas foi travada como uma campanha contra uma esnobe da sociedade que era "mole" com os comunistas.

Bem cedo, na carreira de Nixon, torna-se no entanto aparente o problema do líder pequeno-burguês de sucesso. O primeiro encontro de Nixon com o problema de seu próprio poder veio à tona no escândalo da campanha de 1952. Ricos homens de negócios haviam secretamente contribuído com dinheiro para uma "caixinha" a ser utilizada para propósitos políticos. Tais fundos secretos são algo que todo americano conhece em termos do funcionamento da máquina das cidades grandes. De fato, quando tais escândalos vieram a público no final dos anos 1940, envolvendo políticos da cidade, foram tomados levianamente, ou rapidamente encobertos. Mas o dinheiro secreto de Nixon — relativamente pouco, em dólares atuais — tornou-se uma questão importante. A posição desse político caçador do sistema, e político da lei e da ordem, era pessoal e vindicativamente moralista; ele iria purificar as coisas e disciplinar aqueles que saíam impunes de assassinatos. De repente, ele é acusado de ser exatamente como qualquer outro político.

A bem-sucedida solução que Nixon deu a essa ameaça em 1952 é a solução a que todas as figuras políticas que se tornam poderosas inflamando o *ressentiment* devem recorrer. No famoso "Discurso de Checkers", Nixon desviou a atenção pública dos fatos da situação para os seus motivos íntimos, para a qualidade de suas percepções e suas boas intenções. Diante de milhões de

O CARISMA SE TORNA INCIVILIZADO 403

telespectadores ele clamava, não demasiado para parecer descontrolado, apenas o suficiente para mostrar que estava efetivamente sentindo, e que com isso era efetivamente uma pessoa real, crível. Falou do "manto republicano" de sua esposa, contou ao público que gostava de cães, como de seu cão Checkers. Era um homem bom; portanto, eles deveriam esquecer essa história de dinheiro.

A indução à amnésia é uma tarefa que o carisma secular pode facilmente realizar. Nixon administrara o seu anestésico ao concentrar a atenção pública em sua vida impulsiva e, mais particularmente, no fato de que podia mostrar abertamente os seus impulsos. Isso significava que ele era consistentemente real. Pouco importava se os sentimentos fossem banais. De fato, a banalidade faz parte da prescrição; desviar o público das ações do político para seus motivos psicológicos só funciona com o foco localizado numa trivialidade espontânea. O discurso de Checkers foi um ato tão grande de pacificação política quanto os discursos de fevereiro, de Lamartine, aos trabalhadores parisienses. A diferença está em que, onde o artista romântico criava um emblema a partir de sua capacidade de sentir — chame-se a isso "poesia pública" —, a mesma instância retórica em Nixon estava disfarçada como simples revelação psicológica. A resposta que o discurso de Checkers suscitou ensinou a Nixon uma lição que lhe serviu durante vinte e cinco anos: o *ressentiment* pode ser aproveitado, o público pode ser desviado do escrutínio da riqueza e do poder pessoal de um político, se ao menos ele aprender a usar o seu coração como trunfo diante de estranhos.

Focalizar-se nos motivos é uma técnica aberta a todo político, e certamente não é o único recurso retórico disponível. Mas para o empresário do *ressentiment* é uma necessidade para obter sucesso; de outro modo, o público que o colocou naquele posto acabará voltando-se contra ele, como contra um dos Inimigos. A seriedade do carisma secular reside no fato de que o político, tanto quanto sua plateia, *acredita* nesses momentos de deflexão.

Uma diferença entre, digamos, Talleyrand e Nixon é que o primeiro, sucessivamente bispo de Autun, agente do poder revolucionário, ministro de Napoleão, ministro contrário a Napoleão, adulador de Carlos X, servo de Luís, o Burguês, tinha um senso nítido e cínico de seu distanciamento para com cada

404   O DECLÍNIO DO HOMEM PÚBLICO

um desses papéis, enquanto Nixon, em cada uma de suas encarnações, acreditava em cada uma de suas aparências como sendo realmente ele. Essa crença surge a partir da ideia fundamental da secularidade. O político moderno do *ressentiment* não é apenas um maquiador de fachadas para distrair o público. Suas máscaras de virtude são para ele, a cada momento, verdadeiras; essas confissões de boas intenções e de fortes sentimentos são para ele justificadas, ainda que ele aja sem referir-se a elas, ou sem referência às necessidades dos lojistas e encanadores irados que o puseram no cargo. O que faz do escândalo de Watergate nos Estados Unidos algo de tão interessante não é o fato de que o presidente mentiu em público, mas o fato de que cada uma dessas mentiras sobre os fatos estava rodeada de afirmações vigorosas sobre seu senso da honra e sobre suas próprias boas intenções, e nessas afirmações até mesmo o próprio presidente acreditava. Essas confissões o cegaram quanto ao fato de mentir, da mesma forma que, durante quase um ano, elas haviam servido como uma bem-sucedida "cobertura" emocional. Ou então, há a famosa cena em que Perón relata à plateia de Buenos Aires que havia sido acusado de ter enviado cinco milhões de dólares para fora da Argentina. Imediatamente começou a falar sobre seu grande amor pelos trabalhadores da cidade, sua alegria de ir de tempos em tempos aos pampas, sua ligação com a "ideia de Argentina", e começou a chorar. Não era necessário trazer à baila a questão menor dos cinco milhões de dólares, mas, por outro lado, essas lágrimas eram genuínas.

Em geral, uma política da personalidade consiste na revelação de intenções que não estão relacionadas com o mundo da ação. O carisma de um político do *ressentiment* é mais complicado em um grau; é, por necessidade, uma ilusão, na qual os fatos do crescente poder do político estão sendo obnubilados pelos seus motivos confessos, mas ele pratica a ilusão em si mesmo, tanto quanto em seus ouvintes.

Nixon é representativo de Poujade, de Perón, de outros americanos como Wallace, no imaginário do poder que é utilizado para disfarçar os fatos do poder pessoal. Lutas pelo poder se tornam guerras de desprezo. Por um lado, há alguém que combate o sistema dramatizando suas motivações, em vez de seus atos; ele despreza o sistema, cujos sentimentos são vazios, uma vez que

O CARISMA SE TORNA INCIVILIZADO 405

estão sempre protegidos pelo decoro e pela pretensão. Por outro lado, esse mítico sistema de pessoas age desdenhosamente para com o homenzinho, mas elas não merecem a autoconfiança que têm; além disso, estão de algum modo em conluio com aquela escória que deseja dilacerar toda a sociedade.

O político conservador do século XIX que podia "falar com sentido para os trabalhadores" era um homem que fazia com que sua plateia se sentisse por um momento levada pela vaga dos códigos de decoro da classe média; mostre a essa plateia da classe trabalhadora quão finos são os seus sentimentos e ela se tornará respeitosa. O empresário moderno da inveja do *status* não precisa catequizar a sua plateia a respeito do decoro; a técnica de lhe mostrar quão finos são os sentimentos dele tornou-se agora muito mais um propósito para fazê-la esquecer. Aquilo que é comum tanto ao controle da multidão conservadora do século XIX quanto ao moderno *ressentiment* é a separação entre a ação e o impulso pessoal, com a legitimidade do líder surgindo aos olhos de seus seguidores, a partir deste último.

A fim de explicar essa continuidade cultural, precisamos entender como os meios de comunicação eletrônica tomaram os termos do século XIX — onde um orador nas ruas deveria lidar com uma multidão de estranhos — e fizeram com que esses termos não mais se limitassem a reuniões urbanas, mas predominassem nos negócios nacionais e internacionais.

A ELETRÔNICA REFORÇA O SILÊNCIO DO PASSADO

Os meios de comunicação de massa encorajam o carisma secular, mas dentro de um contexto mais amplo. Têm uma relação especial com o tema básico de nosso estudo, o surgimento e o declínio da vida pública. A comunicação eletrônica é um meio através do qual a própria ideia de vida pública foi levada a se findar. Os meios de comunicação aumentaram amplamente o estoque de conhecimentos que os grupos sociais tinham uns dos outros, mas tornaram o contato efetivo desnecessário. O rádio e mais especialmente a TV são aparelhos íntimos, principalmente se os assistimos em casa. As televisões

406 O DECLÍNIO DO HOMEM PÚBLICO

de bares pertencem a um segundo plano, as pessoas que as assistem juntas, nos bares, podem discutir a respeito do que veem; mas a experiência mais normal de se assistir à televisão, sobretudo quando se trata de prestar atenção a ela, ocorre quando se o faz em casa, sozinho ou com a família. A experiência da diversidade, e a experiência de uma região da sociedade que está a distância do círculo íntimo: esses dois princípios da vida pública são contrariados pela "mídia". Tendo dito isso, fico insatisfeito com isso enquanto uma fórmula autossignificante. Porque os impulsos para se retrair da vida pública começaram bem antes do advento dessas máquinas; não são aparelhos infernais, de acordo com o cenário habitual da tecnologia retratada como um monstro; são instrumentos inventados pelo homem para satisfazer necessidades humanas. As necessidades que a "mídia" eletrônica vem satisfazendo são esses impulsos culturais que se formaram durante todo o século e meio que passou, para se retrair da interação social a fim de saber mais e sentir mais, como pessoa. Essas máquinas são parte de um arsenal de combate entre a interação social e experiência pessoal.

Vejamos, primeiro, de que modo a "mídia" eletrônica corporifica o paradoxo de um âmbito público vazio com o qual começamos: o paradoxo do isolamento e da visibilidade.

A "mídia" elevou infinitamente o conhecimento que as pessoas tinham daquilo que transpira na sociedade, e inibiu infinitamente a capacidade de as pessoas converterem esse conhecimento em ação política. Não se pode responder ao aparelho de TV, apenas se pode desligá-lo. A menos que a pessoa seja maníaca e telefone imediatamente a seus amigos para informá-los de que sintonizou um político detestável e para pedir-lhes que desliguem também seus aparelhos de televisão, qualquer outro gesto que ela faça é um ato invisível.

Nos discursos parlamentares da metade do século XVIII, assim como no teatro, uma frase bem-dita, uma sentença significativa, podiam ser "pontuadas" pela plateia, isto é, repetidas a pedidos. Por essa razão, os discursos parlamentares ingleses frequentemente duravam mais quando eram ditos do que poderia imaginar aquele que os lê hoje. Para conseguir os mesmos efeitos sob as condições modernas de apresentação política, é preciso telefonar

O CARISMA SE TORNA INCIVILIZADO 407

para a emissora local para solicitar a repetição da tal sentença. No final de seu discurso, nosso desafortunado político teria, como por milagre, todos os telefonemas tabulados e anunciaria, como uma espécie de referendo instantâneo, que tivera 30 mil chamadas para repetir o quarto parágrafo; 18 mil para repetir a seção sobre a honra nacional na metade do discurso; e 13 mil para repetir a seção sobre honra nacional logo antes do final. Poderá repetir apenas os dois primeiros parágrafos, por causa das limitações de tempo, mas poderia ele dirigir algumas palavras aos 13 mil que precisaria infelizmente desapontar? Sabia o quanto era importante para eles essa questão...

Para o espectador, o rádio e a tevê não permitem interrupção da plateia. Se se começar a reagir enquanto o político estiver no ar, perde-se parte daquilo que ele dirá em seguida. É preciso ficar em silêncio para que alguém nos dirija a palavra. A única forma de resposta possível é se dispor de um comentarista de TV para selecionar o que será repetido e discutido. O comentarista assume então, exatamente, a função do crítico que interpretava para aquelas plateias silenciosas do século passado o que assistiam ao vivo, mas o comentarista tem um controle mais completo, porque instantâneo. A passividade é a "lógica" dessa tecnologia. Os meios de comunicação de massa intensificam os padrões de silêncio da multidão que começaram a tomar forma nos teatros e salas de concerto do século XIX, intensificando a ideia do espectador destituído de corpo, uma testemunha passiva, que E. T. A. Hoffman observara nas ruas da cidade.

Nenhum membro da plateia percebe o processo político da televisão como uma tríade, composta de espectador/o político como intermediário/um outro espectador. O relacionamento é de uma díade, e a aparência do político, a impressão que ele ou ela dá, a qualidade da máscara é o centro de interesse do espectador. Como poderia uma pessoa em Nova York saber mais sobre uma pessoa em Alabama, quando ambas estão vendo que um político na televisão está sendo sincero? Assim sendo, os que trabalham em campanhas políticas descobriram que a televisão é um instrumento muito pobre para organizar comitês políticos, para orientar registros de eleitores, e assim por diante; a organização pessoal, embora menos abrangente, produz melhor resultado.

408   O DECLÍNIO DO HOMEM PÚBLICO

Fora dessa díade e da lógica da passividade construída na "mídia" eletrônica, o paradoxo da visibilidade e do isolamento ressurge: como na tecnologia da construção moderna, a pessoa vê mais e interage menos.

A primeira consequência desse paradoxo das comunicações é que o político, no ar, precisa tratar sua plateia em termos particulares de igualdade. Quando 20 milhões de pessoas assistem a um discurso de um político na televisão, ele deve comumente tratá-las como se pertencessem a uma única categoria, a de cidadãos. Em qualquer nação industrializada, o mosaico das classes e dos grupos étnicos é rico o bastante para que o político que se apresenta na TV deva, no máximo, apelar para diversos grupos nos mais simples termos. "Àqueles de vocês que têm menos de trinta anos, eu gostaria de dizer (...)", e assim por diante. No momento em que ele deve parecer aberto e ser concreto, se quiser dar uma boa impressão, a própria extensão da plateia significa que ele precisa tratá-la em termos abstratos. Especialistas em "mídia" falam do perigo de se particularizar demais os apelos. Mas, de fato, não se trata de perigo. A igualdade, nesses termos, encoraja o político a não ser concreto e específico quanto ao seu programa, encorajamento esse que ele está sempre pronto para receber. Tratar a sua plateia com se fosse toda igual torna-se um meio de evitar as questões ideológicas e leva a um foco de atenção na pessoa do político, sendo que a percepção de seus motivos é algo que todos podem julgar e de que todos podem compartilhar. Os meios de comunicação de massa são continuadamente atacados por se concentrarem tanto na personalidade dos políticos que estão apresentando, como se essa absorção na personalidade política fosse um capricho de alguns poucos diretores, uma ênfase que podia ser apagada, caso os meios de comunicação fossem mais "sérios" e mais "responsáveis". Tais comentários deixam de lado as restrições estruturais, a própria necessidade de se concentrarem em motivações, que são inerentes a essas formas de comunicação.

Quando se diz que o jornalismo televisionado é "compulsivamente" personalista, fazendo da vida privada do político, invariavelmente, o centro de interesse, a afirmação só é verdadeira até o ponto em que a verdadeira natureza da compulsão for admitida. A compulsão é uma recusa, que, por sua vez,

O CARISMA SE TORNA INCIVILIZADO 409

produz um interesse aumentado pelas pessoas ou personalidades que não são recusadas de modo similar. A completa repressão da resposta da audiência, pelos meios eletrônicos, cria a lógica do interesse na personalidade. Numa sala escura, em silêncio, a pessoa vê pessoas efetivas; não se trata de um romance ou de um entretenimento que requeira um esforço de imaginação da sua parte. Mas a realidade da política é aborrecida: comitês, controvérsias com burocratas e assim por diante. Para se entender essas controvérsias seria necessário fazer perguntas ativas quanto à interpretação da audiência. A essa vida real a pessoa reage desligando o aparelho; ela quer saber "que tipo de pessoa" faz as coisas acontecerem. Esse retrato a TV pode proporcionar, ao mesmo tempo em que não precisará perguntar sobre os próprios poderes de resposta da pessoa, se se concentrar naquilo que o político sente.

O interesse compulsivo na personalidade daquele que se apresenta em público cresceu no século XIX, entre aquelas vastas plateias urbanas que iam ao teatro ou às salas de concerto em número maciço, e nas quais o silêncio estava se tornando a regra do comportamento respeitável. Os meios de comunicação modernos retiraram esse interesse da arena de uma classe — a classe burguesa — e fizeram dele uma consequência tecnológica para todas as pessoas que assistem a eles sem se preocupar com seu estrato social. A percepção da personalidade é a lógica da igualdade, num meio de comunicação que não pode fazer perguntas ao receptor.

De modo claro, portanto, os meios eletrônicos são bem adequados à proteção defensiva na qual o político do ressentimento precisa se engajar, uma vez que tenha poder. Consideremos uma famosa aparição televisiva de George Wallace, em pé, à porta de uma escola, impedindo a entrada de crianças negras numa escola integrada. Com Wallace, o símbolo da resistência aos negros estava sempre sombreado com maior ódio pelos "amantes dos negros" — isto é, os forasteiros, o governo, os ricos do Norte —, a quantidade de inimigos sugeridos era tão grande que ficava fora do foco. Quando as notícias se concentraram no homem, portanto, ficaram enredadas num círculo vicioso: tentavam entender a história pessoal, a motivação e os sentimentos do próprio Wallace, a fim de encobrir aquelas camadas ocultas de ressenti-

410 O DECLÍNIO DO HOMEM PÚBLICO

mento. Os meios de comunicação de massa foram perdendo cada vez mais de vista o fato de que o protesto era sem sentido em termos da resistência atual. O político conseguia fazer com que, através de um desvio da atenção, sua personalidade se tornasse um código a ser quebrado, sem referência ao poder que essa personalidade tinha de agir. De fato, ao interpretar as suas intenções como encarnações de forças ocultas da sociedade, os meios de comunicação conseguem legitimá-lo como uma pessoa que merece ser ouvida, independentemente do que esteja fazendo. Nesse sentido, o protesto "simbólico" de um empresário do ressentimento havia sido metamorfoseado de tal modo que as intenções nunca eram julgadas pelas suas consequências, pela sua eficácia, nem sequer por sua moralidade.

O interesse compulsivo pela personalidade suscitado pelos meios de comunicação de massa e a necessidade que tem o político do ressentimento, caso tenha sucesso, de uma deflexão das atenções, concordam perfeitamente. Nas palavras de um consultor de meios de comunicação aos políticos, "O seu tipo *à la* Wallace faz a mídia funcionar muito bem, muito melhor do que os políticos liberais que têm um ar tão impessoal e suave", uma afirmação em que lemos mais do que o consultor quis dizer. Mas esse casamento feliz entre a promoção tecnológica do carisma secular e o político do ressentimento também pode terminar num desastre abrupto para o político.

Uma vez que todas as referências são motivacionais, qualquer ato de fraqueza, ou qualquer crime, ou qualquer falha moral em qualquer domínio torna suspeito cada um dos outros aspectos da vida do político. Nixon é talvez o melhor exemplo de um político que se crucificou dessa maneira. Para salvar o argumento, digamos que esse foi um líder que evitou a possibilidade de guerra nuclear com a Rússia; não poderia ele então se permitir um suborno de alguns milhões de dólares, um roubo, e dez ou doze mentiras diferentes feitas ao público? Mas essa seria uma escala realista que o próprio Nixon nunca havia utilizado antes. Tendo, durante toda a sua vida, procurado obter a legitimidade através de sua ira para com o Sistema, ao se tornar governante supremo, esperou que subitamente o povo o julgasse em termos completamente diferentes e mais realistas do que os termos em que esperava julgassem seus inimigos políticos durante a sua ascensão.

O CARISMA SE TORNA INCIVILIZADO   411

A absorção na motivação, necessária para os políticos do ressentimento, reforçada pelos meios de comunicação, cria a única ameaça real à manutenção dessas figuras, naquilo em que elas estão continuamente ameaçadas pela deslegitimação, uma vez que falhas numa esfera das suas vidas são tomadas como sinais de que a pessoa, como um todo, não presta. Assim como a política da personalidade é uma deflexão do interesse público em relação ao julgamento do caráter pessoal, em termos da ação pública efetiva, assim também todos os elementos do caráter se tornam simbólicos, sem quaisquer referentes reais, de modo que qualquer brecha pode, repentinamente, se transformar num instrumento de autodestruição.

Uma vez mais, a força desse fenômeno se perde se considerarmos o político apenas como o hipócrita descoberto. É porque o político acredita que cada momento de aparição é uma realidade, que cada máscara que ele usa é um sinal de seu caráter verdadeiro, que ele pode, rapidamente, ser apanhado em questões triviais, que explodem em crises imensas; de fato, faz com que pareçam assim aos olhos do público, que, até que o político começasse a se queixar, não percebera nada. Os chamados "escândalos agrários" de 1973 na Grã-Bretanha eram um exemplo clássico desse sentimento de total ameaça por esses eventos que só perturbam o trabalho do primeiro-ministro, de modo distante e fraco.

Como regra geral, pode ser dito que cada vez menos problemas despertam o público por mérito próprio ou perigo, uma vez que as pessoas se preocupam cada vez mais com a personalidade dos líderes que devem supostamente aguentar firme. Uma certa restrição do ressentimento se segue, desde a Segunda Guerra Mundial, desse estreitamento mais geral de preocupações políticas, de modo lógico.

Diferentemente da transformação completa do discurso político, nos anos 1930, em uma linguagem da dignidade injuriada, os políticos de ressentimento do pós-guerra encontravam cada vez menos questões que pudessem ser convertidas para esse uso. Uma vez que a flutuação dos laços públicos, os problemas energéticos, as questões de balança comercial, da saúde ou da segurança pública não são facilmente percebidos enquanto não se tornam

412 O DECLÍNIO DO HOMEM PÚBLICO

crises, é também verdadeiro que eles não são facilmente arrolados como uma conspiração dos injustos, mancomunados com a escória da sociedade para fazerem sofrer a gente decente. O campo de manobras, agora disponível aos políticos do ressentimento, concerne quase que inteiramente à definição dos de dentro contra os de fora: os asiáticos na Grã-Bretanha, os *pieds noirs* ou os judeus na França, as crianças negras em escolas suburbanas brancas.

Falar do carisma secular como uma força trivializadora na sociedade moderna, em suma, não significa dizer que o desejo de se ter um líder carismático seja um desejo menor ou negligenciável. De uma maneira perversa, trata-se da procura por um herói acreditável, dados os termos modernos da personalidade. Em *A Century of Hero Worship* (Um século de adoração de heróis), Eric Bentley analisou a necessidade de se ter heróis acreditáveis, surgida na metade do século XIX, e concluiu que uma das marcas da sociedade moderna estava em que, nela, a descoberta de heróis havia se tornado uma preocupação constante e constantemente frustrada. O declínio da vida pública impessoal, na sociedade moderna, é uma razão pela qual essa procura não tem recompensa: uma vez que os motivos do herói se tornaram a fonte de sua atração, o conteúdo do heroísmo se tornou trivial.

O estreitamento de conteúdo no discurso político não é só pertinente em si mesmo, mas também porque define uma diferença importante entre um político cuja sobrevivência se baseia em sua personalidade, e um artista que é reconhecido como personalidade pública.

O SISTEMA DO ESTRELATO*

No Antigo Regime, existia uma ponte entre aquilo que era acreditável no palco e aquilo que era acreditável na vida de todos os dias. Pode parecer que a percepção da figura pública, em termos de personalidade, seja uma nova forma de ponte entre palco e ruas; de fato, o impacto da televisão na política

---

*"The Star System", um sistema da vida artística em que tudo gira em torno da "estrela" única, de um único "astro". (*N. da T.*)

O CARISMA SE TORNA INCIVILIZADO

é discutido habitualmente em termos de que o político deve se comportar como se fosse um ator. Esse chavão é verdadeiro num aspecto, mas é profundamente enganoso em outro.

Aquilo que é crível a respeito do político como uma personalidade são as suas motivações, seus sentimentos, sua "integridade". Tudo isso existe à custa da preocupação a respeito daquilo que ele faz com seu poder. O conteúdo da política está, dessa forma, estreitado pela percepção da personalidade dentro dele. Esse estreitamento de conteúdo não ocorre entre os artistas que se apresentam em público, quando o intérprete é percebido como uma personalidade forte. Mick Jagger e Bruce Springsteen projetam personalidades hipnóticas no palco, mas isso, de modo algum, deprecia o fato de que são grandes músicos de *rock*. De modo semelhante, a percepção de Pablo Casals como um grande homem não viola a sua arte como violoncelista. Observando-se o problema do intérprete e do artista em relação com o texto, que surgiu no século passado, vimos que a questão não estava na personalidade à custa do "conteúdo" da música, do drama ou da dança. Ao invés disso, um tipo diferente de dança, de drama ou de música se produz quando o trabalho imediato do intérprete, e do intérprete como uma personalidade, adquire precedência sobre o texto escrito. No entanto, na política, a presença da personalidade "subtrai" o conteúdo político.

Dessa forma, a evolução da política da personalidade pode ser condenada em termos éticos. É uma sedução incivilizada de pessoas, desviando-as do pensamento a respeito daquilo que poderiam ganhar ou mudar na sociedade. Um julgamento ético semelhante da personalidade artística seria deslocado. O conteúdo de uma arte da representação não é trivializado pela percepção da personalidade que trabalha dentro dela. A ruptura entre o palco moderno e as ruas está nessa descontinuidade: é uma ruptura dentro da própria substância da expressão nos dois domínios.

Em termos de estrutura social, todavia, existe uma conexão entre a política e as artes hoje que é diretamente criada pela cultura da personalidade. A conexão reside nas consequências do sistema do estrelato em ambos os domínios.

Em todas as épocas tem havido intérpretes famosos e intérpretes obscuros, e as pessoas têm querido ver os primeiros, de preferência aos últimos. O

414 O DECLÍNIO DO HOMEM PÚBLICO

"sistema do estrelato" se refere aos lucros que aumentam pela maximização da distância entre fama e obscuridade, de tal modo que as pessoas perdem o desejo de ver uma apresentação ao vivo, caso não possam ver alguém que seja famoso. No decorrer do século XX, músicos e atores sérios se zangaram contra o estado de coisas que tornara o público cada vez menos disposto a assistir ao vivo àqueles que ele não conhece; os protestos e os meios de comunicação alternativos que os protestos geraram falharam na maioria. De fato, nos anos 1960, com o crescimento do *rock*, que, supostamente, significava um desafio aos costumes da cultura burguesa, o sistema do estrelato se tornou uma lei férrea das recompensas. Para se entender como funciona esse sistema do estrelato, vamos nos concentrar naqueles que menos o desejam, jovens pianistas que são mais "liberados" dessas seduções do que os músicos de *rock,* e que ainda assim são apanhados pela economia do sistema do estrelato, a despeito dos seus maiores esforços.

Estima-se que haja oitocentos pianistas clássicos em Nova York tentando fazer carreira completa de concertistas; há cinco salas de concerto na cidade, que "contam"; num determinado ano, de trinta a 35 desses oitocentos se apresentarão como solistas nessas salas. Dos trinta, pelo menos a metade é de pianistas tão conhecidos que fazem aparições ano após ano. Cerca de quinze novos pianistas conseguem uma audição em Nova York por ano, com a sala, o mais das vezes, paga por eles próprios. Para eles, é muito difícil lotar até mesmo o menor auditório, como o Recital Hall do Carnegie Hall, e o pianista que tem cabeça terá distribuído muitas entradas grátis para os amigos dos amigos e para cada pessoa que se possa considerar conhecida. Esses novos pianistas conseguem ter um parágrafo no *Times,* que os descreve como "promissores", ou "completos", e então eles mergulham novamente na obscuridade.[8]

O jovem pianista precisa apelar para essa aparição em concertos; ele deve esperar que, em primeiro lugar, será notado por um crítico de jornal entre tantos e, em segundo lugar, que as variações do crítico, do tipo "promissor" ou "completo", despertarão o interesse de algum agente. Pois é apenas através de um agente que ele poderá esperar fazer contatos em outras cidades e organizá-los, de modo que ele possa fazer uma turnê. Uma turnê lhe propor-

O CARISMA SE TORNA INCIVILIZADO

cionará uma renda mínima, mas o que é mais importante é que, com ela, ele poderá praticar a sua arte em público, com regularidade. No entanto, as chances são escassas. O número de salas de concerto em Nova York vem decrescendo constantemente desde 1920; o número de jornais vem decrescendo constantemente desde 1950, e o espaço destinado à crítica musical de novos artistas torna-se cada vez menor. Há também menos agentes, e eles ganham seu dinheiro com os grandes nomes. Além disso, embora a lotação da plateia tenha aumentado *in totum* para a música séria na cidade, isso se deve ao aumento na venda de entradas em salas e casas maiores — e o tamanho destas vem sendo aumentado —, enquanto a locação de salas menores, como o MacMillan Theatre da Columbia University, em geral, caiu.

O princípio básico do sistema do estrelato está em que há uma correlação direta entre o desejo da plateia, no "centro" musical, de ouvir a interpretação ao vivo de qualquer música e a fama do intérprete da música. Os músicos que conseguem sair em turnê são aqueles poucos que se beneficiam com essa correlação. Nova York deveria ser colocada entre Paris e Londres pela intensidade operacional desse princípio. De todas as capitais europeias, será em Paris que o aspirante, pianista ou violinista, terá a maior dificuldade em encontrar uma boa sala onde tocar, mesmo à sua própria custa, em receber uma crítica e, o mais importante: em atrair uma plateia. Em Londres, ele terá a menor dificuldade, embora será ainda mais difícil que ele consiga dar dois concertos por ano numa sala de Londres, que seja importante, em comparação às principais salas de Hull ou de Leeds. Uma plateia de 1.500 pessoas em Long Beach, Leeds ou Lyon será mais diversificada socioeconomicamente. A plateia de Nova York, de Londres ou de Paris será mais homogênea quanto à classe social e composta por pessoas que compareçem pela segunda ou mais vezes, os "repetentes". O sistema funciona de modo tal que os agentes e empresários do interior se orientam na direção dos centros musicais. Na Europa Ocidental (com exceção do sul da Alemanha), bem como nos Estados Unidos, um maior número de músicos aspirantes deixa de residir em cidades menores, onde há numerosas oportunidades de tocar regularmente diante de um público receptivo, trocando-as pelas capitais, onde têm menos oportunidades

416 O DECLÍNIO DO HOMEM PÚBLICO

de tocar regularmente, enfrentando um público mais desgastado, bem como a pequena chance que eles têm de se tornarem grandes.

A extrema dificuldade de obter acesso a uma plateia metropolitana surge, para um concertista de piano, como consequência direta da crença no artista como uma personalidade extraordinária, eletrizante, uma crença que se formou no século XIX. Mais uma vez, a experiência do pianista é um guia instrutivo para a experiência de outros intérpretes trabalhando individualmente. Quando, no final do século XVIII, o pianista perdeu o seu patrão, ou o pequeno grupo de patrões, foi forçado a se tornar uma espécie de empresário para abrir seu caminho pelas capitais musicais. Muito poucas posições burocráticas, tais como de membros de orquestras, estavam disponíveis, e a economia de divisão de receitas para as apresentações de música de câmara fez desta uma especialidade da qual, para muitas pessoas, é impossível sobreviver.

Nessa situação, a massa dos pianistas, desligada de um patrão permanente de uma corte ou de um castelo, encontrou dificuldade cada vez maior para trabalhar, pura e simplesmente. A situação da Áustria é estatisticamente mais clara. Entre 1830 e 1870, o tamanho da lotação dos recitais de piano em Viena aumentou em 35%, muitas vezes superlotando as salas disponíveis, enquanto o número de concertos de piano caiu vertiginosamente. Uma estimativa afirma que a proporção dos músicos capazes de se manterem plenamente através de apresentações caiu pela metade, durante aqueles anos. Muitos fatores contribuíram para esse desemprego, mas, acima de tudo, o interesse público na música se deslocara para assistir àqueles pianistas que tinham uma reputação mais ampla do que apenas vienense, que eram celebridades internacionais — e isso em geral significava que haviam sido apresentados em Paris, Londres e Berlim. O resultado foi a afluência de plateias maciças aos concertos, e cada vez menos pianistas em atividade. Esta é, em germe, a situação contemporânea dos pianistas de Nova York.

A própria essência do novo código de apresentação estava na intensificação da desigualdade. Se quinhentas pessoas são famosas, ninguém o é; e assim, para encontrar alguém que se possa chamar de uma personalidade reconhecida, um homem que sobressai, ao menos 490 devem ser empurradas para

O CARISMA SE TORNA INCIVILIZADO   417

segundo plano. Essa não é uma negligência benigna. Aqueles 490 precisam ser positivamente irrecompensados, na mesma medida em que os dez serão recompensados; através da recusa, bem como da aprovação, poucas pessoas serão trazidas à cena como indivíduos reconhecidos.

O público das grandes capitais pensava ver um grande homem revelado pela grandeza de sua habilidade de apresentação, e era ao homem que ele correspondia, pagava e cortejava, o homem que ele tornava famoso. O estado de coisas que começou no século passado diminuiu o desejo de se ouvir música em apresentações pelo simples prazer de se ouvir música; a extraordinária qualidade do intérprete tornou-se um pré-requisito para que se fosse ouvir música. O comportamento das plateias de Viena, de Paris e, numa menor extensão, de Londres assinalava uma transformação básica na sua própria relação com a arte musical.

Observando a influência de Paganini em músicos de gosto melhor do que o dele, constatamos que suas ideias de interpretação têm uma atração que transcende as recompensas do egoísmo. Essa atração consistia em que a música nas mãos de um grande intérprete tornava-se imediata, direta e presente. A música se tornava uma experiência, quase um choque, ao invés da leitura de uma partitura. Essa é a ideia da música como fenômeno imanente.

Em nosso século, essa ideia amadureceu como se segue: não há fenômeno musical, a menos que a interpretação seja fenomenal. Esse é o princípio da apresentação que está por trás do progressivo desinteresse das plateias das cidades grandes em apenas irem ouvir música. Esse princípio colocou uma pressão enorme sobre cada solista em atividade; suas apresentações nada significarão, a menos que sejam consideradas "extraordinárias". Qualquer observador simpatizante de jovens pianistas, ao assisti-los agonizando de tanto serem considerados *Wunderkinder* (crianças-prodígio), deve finalmente concluir que o problema é mais do que uma questão de evolução pessoal. A economia da tentativa de transformá-lo num jogo de tudo ou nada duplicou-se com um senso segundo o qual não se vale nada, a não ser que se seja muito especial.

O advento da gravação eletrônica das apresentações expandiu de certo modo a lógica do sistema do estrelato para além das capitais musicais. Não

418   O DECLÍNIO DO HOMEM PÚBLICO

quero dizer que apenas um pequeno número de solistas consegue jamais ter a chance de gravar seu repertório, embora este seja o caso; a gravação eletrônica intensificou o problema, num nível ainda mais elementar.

A essência da apresentação ao vivo está em que, qualquer que seja o erro que se cometa, deve-se continuar. A menos que se tenha uma grande presença e uma grande estima pública, parar no meio de uma peça e recomeçar é um pecado imperdoável. As gravações, no entanto, raramente são feitas como leitura direta de uma peça. Pequenas seções são gravadas, regravadas, editadas pelos técnicos, bem como pelo artista, de modo que cada gravação é uma colagem de vários detalhes perfeitos. Muitos músicos acreditam que algo do poder e da atenção que um intérprete ganha, ao ter que continuar diretamente uma peça, fica com isso perdido, mas a perda, se ocorre, é idiossincrática; um intérprete como Glenn Gould, que agora apenas faz gravações, dificilmente poderia ser acusado quanto a isso. O problema com as gravações está mais em sua própria perfeição.

Por meio desses recursos eletrônicos, torna-se possível estabelecer padrões para o ouvinte que, na apresentação ao vivo, apenas pouquíssimos intérpretes poderiam conseguir. Uma vez que a economia de lucro na indústria fonográfica é ainda mais cerrada do que para a música ao vivo, somente pouquíssimos artistas que têm sido bons ou têm tido sorte o suficiente para estabelecerem reputações de concertistas é que poderão promover gravações. O melhor dos melhores, num estúdio de gravação, consegue uma oportunidade para produzir apresentações musicais com um acabamento que ele próprio, em apresentações ao vivo, raramente poderia igualar. Assim sendo, sob as mais casuais circunstâncias, em casa, escovando os cabelos ou fazendo suas palavras cruzadas, o ouvido da pessoa se torna acostumado a ouvir música absoluta-mente polida. É uma situação estranha: os padrões de performance de um Paganini são reforçados, sem que haja qualquer esforço ou prevenção da parte do ouvinte, de que possa estar ouvindo algo de anormal. Em virtude do mo-derno poder de colagem eletrônica, performances fenomenais são absorvidas na rotina íntima, como parte de um segundo plano. Assim sendo, o sistema da apresentação fenomenal fica reforçado; as gravações colocam exigências

O CARISMA SE TORNA INCIVILIZADO

adicionais para que o intérprete choque aquele ouvinte que se incomodou para ir à sala de concerto prestar atenção, por meio de uma apresentação extraordinária, uma vez que o ouvinte está tão familiarizado com um padrão de acabamento quase impossível.

Em suma, o sistema do estrelato nas artes opera com dois princípios. O máximo grau de lucro é produzido com o investimento no menor número de intérpretes; esses são as "estrelas". Estrelas existem apenas quando assim consideradas pela maioria dos artistas que exercem a mesma arte. Até onde se possa fazer um paralelo com a política, o sistema político funcionará sob três princípios. Em primeiro lugar, o poder político "por detrás dos panos" será mais forte se agentes do poder se concentrarem em muito poucos políticos a promover, em vez de construírem uma organização ou uma máquina política. O patrocinador político (corporação, indivíduo, grupos de interesse) colhe os mesmos benefícios que um empresário moderno de sucesso. Todos os esforços do patrocinador se dirigem para a construção de um "produto" que é distribuível, um candidato vendável, ao invés de visarem ao controle do próprio sistema de distribuição, o partido, da mesma forma que lucros menores são obtidos, nas artes de representação, por aqueles que controlam as salas de província e bilheterias subsidiárias. Quando o sistema político funciona como o sistema do estrelato, o seu segundo atributo está em que o máximo de poder é obtido ao se limitar a exibição pública dos próprios candidatos: isto é, quanto menos aparecerem para um grande público, mais serão atrativos. Se Van Cliburn se apresentar quatro noites seguidas em Paris, seu ganho total pode ser menor do que se ele se apresentasse apenas uma vez. Como se trata de eventos cada vez menos raros e menos excepcionais, muito menos pessoas pensariam em pagar preços altíssimos pelas entradas. De modo semelhante, quanto menos contato o candidato tiver com o público, mais a sua aparição se tornará uma ocasião especial, mais *appeal* (atração) terá. Um tal problema é levantado por estrategistas políticos quando consideram a questão da "superexposição" que faz um político sucumbir. Finalmente, um paralelo entre o sistema do estrelato nas artes e na política significa que a desigualdade será maximizada ao se combinar os dois primeiros princípios. O sistema se torna um jogo de

420 O DECLÍNIO DO HOMEM PÚBLICO

zerar, com um castigo: qualquer que seja o poder que uma figura política adquira suscitando interesse por sua personalidade, ela diminuirá o interesse do público pelos outros políticos, reduzindo assim o acesso deles ao poder.

Na medida em que esses dois sistemas são paralelos, na mesma medida a seriedade com a qual as pessoas trataram as aparências, a partir dos anos 1840, atingiu um ponto de realização perverso. A ciência da etologia de Mill, a essência da cultura do século XIX, estende uma mão morta sobre a vida política do século XX, e mais poderosa pelo simples fato de que a maioria das regras segundo as quais um político é tido como fiável ou como atraente está escondida em relação à consciência daqueles que caem sob sua influência.

Carisma é um ato de debilitação — eis em que se transforma, numa cultura secular, o "dom da Graça". Na vida política, essas figuras carismáticas não são titãs nem demônios, nem os reis antigos de Weber, nem o pai que subjuga os desejos irrefreados de seus filhos, como em Freud. É o homenzinho que agora se tornou herói para os outros homenzinhos. É uma estrela; caprichosamente embalado, subexposto e tão franco a respeito do que sente, ele governa um domínio em que nada se transforma muito, até que se torne uma crise insolúvel.

13

A comunidade se torna incivilizada

Desde o trabalho de Camillo Sitte, há um século, os planejadores urbanos comprometeram-se a construir e preservar o território da comunidade na cidade como um objetivo social. Sitte era o cabeça da primeira geração de urbanistas que se revoltou contra a escala monumental do projeto do barão Haussmann para Paris. Sitte era um pré-rafaelita das cidades; argumentava que, somente quando a escala e as funções da vida urbana retornassem à simplicidade do final da Idade Média, é que o povo poderia encontrar o tipo de apoio e de contato direto mútuos que fazem de uma cidade um ambiente de valor. Hoje, desprezaríamos essa idealização da cidade medieval, por ser um romanceamento escapista, mas é curioso como os princípios essenciais da primeira visão urbana pré-rafaelita chegaram a dominar a imaginação do urbanista moderno. Ou melhor, a crença na comunidade de pequena escala tornou-se um ideal ainda mais poderoso. Enquanto Sitte, ou, de modo análogo, os visionários da "cidade jardim" da Inglaterra, imaginara relações comunitárias transpirando numa cidade adequadamente concebida, os planejadores atuais já desistiram de há muito da esperança de uma concepção global da cidade, porque tiveram que reconhecer tanto as suas limitações de conhecimentos quanto a sua falta de influência política. Em vez disso, adotaram o trabalho num nível comunitário, contra quaisquer interesses monetários e políticos que dominem a forma da cidade como um todo. A geração de Sitte concebia a comunidade dentro da cidade; o urbanista de hoje concebe a comunidade contra a cidade.

422   O DECLÍNIO DO HOMEM PÚBLICO

No Capítulo 10, investigamos a questão de como as ideias não territoriais de comunidade surgem, e que influências a cultura da personalidade teve sobre esses sensos de comunidade, no século XIX. Agora iremos considerar a relação entre uma personalidade comunal, coletiva, e os territórios concretos da comunidade na cidade moderna: a vizinhança, o *quartier*.

O encaminhamento entre a geração de Sitte e a nossa está numa suposição a respeito da impessoalidade, tal como ela é experimentada na cidade, que torna tão importantes os contatos face a face numa comunidade territorial. Essa suposição é de que a impessoalidade é uma soma, um resultado, um efeito tangível de todos os piores males do capitalismo industrial. A crença de que a personalidade manifesta as enfermidades do capitalismo é tão predominante entre o público em geral quanto entre os planejadores urbanos que se torna interessante observar mais de perto essa ideia, uma vez que ela leva a um resultado estranho.

O capitalismo industrial, como sabemos, divorcia o homem que trabalha do trabalho que ele realiza, porque ele não controla o seu próprio trabalho e, em vez disso, precisa vendê-lo. Portanto, como sabemos, o problema fundamental do capitalismo é a dissociação, também chamada ocasionalmente alienação, atividade não catética, e assim por diante; divisão, separação, isolamento são as imagens dominantes para expressar esse mal. Qualquer situação que distancie as pessoas deve então reforçar, caso não resulte diretamente delas, as forças capitalistas de dissociação. A própria ideia do desconhecido pode modular-se, até parecer uma forma do problema do capitalismo; assim como o homem está distanciado de seu trabalho, também está distanciado de seus companheiros. Uma multidão seria um exemplo primoroso; multidões são um mal, porque as pessoas são desconhecidas umas das outras. Uma vez tendo ocorrido essa modulação — o que é coerente também em termos emocionais, quando não em termos de pura lógica — para então sobrepujar o desconhecido, apagar as diferenças entre as pessoas, parece ser então uma questão de sobrepujar parte da enfermidade básica do capitalismo. A fim de apagar essa estranheza, tenta-se tornar a escala da experiência humana íntima e local: ou seja, torna-se o território local moralmente sagrado. É a celebração do gueto.

A COMUNIDADE SE TORNA INCIVILIZADA

Aquilo que precisamente se perde com essa celebração é a ideia de que as pessoas só podem crescer através de processos de encontro com o desconhecido. Coisas e pessoas que são estranhas podem perturbar ideias familiares e verdades estabelecidas; o terreno não familiar tem uma função positiva na vida de um ser humano. Essa função é a de acostumar o ser humano a correr riscos. O amor pelo gueto, especialmente o gueto de classe média, tira da pessoa a chance de enriquecer as suas percepções, a sua experiência, e de aprender a mais valiosa de todas as lições humanas: a habilidade para colocar em questão as condições já estabelecidas de sua vida.

Por certo, o sistema capitalista dissocia o homem de seu trabalho. Mas é importante ver as maneiras pelas quais esse sistema, como qualquer outro, não apenas controla as ideias daqueles que são seus defensores como também modela a imaginação daqueles que estão se revoltando contra os seus males. E ainda com maior frequência, aquilo que é "evidentemente errado", a respeito de um sistema social, o é "autoevidentemente", porque a crítica se coaduna perfeitamente a ele e faz muito pouco estrago no sistema como um todo. Nesse caso, a celebração da comunidade territorial contra os males do urbanismo capitalista impessoal se coaduna quase confortavelmente com um sistema mais amplo, porque leva a uma lógica da defesa local contra o mundo exterior, mais do que a um desafio contra as atividades desse mundo. Quando uma comunidade "combate" a prefeitura nesses termos, ela combate para ser deixada em paz, para ficar isenta ou protegida do processo político, e não para mudar o próprio processo político. Eis por que a lógica emocional da comunidade, começando como uma resistência aos males do capitalismo moderno, resulta numa espécie bizarra de retraimento despolitizado; o sistema permanece intacto; mas talvez consigamos fazer com que o nosso torrão não seja afetado.

Mas pode-se argumentar que se está sendo muito idealista; a mera sobrevivência num mundo ríspido já é uma virtude. Se as pessoas não podem, razoavelmente, fazer mais do que defender suas comunidades locais, então por que criticar isso — especialmente se o mundo público daquela cidade maior é tão vazio e inabitável? O que pretendo fazer nas páginas que se seguem é

424   O DECLÍNIO DO HOMEM PÚBLICO

mostrar que não temos outra escolha senão tornarmos aquele mundo maior habitável. A razão disso está em que, dados os termos da personalidade que se desenvolverem no período moderno, a experiência das personalidades das outras pessoas num território comunal intimista é um processo destrutivo. A comunidade moderna no que diz respeito à fraternidade parecer estar num mundo morto e hostil; é, na verdade, muito frequentemente, uma experiência de fratricídio. Além disso, é provável que esses termos da personalidade, que governam as relações face a face na comunidade, façam diminuir o desejo que as pessoas têm de experimentar aqueles solavancos que podem ocorrer num terreno menos familiar. Esses solavancos são necessários para que o ser humano lhes dê o sentido de tentativas a respeito de suas crenças próprias, que cada ser civilizado precisa ter. A destruição de uma cidade feita de guetos é uma necessidade tanto política quanto psicológica.

Talvez eu tenha colocado a questão de modo tão intenso porque eu, como muitos outros escritores da Nova Esquerda durante a última década, acreditei erroneamente que a reconstrução da comunidade local era o ponto de partida para a reconstrução política da sociedade mais ampla. Isso poderia ser chamado de nossa "falácia experimental"; se na experiência direta havia mudanças radicais de crença e de comportamento, então as pessoas assim alteradas iriam gradativamente coletivizar sua experiência, trazendo luz e mudança para os outros.

Hoje em dia, o caráter patronal e de classe alta de tal crença nessa transformação, que é inter e intrapessoal, é dolorosamente claro. Até mesmo se a ideia da construção de uma comunidade compartilhando intimamente de novas formas de experiência tivesse sido iniciada pelos oprimidos, ou sustentada por eles, creio que os resultados teriam chegado ao mesmo impasse. Pois aquilo que está errado com a noção da construção de uma comunidade contra o mundo está em que ela assume o fato de que os próprios termos da experiência intimista efetivamente permitiriam às pessoas criar um novo tipo de sociabilidade, baseada em compartilharem seus sentimentos.

A COMUNIDADE SE TORNA INCIVILIZADA

BARRICADAS CONSTRUÍDAS EM TORNO DA COMUNIDADE

A sociedade mais ampla, da qual os organizadores da comunidade radical são parte involuntária, concentrou a atenção na vida da comunidade de pequena escala de duas maneiras: primeiramente de modo prático; em segundo lugar, de modo ideológico.

As verdadeiras ideias sobre projeto urbano do barão Haussmann, no século XIX, estavam baseadas na homogeneização. Os novos distritos da cidade deveriam ser de uma única classe, e, no antigo centro da cidade, ricos e pobres deviam ser isolados uns dos outros. Esse era o começo do desenvolvimento urbano de "função única". Cada espaço da cidade desenvolve uma atividade particular, e a própria cidade é atomizada. Nos subúrbios americanos de classe média, nos anos 1950, o planejamento monofuncional chegou a uma instância extrema: construíram-se casas em bloco, em número enorme, com os serviços para essas famílias localizados em algum outro lugar: um "centro comunitário", um "parque educativo", um *shopping center,* um *campus* hospitalar. Planejadores de larga escala no resto do mundo logo zombaram do vazio, da falta de gosto etc. dessas vastas áreas suburbanas, mas, ao mesmo tempo, passaram alegremente a construir da mesma maneira. Que se tomem povoamentos tão diversos quanto Brasília, no Brasil, Levittown na Pennsylvania, e o Euston Center, de Londres, e se encontrarão os resultados desse planejamento em que o espaço único e a função única constituem o princípio operante. Em Brasília, isso se faz edifício por edifício; em Levittown, zona por zona; no Euston Center, nível horizontal por nível horizontal.

Embora essas ideias de planejamento possam ser aproveitáveis na prática — pois há apenas um investimento único e coerente a fazer numa quantidade conhecida —, não são práticas para o uso. Por uma razão: se as necessidades funcionais da área localizada mudarem historicamente, o espaço não poderá corresponder a elas; ele só poderá ser utilizado para o seu propósito original, ou então ser abandonado, ou ainda ser prematuramente destruído e refeito. As dificuldades de Brasília são bem conhecidas a esse respeito, mas o processo tem uma dimensão mais ampla do que simplesmente a dos planos que falharam.

426 O DECLÍNIO DO HOMEM PÚBLICO

Que se pense, por exemplo, o que significa uma cidade de átomos, com um espaço para cada classe e cada raça viver, para cada classe e raça trabalhar, em termos de tentativas de integração racial ou de classe, tanto em educação como no lazer: o deslocamento e a invasão deverão se tornar as experiências efetivas envolvidas nessas experiências hipotéticas de reaproximação de grupos. Se tais mesclas forçadas funcionariam ou não nas sociedades altamente segregadoras das classes, ou nas sociedades racistas, é uma questão aberta. Nosso problema está em que um mapeamento da cidade feito em termos de monofunções, monoespaços, só piora tais problemas.

A atomização da cidade colocou um fim prático num componente essencial do espaço público: a superposição de funções dentro de um mesmo território, o que cria complexidades de experiência naquele determinado espaço. O urbanista americano Howard Saalmon escreveu uma vez que o esforço planificador que Haussmann iniciara havia posto um ponto final na cena urbana modal: as entrelaçadas necessidades de trabalho, de criação dos filhos, de sociabilidade adulta e de encontros impessoais dentro e em volta de uma mesma casa. Saalmon tinha em mente a domesticidade urbana pré-industrial, na qual lojas, escritórios e residências se localizavam no mesmo edifício, mas a censura é feita também em termos mais amplos da cidade. Destruir a multiplicidade de funções nela, e, desse modo, conceber que os usos do espaço não podem mudar como mudam os seus usuários, só é racional em termos de investimento inicial.

Uma parte dos custos posteriores que devem ser pagos com essa destruição do espaço público é justa e paradoxalmente a ênfase na comunidade que ela cria. Pois mesmo que a atomização da cidade torne difícil, digamos, para pais e mães trabalharem e ao mesmo tempo olharem seus filhos brincar, essa mesma falta desperta a necessidade de contato humano. Nos subúrbios americanos, essa necessidade é satisfeita ao se recorrer à formação voluntária de associações; com a desculpa de estarem engajadas numa tarefa comum, ou tendo uma experiência única, as pessoas têm a oportunidade de sobrepujar os males da geografia imposta pelos planejadores de suas comunidades. Entre as pessoas que dizem aos pesquisadores que não professam nenhuma

A COMUNIDADE SE TORNA INCIVILIZADA

religião, encontra-se um número enorme que pertence a igrejas suburbanas; quando finda a explosão de nascimentos após a Segunda Guerra, muitos dos pais que hoje têm filhos adultos continuam a pertencer a associações de pais e mestres. Um longo e essencialmente infrutífero debate foi travado entre os urbanistas americanos nas décadas 1950 e 1960, para se saber se os subúrbios eram comunidades "reais" ou não; o mais importante de tudo isso é que a questão seja levantada, e que a comunidade tenha se tornado uma preocupação na cabeça das pessoas. Pois os termos do desenvolvimento urbano moderno fazem com que o contato comunitário em si mesmo pareça ser uma resposta ao deperecimento social da cidade. Esses padrões de desenvolvimento urbano não despertaram qualquer desejo de se refazer a própria cidade com uma nova imagem: "alternativas", quer dizer, a fuga, são a resposta.

Sabemos, a partir da história da vida pública, que no século XIX o declínio desse domínio competia com um crescimento contraditório e penoso em termos do seu número oposto: a esfera psicológica. As forças que causaram o declínio de uma encorajaram o surgimento da outra. As tentativas para criar comunidade em cidades são tentativas para se transformar valores psicológicos em relações sociais. A real medida daquilo que o desequilíbrio entre vida impessoal e vida psicológica provocou nas relações comunitárias reside, portanto, mais além do fato de que a procura por uma vida comunitária se tornou compulsiva; reside também nas expectativas que as pessoas estruturam por meio do desejo que têm de relações chegadas, abertas, face a face com outras pessoas, no mesmo território.

A sociedade mais ampla modelou tais expectativas de uma maneira ao mesmo tempo ideológica e prática: através das imagens de multidões. Pois essas imagens passaram a ser distintas, na mente das pessoas, daquelas imagens de comunidade; de fato, a comunidade e a multidão parecem então serem antitéticas. O homem burguês no século passado havia desenvolvido, para estar na multidão, um escudo de silêncio em torno de si. E o fizera independentemente de medo. Esse medo era até certo ponto uma questão de classe, mas não apenas isso. Uma ansiedade mais indiferenciada de não se saber o que se devia esperar, de se ser violado em público, levara-o a tentar se isolar

428 O DECLÍNIO DO HOMEM PÚBLICO

através do silêncio, uma vez dentro desse meio público. Diferentemente do seu correlato do Antigo Regime, que também conhecera a ansiedade da vida em multidão, ele não tentou controlar e ordenar essa sociabilidade em público; ao invés disso, ele tentou apagá-la, de modo que o burguês, nas ruas, estava numa multidão, mas não pertencia a ela.

O imaginário das multidões, hoje predominante, é de certo modo a extensão dessa ideia de isolamento, do século XIX. Os trabalhos de Lyn Lofland e de Erving Goffman exploraram com grande minúcia, por exemplo, os rituais com os quais os estranhos que estão em ruas apinhadas se fornecem mutuamente pistas de afirmação que deixam cada pessoa, ao mesmo tempo, em isolamento. A pessoa baixa os olhos, ao invés de olhar diretamente para um estranho, para assegurar-lhe que ela é inofensiva; a pessoa se engaja nos balés pedestres para sair do caminho dos outros, de modo que cada pessoa terá uma verdadeira ala por onde andar. Se precisa falar com um estranho, ela começa por pedir desculpas, e assim por diante. Esse comportamento pode ser observado até mesmo nas multidões mais descontraídas, como nos acontecimentos esportivos ou nas reuniões políticas.

Mas, numa outra perspectiva, as imagens modernas da multidão são de tal modo extensões daquele medo próprio ao século XIX que surgiu um princípio totalmente novo para se tratar e pensar a multidão. Ele diz que a multidão é o modo pelo qual as mais venais das paixões dos homens são o mais espontaneamente exprimidas; a multidão é o homem-animal libertado de suas rédeas. Essa imagem passou a ter um caráter explícito de classe. As pessoas que expressavam ativamente seus sentimentos são vistas comumente como *Lumpen-proletariat,* as subclasses, ou como desajustados sociais. Nos tumultos urbanos de Paris no final da década de 1960, assim como nos tumultos havidos nas cidades americanas na mesma década, seriam descritas pela imprensa conservadora e sua plateia como os estudantes "malvados" e os negros "malvados" incitando os sentimentos da multidão; no primeiro caso (Paris), e, segundo as palavras do *Figaro,* "estudantes provenientes de lares muito pobres ou desfeitos", e, no segundo caso, nas palavras do então vice-presidente, "somente vagabundos bêbados". Dessa forma, o perigo vindo das classes inferiores

A COMUNIDADE SE TORNA INCIVILIZADA 429

e o perigo advindo da multidão vociferante se unem. Mas nem mesmo essa conjunção poderia explicar o medo de sentimentos espontâneos desenfreados que parecem fazer da multidão um monstro. Pessoas respeitáveis que falavam de tais temores não estavam falando de uma perspectiva racista a respeito dos negros pobres que têm maior espontaneidade; pesquisadores sobre a onda de tumultos americanos frequentemente encontravam pessoas que criticavam a turba, terminando com o lamentável comentário segundo o qual qualquer pessoa poderia ficar fora de controle numa multidão. Nesse caso, a multidão surge como causa de espontaneidade corrupta, e também como o meio onde uma classe corrupta se expressa.

A literatura das ciências sociais oferece exemplos desse medo da violência espontânea das multidões, dados com profundidade maior do que a do sentimento popular, mas ainda assim na mesma órbita. A própria disciplina da psicologia social remonta ao trabalho de Gustave Le Bon, que no começo do século XX utilizou as transformações que as multidões supostamente causavam nos sentimentos individuais, fazendo do pacato cidadão comum um monstro, como o seu mais importante exemplo do quanto a "psicologia" do ser humano dependia do fato de ser ele considerado um ser isolado ou membro de um grupo social. A multidão desencadeava uma violência espontânea em seus membros, que nenhum deles teria exibido em seu trato diário com as outras pessoas. Le Bon não reivindicou qualquer nível de cientificidade para a sua perspectiva, mas um grupo de "experimentadores" com animais, que tinham uma visão semelhante, o fez. Esses "experimentadores", trabalhando com ratos, proclamam que uma "depressão de comportamento" é induzida nos ratos quando estão reunidos em grande número, como numa multidão, em laboratório. Os ratos se tornam supostamente muito violentos, defendendo cada um o seu território contra qualquer recém-chegado; a multidão supostamente leva a uma espécie de frenesi psicótico. Essas alegações científicas tendem a parecer quase mesquinhas, quer se acredite ou não que se possa inferir o comportamento humano a partir do comportamento de outros animais. Apesar de psicóticos durante o dia, os ratos apinhados, como qualquer rato, dormem à noite tão amontoados uns por cima dos outros quanto possível; um

430 O DECLÍNIO DO HOMEM PÚBLICO

rato desgarrado dos demais, e que não possa aninhar-se, é sujeito à insônia. Poucos dentre os outros animais respondem da mesma maneira ao amonto-amento; ratos engaiolados não respondem ao apinhamento — que, segundo tudo o que conhecem, é algo permanente para eles — tanto quanto os ratos de *habitat* naturais. E assim por diante. O que é importante a respeito dessa teoria "científica" do apinhamento não são seus defeitos, mas as suposições culturais que levam os pesquisadores a expandir uma situação muito peculiar para uma metáfora geral dos males psicológicos das multidões. O que se está afirmando implicitamente é que somente um espaço simples e claramente demarcado, com contato entre muito poucos indivíduos, pode manter a ordem.

As imagens modernas das multidões têm consequências nas ideias mo-dernas de comunidade. Em ambientes mais simplificados, haverá ordem, porque os indivíduos conhecem os outros indivíduos, e cada qual conhece o seu lugar territorial. Os vizinhos de uma pessoa saberão dizer se ela cometeu algum ato de violência espontânea, enquanto numa multidão ninguém co-nheceria. Em outras palavras, a comunidade tem uma função de vigilância. Mas como poderia ela ser também um lugar onde as pessoas pudessem ser abertas e livres umas com as outras? É exatamente essa contradição que cria os papéis peculiares a serem desempenhados na vida comunitária moderna, papéis em que as pessoas tentam ser, ao mesmo tempo, emocionalmente aber-tas umas com as outras, e vigilantes umas com as outras. O resultado dessa contradição está em que a experiência da vida comunal local, aparentemente um exercício de fraternidade num ambiente hostil, frequentemente se torna uma experiência de fratricídio.

Esse fratricídio tem dois sentidos. Primeira e mais diretamente, ele sig-nifica que irmãos se voltam contra irmãos. Revelam-se uns aos outros, têm expectativas mútuas, baseadas naquelas demonstrações do eu, e se deparam com a vontade de cada um. Em segundo lugar, o fratricídio significa que essa mentalidade está voltada contra o mundo. Somos uma comunidade; somos seres reais; o mundo exterior não está correspondendo em termos daquilo que somos; portanto, algo está errado nele; ele nos frustrou; portanto, não temos nada a ver com ele. Esses processos pertencem, de fato, ao mesmo ritmo de exposição, desapontamento e isolamento.

A COMUNIDADE SE TORNA INCIVILIZADA

Quando esse ritmo de comunidade começou a ser ouvido no século passado, ele ainda estava estático, como num amplo saguão. Os conflitos no Caso Dreyfus, as lutas para saber quem de fato pertence à esquerda radical, ainda estavam governados por um senso de grandes questões em jogo. A lógica da comunidade *Gemeinschaft* levará certo tempo até se tornar cada vez mais local em seus termos. Foi o que aconteceu no último meio século. A comunidade se tornou ao mesmo tempo um retraimento emocional com relação à sociedade, e uma barricada territorial no interior da cidade. A guerra entre psique e sociedade adquiriu assim um foco verdadeiramente geográfico, que veio a substituir o antigo foco do equilíbrio comportamental entre público e privado. Essa nova geografia é a do comunal *versus* o urbano; o território dos cálidos sentimentos e o território da indiferença impessoal.

BARRICADAS INTERNAS

É instrutivo observarmos um caso desse retraimento com relação ao mundo exterior, numa comunidade onde inicialmente ninguém desejava que o processo ocorresse. Penso na disputa de Forest Hills, em Nova York, que é pouco conhecida fora da cidade, mas que foi imensamente disruptiva dentro dela. Pois em Forest Hills, um grupo comunal se formou para perseguir exclusivamente objetivos políticos, e gradativamente evoluiu na direção de um refúgio fechado sobre si mesmo. As transações psicológicas entre as pessoas da comunidade se tornaram mais importantes do que o fato de desafiar os procedimentos operacionais da cidade. De um certo ponto de vista, o caso de Forest Hills relaciona-se diretamente com o Caso Dreyfus. Em ambos, a comunidade tomava forma gradativamente em torno de uma personalidade coletiva, em cujo alimento e em cujo cuidado se concentrou a principal atividade das pessoas da comunidade. Mas essa luta comunal moderna demonstra também os efeitos cumulativos da atomização da cidade.

Forest Hills é uma seção de classe média, na maior parte judia, do burgo de Queens, que há poucos anos havia sido ameaçada pelo influxo de famí-

432   O DECLÍNIO DO HOMEM PÚBLICO

lias negras, através de um projeto de habitação da cidade de Nova York a ser construído naquela área. Graças a um diário mantido por um mediador da cidade, Mario Cuomo, é possível seguir passo a passo, durante o decorrer dessa disputa a respeito da construção das casas, a resposta dos cidadãos a esse evento. A história da disputa de Forest Hills começou numa comunidade vizinha, Corona. Essa aglomeração de operários de origem italiana, nos anos 1960, travara uma dura luta contra a cidade, em primeiro lugar para evitar que um projeto de habitações de baixa renda fosse construído, e em segundo lugar para diminuir a escala de tamanho de uma escola proposta pela cidade. Após muito tempo de batalha, os residentes de Corona, tendo por advogado o sr. Cuomo, forçaram a cidade a abandonar seus planos originais.

Nessa luta, as pessoas de Forest Hills não tomaram qualquer parte. "Aquilo", isto é, os negros pobres com sua cultura, não poderia acontecer com elas. Eram uma comunidade de eleitores bem-educados, liberais, e o tipo de cidadãos que olharam com bons olhos o movimento pelos direitos civis. Mas então "aquilo" atinge também Forest Hills: um projeto da cidade que situaria 840 unidades de habitações de baixa renda, em três torres de 24 andares cada uma, em meio à área de residências particulares e de pequenos prédios de apartamentos.

Assim, os judeus de classe média se depararam com aquilo que os trabalhadores italianos já haviam enfrentado. As reuniões do conselho municipal eram farsas; numa delas, por exemplo, um membro do conselho que estava ausente enviou um subordinado para votar em seu lugar e para ler um discurso resumindo suas "reações" aos problemas que a comunidade havia suscitado. Esse exercício de onisciência fez com que os moradores de Forest Hills ficassem convencidos, da mesma maneira que os de Corona já o estavam, de que os políticos e suas comissões não se importavam com aquilo que as pessoas da aglomeração afetada pensassem.

Para as pessoas de Forest Hills, o reconhecimento por parte da cidade de que tinham objeções legítimas era algo especialmente importante. Não somos fanáticos racistas, insistiam eles; as famílias faveladas apresentam alta incidência criminal; estamos temerosos por nossos próprios filhos; nossa aglomeração será fisicamente destruída.

A COMUNIDADE SE TORNA INCIVILIZADA 433

Quanto mais preocupadas ficaram as pessoas de Forest Hills, mais a maquinária municipal de consulta à comunidade, o Conselho Provisional etc. levavam o projeto avante, indiferentes às queixas dos residentes. Finalmente, todas as formalidades legais haviam sido preenchidas, e a construção começou. Os residentes recorreram a um expediente que haviam deixado de lado: os meios de comunicação de massa. Encenaram demonstrações publicitárias; os residentes acossaram o prefeito Lindsay até mesmo na Flórida, onde estava em campanha pela nominação presidencial dos democratas, trazendo cartazes hostis para as suas reuniões políticas, seguindo-o e envolvendo-o diante das câmeras de televisão.

Essa campanha de publicidade causou medo à Prefeitura. À medida que o conflito entre a cidade e a aglomeração se tornava cada vez mais complexo, o prefeito Lindsay encarregou Mario Cuomo de levantar os fatos e ser o juiz independente. Cuomo decidiu estabelecer por escrito, tão precisamente quanto possível, aquilo que as pessoas haviam dito, e como se comportavam; esse registro é tanto mais valioso, talvez, porque é franco, inocente de qualquer teoria a respeito do que estava acontecendo.[9]

O que aconteceu a Cuomo foi de certo modo bem simples. Ele havia observado, falado e debatido; redigiu um compromisso favorável a Forest Hills. O compromisso foi adotado com relutância pelo prefeito Lindsay e, em seguida, pelo responsável do grupo governamental, o Conselho Provisional. Mas essas vitórias práticas, naquele momento, já haviam deixado de ser importantes para a comunidade. Da mesma forma que os combatentes pró-Dreyfus passaram do drama político ao conflito, pelo bem da comunidade, as pessoas nessa disputa de classe e de raça também atravessaram aquele limite; na esteira dessa passagem, os resultados obtidos através dos canais políticos normais eram tidos como insignificantes. A comunidade se tornara a implacável defensora da integridade de cada um de seus membros. Afirmava a sua legitimidade desafiando os políticos e a burocracia, sem se referir ao fato de que a comunidade tinha direitos invioláveis do ponto de vista jurídico, mas apenas agindo como se somente as pessoas da comunidade, os judeus de Forest Hills, soubessem o que significava sofrimento; somente as pessoas da comunidade poderiam

434   O DECLÍNIO DO HOMEM PÚBLICO

julgar o valor moral da habitação pública; a resistência contra as pessoas da comunidade era imoral e provavelmente antissemita.

O estigma colocado naqueles que se envolviam com a Previdência Social tinha origem vigorosa nas classes, além do racismo. Assim sendo, na cidade de Nova York, o projeto de habitação de Forest Hills despertou poucas pessoas da comunidade negra a seu favor, porque muitos negros de classe média não desejavam ter famílias previdenciárias como vizinhas. O grupo de Forest Hills estava ciente disso, e por vezes utilizou-se da antipatia da classe trabalhadora negra pelos negros previdenciários para escorar o seu próprio movimento. Mas aqueles que defendiam ativamente o projeto — na maioria, negros e brancos da classe alta — o faziam de modo a reforçar o ódio que a comunidade sentira a princípio pelo trabalho malfeito do governo da cidade.

No dia 14 de junho de 1972, ao ouvir o porta-voz de uma coligação de grupos que defendiam o projeto, Cuomo escreveu: "Na maioria, eles não são residentes da comunidade e não estão imediatamente afetados... é mais fácil para tais grupos funcionarem a partir de 'preceitos de alto princípio moral'." Os defensores pareciam ser pessoas que podiam julgar moralmente sem ter experimentado a convivência com os intrusos da classe mais baixa; o que quer que digam, deve ser sempre fraudulento, porque a sua relação entre aparência e realidade é obviamente uma fraude. Portanto, a comunidade sofredora passou a pensar-se a si própria como uma ilha de moralidade. O que Cuomo observou entre os judeus de Forest Hills, o observador da Paris dos anos 1890 havia visto entre os antissemitas como Drumont: sendo o mundo corrupto e cego, apenas nós é que prestamos.[10]

Nos primeiros estágios do conflito, no entanto, sentimentos tais como "ninguém nos entende" eram frequentemente manipulações das aparências, conscientemente exageradas. Pois, no início, as pessoas da comunidade estavam preocupadas com um único objetivo: como terminar o projeto. Representaram o papel da moral ultrajada para conseguirem concessões precisas da parte da Prefeitura.

Em 12 de julho de 1972, Cuomo tivera, por exemplo, um encontro com Jerry Birbach, um dos líderes de Forest Hills; Birbach anunciara que, a menos

A COMUNIDADE SE TORNA INCIVILIZADA

que o projeto fosse transformado para atender a suas exigências, ele iria vender sua própria casa a um negro e, em seguida, organizar uma emigração maciça dos brancos, "arrasando com essa vaga a comunidade como um todo". Teria Cuomo ficado horrorizado? De fato, não, porque ele sabia que Birbach, que falava com feroz convicção, não pretendia dizer aquilo. "A aproximação fora maquinada cuidadosamente", escreve Cuomo. "Birbach começaria com uma apresentação vigorosa."[11]

Em 14 de setembro, Cuomo registra a astúcia da operação dos "sacos de areia". Um grupo comunal dera sua palavra ao prefeito de que aceitaria um acordo na disputa caso o prefeito se comprometesse antes com ele; o grupo da comunidade poderia então agir de modo encoberto junto a um conselho do qual o prefeito participava, para conseguir que votassem contra o acordo. Dessa maneira, o prefeito estaria preso na armadilha de estar apoiando algo que ninguém mais apoiaria; surgiria como alguém isolado e extremista; ficaria humilhado. "Foi", escreve Cuomo, "um caso clássico de fraude de indução, mas então quase todos aqueles que estavam engajados ativamente no jogo de representação política parecem ver esse tipo de tática como permissível, senão *de rigueur* (obrigatório)". Então, Cuomo reflete a respeito do que acabara de dizer: "Essa espécie de sofisticação é desalentadora, mas cada vez mais parece ingênuo acreditar que poderia ter sido de outro modo."[12]

Se o jogo de representação fosse apenas uma questão de fraudes e tapeação, um observador poderia concluir, com razão, que estava mais do que na hora, para Cuomo, de perder sua ingenuidade. Fraude e decepção são armas clássicas no arsenal político. De fato, uma teoria contemporânea a respeito da estrutura urbana liderada pelo cientista político Norton Long argumenta que sem esses jogos a estrutura urbana se dilaceraria. Em "The City as an Ecology of Games" (A cidade como uma ecologia de jogos), Norton Long escreve: "Os jogos e seus jogadores se entrelaçam em suas perseguições particulares para obterem resultados totalizadores; o sistema territorial é, desse modo, alimentado e ordenado." Com isso, Long não quer dizer que jogadores como Birbach estão conscientes do fato de que seus jogos fazem o bem; o interesse próprio, como Hobbes escrevera uma vez, torna os homens cegos para aquilo

436 O DECLÍNIO DO HOMEM PÚBLICO

que está além dos desejos pessoais. O conceito de Long sobre a ecologia dos jogos afirma que um equilíbrio de poder na cidade é o que essas manobras acarretam. Long vê a cidade como um estado de equilíbrio produzido pelo conflito. Essa concepção da cidade lembra a visão que Locke tem da sociedade como um todo. Os habitantes da cidade, diz Long, "são racionais dentro de áreas limitadas, e a busca das finalidades dessas áreas realiza as finalidades socialmente funcionais".[13]

Teorias desse tipo tentam definir a representação de um papel dentro de uma comunidade em relação com os poderes constituídos fora dela. As posturas morais, as máscaras de intransigência etc. são ajustadas para se adequarem ao grau de satisfação de suas finalidades que a comunidade tiver alcançado no mundo. O que é peculiar quanto aos papéis numa comunidade moderna, no entanto, está em que as máscaras, supostamente apenas meios para se chegar ao poder, se tornam fins em si mesmas. A razão está no fato de que as pessoas estão dispostas, pelos próprios termos da personalidade que governam a sociedade moderna, a acreditar que uma aparência é uma realidade absoluta. Quando um grupo de pessoas se reúne com propósitos políticos, forja algumas posturas comuns para si próprias, e então começam a se comportar com base nessa aparência comum; gradativamente, elas começam a acreditar nela, a aderir a ela, a defender a postura por ela mesma. Ela se encaminha para tornar-se uma definição real de quem são elas, mais do que uma posição adotada durante um jogo pelo poder. Para que grupos sem poder desafiem instituições de poder, como a Cidade de Nova York, as únicas máscaras que se poderiam usar de início eram as morais. Seria irreal, por certo, tratar esses clamores de ultraje moral como insinceros; não se trata disso. Na maioria, os grupos comunitários que começaram a lutar nessa base usaram seu próprio ultraje moral genuíno como meio de se legitimar. O que ocorre então é que os códigos de credibilidade que reinam na sociedade moderna gradativamente os induzem a acreditar que esse ultraje é tão precioso que nunca pode ser comprometido, nem desfeito por ação efetiva, porque ele se tornou uma definição de quem eles são, enquanto uma pessoa coletiva. Nesse ponto, a política é substituída pela psicologia.

A COMUNIDADE SE TORNA INCIVILIZADA   437

Há muitos outros nomes para esse fenômeno — domínio pela retórica, senilidade ideológica —, e frequentemente esses nomes são invocados como críticas por aqueles que realmente querem vilipendiar as legítimas exigências dos próprios grupos. O que é maligno no processo não são as exigências políticas, mas a maneira pela qual os termos culturais da personalidade podem se apoderar de um grupo assertivo e levar gradativamente o grupo a pensar a si mesmo como uma coletividade emocional. Nesse ponto, a face que se volta para o mundo exterior se torna rígida, e a comunidade se engaja numa corrida interna que se torna cada vez mais destrutiva.

No caso de Forest Hills, a mudança levou cerca de três meses. Por volta de meados de setembro, nas palavras do jornalista, as pessoas estavam começando a "acreditar que no começo haviam fingido acreditar". Diferentemente do Caso Dreyfus, não houve acontecimento isolado, ou pequenos grupos de acontecimentos, que pudessem servir de catalisadores. A experiência de compartilharem dessa revolta juntos quase imperceptivelmente acostumara um número cada vez maior de pessoas a pensar nessa exibição como uma espécie de comunhão umas com as outras. Compartilhar da revolta havia se tornado um meio para se falar dentro da comunidade, e quem quer que não compartilhasse desse sentimento seria considerado suspeito.

Cuomo tivera uma prefiguração disso com os Gordons e os Sterns, dois casais que vieram vê-lo em 13 de junho. Gordon era um professor primário aposentado e viera preparado com todo um conjunto de notas de leitura. "Ele tentou ser frio e profissional em sua exposição, mas pouco depois estava tomado pelo seu próprio medo, e teria terminado literalmente gritando comigo." Cuomo nos conta que "não havia possibilidade, para ele, de um papel de advogado do diabo; qualquer questão probatória que parecesse contraditória à sua posição era o próprio 'diabo', não o advogado. (...) Ele terminou num crescendo: 'Minha mulher será assaltada e estuprada, e o senhor me pede para ser razoável?'"[14]

Em junho, ele também vislumbrou os termos étnicos que iriam moldar esses sentimentos comuns. No dia 19 de junho, uma delegação de mulheres da comunidade visitou Cuomo. Começaram monotonamente com um tema

438 O DECLÍNIO DO HOMEM PÚBLICO

familiar: as pessoas que não "trabalharam para isso não deveriam receber 'apartamentos caros'". Mas seus argumentos seguintes eram bem mais espantosos. Contaram a Cuomo que haviam sido "vítimas da conspiração de um prefeito antissemita"; contaram-lhe que estavam zangadas com os italianos de Corona por terem acobertado os negros. Ele sentiu mais uma vez que era como se os judeus fossem vítimas da sociedade.[15]

Paranoia judia? Isolamento étnico? Trata-se de saber o que significam essas palavras.

As dimensões étnicas das vidas das pessoas são particularmente suscetíveis aos processos comunitários através dos quais uma personalidade coletiva é projetada. Uma máscara de revolta, voltada para um mundo que, no passado, negara as necessidades do étnico, torna-se uma máscara rígida, e questões de solidariedade e de traição se tornam penosamente confundíveis. É verdade que, entre europeus ocidentais e urbanitas americanos, a etnicidade está sendo descoberta como um novo e mais "significativo" princípio de vida em grupo, do que os princípios de classe. As revoltas étnicas de pessoas burguesas contra o mundo exterior podem ser dificilmente integradas a esse mundo; as pessoas envolvidas passam a ser coléricas, implacáveis e coesivas; o sistema se intensifica mais do que antes. A razão pela qual a etnicidade é um veículo tão perfeito para os papéis da comunidade moderna está em que a etnicidade envolve a recuperação, em termos emocionais, de uma vida que não pode ser recuperada em termos políticos, demográficos, nem, principalmente, em termos religiosos. A etnicidade burguesa é a recuperação dos traços de personalidade de uma cultura perdida, e não da própria cultura.

Forest Hills, tanto quanto muitas outras seções de Nova York, é judia, no sentido de que as pessoas que vivem lá são judias e eram tradicionalmente judias. Não se escuta mais falar iídiche, e os jornais em iídiche já se foram. Poucos açougues *kosher** ainda existem, porque as aves *kosher* são as únicas aves recém-abatidas da cidade, mas poucas pessoas ainda seguem a dietética *kosher*. Poucos judeus abaixo de cinquenta anos podem ainda escrever ou

---

*Purificados segundo a dietética judaica. (*N. da T.*)

A COMUNIDADE SE TORNA INCIVILIZADA 439

falar uma sentença própria em hebraico, apesar de que as palavras do serviço religioso possam ser conhecidas maquinalmente. Entre os mais velhos judeus de Nova York, até há alguns anos, havia um grande esforço para agirem de modo contrário a todos os estereótipos do judeu: não falar alto, não parecer cultuar um clã, não se comportar agressivamente no trabalho ou na escola — coisa que, certamente, significava levar os estereótipos muito a sério. A palavra iídiche *yenta* significava originalmente uma pessoa que era ao mesmo tempo agressivamente grosseira e estúpida; entre os judeus de agora, de seus vinte anos, é usada para se referir a qualquer pessoa que se comporte "*à la* judeu*". Esse saneamento da etnicidade é uma experiência que a maioria dos grupos étnicos nos Estados Unidos já experimentou, seja num movimento de ascensão social ou não. Língua, hábitos alimentares, costumes de deferência familiar: eram todos questões ambivalentes, senão totalmente vergonhosos.

A experiência central que se havia perdido, no entanto, era a religião; a maioria dos imigrantes europeus e asiáticos que imigravam se compunha, no seu ponto de partida, de camponeses ou aldeões intensamente devotos. Quando um grupo étnico retoma consciência de si mesmo, os costumes podem ser reavivados, mas esse cerne está perdido. O invólucro de costumes em torno dessa fé é renovado, a fim de definir um sentido de associação particular e calorosa com os outros. As pessoas se sentem mais próximas umas das outras, porque, enquanto judeus, enquanto italianos, enquanto japoneses, na América, compartilham de uma "mesma perspectiva externa", sem compartilharem, se podemos nos expressar assim, da "mesma perspectiva interna", a fé religiosa, a partir da qual os usos e costumes do passado se originaram.

De que modo esse senso de comunidade consistindo em se compartilhar desse invólucro de "perspectiva externa" e de percepção é posto em ação? A maneira mais simples é através da resistência aos ataques exteriores. De fato, quando um ataque feito a um grupo se torna na mente grupal um ataque à sua cultura, as pessoas acreditam que só podem se aliar umas às outras, exclusivamente. De que compartilham as pessoas de uma comunidade étnica, quando está sendo atacada? Não se envergonhem de ser judeus, diziam as pessoas de Forest Hills; ergam-se e defendam-se; sejam coléricos. Mas, se compartilhar

O DECLÍNIO DO HOMEM PÚBLICO

de uma identidade étnica é compartilhar de um impulso, quem é essa pessoa coletiva, o judeu colérico? Ele é colérico. Se cessar de sê-lo, deixará de ser judeu? Essa é uma tautologia perversa. Reavivando o invólucro étnico sem o seu centro de crença, aquilo que as pessoas têm para compartilhar é o desejo de sentirem alguma coisa junto com outras pessoas. A comunidade, nesses termos, é um modo de ser, mais do que um modo de crer. Ela só se mantém por paixão interna e retraimento externo.

Desse modo, não deveria ser espantoso o fato que Cuomo relata, sobre as mulheres de Forest Hills que logo começaram a perceber um laço étnico, a que, assim como os homens, assim como os líderes, elas "simplesmente recusavam-se a prestar atenção: deixe a crença em paz", quando ele tentava corrigir erros factuais nas apresentações que elas faziam. Se elas tivessem que funcionar como um grupo aberto ao "toma lá dá cá" com ele, perderiam aquela força momentânea do sentimento de estarem comprometidas umas com as outras, fraternalmente, unidas e puras, em virtude de estarem sendo atacadas enquanto judias.

Cuomo nos fornece uma descrição eloquente dessa rigidez, ao descrever uma reunião a que assistiu no dia 21 de setembro:

> A comunidade de Forest Hills está convencida de que a sua arma principal agora, como havia sido durante os últimos meses, está em persuadir os patriarcas da Cidade e o grande público de que é impossível esperar tolerância e aceitação da parte da comunidade. Para isso, eles exageram a sua força e a sua resistência. *E aquilo que inicialmente é, em parte, uma pose, então passa a se comunicar e a se alimentar de si mesma, e finalmente a ilusão se torna realidade.* Os aproximadamente cem residentes de Forest Hills que ontem gritaram, bateram o pé, bradaram e berraram *acreditavam naquilo em que, no princípio, fingiam acreditar.*[16]

Por volta do final de setembro, à medida que se uniam mais sólida e emocionalmente, as pessoas de Forest Hills começaram a olhar o mundo exterior a Forest Hills com resignação. "Esperem por um milagre", disseram

A COMUNIDADE SE TORNA INCIVILIZADA 441

elas; o milagre de que a lousa das ações passadas seja apagada e limpa, e que "nenhum projeto, nenhuma maneira" conseguirá passar. Entrementes, expunham os mecanismos efetivos do poder como fraudes. Uma vez que o poder real numa cidade é sempre uma questão de "toma lá dá cá", as ofertas efetivas da parte do governo começaram a parecer maculadas e sujas para a comunidade, porque eram apenas concessões parciais. O único poder real que a comunidade poderia imaginar era a gratificação total (tudo é uma exigência inegociável), e essa gratificação nunca poderá existir. A comunidade se voltava naturalmente contra os instrumentos do poder, as comissões, as assembleias oficiais etc., para destruir tais mecanismos, esperando poder mostrar ao mundo que eles são falsos e moralmente inautênticos. Ao acreditar que eram falsos, a comunidade não deveria ter nada a ver com eles; de outro modo, estaria comprometendo sua própria razão de ser. A conclusão irônica do caso de Forest Hills foi que a ineficácia burocrática emperrou o projeto por muito tempo, e o mediador da cidade, Mario Cuomo, em quem as pessoas de Forest Hills não confiavam por ser ele um "forasteiro", passou a ser o mais efetivo porta-voz dos interesses delas.[17]

Um retraimento em relação à roda-viva política, a fim de preservar a solidariedade comunal, inevitavelmente embaralha a linha divisória entre a solidariedade e a traição. Nessa comunidade, em particular, ser contrário a qualquer compromisso significava não se envergonhar de ser judeu. Em meus passeios pelas ruas dessa comunidade, na época, frequentemente ouvi pessoas falando de serem pró-Israel e contra qualquer compromisso a respeito do projeto de habitação local, como se fossem a mesma coisa. Nas reuniões, as pessoas estavam sempre sendo testadas no tocante à constância e à implacabilidade de seus sentimentos, e aquelas que se inclinavam a favor de uma aglomeração eram tidas como fatalmente defeituosas quanto à sua moralidade. De fato, a Liga de Defesa Judaica (um grupo de militantes) rabiscou na fachada da loja de um desses "comprometidos" a palavra de ordem: "Nunca Mais!", uma intimação codificada a se pensar que o desejo de aceitar uma aglomeração tinha o mesmo espírito do que passear passivamente por um campo de concentração nazista.

442   O DECLÍNIO DO HOMEM PÚBLICO

Essa comunidade agradável e tranquila fez de si mesma um gueto, construído com suas próprias muralhas. Seus membros agiam como se tivessem uma banca no mercado do ultraje moral. De nenhum modo a substância do conflito nessa comunidade se assemelhava à substância dos conflitos ideológicos, tal como esses conflitos eram explorados no tempo de Guesde e de seus partidários. Mas o processo de conflito é o mesmo, uma vez que as tomadas de posição vão se tornando gradativamente um rígido e simbólico eu coletivo. Mais próximos no tempo e no espaço, os movimentos da comunidade negra dos anos 1960, desafiando a classe média, terminaram por erigir as mesmas muralhas, uma vez que cada uma das diferentes facções envolvidas em disputas táticas e planos de longo alcance gradativamente passou a ver a si mesma como a única voz legítima "da gente" (*the people*). Forasteiros, outros negros, não menos do que brancos, deviam ficar de fora.

OS CUSTOS HUMANOS DA COMUNIDADE

Os antropólogos têm um vocábulo para um aspecto da rigidez territorial e comunitária. Chamam a isso pseudoespeciação, com o que querem dizer que uma tribo agirá como se fosse a única aglomeração de seres humanos realmente humana. As outras tribos serão menos, ou nada humanas. Mas se os processos da comunidade moderna pudessem ser simplesmente jogados dentro desse esquema antropológico, algo de essencial no processo estaria perdido. O aumento dessa intolerância não é produto de um orgulho arrogante, da soberba ou da autoafirmação do grupo. É um processo bem mais frágil e autodubitativo, no qual a comunidade só existe por meio de uma contínua intensificação das emoções. A razão para essa histeria, por sua vez, não está numa destrutividade inata do homem, que se desencadearia no ato da solidariedade, mas precisamente no fato de que os termos da cultura passaram a ser de tal maneira organizados que, sem forçar e sem aguilhoar, os laços sociais não parecem ser naturais.

A COMUNIDADE SE TORNA INCIVILIZADA 443

Numa sociedade de espaços sociais atomizados, as pessoas ficam temerosas de ser separadas umas das outras. Os materiais que essa cultura oferece para que as pessoas façam "conexão" com as outras pessoas são símbolos instáveis de impulso e de intenção. Uma vez que os símbolos são tão problemáticos, é inevitável que as pessoas que os usam estejam sempre na iminência de ser obrigadas a testar sua força. Até onde se pode ir, quanto do sentido de comunidade se pode sentir? As pessoas terão que equacionar sentimentos reais com sentimentos extremos. Na Idade da Razão, as pessoas se abandonam a demonstrações emocionais que seriam consideradas embaraçosas numa casa de espetáculo ou num bar modernos. Chorar no teatro, no entanto, tem um sentido em si mesmo, independentemente de quem se é. Em contrapartida, a emoção experimentada em um grupo fraternal moderno depende e faz parte da declaração de que tipo de pessoa se é e de quem é o seu irmão. Agora, as demonstrações dramáticas de sentimentos tornam-se sinais para as outras pessoas de que se é "para valer", e também, ao se excitar febrilmente, convencem a própria pessoa de que ela é "para valer".

Façamos agora uma recapitulação do fogo com o qual brincam, de modo tão descuidado, os planejadores urbanos, quando falam da construção de um senso de comunidade em nível local, na cidade, como sendo oposta a um redespertar significativo do espaço público e da vida pública na cidade como um todo.

Não é preciso ser fanático por onipresentes conspirações para se perceber que essa luta pela solidariedade comunitária serve a uma função estabilizadora em termos das estruturas políticas mais amplas da sociedade. Assim como a experiência carismática se torna uma deflexão diante de um confronto direto com essas estruturas políticas, a tentativa de se formar uma comunidade deflete a atenção em relação a essas estruturas. As tempestades e as tensões do fratricídio são mantenedoras do sistema. Uma vez mais, assim como ocorrera com a experiência carismática, agora é muito mais fácil confundir a paixão pessoal na sociedade com desordem na sociedade. De fato, o contrário é que se passa: quanto mais as pessoas estão mergulhadas nessas paixões de comunidade, tanto mais as instituições de base da ordem social permane-

444   O DECLÍNIO DO HOMEM PÚBLICO

cem intocadas. Falar de questões de motivação pessoal, em política, como algo sedutoras — seja para a liderança carismática, seja para a formação do sentimento de base da comunidade — não é falar de uma metáfora, mas de um fato estrutural sistemático. As pessoas que lutam para se tornar uma comunidade tornam-se cada vez mais interessadas pelos sentimentos alheios, e ainda mais retraídas de um entendimento, já que não se pode pensar em desafio, das instituições de poder tão dispostas a terem uma "participação local" e um "envolvimento local".

A maioria dos chamados planos urbanos progressistas conseguiu chegar a um tipo muito especial de descentralização. Unidades locais, "subúrbios jardins", conselhos municipais ou comunais são formados. O objetivo são os poderes locais de controle, mas não há poder real que essas localidades tenham, de fato. Numa economia altamente interdependente, decisões locais a respeito de questões locais são uma ilusão. O resultado desses bem-intencionados esforços de descentralização cria ritmos comunitários, se não tão extremos como os da crise de Forest Hills, depressivamente similares em sua estrutura. Cada planejador urbano terá experimentado tais lutas locais, em que as pessoas, acreditando que tinham poder de fato para mudar alguma coisa na comunidade, entravam em lutas intensas para saber quem "realmente" pode falar pela comunidade. Essas lutas envolvem tanto as pessoas em questões de identidade, solidariedade ou dominação internas que, quando chegam os momentos reais do poder de negociação e a comunidade precisa se voltar para as estruturas mais amplas da cidade e do Estado, detentores do poder efetivo, a comunidade estará tão absorta em si mesma que ficará surda ao que estiver fora dela, ou então estará esgotada, ou fragmentada.

Uma sociedade que teme a impessoalidade encoraja as fantasias de vida coletiva de natureza paroquial. Quem somos "nós" se torna um ato altamente seletivo de imaginação: os nossos vizinhos mais próximos, os companheiros de trabalho, a família. Identificar-se com pessoas que não se conhece, pessoas estranhas, mas que podem compartilhar dos interesses étnicos, dos problemas familiares, ou da religião, torna-se algo penoso. Ligações étnicas impessoais, tanto quanto as ligações impessoais de classe, não constituem realmente um

A COMUNIDADE SE TORNA INCIVILIZADA 445

vínculo: a pessoa se sente obrigada a conhecer as outras pessoas a fim de utilizar o "nós" ao descrever as suas relações para com elas. Quanto mais local a imaginação, maior se torna o número de interesses e problemas sociais, para os quais a lógica psicológica é: não nos deixaremos envolver; não permitiremos que isso nos violente. Não se trata de indiferença: é uma recusa, uma constrição voluntária de experiência que o eu comum pode se permitir. Pensar numa tal localização em termos estreitamente políticos é perder algo de força do fenômeno; basicamente, o que está em questão é o grau de possibilidade de riscos em que a pessoa está disposta a se engajar. Quanto mais local for o senso de eu que ela puder compartilhar com os outros, menos riscos estará disposta a correr.

A recusa em enfrentar, assimilar e explorar a realidade exterior à escala paroquiana é, num certo sentido, um desejo humano universal, enquanto simples medo do desconhecido. O sentimento de comunidade formado pelo compartilhar de impulsos tem o papel especial de reforçar o medo diante do desconhecido, convertendo a claustrofobia num princípio ético.

O termo *Gemeinschaft* significava, originalmente, a total abertura de sentimentos diante dos outros; historicamente chegou a significar, ao mesmo tempo, uma comunidade de pessoas. Ambos os sentidos unidos fazem de *Gemeinschaft* um grupo social especial em que relações emocionais abertas são possíveis, em oposição a grupos em que prevalecem relações parciais, mecânicas ou emocionalmente indiferentes. Qualquer comunidade, como observávamos, é construída com algum grau de fantasia. O que há de distintivo na *Gemeinschaft* moderna está em que a fantasia compartilhada pelas pessoas é o terem uma mesma vida impulsiva, a mesma estrutura motivacional. Em Forest Hills, por exemplo, a ira demonstrava que se estava orgulhoso por ser judeu.

A vida impulsiva e a vida coletiva uma vez unidas, está prestes a ter início o ritmo fratricida. Se as pessoas tiverem novos impulsos, então a comunidade se despedaçará; não estarão compartilhando dos mesmos sentimentos; a pessoa que se transformar "trairá" a comunidade; o desvio individual ameaça a força do todo; as pessoas precisam, por isso, ser vigiadas e testadas. Desconfiança e solidariedade, aparentemente tão opostas, estão aqui reunidas. A ausência,

446 O DECLÍNIO DO HOMEM PÚBLICO

a incompreensão ou a indiferença do mundo exterior à comunidade são interpretadas da mesma maneira. Uma vez que os sentimentos fraternos são imediatos e vigorosos, como podem os outros não entender, por que eles não respondem à altura, por que o mundo não se curvaria aos desejos emocionais? A resposta a essas questões só pode ser uma: o mundo exterior à comunidade é menos real, menos autêntico do que a vida no interior dela. Como consequência, não se tem o desafio ao exterior, mas um desprezo por ele, um voltar-se para o outro lado, para dentro do compartilhar observável, com aqueles que "entendem". Eis o sectarismo peculiar à sociedade secular. Resulta da conversão, da experiência imediata do compartilhar com os outros, em um princípio social. Infelizmente, forças em grande escala podem ser, na sociedade, psicologicamente mantidas a distância, mas nem por isso desaparecem.

Finalmente, a *Gemeinschaft* moderna é um estado em que se sente "maior" do que a ação. As únicas ações sustentadas pelas comunidades são as da manutenção emocional da casa, purificando a comunidade daqueles que realmente não pertencem a ela, por não sentirem como as outras pessoas. A comunidade não pode fazer entrar, assimilar e se incrementar a partir do exterior, porque então se tornaria impura. Assim sendo, uma personalidade coletiva acaba por se colocar contra a própria essência da sociabilidade, o intercâmbio, e uma comunidade psicológica entra em guerra contra a complexidade da sociedade (so*cietal).*

Os planificadores urbanos ainda precisam aprender uma profunda verdade que escritores conservadores já perceberam, embora tivessem feito mau uso dela: as pessoas somente podem ser sociáveis quando dispõem de alguma proteção mútua; sem barreiras, sem limitações, sem a distância mútua que constitui a essência da impessoalidade, as pessoas são destrutivas. E é assim não porque a natureza do homem seja malévola, esse é o erro dos conservadores, mas porque o efeito último da cultura gerada pelo capitalismo e pelo secularismo modernos torna lógico o fratricídio, quando as pessoas utilizam as relações intimistas como base para as relações sociais.

A COMUNIDADE SE TORNA INCIVILIZADA

O verdadeiro problema dos planejamentos urbanos hoje não está em "o que fazer", mas em "o que evitar". A despeito dos alarmas que soam nos laboratórios de psicologia social, os seres humanos têm potencialmente um verdadeiro gênio para a vida de grupo sob condições de apinhamento. A arte de planificar praças públicas não é arcaica. Foi praticada com muito sucesso durante séculos, comumente sem arquitetos formalmente treinados. Historicamente, a vida pública morta e a vida comunitária pervertida, que afligem a sociedade burguesa do Ocidente, são algo como uma anomalia. A questão está em como reconhecer os sintomas de nossa enfermidade peculiar, sintomas esses que estão em noções tão correntes do que são escala humana ou uma boa comunidade, tanto quanto em noções falsas que temos da impessoalidade como um mal moral *per se*. Numa palavra, quando o planejamento de cidades procura melhorar a qualidade da vida tornando-a mais intimista, o próprio senso de humanidade do planejador cria a própria esterilidade que ele poderia estar querendo evitar.

14

O ator privado de sua arte

Neste capítulo, eu gostaria de integrar a análise da vida pública de modo sistemático na questão da expressão. Quando "arte" e "sociedade" estão juntas, a discussão em geral gira em torno do efeito das condições sociais sobre o trabalho do artista, ou então da expressão, em seu trabalho, dessas condições. Uma arte *em sociedade*, trabalho estético intrínseco aos próprios processos sociais, é algo difícil de se imaginar.

O ideal clássico do *theatrum mundi* tentara transmitir uma união da estética com a realidade. A sociedade é um teatro, e todos os homens são atores. Enquanto ideal, essa visão não está de modo algum morta. Em *The Theatre in Life* (O teatro na vida), de Nicolas Evreinoff, cm 1927, o *theatrum mundi* é afirmado nos seguintes termos:

> examinem qualquer (...) ramo de atividade humana e vocês verão que reis, homens de Estado, políticos, guerreiros, banqueiros, homens de negócios, padres, médicos, todos eles pagam tributo diário à teatralidade, todos consentem com os princípios reguladores do palco.

Em *The Drama of Social Reality* (O drama da realidade social), de 1975, Stanford Lyman e Marvin Scott começam um exame da política moderna com estas palavras:

> Toda vida é teatro; assim sendo, a vida política também é teatral. E o governo por meio do teatro deve ser chamado 'teatrocracia'.[18]

450 O DECLÍNIO DO HOMEM PÚBLICO

A dificuldade com esse ideal está em que ele se mantém fora do tempo. Em meados do século XVIII bem que havia uma vida social em que a estética do teatro estava entrelaçada com o comportamento na vida diária. No entanto, essa dimensão estética na vida diária gradativamente definhou. Foi substituída por uma sociedade em que uma arte formal cumpria as tarefas de expressão que fossem difíceis ou impossíveis de realizar na vida diária. O imaginário do *theatrum mundi* mostra aquilo que é potencial em termos de expressão na sociedade. A erosão da vida pública mostra o que, de fato, se tornou esse potencial: na sociedade moderna, as pessoas se tornaram atores sem uma arte. A sociedade e as relações sociais podem continuar a ser abstratamente imaginadas em termos dramáticos, mas os homens mesmos deixaram de representar.

As transformações no significado da expressão seguiram a vaga dessas transformações na identidade pública. A expressão no mundo público era a apresentação de estados de sentimento e seus matizes, que tinham um sentido próprio, independentemente de quem estava fazendo a apresentação. A representação de estados de sentimentos na sociedade intimista faz com que a substância de uma emoção dependa daquela pessoa que a está projetando. A apresentação do sentimento é impessoal, no sentido de que a morte tem uma significação independentemente de quem está morrendo. A representação para uma outra pessoa daquilo que está acontecendo consigo mesma é idiossincrática; ao contar a uma outra pessoa a respeito de uma morte na família, quanto mais o orador vir o que a morte faz seus ouvintes sentirem, mais intenso se tornará para ele o próprio acontecimento. Houve uma movimentação a partir da crença na natureza humana para a crença nas naturezas humanas, uma movimentação a partir da ideia do caráter natural para a de personalidade.

As diferenças entre apresentação e representação de sentimentos não são diferenças entre o expressivo e o inexpressivo, *per se.* São, ao invés disso, as diferenças entre o tipo de transação emocional em que as pessoas podem invocar os poderes de uma arte particular, e as transações emocionais em que não podem fazê-lo. O trabalho de apresentar uma emoção é aparentado

O ATOR PRIVADO DE SUA ARTE

ao trabalho que um ator faz: tornar manifesto para outrem um matiz ou um estado de sentimento, que terá um sentido assim que tiver recebido uma forma. Uma vez que esse sentimento tem uma forma convencionalizada, pode ser expresso repetidas vezes. O ator profissional, que aprende a ter um bom desempenho noite após noite, é o padrão. Mas ao se questionar mais a personalidade de alguém, o poder do ator não está tão disponível. Pois esse questionamento diz respeito àquilo que é específico e único numa vida; a cada momento a significação muda, e as energias da pessoa se dirigem para a descoberta daquilo que sente, ao invés de cuidarem para tornar o sentimento claro e manifesto para os outros.

O ator privado da arte da representação surge quando as condições da expressão pública estão a tal ponto desgastadas na sociedade que não é mais possível pensar em teatro e sociedade, segundo a expressão de Fielding, como "indiscriminadamente" entrelaçados. Ele surge quando a vivência de uma natureza humana, no curso de uma existência, é substituída pela procura de um eu próprio (*selfhood*).

Mas o próprio fato de colocar essa figura em termos historicamente tão amplos já é enganoso. Faz supor que essa perda de uma arte, na vida de todos os dias, está muito distante no tempo; que hoje em dia sobrevivemos às suas consequências, mas nada sabemos a respeito do próprio processo dessa perda. De fato, dentro do ciclo de vida das pessoas, hoje em dia, essa perda também ocorre em miniatura. Forças de representação (*playacting*), desenvolvidas durante a infância, apagam-se diante das condições da cultura adulta. À medida que é induzido para dentro das ansiedades e das crenças que a cultura adulta abarca, o ser humano está, ao crescer, perdendo também essa força de infância.

A questão a respeito do jogo (*play*) e aquilo que acontece com o jogo na vida adulta é muito importante, porque a evolução cultural dos tempos modernos é peculiar. Não é habitual que uma sociedade não confie num gestual ritual ou ritualizado, não é habitual que uma sociedade veja o comportamento formal como inautêntico. As energias infantis de jogo, na maioria das sociedades, são continuadas e enriquecidas, transformando-se em rituais, comumente a

452   O DECLÍNIO DO HOMEM PÚBLICO

serviço da religião. A sociedade capitalista avançada, secular, não invoca, mas antes opera em oposição a essas energias.

*Playing, playacting e play** têm uma raiz linguística comum, e isso não é coincidência. Mas é preciso separá-los em dois sentidos distintos: a brincadeira de criança é uma preparação para um certo tipo de trabalho estético adulto, ainda que evidentemente não a mesma coisa que esse trabalho. É igualmente importante divorciar nossa investigação sobre o sentido cultural da brincadeira da celebração corrente do jogo enquanto um princípio revolucionário. Essa celebração identifica o jogo com a espontaneidade, o que está errado. O aspecto de treinamento estético que existe no jogo está no fato de que ele acostuma a criança a acreditar na expressividade do comportamento impessoal, quando estruturado por regras fictícias. Para a criança, o jogo é a antítese do expressar-se espontaneamente.

O relacionamento entre o jogo infantil e a cultura adulta que hoje o enfraquece pode ser invocado sob a forma de um conflito entre dois princípios psíquicos. Um deles é o princípio que leva a criança a investir muita paixão numa situação impessoal comandada por regras e a pensar a expressão, nessa situação, como uma questão de refazer e aperfeiçoar tais regras para dar maior prazer e promover uma sociabilidade maior junto aos outros. Isso é jogo. Ele entra em conflito com o princípio que passou a governar o estado da cultura adulta, que leva os adultos a investir muita paixão para encobrirem seus próprios motivos de ação, bem como os motivos daqueles outros com quem estão em contato. Essas descobertas de razões internas e de impulsos autênticos são consideradas tanto mais livres quanto menos as pessoas forem impedidas por meio de regras abstratas, ou então forçadas a expressar a si mesmas através de "chavões", "sentimentos estereotipados" ou outros sinais convencionais. O grau de seriedade dessa investigação está na própria dificuldade de se empreendê-la; ao invés de prazer, a dor é a sua legitimação, e um retraimento em relação à sociabilidade "de superfície" para uma vida "mais profunda", comumente a

---

*Respectivamente, "jogo", "representação" ou "jogo de cena" e "brincadeira". (*N. da T.*)

expensas do companheirismo e da amizade casual, é o seu produto. O princípio psíquico que governa essa cultura adulta é o narcisismo.

E assim, analisando-se de que maneira surge o ator sem uma arte, chegamos a uma imagem de conflito entre jogo e narcisismo, com as forças do narcisismo, agora mobilizadas pela cultura, derrotando o poder de brincar que o ser humano tinha antes de crescer e de adentrar a "realidade".

A BRINCADEIRA É A ENERGIA PARA A EXPRESSÃO PÚBLICA

A imensa literatura dedicada ao brinquedo tende a caber em duas escolas. Uma delas trata a brincadeira como uma forma de atividade cognitiva; examina como as crianças formam símbolos através de seus jogos, e como esses símbolos vão se tornando mais complexos à medida que a criança que joga fica mais velha. A outra escola trata a brincadeira/o jogo como comportamento, estando menos interessada na formação dos símbolos, e se concentra em examinar como as crianças aprendem a cooperação, como expressam a agressão e como toleram frustrações por intermédio do ato de brincarem juntas.

Aqueles que se colocam no campo cognitivo demonstraram um interesse ocasional pelo relacionamento entre a brincadeira e o trabalho criativo, mas essas incursões foram prejudicadas em dois aspectos. Um deles está em que muitos escritores identificaram a brincadeira ao "ato criativo", como sinônimos virtuais; os seguidores estritos de Freud assim o fizeram, por imitação de sentimentos de seu mestre, como o que se segue:

> O escritor criativo faz o mesmo que uma criança brincando. Cria um mundo
> de fantasia que passa a levar muito a sério, isto é, investe nele muita emoção,
> ao mesmo tempo em que o separa nitidamente da realidade...

máxima essa que levou Freud a concluir:

> O contrário da brincadeira não é o que é sério, mas antes o que é real.[19]

454   O DECLÍNIO DO HOMEM PÚBLICO

Aqueles cujos estudos sobre a brincadeira os levaram a questionar essa oposição freudiana entre brincadeira/criatividade e realidade frequentemente utilizam as mesmas expressões em seus argumentos, mesmo quando estes são opostos. Afirmam que jogo e criatividade estão "em ação na sociedade, não sobre ela", como se fossem um processo de delineamento de conexões lógicas que não pode ser feito por meio dos procedimentos particulares da lógica dedutiva, e assim por diante. Mas jogo e criatividade são referidos como intercambiavelmente estáticos. Desse modo, torna-se difícil distinguir as diferenças específicas e qualitativas entre uma criança que, martelando as teclas pretas do piano, de repente descobre que forma uma escala pentatônica, de um lado, e de outro, Debussy, que, ao fazer exercícios para os dedos, num belo verão, descobrira possibilidades da escala pentatônica que nenhum de seus contemporâneos havia antes imaginado. Dizer que ambas as atividades são similares em espécie equivale facilmente a dizer que são "fundamentalmente" a mesma, e, assim, uma qualidade essencial a cada um dos dois domínios fica oculta: o julgamento. Se Debussy está "fundamentalmente" brincando da mesma maneira que uma criança, a qualidade de seu julgamento a respeito de seus experimentos com a escala pentatônica fica eliminada; desse modo, "qualquer criança poderia fazê-lo". Mas a questão está em que nenhuma criança teria podido fazê-lo.

Um problema associado a esse, na escola cognitiva de estudos sobre o jogo, é o próprio termo "criatividade". É tentador dar prosseguimento à teoria, como fez Arthur Koestler, de que há uma propensão biológica geral que pode ser chamada criatividade, de modo que se pode falar, como ele o faz, de um processo unitário, entremeando "descoberta científica, originalidade artística e inspiração de comediante". O problema é que os artistas, pelo menos, não estão "sendo criativos". Estão desenvolvendo um trabalho específico dentro de um meio de comunicação específico. Muito frequentemente, as teorias que reúnem a criatividade à brincadeira resultam num retrato daquilo que era original naquilo que um artista fez, e de como esses resultados se assemelham aos resultados de brincadeiras para as crianças; mas elas não explicam

O ATOR PRIVADO DE SUA ARTE

os passos com os quais se chegou a esses resultados no trabalho do artista, e o relacionamento desse processo com as atividades internas de uma criança que está brincando.[20]

Teorizar a respeito do jogo e do trabalho criativo é algo que tem seu valor, mas isso precisa ter um foco central. Deve-se ver as atividades de jogo como preparações para atividades criativas, a fim de se manter um senso das diferenças a respeito da qualidade dos resultados. Deve-se relacionar a ação específica numa brincadeira a tipos específicos de trabalho criativo. Uma tal abordagem poderia sobrepujar a distância existente entre o jogo visto como uma atividade cognitiva e o jogo visto como comportamento. Segundo a expressão feliz de Ernst Kris, o relacionamento entre atos específicos de brincadeira e ações artísticas específicas é uma questão de "ancestralidade", mais do que de "identidade".[21]

A ancestralidade da representação pode ser observada na brincadeira infantil, é o aprendizado que a criança tem do autodistanciamento, especificamente, o modo pelo qual o autodistanciamento auxilia a criança a operar dentro da qualidade das regras segundo as quais está brincando. Em seu estudo sobre a brincadeira, *Homo ludens,* Johan Huizinga define três aspectos dela. Antes de mais nada, a brincadeira é uma atividade voluntária. É, em seguida, aquilo que Huizinga chama de uma atividade "desinteressada". Finalmente, ela é isolada, o que para ele significa dizer que a brincadeira tem espaços e períodos de tempo especiais, que a colocam à parte das outras atividades.[22]

A segunda dessas três condições, a brincadeira como uma atividade desinteressada, relaciona-se com a questão do autodistanciamento. Desinteressada não significa sem interesse. As crianças, quando estão brincando, dificilmente podem ser classificadas como estando aborrecidas. Huizinga quer dizer desinteressado no sentido de se estar afastado do desejo imediato ou da gratificação instantânea. Esse afastamento é o que permite às pessoas brincarem juntas. Brincadeiras desinteressadas surgem no ciclo vital muito antes que as crianças comecem a brincar com jogos formais umas com as outras, no entanto; essa brincadeira começa nos últimos meses do primeiro ano de vida.

456 O DECLÍNIO DO HOMEM PÚBLICO

Para Jean Piaget, a brincadeira desinteressada ou autodistanciada começa no terceiro estágio sensório-motor da vida; isto é, no final do primeiro ano. Ele fornece um admirável exemplo disso, quando, sentado perto do berço de sua filha, a observa brincar com os objetos suspensos sobre o berço. Ela via um arranjo de luz formado pelo raio de sol que incidia sobre esses objetos, erguia-se para apanhá-los, movimentava-os, um novo arranjo de luz aparecia, e ela ficava contente. Ela agitava mais uma vez os objetos. E um outro arranjo de luz surgia.[23]

Se os bebês fossem apenas desejo voraz, então, no momento em que um arranjo agradável fosse obtido o bebê deixaria de agir, tornando-se retentor do prazer. Ora, se ela continua de fato a movimentar os discos, produzindo um arranjo diferente daquele que já conhecia, a criança deveria chorar pela dor de ter perdido o arranjo prazeroso. Quando uma tal perda não é experimentada, suspende-se o prazer retentivo, e algo mais complexo do que a gratificação segura passa a governar os atos do bebê. A posse pelo eu, no sentido de um arranjo obtido e estavelmente mantido, torna-se mais frouxa, de modo que a criança pode correr o risco de tentar encontrar novos arranjos: um arranjo que pode dar prazer ou não. Piaget observara que quando as crianças não gostam do novo arranjo que fazem em tais situações não tentam restabelecer o primeiro arranjo, mas, em vez disso, procuram uma terceira alternativa. Tais tentativas são brincadeiras ou jogos. Nestes, a criança insere uma distância em seu desejo retentor. Na brincadeira, a criança se engaja em atividades autodistanciadas.

O autodistanciamento evolui novamente quando a criança começa a jogar juntamente com outras crianças. Um jogo é mais bem definido como uma atividade em que as crianças se engajam juntas, com princípios de ação conscienciosamente combinados ou resultantes de acordo entre elas. O jogo como contrato social surge em diferentes estágios de idade, dependendo das diferentes culturas em que as crianças vivem; mas, por volta do quarto ano, quase todas as crianças de culturas conhecidas se engajam em tais pactos mútuos.

O ATOR PRIVADO DE SUA ARTE

Eis como o autodistanciamento opera num jogo de bolas de gude, de crianças de quatro anos e meio, cinco e seis anos (as observações que seguem provêm do trabalho realizado pelo autor, no início da década de 1970, no Laboratório de Psicologia Social da Universidade de Chicago). Um jogo de bolas de gude é uma situação competitiva cujo objetivo consiste em que um dos jogadores fique com todas as bolas de gude dos outros jogadores, ou então, num outro conjunto de regras, em que tire as bolas de gude que pertencem aos outros jogadores do campo de jogo. Se o observador adulto tentar simplificar as regras do jogo, encontra resistência da parte das crianças. Aquilo de que gostam são as tentativas de tornar as regras cada vez mais complexas. Se o jogo fosse apenas um meio em vista de uma finalidade, esse comportamento delas não teria sentido. A razão pela qual jogam é pela aquisição, mas esta não constitui o próprio jogo; a complicação das regras que as crianças favorecem, ao invés disso, adia o mais tempo possível a finalidade aquisitiva.

É também verdade que nenhum jogo é "livre" para as crianças, no sentido de que elas se sintam à vontade jogando apenas pelo gosto de jogar. *Tem que* haver uma finalidade, seja ela uma regra de vitória, como na maioria dos jogos ocidentais, ou simplesmente uma regra sobre o momento em que o jogo acaba, como em jogos correntes na China. A definição que Huizinga dá da brincadeira como "isolada" vem à baila; um senso de tempo especial, de término, coloca essa atividade à parte do comportamento que não seja de jogo. Para as crianças de características americanas modernas, vencer um jogo de bolas de gude legitima o ato de jogar. No entanto, os atos específicos do jogo estão todos voltados para o adiamento da vitória, o adiamento do término. Os instrumentos que permitem às crianças concretizar esse adiamento, permanecer em estado de jogo, são as regras.

Um jogo de bolas de gude é, portanto, um caso complicado. É somente ao erigirem suas regras que as crianças se mantêm livres do mundo exterior, não lúdico. Quanto mais complicadas forem as regras, mais tempo as crianças estarão livres. Mas as crianças não visam a um estado de liberdade sem fim; o jogo de gude muitas vezes tem início confuso, desenrolar barroco, mas sempre tem pontos de chegada bem claros.

458 O DECLÍNIO DO HOMEM PÚBLICO

Essas regras são atos de autodistanciamento, por duas razões. A primeira é que fica descartada a mestria, o domínio sobre outros. É espantoso o quanto as crianças ficam zangadas quando uma pessoa, no jogo de gude, é descoberta trapaceando. Quando uma delas tenta ganhar um domínio imediato sobre as outras logrando as regras, o jogo parece ter sido estragado aos olhos de todas elas. Assim, as convenções de um jogo infantil colocam o prazer que a criança tem de dominar os outros a uma distância, mesmo que a dominação seja a razão por que se joga, mesmo que a dominação seja intensamente desejada do princípio ao fim.

A segunda razão pela qual as regras se tornam atos de autodistanciamento diz respeito ao controle das desigualdades de habilidades entre os jogadores. Bolas de gude a longa distância, por exemplo, são um jogo que exige boa coordenação muscular a fim de se atirar a bola de gude em linha reta. Aqui, uma criança de quatro anos e meio está em desvantagem física diante de uma outra de seis anos. Quando crianças menores são colocadas para jogarem bolas de gude a distâncias maiores com crianças mais velhas, estas últimas imediatamente decidem mudar as regras, a fim de que as mais novas não sejam logo eliminadas. As mais velhas inventam uma "desvantagem" (*handicap*) para si próprias, a fim de estabelecer uma igualdade entre os jogadores, e assim prolongar o jogo. Uma vez mais, as regras mantêm as crianças longe da autoafirmação, do domínio imediato. Aqui também o autodistanciamento fornece a estrutura para o jogo.

Nos jogos de brinquedo, a maleabilidade das regras cria um laço social. Quando uma criança de seis anos quer evitar que uma outra de quatro anos tenha um brinquedo na creche, ela lhe bate na cabeça, ou lhe tira o brinquedo à força. Quando quer jogar bola de gude a distância com a de quatro anos, ela "maquina" uma situação em que essa diferença de força não exista entre elas, mesmo que guarde aquele desejo agressivo de triunfar sobre ela no final. Jogar requer uma libertação de si mesmo; mas essa liberdade só pode ser criada por meio de regras que estabelecerão uma ficção de igualdade inicial de poder entre os jogadores.

O ATOR PRIVADO DE SUA ARTE

Os jogos do bebê e da criança mais velha chegam ao mesmo resultado por caminhos opostos. O bebê chega ao autodistanciamento por meio de uma suspensão do prazer retensivo, quebrando os padrões de arranjos no seu berço. Uma criança de seis anos num jogo com outras crianças chega ao autodistanciamento inventando regras, padrões que adiam o seu domínio sobre os outros, ao mesmo tempo que criam uma comunidade fictícia de poderes comuns.

Qual é a relação entre o jogo de crianças e a frustração que sentem em vista de seu desenvolvimento incompleto, física e emocionalmente? Para bebês, qualquer encontro com o meio ambiente é temível por seus enormes riscos; o bebê não tem meios para saber quais são as possibilidades de se machucar ou de se provocar prazer ao fazer aquilo que nunca fez antes. O comportamento de jogo é o ponto em que o temor da frustração é superado pelo desejo de correr riscos. Mas esse correr riscos é logo derrotado. Se a filha de Piaget, ao fazer girar seus discos coloridos, acidentalmente focalizasse o raio de sol em seus olhos, teria provocado dor e, com toda a probabilidade, teria abandonado a corda de discos para sempre. A aquisição de uma linguagem verbal é um estágio crítico da redução do risco diante de experiências desconhecidas, pois a criança pode assim aprender com outros a respeito dos riscos, em vez de precisar depender de tentativa e erro, ou de proibições inexplicáveis por parte dos pais. No entanto, o jogo em grupo de crianças de quatro a seis anos retém a qualidade desse correr riscos. Uma criança de quatro anos em situações sociais comuns será excluída de muitas coisas que uma criança de seis anos pode e quer fazer. No jogo, entretanto, ela tem oportunidade de interagir com a outra de igual para igual, e dessa maneira explorar uma espécie de situação social que de outro modo ela não poderia conhecer.

Essa questão de correr riscos é importante, porque é o meio de se entender uma outra complexidade do autodistanciamento que as crianças aprendem a ter com a brincadeira. Muito da literatura de inspiração freudiana, a respeito da brincadeira, trata os prazeres do jogo de brinquedo especialmente como contrários às frustrações e constrangimentos que as crianças experimentam na "realidade". De fato, os riscos de jogo produzem ansiedade e, em jogos

O DECLÍNIO DO HOMEM PÚBLICO

em que consequentemente as crianças perdem, produzem muita frustração. Mas nem por isso elas deixam de jogar, como se fossem "chamadas de volta à realidade" (frase do próprio Freud). As frustrações as tornam ainda mais envolvidas na brincadeira. Justamente porque nessa região especial há uma distância em relação ao eu, as síndromes familiares da "frustração que provoca retraimento", ou da "frustração que provoca apatia", não aparecem.

Tendemos a supor que apenas adultos muito sofisticados podem ao mesmo tempo experimentar uma frustração, manter sua atenção naquilo que está ocorrendo na situação e ainda tirar algum prazer da situação. As crianças bem que experimentam essa complexidade através do jogo, mas depois isso se perde em muitas vidas adultas, uma vez que há muito poucas situações em que se pode continuar jogando, nesses termos sofisticados e equilibrados. O próprio pacto social em que as crianças se engajam quando concordam em jogar contém uma mistura nuançada de risco, frustração e gratificação. As crianças tentam reduzir a frustração ao focalizarem sua atenção na própria situação, tratando as regras do jogo como uma realidade em si mesma. Quando um garoto perde insistentemente uma partida de bolas de gude, por exemplo, a frustração não se reduz com a sua exigência para que seja jogado um outro tipo de jogo, o que seria o mais lógico, caso o objeto do jogo fosse afastar-se das frustrações da "realidade". Ao invés disso, ele frequentemente promoverá uma reunião com os outros, para debater as maneiras de mudar as regras para equalizar as chances de vitória. Na própria reunião, cada qual entra numa espécie de suspensão para discussão das regras, em um nível altamente abstrato. A frustração reforça o autodistanciamento e, como diz Lionel Festinger, "a ligação com a situação".[24]

O trabalho em cima da qualidade das regras de jogo é um trabalho pré-estético. É um foco centralizado na qualidade expressiva de uma convenção. Ensina uma criança a acreditar nessas convenções. Prepara-a para uma espécie de trabalho estético específico, a representação, porque a criança aprende a se orientar segundo o conteúdo expressivo de um "texto". O jogo ensina a uma criança que, ao suspender seu desejo pela gratificação imediata, e ao substituí-lo por interesse pelo conteúdo das regras, ela completa seu

O ATOR PRIVADO DE SUA ARTE

senso de controle e de manipulação sobre aquilo que expressa. Quanto mais longe conseguir chegar no jogo em relação ao cálculo imediato de prazer e dor, mais barrocos se tornarão esses atos de controle sobre a situação. Os músicos falam do desenvolvimento do "terceiro ouvido". Essa é uma habilidade para se ouvir a si mesmo de modo que, ao executar uma peça, não se repita indefinidamente as mesmas interpretações; tomando uma certa distância em relação a suas próprias ações, de modo a parecer estar ouvindo uma apresentação de alguma outra pessoa, pode-se gradativamente modelar e remodelar uma linha de partitura, até que ela transmita aquilo que se quer transmitir. O jogo infantil é uma preparação para o trabalho estético adulto ao desenvolver a crença, e dar a primeira experiência, do "terceiro ouvido". As regras de jogo são a primeira ocasião para se objetivar ações, colocá-las a distância e transformá-las qualitativamente.

O jogo prepara para a representação também em um outro sentido, além de preparar para a crença no "terceiro ouvido". Acostuma as crianças à ideia de que a expressão pode ser repetida. Quando alguém pede a crianças, numa situação experimental, para que falem sobre seus jogos, e que definam as diferenças deles em relação a só "ficar por aí, à toa", a resposta mais comum que se consegue é que, num jogo, "a gente não precisa começar tudo de novo"; com isso, achei que estavam querendo dizer que as atividades que têm um sentido repetitivo existem quando jogam, enquanto ao ficarem à toa precisam enfrentar todo tipo de operações de teste uns com os outros (para os de seis anos é mais importante testar quem fica com o controle do que quem fica com o brinquedo, ou com outro objeto de posse). Jogar tem um sentido instantâneo, porque existem regras. Entretanto, descobre-se, após uma semana ou duas, nos jogos em que várias mudanças de regras foram feitas, que as crianças que estão *au courant* (a par) das últimas regras iniciam as novas crianças através de toda a história das transformações das regras, de modo que os novos garotos saibam exatamente qual é o estado das regras atuais; uma vez que regras são produções, e não dados absolutos, as crianças socializam-se mutuamente ao explicar como ocorreu a produção. Uma vez que isso tiver acontecido, a regra poderá ser repetida.

462   O DECLÍNIO DO HOMEM PÚBLICO

Na teoria da expressão de Diderot, são feitas duas afirmações: a primeira, de que as expressões estéticas são repetíveis, e a segunda, de que o indivíduo deve ter uma distância suficiente em relação a suas expressões para trabalhá-las, corrigindo-as e melhorando-as. As origens desse trabalho estético residem no aprendizado de autodistanciamento que se dá na brincadeira infantil. Através do jogo autodistanciado, a criança aprende que pode trabalhar e retrabalhar regras, que as regras não são verdades imutáveis, mas convenções, sob seu controle. A ancestralidade da apresentação emocional está mais nos jogos do que naquilo que comumente se aprende dos pais. Os pais ensinam obediência a regras; o jogo ensina que as próprias regras são maleáveis, e que a expressão ocorre quando as regras são maquinadas, ou transformadas. A gratificação imediata, a retenção imediata, o domínio imediato estão suspensos.

O autodistanciamento cria uma certa atitude a respeito da expressão; em igual medida, cria uma certa atitude a respeito das outras pessoas. As crianças que jogam aprendem que o relacionamento de estarem juntas depende da elaboração conjunta das regras. Num jogo de labirinto, por exemplo, as crianças que normalmente são altamente agressivas para com as outras sentiram-se repentinamente fechadas, fora de competição, a tal ponto que tiveram que mudar o modelo do labirinto. O relacionamento entre sociabilidade e elaboração de regras também aparece nos arranjos que os de seis anos fazem com os de quatro, a respeito da adequada "desvantagem" que deveriam se impor a si mesmos de modo a poderem jogar.

É bem verdade, como argumentam os behavioristas, que o jogo é uma resposta às frustrações da criança no mundo, devido à sua falta, em geral, de poder para competir com o meio ambiente; ao brincar, a criança cria um meio ambiente controlado. Mas esse meio ambiente só sobrevive por meio dessa renúncia em obedecer regras. Se uma criança espontaneamente mudar as regras para torná-las imediatamente gratificantes para si própria — um objetivo fácil, por exemplo —, ela estará estragando o jogo. No jogo, a criança substitui a frustração geral por uma forma mais localizada e específica de frustração, a do adiamento, e isso estrutura o jogo e lhe dá uma tensão interna, o seu "drama". Essa tensão sustenta o interesse da criança em seu jogo.

O ATOR PRIVADO DE SUA ARTE 463

Ironicamente, o conteúdo do jogo infantil é frequentemente muito mais abstrato do que o dos jogos para adultos. A criança fecha as portas ao mundo situado além do domínio de jogo; nos termos de Huizinga, ela o "isola". Eis por que as crianças que jogam frequentemente fingem que os objetos e brinquedos que estão à mão são outras coisas. O adulto que joga não precisa se engajar no jogo como num mundo alternativo; os mesmos símbolos e significações do mundo não lúdico podem ser mantidos, mas são submetidos a um processo de redefinição, de modo que seus efeitos sejam diferentes. Nos cafés, por exemplo, os padrões elaborados de discurso não eram alternativas aos padrões de discurso utilizados em outros cenários sociais, mas foram utilizados para um propósito ao qual se adequavam de modo especial: o de permitir que o discurso fluísse livremente entre pessoas de níveis sociais desiguais. O resultado foi uma ficção social; as pessoas agiam "como se" as diferenças entre elas não existissem — momentaneamente.

Como vimos no Capítulo 5, dentro do próprio Antigo Regime, o mundo infantil do jogo começara a parecer diferente do mundo adulto do jogo. A criança com seus brinquedos havia se separado do homem, que então possuía jogos próprios. À medida que os princípios de representação do Antigo Regime e a demonstração de emoção gradativamente ruíam na sociedade adulta, dentro do ciclo vital nascia um novo ritmo. A passagem da infância para a maturidade tornou-se uma perda da experiência do jogo, assim que a criança era induzida para o interior dos assuntos sérios da cultura adulta. Como Huizinga observara uma vez, quando somos adultos, podemos pensar em assistir a outras pessoas jogarem como atividade "relaxante", podemos nos apaixonar por esportes, mas habitamos um mundo em que tais repousos são restos da "realidade" séria. A perda do sentido de jogo na realidade, encarnada naquela observação de Freud na abertura desta seção, é a perda, ou mais exatamente a repressão, do poder infantil de ser sociável e ao mesmo tempo de se preocupar com a qualidade da expressão.

De que modo a cultura para dentro da qual entra a criança reprime essa capacidade artística? Que forças psíquicas foram mobilizadas pela perda histórica de um domínio impessoal, para entrar em guerra contra as forças do jogo?

O NARCISISMO ENFRAQUECE ESSA ENERGIA

Os problemas mais comuns que os alienistas do século XIX observaram eram problemas de histeria. As formas comuns e benignas de histeria eram as várias "queixas", traições físicas das tensões que as pessoas, especialmente mulheres burguesas, não conseguiam suprimir. O que explica a existência desses transtornos nervosos é algo mais do que a pudicícia sexual vitoriana; vimos até que ponto seus cenários culturais eram dos mais opressivos, no sentido da manutenção da estabilidade de aparências dentro da família, de modo que a família mesma se constituísse num princípio de ordem nessa sociedade caótica. Comparáveis a essa regulamentação das aparências, havia o medo e a crença nas demonstrações involuntárias de emoção. Os transtornos histéricos eram, em suma, sintomas de uma crise — e o termo não é forte o suficiente — na estabilidade e nas distinções entre a vida pública e a vida privada.

As bases da teoria psicanalítica residem no estudo desses sintomas histéricos, e isso de modo lógico. Uma teoria que tenta alcançar o escondido, o involuntário, o incontrolado, pode com razão começar com dados clínicos que envolvem erupções vindas de sob a superfície de controle e de ordem. A teoria do inconsciente não era uma percepção original de Freud: a ideia remonta até a Heráclito. O que era original era sua conexão entre a teoria dos processos psíquicos inconscientes com, de um lado, a repressão e, de outro lado, a sexualidade. Freud foi o primeiro a ver que uma ausência de consciência era um fenômeno psíquico bidimensional, uma maneira de reprimir aquilo que não podia ser controlado na vida diária, e uma forma de vida (energia libidinal) que não necessitava de articulação consciente para existir.

No nosso século, os dados clínicos em que a psicanálise se fundamentou foram gradativamente ruindo. Ainda existem histerias e formações histéricas, por certo, mas elas não formam mais uma classe dominante de sintomas de aflição psíquica. Uma interpretação fácil a respeito de por que não aparecem mais tão rotineiramente as "queixas" seria que os temores sexuais e a ignorância do século passado não mais exercem influência. Seria uma interpretação inspirada, exceto pelo fato de que as dificuldades sexuais não desapareceram;

O ATOR PRIVADO DE SUA ARTE

tomaram novas formas, enquanto parte daquilo que se denominou "distúrbios de caráter". O que se quer dizer com isso é que a aflição psíquica que não se mostra através do comportamento que claramente rotule a pessoa como alguém que sofre, como tendo feito de sua aflição um símbolo tangível. Ao contrário, a aflição está precisamente nessa falta de forma: um senso de desconexão, ou de dissociação, entre o sentimento e a atividade — que em caso extremo pode provocar uma linguagem esquizofrênica, mas cuja rotinização cria um senso de ausência de sentido em meio à atividade. A experiência do vazio, da incapacidade de sentir, não é facilmente acompanhada pelas noções mecânicas da repressão. Essa mudança na sintomatologia comum desafiou o pensamento psicanalítico a encontrar uma nova linguagem para diagnóstico e a expandir os termos que nos primeiros anos da psicanálise eram formulados insatisfatoriamente, porque as experiências clínicas das aflições então predominantes não exigiam a sua articulação.

Como recurso para se enfrentar os distúrbios de caráter de desconexão e de senso de vazio, um grupo de escritores psicanalistas começou a expandir as noções de narcisismo que no século XIX desempenhavam um papel subordinado. O primeiro tratamento de importância que Freud deu a esse assunto foi uma parte peculiar de suas primeiras pesquisas, em 1914, orientadas para o seu debate com Jung, e desse modo limitadas por um programa oculto em que a teoria do narcisismo é utilizada como arma para desacreditar a teoria de Jung sobre as imagens arquetípicas nos processos primários; Freud queria mostrar que tais imagens não poderiam existir.[25]

Um pouco do sentido do que é a nova preocupação com o narcisismo pode ser obtido ao nos voltarmos para o antigo mito no qual ele se baseou. Narciso se ajoelha diante de um lago arrebatado pela própria beleza refletida na superfície. As pessoas o advertiam que tivesse cuidado, mas ele não se importava com nada nem com ninguém mais. Um dia ele se curva para acariciar essa imagem, cai e se afoga. O sentido do mito é algo diferente dos males do autoamor.* É o perigo da projeção, uma reação ao mundo como se

---

*Self-love. Preferimos "autoamor" a "amor de si", "amor-próprio", egoísmo etc. (N. da T.)

466   O DECLÍNIO DO HOMEM PÚBLICO

a realidade pudesse ser compreendida através de imagens do eu. O mito de Narciso tem um duplo sentido: a sua autoabsorção evita que tenha conhecimento a respeito daquilo que ele é e daquilo que ele não é; essa absorção também destrói a pessoa que está engajada nessa situação. Narciso, ao se ver espelhado na superfície da água, esquece que a água é uma outra coisa, que está fora dele próprio, e desse modo se torna cego a seus perigos.

Como distúrbio de caráter, o narcisismo é o próprio oposto do vigoroso autoamor. A autoabsorção não produz gratificação, produz ferimentos no eu; apagar a linha divisória entre o eu e o outro significa que nada de novo, nada de "outro" jamais adentra o eu; é devorado e transformado, até que a pessoa possa pensar que pode se ver na outra — e, então, isso se torna sem sentido. Eis por que o perfil clínico do narcisismo não é o de um estado de atividade, mas de um modo de ser. São apagados as demarcações, os limites e as formas do tempo, tanto quanto os do relacionamento. O narcisista não está faminto de experiências; está faminto da Experiência. Buscando sempre uma expressão ou um reflexo de si mesmo na Experiência, ele desvaloriza cada interação ou cenário particular, pois nunca será o bastante para acompanhar quem ele é. O mito de Narciso capta nitidamente isso: a pessoa se afoga no eu; é um estado entrópico.

A tentativa de conferir novos sentidos à ideia de narcisismo surgiu de modo mais completo nos escritos de Heinz Kohut. E o que é mais sugestivo ainda a respeito de sua luta para encontrar uma nova linguagem para descrever esse fenômeno, como a crescente proeminência dos distúrbios de caráter narcisistas, é o quanto estão implicados nele processos sociais mais amplos, o quanto ressoa como uma linguagem para descrever os resultados de uma evolução a longo prazo da cultura. Muito do que foi escrito sobre o narcisismo é descrição sociológica — mas aqueles que o fazem não se dão conta do fato, e escrevem como se estivessem apenas descobrindo e explanando uma dimensão da vida psíquica que antes havia sido tratada de modo inadequado.

Na discussão que faz de como o "eu grandioso" se relaciona com os "objetos" no mundo (e com isso significando tanto as coisas físicas quanto as pessoas), Kohut argumenta que uma tal configuração de personalidade leva o

O ATOR PRIVADO DE SUA ARTE

eu a tratar o mundo em termos "do controle que espera ter sobre seu próprio corpo e sua mente, (ao invés de) em termos da experiência amadurecida dos outros e de seu controle sobre eles". A consequência disso é que essa interpretação do mundo em termos do eu "geralmente leva a este resultado: o objeto de um tal 'amor' narcisista se sente oprimido e escravizado pelas expectativas e exigências do sujeito". Uma outra dimensão dessa mesma relação de eu grandioso para com os objetos torna-se uma transferência do tipo "espelho" na terapia e, de modo mais geral, uma visão da realidade em que o Outro é um espelho do eu.[26]

O eu formado nesses termos começa a ressoar com a história da personalidade e da cultura que tem nos ocupado; esse é um eu para o qual os limites da significação se estendem somente até onde esse espelho puder refletir; à medida que o reflexo vacile e tenham início as relações impessoais, a significação deixa de existir. Essas ressonâncias se intensificam também de outra maneira. Boa parte da análise de dados clínicos sobre narcisismo concentrou-se na cisão entre atividade e impulso. "O que estarei realmente sentindo?" torna-se uma questão que, nesse perfil de personalidade, gradativamente se destaca e se sobrepõe à questão "O que estou fazendo?". O perfil diagnóstico reunido por Otto Kernberg retrata uma personalidade-tipo, na qual a ação é avaliada negativamente e em que a tonalidade de sentimento se torna o mais importante. O fato de questionar os motivos dos outros opera de modo similar para desvalorizar as ações deles, porque o que interessa não é o que eles fazem, mas a fantasia que se tem a respeito do que estão sentindo quando fazem. A realidade, desse modo, é tornada "ilegítima", e, como resultado, ao se perceber os outros em termos de motivos fantasiados, as relações efetivas que se tem com eles se tornam apáticas ou sem cor.[27]

Isso também nos é familiar. É o "eu como motivação"; um eu medido por sua vida impulsiva mais do que por seus atos começa a adquirir forma política na metade do século passado, num momento da luta de classes, e agora serve como um cânone mais geral de legitimidade política. O compartilhar de impulsos, em vez do exercício de uma atividade em comum, começou a definir um sentido peculiar de comunidade no final do século XIX, e agora

468 O DECLÍNIO DO HOMEM PÚBLICO

está ligado à localização da comunidade — de modo que se compartilhe apenas na medida em que o espelho do eu possa refletir.

O que permanece inquestionado, no entanto, nas formulações psicanalíticas é o que acontece quando a própria "realidade" é governada pelas normas do narcisismo. Os cânones de crença nessa sociedade são tais que se torna uma visão lógica da "realidade" interpretar realidades sociais como sendo significativas quando espelham um imaginário do eu. Dado o simples crescimento dos distúrbios de caráter narcisista que aparecem nas clínicas, é surpreendente que os analistas não se perguntem se, uma vez que agora são capazes de detectar o narcisismo, a sociedade em que se move esse eu não estaria encorajando o aparecimento desses sintomas. (Por uma questão de justiça, deve-se dizer que psicólogos, como D. W. Winnicott, que estão menos comprometidos com as definições peculiares da psicanálise, estão mais dispostos a se colocar tais questões.)[28]

Assim como a histeria fora mobilizada nas relações sociais por uma cultura que no século XIX fora tomada por uma crise da vida pública e da vida privada, agora o narcisismo é que é mobilizado nas relações sociais por uma cultura despojada da crença no público e governada pelo sentimento intimista como uma medida da significação da realidade. Quando questões como classes, etnicidade e exercício do poder deixam de se conformar a essa medida, quando deixam de ser um espelho, cessam de suscitar paixão ou atenção. O resultado da versão narcisista da realidade é que os poderes expressivos dos adultos ficam reduzidos. Eles não podem brincar com a realidade, porque a realidade só lhes interessa quando de algum modo promete espelhar necessidades íntimas. O aprendizado de autodistanciamento na infância, através da experiência da brincadeira, aprendizado a respeito daquilo que ao mesmo tempo é expressivo e sociável, é sobrepujado na vida adulta pela ativação cultural de um princípio contrário de energia psíquica.

Para um analista clássico, isso parecerá ser um verdadeiro picadinho de seus termos, com o conhecimento adulto e autodistanciado representando para ele o fato de transcender-se as energias arcaicas e narcisistas da infância. Eu gostaria de fazer um picadinho dos termos desse analista porque o seu sentido da realidade social e histórica é deficiente. Na vida social moderna,

O ATOR PRIVADO DE SUA ARTE

os adultos precisam agir narcisisticamente, a fim de agirem de acordo com as normas da sociedade. Pois essa realidade está de tal modo estruturada que a ordem, a estabilidade e a recompensa aparecem somente na medida em que as pessoas que trabalham e agem dentro dessas estruturas tratam as situações sociais como se fossem espelhos do eu, e ficam com isso defletidas do exame dessas formas enquanto tendo uma significação não pessoal.

Como um processo geral, a criação da preocupação e da inquietude narcisísticas pelas instituições sociais ocorre segundo duas correntes. Em primeiro lugar, apagam-se os limites entre as ações da pessoa na instituição e os julgamentos que a instituição faz das habilidades inatas da pessoa, suas forças de caráter e assim por diante. Uma vez que aquilo que ela faz parece refletir que tipo de pessoa é, fica difícil para a pessoa acreditar na ação a distância do eu. Em segundo lugar, o narcisismo é mobilizado quando se concentra o foco de atenção nas qualidades inatas do eu pelas potencialidades de ações, e não pelas ações específicas realizadas. Isto é, os julgamentos são feitos pela "promessa" de uma pessoa, a respeito daquilo que poderia fazer, e não daquilo que está fazendo ou que já fez. Na medida em que a pessoa julgada dessa maneira levar isso a sério, ela lidará consigo mesma e interpretará o mundo em termos da não diferenciação dos objetos e da absorção na ação irrealizada; tais traços, um analista estaria propenso a interpretar como sinais de um distúrbio individual de caráter.

Vejamos mais de perto, como um exemplo dessas normas sociais, de que modo a preocupação narcisista é induzida para dentro do âmbito das classes, particularmente no caso da emergência de uma nova classe média nas burocracias tecnológicas do século XX.

A MOBILIZAÇÃO DO NARCISISMO E O
SURGIMENTO DE UMA NOVA CLASSE

O século XX é comumente tido como uma época de trabalho não manual, burocrático. É verdade que o número de pessoas que desempenham trabalho manual e industrial declinou no percentual da força de trabalho da

470 O DECLÍNIO DO HOMEM PÚBLICO

maioria dos países industrializados. Também é verdade que a expansão do trabalho dos colarinhos brancos tem ocorrido nos escalões mais baixos da estrutura burocrática; o que é percebido como desaparecimento do trabalho manual é, de fato, a sua transposição para o trabalho funcional de natureza secretarial, de arquivo ou de serviços.

Alguns autores tentam retratar essa transformação falando de uma mudança das classes burguesas para as classes médias, as *classes moyennes*. Ressaltam o fato de que não é mais possível falar das nuanças entre o contador e o banqueiro como diferenças de tonalidade no interior de uma mesma classe, tendo a distância entre o trabalho funcional e o trabalho gerencial se ampliado muito. É preciso conceber uma estrutura de classe dentro do mundo do colarinho branco, dizem eles, com seu proletariado, seu artesanato, sua pequena burguesia e sua classe dirigente internos.[29]

Surge um tipo especial de classe com essa divisão interna de trabalho no mundo do colarinho branco. Compõe-se de pessoas que fazem trabalho quase técnico, quase funcional: programadores de computação, analistas de contas em haver e assim por diante. Nenhum deles controla o uso de suas próprias especializações, nem realiza tarefas tão rotineiras e funcionais que qualquer pessoa das ruas pudesse imediatamente realizar; os membros dessa categoria especial das *classes moyennes* ainda não têm uma identidade de grupo, nenhuma cultura de classe em que se retratar a si próprios. São uma classe de recém-chegados. Na América do Norte e na Europa Ocidental, são também o setor que mais rapidamente se expande em termos de força de trabalho.[30]

Os membros dessa classe estão sujeitos a definições institucionais de seu trabalho, que são em uma grande escala uma definição institucional de suas personalidades. Contra esse processo institucional, eles dispõem de poucos recursos tradicionais ou de padrões artesanais como contrapartida; em vez disso, esses recém-chegados a uma nova classe aceitam como válidas as definições que a instituição dá deles mesmos, e procuram fazer funcionar padrões de defesa e de significação dentro de uma situação em que circunstâncias de classe e de personalidade estão intimamente ligadas. As corporações tratam os seus trabalhadores técnicos de escritório de tal modo que ambas as nor-

O ATOR PRIVADO DE SUA ARTE

mas da absorção narcisista são produzidas; os limites entre o eu e o mundo são apagados porque aquela posição de trabalho parece ser um espelho do poder pessoal; a natureza desse poder não reside, no entanto, na ação, mas no potencial. O resultado dessa mobilização do narcisismo em suas vidas está em que a habilidade dos trabalhadores técnicos para desafiar as regras de dominação e de disciplina que governam a sua classe é destruída. A classe se torna uma parte deles próprios, a tal ponto que não se pode brincar com ela. A mobilização do narcisismo por uma instituição conseguiu tornar impotente o elemento de jogo expressivo, isto é, o jogo e a reformulação das regras impessoais que regem suas ações.

As fronteiras entre o eu e o trabalho são, antes de mais nada, destruídas pelos padrões de mobilidade na corporação. A expansão e a proliferação desses empregos burocráticos têm muito pouco a ver com a necessidade funcional, e muito a ver com a preparação de novas vias de promoção, rebaixamento, manutenção de atividade, para a burocracia do colarinho branco enquanto um organismo em funcionamento. A essência da lógica interna dessa expansão burocrática está em que os novos trabalhos sejam diferentes dos antigos; assim sendo, uma promoção não consistirá tanto no fato de se conseguir mais recompensas financeiras por algo que se fez bem, mas em deixar de fazer esse trabalho, e passar a supervisionar os outros que o fazem. O rebaixamento não consiste em ser forçado a ficar com uma mesma tarefa até que ela seja completada de modo mais aceitável do que fora feita antes, mas em ser colocado para trabalhar numa nova tarefa, onde se começará tudo de novo. A inovação tecnológica tem um relacionamento curioso com a expansão burocrática. Por exemplo, um estudo para computadorização de arquivo hospitalar numa cidade americana revela que o advento do computador abaixou vertiginosamente a eficiência das contas recebidas e pagas no hospital. O computador custava tão caro para ser instalado e ativado, no entanto, que o hospital estava forçado a criar uma equipe totalmente nova para cuidar dele, para alimentá-lo, coisa que, por sua vez, estimulava o hospital a engajar-se numa campanha para angariar mais fundos; o que, por sua vez, produziu um grande afluxo de novas contribuições, que eram então desviadas para a construção de uma nova ala do

472   O DECLÍNIO DO HOMEM PÚBLICO

hospital. Os déficits da burocracia como um todo foram se acumulando, mas a expansão e a subdivisão do trabalho dos colarinhos brancos convenceram os encarregados do hospital que, graças ao computador, o hospital estava "sendo modernizado". Como Keynes havia predito meio século atrás, a essência da burocracia moderna é que um sistema estável, equilibrado, produzindo lucros consistentes sem recorrer à expansão do capital, do pessoal ou da produção, está fadado a inspirar horror naqueles que o dirigem, e fadado a ser visto pela sociedade, mais genericamente, como uma operação "morta".[31]

A expansão burocrática pelo bem do crescimento, ao invés de por necessidade funcional, tem um efeito curioso sobre essa classe. Eles têm habilidades técnicas aprendidas no emprego, mas não têm habilitação profissional, habilidades tão especiais ou raras que possam oferecer resistências contra serem removidos para cima e para baixo dentro da organização, à medida que a estrutura interna desta se subdivide e prolifera. Ao invés disso, eles têm o que se poderia chamar de experiência "proteica" de trabalho. Passam de tarefa a tarefa dentro da organização, aprendendo novas especializações a cada mudança, ou, então, mantêm formalmente uma posição, mas os conteúdos de trabalho nesse posição se movem à medida que a estrutura corporativa se torna elaborada. Um programador pode subitamente se ver fazendo um trabalho que seria, de fato, de contabilidade, embora ele o faça numa máquina que lhe é familiar; ora, um novo computador pode ser instalado no escritório e, como resultado, uma vez que o programador não sabe como utilizar a nova linguagem, seus superiores poderão colocá-lo como encarregado do processamento de cópias, que tem a ver com os resultados já prontos, em vez de com o início do processo de funcionamento da máquina. Ora, se um vendedor lida com produtos técnicos, quando uma nova linha é posta no mercado, ele poderá ser tido como incapacitado para vender esses produtos que nunca vendeu antes, e desse modo será removido para outro setor da organização.[32]

Em consequência desses processos, a sua habilidade para manter posição na burocracia tem muito pouco a ver com o quão bem ele exerce uma especialização particular, mas, ao contrário, em qual é a possibilidade que se julga que ele tenha de exercer várias especializações, muitas das quais ele ainda

O ATOR PRIVADO DE SUA ARTE

473

precisa aprender. A ênfase no trabalho proteico está na habilidade "inata" do trabalhador, tanto quanto em suas "capacidades" de cooperação, empatia e intercâmbio interpessoais, enquanto ser humano. Ironicamente, quanto menos o lugar de uma pessoa for identificado com um sentido de sua perícia (*craft*), tomando a palavra em seu sentido mais amplo, tanto mais ela será valorizada por seus traços básicos de habilidade e de companheirismo.

A recusa diante da remoção de posições é frequentemente um suicídio nas grandes burocracias, tanto no sistema estatal quanto na empresa privada. Demonstra que a pessoa não tem iniciativa, e, o que é pior, que não "coopera". Ser um trabalhador "de valor" significa que a pessoa tem habilidades para desempenhar uma variedade de funções; ser parte de uma equipe, mostrando-se cooperativa e flexível, significa que a pessoa tem as habilidades interpessoais certas para ser valiosa dentro da estrutura burocrática. A "flexibilidade" é o nome positivo desse valor: ele engloba o fato de que o homem que trabalha perdeu qualquer distanciamento, funcionalmente falando, em relação a suas condições materiais. Ele está sendo julgado por sua natureza enquanto ser humano: por seu "potencial".

Como pode uma pessoa que é assim tratada dar sentido à aniquilação da distância entre a personalidade e a posição de classe? Em 1946, num artigo famoso, C. Wright Mills foi o primeiro a responder a essa questão. Em "As classes médias nas cidades de tamanho médio", ele argumentava que quanto mais as pessoas conectassem os fatos de classe às suas próprias personalidades, tanto menos as injustiças de classe as incitariam à ação política, ou até à revolta. Concentrou-se, para as suas análises, nos trabalhadores burocráticos, em particular, e em outros homens médios, e observou que, quando a educação, o trabalho e até o rendimento passaram a ser sentidos como ingredientes da personalidade, tornou-se difícil para essas pessoas se rebelarem contra as injustiças que percebiam em sua educação ou em seu trabalho. Quando, diz Mills, a classe passava através do filtro da personalidade, o que emergia eram problemas que as pessoas percebiam "ao acompanhar umas às outras". Problemas de classe passaram a ser quebra-cabeças humanos. Mills observou particularmente uma espécie de preocupação em se saber como se sentem as

474 O DECLÍNIO DO HOMEM PÚBLICO

outras pessoas, quais são os impulsos delas, em meio à ação, que desviavam as pessoas da busca de objetivos organizacionais ou impessoais.[33]

No período de pós-guerra, organizadores de sindicatos frequentemente descrevem os estratos mais baixos da média como os mais difíceis de organizar nas burocracias, os mais facilmente desviados das questões de caixa, lucro, assistência mútua, para questões de *status* pessoal dentro da organização. A disponibilidade para suportar condições de trabalho bem mais miseráveis do que as do trabalho manual — e as secretárias são citadas como exemplo máximo — existe porque esses empregos burocráticos de baixo nível são "respeitáveis" e, portanto, "pessoais". Nas palavras de um sindicalista inglês, a percepção do "trabalho respeitável, em termos de ser uma pessoa respeitável, torna os trabalhadores de escritório relutantes em pensar em suas vidas em termos institucionais". Ao invés disso, há uma relutância em buscar os interesses de grupo, um sentido de isolamento pessoal, só combatíveis por meio de um grande esforço por parte do organizador.

Já se tornou um chavão entre aqueles que escrevem sobre a nova classe falar de tais respostas como de uma "falsa consciência", quando as pessoas acreditam que a posição social espelha o eu. Talvez fosse melhor dizer que a crença, segundo a qual o trabalho de uma pessoa, por mais instável e proteico que seja, é uma expressão da personalidade da pessoa, é a consciência de um certo processo burocrático, o reflexo desse processo na consciência do próprio trabalhador. Essa imagem da posição no trabalho como um espelho do eu, ainda que um espelho no qual nada de fixo pode ser refletido, é o primeiro estágio na indução do sentimento narcisista para fora do sistema de classes.

No entanto, o apagamento da distância entre o eu e a posição, apenas, não criaria esse sentido de nunca se estar presente na própria ação, essa passividade em meio à interação, marcas específicas do sentimento dissociado que surge nesse distúrbio de caráter. Coisa ainda mais estranha, tal passividade cresce entre as *classes moyennes* tecnológicas à medida que elas tentam criar uma proteção psicológica para si mesmas, contra a quase total transparência com que se mostram no trabalho. Resistem por meio da manipulação da linguagem, um padrão de descrição do eu no trabalho que aparece em estudos sobre trabalhadores manuais, que fazem trabalhos funcionais para companhias de grande porte, assim como nos estudos sobre os próprios burocratas de colarinho branco. O eu no trabalho está dividido entre um "eu" (*I*) e um "a mim" *(me)*. O "eu", ativo, não é o eu (self) que a instituição julga; o "eu" é o eu das motivações do trabalhador, seus sentimentos, seus impulsos. Paradoxalmente, o eu que realiza e que é recompensado é descrito por uma linguagem passiva, por meio de referências feitas àquilo que acontece "a mim". Não é o "eu" que os realiza.[34]

Dessa maneira, num estudo americano sobre tais trabalhadores, observa-se que eles se referem a uma promoção como algo que um abstrato "eles" deu "a mim", e raramente se escuta os trabalhadores dizer "Eu fiz *X* ou *Y*", e dessa maneira "consegui" uma promoção. Quando os trabalhadores desses níveis médios de empregos usam as formas com "eu" em seu discurso a respeito do trabalho, é porque se dirigem às relações ou sentimentos fraternos para com outros trabalhadores. Fora da substância do trabalho, um "eu" ativo se faz presente; dentro da substância do trabalho, um passivo "a mim" compõe o eu.

Essa "atuação passiva" serve a um propósito funcional. Numa situação material que equaciona pessoa e trabalhador, agir como se realmente fosse algo que acontecesse à pessoa, que a pessoa não ocasionou, constitui uma proteção. Não obstante, a dificuldade desse divórcio entre o "eu" ativo e o ator envolvido e a ser julgado, recompensado, ou criticado, está em que, quando o próprio emprego parece resultar das habilidades da pessoa, esta é apanhada numa contradição: por um lado, a posição é produto da personalidade; por outro lado, a pessoa se protege no trabalho tratando a sua experiência aí como se a personalidade dela fosse um recipiente passivo do funcionamento burocrático.

A divisão do eu em "eu" e "a mim" provém de termos que têm suas origens na cultura mais ampla da crença. O eu real é o eu de motivações e impulsos: é o eu ativo. Mas ele não é ativo na sociedade; ao contrário, nela, é um passivo "a mim" que se faz presente. Essa própria defesa predispõe as pessoas a agir das maneiras que Mills e outros sindicalistas acima citados perceberam como apáticas. Não há nada de desajustado ou de não normal a respeito dessa cisão, como proclamam atualmente certos psicólogos industriais que se servem

476 O DECLÍNIO DO HOMEM PÚBLICO

da literatura a respeito do distúrbio de caráter para analisar o "trabalhador desanimado". É um meio lógico para se sentir dentro de uma sociedade cuja lógica está em fazer com que as pessoas se absorvam nas questões de autoadequação; o trabalho e os outros relacionamentos de desigualdade social são estruturados em torno desse imaginário.

Em sociedades em que as posições de classe parecem ser impessoais ou impostas, ocupar uma posição indefinida na sociedade não acarreta vergonha pessoal; na melhor das hipóteses, a posição de uma pessoa enquanto trabalhadora pode ser facilmente relacionada ao melhoramento da posição das outras pessoas também, enquanto uma classe. Quando a classe se transforma numa projeção da habilidade pessoal, no entanto, a lógica do autorrespeito está na mobilidade para cima; deixar de ser móvel, apesar de se saber que as diferenças institucionais se opõem a isso, parece ser devido de algum modo a uma falha no desenvolvimento da personalidade e das capacidades pessoais dela. Desse modo, o temor a respeito da posição de classe, e especialmente a propósito da questão da mobilidade para fora de uma classe, e o temor quanto à adequação de se ter uma personalidade real e desenvolvida, estão associados. Numa tal condição de crença, é difícil se identificar com outras pessoas de posições similares; em abstrato, pode-se até reconhecer interesses comuns, mas entre um reconhecimento mútuo de interesses e uma atuação de grupo a partir deles, uma comparação de adequação pessoal passa a interferir. Se a pessoa estivesse usando realmente as suas habilidades, ela não deveria precisar ser "rebaixada" por ações impessoais com as outras. Assim mesmo, as habilidades da pessoa nunca se concretizam nem são manifestadas.

Os trabalhadores técnicos habitam numa cultura em que a fusão entre o eu e a classe social é crível, porque a vida numa instituição só tem sentido se refletir o eu. Um estudo francês sobre os programadores de computação se sobressai com uma fórmula clara para isso: as pessoas não experimentam a "alienação" em relação à instituição, mas antes um "vínculo compulsivo" com ela, de modo que até mesmo a mais trivial das tarefas da corporação engaje seu mais sincero interesse. O resultado disso perturba num nível muito

O ATOR PRIVADO DE SUA ARTE

profundo o senso de autoestima que as pessoas têm em sociedade. Elas não são evidenciadamente recusadas, nem tampouco evidenciadamente aceitas; ao contrário, elas estão continuamente testando a si mesmas por meio de tentativas de encontrarem validação numa realidade que de fato não admite limites coerentes para o eu. É porque esse eu proteico é passível de credibilidade que processos institucionais tais como a criação de uma nova classe de trabalhadores tecnológicos proteicos se torna viável. Mas igualmente essa crença de que eu e a posição são um para o outro refletores de imagens não é um derivativo automático das necessidades do sistema de poder. O que ocorre com o relacionamento entre a produção industrial e a disponibilidade de se acreditar em mercadorias enquanto "fetiches", que analisamos na Terceira Parte deste livro, ocorre também com esse relacionamento entre a necessidade institucional de trabalhadores proteicos e a crença do trabalhador em um eu proteico. Essas são duas dimensões de um único processo cultural. Juntas, elas produzem os sinais de passividade no trabalho; é essa estrutura de classe, em combinação com uma cultura de credibilidade, que mobiliza as energias psíquicas do narcisismo.

Falamos das energias do narcisismo e das energias da brincadeira como contraditórias. O conceito de brincadeira tem uma relevância direta num fenômeno como o de "vínculo compulsivo". As pessoas nesse estado passivo não pensam em desafiar ou em jogar com as regras corporativas; a corporação é uma realidade absoluta e fixa, na qual elas precisam abrir caminho por meio do uso de suas habilidades. A questão está em saber se elas aceitam a estrutura corporativa como dada, e não se elas gostam dela. Na medida em que elas a aceitam, não poderão "problematizar" suas regras. É onde o jogo faz falta.

O jogo envolve algum prazer em trabalhar a qualidade das regras. O narcisismo, ao contrário, é uma atividade ascética. Para entendermos por que ele o é, e como esse ascetismo corrói os poderes expressivos daqueles que estão sob sua influência, precisamos uma vez mais tirar o conceito das mãos dos psiquiatras e colocá-lo numa situação social e histórica.

O NARCISISMO É A ÉTICA PROTESTANTE DOS TEMPOS MODERNOS

Já observamos anteriormente que um egoísta que busca agressivamente o prazer no mundo, que goza daquilo que tem e daquilo que ele é, uma pessoa que saiba como se conduzir, não apareceria no perfil clínico do narcisismo. Esse paradoxo, no entanto, não é uma descoberta exclusiva da teoria analítica. Pois é exatamente a formulação usada por Weber em seu clássico *A Ética protestante e o espírito do capitalismo*; opunha egoísmo a "ascetismo mundanal". Os paralelos entre a análise de Weber sobre o ascetismo mundanal e aquilo que agora parece ser um fenômeno psiquiátrico "novo" são tão fortes que fomos forçados a nos perguntar se a semelhança é mais do que acidental, mais do que uma feliz coincidência de imaginário, e se de fato as forças culturais que produziram essa autoabsorção narcisista não teriam de algum modo feito reviver a Ética protestante em novos termos.

A Ética protestante é provavelmente a mais conhecida e a mais incompreendida de todas as ideias de Weber, e a responsabilidade pelo não entendimento cabe tanto a Weber quanto a seus leitores. Como muitos críticos observaram, a linguagem de Weber é confusa, tanto que por vezes fala do protestantismo como sendo a origem do capitalismo e, por outras vezes, não; ele ora considera seu próprio trabalho como uma história efetiva, ora como uma abstração intelectual a respeito de algumas ideias gerais a partir do registro histórico. Mas se lermos do modo como creio que deva ser lida a sua obra, como uma espécie de fábula moral, então a obra adquire a força de seus melhores e mais apaixonados momentos. Qual é o mito de Weber? A perda da religião ritual (o catolicismo) e o surgimento do capitalismo levam a um resultado comum: a recusa de gratificação com propósitos de validação do eu. Isso é o "ascetismo mundanal". Recusando o prazer próprio em experiências concretas, a pessoa demonstra ser uma pessoa real. A habilidade para adiar a gratificação é o sinal, ao que se supõe, de uma personalidade forte. Em termos protestantes, é a recusa do prazer do ritual, especialmente da remissão dos pecados; em termos capitalistas, é a recusa da gratificação sensual da pessoa, pelo uso de seu dinheiro em companhia de outras. O ascetismo mundanal anula, desse

O ATOR PRIVADO DE SUA ARTE 479

modo, a sociabilidade através do ritual ou através do dispêndio. O impulso se torna mais voltado para o interior. Recusar o próprio prazer no mundo cria uma afirmação para alguém e para os outros, a respeito de que tipo de pessoa esse alguém é. Weber não está se referindo à natureza do ascetismo, mas à natureza de um *ethos* secular. Um monge que se flagela a si mesmo diante de Deus, na privacidade de sua cela, não pensa em sua aparência diante dos outros; seu ascetismo é o da anulação do eu. O Calvino e o Benjamin Franklin de Weber são ascetas que desejam tornar perfeitamente claro, neste mundo, que valem algo como pessoas.

O ascetismo mundanal e o narcisismo têm muito em comum: em ambos, a questão "O que estarei sentindo?" torna-se uma obsessão; em ambos, a demonstração para outros dos obstáculos e dos impulsos dos próprios sentimentos é uma maneira de se demonstrar que se tem um eu que vale a pena; em ambos, há uma projeção do eu para dentro do mundo, ao invés de um engajamento na experiência mundanal que esteja além de seu controle.

Se perguntarmos por que Weber construíra essa ideia de uma Ética protestante, uma resposta seria que esta fora sua maneira de demonstrar os resultados combinados do secularismo e do capitalismo na psique. Não é acidental que ele tenha escolhido essas duas forças. Elas conduzem a uma erosão da crença na experiência externa do eu. Juntas, elas corroeram o eu enquanto força agressiva e confidente, e fizeram, ao contrário, de sua própria falta de valor o objeto da ansiedade obsessiva. Juntas, elas corroeram a vida pública.

Os impulsos ascéticos que Weber distingue, comportamentos ascéticos para fins de autojustificação, são pistas importantes para se compreender como as energias narcisistas podem ser convertidas em experiências interpessoais. Os impulsos narcisistas se tornam sociais ao serem formulados em termos de autojustificação ascética. O resultado desses impulsos de autojustificação — como no caso do desejo de se demonstrar suas habilidades no trabalho — é o de se retrair em relação aos outros, e, mais particularmente, o de se retrair das atividades, realizadas juntamente com eles, que não atraiam a atenção para o eu. O resultado desse retraimento, por sua vez, é que a própria ideia de atuação, a própria percepção da vida como um conjunto de convenções, são destronadas.

480   O DECLÍNIO DO HOMEM PÚBLICO

Uma vez que o senso comum, o mais falho de todos os guias, revela-nos que a autoabsorção e o ascetismo são contrários, pode ser interessante dar um exemplo concreto de como eles se entrelaçam. Os temores eróticos do século passado pareceriam ser o máximo em comportamento ascético. Mas seria inteiramente errado pensar que uma mulher sentisse algum orgulho secreto com sua castidade, que ela se investisse de sua virgindade como uma "apregoação de si mesma". Todo temor do sexo como algo de perigoso, toda autoaversão que está implicada nele, estariam perdidos, caso o século XIX fosse retratado nesses termos. E esses termos são os termos do ascetismo mundanal de Weber: são a autorrecusa que atrai a atenção para o eu. Em contraste, os termos de sexualidade que regem o presente, aparentemente uma época mais liberada, fluem cada vez mais próximos a essa renegação constante do prazer, que de fato é uma afirmação do primado do eu. Os temores da mulher em não ter um orgasmo, e os temores do homem em não ter bastantes ejaculações parecem frequentemente — como num estudo feito em Nova York no final da década de 1960 — ter pouco a ver com o medo da pessoa de não satisfazer o seu parceiro sexual. O comportamento sexual é alterado, de modo que se experimentem mais orgasmos ou ejaculações, aumentando-se correlativamente o nível de expectativa sobre qual seria essa quantidade "suficiente". Desse modo, a pessoa não poderá experimentar "o suficiente" para que o comportamento sexual seja verdadeiramente "satisfatório", "significativo" etc. Era esse tipo de autorrenegação que Weber tinha em mente ao falar de ascetismo, e que Kohut descreve ao falar das exigências opressivas do narcisismo. E porque a pessoa é insatisfeita que suas energias se concentram em seu eu.

O caráter ascético do narcisismo mobilizado na sociedade moderna resulta em duas qualidades de sentimento que surgem na literatura clínica. Uma é o temor diante do fechamento; a outra é a indiferença.

O aumento contínuo dos níveis de expectativa, de modo que o comportamento efetivo nunca seja satisfatório, constitui uma falta de "fechamento". A sensação de se ter alcançado um objetivo é evitada, porque então as experiências estariam objetivadas: teriam uma forma, um contorno, e desse modo existiriam independentemente do eu. Para que elas não tenham limites, a

O segundo traço do narcisismo em que o ascetismo desempenha um papel é a indiferença. "Se ao menos eu pudesse sentir"; com essa fórmula, a autorrenegação e a autoabsorção atingem uma realização perversa. Nada é real se eu não puder senti-lo; mas não posso sentir nada. A defesa contra a existência de alguma coisa real para além do eu se completa desse modo, pois, desde que eu esteja indiferente, nada fora de mim pode existir. Em terapia, o paciente se condena por não ter habilidade para se preocupar; todavia, essa condenação, aparentemente tão carregada de autodesgosto, é de fato uma acusação contra o exterior. Pois a fórmula real é: nada é o bastante para que eu sinta. Sob a capa da indiferença, existe o mais infantil dos lamentos, segundo o qual nada pode me fazer sentir se eu não quiser; e escondida atrás do caráter daqueles que verdadeiramente sofrem por estarem indiferentes diante de uma pessoa ou de uma atividade que sempre pensaram desejar existe a secreta e não reconhecida convicção de que as outras pessoas, ou as outras coisas, tais como são, jamais serão suficientemente boas.

pessoa precisa praticar uma forma de ascetismo; ou, como escreve Weber a respeito do temor que Calvino tinha por rituais de fé, a realidade concretizada precisa parecer suspeita. O eu só é real ser for contínuo. E só é contínuo se a pessoa praticar uma autorrenegação contínua. Quando o fechamento efetivamente ocorre, a experiência parece ser separada do eu, com o que a pessoa parece ameaçada por uma perda. Assim sendo, a qualidade própria do impulso narcisista está em que ele deve ser continuamente um estado subjetivo.

O segundo traço do narcisismo em que o ascetismo desempenha um papel é a indiferença. "Se ao menos eu pudesse sentir"; com essa fórmula, a autorrenegação e a autoabsorção atingem uma realização perversa. Nada é real se eu não puder senti-lo; mas não posso sentir nada. A defesa contra a existência de alguma coisa real para além do eu se completa desse modo, pois, desde que eu esteja indiferente, nada fora de mim pode existir. Em terapia, o paciente se condena por não ter habilidade para se preocupar; todavia, essa condenação, aparentemente tão carregada de autodesgosto, é de fato uma acusação contra o exterior. Pois a fórmula real é: nada é o bastante para que eu sinta. Sob a capa da indiferença, existe o mais infantil dos lamentos, segundo o qual nada pode me fazer sentir se eu não quiser; e escondida atrás do caráter daqueles que verdadeiramente sofrem por estarem indiferentes diante de uma pessoa ou de uma atividade que sempre pensaram desejar existe a secreta e não reconhecida convicção de que as outras pessoas, ou as outras coisas, tais como são, jamais serão suficientemente boas.

As qualidades ascéticas do narcisismo são elementos importantes para tornar esse estado psíquico inimigo de certos tipos de expressividade. A expressão para os outros daquilo que a pessoa está sentindo passa a ter uma aparência ao mesmo tempo muito importante e muito informe: dar contornos, ou objetivar a expressão parece despojar de sua autenticidade os objetos expressados. Ou seja, o narcisismo é o princípio psicológico para a forma de comunicação que chamamos de representação da emoção para outrem, ao invés de uma apresentação corporificada de emoção. O narcisismo cria a ilusão de que uma vez que se tenha um sentimento ele precisa ser manifestado — porque, no final das contas, o "interior" é uma realidade absoluta. A forma de sentimento é apenas um derivativo do impulso de sentir.

482 O DECLÍNIO DO HOMEM PÚBLICO

A partir do medo de objetivar impulsos, de produzir sinais, a pessoa constrói a sua vida expressiva de tal modo que está fadada a deixar de re-presentar aos outros aquilo que está presente em seu eu, e fadada a culpar os outros por essa falha. Apesar de tudo, eles podem ver que ela está sentindo, mas o próprio temor que ela tem de objetivar as suas emoções significa que eles não podem ver aquilo que ela sente. A ambiguidade emocional surge nas situações narcisísticas porque aqui a clareza é uma ameaça. Mas, para a pessoa que se recusa a objetivar, o próprio impulso para contar, caso o pudesse, é genuíno. Se o ato de tentar contar aos outros a respeito de si mesma é sentido de modo intenso e real, então a falta de resposta dos outros deve significar que há algo de errado com eles: a pessoa está sendo autêntica; são eles que não estão entendendo; são eles que estão sendo falhos para com ela; eles não são adequados às necessidades dela. Assim sendo, fica reforçada a crença de que os impulsos próprios à pessoa são a única realidade na qual ela pode confiar. Descobrir aquilo que sente torna-se uma busca por um eu próprio. É com uma quase negligente atitude que ela lida com o problema de tornar essa busca significativa para os outros. Se a pessoa lhes contar que está nessa busca, eles seguramente terão que entender.

Vimos na Terceira Parte como a crença na representação de emoções passou a ser relacionada, no século XIX, à ideia de demonstração involuntária de emoção. Relembremos a máxima de Darwin: aquilo que uma pessoa sente se mostra para além do poder de sua vontade de controlá-lo. O narcisismo leva a ideia da demonstração involuntária de caráter ao seu ponto lógico mais extremo.

Em suma, na medida em que uma sociedade suscita o narcisismo, ela dá margem a um princípio de expressão inteiramente oposto ao princípio expressivo do jogo. Numa tal sociedade, é apenas natural que o artifício e a convenção pareçam suspeitos. A lógica de uma tal sociedade será a destruição desses instrumentos de cultura. E ela o fará em nome de uma remoção das barreiras entre as pessoas, de uma aproximação entre elas, mas só conseguirá fazer com que as estruturas de dominação na sociedade sejam transpostas para termos psicológicos.

Conclusão
As tiranias da intimidade

Há duas imagens que nos vêm à mente facilmente como tiranias da intimidade. Uma é a vida limitada pelos filhos, pelas hipotecas da casa, rusgas com a esposa, corridas ao veterinário, ao dentista, levantar-se à mesma hora, pegar o trem para ir trabalhar, voltar para casa, beber cuidadosamente dois martínis e fumar oito cigarros, que são a ração do dia, a tensão das contas a pagar — todo um catálogo da rotina doméstica que logo produz uma imagem da tirania da intimidade; é claustrofobia. A expressão "tirania da intimidade" pode também ser aplicada a uma espécie de catástrofe política, o Estado policial em que todas as atividades, todos os amigos e todas as crenças de uma pessoa passam através de uma rede de vigilância governamental. Essa opressão intimista envolve o medo constante de que a pessoa possa trair opiniões que a levem imediatamente para a prisão; que seus filhos possam ser indiscretos na escola; que ela possa sem querer cometer crimes contra o Estado, que o próprio Estado trama, à medida que age. *Madame Bovary* é um exemplo da primeira espécie de tirania da intimidade; a lenda stalinista sobre o bom pequeno comunista que entrega seus desgarrados pais à polícia secreta é o emblema da segunda.

Ambas as imagens são inadequadas. A obrigação doméstica é insuficiente para definir o sentido de claustrofobia que oprime tantas pessoas hoje em dia. A vigilância fascista é uma imagem que muitas vezes engana; quando o fascismo não está presente, é fácil imaginar o enfraquecimento dos controles políticos intimistas, enquanto, de fato, eles se tornam formalmente diferentes.

O DECLÍNIO DO HOMEM PÚBLICO

A razão pela qual essas duas imagens são insuficientes está em que ambas são tiranias de coerção brutal. Mas a própria tirania pode ser algo de mais sutil.

Um dos mais antigos usos da palavra "tirania" no pensamento político é sinônimo de soberania. Quando todas as questões se referem a um princípio comum ou a uma pessoa soberana, esse princípio ou essa pessoa tiraniza a vida da sociedade. Esse governo de uma multiplicidade de hábitos e de ações pela autoridade soberana de uma fonte única não precisa ser originado por coerção brutal; pode igualmente surgir por sedução, de tal modo que as pessoas queiram ser governadas por uma autoridade única que se coloque acima delas todas. Essa sedução tampouco precisa envolver uma pessoa enquanto tirano. Uma instituição pode dominar como uma fonte única de autoridade; uma crença pode servir como padrão único para enfrentar a realidade.

A intimidade é uma tirania, na vida diária, dessa última espécie. Não é a criação forçada, mas o aparecimento de uma crença num padrão de verdade para se medir as complexidades da realidade social. É a maneira de se enfrentar a sociedade em termos psicológicos. E, na medida em que essa tirania sedutora for bem-sucedida, a própria sociedade será deformada. Não tentei dizer neste livro que entendemos intelectualmente as instituições e os acontecimentos exclusivamente em termos da demonstração da personalidade, pois obviamente isso não ocorre; mas, ao contrário, que passamos a nos preocupar com instituições e acontecimentos apenas quando podemos discernir personalidade funcionando dentro deles ou dando-lhes corpo.

A intimidade é um terreno de visão e uma expectativa de relações humanas. É a localização da experiência humana, de tal modo que aquilo que está próximo às circunstâncias imediatas da vida se torna dominante. Quanto mais regras de localização, mais as pessoas procuram detectar; ou pressionam-se mutuamente para se despojar das barreiras dos costumes, das boas maneiras e do gestual que se interpõem no caminho da franqueza e da abertura mútuas. A expectativa é de que, quando as relações são chegadas, elas sejam calorosas; é uma espécie intensa de sociabilidade que as pessoas buscam ter, tentando remover as barreiras do contato íntimo, mas essa expectativa é frustrada pelo ato. Quanto mais chegadas são as pessoas, menos sociáveis, mais dolorosas, mais fratricidas serão suas relações.

AS TIRANIAS DA INTIMIDADE

Os conservadores sustentam que a existência da intimidade frustra as expectativas que as pessoas têm de um encontro intimista porque "a natureza do homem" é interiormente tão doente ou tão destrutiva que, quando as pessoas se revelam umas às outras, aquilo que mostram são todos os pequenos horrores privados que em formas menos intensas de experiências são escondidos cuidadosamente. Creio que a frustração que o contato íntimo provoca na sociabilidade é, antes, o resultado de um longo processo histórico, um processo em que os próprios termos da natureza humana foram transformados num fenômeno individual, instável e autoabsorvido, que chamamos "personalidade".

Essa história é a história da erosão de um equilíbrio delicado que mantinha a sociedade no primeiro jato de sua existência secular e capitalista. Era um equilíbrio entre a vida pública e a vida privada, um equilíbrio entre um terreno impessoal em que os homens poderiam investir uma espécie de paixão e um terreno pessoal em que poderiam investir uma outra espécie. Essa geografia da sociedade era dirigida por uma imagem da natureza humana baseada na ideia de um caráter humano natural; esse caráter não era criado pelas experiências de uma vida, mas revelado por elas. Ele pertencia à Natureza e se refletia no homem. À medida que tanto a secularidade quanto o capitalismo adquiriram novas formas no século passado, essa ideia de uma natureza transcendente perdeu gradativamente seu significado. Os homens passaram a crer que eram os autores de seu próprio caráter, que cada acontecimento de suas vidas precisava ter uma significação em termos da definição do que eram eles; mas aquilo que era essa significação, as instabilidades e contradições de suas vidas tornavam difícil dizer. Ainda assim, a mera atenção e o envolvimento em questões de personalidade aumentaram cada vez mais. Gradualmente, essa força perigosa, misteriosa, que era o eu passou a definir as relações sociais. Tornou-se um princípio social. Nesse ponto, o terreno público de significação impessoal e de ação impessoal começou a diminuir.

A sociedade em que vivemos hoje está sobrecarregada de consequências dessa história: o evanescimento da *res publica* pela crença de que as significações sociais são geradas pelos sentimentos de seres humanos individuais. Essa transformação camuflou duas áreas da vida social. Uma é o âmbito do poder, a outra é o âmbito das aglomerações em que vivemos.

486   O DECLÍNIO DO HOMEM PÚBLICO

Compreendemos que o poder é um questão de interesses nacionais e internacionais, o jogo entre classes e grupos étnicos, conflito de regiões ou de religiões. Mas nós não atuamos de acordo com essa compreensão. Na medida em que essa cultura de personalidade controla a crença, elegemos candidatos que são críveis, que têm integridade, e que demonstram autocontrole. Essas personalidades "apelam", dizemos nós, para uma vasta gama de interesses. A política de classe se enfraquece, assim como a própria classe, especialmente entre as classes novas que se formam durante nosso século, faz-se parecer em muito a expressão de habilidades pessoais inatas. O bairrismo e a autonomia local estão se tornando credos políticos de amplo espectro, como se as experiências das relações de poder tivessem mais sentido humano quanto mais intimista for a escala — mesmo que as estruturas efetivas de poder cresçam cada vez mais na direção de um sistema internacional. A comunidade se torna uma arma contra a sociedade, cujo maior defeito é tido como sendo sua impessoalidade. Mas uma comunidade de poder só pode existir como uma ilusão numa sociedade como a do Ocidente industrial, na qual a estabilidade se completou por uma extensão progressiva da escala internacional de estruturas de controle econômico. Em suma, a crença nas relações humanas diretas em escala intimista nos seduz e nos desvia da conversão de nossa compreensão das realidades do poder em guias para nosso próprio comportamento político. O resultado disso é que as forças de dominação ou a iniquidade permanecem inatacadas.

Essa crença de que as relações humanas reais são demonstrações de personalidade para personalidade, em segundo lugar, distorceu nosso entendimento a respeito dos propósitos da cidade. A cidade é o instrumento da vida impessoal, o molde em que diversidade e complexidade de pessoas, interesses e gostos se tornam disponíveis enquanto experiência social. O medo da impessoalidade está quebrando esse molde. Em seus esplêndidos e impecáveis jardins, as pessoas falam dos horrores de Londres ou de Nova York; aqui em Highgate ou em Scarsdale, uma pessoa conhece os seus vizinhos; de fato, não acontece muita coisa, mas a vida é segura. É a retribalização. Os termos "urbano" e "civilizado" conotam agora experiências rarefeitas de uma pequena

AS TIRANIAS DA INTIMIDADE

classe e estão marcados pela pecha de esnobismo. É o próprio temor da vida impessoal, a própria valorização do contato intimista que torna a noção de uma existência civilizada, na qual as pessoas se sentem à vontade diante de uma diversidade de experiências, encontrando de fato alimento nela, uma possibilidade apenas para ricos e bem-nascidos. Nesse sentido, a absorção nas relações intimistas é a marca de uma sociedade incivilizada.

Essas duas tiranias da intimidade, essas duas denegações da realidade e do valor da vida impessoal, têm um lado comum e oposto. A renovação da cidade, a rejeição das cadeias do bairrismo — que foram forjadas primeiramente no século XIX e que hoje em dia se tornaram um credo —, é também a renovação de um princípio de comportamento político. A extensão em que as pessoas podem aprender a perseguir agressivamente seus interesses em sociedade é a extensão em que elas aprendem a agir de modo impessoal. A cidade deveria ser mestra nesse modo de agir, o fórum no qual se torna significativo unir-se a outras pessoas sem a compulsão de conhecê-las enquanto pessoas. Não creio que esse seja um sonho inútil; a cidade serviu como foco para a vida social ativa, para o conflito e o jogo de interesses, para a experiência das possibilidades humanas, durante a maior parte da história do homem civilizado. Mas hoje em dia essa possibilidade civilizada está adormecida.

Notas

As notas que se seguem, referentes às fontes, destinam-se ao uso de estudantes que porventura desejem aprofundar tópicos específicos, principalmente os de natureza histórica, mais minuciosamente. Não há notas para a Primeira Parte, pois as obras nela mencionadas estão disponíveis nas livrarias; são poucas as notas referentes à Quarta Parte, exceto quando os assuntos se baseiam em fontes especializadas. Ao analisar os estágios de argumentação na teoria de outro escritor, citei trechos específicos para cada ideia, visto que referências à "teoria darwiniana" ou a uma "abordagem freudiana" não têm sentido em si mesmas.

PARTE DOIS
O mundo público do "Antigo Regime"

1. Fernand Braudel, *Capitalism and Material Life,* Nova York, Harper & Row, 1973, pp. 430 e ss., para uma boa discussão dessas duas cidades no "Antigo Regime".
2. *Ibid.,* p. 431.
3. Louis Chevalier, *Laboring Classes and Dangerous Classes,* trad. Frank Jellinek, Nova York, Howard Fertig, 1973, p. 176; Alfred Cobban, *A History of Modern France,* Londres, Penguin, 1963. 3ª ed. I, p. 48; Pierre Goubert, "Recent Theories and Research in French Population Between 1500 and 1700", in D. V. Glass e D. E. C. Eversley, orgs., *Population in History,* Chicago, Aldine, 1965, p. 473.
4. Ver H. J. Habakkuk, "English Population in the 18th Century", in *Economic History Review,* 2ª série, VI, 1953, pp. 117 e ss.; Robert Mandrou, *La France aux XVIIe et XVIIIe Siècles.* Paris, Presses Universitaires de France, 1967. p. 130; Conde de Buffon, citado in Chevalier, *op. cit.,* p. 178.
5. Ver E. A. Wrigley, "A Simple Model of London's Importance in Changing English Society and Economy, 1650-1750", in *Past and Present,* nº 37, pp. 44 e ss.; e o mapa de C. T. Smith, in *The Geographical Journal,* junho de 1951, p. 206.

490   O DECLÍNIO DO HOMEM PÚBLICO

6. Louis Henry, "The Population of France in the 18th Century", in Glass e Eversley, *op. cit.*, pp. 434 e ss.
7. Daniel Defoe, *A Tour Through the Whole Island of Great Britain*, Londres, Penguin, 1971; 1ª ed., 1724; p. 308.
8. S. Giedion, *Space, Time and Architecture*, Cambridge, Harvard University Press, 1963, 4ª ed., pp. 141-42.
9. No século seguinte, Haussmann concluíra que esses grandes espaços poderiam logo ser ocupados por multidões ingovernáveis, de modo que o planejamento antipopular do século XVIII parece ao século XIX ter montado o palco para as formações tumultuosas.
10. Paul Zucker, *Town and Square: from the Agora to Village Green*, Nova York, Columbia University Press, 1959.
11. E. A. Gutkind, *Urban Development in France*, Nova York, Free Press, 1970, p. 252.
12. Giedion, *op. cit.*, p. 619.
13. *Ibid.*, p. 620.
14. E. A. Gutkind, *Urban Development in Western Europe: The Netherlands and Great Britain*, Nova York, Free Press, 1971, p. 259.
15. Defoe, *op. cit.*, p. 287.
16. *Ibid.*, p. 295. Igualmente, Raymond Williams, *The Country and the City*, Nova York, Oxford University Press, Capítulo 2, sobretudo as seções sobre a contrapastoral (trad. bras.: O *campo e a cidade*, São Paulo, Companhia das Letras).
17. Christopher Hill, *Reformation to Industrial Britain*, Baltimore, Penguin, 1969, p. 226.
18. Jeffry Kaplow, *The Names of Kings*, Nova York, Basic Books, 1972, p. 7.
19. Karl Polanyi, *The Great Transformation*, Boston, Beacon Press, 1964, Conclusão.
20. Ver Jane Jacobs, *The Economy of Cities*, Nova York, Random House, 1969.
21. Kaplow, *op. cit.*, p. 36.
22. Williams, *op. cit.*, p. 147; veja-se H. J. Nabakkuk, *American and British Technology in 19th Century*, Cambridge, Cambridge University Press, 1962, para uma teoria mais ampla sobre aquilo que ocorreu com esse excesso, no século XIX.
23. J. H. Plumb, *The Origins of Political Stability: England, 1675-1725*, Boston, Houghton Mifflin, 1967, *passim*. Para transformações mais específicas, v. Alfred Franklin, *La Vie Privée d'Autrefois*, Paris, Plon, 1887,1, pp. 259-82.
24. Ver Saint-Simon, *Memoirs*, Paris-Boston, 1899; e as exceções muito interessantes, em H. Baudrillart, *Histoire du Luxe Privé et Public*, Paris, Hachette, 1880, vol. I, pp. 194-95. V. também esses momentos registrados nos diários de Pepys, onde ele descreve brindes, feitos quando seus companheiros estavam bebendo.
25. W. H. Lewis, *The Splendid Century*, Nova York, Morrow, 1971, pp. 41-48.
26. Lord Chesterfield, *Letters*, Londres, Dent-Dutton, 1969; 1ª ed.; 1774; p. 80. Há paralelos interessantes com os cumprimentos feitos por Voltaire na abertura de suas cartas; as mesmas palavras são dirigidas a uma gama de pessoas amplamente diversificadas, algumas das

NOTAS

quais responderam exatamente nos mesmos termos: o fato de que os cumprimentos eram impessoais não denegria a "cortesia".

27. Marivaux, *La Vie de Marianne,* in *Romans, Récits, Contes et Nouvelles,* texto apresentado e prefaciado por Mareei Arland, Tours, Bibliothèque de la Pléiade, 1949; pp. 247-48.

28. Chesterfield, *op. cit., p.* 80

29. *Ibid.,* p. 32.

30. *Ibid.,* p. 34.

31. Quando da reunião dos Estados Gerais em 1789, o Mestre dos Estados, segundo as antigas leis, declarou que os membros do Terceiro Estado estavam proibidos de usar joias ou anéis, ou portar fitas ou outros emblemas de cores vivas. O fato irritou Mirabeau e o impeliu a fazer um de seus maiores discursos. Ver R. Broby-Johansen, *Body and Clothes: An Illustrated History of Costume,* Nova York, Reinhold, 1968, "O Século XVIII".

32. James Laver, *A Concise History of Costume and Fashion,* Nova York, Abrams Inc., s.d., "The 18th Century", para um resumo excelente dos fatos.

33. Geoffrey Squire, *Dress and Society, 1560-1970,* Nova York, Viking, 1974, p. 110.

34. Braudel, *op. cit.,* p. 236.

35. François Boucher, *20.000 Years of Fashion,* Nova York, Abrams, s.d., pp. 318-19.

36. Max von Boehn, *Dolls,* traduzido por Josephine Nicoll, Nova York, Dover, 1972, pp. 134-53.

37. Norah Waugh, *The Cut of Womens Clothes, 1600-1930,* Nova York, Theatre Arts Books, 1968, p. 123.

38. Citação extraída de Johan Huizinga, *Homo ludens,* Boston, Beacon Press, 1955, p. 211. Elizabeth Burris-Meyer, *This Is Fashion,* Nova York, Harper, 1943, p. 328. R. Turner Wilcox, *The Mode in Hats and Headdress,* Nova York, Scribner's, 1959, pp. 145-46.

39. Lester and Kerr, *Historic Costume,* Peoria, Illinois, Chas. A. Bennett, 1967, pp. 147-48; citação extraída de *ibid.,* pp. 148-49.

40. Burris-Meyer, *op. cit.,* p. 328.

41. Maggie Angeloglou, *A History of Makeup.* Londres. Studio Vista, 1970, pp. 73-74.

42. *Ibid.,* pp. 79 e 84. Lucy Barton, *Historic Costume for the Stage,* Boston. W. A. Baker, 1935, pp. 333 e ss. Burris-Meyer, *op. cit.,* p. 328.

43. Wilcox, *The Mode in Footwear.* Nova York, Scribner's, 1948, página de ilustrações para o Capítulo 15.

44. Wilcox, *The Mode in Hats and Headdress,* p. 145; citado por Iris Brooke, *Wester European Costumes, 17th to Mid-19th Centuries, and Its Relation to the Theatre,* Londres, George Harrap & Co., Ltd., 1940, 76.

45. Citado por James Laver, *Drama, Its Costume and Decor,* Londres, The Studio Ltd., 1951, p. 154; Brooke, *op. cit.,* p. 74.

46. Biblioteca para as Artes da Representação, Lincoln Center, Nova York, Divisão de pesquisas, Caderno Lecompte, Seção de Trajes do Século XVIII, pranchas 77 e 104; prancha 78.

O DECLÍNIO DO HOMEM PÚBLICO

47. Laver, *Drama*, p. 155.

48. John Lough, *Paris Theatre Audiences in the 17th and the 18th Centuries*, Londres, Oxford University Press, 1957, p. 172. Charles Beecher Hogan, *The London Stage, 1776-1800*, Carbondale, Illinois, University of Southern Illinois Press, 1968, p. CCX. Alfred Harbage, *Shakespeares Audience*, Nova York, Columbia University Press, Cap. 2.

49. Frederick C. Green, *Eighteenth-Century France*, Nova York, Ungar, 1964, p. 169. Lough, *op. cit.*, pp. 180-84 e 226. George W. Stone, Jr. *The London Stage, 1747-1776*, Carbondale, Illinois, University of Southern Illinois Press, 1968. p. CXCI. Lough, *op. cit.*, p. 177.

50. Stone, *op. cit.*, p. CXCI. Lough, *op. cit.*, pp. 229-30. V. também, Marmontel, *Oeuvres* Paris, 1819-20, IV, p. 833.

51. Phyllis Hartnoll, *The Concise History of Theatre*, Nova York, Abrams, s.d., p. 154; citado por Hogan, *op. cit.*, p. CXCI.

52. Hogan, *op. cit.*, p. CXIII.

53. John Bernard, *Retrospections of the Stage*, Londres, Colburn and Bentley, 1830, II, pp. 74-75.

54. Greene, *op. cit.*, p. 173. Stone, op. *cit.*, p. CLXXXIV.

55. W. H. Lewis, *The Splendid Century*, Nova York, Anchor, 1957, Hartnoll, op. *cit.*, p. 156.

56. Jean Duvignaud, *L'Acteur*, Paris, Gallimard, 1965, pp. 68-69.

57. *Ibid.*, pp. 69-70.

58. Henry Raynor, *A Social History of Music*. Nova York, Schocken, 1972, pp. 246, 252 e 259.

59. Duvignaud, *op. cit.*, p. 74.

60. *Ibid.*, p. 75. Ver também Richard Southern, *The Seven Ages of the Theatre*, Nova York, Hill & Wang, 1963, sobre a profissionalização no teatro. Souther adota datas anteriores para a Inglaterra, em comparação com a França, mas é menos específico do que Duvignaud.

61. Esse sentido atribuído ao símbolo é comum a filósofos da linguagem tão diferentes entre si quanto Cassirer e Chomsky.

62. Ver R. Fargher, *Life and Letters in France: The 18th Century*, Nova York, Scribners, 1970, p. 19, para uma discussão de Massillon dentro desse contexto.

63. Green, *op. cit.*, p. 166. Hartnoll, *op. cit.*, pp. 154-55. Citação extraída de Collé, *Diary*, in Green, *op. cit.*, pp. 166-67.

64. Aytoun Ellis, *The Penny Universities*, Londres, Secker and Warburg, 1956, p. 223; v. também o Capítulo 9, que traz uma maravilhosa descrição dos cafés da cidade.

65. Lewis A. Coser, *Men of Ideas*, Nova York, Free Press, 1965, p. 19. R. J. Mitchell e M. D. R. Leys, *A History of London Life*, Londres, Longmans, Green and Co., s.d., pp. 176-79.

66. Ellis, op. *cit.*, p. 238.

67. Jean Moura e Paul Louvet, "Le Café Procope", *Revue Hebdomadaire*, ano 38, tomo 11, pp. 316-48, que é o melhor estudo sério sobre esse café.

68. Henry B. Wheatley, *Hogarth s London*, Nova York, Button & Co., 1909, p. 301. A. S. Turberville, *Johnson's England*, Oxford, Clarendon Press, 1933,1, pp. 180-81.

NOTAS

69. James Boswell, *Life of Samuel Johnson,* citado por Ellis, *op. cit.,* p. 229.

70. Coser, op. *cit.,* p. 24. Wheatley, *op. cit.,* p. 272.

71. Citado por Ellis, *op. cit.,* p. 230.

72. Turberville, *op. cit.,* p. 182.

73. Emily Anderson (organizadora e tradutora), *Letters of W. A. Mozart and his Family,* vol. I, Londres, MacMillan *& Co.,* 1938.

74. Uma prancha da coleção do Instituto de Calcografia do Louvre (prancha anônima, impressa pela primeira vez em 1744, vista das Tulherias) mostra muito bem a variedade de negócios realizados no Sena e nas Tulherias. Os jardins são locais de passagem e de depósito para o tráfego feito fora do leito do rio.

75. Philippe Ariès, *Centuries of Childhood,* traduzido para o inglês por Robert Baldick, Nova York, Vintage Books, 1965, pp. 87-8.

76. *Ibid.,* 97-98.

77. Bogna Lorence, "Parents and Children in 18th Century Europe", *History of Childhood Quarterly,* II, nº 1-(1974), pp. 1-30.

78. Citado in *ibid.,* p. 23.

79. O melhor tratamento dado à teoria psicológica do Iluminismo é portanto o dos historiadores da filosofia. Quanto a essa dupla característica, ver, por exemplo, Carl Becker, *The Heavenly City of the 18th Century Philosophers,* New Haven, Yale University Press, 1932, pp. 63-70. Arthur Wilson, *Diderot,* Nova York, Oxford University Press, 1972, pp. 250-51 (a carta para Landois), como exemplo da argumentação de Becker. Ver também Ernst Cassirer, *The Philosophy of the Enlightenment,* Boston, Beacon, 1955, pp. 105-8, e 123 e ss.

80. Richard Sennett e Jonathan Cobb, *The Hidden Injuries of Class,* Nova York, Knopf, 1972, pp. 251-56.

81. As principais biografias são as de George Rude, *Wilkes and Liberty,* Oxford, Oxford University Press, 1962; Raymond Postgate, *That Devil Wilkes,* Londres, Constable, 1930; William Treloar, *Wilkes and the City;* Londres, Murray, 1917; ver também um admirável esboço sobre Wilkes feito por Peter Quennell, em *The Profane Virtues,* Nova York, Viking, 1945, pp. 173-220.

82. Joseph Grego, *A History of Parliamentary Elections and Electioneering from the Stuarts to Queen Victoria,* Londres, Chatto and Windus, 1892, Cap. VI: "John Wilkes as a Popular Representative".

83. Quennell, *op. cit.,* pp. 181-82.

84. Wilkes narra o duelo numa carta reeditada em Postgate, *op. cit.,* citada às pp. 45-50.

85. Rude, *op. cit.,* pp. 17-73, é o resumo mais abrangente; Treloar, *op. cit.,* pp. 51-79, é algo ingênuo, mas contém mais matéria-prima.

86. Quennell, *op. cit.,* p. 177. V. também a discussão da opinião de Sterne sobre o relacionamento sexual, *ibid.,* pp. 169-70. Para a França, v. especialmente J.-J. Servais e J. P. Laurend, *Histoire et Dossier de la Prostitution,* Paris, Editions Planète, 1965.

O DECLÍNIO DO HOMEM PÚBLICO

87. Resumido por Rude, *op. cit.,* pp. XIII-XIV.

88. Postgate, *op. cit.,* pp. 150-68.

89. Rude, *op. cit.,* pp. 86-89. Postgate, *op. cit.,* pp. 141-42. Compare-se com Bernard Baylin, *Ideological Origins of the American Revolution,* Cambridge, Harvard University Press, 1967.

90. Postgate, *op. cit.,* pp. 251-58, é uma boa descrição.

91. James Boulton, *The Language of Politics,* Londres, Routledge & Kegan Paul, 1963, p. 24.

92. Boulton, *ibid.,* p. 36.

93. Henry Fielding, *Tom Jones,* Londres, Penguin, 1966; 1ª ed., 1749;p. 299.

94. *Ibid.,* p. 302.

95. Lee Strasberg. "An Introduction to Diderot", in Denis Diderot, *The Paradox of Acting,* trad. W. H. Pollack, Nova York, Hill and Wang, 1957, p. X. Arthur M. Wilson, *Diderot,* Nova York, Oxford University Press, 1972, pp. 414-16. Félix Vexler, *Studies in Diderot's Esthetic Naturalism,* tese de doutorado, Nova York, Universidade de Columbia, 1922.

96. Diderot, *Paradox,* p. 14.

97. *Ibid.,* pp. 15, 24.

98. Citação de *ibid.,* p. 20. *Ibid..* p. 23.

99. *Ibid.,* p. 25.

100. *Ibid.,* pp. 15 e ss.

101. Citação de *ibid.,* p. 25.

102. *Ibid.,* pp. 32-33, grifo nosso.

103. T. Cole e H. Chinoy, *Actors on Acting,* Nova York, Crown, ed. rev., 1970, pp. 160-61.

104. Diderot, *op. cit.,* pp. 52 e ss. K. Mantzius, *A History of Theatrical Art in Ancient and Modern Times,* Londres, Duckworth & Co., 1903-1921, V, pp. 277-78.

105. A datação é feita como se segue: D'Alembert preparou o artigo após uma visita que fez a Voltaire em sua propriedade fora de Genebra; Voltaire havia se transferido para lá em 1755; o artigo estava pronto para aparecer em 1757; a resposta de Rousseau ao artigo apareceu em 1758. Rousseau, *Politics and the Arts: The Letter to M. d'Alembert,* trad. ingl. A. Bloom, Nova York, Cornell University Press, 1968, p. XV. O título *Politics and the Arts* é um título inglês para a tradução inglesa da *Carta*; doravante, será citada com seu título correto: *Carta ao Sr. d'Alembert.* Citação de d'Alembert in *ibid.,* p. 4.

106. Há razões para se acreditar que ao recusar tão acirradamente a descrição da vida moral e religiosa em Genebra feita por d'Alembert, Rousseau estaria questionando a si mesmo quanto ao valor de uma religião ascética militante para a cidade. V. Ernst Cassirer, *The Question of Jean-Jacques Rousseau,* traduzido e publicado por Peter Gay, Nova York, Columbia University Press, 1954, pp. 73-76, a respeito do pensamento religioso de Rousseau.

107. V. "Notas do Tradutor", in Rousseau, *op. cit.,* p. 149, n. 3.

108. *Ibid.,* pp. XXX, 16.

109. *Ibid.,* p. 16.

110. Johan Huizinga, *Homo ludens,* Boston, Beacon, 1955, pp. 1, 6, 8-9.

NOTAS

111. Lionel Trilling, *Sincerity and Authenticity*, Cambridge, Mass., Harvard University Press, 1972, p. 64.

112. Rousseau, *op. cit.*, p. 18.

113. Esse é justamente o ponto de vista do artigo de d'Alembert. O tratamento dado à religião nos últimos cinco parágrafos é um bom exemplo; reeditado em apêndice a Rousseau, *op. cit.*, pp. 147-48.

114. *Ibid.*, p. 58.

115. *Ibid.*, pp. 58-59.

116. Nem todas as instruções do *Émile* são propositadas, nem tampouco os incidentes das *Confissões* são registrados em termos de um plano central baseado em "utilidade".

117. Citação da trad. inglesa in M. Berman, *The Politics of Authenticity*, Nova York, Atheneum, 1970, p. 116.

118. Cassirer, *Question.* p. 43; citação de Rousseau, *ibid.*

119. Berman, *op. cit.*, pp. 114-15; a ideia de reputação como uma significação acabada começa, como Berman aponta, com Montesquieu; Rousseau dá à imagem uma significação nova, mais negativa.

120. Rousseau, *op. cit.*, pp. 59-61.

121. *Ibid.*, p. 60.

122. *Ibid.*

123. *Ibid.*

124. *Ibid.*, pp. 65-75.

PARTE TRÊS
O tumulto da vida pública no século XIX

1. Joanna Richardson, *La Vie Parisienne, 1852-1870*, Nova York; Viking, 1971, pp. 76-77.

2. Maxime du Camp, citado in *ibid.*, p. 77.

3. Veja-se Charles Tilly, *An Urban World*, Boston, Little, Brown and Co., 1974.

4. Os dados brutos das duas tabelas foram tirados de Adna Ferrin Weber, *The Growth of Cities in the 19th Century*, Ithaca, Nova York, Cornell University Press, 1963; 1ª edição, 1899, p. 73. Dados alternativos: Louis Chevalier, *La Formation de la Population Parisienne au XIXe Siècle*, Paris, Institut National d'Études Démographiques, Caderno nº 10, 1950, pp. 284 e ss.

5. Citado por Asa Briggs, *Victorian Cities*, Nova York, Harper & Row, 1963, p. 324.

6. Calculado a partir de A. F. Weber, *op. cit.*, p. 46.

7. Richard Sennett, fita de dados para *Families Against the City*, Joint Center for Urban Studies of Harvard e MIT, *cross-tabs* referentes a "classes e distâncias de residência".

8. David H. Pinkney, *Napoleon III and the Rebuilding of Paris*, Princeton, Princeton University Press, 1958, pp. 6-9.

496 O DECLÍNIO DO HOMEM PÚBLICO

9. Cf. *ibid.*, p. 17. Quanto a Wirth, veja-se Louis Wirth, "Urbanism as a Way of Life", in Richard Sennett, org., *Classic Essays on the Culture of Cities*, Nova York, Appleton-Century-Crofts, 1969, pp. 143-64. Quanto a Park. veja-se Robert Park, "The City...", in *ibid.*, pp. 91-130.

10. J. H. Clapham, *Economic Development of France and Germany, 1815-1914*, Londres, Cambridge University Press, 4ª ed., 1968, pp. 70-71.

11. Veja-se Richard Sennett, *Families Against the City*, Massachusetts, Harvard University Press, Cambridge, 1970, capítulos 5 e 11, para uma discussão mais completa dos problemas de definição de "classe média". Roy Lewis e Angus Maude, *The English Middle Classes*, Londres, Phoenix House, 1949, Primeira Parte, Cap. 3, fazem uma discussão excelente, ainda que não quantitativa, da força das classes médias em diferentes cenários ingleses. Os dados para 1867 são tirados de J. Burnett, *Plenty and Want*, Londres, Pelican, 1968, p. 77.

12. S. G. Checkland, *The Rise of Industrial Society in England, 1815-1885*, Nova York, St. Martin's Press, 1966, pp. 425-26.

13. H. Pasdermadjian (ou Pasjermadjian), *The Department Stores: Its Origins, Evolution and Economics*, Londres, Newman, 1954, pp. 3-4.

14. Bertrand Gille, "Recherches sur l'Origines des Grands Magasins Parisiens", in *Paris et lie de France*, Paris, 1955, VII, pp. 260-61; Martin St. Léon, *Le Petit Commerce Français*, Paris, 1911, pp. 520-21.

15. Veja-se Clifford Geertz, *Peddlers and Princes*, Chicago, University of Chicago Press, 1963, *passim*.

16. Pasdermadjian, *op. cit.*, pp. 4,12.

17. C. Wright Mills, *White Collar*, Nova York, Oxford University Press, 1957, p. 178.

18. Pasdermadjian, *op. cit.*, p. 2, n° 4. Sennett, *Families Against the City*, Cap. 2.

19. G. D'Avenel, "Les Grands Magasins", *Revue des Deux Mondes*, 15 de julho de 1894.

20. Citação de Émile Zola in Pasdermadjian, *op. cit.*, p. 12.

21. Gille, *op. cit.*, pp. 252-53.

22. Pasdermadjian, *op. cit.*, p. 32.

23. Karl Marx, *Capital*, trad. de Samuel Moore e de Edward Aveling, Nova York, Modern Library, 1ª ed., 1906, pp. 82-85.

24. Charles Fegdal, *Choses et Cens des Halles*, Paris, Athéna, 1922, pp. 211-20. M. Baurit, *Les Halles de Paris, dès Romans à nos Jours*, Paris. M. Baurit, 1956, pp. 46-48.

25. Jean Martineau, *Les Halles de Paris, dès Origines à 1789*, Paris, Mondarestier, s.d., pp. 214-15.

26. *Paul Maynard, Les Modes de Vente des Fruits et Legumes aux Halles Centrales de Paris*, Paris, Sirez, 1942, p. 35.

27. Fedgal. *op. cit.*, p. 123. Martineau, *op. cit.*, pp. 242-43.

NOTAS

28. Thomas Carlyle, *Sartor Resartus,* edição reproduzida em *English Prose of Victorian Era,* Harrold and Templeman, eds., Oxford, Oxford University Press, 1938, p. 94.

29. Citação de Henry James tirada de Donald Fanger, *Dostoievsky and Romantic Realism,* Chicago, University of Chicago Press, 1967, p. 30. Citações tiradas de Honoré (de) Balzac, *Splendeurs et Misères des Courtisanes,* Paris, Édition de Béguin, 1947-1953, p. 137. A versão inglesa utilizou Franger, *op. cit.,* p. 42, e V. S. Pritchett, *Balzac,* Nova York, Knopf 1973, p. 165, para a primeira citação, e apenas Pritchett para a segunda.

30. Citação de Honoré (de) Balzac, *Père Goriot,* Paris, Éditions de la Pléiade, s.d., II, p. 884. Versão inglesa, por Peter Brooks, "Melodrama" (manuscrito), p. 44.

31. Citação de Charles Lalo, *L'Art et la Vie.* Paris, 1947, t. III, p. 86.

32. Honoré (de) Balzac, *Scènes de la Vie Parisienne,* Paris, Édition de Béguin, XV, p. 110. Versão inglesa por Fanger, *op. cit.,* pp. 37-38.

33. A interpretação se encontra em Fanger, *op. cit.,* pp. 28-64; a citação de Lukacs ocorre à página 17.

34. Interpretação encontrada em Brooks, *Melodrama,* pp. 1-64.

35. Erich Auerbach, *Mimesis: The Representation of Reality in Western Literature,* trad. Willard R. Trask, Princeton, Princeton University Press, 1968. pp. 469 e ss.

36. Citação de Balzac tirada de *ibid.,* p. 470; citação de Auerbach, *op. cit.,* p. 471.

37. Rebecca Folkman Mazières, "Le Vêtement et la Mode chez Balzac", manuscrito, p, 3.

38. Citação de Squire, *op. cit.,* p, 159.

39. Boucher, *op. cit.,* p. 408. Burris-Meyer, *op. cit.,* p. 273. Wilcox, *The Mode in Hats and Headdresses.* p. 213. Wilcox, *The Mode in Footwear,* p. 131.

40. Ver Boehn, *op. cit.,* caps. 10 e 11.

41. Boucher, *op. cit.,* pp. 385-86.

42. Burris-Meyer, *op. cit.,* p. 139. Fairfax Proudfit Walkup, *Dressing the Part: A History of Costume for the Theatre,* Nova York, Appleton-Century-Crofts, 1938. p. 244.

43. Barton, *op. cit.,* pp. 424, 445.

44. Angeloglou, *op. cit.,* p. 89.

45. Barton, *op. cit.,* pp. 425, 444, 395. Burris-Meyer, *op. cit.,* p. 273.

46. Citado por Steven Marcus, *The Other Victorians,* Nova York, Random House, 1964, pp. 5-6.

47. Angeloglou, *op. cit.,* p. 96.

48. Citações tiradas de A. Conan Doyle, *The Complete Sherlock Holmes,* Garden City, Nova York, Doubleday, 1930, p. 96.

49. Citação de Balzac in Pritchett, *op. cit.,* p. 166.

50. Citação de Carlyle, *op. cit.,* p. 89. O último tema é desenvolvido mais tarde, no Capítulo 10 do Livro Primeiro.

51. Citação de Philip Rosenberg, *The Seventh Hero,* Cambridge, Massachusetts, Harvard University Press, 1974, p. 46. Ver a soberba discussão que o autor faz. pp. 45-55.

O DECLÍNIO DO HOMEM PÚBLICO

52. A edição utilizada nessa análise é Charles Darwin, *The Expression of Emotion in Man and Animals*, Volume X de *The Works of Charles Darwin*, Nova York, Appleton, 1896, reeditado por AMS.

53. *Ibid.*, p. 178.

54. *Ibid.*, pp. 179-83.

55. *Ibid.*, pp. 188-89.

56. *Ibid.*, p, 353. O último ponto é discutido às pp. 183-84.

57. Laver, *Drama*, p. 155, Citação de Smith em Southern, *op. cit.*, p. 257.

58. Laver, *Drama*, p. 209.

59. *Calerie Dramatique*, pranchas tiradas de guarda-roupas do Théâtre de la Porte St. Martin, na coleção da Biblioteca Pública de Nova York, Seção Central, pranchas 131c 132.

60. Estabelecido em comparação com as ilustrações in Alan Davidson, *Mediterranean Seafood*, Londres, Penguin, 1972, Catálogo de Peixes.

61. *Galerie Dramatique*, pranchas 37, 38, 41, Dabney, *op. cit.*, prancha n° 39. Ver as ilustrações do gestual dramático in "Costumes: English Clippings". Envelope C, na Biblioteca para as Artes da Representação, Lincoln Center. Citação de Carlos Fischer tirada de Laver, *Drama*, p. 155.

62. P. I. Sorokin, *Cultural and Social Mobility*, Glencoe, Illinois, Free Press, 1959, pp. 270 e ss. Talcott Parsons e E. F. Bales, *Family*, Glencoe, Illinois, Free Press, 1954. Ver também a bibliografia dos escritos de Parsons sobre a família, in Sennett, *Families Against City*, Bibliografia.

63. Sennett, *Families Against the City*. Juliette Mitchell, *Woman's Estate*, Nova York, Pantheon, 1971. Ariès, *op. cit.*. Conclusão.

64. Allan Janik e Stephen Toulmin, *Wittgensteins Vienna*, Nova York, Simon and Schuster, 1973, pp. 42-43.

65. *T. G. Hatchard, Hints for the Improvement of Early Education and Nursery Discipline*, Londres, 1853, passim.

66. Daniel Patrick Moynihan, *Report on the American Negro Family*, Washington, Departamento Americano do Trabalho, 1965, *passim*.

67. Joseph Hawes, *Children in Urban Society*, Nova York. Oxford University Press, 1971, *passim*.

68. Anthony Trollope, *The Way We Live Now*. Londres, Oxford University Press, 1957; primeira publicação em série, 1874-1875;p. 391.

69. Burris-Meyer, *op. cit.*, p. 91. Citação de Squire, *op. cit.*, p. 135.

70. Essa interpretação difere um pouco da de Squire, *op. cit.*. p. 135.

71. Comportamento mais inabitual do que esse, só mesmo o mais frio dos invernos na França, na década de 1790.

72. Boucher, *op. cit.*, p. 343. Wilcox, *The Mode in Hats and Headdress*, pp. 188-89.

73. *Ibid.*, p. 189.

NOTAS

74. Jean Duvignaud, *Sociologie du Théâtre*, Paris, Presses Universitaires de France, 1965, p. 238.
75. Burris-Meyer, *op. cit.*, p. 90.
76. Boucher, *op. cit.*, op. 343-44.
77. Barton, *op. cit.*, p. 461. *Id.*, *Eternal Masquerade*, Coleção da Biblioteca Pública de Nova York, s.d., p. 230. Barton, *op. cit.*, pp. 343-44.
78. Nevil Truman Pitman, *Historic Costuming*, Londres, A. I. Pitman & Sons, 1967, p. 109. Broby-Johansen, *op. cit.*, p. 195.
79. Citado por Barton, *op. cit.*, p. 498.
80. Citação anônima in Angeloglou, *op. cit.*, p. 103.
81. *Eternal Masquerade, p. 209. Wilcox, The Mode in Hats and Headdress, p. 266.*
82. Helena Rubinstein citada in Angeloglou, *op. cit.*, p. 107. Gwen Raverat, *Period Piece*, Londres, Faber and Faber, 1952, p. 105. Esta tese é um retrato maravilhoso da época.
83. Broby-Johansen, *op. cit.*, p. 200.
84. *Laver, Concise History of Fashion, p. 216.*
85. Que estão miseravelmente reproduzidas no livro escrito sobre a atriz por Cornelia Otis Skinner, *Madame Sarah*, Cambridge, Massachusetts, Riverside Press, 1967. As pranchas originais se encontram na Coleção do Harvard Theatre, Biblioteca do Harvard College.
86. As roupas de Bakst foram muito bem expostas numa venda realizada em Londres, na primavera de 1972. A maior parte pertence agora a coleções particulares. Boris Kotchno, *Diaghilev and the Ballets Russes*, tradução de Adrienne Foulke, Nova York, Harper & Row, 1970; *The Drawing of Léon Bakst*, Nova York, Dover Publications, 1972.
87. Para uma discussão mais extensa, ver Richard Buckle, *Nijinski*, Nova York, Simon and Schuster, 1971.
88. Citado a partir de Fanger, *op. cit.*, pp. 261-62.
89. Essas questões estão amplamente discutidas em David Barnett, *The Performance of Music*, Nova York, Universe, 1972.
90. O leitor é referenciado para as edições Peter de Bach e de Beethoven, que em ambos os casos se aproxima de um *Urtext* (em alemão, texto básico, principal, *N. da T.*). Em edições como a International ou a Schirmer, os editores modernos acrescentaram inúmeras anotações.
91. Ver, por exemplo, a discussão de Mendelssohn feita por Albert Einstein, *Music in the Romantic Era*, Nova York, Norton, 1947, pp. 124 e ss.
92. Citação de Liszt tirada de Eleanor Perenyi, *The Artist as Romantic Hero*, Boston, Atlantic Monthly Press, Little, Brown & Co., 1974, p. 49.
93. Citação em Raymond Williams, *Culture and Society, 1780-1950*, Nova York, Harper & Row, 1966, p. 44.
94. Citação de Franz Liszt, "Paganini", in *Gazette Musicale*, Paris, 23 de agosto de 1830.
95. O mais completo quadro dessas momices, embora sem espírito crítico, encontra-se na biografia de Renée de Saussine, *Paganini*, Nova York, McGraw-Hill, 1954, p. 20. como exemplo.

500   O DECLÍNIO DO HOMEM PÚBLICO

96. Ver Walter Beckett, *Liszt,* Nova York, Farrar, Straus & Cudahy, 1956, pp. 10 e ss.
97. Robert Schumann, citado por Carl Dorian, *The History of Music in Performance,* Nova York, Norton, 1971, p. 224.
98. Citação de Liszt in Beckett, *op. cit.,* pp. 10 e ss.
99. Robert Schumann, *On Music and Musicians,* trad. Paul Rosenfeld, Nova York, 1946, p. 150.
100. Robert Baldick, *The Life and Times of Frédérick Lemaître,* Fair Lawn, Nova Jersey, Essential Books, Oxford University Press, 1959, especialmente pp. 52-54.
101. Citação de Gautier traduzida in *ibid.,* p. 141.
102. Ver Ernest Newman, *The Man Liszt,* Nova York, Cassell, 1934, p. 284. Sacheverell Sitwell, *Liszt,* Nova York, Dover, 1967, p. 136.
103. Pierre Véron, *Paris S'Amuse,* Paris, Levey Frères, 1874, p. 36.
104. Hogan, *op. cit.,* p. XCII. Os dados para o aplauso restrito são incertos. Em algumas cidades, diferentes gêneros de música suscitavam diferentes padrões de aplauso. Assim sendo, em Viena, por volta de 1870, era de mau gosto aplaudir entre os movimentos de uma sinfonia, mas era aceitável fazê-lo entre os movimentos de um concerto.
105. Green, *op. cit.,* p. 168. Simon Tidworth, *Theatres: An Architectural and Cultural History,* Nova York, Praeger, 1973, p. 173.
106. Ver, por exemplo, Duvignaud, *L'Acteur.* O alvoroço causado por *Le Sacre du Printemps* em 1913 é um bom exemplo do último ponto. Um acontecimento especial então, no tempo de Garrick, teria sido um negócio como habitualmente.
107. S. Joseph, *The Story of the Playhouse in England,* Londres, Barrie & Rockcliff, 1963, Capítulo 7.
108. Tidworth, *op. cit., p.* 158.
109. Garnier, citado in *ibid.,* p. 161.
110. Richard Wagner, citado in *ibid.,* p. 172.
111. Ver Jacques Barzun, *Darwin, Marx, Wagner,* Garden City, Nova York, Doubleday, 1958, que continua sendo o melhor estudo sobre as intenções de Wagner, ainda que seja vagamente musical em poucos momentos.
112. Carl Schorske, "Politics and Psyche in Fin-de-Siècle Vienna", *American Historical Review,* julho de 1961, p. 935. (Trad. bras. "Política e psique", in: *Viena fin-de-siècle,* São Paulo, Companhia das Letras, 1988.)
113. Arthur Young, *The Concert Tradition,* Nova York, Ray, 1965, pp. 211, 203.
114. Quanto ao contraste em face do anúncio do programa no século XVIII, ver Hogan, *op. cit.,* p. LXXV.
115. Einstein, *op. cit.,* pp. 37-40.
116. Hector Berlioz, *Memoirs,* tradução de David Cairns, Nova York, Knopf, 1969, pp. 230-31, para um exemplo divertido.
117. Young, *op. cit.,* pp. 236-38.

NOTAS

118. Richardson, *op. cit.*, p. 142.
119. Ver Walter Benjamin, *Illuminations,* ed. Hannah Arendt, Nova York, Schocken Books, 1969, "Baudelaire".
120. *Ibid., p.* 173.
121. Cacérès, *op. cit.,* p. 173.
122. O melhor retrato corrente da vida do *pub* está em Brian Harrison, "Pubs", in H. J. Dyos and Michael Wollf, orgs., *The Victorian City,* vol. I, Boston, Routledge & Kegan Paul, 1973. Citação tirada de Brian Harrison, *Drink and the Victorians,* Londres, Faber and Faber, 1971, p. 45.
123. John Woode, *Clubs* (Clubes), Londres. 1900, *passim.*
124. *Ibid.*
125. Richardson, *op. cit.,* p. 128. Ver o mapa in David H. Pinckney, *Napoleon III and the Rebuilding of Paris,* Princeton, Princeton University Press, 1958, p. 73. Raymond Rudorff, *The Belle Époque: Paris in the Nineties,* Nova York, Saturday Review Press, 1973, pp. 32, 149-50.
126. Leroy-Beaulieu, *La Question Ouvrière au XIXe Siècle* (A questão operária no século XIX), citado por Richardson, *op. cit.*, p. 88: Ver Henri d'Almeras, "La Littérature au Café sous le Second Empire", in *Les Oeuvres Libres,* nº 135, setembro de 1932, para uma bela descrição daqueles que se sentavam e assistiam aos *littérateurs* que se faziam observar.
127. Roger Shattuck, *The Banquet Years,* Cap. 1.
128. Sobre a diversidade da multidão: Ernest Labrousse, *Le Mouvement Ouvrier et les Idées Sociales en France de 1815 à la Fin du XIXe Siècle,* Paris. 1948, pp. 90 e ss. David Pinckney, *The French Revolution of 1830.* Princeton, Princeton University Press, 1972, pp. 252-58.
129. T. J. Clark, *The Absolute Bourgeois.* Greenwich. Connecticut, New York, Graphic Society, 1973, citação à p. 19.
130. *Ibid.,* pp. 9-30.
131. Priscilla Robertson, *The Revolution of 1848: A Social History.* Princeton, Princeton University Press, 1967, pp. 19-23.
132. Citado em Georges Duveau, *1848: The Making of a Revolution.* trad. Anne Carter, Nova York. Pantheon, 1967, p. XIX. Também Karl Marx, *The 18th Brumaire of Louis Bonaparte.* sem indicação de tradutor, Nova York, International Publishers, 1963, p. 21.
133. Cifras tiradas de Duveau, *op. cit.,* p. XXI.
134. Theodore Zeldin, *France 1848-1945,* Oxford, Clarendon Press, 1973, referência à p. 484.
135. Duveau, *op. cit.,* pp. 33-52.
136. H. R. Whitehouse, *The Life of Lamartine,* Boston, Houghton Mifflin, 1918, vol. II, p. 240.
137. Elias Regnault, *Histoire du Gouvernement Provisoire,* Paris, s.d., p. 130. (Este livro foi impresso limitadamente. Há exemplares na Bibliothèque Nationale, Paris, e na Biblioteca Pública de Nova York.)
138. Citação de Lamartine, *Mémoires Politiques,* Paris, s.d., vol. II, p. 373. L. Barthou, *Lamartine Orateur,* Paris, Hachette, 1926, pp. 305-9.

502 O DECLÍNIO DO HOMEM PÚBLICO

139. Ver Whitehouse, *op. cit.,* pp. 242-45. Citação a partir de Regnault, *op. cit.,* p. 130. Também, Whitehouse, *op. cit.,* p. 241. Alexis de Tocqueville, *Recollections,* trad. Stuart de Mattos, Londres, Harvill Press, 1948, p. 126.

140. *Ibid.,* p. 124.

141. William Langer, *Political and Social Upheaval: 1832-1852,* Nova York, Harper and Row, 1969, citação às pp. 337-38.

142. *Ibid.,* pp. 343-44.

143. Donald Weinstein, *Savanarola and Florence,* Princeton, Princeton University Press, 1970, pp. 74-75.

144. Marsilio Ficino, citado in Ferdinand Schevill, *Medieval and Renaissance Florence,* 1ª ed. como *A History of Florence,* Nova York, Harper Torchbook, 1936, e 1963, II, 416. Rucelli citado in *ibid.*

145. Robert S. Lopez, "Hard Times and the Investment in Culture", in *The Renaissance, Six Essays,* org. Wallace Ferguson, Nova York, Harper Torchbook, 1954, p. 45. Eugênio Garin, *La Cultura Filosofica dei Rinascimento Italiano,* Florença, 1961, *passim.* Richard Trexler, "Florentine Religious Experience: The Sacred Image", in *Studies in the Renaissance,* XIX, 1972, pp. 440-41.

146. Richard Sennett, "The Demographic History of Renaissance Florence", em preparação.

147. Felix Gilbert, "The Venetian Constitution in Florentine Political Thought", in Nicolai Rubinstein, org., *Florentine Studies,* Londres, Faber and Faber, 1968, p. 478.

148. Pasquale Villari, *The Life and Times of Girolamo Savanarola,* trad. L. Villari, Londres, T. Fisher Unwin, 1888, I, pp., 106 e ss.

149. Ver G. Savanarola, *Prediche sopra Ezechiele,* org. R. Ridolfi, vol, I, Roma, 1955.

150. Ver um excelente resumo dessas queimas de futilidades in Ralph Roeder, *The Man of the Renaissance.*

151. Savonarola, op. *cit.,* p. 168.

152. Ver Geraldine Pelles, *Art, Artists and Society,* Englewood Cliffs, Nova Jersey, Prentice Hall, 1963.

153. Roderick Kedward, *The Dreyfus Affair,* Londres, Longmans Green, 1969, p. 8.

154. A mais clara apresentação desse aspecto do caso é a de Douglas Johnson, *France and the Dreyfus Affair,* Nova York, Walker, 1967; v. também Guy Chapman, *The Dreyfus Affair.* A literatura é enorme, evidentemente. O estudo maciço de Joseph Reinach ainda é uma fonte básica, muito embora estivesse o autor envolvido no próprio caso. Nosso resumo é extraído de Johnson, Chapman e Kedward.

155. Mauriac, citado por Johnson, *op. cit.,* Prefácio. Provavelmente os retratos mais interessantes, embora "tendenciosos", da classe média alta, no momento em que o Caso ainda estava sensível, estejam no *Jean Santeuil* de Mareei Proust.

156. Edouard Drumont, "L'Âme du Capt. Dreyfus", in *La Libre Parole,* 26 de dezembro de 1894; uma tradução condensada foi publicada in Louis Snyder, *The Dreyfus Case,* New Brunswick, Nova Jersey, Rutgers University Press. 1973, p. 96.

NOTAS

157. *Ibid.*
158. Arsènne de Marloque, *Mémoires,* edição limitada. Paris, s.d.. Bibliothèque Nationale, trad. R. S.
159. Johnson, *op. cit.,* p. 119. Uma vez que o texto completo consta do presente volume, e que todas as citações estão numeradas por parágrafo, não serão feitas citações individuais.
160. Citação de Zeldin, *op. cit.,* pp. 750-51.

PARTE QUATRO
A sociedade intimista

1. Max Weber, *Economy and Society,* org. Guenther Roth e Claus Wittich, Nova York, Bedminster Press, 1968, III, p. 1112.
2. Sigmund Freud, *The Future of an Illusion*, Nova York, Anchor, 1957, p. 7.
3. Ibid.
4. Weber, *op. cit.,* p. 1114.
5. *Ibid.,* pp. 1120-21.
6. Freud, *op. cit.,* p. 54.
7. *Ibid.,* p. 40.
8. Um tratamento mais completo desse sistema encontra-se em Richard Sennett, "The Artists and the University", *Daedalus,* outono de 1974.
9. Agora publicado: Mario Cuomo, *Forest Hills Diary,* com um Prefácio de Jimmy Breslin e Posfácio de Richard Sennett, Nova York, Random House, 1974. A análise que se segue é uma reestruturação do posfácio publicado nessa obra.
10. *Ibid.,* p. 61.
11. *Ibid.,* pp. 103 e ss.
12. *Ibid.,* pp. 128-29.
13. Norton Long, "The Local Community as an Ecology of Games", in Edward Banfield, org., *Urban Government,* edição revista; Nova York, Free Press, 1969, p. 469.
14. Cuomo, *op. cit.,* pp. 56 e ss.
15. *Ibid.,* pp. 67e ss.
16. *Ibid.,* p. 134.
17. *Ibid., pp.* 147-49.
18. Evreinoff, in Stanford Lyman e Marvin Scott, *The Drama of Social Reality,* Nova York, Oxford University Press, 1975, ref. à p. 112; citação direta desses dois autores à p. 111.
19. Sigmund Freud, "Creative Writers and Dray-Dreaming", *The Standard Edition of the Psychological Works of Sigmund Freud,* IX, Londres, Hogarth, 1959, p. 144.
20. Ver Arthurs Koestler, *The Act of Creation,* Nova York, Macmillan, 1964, *passim.*
21. Ver Ernst Kris, *Psychoanalytic Explorations in Art,* Nova York, Schocken, 1964, particularmente pp, 173-203, para uma discussão sobre os antecedentes psíquicos da caricatura nas brincadeiras infantis.

504   O DECLÍNIO DO HOMEM PÚBLICO

22. Huizinga, *op. cit.,* pp. 7-9.

23. Jean Piaget, *Play, Dreams, and Imitation in Childhood,* Londres, Heinemann, 1951, *passim,* especialmente Capítulo 1.

24. O psicólogo reconhecerá que essa análise da frustração nas brincadeiras está próxima da ideia de Festinger sobre o reforço de situação na dissonância cognitiva. Ver Leon Festinger, *A Theory of Cognitive Dissonance,* Stanford, Califórnia, Stanford University Press, 1957. Também: "The Psychological Effects of Insufficient Rewards", *American Psychologist,* 1961, Vol. 16, nº 1, pp. 1-11.

25. Sigmund Freud, *On Narcisism*; 1ª ed., 1914; Londres, Hogarth, 1957.

26. Heinz Kohut, *The Analysis of the Self,* Nova York, International Universities Press, 1971, pp. 33-34.

27. Otto Kernberg, "Structural Derivatives of Object Relationships", *International Journal of Psychoanalysis,* Vol. 47, 1966, pp. 236-53. Kernberg, "Factors in the Psychoanalytic Treatment of Narcisistic Personalities", *Journal of the American Psychoanalytic Association,* 1970, Vol. 18, nº 1, pp. 51-85. Kohut, *op. cit.,* pp. 22-23.

28. D. W. Winnicott, "Transitional Objects and Transitional Phenomena", *International Journal of Psychoanalysis,* 1953, Vol. 34, pp. 87-97.

29. Essa visão aparece em escritores tão diferentes como Daniel Bell, *The Coming of Post-Industrial Society,* e Alain Touraine, *La Production de la Société,* ou em estrategistas tão divergentes quanto André Gorz e Serge Mallet.

30. Nos Estados Unidos, são de fato a elite de colarinho branco dos grupos trabalhadores, que pensam que saíram das classes trabalhadoras, mas não são tratados nesses termos pelos arquivos burocráticos de pessoal. Ver em particular a obra de Blauner sobre os trabalhadores técnicos. Robert Blauner, *Alienation and Freedom: The Factory and Its Industry.* Chicago, University of Chicago Press, 1967.

31. Jane Veline, "Bureaucratic Imperatives for Institutional Growth: A Case Study", manuscrito.

32. O termo "trabalho proteico" é tirado de R. J. Lifton. "Protean Man", *Partisan Review,* Vol. 35, nº 1, inverno de 1968, pp. 13-27. A melhor descrição do trabalho proteico aparece em Mills, *op. cit.*; e a questão da habilidade educacional-tecnológica que se encontra envolvida num tal trabalho está mais bem analisada em Christopher Jencks e David Riesman, *The Academic Revolution,* Garden City, Nova York, Doubleday, 1968.

33. C. Wright Mills, "The Middle Classes in Middle-Sized Cities", *American Sociological Review,* Vol. II, nº 5, outubro de 1946. pp. 520-29.

34. Ver Sennett e Cobb, *op. cit.,* pp. 193-97.

Apêndice
"Eu Acuso!" ("J'Accuse!")

L'Aurore, 13 de janeiro de 1898. Tradução inglesa in *The Trial of Émile Zola*, Nova York, Benjamin R. Tucker, 1898, pp. 3-14.

CARTA AO EXCELENTÍSSIMO SENHOR PRESIDENTE DA REPÚBLICA, FELIX FAURE

Senhor Presidente,

Permita-me que, como gratidão para com a boa acolhida que uma vez me concedeu, eu me preocupe com sua merecida glória e que lhe diga que sua estrela, até aqui tão auspiciosa, está ameaçada pela mais vergonhosa e mais indelével das máculas?

O senhor saiu são e salvo das baixas calúnias; conquistou corações. Surge radiante na apoteose desta *fête* patriótica que a aliança russa representou para a França, e prepara-se para presidir o triunfo solene de nossa Exposição Universal, que coroará nosso grande século de trabalho, verdade e liberdade. Mas que mancha de lama em seu nome — eu diria até em seu reinado — é o abominável caso Dreyfus! Um conselho de guerra acaba de ter a ousadia de absolver um Esterhazy, em obediência a ordens, um golpe final em toda a verdade, em toda a justiça. Agora está feito! A França tem esta mácula em seu rosto; ficará escrito na história que sob sua presidência foi possível que um tal crime social fosse cometido.

Uma vez que eles foram ousados, serei ousado também. Direi a verdade, porque prometi dizê-la, caso os tribunais, se devidamente feitas as apelações, não esclarecessem tudo plena e inteiramente. É meu dever falar; não serei um cúmplice. Minhas noites seriam assombradas pelo espectro do homem inocente, que está expiando, num país muito distante, na mais pavorosa das torturas, um crime que não cometeu.

506   O DECLÍNIO DO HOMEM PÚBLICO

E ao senhor, Presidente, eu clamarei essa verdade, com toda a força da revolta de um homem honesto. Para sua honra, estou convencido de que o senhor a ignora. A quem, então, deveria eu denunciar o bando malévolo dos verdadeiros culpados, senão ao senhor, o primeiro magistrado do país?

Primeiramente, a verdade sobre o processo e a condenação de Dreyfus.

Um homem calamitoso organizou tudo, fez tudo — o coronel du Paty de Clam, então um simples major. Ele é o caso Dreyfus inteiro; este só será plenamente conhecido quando uma investigação sincera tiver estabelecido claramente os seus atos e as suas responsabilidades. Aparece como a mais impetuosa, a mais intrincada das mentes, assombrada por intrigas românticas, comprazendo-se com métodos de folhetim, papéis roubados, cartas anônimas, encontros em lugares ermos, mulheres misteriosas que mascateiam provas arrasadoras durante a noite. Foi ele quem concebeu a ideia de ditar o *bordereau* a Dreyfus; foi ele quem sonhou tê-lo estudado num quarto forrado de espelhos; foi ele que o major Forzinetti representou armado com uma lanterna apagada, tentando ter acesso ao prisioneiro adormecido, a fim de jogar em seu rosto um jato repentino de luz e, desse modo, surpreender uma confissão do seu crime na confusão de seu despertar. E não preciso contar tudo; deixe-os procurar, eles encontrarão. Declaro, simplesmente, que o major du Paty de Clam, a quem se confiou, enquanto oficial judiciário, o dever de preparar o caso Dreyfus, é, na ordem das datas e das responsabilidades, o primeiro culpado pelo terrível erro judiciário que foi cometido.

O *bordereau* já esteve por algum tempo entre as mãos do coronel Sandherr, diretor do *bureau* de informações, que depois morreu de paralisia geral. Ocorreram "fugas"; documentos desapareceram, como ainda hoje continuam a desaparecer; e a autoria do *bordereau* ainda era objeto de inquérito, quando passo a passo se chegou a uma conclusão *a priori* segundo a qual o autor deveria ser um oficial do Estado-Maior, e um oficial da artilharia — evidentemente um duplo erro, o que demonstra como *esse bordereau* foi superficialmente estudado, uma vez que um exame criterioso prova que só poderia ter sido escrito por um oficial das tropas. Assim, procuraram em sua própria casa; examinaram caligrafias; era uma espécie de caso de família: um traidor a ser surpreendido no próprio Ministério da Guerra, de onde deveria ser expulso. Não é necessário que eu reconstitua uma história que já é em parte conhecida. É suficiente dizer que o major du Paty de Clam entra em cena tão logo o primeiro sopro de suspeita recai sobre Dreyfus. A partir desse momento, foi ele quem inventou Dreyfus. Fazendo dessa causa a sua causa, encarregou-se de confundir o traidor, de arrancar-lhe uma confissão completa. Há também, é claro, o ministro da Guerra, general Mercier, cuja inteligência nos parece medíocre; há também o chefe do Estado-Maior, general de Boisdeffre, que parece ter cedido à sua paixão clerical, e o subchefe do Estado-Maior, general Gonse, cuja cons-

"EU ACUSO!" ("J'ACCUSE!")   507

ciência conseguiu se acomodar a muitas coisas. Mas, no fundo, está sempre e apenas o major du Paty de Clam, que os conduziu a todos, que os hipnotizou — pois ele se ocupa também com espiritismo, com ocultismo, mantendo conversas com espíritos. São incríveis as experiências a que submeteu o infortunado Dreyfus, as armadilhas em que tentou jogá-lo, os interrogatórios loucos, as fantasias monstruosas, uma completa loucura torturante.

Ah! Esse primeiro processo é um pesadelo para quem o conhece em seus detalhes reais. O major du Paty de Clam prende Dreyfus, mantém-no incomunicável; corre para a sra. Dreyfus, aterroriza-a, diz-lhe que se ela falar, seu marido estará perdido. Enquanto isso, o infeliz estava dilacerando sua carne, clamando sua inocência. E assim o inquérito continuou, como numa crônica do século XV: em meio a mistérios, complicada por torvos expedientes, todos baseados numa única acusação pueril, esse estúpido *bordereau*, que não era apenas uma vulgar traição, mas também a mais vergonhosa das fraudes, uma vez que os famosos segredos apresentados eram quase todos desprovidos de valor. Se insisto, é porque aqui está o gérmen de onde mais tarde sairá o verdadeiro crime, a espantosa negação da justiça, da qual a França padece. Gostaria de mostrar com detalhes como o erro judiciário foi possível; como ele nasceu das maquinações do major du Paty de Clam; como o general Mercier e os generais Boisdeffre e Gonse foram levados a isso, assumindo gradativamente a responsabilidade por esse erro, que, em seguida, acreditaram ser seu dever impor como verdade sagrada, verdade acima de discussões. No começo havia apenas, da parte deles, descuido e falta de compreensão. Na pior das hipóteses, os vemos se rendendo às paixões religiosas do meio e aos preconceitos do *esprit de corps*. Devem ter sofrido imensamente para fazer esse trabalho.

Mas eis Dreyfus diante do conselho de guerra. O mais absoluto segredo é exigido. Se um traidor tivesse aberto as fronteiras ao inimigo a fim de conduzir o imperador alemão a Notre Dame, não teriam tomado medidas mais estritas de silêncio e de mistério. A nação está aterrada: há murmúrios de feitos terríveis, dessas traições monstruosas que suscitam a indignação da História, e naturalmente a nação se curva. Não há punição suficientemente severa; aplaudir-se-á até a degradação pública; desejar-se-á que o culpado permaneça amarrado ao rochedo da infâmia, corroído pelo remorso. Serão, pois, verdadeiras essas coisas indizíveis, essas coisas perigosas, capazes de incendiar a Europa, que eles tiveram que enterrar cuidadosamente atrás de portas fechadas? Não, não havia nada atrás delas, exceto as românticas e loucas fantasias do major du Paty de Clam. Tudo isso foi feito apenas para dissimular o mais ridículo dos folhetins. E, para que alguém esteja certo disso, basta estudar atentamente a acusação lida diante do conselho de guerra.

Ah! A vacuidade dessa acusação! É um prodígio de iniquidade que um homem pudesse ser condenado por esse documento. Desafio qualquer homem honesto a lê-lo, sem sentir seu coração palpitar de indignação e sem clamar sua revolta ao pensar na exagerada

508   O DECLÍNIO DO HOMEM PÚBLICO

expiação, lá longe, na Ilha do Diabo. Dreyfus conhece várias línguas: um crime; nenhum documento comprometedor fora encontrado em sua casa: um crime; por vezes, ele visita a região onde nasceu: um crime; é diligente, desejoso de conhecer tudo: um crime; não se mostra confuso: um crime; mostra-se confuso: um crime. E as simploriedades desse documento, as asserções formais no vazio! Ficamos sabendo que há quatorze pontos de acusação, mas, no final das contas, só encontramos um: o *bordereau*. E ainda assim, a respeito dele, ficamos sabendo que os especialistas não estavam de acordo; que um deles, o sr. Gobert, foi expulso aos empurrões, à maneira militar, porque se permitira chegar a uma conclusão diferente da desejada. Ficamos sabendo também de vinte e três oficiais que vieram arrasar Dreyfus com seus testemunhos. Ainda ignoramos seus depoimentos, mas é certo que nenhum deles o atacou, e deve-se ressaltar, além disso, que todos eles pertenciam ao Ministério da Guerra. É um julgamento em família; ali, estão todos em casa; e é preciso lembrar que o Estado-Maior desejava o processo, reuniu-se em sessão para julgá-lo, e acaba de julgá-lo uma segunda vez.

Portanto, restava apenas o *bordereau*, a respeito do qual os peritos não chegaram a um acordo. Dizem que na Câmara do Conselho os juízes iriam naturalmente absolver. E, após isso, quão fácil se torna entender a desesperada obstinação com que, para justificar a condenação, afirmam hoje a existência de um documento secreto, arrasador, um documento que não pode ser mostrado, que legitima tudo, diante do qual devemos nos curvar, como se fora um deus invisível e desconhecido. Eu recuso esse documento; recuso-o com toda a minha força. Um documento ridículo, sim, talvez um documento envolvendo mulherezinhas, no qual haja menção de um certo D, o que se torna muito preciso; algum marido, sem dúvida, que pensa que lhe pagam um preço muito baixo por sua mulher. Mas um documento que interesse à defesa nacional, e cuja divulgação levaria à declaração da guerra amanhã, não, não! É mentira; e uma mentira ainda mais odiosa e cínica, porque eles mentem com impunidade, de tal modo que ninguém poderia condená-los por isso. Eles alvoroçaram a França; escondem-se por detrás da legítima emoção do país; fecham as bocas perturbando os corações, pervertendo as mentes. Não conheço maior crime cívico.

Estes são, portanto, Senhor Presidente, os fatos que explicam como foi possível cometer um erro judiciário; e as provas morais, a posição de Dreyfus enquanto um homem de posses, a ausência de motivos, seu contínuo clamor de inocência, completam a demonstração de que ele é vítima das extraordinárias fantasias do major du Paty de Clam, do meio clerical em que se achava, daquela caça aos "judeus sujos" que desonra a nossa época.

E chegamos ao caso Esterhazy. Três anos se passaram. Muitas consciências continuam profundamente perturbadas, continuam a pesquisar ansiosamente e acabam se convencendo da inocência de Dreyfus.

"EU ACUSO!" ("J'ACCUSE!")

Não contarei a história das dúvidas do sr. Scheurer-Kestner, que mais tarde se tornaram convicções. Mas enquanto estava ele investigando por conta própria, fatos graves aconteciam no Estado-Maior. O coronel Sandherr havia morrido, sucedendo-o o tenente-coronel Picquart como chefe do Serviço de Informações. E foi neste posto que este último, no exercício de suas funções, se deparou um dia com uma carta-telegrama, dirigida ao major Esterhazy por um agente de uma potência estrangeira. Seu dever estrito era abrir um inquérito. É certo que ele nunca agiu, a não ser sob o comando de seus superiores hierárquicos. Assim sendo, submeteu suas suspeitas, em primeiro lugar, ao general Gonse, depois ao general Boisdeffre, depois ao general Billot, que sucedera ao general Mercier como ministro da Guerra. O famoso dossiê Picquart, sobre o qual tanto se ouviu falar, nada mais era do que o dossiê Billot, quero dizer, os documentos coligidos por um subordinado para seu ministro, documentos estes que ainda devem existir no Ministério da Guerra. As investigações duraram de maio a setembro de 1896, e é preciso que se afirme claramente aqui que o general Gonse estava convencido da culpa de Esterhazy, e que o general Boisdeffre e o general Billot não tinham dúvidas de que o famoso *bordereau* tinha a caligrafia de Esterhazy. O inquérito do tenente-coronel Picquart resultou no estabelecimento seguro desse fato. Mas a emoção a respeito era muito grande, porque uma condenação de Esterhazy acarretaria inevitavelmente uma revisão do julgamento de Dreyfus. E isso, o Estado-Maior estava determinado a evitar a todo custo.

Deve então ter havido um momento psicológico cheio de angústia. Note-se que o general Billot não estava comprometido de modo algum; chegara recentemente à questão; poderia trazer à luz a verdade. Mas não o ousou, aterrorizado, sem dúvida, pela opinião pública, e certamente temeroso também de trair todo o Estado-Maior, o general de Boisdeffre, o general Gonse, para não citar seus subordinados. Houve então apenas um minuto de luta entre sua consciência e aquilo que ele acreditava ser o interesse militar. Quando esse minuto se escoou, já era tarde demais. Ele se envolvera; estava comprometido. E, desde então, sua responsabilidade só fez crescer; ele tomou sobre seus ombros o crime dos outros, é tão culpado quanto os outros, é mais culpado do que os outros, uma vez que estava em seu poder fazer justiça, e nada fez. Entenda-se isso: há um ano, o general Billot, os generais Boisdeffre e Gonse sabiam que Dreyfus era inocente, e guardaram essa coisa terrível para si. E essas pessoas dormem, e eles têm esposas e filhos a quem amam!

O coronel Picquart cumprira o seu dever de homem honesto. Insistiu junto aos seus superiores, em nome da justiça; até mesmo lhes suplicou; disse-lhes o quão impolíticas eram as suas protelações, diante da terrível tempestade que se formava, e que

510   O DECLÍNIO DO HOMEM PÚBLICO

arrebentaria tão logo a verdade fosse conhecida. Mais tarde foi a linguagem em que o sr. Scheurer-Kestner se dirigiu ao general Billot, conjurando-o, em nome do patriotismo, a tomar a questão em suas mãos e a não permitir que se agravasse, a ponto de se tornar um desastre público. Não, o crime havia sido cometido; agora, o Estado-Maior não podia confessá-lo. E o tenente-coronel Picquart foi designado para uma missão; afastaram-no cada vez mais longe, até Túnis, onde um dia quiseram até honrar-lhe a coragem, encarregando-o de uma missão que o teria seguramente levado ao massacre, na região em que o marquês de Mores encontrara a morte. Não havia caído em desgraça; o general Gonse mantinha correspondência amistosa com ele; mas há segredos que não convém que se descubram.

Em Paris, a verdade marchava irresistivelmente, e sabemos de que modo a tempestade esperada se desencadeou. O sr. Mathieu Dreyfus denunciou o major Esterhazy como o verdadeiro autor do *bordereau*, no momento em que o sr. Scheurer-Kestner estava prestes a entregar ao chanceler um pedido de revisão do processo. É aqui então que surge o major Esterhazy. As evidências demonstram que de início ele estava aturdido, pronto para se suicidar ou fugir. Depois, repentinamente, ele decidiu enfrentar tudo; espantou Paris com a violência de sua atitude. O fato é que ele havia recebido ajuda; recebera uma carta anônima advertindo-o sobre as intrigas de seus inimigos; uma misteriosa mulher até se dera ao trabalho de sair à noite para lhe passar às mãos um documento, roubado ao Estado-Maior, que poderia salvá-lo. Não posso evitar de identificar aqui, uma vez mais, a mão do tenente-coronel du Paty de Clam, e de reconhecer as marcas de sua fértil imaginação. Sua obra, a culpa de Dreyfus, estava em perigo, e ele estava determinado a defendê-la. Uma revisão do processo? Ora, isso significaria a derrocada do folhetim, tão extravagante e tão trágico, cujo abominável desfecho se passa na Ilha do Diabo! Isso nunca. Daí em diante, estava para acontecer um duelo entre o tenente-coronel Picquart e o tenente-coronel du Paty de Clam, um com o rosto descoberto, o outro mascarado. Atualmente, encontraremos ambos em presença da justiça civil. No fundo, é sempre o Estado-Maior que se defende, que reluta em confessar seu crime, cuja abominação cresce de hora em hora.

Houve quem perguntasse com espanto quais eram os protetores do major Esterhazy. Em primeiro lugar, nas sombras, o tenente-coronel du Paty de Clam, que maquinou tudo, que conduziu tudo; a mão dele se trai pelos métodos ridículos. Em seguida, há o general de Boisdeffre, o general Gonse, o próprio general Billot, que foram obrigados a absolver o major, uma vez que não podiam permitir que a inocência de Dreyfus fosse reconhecida, caso contrário, o Ministério da Guerra cairia em desgraça pública. E o bonito resultado dessa situação prodigiosa é que o único homem honesto da história, o

"EU ACUSO!" ("J'ACCUSE!") 511

tenente-coronel Picquart, o único que cumpriu seu dever, vai se tornar a vítima, o homem a ser ridicularizado e punido. Oh, justiça, que desespero terrível se apodera do coração! Chega-se a ponto de dizer que é ele o falsário; que foi ele quem elaborou o telegrama para arruinar Esterhazy. Mas, em nome do céu, por quê? Com que propósito? Deem um motivo. Será que ele também foi pago pelos judeus? A parte bonita da história está em que ele próprio era antissemita. Sim, somos testemunhas desse espetáculo infame: a proclamação da inocência de homens arruinados por dívidas e por crimes, enquanto a própria honra, um homem de vida impecável, é atacado. Quando uma sociedade atinge esse ponto, está começando a apodrecer.

Eis aqui, pois, Senhor Presidente, o caso Esterhazy, um homem culpado a quem tratam de inocentar. Podemos acompanhar esse belo empreendimento, hora por hora, nos últimos dois meses. Estou abreviando, pois este é um mero resumo de uma história cujas páginas candentes serão um dia escritas por extenso. Assim, vimos o general de Pellieux e o major Ravary procederem a um inquérito velhaco, de onde os patifes saem transfigurados, e pessoas honestas, enlameadas. Depois, então, eles convocaram o conselho de guerra.

Como é que se poderia esperar que um conselho de guerra desfizesse aquilo que um conselho de guerra fizera?

Não digo nada quanto à escolha, sempre possível, dos juízes. A ideia superior de disciplina, que está no próprio sangue desses soldados, não é suficiente para destruir sua capacidade de fazer justiça? Quem diz disciplina diz obediência. Quando o ministro da Guerra, o chefe maior, estabeleceu publicamente, em meio aos aplausos dos representantes da nação, a autoridade absoluta da coisa julgada, como se poderia esperar que um conselho de guerra o contradissesse? Hierarquicamente, é impossível. O general Billot sugestionara os juízes com sua declaração, e eles julgaram como se devessem enfrentar a boca do canhão, sem raciocinar. A opinião preconceituosa, que levaram consigo para o tribunal, é evidentemente esta: "Dreyfus foi condenado pelo crime de traição por um conselho de guerra; logo, é culpado, e nós, um conselho de guerra, não podemos declará-lo inocente. Agora sabemos que reconhecer a culpa de Esterhazy seria proclamar a inocência de Dreyfus." Nada poderia desviá-los desse curso de raciocínio.

Deram um veredicto iníquo que pesará para sempre sobre nossos conselhos de guerra, e que, doravante, porá a nódoa da suspeita em todas as suas decisões. O primeiro conselho de guerra pode ter sido falho em sua compreensão; o segundo é, necessariamente, criminoso. Sua escusa, repito, está em que o chefe supremo já havia falado, declarando a coisa julgada inatingível, sagrada e superior aos homens, de modo que os seus subalternos não poderiam dizer nada em contrário. Eles nos falam da honra do

512   O DECLÍNIO DO HOMEM PÚBLICO

Exército: querem que o amemos e respeitemos. Ah! certamente, sim, ao Exército, que se levantaria à primeira ameaça, que defenderia o solo francês; esse Exército é todo o povo francês, e por ele temos apenas ternura e respeito. Mas não se trata desse Exército, cuja dignidade é nosso desejo especial, em nossa necessidade de justiça. É a espada que está em questão: o governante que eles nos podem dar amanhã. Mas beijar devotamente o punho da espada, ó Deus? Não!

Já o comprovei, além do mais: o Caso Dreyfus era um caso do Ministério da Guerra, de um oficial do Estado-Maior, acusado por seus camaradas do Estado-Maior, condenado sob a pressão dos chefes do Estado-Maior. Uma vez mais eu digo que não pode voltar a ser inocente, a menos que todo o Estado-Maior seja culpado. Consequentemente, o Ministério da Guerra, por todos os meios imagináveis — campanhas na imprensa, comunicados, influências —, encobriu Esterhazy apenas para arruinarem Dreyfus uma vez mais. Ah!, com que vassourada o governo republicano se desvencilharia desse bando de jesuítas, como o próprio coronel Billot os chama! Onde está o ministro verdadeiramente forte e sabiamente patriótico que ousará reformular e renovar tudo? Quantas pessoas conheço que tremem de angústia diante da possibilidade de uma nova guerra, por saberem em que mãos está a defesa nacional! Em que ninho de intrigas vulgares, boataria e dilapidações se tornou esse sagrado asilo que tem a seu cargo o destino da pátria! Ficamos atemorizados diante da terrível revelação feita pelo Caso Dreyfus, esse sacrifício humano de um infortunado, de um "judeu sujo". Ah! Que mescla de loucura e desvario, de fantasias doidas, de práticas de baixeza policial, de costumes tirânicos e inquisidores, pelo bel-prazer dessas poucas pessoas de galões dourados, metendo suas botas no pescoço da nação, abafando em sua garganta seu grito por verdade e justiça, sob o mentiroso e sacrílego pretexto da razão de Estado!

E um outro de seus crimes está em ter aceitado o apoio da imprensa suja, ter-se submetido à liderança de toda a canalha de Paris, de modo que agora presenciamos o triunfo insolente da canalha na derrocada do direito e da mera probidade. É um crime ter acusado de perturbar a França aqueles que desejam vê-la generosa, à frente das nações livres e justas, quando eles próprios estão tramando a impudente conspiração para imporem o erro, diante do mundo inteiro. É um crime enganar a opinião pública, utilizando para um ato de morte essa opinião pública que eles perverteram até chegar ao delírio. É um crime envenenar as mentes dos pequenos e humildes, exasperar as paixões de reação e de intolerância, enquanto procuram proteger-se atrás de um odioso antissemitismo, que matará a grande França liberal dos direitos do homem, se dele não for curada. É um crime explorar o patriotismo para obras de ódio, é um crime, enfim, fazer da espada o deus moderno, quando toda a ciência humana trabalha na construção do futuro templo da verdade e da justiça.

"EU ACUSO!" ("J'ACCUSE!")

Essa verdade, essa justiça, pelas quais esperamos tanto, quão angustiante é vê-las agora esbofeteadas assim, mais negligenciadas, mais obscurecidas! Imagino aquilo que deve ter se passado no espírito do sr. Scheurer-Kestner, e creio mesmo que ele acabará sentindo remorsos por não ter agido à maneira revolucionária, no dia da interpelação no Senado, simplesmente ventilando toda a questão, para deitar tudo abaixo. Ele tem sido o mais honesto dos homens, o homem de vida leal, e pensou que a verdade fosse suficiente em si mesma, especialmente quando surgisse tão ofuscante quanto um dia claro. Para que revirar tudo, se logo o sol voltaria a brilhar? E é por essa serenidade confiante que ele é agora tão cruelmente punido. E o mesmo ocorreu com o tenente-coronel Picquart, que, movido por um sentimento de elevada dignidade, recusou-se a publicar as cartas do general Gonse. Esses escrúpulos o tornam ainda mais honrado, porque, enquanto ele continuava respeitando a disciplina, seus superiores o cobriam de lama, elaborando o caso contra ele, da maneira mais inesperada e ultrajante. Eis aqui duas vítimas, duas pessoas de valor, dois corações simples, que confiaram em Deus, enquanto o diabo agia. E no caso do tenente-coronel Picquart, vimos até mesmo essa coisa ignóbil: um tribunal francês, após ter aceitado um relator no caso para impugnar publicamente uma testemunha e acusá-la de todo tipo de crime, fechando suas portas tão logo essa testemunha tinha entrado para explicar-se e defender-se. Digo que este é um crime a mais, e que esse crime despertará a consciência universal. Decididamente, os tribunais militares têm uma ideia singular de justiça.

Tal é, portanto, a simples verdade, Senhor Presidente, e ela é terrível. Permanecerá como uma mancha em sua presidência. Suponho que o senhor esteja impotente nessa questão, que o senhor seja prisioneiro da constituição e dos que o circundam. O senhor tem, não obstante, um dever como homem, sobre o qual haverá de refletir e de cumprir. O que não quer dizer de modo algum que eu esteja sem esperança quanto ao triunfo. Repito com a mais veemente das certezas: a verdade está em marcha, e nada poderá detê-la. O dia de hoje assiste ao verdadeiro começo do Caso, uma vez que até hoje as posições não estavam claras: de um lado, os culpados, que não querem esclarecimento; de outro, os justiceiros, que darão suas vidas para consegui-lo. Quando se enterra a verdade, ela se acumula e adquire uma força tão explosiva que, no dia em que eclodir. levará tudo pelos ares. Veremos se eles não acabaram de se preparar para o mais estrondoso dos desastres, ainda por vir.

Mas esta carta está longa, Senhor Presidente, e é hora de terminar.

Eu acuso o tenente-coronel du Paty de Clam de ter sido o artífice diabólico do erro judiciário — inconscientemente, quero crer — e de ter então defendido sua obra monstruosa durante três anos, pela mais culposa das maquinações.

514   O DECLÍNIO DO HOMEM PÚBLICO

Eu acuso o general Mercier de ter-se tornado cúmplice, ao menos por fraqueza de espírito, de uma das maiores iniquidades do século.

Eu acuso o general Billot de ter tido em suas mãos certas provas da inocência de Dreyfus e de tê-las ocultado; de ter-se tornado culpado desse crime de lesa-humanidade e de lesa-justiça com propósito político, e para salvar o Estado-Maior comprometido.

Eu acuso o general de Boisdeffre e o general Gonse de terem se tornado cúmplices do mesmo crime, um deles indubitavelmente por paixão clerical, o outro talvez por esse espírito de corporação que faz o Ministério da Guerra ser inatingível como a Arca Sagrada.

Eu acuso o general de Pellieux e o major Ravary de terem conduzido um inquérito digno de velhacos — quero dizer com isso, um inquérito monstruosamente parcial, no qual observamos, no relatório desse último, um monumento imorredouro da audácia ingênua.

Eu acuso os três especialistas em caligrafia, Belhome, Varinard e Couard, de terem feito relatórios mentirosos e fraudulentos, a menos que um exame médico os pudesse declarar atingidos por doenças dos olhos ou da mente.

Eu acuso o Ministério da Guerra de ter sustentado na imprensa, particularmente no *L'Eclair* e no *L'Echo de Paris,* uma campanha abominável para enganar a opinião pública e encobrir suas faltas.

Eu acuso, finalmente, o primeiro conselho de guerra de ter violado a lei condenando uma pessoa acusada com base em um documento secreto, e acuso o segundo conselho de guerra de ter acobertado essa ilegalidade, em obediência a ordens, cometendo por sua vez o crime judiciário de absolver conscientemente um culpado.

Ao proferir tais acusações, não deixo de ter conhecimento de estar incorrendo nos artigos 30 e 31 da lei de imprensa de 29 de julho de 1881, que pune a difamação. E é voluntariamente que me exponho a ela.

Quanto às pessoas que estou acusando, não as conheço, nunca as vi, não tenho por elas qualquer sentimento de revide ou de ódio. São para mim apenas entidades, espíritos de malefício social. E o ato que realizo aqui nada mais é do que uma medida revolucionária para apressar a eclosão da verdade e da justiça.

Tenho apenas uma paixão, a paixão pela luz, em nome de uma humanidade que já sofreu tanto e tem direito à felicidade. Meu protesto ferrenho é apenas o clamor de minha alma. Que ousem, pois, levar-me diante do Tribunal, e que o inquérito transcorra em plena luz do dia!

Eu espero por isso.

Queira aceitar, Senhor Presidente, os protestos de meu profundo respeito.

ÉMILE ZOLA

Índice remissivo

Acton, dr., 244

Addison, Joseph, 125, 141

Adorno, Theodor, 56; *Linguagem da autenticidade, A*, 53

Agnew, Spiro, 399

Alemanha, 97, 248-9, 401

Alembert, Jean d', 173

Alençon, Emilie d', 277

amor físico, 21-4; *v. tb.* sexualidade

Antigo Regime, *v.* vida pública no século X

Antoine, 279

Argentina, 190

*Ariès, Philippe, 261; L'enfant et la vie familiale
sous L'Ancien Regime*, 139

Aristóteles, 258

Armstrong, George, 143

Arnold, Mathew, 64

arquitetura: Escola Internacional, 28; espaço
público, 28-33, 85-90; teatro, 301-4

artes da representação, 116-20, 140-1; como
atividade secular, 164-82; companhias itinerantes, 118; corpo como manequim, 68,
110-3; discursos como símbolo, 120-6,
324; espontaneidade, 278-81; expressão,
63-70, 278-82, 286-7, 288-90, 295-6,
297, 449-52; ilusão, 122-3, 255-8; imaginário do corpo, 278-83; intérpretes, 64-7,
287-300, 304-6, 311; melodrama, 47, 231,
297, 298, 363; natureza, 162, 166-72,
179; patrocinadores, 118-21, 415-6; personalidade, 288-90, 291-9, 321-2, 343-4,
345, 375-7; pontos e enquadramentos,
115-6, 117-8, 123-4, 127, 132, 223-5,
406; programa explicativo, 304, 305; relação com a sociedade, 33-5, 59-62, 63-
71, 101, 110-34, 163, 164-5, 237, 254-9,
267-9, 269, 278-83, 286-8, 295-633, 317,
383-4, 389-91, 412, 450-2; relação com
a vida cosmopolitana, 63, 64-6, 162-3,
164-5, 166, 172-82; romantismo, 287-
8, 289-307, 245-6; sistema do estrelato,
412-20; sociedade, 63-6, 449-50; *status*
social, 46-9, 51, 117-20, 299; teatros, 118-
21, 301-2, 303; textos, 287-91, 292-3,
298, 299, 321-2, 343-4, 413-4; *theatrum
mundi*, o imaginário, 60-3, 68, 101, 163,
164-5, 283, 383, 449, 450; virtuosos, 295-
9; *v. tb.* costumes; música; plateia

ascetismo, 478-80; atividade, narcisismo
como, 478-82; jogo como preparação,
383-4, 451-3, 460, 461

Ashley, lorde, 265

Atelier, L', 329, 366

Atget, Eugène, 315

Auditor (jornal), 151

Auerbach, Erich, 34; *Mimesis*, 232

516 O DECLÍNIO DO HOMEM PÚBLICO

Aurore, L', 354-5
autenticidade, 181-2. 334-5; de expressão, 384-5, 481, 482; de sentimento, 16-7, 22, 24-6, 52-6, 385; linguagem de, 25-73 53,4;automóvel: e movimento, 31
Avenel, G. d', 212-213

Bach, Johann Sebastian, 289
Bakst, Léon, 281
Bakunin, Mikhail, 255
balé, 281, 289; *v. tb.* artes da representação
Balés Russos, 281
Balzac, Honoré de, 49, 60, 69, 185-8, 216, 220, 226-37, 241, 248, 282, 283; Comédia humana, A, 60, 228-9, 230; *Esplendor e misérias das cortesãs*, 227; *Ilusões perdidas, As*, 44, 227, 234; *Negro, O*, 231; *Père Goriot, Le*, 228, 232, 234
Barry, Spranger, 110
Barthou, L., 334
Barton, Lucy, 274
Bath, Inglaterra, 301, 313
Baudelaire, Charles, 60, 186; "Pintor da vida moderna, O", 263
Bayreuth, Casa de Ópera de, 301, 302, 303
Beaumarchais, Pierre de, 113, 122
Beccaria, Cesare, 145, 146
Bedford, William Russel, duque de, 88
Beethoven, Ludwig van, 289-90
Belle Jardinière (loja de Paris), 209
Benjamin, Walter, 191, 310
Bensman, Margaret, 261
Bentley, Eric, 412
Berlim, Alemanha, 416
Berlioz, Hector, 293, 296; *Memórias, As,* 307
Bernhardt, Sarah, 280, 308
Bernini, Giovanni, 86, 88
Bertillon, Alphonse, 45, 216, 254
Biblioteca do Lincoln Center para as artes da representação em Nova York, 256

Birbach, Jerry, 434, 435
Birmingham, Inglaterra, 202, 208, 241
Bizet, Georges, 290
Blanqui, Auguste, 286
Bloomingdale's (loja de Nova York), 213
Bloomsbury, Londres, 29, 88
Blum, Léon, 350
Boisdeffre, Raoul de, 350, 360
Bon Marché (loja de Paris), 209
Boquet, Louis, 111
Bordéus, França, 301
Bossuet, bispo Jacques, 172, 341
Boston, Massachusetts, 84
Boswell, James, 128
Botticelli, Sandro, 338, 341
Boucher, François, 240
Boucicault, Aristide, 210-1, 213
Boulanger, Georges, en., 351
Boulton, James, 158
Brahms, Johannes, 290, 305
Brandt, Willy, 389
Brasil, 190
Brasília, Brasil, 425
Breuer, Josef, dr., 266
Briggs, Asa, 195
Briton (jornal.), 151
Brooks, Peter, 231
Brummell, Belo, 240
Brunswick Center, Londres, 29,30
Buffon, George, conde de, 82, 82n
Burckhardt, Jakob, 64; *Civilização do Renascimento na Itália,* 338
burguesia, 25-6, 207, 224-5; aparência da, 237-47, 365-8; como plateia, 293, 299-302; cosmopolita, 204-9, 235-7, 239-45; dominação de classe, 46-7, 311, 325-6, 335-7; e família, 25-6, 38-9, 43-4, 55-6, 207-8, 258-9, 265-7, 463-4; em Londres, 70, 78, 90, 204-7, 310-2; em Paris, 70,

ÍNDICE REMISSIVO

71, 191, 196, 201, 204, 235-7, 310, 311-2; etnicidade, 438-9; liberal, 329, 330; nas cidades, 35, 70-1, 77-81, 91, 106-73 108, 186-8, 310; no século XVIII, 70, 71, 77-81, 91, 102, 106-7, 108, 126-7, 128, 202-3,; pequena, 245, 390, 397-403; privatização, 37, 56-7, 218, 219; revolução, 269, 327-37; silêncio da, 313-7, 326, 409, 427-30; *status*, ressentimento, 398-402, 405; supressão de sentimentos, 20, 21, 47-9; tendência antiurbana, 400-2; *v. tb.* classe média

Burke, Edmund, 154, 158

Burt (vendedor), 291

Bushaft, Gordon, 28

Butler, Alban, 33

Café Procope, Paris, 127, 314

cafés, 35, 124-7, 128-9, 141, 272, 312-6, 324, 350, 463

Calvino, João, 175, 479, 481

Camelôs do Rei, 362

campo: agricultura no, 197; conexão entre cidade e, 190-1; estranhos, 190-1; *v. tb.* vida provinciana

carisma: nos políticos, 46, 343-5, 381, 388-91, 395-9, 400-14, 149-20, 442-4; como força trivializante, 390, 397, 412; na religião, 309, 342-3; secular, 387-420; teorias, 389-98

Carlos II, rei da Inglaterra, 88, 96

Carlyle, Thomas, 216, 251, 255; *Sator Resartus,* 216, 225, 249

Casals, Pablo, 413

Cassirer, Ernst, 178

Chesterfield, Philip Stanhope, 4º conde de, 99, 100, 103

Chicago, Illinois, 73, 198, 212, 261

China, 126, 237, 269, 395

Churchill, Charles, 153

cidade, 57; século XVIII, 77-85, 90, 181 *passim;* século XIX, 193-370 *passim;* atomizada, 199-203, 425-7, 431-42; bairrismo, 200-3, 358, 379, 380, 426 ; burguesia, 34, 70, 77-80, 90-1, 105-9, 186, 187, 310; burocracia da, 193, 205-8, 259; busca da reputação, 177-82; capitais, 34-7, 136-7, 186, 191, 193-7, 201-2, 207-9, 227, 300, 314-5, 316, 369, 414-7; comércio varejista, 194-5, 209-20, 236; comunidade contra, 421, 422-4; corrupção do homem, 174-81; cosmopolitismo, 15, 34, 69, 96, 162, 172-82, 202-10, 235, 239, 240, 260-1, 285, 301-2, 314-5, 316, 369, 385; diferença de pessoas, 35, 67, 485-7; economia da, 35-6, 90-5, 186, 193, 194-5; espaço público, 28-33, 52, 85-91, 93-5, 187-8, 425-7, 442, 443; estranhos, 16, 33-7, 63, 64, 65-71, 78-87, 89-100, 132-3, 177, 185, 189-90, 200, 295, 380; impessoalidade, 369, 370, 427, 485-7; industrial, 201-2, 207-8; liberdade urbana negativa, 272; movimento, 30, 377-8; ordem social na, 36-7, 79-80, 89, 90-1, 92-6, 176-7, 235-6, 321; papel da representação, 179, planejamento das, 198-201, 312-3, 314, 421, 425, 426, 442-7; poder da, 436, 437, 443, 444-5; população, 80-2, 186, 193-7, 208; províncias, 163, 173-7, 179-82, 186, 193-7, 208; relação entre teatro e, 63, 64, 65-9, 162-3, 164-5, 166, 172-82; renascimento da, 381, 486, 487; sociabilidade, 25, 26, 27, 33-7, 96-109, 114-5, 122-32, 429-36; tendência contra, 401, 427, 486, 487; v. tb. vida pública; cidades individuais

Cidade do Cabo, África do Sul, 79

Clairon, madame, 171

Clapham, J. H. 209

518 O DECLÍNIO DO HOMEM PÚBLICO

Clark, T.J., 328

classe média, 78, 79, 115, 150, 197, 314, 385-6, 405; criança da, 142, 143, 144-5; gueto, 422-3, 425-6, 431, 443; radicais, 347; v. tb. burguesia; *classes moyennes*

classe trabalhadora, 34, 35, 92, 93, 94-5, 110, 111, 117, 151, 201, 202, 203, 204, 205, 405; aparência, 239; bairrismo, 198, 235-6; burguesia radical, 347, 364-8, 384-5, 432; como plateia, 291, 292-3, 302; dissociação, 422; dominação pela burguesia, 46-7, 311, 326, 335-6, 337; interesses egocêntricos, 326-38, 341-5, 374, 375-8; movimentos da, 364; restrições sobre congregação da, 311, 312-3; revolução, 327-38, 366-7; silêncio e ordem social na, 311-2, 313, 326, 327-8, 332

classes, 16, 77, 79-80, 169-70, 198-201, 332-3; conflitos entre,46-7, 311-4, 324-38, 381; intersecção com cultura, 327, 334; isolamento das, 199, 200, 235-6, 326, 425, 426; limites de penas infligidos sobre, 147, 148; narcisismo, 472-8; personalidade, 319, 337, 338, 383-6, 485, 486; revolução, 327-38, 366-7; status, ressentimento, 398-402, 405; trajes como indicador de, 102-12, 147, 148, 157-9; violência da multidão, 426, 430; v. tb. burguesia; classe média; *classes moyennes;* classe trabalhadora; sociedade

classes baixas, v. pobres, os

classes moyennes: na burocracia, 470-74; mobidade das, 470-4, 476-7; mobilização do narcisismo, 470-6; passividade, 476-7; regras corporativas, 477; v. tb. burguesia classes superiores, 115, 127-8, 142-5, 315, 434-5; roupas das, 518, 105-12, 237-41

Clemenceau, Georges, 367

Cliburn, van, 419

clubes, 124, 126-9, 131, 140, 141, 392-3, 316

códigos de credibilidade, 58-61, 69, 70, 78-9, 80, 101-34, 181-2, 173, 214, 237, 254-9, 268-72, 289-83, 330, 437-8

Collé, Charles, 123

Colonne, Edouard, 307

Comédie Française, 115, 116, 123, 127, 114-5, 165, 302, 314

comércio, 90-4, 126, 193; v. tb. comércio varejista

comércio varejista, 194, 209-19, 2203 236, 314; v. tb. sociedade industrial capitalista

Companhia das Índias Orientais Britânicas, 92, 126

comportamento, 20; crença como oposição à opinião, 59; dos estranhos, 65-71, 79-80; estático, 62; expressão do impessoal, 452, 471; geografia pública, 81, 102, 108-9, 148-9; jogo como, 452-6, 458-9, 460; personalidade, indicação segundo descodificação de, 225-6, 231, 241-4, 247, 264, 265, 267-8, 345, 246, 377; v. tb. papéis

comunicação, eletrônica, 65, 405-10, 433; carisma secular, 405-14; espectadores passivos, 376-7, 378, 406-10; interesse compulsivo na personalidade, 407-11; luta entre intimidade e sociedade, 402; políticas, 377, 382, 389-90, 397, 405-11, 412

comunidade: tendência anticidade na, 421, 422-4, 431; bairrismo, 379-82, 423-7, 444, 467-8, 486, 487; controle local, 444; etnicidade 382, 436-9, 443-5; fraternidade, 382, 424, 429-30, 443, 446; grupo de interesses egocêntricos 323, 325, 326, 378; identidade coletiva, 25-6, 322-6, 336, 343-8, 360-1, 361, 362, 369, 375-6, 378, 381-4, 421, 431-42, 443-7, ; papéis de representação, 435-9; lados opostos , na, 352, 354, 361; linguagem da, 325-6,

ÍNDICE REMISSIVO

347, 352-6, 360-1, 364; negociação como ameaça à, 363, 375-6, 437, 437, 440, 445; planejamento, 426, 444-7; purificação da, 325, 345-8, 363, 375-6, 379, 381-4, 446; vizinhança, 422, 430-8

Congreve, William, 141

Corona, Nova York, 432, 438

corpo: culto do, 23; como indicador de sexualidade, 244-7, 273-8; como manequim, 67-8, 101-13, 132-3, 269, 270; imagens vitorianas, 65-6, 70, 71, 187, 245; imaginário no teatro; 278-83; natureza, 269-74, 277-8

Corradini, madame, 152

Covent Garden, Londres, 88, 92, 114

crianças, 137-47, 148; desenvolvimento da personalidade, 263, 265; frustração das 457-63; jogos de 139-41, 383-4, 451-65, 468; *v. tb.* família

criatividade: e expressão, 51, 179; psicologia da, 171, 172, 382-4; jogo, 452-5;

cultura: direitos básicos, 135-8, 143-4, 147; intersecção com classes, 326, 327, 335-6; narcisismo, 320, 321; oposição entre natureza e, 36, 37-8, 135-9, 158, 175-6; personalidade, 274, 281-3, 287, 334; políticas, 190-1, 368, 369, 370; revoltas, 266-83, 364, 374, 375; urbana, 32-3, 38, 43; *v. tb.* vida pública

Cuomo, Mario, 432-8, 440, 441

Dabney, Edith, 257

Darwin, Charles, 45, 222, 482; *Expression of emotion in man and animals, The,* 216

darwinistas, 44, 251-5, 364

Daumier, Honoré, 235; Família nas barricadas, 329; *Insurreição, A,* 328

Debussy, Claude, 290, 454

Défense Centre Paris, 30

Defoe, Daniel, 83, 84, 89

Degas, Edgar, 287; *Absinto, o,* 315

De Gaulle, Charles, 335

Delacroix, Eugène, 327, 347

Demety, Frederic, 265

Demos, John, 139

Dickens, Charles, 283, *Little Dorrit,* 208

Diderot, Denis, 163, 251, 287, 462; *Enciclopédia,* 145, 171; *Paradoxo sobre o comediante,* 166-72; *Père de famille, Le,* 91

Diorama, A (história), 242

direitos humanos, 135-8, 143-4, 146-8

discursos, 226; cafés, 125, 313-4, 315, 324, 463; como ponte entre teatro e sociedade, 122-34; como sinal do que como símbolo, 102, 113-33; plateia, 114, 118-25; privado, 111, 138, 139-40; vida pública no século XIX, 70, 187, 188; *v. tb.* expressão

Dormoy, Jean, 367

Dorval, Marie, 297

Douglas, Helen Gahagan, 402

Doyle, Arthur Conan, 247, 248

Dreyfus, Alfred, cap., 348-63

Dreyfus, Caso, 326, 349-63, 369, 379, 431, 433, 437

Drumont, Edouard, 353, 356, 359, 360, 343

Du Camp, Maxime, 185

Dugazon (ator), 171

Dumesnil, madame, 171

Dumont, Louis, 222

Du Paty de Ciam, Marcier, cel. 357, 360-2

Duse, Eleonora, 308

Duvignaud, Jean, 119, 272

economia: ciclo de negócios, 206-7, 326; da família, 262, 265; das cidades, 89-95, 193, 194-5; especulação na, 205-7; oportunidade na, 203-8; sistema de estrelato, 413-4

520   O DECLÍNIO DO HOMEM PÚBLICO

Economia das cidades, A (Jacobs), 93

Einstein, Alfred, 305

emoções, 41; descoberta involuntária de, 45, 217, 48, 188, 233-6, 252-5, 267, 282, 375-6, 389, 464, 482; desenvolvimento em criança, 263; expressão como apresentação de, 70, 161-72, 179, 462-7, 479-82

Encyclopédie, 145, 171, 173

Engels, Friedrich, 187, 311

Ensaio sobre o homem (Pope), 154

Erikson, Erik, 161, 294

Erikson, Kai, 278

espaço público, 30; morto, 28-33; nas cidades, 314-5, 316

Espanha, 395

Estados Unidos, 59, 136, 190, 191, 237, 395, 400, 401; antiurbanismo, 400, 401; desordens, 429; Escândalo de Watergate, 343, 410-1; negros, 399, 412, 431-42

Esterhazy, C. F., maj., 349, 354, 358, 359

estranhos, 43, 44; como desconhecidos, 36-7, 43, 80, 92,5, 103-9, 176-7, 347, 422, 427, 428; como forasteiros, 78-80, 84, 95, 412; como plateia, 52, 64-72, 79, 90, 85, 191; comportamento, 65-71, 79, 80; nas cidades, 16, 34-7, 64, 65-71, 78-87, 90-100, 132-3, 177, 185, 186, 189-90, 199, 200, 348, 381; silêncio entre, 25, 26, 34, 35, 36, 95-108, 113-4, 123-32, 186;

estudos quantitativos e qualitativos, 72

ética protestante, 25, 26, 53-4, 173, 174, 478-81; etologia, 216, 217, 249, 251-4, 255-6, 306, 327, 420

"Eu Acuso!" (Zola), 326, 349, 355-63

Euston Center, Londres, 425

Evreinoff, Nicolas, 449

expressão, 78; antagonismo de, 378; autenticidade de, 385, 481, 482; autodistância, 460, 461, 462; como apresentação de emoção, 70, 154-72, 179, 450-1, 462, 463, 465-8; criatividade, 51, 52, 179; de comportamento impessoal, 451, 471, 476-7; espontaneidade de, 229, 278; individual, 163, 179, 180, 181; na arte de representação, 63-70, 278-82, 286, 287, 288-9, 297, 450; na vida privada, 20, 135, 142-7, 262, 267, 413, 414; na vida pública, 19, 20, 70, 71, 139, 140, 147, 161-71, 180, 181-2, 285; 297, 309, 413, 450-1; narcisismo, 53, 378, 453, 465-68; natural, 112, 144, 145, 146-7, 167, 168; papel de representação, 61-9, 376-7; repetibilidade, 168, 169, 461; repressão da, 47, 48, 189, 219; *v. tb.* linguagem

família, 223; ambiente isolado, 261-2; aparência, 263-8; como fenômeno natural, 137, 138, 142, 148, 264, 268; como refúgio, 38-9, 43-4, 153, 261-2; dos pobres, 264; economia, 262, 264; expressão em, 138, 142, 145, 146, 148, 261-2, 266-7; extensão, 260, 261, 264-5; homens em, 241, 242, 243-4, 261; limite de sofrimento infligido, 147, 148, 149; medicina da, 265, 266-7; mulheres em, 241-2, 260-1; nuclear, 260-8, 282; papéis de representação, 263, 264; propriedade e ordem na, 207-8, 263-8, 282, 286, 309, 320, 374, 464; trajes, 103, 104, 133, 139, 142, 146; vida privada, 16, 17, 36-40, 42-5, 135, 136, 218, 219, 258-68, 315, 316; *v. tb.* crianças

Franger, Donald, 230, 283

Faure, Félix, 355

Faure, Gabriel, 290

Favart, Marie, 111, 122, 224, 256, 295

Fedra (Racine), 280

Festinger, Lionel, 460

Ficino, Marsilio, 338

ÍNDICE REMISSIVO

Fielding, Henry, 101, 164, 211, 283; *Fígaro,* 350, 428; *Tom Jones,* 164, 173, 216

Filipe II, rei da Espanha, 395

Fischer, Carlos, 257

Flaubert, Gustave, 248; *Madame Bovary,* 483

Florença renascentista, 326, 337-42, 395

Forest Hills, Nova York, 431,42, 444, 445

Forte, Paul, 280

Fourier, Charles, 364

França, 33, 77, 96, 97, 136, 140, 143, 400; antissemitismo, 351-4, 362-3, 399, 412; classe trabalhadora, 311, 312-3; Dreyfus, Caso, 348-63; economia, 89-90, 205, 206, 207, 367, 368; Exército, 350, 351, 362; guerra Franco-Prussiana, 351; indústria, 202; leis suntuárias, 103; movimento socialista, 367; políticos, 150-1; população, 81, 194,7; revoluções, 325-36, 378; teatro, 301-2, 303

Franklin, Benjamin, 154, 479

frenologia, 44, 249, 254, 255

Freud, Sigmund, 22, 60, 254, 267, 380, 453, 463, 464; *Futuro de uma ilusão, O,* 390; sobre carisma, 390-8, 420

Garnier, Charles, 302, 303, 314

Garrick, David, 110, 115, 123, 128, 165, 169, 170, 334

Gautier, Théophile, 298

Gemeinschaft, 431, 445, 446; destrutiva, 320, 325, 346, 347, 378; *v. tb.* comunidade

Genebra, Suíça, 172-5, 179-18

geografia pública, 38, 39, 66, 37-71, 81, 102, 107-8, 134, 136, 148, 296, 381, 485-6

Gibbon, Edward, 142

Giedion, S., 28

Gilbert, Felix, 340

Gille, Bertrand, 213

Glasgow, Escócia, 313

Goffman, Erving, 61, 62, 428

Goldsmith, Oliver, 129

Gordon, 437

Goubert, Pierre, 81

Gould Glenn, 418

Grafton, Augustus Fitzroy, 3° duque de, 157

Griffith, Talbot, 82

Grimm, Friedrich, 171

Grove, George, Sir, 305

Guesde, Jules, 368, 442

guildas, 92, 93-4, 105

Guys, Constantin, 309

Habakkuk, H.J., 82

Habermas, Jürgen, 56

Halifax, George M. Dunk, 2° conde de, 152

Hall, Edward, 33

Halles, Les, Paris, 217, 218

Hamelin, madame, 270

Hanska, Êveline, 248

Hanslick, Eduard, 305

Harbage, Alfred, 114

Hardouin-Mansard, Jules, 86

Harrison, Brian, 312

Hatchard, T. G., 263, 265

Haussmann, Georges, barão, 199, 207, 313, 314, 421, 426

Hegel, G. F. W., 56

Hell-Fire Club, 150

Henry, Hubert J., maj., 350, 361, 362

Henry, Louis, 83

Herder, Johann, 240

Hervey, lorde, 247

Hill, John, 170

Hiss, Alger, 402

histeria, 22, 266, 267-8, 464

Hobbes, Thomas, 435

Hoffman, E. T. A., 310, 407

Hogan, Charles, Beecher, 114

522 O DECLÍNIO DO HOMEM PÚBLICO

Hogarth, William, 151
homem, 22, 146-7; adversidade psicológica, 26, 27, 323-4, 325, 369, 473, 375-8; autodistância, 380, 404; autodubitativo, 300, 305, 321, 383-4, 446; busca da felicidade, 136; busca da reputação, 178, 179, 181, 316; crença, 58, 59, 60, 65-71, 80, 90, 133, 222, 223, 224, 232, 285, 286, 366-9, 422, 423, 424, 476, 478, 484, 485, 486,-7; como ator, 60, 70, 71, 161-82, 188, 211, 285, 316, 449; como espectador passivo, 285-9, 300, 304-12, 321-2, 324, 326, 374-7, 388, 395-6, 407, 408-9; corrupção do, 173-81; direitos básicos, 114, 165-9, 143, 146, 147; "eu", 16-20, 21-7, 48, 51-7, 113, 132-3, 135, 175-6, 179, 224, 226, 269, 319, 365, 378, 379, 386, 451, 465-81, 485; fantasias de autoridade, 286, 587, 306-9; ideologia da intimidade, 369-77, 427, 442-7, 482, 484; luta entre intimidade e sociedade, 379-86, 406; motivação, 379-83, 384, 401-5, 408, 412, 413, 451, 452, 467, 468; público, 285-317, 376, 412, 413; risco da censura emocional, 54, 55, 422, 423, 444, 445; *v. tb.* plateia; multidões
homens: aparência dos, 105-11, 239-45, 271-5; na família, 261, 262, 263; em público, 43, 44-5, 242, 246
homossexuais, 20
Horkheimer, Max, 56
Howell, James, 35
Huizinga, Johan, 108, 174; *Homo ludens,* 454-9, 462, 463
Hull, Inglaterra, 415
Hunt, David, 139

Ibsen, Henrik, 289
igualdade, 55, 147, 269
Império Romano, 15, 16

impessoalidade, 148, 446, 450; das cidades, 169, 370, 426; mal moral, 51, 373, 375, 379, 412, 422, 424, 445, 447, 487
Índia, 126
individual, 149, 181, 259; ansiedade no, 18; e expressão, 162, 179, 180; nos políticos, 150, 151, 156, 158; *v. tb.* personalidade
Inglaterra, 77, 96, 97, 136, 143, 366, 400, 406, 411, 412; causa da liberdade, 152, 154-7; classe média na, 204; classe trabalhadora, 312, 313; economia da, 89, 208; indústria na, 201; leis suntuárias da, 103; política na, 151, 152; população da, 195-9; teatro na, 301
Instituto de Pesquisas Sociais (Escola de Frankfurt), 56
intimidade: diminuindo a sociabilidade pela, 31-2, 283, 424, 446, 447, 484; na sociedade, 17, 18-25, 48, 52, 56, 57, 64, 162, 186, 319-487; tiranias da, 483-7
isolamento: da plateia, 305; da família, 260-3; de classes, 199, 200-1, 236, 326, 327, 425, 426; e comunicação, 406-10; na comunidade, 180, 431, 432; no espaço público, 28-32, 48, 286, 315; silêncio, 285, 286, 287, 309, 310, 315, 428;
Itália, 97, 136, 348

Jacobs, Jane, 93
Jagger, Mick, 413
James, Henry, 226
Joachim, Joseph, 290
jogo: de adultos, 138-43, 391-465; autodistância no, 380, 382-3, 384, 455-63, 468; autoescárnio no, 270, 271, 278, 279; com vida social, 385, 386; como atividade cognitiva, 452-7; como comportamento, 452-7, 458-63; como oposição ao narcisismo, 385, 386, 453, 478, 479; como preparação

ÍNDICE REMISSIVO

para estética, 385, 451, 461; corrupção do, 170-81; de criança, 138,42, 384, 451-65; e criatividade, 452-7; e frustração, 458-63; e sociabilidade, 458-65, 468; papéis do, 382, 383, 452-3, 455-62, 476, 744

Johnson, Samuel, 151, 313; *Alarme falso, O,* 157

Jones, Inigo, 88

Jorge III, rei da Inglaterra, 152

judeus: e etnicidade, 438-9, 440; antissemitismo francês, 352-5, 308, 399; disputa em Forest Hills, 431-42

Jung, Carl, 465-6

Junius, 156-157, 375

Kaplow, Jeffry, 93

Kean, Charles, 256, 301

Kean, Edmund, 301

Kemble, John, 111

Kennedy, John F., 395

Kernberg, Otto, 467

Keynes, John Maynard, 472

Knights, Peter, 197

Koestler, Arthur, 454

Kohut, Heinz, 406, 480

Kris, Ernst, 455

Lacy, mademoiselle (atriz), 112

Lady's Magazine, 107

Lalo, Charles, 228

Lamartine, Alphonse de, 330-8, 340, 341, 343, 344, 345, 359, 363, 375, 396, 403; *História dos girondinos,* 331, 334

Lamoureux, Charles, 307

Langer, William, 335

Laver, James, 112, 256

lazer, *v.* jogo

Le Bon, Gustave, 429

Le Compte, 219

Ledru-Rollin, Alexandre, 343

Leeds, Inglaterra, 415

Lefebvre, Henri, 203

Lemaître, Frédérick, 297-300, 343

Leonardo da Vinci, 339

Lester (autor), 109

Lever House, cidade de Nova York, 28, 29, 30

Lévi-Strauss, Claude, 222

Levittown, Pensilvânia, 425

Lewis, W. H., 97

liberdade, 149, 154-8, 159, 181, 327, 328; nas roupas, 269-74, 278

Libre Parole, La (periódico), 352

Liga da Defesa Judaica, 441

Lille, França, 195, 208, 301

Lindsay, John V., 433

Liszt, Franz, 291, 292, 294, 296, 299, 305, 343

Lloyd's de Londres, 125

Locke, John, 149, 436

Lofland, Lyn, 428

Londres, Inglaterra, 29, 85, 88, 89, 415, 416, 487

Londres, vida pública no século XVIII, 34, 70, 77, 142, 149-58, 176, 203, 204; burguesia, 70, 78, 79, 91; crescimento, 80-4, 89-93, 96, 97; economia, 86-90, 94; espaço público, 75-8, 82; estranhos em, 69, 70, 79, 81-5, 89-99, 102-11, 141; roupas na, 89-96, 122; sociabilidade na, 95-108, 124-32; teatro, 102, 103, 110-23

Londres, vida pública no século XIX, 191, 211, 247; aparência em, 238, 239; burguesia, 204, 205, 310, 311; classe trabalhadora, 311, 312; classes, 200, 201; crescimento populacional, 193-9, economia, 204-8; moradias, 202, 203; pobres, 264; roupas, 272, 273, 274-5; sociabilidade, 48, 311-7; teatro, 255, 256, 301, 302

Long, Norton, 435

Lopez, Robert, 339

524 O DECLÍNIO DO HOMEM PÚBLICO

Luís Filipe, rei da França, 330
Luís XIV, rei da França, 82, 86, 96, 97, 117
Luís XV, rei da França, 97, 109
Lukacs, Georg, 230, 231
Luttrel, coronel, 154, 156
Ludwig, Carl, dr., 266
Lyman, Stanford, 449
Lyon, França, 208, 240

McCarthy, Joseph, 399
Madame Bovary (Flaubert), 483
Mallarmé, Stéphane, 279
Malory, Thomas, sir, 33
Manchester, Inglaterra, 202, 208, 315
Mann, Thomas, 26, 60
Manuel, Frank, 138
Mao Tsé-tung, 395
Maquiavel, Niccolò, 339
Marcus, Steven, 244
Marivaux, Pierre de, 68, 220; *Camponês novo rico*, 84; *Vida de Mariana, A*, 84, 98
Marmontel, Jean, 171
Martin, Jean Baptiste, 111
Marx, Karl, 26, 39, 56, 206, 216, 231, 242, 331, 335, 364, 366, 411; *Capital, O*, 214
Mauriac, François, 350
Maurras, Charles, 362
Michelangelo Buonarrotti, 339
Middlemarch (Eliot), 208
Mill, John Stuart, 216, 249, 420
Mills, C. Wright: "Classes médias nas cidades de tamanho médio, As", 473, 475; *White Collar*, 211
Mills, John, 206
Mistérios de Paris, Os, 257
Mitchell, Juliette, 261
Moeurs, 173-8, 269
Molière, 110
Montesquieu, 165

Mozart, Leopold, 130
Mozart, Wolfgang, 130, 290, 297
mulher, 278; aparência da, 106-11, 236, 247, 253, 254, 266, 267, 270-8, 282, 283; comportamento da, 240, 241, 242, 243, 248, 464, 465, 479, 480; cosméticos, 275-8; na família, 242, 243, 260, 263, 264; restrições sociais à, 43-4, 314, 315, 320
multidões, 86, 87, 286, 312, 370; acusação do "Eu", 336-42; estranhos nas, 16, 422, 428; passividade das, 310, 311, 332-7, 395-6, 405, 406-10, 427; violência nas, 429, 430, 431
Murphy, Arthur, 151
música: instrumentos, 416, 416; artistas, 288-98, 461; compositores, 288, 289, 290-1; gravadas, 413, 418; imanente, 307, 308, 326; maestros, 261, 262, 277; personalidade na, 290-7; programa explicativo, 304, 305; sistema de estrelato, 410-20; texto na, 288-92, 293, 296, 413, 416; virtuosos, 295, 296, 299-300; *v. tb.* artes da representação

Nadar (balonista), 185
Napoleão II, imperador, 344
Napoleão III, imperador, 331
narcisismo, 16-28, 320, 321, 380, 477; apagando limites entre personalidade e classes, 469, 470-7; autojustificação, 26, 27, 480; como atividade ascética, 478-82; como distúrbio de caráter, 21, 26, 470-9; como oposição ao jogo, 385, 386, 452, 453, 478, 482; esclarecimento de autointeresse, 320, 321, 478; expressão, 51, 52-5, 57, 468, 481, 482; fechamento, 480, 481, indiferença, 480, 481; potenciais, 469, 470, 471-4, 476; sociedade, 23-8, 320, 322, 378, 379, 380, 468-82

ÍNDICE REMISSIVO

natureza: arte e, 162, 163, 167-71, 179, 200; afinidade natural, 145, 148, 159, 167, 168, 170, 208-9; e corpo, 269-74, 278; e família, 137, 138, 139, 142, 147, 148, 263, 164, 268; oposição entre cultura e, 37-8, 135-8, 148, 149, 158, 159, 177-9; ordem da, 143, 144-5, 221-25

Nelson, James, 143, 144

New York Times, The, 414

Nijinski, Waslaw, 281

Nixon, Richard, 335, 402-5, 410

North Briton (jornal), 151

Nova York, cidade de, 191, 414, 415; disputa de Forest Hills, 430-43; espaço público morto, 28, 29; estranhos em, 80, 84, 95; tendência contra, 401, 486

Ópera de Paris, 302, 303, 314

Orsay, Alfred, conde de, 240

Otero, La Belle, 277

Paganini, Niccolò, 293, 294, 296, 417, 418

Palmer, Potter, 211, 213

Palmerston, Henry, 3° visconde de, 335

papéis, 57-63; comportamento estático, 62; crença como oposição a opinião nos, 58, 59; em família, 263, 264; expressão, 62-70; máscaras, 61, 376-7, 380, 404, 411, 435-9; público, 62-72, 101-34, 179; *v. tb.* comportamento

Paris, França, 23, 29, 86, 87, 415, 416, 419, 421, 428

Paris, vida pública no século XVIII, 34, 35, 71, 77, 142, 152, 176-7, 178, 179, 200, 202, 203; burguesia em, 70, 78, 79, 91; crescimento de, 79-84, 90-2; economia de, 89-95; espaço público em, 86, 87, 88-9, 94; estranhos em, 69, 78, 81-6, 89-100, 185; período Termidor em, 269-76;

roupas em, 65, 68, 69, 102-11, 140-1, 238, 239, 269-74; sociabilidade em, 95-108, 125-30, 141, 271-2; teatro em, 65, 68, 69, 101, 102, 110-23, 170, 171-2

Paris, vida pública no século XIX, 185, 188, 189, 190, 191-2, 211, 226-37, 247, 307, 308; aparência em, 224, 225, 241-2, 243; burguesia em, 190-2, 203-32, 235, 236, 237, 310; Dreyfus, Caso, 349, 350, 351, 352, 353, 354, 357; economia de, 204-8; classe trabalhadora em, 312; classes em, 199, 200, 202-3, 235-6; comércio varejista, 209-18, 263; moradia em, 199, 200; pobres em, 264; revolução de 1848 em, 46, 325, 328-36, 378; roupas em, 274-8; sociabilidade em, 48, 311-2, 313-4; teatro em, 255, 256, 257, 279-83, 297-301, 302, 307-9

Paris s'Amuse (Véron), 255

Parissot (vendedor), 209

Park, Robert, 200

parques, 35, 124, 127, 129-32

Parsons, Talcott, 259, 260

pastoralismo, 113

Paul (ator), 112

Pequim, China, 237

Perón, Juan, 404

personalidade, 17, 45, 485, 486; aparência como indícios de, 41, 45, 215, 216, 219, 224, 225-6, 233-56, 263, 265-83, 309, 210, 316, 327, 329-30, 342-3, 344, 347, 363, 366-7, 368, 385, 411, 420, 435, 464; artes de representação, 288-9, 290-300, 321, 322-3, 344, 376; base do imanente, 221-6, 231, 232, 235-55, 262, 281-5, 287, 291-300, 336-7, 338, 366; coletividade, fantasias de, 187, 225, 324-8, 346, 347, 351, 352, 361-5, 377, 421-5, 430-42, 445-7; como categoria social, 150-1, 186-91,

219, 221-88, 296, 297, 309, 319, 322-6, 366-7, 347, 357, 450,; comunicação, 377, 382, 407-12; cultura, 274, 381-3, 289, 334-5; demonstração involuntária da, 44-9, 190, 234, 252-4, 268, 282-3, 376-7, 390, 464-5, 482; deslocada, 367; desvio na, 55, 223, 224, 278, 279; dominante, 294-6; e carisma, 342-3, 344, 387-98; e classes, 319, 338, 385, 386, 485, 486-7; e intimidade, 370-8; e liderança, 187, 306, 319, 330-45, 387-97, 405; e políticos, 17, 46, 47, 68, 69, 156-7, 159, 187, 188, 286, 295, 309, 319, 322-3; espontaneidade, 223-6, 269, 271, 277, 282, 319, 320; mistificação da, 223, 231, 247, 244, 357, 374-5; passividade na, 215, 226, 234, 281, 282, 285, 286-9, 296, 301-17, 326; poder da, 330-45, 375, 378, 396, 405, 406, 408, 409, 410, 412, 485, 486-7; repressão do sentimento, 47, 48, 189, 219, 220, 255, 282, 375-6; revolução, 273, 274; símbolos da, 262, 265, 319, 325, 412; sistema de estrelato, 412-20; *v. tb.* individual

Petrônio, 60

Piaget, Jean, 456

Pico della Mirandola, Giovanni, 339

Picquart, Georges, cel., 350, 354, 359

Pinckney, David, 200

Platão, 68; *Leis,* 60

plateia, 78; apagando limites em torno da pessoa pública, 307-9; autodisciplina da, 300-6, 406; autodubitatividade na, 300, 304-7, 321; cadeiras de palco para, 116, 123; choque na, 293-7, 299-300, 305, 416-7, 418; espontaneidade da, 112, 115-9, 121, 131, 294, 300; estranhos como, 64-71, 79, 80, 89, 95, 190; fantasias de autoridade, 287, 305-10; passividade da, 279-83, 286-9, 321, 322, 375-9, 388, 406-

10; suscitar crença na, 79, 89, 101, 102, 290-3; teatro, 65-6, 67, 80, 110, 112-28, 131-2, 257, 258, 278-83;

Plessner, Helmunt, 56

pobres, 264; negócios em Forest Hills, 430-42

Poe, Edgar Allan, 309

Poiret, Paul, 268

Polanyi, Karl, 218

políticos, 359, 361-2, 363; artigos anônimos sobre, 151, 152, 156-7; carisma nos, 46, 343, 381, 388, 389, 396-8, 401-14, 419, 420, 443; e comunicação, 377, 382, 388, 397-406, 407, 408, 411, 443, 467, 468; e cultura, 191, 369; incivilidade, 381, 388; individual, 149, 150, 155; linguagem dos, 151, 152, 157, 158, 346, 347; panfletos sobre, 151, 156; personalidade como oposição, 321, 322, 381, 388-91, 397; personalidade nos. 17, 46, 47, 48, 68, 159, 187, 188, 286, 287, 294, 295-6, 309, 311, 319, 321-2, 324-5, 326, 330-8, 341-6, 367, 368-9, 374-7, 388-90, 401-5, 408-15, 485, 486-7; ressentimento, 397-405, 409-13; sistema, 398-405, 411; sistema de estrelato, 419, 420; sobre exposição nos, 419, 420; tirania nos, 483, 484; *v. tb.* radicais

Pope, Alexander, 154

proletariado, *v.* classe trabalhadora

Proust, Marcel, 281

psicanálise, 17-8, 46, 247, 267-8, 394, 395-6, 469, 470; psicologia, 137, 310; desvalorização das ações sociais, 25-8, 51-7, 230-7, 241, 262, 263, 326, 327, 373, 374, 427, 429, 310-1, 436, 437-8, 443-6, 465-9, 478, 479, 482, 484-7; secularismo, 40, 41

Purdy, William, 206

Quarteto de Budapeste, 297

Questão operária no século XIX, A (Leroy-Beaulieu), 315

ÍNDICE REMISSIVO

Rachel (atriz), 308

radicais: antagonismo entre classes, 366; classe média, 347, 364, 365-8; classe trabalhadora, 366; dogma dos, 369; e cultura, 364; linguagem dos, 347, 364

Raspail, François, 336

Raverat, Gwen, 277

Regnault, Elias, 332

Reino dos peixes, O (representação teatral), 257

"Relatório Moynihan", 264

religiões, 15, 19, 173-6, 178, 221, 222, 337-43, 380, 381, 384, 385, 452, 478, 479; carisma na, 309, 343, 389-96; etnicidade, 348;

Renascimento, 338

representação teatral, 52; autodistância na, 384; e criança, 451, 452; para sociabilidade, 52, 383-6; *v. tb.* papéis

ressentimento de *status,* 398-402, 405

revolução, 344; classes, 325-37, 366; cultural, 268-285, 375; de 1830, 327, 336; de 1848, 46, 326, 327, 329-36, 378; deslocamento do conhecimento na, 329; em 1960, 54; pessoal, 273, 274, 277, 248-9, 281, 282-3; *v. tb.* radicais

Reynolds, Joshua, sir, 128

Riccoboni, Lodovico, 171

Richelieu, Armand du Plessis, cardeal de, 81

Riesman, David, 18, 54, 55

Robert Macaire, 298

Robespierre, Maximilien, 269, 270

Rochefort, Henri, conde de, 352

Rochester, John Wilmont, 2° conde de, 153

Roma, Itália, 86, 88, 129

Romantismo, 144, 237, 239, 287, 291-307, 345

Rosenberg, Philip, 250

Rossini, Gioacchino, 306

roupas, 141; como indicador de personalidade, 226, 234, 237-46, 250-1, 255, 268, 275-9, 282; como indicador de postura social,

102-12, 146, 147, 241-4; e corpo como manequim, 68, 102-13, 132-3, 270, 271; moda, 107, 111, 238, 269-78; pessoal, 66, 68, 69, 104, 105-6, 132-3, 139, 140, 144-5; pública, 65, 67, 104-7, 139, 140, 187, 188, 236-46, 250, 255, 256; neutralidade da, 237-41; revolução nas, 71, 268-79; *v. tb.* trajes

Rousseau, Jean-Jacques, 101, 148, 163, 172-82, 316, 635; *Carta a M. D'Alembert,* 173-8; *Confissões,* 178; *Émile,* 178. 179; *Julie,* 178

Rubinstein, Helena, 277

Rude, George, 155

Saalmon, Howard, 426

St. James Park, Londres, 131

Saint-Saëns, Charles, 290

Saint-Simon, Claude de Rouvroy, conde de, 364; *Memórias, 97, 98*

Sainte-Albine, Remond de, 170

Sartor Resartus (Carlyle), 216, 225, 249, 250

Sartre, Jean-Paul, 53

Satie, Erik, 290

Satyricon (Petrônio), 60

Savonarola, Girolamo, 337-43, 395

Scheurer-Kestner, Auguste, 350

Schorske, Carl, 304

Schumann, Clara Weick, 290

Schumann, Robert, 290, 294, 296, 304; *Kinderszenen,* 290

Scott, Marvin, 449

secularismo, 33, 34, 37, 41, 44, 48, 49, 172, 173, 187, 222, 225, 226, 235, 236, 281, 282, 285-6, 336-44, 368, 367, 446, 451, 452, 479, 484, 485

Sennett, Richard; *Families Against the City,* 73, 197, 198, 251; *The Hidden Injuries of Class,* 73; *The Uses of Disorder,* 73

Sévigné, Madame de, 100, 131, 147

528 O DECLÍNIO DO HOMEM PÚBLICO

sexualidade, 20, 21, 22, 23, 153, 288, 289; aparência como indicador de, 240-8, 2543 255, 273-8; e narcisismo, 20, 21, 22, 23, 24, 480, 481; erotismo, 19, 20, 21, 22, 39, 407; repressão de sentimento, 20, 47, 48, 256, 267, 268, 374, 375, 464, 465

Shakespeare, William, 115, 256, 289

silêncio: e fantasia de autoridade, 283, 286, 287, 305-9; como ordem na sociedade, 308-17, 332, 374, 375; e isolamento, 286-8, 309, 314-7, 327, 428; e personalidade pública, 286-9, 299-309, 326, 333, 375, 376, 387; em público, 48, 131, 285, 289, 309-17, 323, 326, 347, 375, 346, 407, 408-9, 427, 428

Simbolistas, 279

Singer, Isaac, 238

Sisto V, papa, 129

Sitte, Camilo, 421

Smith, C.T., 82

Smith, Moyr, 256, 258

Smollett, Tobias, 151

sociabilidade, 286, 478, 479; diminuição da intimidade pela, 31, 329, 330, 423, 424, 446, 447, 484, 485; e espectador passivo, 307-17; e jogo, 457-64; nas cidades, 27, 33-7, 94-108, 114, 123-32, 312-7; nos subúrbios, 51, 426, 427; v. tb. sociedade

sociedade: ações na, desenvolvimento pela psicologia, 26-8, 51, 52-7, 230-5, 241, 261, 326, 373, 380, 382, 383, 427, 429-32, 436, 437-8, 443-6, 465-9, 478, 482, 484-7; arte, 62-6, 450; ascensão das classes, 79, 90, 92, 93, 102-8, 124-7, 130, 133; civilidade, 380-3, 387; condições na, como causa, 364-7; estéticas, 383, 449-52; ilusão e desilusão na, 61, 392-7, 398, 404, 486, 487; impessoalidade como um mal, 51, 373, 374-7, 379, 412,

421-5, 445, 447; íntima, 17, 18-26, 48, 49, 52, 54, 55, 56, 162, 186, 319, 487 *passim;* jogo, 385; miniaturização na, 230-5, 241-4, 246; moderna, 163, 164, 321, 322, 373-487; narcisismo, 23-8, 320-5, 376-9, 380, 467-82; relação entre teatro e, 35, 60, 63-71, 101, 110-34, 163, 164, 237, 254-9, 268, 278-82, 286, 287, 295, 434, 435; ressentimento na, 397-406; segregação na, 425, 426, 430-43; silêncio como ordem na, 308-19, 332, 374, 375; sistema na, 397, 406, 411; *status* na, 147, 321, 322, 397-402; tarefas instrumentais na, 379-82; voltada para dentro, 17, 53, 54; voltada para o outro, 53-4; *v. tb.* classes; vida pública

sociedade industrial capitalista, 17, 18, 33, 71, 327, 446, 451, 479, 484, 485-6; chance pessoal pela, 217, 225-6; dissociação na, 422; divisão de trabalho na, 200, 259, 323, 469, 470; e privatização, 38, 56, 216-20; e produto de fetichismo39, 44-5, 214-7, 476; em cidades provinciais, 206; mistificação na, 38, 214-7, 219, 226, 246, 249; produção em massa, 37, 38, 39-40, 205, 211, 212, 237, 238, 240; ressentimento de *status* na, 399, 400, 401, 405; trabalhadores de colarinho branco, 469, 470; *v. tb.* economia; vida pública no século XIX; comércio varejista

sociedade vitoriana: erotismo na, 20-1, 43, 479-80; diminuição involuntária da emoção, 45, 46; imagens do corpo na, 187, 245; mulheres na, 245, 246; repressão da, 47, 254-5, 266-7, 274, 374-8, 463-5; *v. tb.* vida pública no século XIX

Sombart, Werner, 93-4

Sorokin, P. I., 259

Southampton, conde de, 88

ÍNDICE REMISSIVO

529

Southern, Richard, 258
Springsteen, Bruce, 413
Squire, Geoffrey, 104, 237
Steele, Richard, Sir, 33, 125, 141
Stern, Daniel, 334
Sterns, os, 437
Sticotti (tradutor), 171
Strachey, Lytton, 255
Stuart, Louise, 270
subúrbios, 51, 425, 426, 427; *v. tb.* comunidade
Swift, Jonathan, 33; *Modest Proposal A,* 143

tagarelice (boatos), 97-8
Talbot, William, Lord, 151
Talleyrand, Charles, de, 142, 272, 403
Tallien, Madame, 270
Tatler, 33
teatro, *v.* artes de representação
Teatro Livre, Paris, 279
Termidor, 269-75, 278
Thackeray, William, 43, 248
Théâtre d'Art, Paris, 280, 281
Théâtre Italien, Paris, 114, 117
Thernstrom, Stephan, 197
Tidworth, Richard, 302
Tilly, Charles, 190
Tocqueville, Alexis de: *Democracia na América,* 55; *Souvenirs,* 44, 77, 335
Tom Jones (Fielding), 164, 165, 173, 216
Tönnies, Ferdinand, 323
trajes: das classes superiores, 102, 103, 107-10, 270; exatidão histórica, 48, 256-9, 295, 296; liberdade nos, 279, 296; teatro, 48, 65, 67-8, 110, 111, 112, 188, 255-9, 269, 278-9, 280, 281, 285, 295; v. tb. roupas
Trilling, Lionel, 175; *Sincerity and Authenticity,* 53
Trinta anos (Goubaux), 297
Trollope, Antony, 267

Tulherias, Paris, 96, 131
Turgot, Anne, 142
Turk's Head Club, 128, 131

Vandermonde, Alexis, 142
Vauquer, Madame (personagem de Balzac), 232, 234
Véron, Pierre, 300, 301, 308
Versailles, 83, 85, 96, 118
Viandante, O (Coppée), 280
vida privada, 16, 17, 33, 34; como oposição à vida pública, 15, 18, 19-20, 26, 27, 36-40, 43-6, 51-7, 62, 63, 71, 79, 104-5, 113-4, 136-59, 187, 188, 359, 367, 268-9, 374, 375, 431, 432, 463, 484; expressão na, 18, 19-20, 135, 142, 146, 262, 267, 413; superposição da vida pública sobre, 47, 48, 49, 189-90, 216-20, 254, 257-68, 282, 283; *v. tb.* família; homem
vida provinciana, 69, 206, 207, 240, 274, 275, 300-1, 314, 414, 415, 419; em relação às cidades, 163, 164, 173-7, 179-82, 196, 207, 208, 349-50, 351
vida pública: convenções na, 63, 64, 122, 123, 146-51; como oposição à vida privada, 15, 18-9, 26, 27, 36-9, 42-6, 51-7, 60-1, 62, 70, 71, 104-5, 113-4, 135-59, 186, 187, 359, 368, 369, 376-8, 431, 432, 463, 464, 485-6,; explicações da, 33-7; fim da, 77, 370-487; *v. tb.* cidade; sociedade
vida pública no século XVII, 91, 92, 97, 98, 117-21
vida pública no século XVIII, 247, 265, 266; censura política, 163, 172-6, 181, 182; códigos de credibilidade, 101-33, 173; como oposição à vida privada, 70, 71, 135-59; expressão na, 138, 139-40, 145, 161-72, 179, 180; homem como ator, 60, 61, 70, 71, 161-82, 188, 210, 211, 285, 316, 449;

limitação para adultos, 139-44; limitação sobre convenção da, 147; na plateia, 77-100; ordem social na, 79, 80, 89-95, 176, 204, 206, 245, 246; relação do teatro para, 65, 68-70, 102, 103, 110-31; relação entre teatro e vida cosmopolita, 64-8, 163, 164, 172-82; sociabilidade, 95-108, 112-3, 114, 124-32; *v. tb.* personalidade

vida pública no século XIX, 186-9, 214, 377, 378; capitalismo industrial, 37-44, 48, 49, 71, 188, 193-221, 226, 373, 374; condições materiais da, 71, 187, 188-9, 209, 221, 227-32, 236, 237-8, 282; discurso, 71, 188, 311-7; homem na, 226-317, 376; imagens, 65, 70, 71, 188, 217, 245, 246; nostalgia na, 224, 247; novo mistério, 246-9; passividade na, 187, 188, 189-90, 214, 215, 226, 285-9, 295, 296, 304-17, 374, 375; relação do teatro com, 66, 237, 254-9, 268-9, 279-83, 287, 295, 316, 317, 389, 390, 450; repressão na, 189, 208, 219, 220, 245, 246, 254, 255-6, 268-9, 273, 274, 463-5; secularismo na, 25, 26, 27, 37-8, 42, 43, 45, 48, 49, 172, 187, 221, 222, 226, 235-6, 237, 283, 285, 369, 374; superposição da vida privada sobre, 26, 27, 47, 48, 49, 189, 217-20; v, *tb.* personalidade

Viena, Áustria, 106, 261, 297

Voltaire, 98, 123, 148, 305

voyeurismo, 48, 226, 288, 320

Wagner, Richard, 301-4, 305

Wallace, George, 404, 409, 410

Walpole, Horace, 154

Weber, A.F., 194

Weber, Max, 26, 294; carisma, 389-98; *Economia e sociedade,* 390; *Ética protestante e o espírito do capitalismo, A,* 478-81

Whitehouse, H. R., 332

Wichern, Johann, 265

Wilde, Oscar, 278-9

Wilkes, John, 149-59, 181, 187, 286, 328, 375; *Essay on Woman,* 154

Williams, Raymond, 291

Winnicott, D. W., 468

Wirth, Louis, 200

Wollstonecraft, Mary, 144

Worth, L., 238, 239

Wycherley, William, 141

Wren, Christopher, 88

Wrigley, E. A., 82

Young, G. M. S., 247

Youngman (autor), 145

Zeldin, Theodore, 331

Zola, Émile, 183; "Eu Acuso!", 326, 350, 354-63; *Nana,* 315

Zucker, Arnold, 87

Este livro foi composto na tipografia
Adobe Garamond Pro, em corpo 11,5/16, e impresso
em papel off-white no Sistema Digital Instant Duplex
da Divisão Gráfica da Distribuidora Record.